TEOLOGIA SISTEMÁTICA

WOLFHART PANNENBERG

TEOLOGIA SISTEMÁTICA

Volume II

Tradução
Ilson Kayser

Santo André
2021

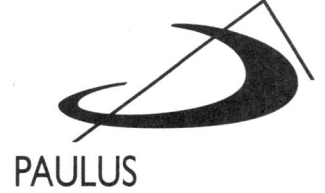

© Editora Academia Cristã
© 1991 Vandenhoeck & Ruprecht, Göttingen, República Federal da Alemanha

Título original:
Systematische Theologie - Band II

Supervisão Editorial:
Luiz Henrique A. Silva
Paulo Cappelletti

Layout e arte final:
Pr. Regino da Silva Nogueira

Tradução:
Ilson Kayser

Revisão:
Manfred Wilhelm Hasenack

Revisão final:
Haroldo Reimer

Capa:
Magno Paganelli

Assessoria para assuntos relacionados a Biblioteconomia:
Neusa Pedroso Mateus Gomes

P194t   Pannenberg, Wolfhart
    Teologia Sistemática - Volume II / Wolfhart Pannenberg; tradução: Ilson Kayser
    – Santo André; São Paulo : Editora Academia Cristã Ltda; Paulus, 2009.

    Título original: Systematische Theologie - Band II
        16x23 cm: 686 páginas
        ISBN 978-85-98481-36-4
        Bibliografia
        1. Pannenberg, Wolfhart 2. Teologia Sistemática 3. Teologia Prolegômenos 4. Deus.
    I Título.
                                                        CDU 230. 2 Pan

---

Índice para catálogo sistemático:

I - Teologia Sistemática - 23

Proibida a reprodução total ou parcial desta obra, por qualquer forma ou meio eletrônico e mecânico, inclusive através de processos xerográficos, sem permissão expressa da editora (Lei nº 9.610 de 19.2.1998).

Todos os direitos reservados à

Editora Academia Cristã
Rua Vitória Régia,1301 - Santo André
CEP 09080-320 - São Paulo, SP - Brasil
Tel.: (11) 4424-1204
E-mail: academiacrista@globo.com
Site: www.editoraacademiacrista.com.br

Paulus Editora
Rua Francisco Cruz, 229
CEP 04117-091 - São Paulo - SP - Brasil
Tels.: (11) 5087-3700
E-mail: editorial@paulus.com.br
Site: www.paulus.com.br

SUMÁRIO

ABREVIAÇÕES 09

APRESENTAÇÃO À EDIÇÃO BRASILEIRA 13

NOTAS DO TRADUTOR 19

PREFÁCIO 21

Capítulo 7 - **A CRIAÇÃO DO MUNDO** 27
I – CRIAÇÃO COMO ATO DE DEUS 27
1. O agir de Deus para fora 27
2. A característica do agir criador 37
3. A origem trinitária do ato da criação 50
4. A criação de Deus, sua conservação e seu governo do mundo 69
   a) Conservação e criação 69
   b) O concurso de Deus nas atividades das criaturas 85
   c) Governo do mundo e reino de Deus: o alvo da criação 93

II – O MUNDO DAS CRIATURAS 102
1. Pluralidade e unidade na criação 105
2. O Espírito de Deus e a dinâmica dos fenômenos naturais ... 126
   a) O ponto de partida bíblico 126
   b) Força, campo e Espírito 129
   c) Espaço e tempo como aspectos da atuação do Espírito 137
   d) A atividade criadora do Espírito e a doutrina dos anjos ... 162
   e) A atuação conjunta de Filho e Espírito na obra da criação 171
3. A série das formas 179

III – CRIAÇÃO E ESCATOLOGIA 207
1. Unidade e diferença entre ato da criação e éscaton 207
2. Princípio e fim do universo 220
3. Crença na criação e teodicéia 240

Capítulo 8 - DIGNIDADE E MISÉRIA DO SER HUMANO 257
1. O ser humano como unidade pessoal de corpo e alma 265
2. A destinação do ser humano 293
   a) O ser humano como imagem de Deus em Adão e em
      Cristo 293
   b) Imagem de Deus e estado original do ser humano 304
   c) Imagem de Deus como destinação do ser humano 316
3. Pecado e pecado hereditário 335
   a) O difícil acesso ao tema da hamartiologia 335
   b) Formas de manifestação do pecado e a pergunta por sua
      raiz 345
   c) A generalidade do pecado e o problema da culpa 364
4. Pecado, morte e vida 382

Capítulo 9 - ANTROPOLOGIA E CRISTOLOGIA 397
1. O método da cristologia 398
2. O "novo homem" na pessoa e história de Jesus Cristo 423
   a) O novo homem "a partir do céu" 423
   b) O autor de uma humanidade renovada 432
   c) O aparecimento do Filho e a comunhão humana 448

Capítulo 10 - A DEIDADE DE JESUS CRISTO 459
1. As bases para a afirmação da unidade de Jesus com Deus 459
   a) A união de Jesus com o Pai em sua atividade pública 460
   b) A unidade de Jesus com o Pai como questão controvertida
      de sua história 471
   c) A justificação de Jesus pelo Pai em seu ressuscitamento
      dentre os mortos 484
2. O desdobramento cristológico da unidade de Jesus com
   Deus 510
   a) A filialidade divina de Jesus e sua origem na eternidade
      de Deus 510

b) A autodiferenciação de Jesus do Pai como razão interna de
   sua filialidade divina...521
   c) Duas naturezas em uma pessoa?...531
3. A humanação do Filho como auto-realização de Deus no
   mundo 544

**Capítulo 11 - A RECONCILIAÇÃO DO MUNDO POR MEIO
DE JESUS CRISTO**...553
1. Salvação e reconciliação..553
2. O conceito e a doutrina da reconciliação 561
3. Substituição como forma do evento salvífico 579
   a) As interpretações cristã-primitivas da morte de Jesus e o
   fato da substituição 579
   b) Expiação como sofrimento-castigo substitutivo 586
   c) Substituição e libertação 595
4. O Deus triúno como reconciliador do mundo............................606
   a) A atuação do Pai e do Filho no evento da reconciliação....................607
   b) O múnus da reconciliação de Cristo 611
   c) A consumação da reconciliação no Espírito..............................621
5. O Evangelho...627

BIBLIOGRAFIA 641

ÍNDICE DE AUTORES..645

ÍNDICE DOS TEXTOS BÍBLICOS 669

ABREVIAÇÕES

Adv.Marc	–	Tertuliano, *Adversus Marcion*
Adv. Praxean	–	Tertuliano, *Adversus Praxean*
ANET	–	Ancient Near Eastern Texts
ATD	–	Das Alte Testament Deutsch
Barn	–	Epístola de Barnabé
BKAT	–	Biblische Kommentare zum Alten Testament, ed. M. Noth/H. W. Wolff
c. Arian.	–	Atanásio, três discursos *contra os arianos*
CA	–	Confessio Augustana
cf.	–	confira
Clem	–	Primeira e Segunda Epístola de Clemente
c. Gentes	–	T. Aquino, *Summa contra Gentes*
Conf.	–	Agostinho, *Confessiones*
CR	–	Corpus Reformatorum, Berlim
De civ. Dei	–	Agostinho, *De Civitate Dei*
De div. Nom.	–	Pseudo-Dionísio Areopagita, *De divinis nominibus*
De docta ign.	–	Nicolau de Cusa, *De docta ignorantia*
De lib. arb.	–	Agostinho, *De libero arbitrio*
De nat. deor.	–	Cícero, *De Natura Deorum*
De praesc. Haer.	–	Tertuliano, *De praescriptione hareticorum*
De princ.	–	Orígenes, *De principiis*
De ver.	–	Tomás de Aquino, *De veritate*
Dial	–	Justino, *Dialogus contra Tryphone*
DS	–	Denzinger/Schönmetzer, *Enchiridion Symbolorum, etc.*
De vera rel.	–	Agostinho, *De vera religione*
DV	–	*Dei Verbum* – Constituição do Concílio Vaticano II
Ed. Vat.	–	edição vaticana
EKD	–	Evangelische Kirche in Deutschland
EKK	–	Evangelisch-katholischer Kommentar

Enn.	– Plotino, *Ennarationes in Psalmos*
esp.	– especialmente
Ev. Theol.	– Evangelische Theologie (periódico)
GCS	– Orígenes
Hist eccl.	– Eusébio de Cesaréia, *Historia ecclesiastica*
Hist WB Philos	– Historisches Wörterbuch der Philosophie
Hom. Num.	– Orígenes
HTB	– Harper Torchbook
ib.	– ibidem
i.e.	– isto é
IKZ	– Internationale kirchliche Zeitschrift, Bern
Inst. rel. chr.	– J. Calvino, *Institutio religionis christianae*
KD	– Karl Barth, *Kirchliche Dogmatik*
KuD	– Kerygma und Dogma
LC	– Livro de Concórdia – As Confissões da Igreja Evangélica Luterana
Leg.	– Atenágoras, *Leges*
Loc. cit.	– *locus citatum*
LThK	– Lexikon für Theologie und Kirche, ed. M. Buchenberger
Magn	– Inácio de Antioquia aos Magnésios
Med.	– Descartes, *Meditações*
Met	– Aristóteles, *Metaphysica*
MPG	– Migne, Patrologiae cursus completus, series graeca
MPL	– Migne, Patrologiae cursus completus, series latina
MT	– (Orígenes)
NF	– Neue Folge [Nova seqüência]
NTD	– Das Neue Testament Deutsch
NZsystTh.	– Neue Zeitschrift für systematische Theologie
Op. cit.	– *Opus citatum*
Ord. Prol	– Escoto, *Ordinatio Prologus*
Opusc. theol. polem.	– Máximo Confessor,
p.ex.	– por exemplo
PG	– Pais gregos
PhB	– Philosophische Bibliothek (ed. Lasson)
Phys.	– Aristóteles, *Física*
PL	– Migne, Padres latinos
PRE	– Paulys Real-Encyklopädie der klassischen

	Altertumswissenschaft
RE	– Realenzyklopädie für protestantische Theologie
und Kirche	– Editado por Hauck
RGG	– Religion in Geschichte und Gegenwart
ScG	– Tomás de Aquino: *Summa contra Gentes*
SCM	– Studies in the Christian movement
Strom	– Clemente de Alexandria, *Stromata*
SVF	– *Stoicorum Veterum Fragmenta*
Symp.	– Platão, *Symposion*
tb.	– também
Th. Ex.	– Theologische Existenz
ThLZ	– Theologische Literaturzeitung
ThWBNT	– Theologisches Wörterbuch zum Neuen Tetstament
TRE	– Theologische Realenzyklopädie, ed. Krause/Müller
Tusc.	– Cícero, *Tusculanae Disputationes*
vis	– Pastor de Hermas, *visiones*
WA	– M. Lutero, Obras completas: edição de Weimar
ZAW	– Zeitschrift für alttestamentliche Wissenschaft
ZEE	– Zeitschrift für evangelische Ethik, Gütersloh
ZGK	– Zeitschrift für Kirchengeschichte
ZKG	– Zeitschrift für Kirchengeschichte
ZThK	– Zeitschrift für Theologie und Kirche, Tübingen
ZsystTh	– Zeitschrift für systematische Theologie

APRESENTAÇÃO À EDIÇÃO BRASILEIRA

"Em terra de cego, quem tem um olho é rei", diz o ditado. Felizmente ele está, aos poucos, deixando de ser aplicável ao cenário da Teologia Sistemática no Brasil. Um levantamento feito num projeto de pesquisa na Faculdades EST, em São Leopoldo, mostra que nossa produção nesta área já é significativa, mesmo que qualitativamente talvez deixe ainda a desejar.

Mas é no terreno de traduções de obras importantes que temos progredido mais. Como exemplos recentes, temos a nova edição portuguesa da Teologia Sistemática de PAUL TILLICH, a série completa dos estudos dogmáticos de JÜRGEN MOLTMANN, e agora o lançamento da Teologia Sistemática de WOLFHART PANNENBERG. Trata-se de uma das mais importantes obras teológicas do século XX. Nela PANNENBERG resume uma vida de intensa dedicação à pesquisa teológica e filosófica, com centenas de publicações e mais de uma dezena de livros que marcaram época. Certamente aqui temos dois olhos, e bem abertos e perspicazes.

A atitude dos leitores e leitoras, diante destes três volumes, certamente será diversa. Alguns vão se perguntar como é que alguém pode escrever tanto assim. Se realmente há tanto que dizer. E de fato, esta deve ser uma exigência dos dias de hoje: uma escrita econômica, que abandone a ambição de achar que todo mundo deve ter todo o tempo do mundo para ler o que a gente escreve. Outras vão ficar admiradas por ver como PANNENBERG conseguiu ser tão econômico ao dizer tanto em tão pouco espaço.

Estes três volumes representam o cume de uma produção teórica em que o autor já havia esmiuçado praticamente cada tópico aqui abordado, em artigos, coletâneas e monografias. Desde a perspectiva deste grande resumo final, tudo serviu como trabalho preparatório para a síntese que aqui encontramos. PANNENBERG foi produzindo-a primeiramente na forma de preleções acadêmicas, sempre de novo revistas e melhoradas. A redação definitiva começou nos anos 1980, quando a aposentadoria já se aproximava. E se estendeu aos inícios dos anos 1990.

O que temos em nossas mãos é uma grande síntese teológica. Alimentada e aprofundada pelas várias décadas de estudos preparatórios, ela consegue juntar tudo e realizar uma visão de conjunto da teologia cristã. Pelo compasso, pela erudição, pela reflexão madura que ela apresenta, é daquelas obras que só aparecem uma a cada meio século.

PANNENBERG pode ser considerado o último grande escolástico protestante. Quem tem noção de quanto alguém precisa ler, e quanto tempo alguém precisa para refletir tudo que se encontra dentro das capas destes três livros, fica admirado. É uma vida dedicada à teologia, o que se expressa nestas páginas. Na Alemanha se ouvem historinhas de como sua esposa o acordava às 5 da manhã para começar a trabalhar, por exemplo, e de como ela o acompanhava constantemente (o casal não teve filhos), em cada aula, em cada auditório, e como ele lhe fazia um sinal para anotar algo que lhe ocorresse naquele momento e que poderia ser importante para a Teologia Sistemática que ele vinha gestando ao longo de décadas.

Esta obra tem várias características que a distinguem. Primeiro, o pendor escolástico de PANNENBERG não o exime de encarar de frente a questão da verdade e da normatividade da teologia cristã. Em tempos de modernidade diluída, como os nossos, parece melhor deixar de lado esta questão. Mas quem por anos a fio analisou e ponderou os dados da teologia cristã, sabe que a questão da verdade lhe é imanente e fundamental. Que ela tenha que continuar a ser discutida em moldes aristotélicos e iluministas, é uma questão que se coloca, e que também não escapa a PANNENBERG, mesmo que sua solução talvez deixe a desejar. A noção de verdade do cristianismo pode não ser a mesma, e não ser da mesma ordem, que a que estamos acostumados como herdeiros do racionalismo.

Importante é que PANNENBERG tenha percebido a centralidade desta questão, e que a tenha colocado logo no início de suas meditações sobre a fé cristã. Ela determina, em parte, o teocentrismo de compasso amplo que anima o conjunto de sua síntese (e em parte é por ele determinado). A estrutura do primeiro volume, dedicado às questões de teologia fundamental, expressa isso claramente. A uma discussão da noção de verdade cristã, segue uma reflexão sobre a relação desta noção de verdade com a noção de Deus.

É interessante que PANNENBERG começa com uma reflexão sobre a noção de Deus, e não diretamente com a teologia trinitária, como fazem KARL BARTH e, a seu modo, MOLTMANN. Neste aspecto, sua abordagem lembra mais a de TILLICH. Isso tem a ver com sua compreensão de teologia como exercício acadêmico em franca conversação com o pensamento atual. Para esta conversação, cujo compasso as notas de rodapé ao longo dos três volumes mostram, ele traz um conhecimento e um domínio assombroso da história da teologia.

Este amplo domínio, tanto da literatura filosófica e científica atual como da história da teologia, é uma das coisas que encantam em PANNENBERG. Para alguns ele será moderno demais, gastando tempo demais com o pensamento "secular". Para outras, ele será tradicional demais, perdendo tempo demais com minúcias da história do pensamento cristão. Provavelmente isso indica que ele está no caminho certo.

Mas tem mais. PANNENBERG não se omite da complexa e delicada questão da religião e das religiões. TILLICH, no final de sua vida, admitiu que esta questão lhe ficara tão importante que, para fazer jus a ela, teria que reescrever sua Teologia Sistemática. PANNENBERG enfrenta o desafio logo no começo. Não só a noção (filosófica) de Deus é levada a sério, também a reivindicação ao divino nas religiões. O encaminhamento que ele dá a esta questão, tão atual na teologia e nas ciências da religião, merece um estudo a parte. Ele visa tanto respeitar a pluralidade religiosa, como levar a sério a singularidade do cristianismo e de sua pretensão de verdade.

Todas estas questões levam, no fluxo do argumento de PANNENBERG, ao problema central da revelação. Também ele espinhoso, e de preferência deixado de lado por teologias "pós-modernas" mais afoitas. É para a análise e a meditação da questão da revelação que levam os fios díspares que PANNENBERG vinha tramando, o da verdade cristã, o da noção filosófica de Deus e o da reivindicação do divino nas religiões, seja pela via da afirmação ou da negação.

A leitora e o leitor que acompanharam atentos o fluxo da argumentação até este ponto (até a metade do primeiro volume) já terão ficado atônitos pelo domínio de campos de pesquisa tão diferentes e pela maturidade da reflexão que tece estes fios num emolduramento sobre o qual, agora, a compreensão de uma teologia cristã consciente de seu enraizamento na revelação divina se desdobrará num amplo painel que vai da teologia trinitária à escatologia, passando por todos os temas clássicos da teologia cristã.

Além da constante conversação com a filosofia e a ciência contemporâneas, e da escuta atenta e erudita das tendências da história do pensamento cristão ao longo de dois milênios, uma terceira característica da teologia de PANNENBERG é sua constante interação com os textos bíblicos. Formalmente, aqui, ele se distingue bastante de TILLICH, que quase sempre deixava a base bíblica de sua teologia subentendida. PANNENBERG discute passo a passo, pacientemente, com a tradição exegética do cristianismo. Seu conhecimento da exegese bíblica contemporânea é, para um teólogo sistemático, assombroso. Ponto por ponto, a reflexão teológica começa com os dados bíblicos, que, discutidos e sintetizados, vão constituir a plataforma sobre a qual a discussão com a tradição teológica e com o pensamento contemporâneo vai se dar.

PANNENBERG é teólogo luterano, assim como o fora TILLICH. Dentro do protestantismo, isso sem dúvida afeta e marca algumas diferenças, por exemplo, em relação a BARTH e a MOLTMANN, ambos reformados. Mas sua pertença à tradição luterana não representa um entrave para a sua relevância ecumênica. Pelo contrário. Não é negando as tradições, em busca de um caldo indiferenciado, que teremos uma teologia ecumênica. É assumindo as pertenças e se abrindo ao diálogo respeitoso e desejoso de aprender com as diferenças.

O engajamento ecumênico concreto de PANNENBERG é conhecido. Por décadas, ele foi presença constante nos diálogos católico-luteranos, só para dar um exemplo. Vários documentos bilaterais importantes têm sua marca impressa neles. A teologia católica sempre teve grande respeito e interesse por seu pensamento. Mas o mesmo acontece também nos meios evangélicos. De mais que um jeito ele deixou suas marcas em sínteses teológicas como a de MILLARD ERIKSON, por exemplo (teólogo conhecido no meio batista brasileiro), e especialmente na obra de STANLEY GRENZ, teólogo batista que se doutorou com PANNENBERG em Munique e continuou em frutífero contato com ele. GRENZ publicou, em inglês, uma alentada introdução aos três volumes que agora o leitor e a leitora tem em suas mãos (Reason for Hope. The Systematic Theology of Wolfhart Pannenberg, 1990).

Por tudo isso, nos congratulamos com os editores, que assumem o risco de publicar uma obra deste porte, e com os tradutores e revisores, pelo trabalho difícil que conseguiram levar a bom termo. E esperamos que o livro possa exercer, no mundo de fala portuguesa, a mesma influência que vem exercendo no cenário teológico internacional desde a sua publicação em língua alemã e através de sua tradução para várias línguas.

Enio R. Mueller
Faculdades EST, São Leopoldo
Março de 2009.

NOTAS DO TRADUTOR

Ao dar por terminada esta como todas as demais traduções, o Tradutor fica apreensivo, em face de sua responsabilidade perante o mundo científico, sabendo, melhor do que qualquer leitor, o quanto seu texto ainda deveria ter sido aperfeiçoado e burilado. Assim, somente com temor e tremor, o Tradutor entrega como "concluído" um trabalho da envergadura da *Teologia Sistemática* de W. PANNENBERG, com sua linguagem meticulosamente acadêmica,

Em face do recurso por parte do Autor a inúmeras expressões sem registro léxico, formuladas dentro das possibilidades que a língua alemã oferece, no afã de exprimir com exatidão seu pensamento, também o Tradutor se vê na contingência de ter que formular igual número de "neologismos". Faz isso para trair o menos possível o Autor, exigindo, por outro lado, do paciente leitor boa dose de condescendência e malabarismos lingüísticos.

Poucas observações parecem-me necessárias para facilitar ao leitor a leitura da presente obra.

a) As *referências bíblicas* correspondem exatamente às constantes do original, e que nem sempre coincidem com J. F. DE ALMEIDA.

b) As *citações bíblicas* reproduzem o original do Autor, portanto não correspondem a nenhuma das versões portuguesas disponíveis.

c) Os *antropônimos* das figuras históricas são grafadas segundo HUGO SCHLESINGER e HUMBERTO PORTO (editores), *Líderes religiosos da humanidade*, São Paulo, Paulinas, 1986, tomos 1 e 2. Os não constantes nesta obra são grafados segundo H. MAIA D'OLIVEIRA, *LISA – Grande Dicionário da Língua Portuguesa*, vol. IV: Histórico, São Paulo, Lisa, 1970.

d) As *citações alemãs no corpo do texto* aparecem sempre traduzidas, para não interromper a fluência da leitura. Como o *locus* é indicado no rodapé, o leitor tem a possibilidade de conferir o original, recorrendo à respectiva obra. No *rodapé*, as citações alemãs aparecem no original e em tradução. As *citações de outros autores* permanecem na língua original, quando se trata de inglês, francês, italiano, latim ou grego, para preservar a cientificidade da obra.

e) De algumas *obras citadas com freqüência* existem versões brasileiras. Entre elas constam, por exemplo: TOMÁS DE AQUINO, *Suma Teológica*; JOÃO CALVINO, *Institutas; Livro de Concórdia*, para citar as mais importantes. As citações dessas obras permanecem no original latino e podem ser conferidas em suas versões brasileiras. Às citações de outras obras disponíveis em português procuramos, na medida do possível, acrescentar o *locus* na versão vernácula. Para citar algumas: G. VON RAD, *Teologia do Antigo Testamento*; P. TILLICH, *Teologia Sistemática*; J. MOLTMANN, *O Deus Crucificado*; LUTERO, *De servo arbítrio – Catecismo Maior*; I. KANT, as três *Críticas*. Em apoio ao leitor, oferecemos uma lista (incompleta) de obras citadas existentes no vernáculo e que estão ao alcance do Tradutor. *Citações de* LUTERO são indicadas conforme o seguinte padrão: WA 26,286,32s., o que significa descodificado: WA = *Weimarer Ausgabe* (Obras completas de LUTERO), volume 26, página 286, linhas 32s. Ofereço no final desse volume, uma Bibliografia de obras citadas existentes no vernáculo.

f) O Autor pressupõe o conhecimento tácito de inúmeras siglas e abreviações. Indo ao encontro do leitor brasileiro, oferecemos um índice das principais siglas e abreviações que ocorrem no texto.

Colaboraram com seus conhecimentos específicos na confecção do presente trabalho: o Pastor *Manfred W. Hasenack* com sua criteriosa revisão e inúmeras sugestões para a melhoria do texto; o professor *Dr. Benno Lermen* com seu abalizado conhecimento teológico-filosófico; o professor *Dr. Sérgio Farina* com seu reconhecido domínio da língua portuguesa; o professor de Teologia Sistemática *Albrecht Baeske* no auxílio à compreensão do texto original; o psicólogo *Ralf Kayser* por seu apoio na consulta de bibliotecas via internet.

São Leopoldo, janeiro de 2009

Ilson Kayser

PREFÁCIO

No primeiro volume da presente exposição sistemática da doutrina cristã acompanhamos a pergunta pela verdade do falar de Deus até o campo das religiões que concorrem entre si não somente nas discussões da história, mas também no pluralismo religioso da atualidade por meio de suas distintas pretensões de verdade, que em vários sentidos são contraditórias. Sem prejuízo de sua remissão a uma singular revelação divina, e justamente por isso, o cristianismo afinal também é uma dessas religiões que lutam entre si pela verdade última sobre o mundo, o ser humano e sobre Deus.

A existência de que tais conflitos entre as religiões está suficientemente evidente na vida dos seres humanos de culturas muito distintas. Somente uma "teologia das religiões" nas sociedades industrializadas do Ocidente fecha os olhos diante desse fato ao apresentar a multiplicidade das religiões como uma pluralidade, em princípio sem conflitos, de muitos caminhos ao mesmo Deus. Em seu resultado, essa teologia das religiões reforça o preconceito de que o secularismo avançado da opinião pública moderna de qualquer forma nutre contra as pretensões religiosas acerca da verdade, tratando diferenças da confissão religiosa como mera questão particular, sem interesse público. Essa concepção, porém, passa ao largo da realidade. Também hoje ainda se confirma sempre de novo que as diferenças mais profundas entre as culturas têm motivação religiosa. O próprio secularismo moderno, que tanto gosta de reprimir esse fato, é ele mesmo um produto degenerado da tradição cultural de cunho cristão. Por isso é inútil querer convencer, na base desse secularismo, as tradições de outras culturas da insignificância de suas pretensões de verdade. Mas também o cristianismo não pode prescindir da pretensão de verdade para a revelação, na qual se baseia. Defendê-la de modo crível, todavia, exige, em primeiro lugar, um acolhimento da multiplicidade de tais pretensões de verdade e as controvérsias sobre a verdade a isso associadas na própria consciência. Com isso a pretensão de verdade, inclusive da verdade definitiva e absoluta da revelação divina em Jesus Cristo, não é relativizada, mas somente a partir disso se torna sustentável com objetiva seriedade e tolerância.

A pretensão de verdade que diz respeito a todos os homens no evento da revelação do Deus uno de todos os seres humanos, do Criador do mundo, na pessoa e na história de Jesus de Nazaré, foi ponto de partida e fonte de energia da missão mundial cristã. O teólogo cristão desenvolveu-se no serviço dessa pretensão de verdade, a fim de esclarecê-la e fortalecê-la por uma apresentação coesa da doutrina cristã, mas também para, simultaneamente, desse modo testar seu alcance. A teologia só pode satisfazer essa tarefa se proceder do modo mais imparcial possível no exame da pretensão cristã de verdade. Por isso ela não pode pressupor a verdade da revelação cristã como garantida de antemão. Com isso ela transformaria a verdade da revelação em mais uma convicção meramente subjetiva – e isso seria algo pouco mais do que uma inverdade objetiva, ainda que seja também uma amável fábula em muitos sentidos.

A exposição sistemática da doutrina cristã empreendida na presente obra trata a pergunta pelo direito de suas pretensões de verdade como aberta. Elas estão abertas para sua possível comprovação na história de experiência e reflexão com vistas aos seres humanos, mas com isso também abertas para uma aprovação preliminar na forma de uma apresentação coesa de seus conteúdos. Isso não é pouco. Hoje já não é mais natural admitir as pretensões de verdade da doutrina cristã nem mesmo como abertas. Muitos representantes da cultura pública do secularismo consideram essa pergunta como já decidida negativamente há muito tempo. São necessárias boas razões para convencer a si mesmo e a outros que as pretensões de verdade de afirmações religiosas devem ser tomadas a sério e dignas de reflexão, talvez não em todos os casos individuais, mas, não obstante, em princípio. Para compreender esse estado de coisas serviram os capítulos 2 e 3 no volume I da presente obra. O capítulo 4 mostrou como se destacaram no campo das religiões em litígio as pretensões de verdade da fé bíblica e mais especificamente da fé cristã em Deus. Essas pretensões de verdade já encontraram, em princípio, sua formulação teórica resumida no Novo Testamento, na afirmação de uma revelação escatológica do Deus criador na pessoa e na história de Jesus de Nazaré.

Todos os capítulos subseqüentes desdobram essa pretensão de verdade por meio da apresentação coesa da doutrina cristã de Deus, do mundo e da humanidade, bem como de sua reconciliação e redenção. Nesse procedimento, a situação da pluralidade e de pretensões religiosas de verdade e as controvérsias a seu respeito continuam no campo de visão. Na disputa entre as religiões se trata da pergunta se a partir de determinada compreensão de uma, na maioria das vezes concebida como realidade divina, a realidade do mundo e do ser humano pode ser compreendida de modo mais adequado e diferenciado do que a partir do ponto de vista dos concorrentes.

A exposição sistemática da doutrina cristã não se envolve com uma ponderação comparativa entre interpretações cristãs e outras interpretações religiosas do mundo e da temática da vida humana a partir da perspectiva da respectiva compreensão da realidade absoluta de Deus. Isso poderá ser tarefa de uma filosofia da religião. A teologia tem somente a tarefa de mostrar que e como é possível desenvolver, a partir do evento da revelação, que a fé cristã reivindica para si uma interpretação coerente de Deus, do ser humano e do mundo. Esta pode ser defendida com boas razões como verdadeira na relação com o saber empírico a respeito do mundo e da vida humana, bem como com o saber reflexivo da filosofia. Por isso também pode ser afirmada como verdadeira na relação com interpretações religiosas e não-religiosas do mundo. A discussão e a formação de juízos comparativos sobre as pretensões de verdade de interpretações do mundo contrárias entre si devem pressupor tais exposições das concepções a serem comparadas. Muitas vezes, as exposições elaboradas podem estar à disposição de modo incompleto e insatisfatório quanto a sua forma para todas as tradições religiosas a serem tomadas em consideração. Isso faz parte das dificuldades e barreiras da tarefa da filosofia das religiões, contribuindo para as inevitáveis reservas referentes à possibilidade de um juízo conclusivo nesse campo. Com vistas às boas razões da pretensão de verdade por ela reivindicada, a teologia cristã pode satisfazer-se com a exposição da interpretação cristã da realidade de Deus, do mundo e do ser humano do modo mais insistente possível. Disso faz parte também a situação do próprio cristianismo, que, mesmo num mundo com pretensões controvertidas acerca da verdade religiosa, está incluído na consciência de verdade cristã, resultando na tolerância em relação a outras concepções. A própria capacidade de avaliação realista da particularidade da doutrina cristã e a capacidade de tolerância a isso associada são um argumento importante a favor do direito da pretensão cristã de verdade.

Na elaboração de interpretação coesa de Deus, mundo e ser humano a partir da perspectiva do evento da revelação, no qual se fundamenta a fé cristã, os diversos temas parciais se condicionam mutuamente. Se o mundo e a temática de vida humana são apresentados a partir da concepção cristã de Deus como estando fundamentadas em Deus, então, inversamente, sempre já está envolvida uma reformulação da compreensão cristã de Deus a partir da perspectiva de uma experiência modificada de mundo e do ser humano e o correspondente saber reflexivo. As explanações do primeiro volume sobre a doutrina de Deus e da Trindade mostraram em que medida a redefinição da relação dessas doutrinas com suas origens históricas e com os motivos de seu desenvolvimento juntamente com as concepções filosóficas aí envolvidas é determinante para a reformulação de seu conteúdo. Nisso naturalmente já são ativas concepções modernas de história e hermenêutica, portanto da relação de ser-homem, história e religião, do mesmo modo as relações com a realidade do mundo contidas não somente nos conceitos filosóficos. No presente volume trataremos, inversamente, do saber empírico sobre o mundo e o ser humano a partir da perspectiva da compreensão cristã de Deus.

Esse condicionamento recíproco entre compreensão de Deus e compreensão de mundo não exclui o fato de que, objetivamente, à idéia a respeito de Deus compete a primazia para a compreensão de ser humano e mundo, e não o contrário. Todo falar sério a respeito de Deus implica a exigência de pensar a realidade de ser humano e mundo como determinada por esse Deus e por ele fundamentada. Por isso, inversamente, a possibilidade de uma interpretação coerente do mundo, com inclusão da humanidade e sua história a partir de determinada concepção de Deus, já é um teste de sua possível verdade, ainda que tal interpretação da realidade do mundo possa permanecer controvertida em muitos pontos. Quanto mais tal exposição se encontra em harmonia com os dados do saber empírico e com os conhecimentos do saber reflexivo, tanto mais elucidativa ela será para a pretensão de verdade ligada à respectiva compreensão de Deus. Em todo caso, porém, ela oferece uma prova atual de que e como a função da constituição de um conceito de mundo, ligada com a idéia de Deus como tal, ou de um ou outro modo implicitamente, pode ser resgatada por meio de uma exposição menos ou mais detalhada.

Neste sentido trata-se na doutrina da criação, com a qual começa o presente volume, de explicação e comprovação do conceito cristão de Deus. O peso pleno desse fato nem sempre foi devidamente considerado na teologia mais recente; a tarefa de uma exposição da doutrina da criação correspondente a sua importância foi muitas vezes negligenciada. Por isso ela necessitará de atenção especial no presente volume. A comprovação da concepção de Deus no desenvolvimento de uma correspondente compreensão de mundo, porém, ainda não está concluída para a idéia cristã de Deus com a doutrina da criação, porque especialmente a realidade do ser humano em sua faticidade não é, ou ainda não é, congruente com a compreensão cristã de Deus. A realidade, assim como ela é, não revela univocamente, em toda parte, um criador amoroso e todo-poderoso como sua origem, e os homens não se comportam em relação ao tema da realidade de Deus de tal maneira que sejam gratos ao Criador e o honrem desse modo em sua deidade. O Deus da revelação bíblica pode ser compreendido como autor e consumador do mundo realmente existente, incluído o ser humano, somente sob a condição de uma reconciliação do mundo com Deus. Mas a reconciliação do mundo com Deus como seu Criador que, conforme a fé cristã, está fundamentada e já antecipada na morte de Jesus, permaneceu incompleta até agora, pelo menos com vistas à realidade da humanidade em sua história. Ela está realizada definitivamente somente na consciência de fé dos cristãos e da comunhão da Igreja, e também aí não sem tensões e rupturas entre realidade crida e realidade vivida. O terceiro volume se ocupará com a realização ao menos parcial da reconciliação na vida da comunhão da pessoa cristã individual em relação com o mundo ainda a ser reconciliado e redimido como um todo.

Para a comprovação da compreensão cristã de Deus em sua relação com a realidade do mundo e do ser humano, portanto, criação e reconciliação estão intimamente relacionadas. Em certo sentido, somente com a consumação escatológica do mundo também sua criação chega ao término. Por isso o capítulo sobre a escatologia no final do terceiro volume não formará apenas o horizonte para as discussões precedentes sobre a Igreja e a existência na fé do pessoa cristã individual, mas também encerrará a exposição da compreensão de mundo da compreensão trinitária da fé cristã, iniciada com a doutrina da criação e reconciliação do mundo. A consciência cristã da provisoriedade e do caráter semântico de todas as formas de manifestação histórica do governo de Deus, e com isso também da verdade do próprio Deus, será tematizada de forma especial no terceiro volume. Com a ciência cristã de que a consumação do mundo e de nossa salvação individual ainda está por vir também está ligada a consciência de que somente o futuro do próprio Deus pode decidir definitivamente a pergunta pela verdade da revelação de Cristo e da fé cristã, embora essa verdade já esteja presente efetivamente em toda parte onde sopra o Espírito de Deus e de Cristo. Portanto, a decisão sobre a verdade de sua revelação e a imposição de seu reconhecimento público é da alçada do próprio Deus. Por isso ela também ainda deverá permanecer aberta no final da presente exposição da doutrina cristã. A este lado da consumação da verdade de Deus na história do mundo pertence justamente a consciência da provisoriedade e da fragmentariedade de sua realização atual faz parte entre nós com vistas às condições para a credibilidade da proclamação e da teologia cristã.

Também referente ao presente volume compete agradecer para muita ajuda recebida: à minha secretária *Sra. Gaby Berger* pela produção das provas do manuscrito; a meus assistentes *Dra. Christine Axt-Pescalar*, ao *Sr. Walter Dietz*, à senhorita Frederike Nüssel, bem como aos senhores *Markwart Herzog* e *Olaf Reinmuth* pela ajuda nos trabalhos de correção e da conferência das citações. Aos três mencionados por primeiro agradeço também pela elaboração dos índices. Além disso, agradeço a todos que me encorajaram a dar continuidade a uma obra em cujo começo, conforme Lc 14.28ss., só dificilmente se pode prever se será possível levá-la a bom termo.

Munique, novembro de 1990

Wolfhart Pannenberg

Capítulo 7
A CRIAÇÃO DO MUNDO

I – CRIAÇÃO COMO ATO DE DEUS

1. O agir de Deus para fora

A doutrina da criação atribui a existência do mundo a Deus como sua origem, passando da realidade de Deus para a existência de um mundo. Isso acontece por meio da concepção de um agir de Deus[1], e somente por meio disso o mundo é determinado como criação de Deus com vistas a sua origem. O mundo é produto de um ato de Deus. Com essa afirmação está posto um enunciado de muitas conseqüências para a relação do mundo com Deus e para a relação de Deus com o mundo: Se o mundo tem sua origem num ato livre de Deus, ele não procede necessariamente da essência divina. Ele não faz parte necessariamente da deidade divina. Ele também poderia não-ser. Por isso sua existência é contigente, resultado e expressão de um ato livre do querer e do agir divinos. Ele não é – como o Filho – em eternidade o correlato da existência de Deus como do Pai.

No entanto, acaso não deve existir necessariamente um mundo de criaturas, ou no mínimo um direcionamento a ele, se de algum modo Deus deve ser concebido como Deus ativo? Também isso é negado pela doutrina cristã, ao já descrever as relações trinitárias entre Pai, Filho e Espírito como "atividades", às quais apenas se agregam com a criação do mundo atividades de outra ordem, voltadas para fora.

> Na patrística grega, o conceito "atividade" (*enérgeia*) foi usado somente para o agir conjunto das três pessoas para fora, referente

---

[1] Quanto a isso, cf. as explanações no vol. I, pp. 496ss, 519ss.

ao mundo das criaturas. Em ATANÁSIO havia sido formulada a idéia da unidade do agir trinitário em correspondência à indivisibilidade de sua natureza divina, contra a doutrina de ORÍGENES que fala dos diferentes campos de ação das pessoas divinas[2]. Entre os pais capadócios foi incutida incansavelmente a unidade do agir como prova da unidade substancial de Pai, Filho e Espírito[3]. Também AGOSTINHO falou, nesse sentido, da indivisibilidade da essência divina (*De trin.* I,4 (7): *inseparabiliter operetur* (CC 50, 1968, pp. 24s, cf. ib., IV,21 (30), 203 l. 31s. *et passim*), bem como, já antes dele, AMBRÓSIO (*De fide* IV,8,90; CSEL 78,187s.). Em contrapartida, as relações intratrinitárias da geração e expiração ainda não eram denominadas de *operationes* ou *opera* por AGOSTINHO, também não de atos divinos (*actiones*). Isso teve seu início somente na escolástica latina. Parece que o ponto de partida disso tornou-se a doutrina da Trindade de RICARDO DE SÃO VÍTOR, que generalizou o conceito da *processio*, que até então designara especificamente a processão do Espírito, como designação das processões trinitárias em geral[4]. Agora a expressão

---

[2] Assim ATANÁSIO na Primeira Carta a Serapião (MPG 26,596 A). Em contraposição a essa concepção de ORÍGENES, cf. D. WENDEBOURG, *Geits oder Energie. Zur Frage der innergöttlichen Verankerung des chrisdtlichen Lebens in der byzantinischen Theologie*, 1980, p. 173. Vide tb. vol. I, p. 369.

[3] Assim BASÍLIO, *De Spir. S.* (MPG 29,101 CD e 133 BC), GREGÓRIO NAZIANZO, *Ordo Theol.* IV (PG 36,116 C. *et passim*), GREGÓRIO DE NISSA (*Ex comm. not. MPG 45,180*). Sobre isso D. WENDEBOURG, *op. cit.*, pp. 222s, bem como já pp. 201s., 214s. e referente a Dídimo, o Cego, pp. 187ss.

[4] F. COURTH, *Trinität in der Scholastik* (*Handbuch der Dogmengeschichte* II/1 b), 1985, p. 67 não se refere à generalização do conceito. Cf. esp. RICARDO DE SÃO VÍTOR, *De Trin.* V,6ss (PL 196,952ss.). O emprego da expressão *processio* tb. se encontra em PEDRO LOMBARDO, *Sent.* I,13,1 e 2 para designar a origem tanto do Filho quanto do Espírito do Pai. Para diferenciar esse último, é dito com AGOSTINHO: *procedit a Patre non quomodo natus, sed quomodo datus vel Donum* (cf. AGOSTINHO, *De trin.* V14,15; *Pl* 42,929s. [*A Trindade*, São Paulo, Paulinas, 1985]. Como exemplo para a crítica da ortodoxia da Igreja oriental à generalização ocidental do conceito da *processio*, que já está pressuposta na concepção escolástica das *processões* como *operationes* ou *actiones*, cf. P. EVDOKIMOV, *L'esprit saint dans la tradition orthodoxe*, Paris, 1969, p. 69: "*Considérer la génération et la procession comme* duae processiones *est une abstraction arbitraire, car celles ne peuvent aucunement être 'connumérées' comme deux...*". Aparentemente, esse uso lingüístico generalizado não pode ser atribuído à obra de AGOSTINHO sobre a Trindade. No entanto, existem exemplos disso na teologia ocidental pré-nicena. Em TERTULIANO, por exemplo, se lê que o Filho de Deus seria a palavra que "procedeu" do Deus uno (*adv.* 2: *processit*, cf. tb. ali diversas vezes em c.7; devo essa referência a A. GANOCZY). Não me foi

pôde inclusive ser associada ao agir de Deus para fora⁵. Correspondentemente o conceito da *actio* no sentido de um agir interior por meio de intelecto e vontade também pôde ser empregado à descrição das relações trinitárias. O material para isso foi oferecido pelas analogias trinitárias psicológicas de AGOSTINHO. A idéia de um agir interior nos atos do intelecto e da vontade foi declarada como sendo a base da afirmação de relações intradivinas (TOMÁS DE AQUINO, *Sum. teol.* I,28,4 c). Em lugar do conceito de *actio*, TOMÁS DE AQUINO pode usar em lugar o da *operatio* (I,14 introd.). Segundo TOMÁS, também baseia-se nisso especialmente o caráter de Deus como vivo (I,18,2 c, cf. 1 c)⁶. Esse uso lingüístico foi assumido em grande parte pela dogmática da ortodoxia protestante, apesar de reservas referentes à psicologia da Trindade escolástica. O conceito do agir de Deus foi mencionado aí no início da doutrina da criação como transição da doutrina da Trindade para a exposição da economia do agir divino na criação. Isso aconteceu detalhadamente em AMANDO POLANUS, em 1609, como fundamentação para a doutrina reformada dos eternos decretos de Deus⁷. Do lado luterano encontram-se pensamentos análogos, sobretudo, na Escola de Jena de JOHANN MUSÄUS e JOHANN WILHELM BAIER⁸, mas também DAVID HOLLAZ⁹. A teologia wittenberguense por outro lado se manteve antes reservada e tendia a uma redução do discurso do agir de Deus a suas *opera externa*¹⁰, sem, no entanto, excluir totalmente sua aplicabilidade às relações intratrinitárias¹¹.

---

possível verificar se o uso lingüístico da escolástica latina recorreu a isso para além de AGOSTINHO ou se houve um desenvolvimento independente.

⁵ TOMÁS DE AQUINO, *Sum. teol.* I,27,1 c: *Sed cum omnis processio sit secundum aliquam actionem; sicut secundum actionem quae tendit in exteriorem materiam, est aliqua processo ad extra; ita secundum actionem quae manet in ipso agente, attenditur processio quaedam ad intra.*

⁶ Vide AGOSTINHO, *De trin.* vi,10,11 e CV,5,7 [*A Trindade*, São Paulo, Paulinas, 1985.

⁷ A. POLANUS, *Syntagma Theologiae Christianae* (1606), Hannover, 1625, pp. 236a ss.

⁸ J. W. BAIER, *Compendium Theologiae Positivae* (1686) ed. tertia Jena 1694, c.1 § 37 (151) e c. 2 § 1 (156). J. MUSÄUS, *De Deo Triuno Theses*, Jena, 1647, pp. 12ss. (Teses 52ss.).

⁹ D. HOLLAZ, *Examen theologicum acroamaticum*, Stargard, 1707, I 508ss. HOLLAZ fala de *actiones* nessas observações introdutórias à doutrina da criação, e não de *opera* como o faz POLANO *et alii*.

¹⁰ Assim A. CALOV, *Systema Locorum Theologicorum III*, Wittenberg, 1659, pp. 882ss. Em sentido semelhante já se havia manifestado J. GERHARD (*Loci Theologici*, 1610ss. ed. altera ed. F. FRANZ, 1885, vol. II,1 a).

¹¹ Assim J. A. QUENSTEDT, *Theologia didactio – polemica sive Systema Theologicum I*, Leipzig, 1715, p. 589 (Início do cap. 10: *De actionibus Dei in genere, et in specie de Creatione*).

As ações das pessoas trinitárias em suas relações recíprocas, no entanto, devem ser diferenciadas rigorosamente de seu agir conjunto para fora. Para esta diferenciação serve a regra que contrapõe à inseparável unidade das pessoas trinitárias em seu agir "para fora", na relação do mundo, a separação de suas atividades para dentro", constitutiva para as diferenças pessoais entre Pai, Filho e Espírito em suas relações recíprocas[12].

> A frase citada muitas vezes *Opera trinitatis ad intra sunt divisa, opera trinitatis ad extra sunt indivisa,* todavia, não é uma "regra geral agostiniana"[13]. Ela é, antes, o resultado do mencionado complexo desenvolvimento das concepções do agir de Deus na teologia latina. Somente sua segunda parte foi defendida por AGOSTINHO no que diz respeito a seu conteúdo, o qual, no entanto, desse modo seguiu simplesmente a doutrina dos Pais capadócios, como mostramos acima. Referente à indivisibilidade do agir das pessoas trinitárias para fora, QUENSTEDT falou, em 1685, de uma *regula Augustiniana* (*op. cit.,* p. 328), de modo que pôde surgir a impressão de que a regra como tal tivesse sido formulada nesses termos pelo próprio AGOSTINHO. A primeira parte da regra, referente às relações intratrinitárias, no entanto, somente pôde ser formulada depois que os termos *operatio* e *actio* também encontraram aplicação às relações intratrinitárias. Na teologia protestante antiga, a fórmula ampliada às relações intratrinitárias já pôde ser considerada usual em meados do séc. XVII. Isso se depreende de uma observação de ABRAHAM CALOV, de 1659, referente às *actiones personales* intratrinitárias: *de quibus tradi solet Regula: Opera ad intra sunt divisa* (CALOV, *op. cit.,* p. 882). JOHANN MUSÄUS, *De Deo Triuno,* Jena, 1647, falava de uma *regula Theologorum* (Tese 94).

A ampliação da idéia do agir divino às relações intratrinitárias entre Pai, Filho e Espírito, que foi realizada pela teologia ocidental, poderia parecer um desvio da doutrina dos Pais gregos, que haviam dado tão grande ênfase à unidade do agir de Deus ao restringirem essa idéia

---

[12] Nisso J. A. QUENSTEDT chama a atenção para o fato de que não se deveria equiparar os *opera* trinitários *ad intra* com *operibus internis,* porque estas visam (como os atos do intelecto e da vontade) um objeto exterior, mesmo que, como atos, permaneçam na interioridade do sujeito (*op. cit.,* pp. 589s.).
[13] Assim C. H. RATSCHOW, *Lutherische Dogmatik zwischen Reformation und Aufklärung II,* Gütersloh, 1966, p. 156, cf. p. 158.

ao procedimento de Deus para "fora". No entanto, também a teologia ocidental se manteve expressamente fiel à indivisível unidade de Deus no agir para fora. A ampliação da idéia do agir de Deus às pessoas trinitárias também não pode significar que estas sejam dependentes uma da outra em suas "ações" inter-relacionadas, assim como o Deus criador é independente do mundo a ser criado por ele. Neste ponto, a ampliação ocidental da idéia do agir de Deus se envolveu numa dificuldade que somente ficou encoberta pelo fato de que, por outro lado, a independência hipostática das pessoas divinas foi atribuída a atos internos de um único sujeito divino em seu saber e querer: Acaso os atos das pessoas divinas são menos livres em suas relações recíprocas do que seu agir conjunto "para fora" na produção de um mundo? Ou teria o ato da criação, sem prejuízo de sua liberdade, igualmente parte na dependência mútua das pessoas trinitárias, que os torna inseparáveis? Apesar de tais dificuldades, a ampliação ocidental da idéia do agir de Deus resultou em ganho em vários sentidos em termos de conhecimento teológico. Em primeiro lugar, é ganho para a própria compreensão de Deus o fato de se conceber a Deus como ativo em si mesmo. A vantagem dessa concepção é evidente na comparação com a doutrina palamita das energias divinas, que, na verdade, seriam incriadas, mas, não obstante, distintas da essência divina[14]. A contradição interna dessa concepção de obras divinas incriadas é evitada na teologia ocidental pelo fato de se ligar a idéia de uma eterna atividade de Deus nele mesmo com as relações divinas. Disso resulta espontaneamente que Deus não precisa do mundo para ser ativo. Ele é vivo em si mesmo nas relações mútuas entre Pai, Filho e Espírito. Com a criação de um mundo, naturalmente, ele se torna ativo de maneira nova. Faz parte do conceito do agir que o agente sai de si por meio de um ato de sua liberdade, produzindo algo diferente dele mesmo, ou se torna ativo com vistas a algo nesse sentido, ou ele reage à influência dele. Isso vale dentro da unidade da vida divina para as relações das pessoas trinitárias entre si. Com a criação de um mundo, porém, os agentes em comum saem daquilo que lhes é comum, a saber da própria essência divina. Com isso a criação do mundo juntamente com a economia do agir de Deus se distingue do fato de o Deus vivo ser ativo nas relações de Pai, Filho e Espírito entre si.

---

[14] Vide quanto a isso D. WENDEBOURG, *Geist oder Energie*, 1980, pp. 39-43.

A ampliação da idéia do agir de Deus às relações intratrinitárias possibilita um ganho de conhecimento teológico ainda em outro sentido. Pois a doutrina da unidade indivisível das três pessoas em seu agir comum desde cedo estava exposta a objeções. Aduziam-se contra ela afirmações bíblicas, nas quais se fala com naturalidade do agir de uma única pessoa da Trindade. Já Ambrósio e Agostinho se deparam com esta crítica[15]. Podia-se opor a isso a informação de que nessas afirmações o agir conjunto das três pessoas é "apropriado" a uma delas. Permanece obscuro como tal apropriação estaria fundamentada na vida trinitária de Deus, como também permanece obscura a possibilidade de, em vista da unidade indivisível do agir divino, se chegar de algum modo a um conhecimento da diferencialidade das pessoas trinitárias. A ligação das relações intratrinitárias com o conceito do agir de Deus como criador, mantenedor, reconciliador e consumador do mundo de criaturas permite um esclarecimento dessas dificuldades na medida em que permite pensar a relação do Deus uno com o mundo – como criador, reconciliador e consumador do mundo – como mediado trinitariamente, de tal modo que as relações do Deus uno com as criaturas e das criaturas com ele sempre também já se baseiam no agir recíproco das pessoas trinitárias. O agir do Deus uno na relação com o mundo não é um agir totalmente diferente daquele de sua vida trinitária, antes nele essa vida trinitária se volta para fora, sai de si mesma e se torna razão determinante das relações entre criador e criatura.

Na tradição teológica, esse estado de coisas foi expresso de tal modo que o princípio do agir comum das pessoas trinitárias em seu agir para fora recebeu o acréscimo: *servato tamen personarum divinarum ordine* (assim David Hollaz, *Examen, loc. cit.*, p. 510, cf. Joh. Andreas Quenstedt, *loc. cit.*, p. 589). No sentido da dogmática tradicional, trata-se aí da ordem das relações originais entre Pai, Filho e Espírito: no agir para fora, as pessoas trinitárias atuam de acordo com essas relações: o Pai como origem não-gerada, o Filho como gerado do Pai, o Espírito como procedente do Pai e recebido pelo Filho. Nas particularidades fundamentadas nesta ordem original

---

[15] Ambrósio, *De fide* IV,6,68 (CSEL 78,180 linha 32-35), Agostinho, *De trin.* I,4,7: [*A Trindade*, São Paulo, Paulinas,1985] *pater et filius et spiritus sanctus sicut inseparabiles sunt, ita inseparabiliter operentur* (CC 50,36,22-24).

também deveriam fundamentar-se as apropriações: a criação ao Pai, a reconciliação ao Filho, a consumação escatológica ao Espírito. No sentido das exposições no volume I (pp. 444ss.), esse ponto de vista deve ser ampliado de tal modo que também no agir conjunto das pessoas trinitárias para fora se expresse a reciprocidade de suas relações.

Com a transmissão trinitária do agir de Deus para fora ainda está relacionado outro ciclo de perguntas, no qual se trata da unidade e correlação interior das diferentes fases da economia salvífica do agir divino. O fato de que esta unidade do agir, fundamentada em última análise na unidade do sujeito agente, interliga uma multiplicidade de momentos numa unidade igualmente processual no decorrer dos acontecimentos, caracteriza todo agir que se encontra condicionado ao tempo, seja que *o próprio agente* tenha seu lugar no tempo e se dirige com os fins de seu agir a um futuro distinto de seu presente, seja tão-somente que o *objeto* do agir tenha sua existência no tempo e assuma sua forma sob as condições de processos temporais. A respeito do agir de Deus se pode afirmar somente no último sentido uma estruturação por meio da distinção e atribuição de meios e fins, e também isso somente de modo restrito. Que o agir humano produz conseqüências efetivas, estruturadas por meio de uma interligação de meios e fins, decorre do fato de que os seres humanos geralmente não são capazes de realizar seus objetivos por meio de um único ato e diretamente, mas somente por meio de um nexo articulado de ações, porque em seu agir para a realização dependem do fim proposto do uso como meios de condições e materiais dados alhures. Nesse sentido, a estrutura fim-meios do agir não pode ser aplicada sem mais nem menos à idéia de um agir divino, porque desse modo se faria de Deus um ser carente e dependente[16]. Mas a estrutura fim-meios do agir também tem a função de integrar numa unidade uma multiplicidade dada na sucessão temporal de seus elementos, e isso de tal modo que a unidade da seqüência seja fundamentada a partir de seu final. Com vistas a essa função da integração de uma sucessão de acontecimentos numa unidade fundamentada a partir de seu fim, também se pode falar de fins e meios referente ao agir de Deus. Isso não deve ser entendido de

---

[16] Vide vol. I, pp. 506s., 520s.

tal modo como se Deus pudesse alcançar seus fins apenas por meio do uso de meios adequados. O agir criador do Deus onipotente pode realizar por si mesmo todos os seus fins diretamente na forma de *basic actions*[17], por meio de simples atos volitivos. No entanto, se o agir de Deus tomar por objeto a produção de criaturas finitas, por isso também temporalmente limitadas e determinadas por condições temporais, então ele produzirá os acontecimentos e seres finitos no contexto de uma sucessão temporal, na qual sua existência se refere a uma consumação futura. Neste caso, o discurso de meios e fins do agir de Deus apenas expressa as relações entre os acontecimentos e seres finitos como assim intencionados por Deus, contudo sob o ponto de vista de sua relacionalidade com um futuro que os transcende em sua finitude. Isso ainda será explicado e fundamentado com maiores detalhes mais adiante. Por ora é preciso constatar que a ordem temporal, na qual se encontram as coisas e acontecimentos criaturais como tais, dá motivo para expressar sua referência ao agir de Deus por meio da idéia de um "plano" (Is 5.19 *et passim*) que Deus persegue no processo da história. Se a determinação de todo acontecimento e de toda existência está direcionada para a comunhão com o próprio Deus, então essa idéia assumirá no pensamento a forma de um plano salvífico. Neste ponto, a relação finalista do agir de Deus para fora leva à forma de sua mediação trinitária, na medida em que a comunhão das criaturas com seu criador deve ser pensada como participação na comunhão do Filho com o Pai por meio do Espírito. O conselho ou o plano salvífico (Ef 2.9ss.) que se encontra na base do decurso da história da criação e no qual tudo que acontece está inserido, pode então ser anunciado já agora como revelado em Jesus Cristo, em sua obediência ao envio do Pai. Nesse contexto então também se pode dizer que o feito de sua criação e no decorrer da história de suas criaturas, o Deus, em si independente, se torna dependente das condições criaturais para a manifestação de seu Filho na relação de Jesus com o Pai, não como se para a realização de seus fins Deus dependesse de meios distintos disso, mas de tal modo que este é de fato o modo como uma pluralidade de criaturas é incluída na eterna bem-aventurança da comunhão do Filho com o

---

[17] T. PENELHUM, *Survival and Disembodied Existence*, 1970, p. 107, cf. p. 40 com referência a A. DANTO, Basic Actions, in: *American Philosophical Quartely* 2, 1965, pp. 141-148.

Pai: para o agir de Deus nenhuma criatura é mero meio, mas justamente por meio do direcionamento de sua existência para o *kairos* da aparição do Filho, toda criatura se torna partícipe do fim salvífico de seu Criador.

A estrutura desdobrada do agir divino "para fora" abrange, ao lado da criação do mundo, também os temas normalmente distintos dela, a saber, de sua reconciliação, redenção e consumação. Num sentido mais amplo, todavia, também a consumação da criatura poderia ser incluída no conceito da criação. Se, porém, seguirmos à concepção tradicional, mais restrita, do discurso a respeito da "criação", diversamente da reconciliação e da consumação, a idéia do agir de Deus "para fora" não se esgota no ato da criação do mundo. Esse então constitui apenas o primeiro membro numa economia do agir de Deus que abrange e expressa a relação de Deus com o mundo em todos os seus aspectos.

Temos que falar, portanto, de uma variedade de atos divinos? Ou a eterna auto-identidade do Deus uno excluiria a concepção de uma seqüência de ações diferenciadas, de modo que, a rigor, o agir de Deus seria somente um desde a eternidade? Sob o postulado da unicidade de Deus, a tradição teológica afirmou de fato que o agir de Deus em si seria somente único e idêntico com sua substancialidade[18]. Em contrapartida, os escritos bíblicos não apenas se referem indiretamente com toda a naturalidade a uma pluralidade de feitos divinos, mas falam também expressamente de uma pluralidade de feitos de Deus (Sl 78.11: *alilot*) e milagres que Deus mostrou ao povo (Sl 77.12); de seus "poderosos feitos" (Sl 106.2: *geburot*) ou simplesmente de suas "ações" (Sl 111.6: *ma'asau*). Eles puderam ser resumidos num plural coletivo. O livro de Josué fala dos anciãos que conheciam "todas as obras de

---

[18] TOMÁS DE AQUINO, *Sum. teol.* I, 39,2 ad 3: *Sed in Deo secundum rem no est nisi una operatio, quae est sua essentia.* Segundo TOMÁS, isso vale até mesmo para as processões trinitárias (I,27,4 ad 1), visto que estão fundamentadas em ações (I,27,1 e 5). A teologia protestante ortodoxa insistiu referente à Trindade, do mesmo modo com TOMÁS, na diversidade real das processões intradivinas e das pessoas entre si. Com vistas ao agir de Deus, A. CALOV, *Syst. Loc. Theol. III*, 1659, pp. 883s., pôde tomar a universalmente reconhecida identidade real das *actiones essentiales internae* (como vontade e intelecto) com a substancialidade divina por motivo para concentrar a idéia do agir nas *actiones externae*.

Javé" (*qol ma'aseh Yhwh*) que ele tinha feito em favor de Israel (Js 24.31, cf. Ex 34.10; Jz 2.7 e 10), a saber, na história do êxodo do Egito e da migração pelo deserto. Esse plural coletivo é vocábulo bíblico para "história" por excelência (cf. Is 5.19; 28.21 tb. Sl 92.5s.). Nisso a pluralidade dos feitos de Deus, no entanto, é concebida novamente como unidade, mas uma unidade estruturada e diferenciada em si. Que essa pluralidade real dentro da unidade do agir divino não é apenas aparência, que ela também não pertence apenas ao lado de seus efeitos criaturais, mas é própria do agir de Deus, se manifesta o mais tardar no momento em que ela se revela como ligada às diferenças trinitárias na vida de Deus: na encarnação do Filho. O agir reconciliador de Deus, que inicia com a encarnação do Filho, é algo novo perante a fundamentação da mera existência das criaturas, embora nisso se trate da consumação das criaturas e com isso também da obra da criação. Daí se pode dizer em termos bem gerais: o novo de caso em caso na seqüência do agir divino – e, portanto, sua multiplicidade – está fundamentado na multiplicidade trinitária da vida divina. Por isso, por sua vez, também não se perde a unidade desse mesmo agir de Deus na economia da história de Deus com sua criação em face da multiplicidade dos acontecimentos. Disso falaremos novamente no encerramento do presente capítulo.

No entanto, primeiramente temos que tratar da criação como obra especial de Deus. Nisso se trata, em primeiro lugar, do agir criador de Deus como da livre origem de uma realidade distinta de Deus. Livre é também o agir das pessoas trinitárias em suas relações recíprocas, não, porém, no sentido de que o Pai também poderia deixar de gerar o Filho, ou que o Filho pudesse negar a obediência ao Pai, que o Espírito pudesse glorificar a alguém além do que o Pai no Filho e ao Filho no Pai. A origem do mundo como criação do livre agir de Deus diz justamente isto: que a deidade de Deus nada careceria se o mundo não tivesse vindo a existir. Isso, todavia, é uma afirmação que diz mais respeito ao mundo, ou seja, à contingência de sua existência, do que a Deus; pois em sua liberdade Deus se determinou a ser criador e consumador de um mundo de criaturas. Por isso a idéia de que Deus também poderia ter deixado de criar o mundo se baseia numa abstração da fatual autodeterminação de Deus, que deverá estar fundamentada na eternidade de sua essência e que, portanto, não pode ser concebida como exterior à realidade concreta de Deus. Não obstante, a origem do mundo deve ser concebida como contingente também a partir de Deus, porque ele se origina da liberdade do Deus uno em sua vida trinitária.

2. A característica do agir criador

A idéia da criação desenvolveu-se em Israel como ampliação da fé salvífica no Deus da aliança, que escolhe e age na história, ao começo de todo acontecimento: "O início dessa história de Deus foi agora pré-datada até a criação"[19]. Essa opinião foi atacada com o argumento de que, antes, Israel sempre já teve participação "na concepção de criação e mundo do antigo Oriente e entendeu suas experiências específicas na história e com Deus sobre este pano de fundo"[20]. Deve-se admitir pacificamente que idéias cosmológicas e cosmogônicas, tais como as que foram elaboradas pelas religiões do Oriente Antigo, não eram de todo desconhecidas para os pais, e que, portanto, também as idéias de uma origem divina da ordem mundial não surgiram primeiro em Israel como extrapolações da experiência do agir de Deus na história, e em especial da condução para fora do Egito, do salvamento no Mar dos Juncos e da dádiva da terra prometida. Assim parece que nos primórdios de Israel a origem divina do mundo terreno foi atribuída ao deus do celeste cananeu El, que também é testificado como criador do mundo na inscrição de Katarepe na Cilícia e que liga os primórdios de Israel com Ugarit[21]. Na tradição em torno de Abraão, o Deus venerado

---

[19] G. von Rad, *Theologie des Alten Testaments I*, 1957, p. 143 [= *Teologia do Antigo Testamento*, São Paulo, ASTE; Targumim, 2ª ed., 2006, p.129].

[20] Assim H. H. Schmid, Schöpfung, Gerechtigkeit und Heil, "Schöpfungstheologie" als Gesamthorizont biblischer Theologie, in: *ZThK*, 70, pp. 1-19, citação na pp. 1ss. Concepção semelhante foi desenvolvida por R. P. Knierim, Cosmos and History in Israel's Theology, in: *Horizons in Biblical Theology 3*, 1981, pp. 59-123.

[21] Quanto a isso, cf. W. H. Schmidt, *Königtum Gottes in Ugarit und Israel*, 2ª ed., 1966, pp. 23ss. Referente à função de El como criador, cf. pp. 58ss. Referente à inscrição de Karatepe, cf. *Ancient Near Eastern Texts Relating to the Old Testament*, ed. por J. B. Prichard, 2ª ed., 1955, pp. 499s., esp. p. 500 b. Além disso, ver tb. Fritz Stolz, Strukturen und Figuren im Kult von Jerusalem, *BZAW* 118, 1970, pp. 102-148, bem como F. M. Cross, *Cananite Myth and Hebrew Epic*, Cambridge, Mass., 1973, pp. 1-75, e Idem, *El* in: *ThWAT* 1, 1973, 259-279.

por Abraão é identificado com El[22]. Isso acontece de modo especial na narrativa do encontro de Abraão com Melquisedeque, o sacerdote do El Elyon de Jerusalém, que abençoa a Abraão em nome do "El Elyon, que fez o céu e a terra" (Gn 14.19). Como para o Israel posterior o Deus de Abraão era idêntico com Javé, o Deus do Sinai e do êxodo (Ex 3.6), também ele deverá ser compreendido como um com o Deus criador El. Os processos histórico-religiosos, certamente complexos, que se encontram por trás dessa identificação entre Javé, El e o Deus dos pais, não precisam ser analisados aqui[23]. Em todo caso, importante é que aí não se pode ter tratado de mera *adaptação* da deidade de Javé à de El

---

[22] Assim analogamente tb. H. H. Schmid, Jahweglaube und altorientalisches Weltordnungsdenken, in: Idem, *Altorientalische* Welt in der *alttestamentlichen* Theologie, 1974, pp. 31-63, esp. pp. 38ss. Com razão, todavia, Schmid chama a atenção para o fato de que aqui não se trata "da distanciada ou até mesmo refletida identificação de duas grandezas completas em si, mas do fato de que o horizonte de experiência da veneração de Javé se havia adaptado de tal maneira à religiosidade de El e do deus Baal que disso tinham que aparecer obrigatoriamente modos de expressão paralelos, sim até mesmo idênticos, e que tradições referentes a El tiveram que aparecer com toda naturalidade também como relevantes para Javé" (pp. 46s, nota 58).

[23] Com a suposição de uma divindade patriarcal específica, distinta de Javé, J. van Seters, The Religion of the Patriarchs in Genesis, in: *Biblica 61*, 1980, pp. 220-253, também pôs em dúvida uma veneração de El ainda não ligada com a figura de Javé. Mas o código sacerdotal, não obstante, constata expressamente (Ex 6.3) que os patriarcas ainda não conheciam a identidade do Deus Javé por eles venerado, e com isso concorda também a narrativa de Ex 3. O emprego de "epítetos de *El*" em Dêutero-Isaías (Is 43.5 e 10; 45.22; 46.9), que van Seters toma por indício de datação tardia das informações correspondentes de Gênesis, certamente são expressão de um "*increasing effort to identify Yahweh with the one unversal deity reflected in the use of the term 'ēl*" (p. 230); isso, porém, de modo nenhum exclui que se tenham aproveitado reminiscências "arcaicas" (cf. p. 231) conservada pela tradição e que, na situação do exílio, podem ter adquirido nova atualidade, mas que, ao mesmo tempo, puderam legitimar uma argumentação como a de Dêutero-Isaías a partir da linguagem tradicional. Mas em face das informações de Ex 3 e da indubitável importância da figura divina de El em testemunhos cananeus do segundo milênio e dos inícios do primeiro milênio antes de Cristo, o mais plausível parece ser, acompanhando F. M. Cross, que os patriarcas de Israel eram veneradores de El ou de uma forma específica da figura de El, no que pode ficar em aberto se por trás disso se encontra, no sentido das teses de A. Alt, uma divindade patriarcal monádica originalmente autônoma, a qual, por sua vez, só secundariamente teria sido amalgamada com El.

ou (caso alguma vez foram objeto de veneração cúltica) às divindades dos ancestrais. Pelo contrário, aconteceu uma *apropriação* das tradições dos pais, mas também da figura de El – também do El de Jerusalém – por Javé. Possivelmente esse processo perdurou ao longo da época da monarquia. Mas com a *apropriação* também se deu uma *transformação* das funções cosmológicas associadas à figura de El e, mais acentuadamente, as associadas a Baal. Neste ponto deverá ter um núcleo de valor permanente a tese de von Rad de que a fé bíblica na criação teria tido sua origem nas experiências que Israel teve com a atuação de Javé na história. As idéias de ordem mundial e do surgimento do mundo não foram criadas de forma nova, mas reformuladas em seu caráter sob a influência das experiências de Israel com o agir de Deus em sua história. Esse é um fato de considerável relevância teológica, porque a isso está ligada a particularidade das concepções bíblicas da atividade criadora de Deus em contraposição a outras concepções da cosmogonia, por mais que em outras culturas o surgimento do mundo também seja atribuído a uma origem divina.

O motivo para a apropriação e a assimilação das funções cosmológicas associadas a El e Baal por Javé deverá ser procurado na santidade zelosa de Javé, em sua pretensão de veneração exclusiva, tal como ela se expressa no Primeiro Mandamento (Ex 20.3 e esp. Dt 6.14s)[24]. Com essa pretensão era incompatível a admissão de um criador do mundo e de sua ordem distinto do Deus do Sinai e da eleição e condução histórica. Por meio da atribuição também da ordem cósmica e sua origem ao Deus da história salvífica expressou-se o ilimitado poder que se manifesta em seu agir histórico. Nisso não apenas El era identificado com Javé, mas também a atividade criadora de Baal que, diferente de El, era antes uma atividade preservadora ou renovadora do mundo do que criadora[25], foi transferida a Javé com o motivo da luta do dragão-caos[26]. Tanto na natureza quanto na história, o universo é de igual

---

[24] Quanto a isso, cf. W. H. Schmidt, Die Frage nach der Einheit des Alten Testaments im Spannungsfeld von Religionsgeschichte und Theologie, in: *Jahrbuch für biblische Theologie* 2, 1987, pp. 33-57, esp. pp. 42ss.
[25] Cf. W. H. Schmidt, 1967, pp. 61s.
[26] *Ib.*, pp. 46ss. Vide, além disso, Jörg Jeremias, *Das Königtum Gottes in den Psalmen. Israels Begegnung mit dem kanaanitischen Mythos in den Jahwe-Königs-Psalmen*, 1987, pp. 29-45 ref. Sl 29.3ss.

modo "campo de ação" de Javé[27]. Nos salmos de lamentação do tempo do exílio, a luta de Javé com o caos se tornou novamente atual (Sl 74.12ss., 89.6ss.; 77.12ss.), porque agora teve que "arrancar novamente o universo do caos com a força dos tempos primitivos", enquanto o Sl 104.5ss. tinha descrito a terra como fundada uma vez por todas, livre do poder das águas do caos[28]. Por outro lado, a crença na criação se tornou, em Dêutero-Isaías, o argumento para a expectativa de um novo agir salvífico de Javé, que deveria demonstrar novamente seu poder também sobre o curso da história[29]. Evidencia-se no emprego de terminologia criacional para o agir de Deus na história quão íntima era considerada em Dêutero-Isaías a relação do agir de Javé na criação e na produção do historicamente novo,. Assim, por exemplo, o novo iminente é "criado" (Is 48.7, cf. 43.19). Assim como formou a luz e "criou" as trevas, do mesmo modo Javé também efetuará salvação e desgraça na história (Is 45.7)[30]. Com isso a teologia é confrontada com a pergunta se ela pode restringir o conceito da criação ao começo do mundo, ou se deverá interpretá-lo como expressão do agir criador de Deus na história do mundo por excelência. Os testemunhos bíblicos de Deus como criador se caracterizam pela tensão entre os dois aspectos.

No contexto do renascimento da crença na criação e da teologia da criação no tempo do exílio, também será necessário dedicar-se ao relato da criação do escrito sacerdotal no primeiro capítulo do livro de Gênesis. Na verdade, aqui – distinguindo-se de Dêutero-Isaías – o agir criador de Deus no princípio, na fundação do mundo, não é apenas exemplo e garantia para a produção do historicamente novo no tempo contemporâneo de então. A fundação do mundo no princípio tem sua relevância presente no fato de ter por objeto sua ordem inabalavelmente fixa até o presente. Nisso o relato sacerdotal corresponde aos mitos cosmogônicos, especialmente também ao poema épico babilônico *Enumelish*, que forma o pano de fundo do primeiro capítulo do livro de

---

[27] JÖRG JEREMIAS, *loc. cit.*, p. 44.
[28] JÖRG JEREMIAS, pp. 29 e 49.
[29] Quanto a isso, cf. R. RENDTORFF, Die theologische Stellung des Schöpferglaubens bei Deuterojesaja, in: *ZThK 51*, 1954, pp. 3-13, esp. pp. 6s. referente a Is 44.24ss; 40.27-31; 40.12-17 e 40.21-24; tb. as explanações na p. 8 ref. a Is 54.4-6.
[30] Cf. R. RENDTORFF, *loc. cit.*, p. 11.

Gênesis. No mais, porém, a descrição do agir criador divino nesse texto se diferencia profundamente da descrição do mito. O irrestrito agir criador de Javé corresponde às afirmações dos Salmos e de Dêutero-Isaías a respeito do agir do Deus uno e único na criação e na história. O relato sacerdotal da criação expressou de modo clássico para o tempo subseqüente a concepção de que Deus não tem limites em seu agir criador. Isso acontece por meio da concentração da descrição na palavra de ordem divina como a única razão para a existência das criaturas. Ainda que não seja verdadeiro que no texto do capítulo um relato de ação mais antigo tenha sido suplantado por uma descrição posterior da criação por meio da mera palavra de ordem de Deus[31], e que, antes, a ordem divina e o relato sobre sua execução estavam previstas de antemão[32], não obstante, está claro, em todos os casos, que na visão do escrito sacerdotal não havia mais a necessidade de uma luta com o poder do caos para a criação do mundo, como acontece no poema épico babilônico ou também nas concepções cananeu-ugaríticas da luta de Baal com o mar, ainda presentes nos salmos e transferidas a Javé. A facilidade com que Deus usa a mera ordem demonstra o irrestrito poder do Criador[33]. Todavia, também essa concepção é de origem mítica[34], ainda que também em Israel ela se tenha oferecido pela compreensão profética da palavra de Deus realizadora da história[35]. A idéia de que

---

[31] Assim W. H. SCHMIDT, *Die Schöpfungsgeschichte der Priesterschrift*, 2ª ed., 1967, esp. pp. 169ss., cf. pp. 115ss.
[32] Assim O. H. STECK, *Der Schöpfungsbericht der Priesterschrift*, 1975, pp. 14-26, bem como pp. 246ss.
[33] Isso também foi expresso de outro modo em salmos como Sl 93 e Sl 29 bem como Sl 104, apesar da preservação da imagem da luta com o mar, ao se descrever o reinado de Javé, diferente do de Baal (mas análogo ao de El), como existente "sem começo nem fim", não como conquistado primeiro por meio de uma luta com o caos. Cf. JÖRG JEREMIAS, *loc. cit.*, p. 27 referente a Sl 93.1s, bem como pp. 38s. referente a Sl 29.3 e 10 (cf. tb. *loc. cit.*, pp. 42s.)
[34] Por isso não se deveria sem mais nem menos designar "a criação pela soberana e poderosa palavra de Deus" logo como "antimítica" como acontece em I. SCHEFFCZYK (*Einführung in die Schöpfungslehre*, 1982, p. 11), por mais clara que seja a diferença em relação às concepções de uma luta com o caos. Uma posição intermediária, aliás, é assumida aqui pela concentração do agir criador na "voz" de Javé no Sl 29.3ss., uma idéia que, por sua vez, já foi importante no mito de Baal (cf. JÖRG JEREMIAS, *loc. cit.*, pp. 41s.).
[35] É o que supõe W. H. SCHMIDT, *loc. cit.*, pp. 175s.

todas as coisas foram criadas pela palavra mágica do Deus e pela palavra de ordem real do Deus já se encontra no Egito antigo na "Teologia de Mênfis", que remonta ao terceiro milênio. Ali ela foi associada ao Deus-rei egípcio Ptah[36], pouco mais tarde também atribuída, no mito de Apófis, ao deus-sol Re[37]. Ainda que não se possa demonstrar uma relação literária do relato da criação do escrito sacerdotal com esses textos[38], em todo caso, a idéia de uma criação pela palavra divina não é em si o diferencial característico da concepção bíblica da criação. Sua singularidade consiste na irrestrita liberdade do agir criador, em analogia com o agir do Deus de Israel na história, exemplificada na criação pela palavra. O característico desse pensamento está intimamente relacionado com a unicidade do Deus bíblico, pois nisso se fundamenta a diferença decisiva em relação a concepções análogas da cosmogonia das culturas do Oriente Antigo. Essa liberdade irrestrita do agir criador foi expressa mais tarde (primeiramente em 2Mac 7.28; cf. Rm 4.17; Hb 11.3) pela fórmula de uma criação "a partir do nada"[39].

> No Segundo Livro dos Macabeus, a fórmula da criação a partir do nada certamente ainda não tinha o sentido de excluir a idéia da forma de uma matéria preexistente, mas significa simplesmente que "antes" o mundo "não era"[40]. Na literatura do judaísmo helenista ocorre em toda parte a idéia de uma criação do mundo a partir da massa original informe, presente também em Sb 11.17[41]. Ela ocorre ainda em JUSTINO (*Apol.* I,10,2) e em ATENÁGORAS (*supl.* 22.2)[42]. Entre os apologetas cristãos do séc. II, TACIANO foi o primeiro a insistir que também a matéria primitiva deverá ter sido produzida por Deus (*Or.* 5.3), porque – como já ensinara JUSTINO (*Dial* 5.4-6)

---

[36] *Ancient Near Eastern Texts Relating to the Old Testament*, ed. J. B. PRICHARD, 2ª ed., 1955, p. 5 (nota 53ss.).
[37] *Loc. cit.*, pp. 6s.
[38] Assim W. H. SCHMIDT, *loc. cit.* (1967), p. 177.
[39] Quanto a isso, cf. tb. Baruque Siríaco 21.4 e 48.8. Outros comprovantes em U. WILCKENS, *Der Brief an die Römer I*, 1978, pp. 274 nota 887.
[40] Assim G. MAY, *Schöpfung aus dem Nichts. Die Entstehung der Lehre von der creatio ex nihilo*, Berlim etc., 1973, pp. 7. MAY remete à expressão linguisticamente análoga em XENOFONTE, *Mem.* II,2,3, onde diz que pais produzem seus filhos do nada (ἐκ μὲν οὐκ ὄντον).
[41] G. MAY, *loc. cit.*, pp. 6ss., bem como referente a FILO de Alexandria, pp. 9ss.
[42] G. MAY, pp. 122-142.

– ao lado de Deus não se poderia presumir um segundo princípio incriado. Esse tema foi atual no séc. II pela discussão com o dualismo de Marcião[43]. Para a imposição da doutrina da *creatio ex nihilo* na patrística cristã tornaram-se decisivos Teófilo de Antioquia e Ireneu de Lyon[44]. Especialmente Teófilo combateu expressamente a suposição platônica de uma matéria incriada, à semelhança de Deus (*ad. Aut.* II,4): a magnitude de Deus e de sua criação se revelaria somente se ele não criou o que quer que seja, a exemplo dos artistas humanos, a partir de uma matéria preexistente, mas a partir do nada. Também Ireneu enfatizava que Deus teria produzido tudo de livre vontade (*adv. haer.*, II,1,1), inclusive a matéria (II,10,4). Quase na mesma época, justamente essa concepção foi designada como absurda pelo afamado médico Galen em sua crítica à doutrina judaica da criação, do mesmo modo como ainda no séc. III pelo filósofo platônico Celso[45].

Se o sentido original da fórmula *creatio ex nihilo* apenas quer dizer que "antes" o mundo "não era!", e se o significado essencial de seu emprego nos inícios da patrística consiste na intenção de excluir qualquer concepção dualista de um eterno correlato à atividade criadora divina, não é recomendável novamente, com Karl Barth, atribuir sob o nome do "nulo" a esse nada, uma "realidade" de caráter próprio (*KD* III/3, pp. 327-425, esp. 402ss.), ainda que seja apenas como "contradição e resistência" (p. 327), contra a qual Deus "afirma a si mesmo e impõe sua vontade positiva" (p. 405). A invocação de Gn 1.2 (p. 406) não serve de justificativa para isso, porque no "dilúvio original" (*tēhom*) ali mencionado se trata de uma depreciação desmitologizante da *tiamat* babilônica, enquanto Barth faz exatamente o contrário, valorizando esse caos como "nulo" e "mal" (p. 407). Não se faz menção no relato sacerdotal da criação a uma "resistência" contra a atividade criadora de Deus. Tais idéias

---

[43] G. May, pp. 153ss. Antes de Taciano, já o gnóstico Basílides havia afirmado, entre os teólogos cristãos, uma criação a partir do nada (pp. 71s., 74ss.). Quanto a isso, cf. tb. as observações de H. Chadwick in: *Concilium* 19, 1983, pp. 414-419, esp. p. 417.

[44] Quanto a Teófilo, *ad Aut.* I,4 e 8, bem como 13, vide May, *loc., cit.*, pp. 159s; quanto a Ireneu, *ib.*, pp. 167ss.

[45] Vide quanto a isso A. Dihle, *Die Vorstellung vom Willen in der Antike*, 1985, p. 9 e 12ss, 16s. Referente aos motivos dessa crítica cf., *ib.*, pp. 21ss. De acordo com Dihle, um conceito de vontade independente perante considerações intelectuais foi concebido somente tardiamente na Antiguidade e sob a influência de concepções bíblicas (pp. 29s.).

são simplesmente excluídas pelo poder irrestrito da palavra de ordem de Deus. Mas também a interpretação do nada da *creatio ex nihilo* em JÜRGEN MOLTMANN como espaço, que Deus teria concedido às criaturas ao recolher-se em si mesmo (*Gott in der Schöpfung. Ökologische Schöpfungslehere*, 1985, pp. 98-105. esp. pp. 100s. [versão brasileira: *Deus na Criação*], é totalmente diversa de BARTH. Ela se baseia em especulações judaicas e representa uma mistificação infundada do nada. Numa doutrina cristã da criação, sua função na mística judaica para explicar a autonomia da existência criatural ao lado de Deus, assumida por MOLTMANN, deve ser substituída pela explicação trinitária da idéia da criação. Referente à problemática lógica da fórmula *ex nihilo*, cf. E. WOLFEL, *Welt als Schöpfung*, Zu den Fundamentalsätzen der christlichen Schöpfungslehre heute, 1981, pp. 26ss.

A particularidade da concepção bíblica do agir criador de Deus exclui, portanto, toda compreensão *dualista* do surgimento do mundo. Este não é o resultado de qualquer empreendimento conjunto de Deus com outro princípio, tal como acontece, por exemplo, na descrição do surgimento do mundo no Timeu platônico, como configuração de uma matéria informe por um demiurgo. Em forma consideravelmente modificada, uma concepção dualista nesses termos foi desenvolvida novamente no pensamento filosófico por meio da filosofia do processo de ALFRED NORTH WHITEHEAD[46]. Ela também é defendida por

---

[46] A. N. WHITEHEAD, *Process and Reality* (1929), Harper TB ed., 1960, p. 529: "Opposed elements stand to each other in mutual requirement... God and the World stand to each other in this opposed requirement... Either of them, God and the World, is the instrument of novelty for the other". Por isso, p. 528: "It is as true to say that God creates the World, as that the world creates God", e na p. 526 se lê inclusive: "He does not create the world, he saves it...". Cf. as exposições de J. COBB, *A Christian Natural Theology. Based on the Thought of Alfred North Whitehead*, 1965, pp. 203-205, bem como o resumo das diferentes formas de adaptação teológica do pensamento de WHITEHEAD em R. C. NEVILLE, *Creativity and God*. A Challenge to Process Theology, 1980, pp. 3-20. O livro de NEVILLE concentra-se no mais em uma crítica meramente imanente da doutrina de Deus de WHITEHEAD e das diversas tentativas de seus sucessores no sentido de remediar suas inconsistências. Uma crítica pormenorizada já foi apresentada, do lado teológico, por W. TEMPLE, todavia, mais a partir do ponto de vista da concepção deísta de um Deus pessoal, que age teleologicamente (*Nature, Man and God*, London, 1934, 4ª ed., 1949, pp. 257ss.). Em seu livro *Der Himmel und Erde gemacht hat. Die christliche Lehre von*

muitos teólogos contra a clássica doutrina cristã da *creatio ex nihilo*. A discrepância entre a doutrina platônica e WHITEHEAD consiste, em primeiro lugar, em sua opinião da auto-conformação criativa de todo ser e evento finito. Na verdade, também ele concebe a Deus como origem da conformação, mas somente de tal modo que preestabelece para cada evento o ideal de sua auto-conformação (o *initial aim*). O Deus de WHITEHEAD atua por convencimento, não por meio de um agir criador poderoso. Sob esse ponto de vista, ele ainda difere de modo bem mais profundo do Deus criador da Bíblia do que o demiurgo de PLATÃO. Mas justamente a idéia de que Deus não atua por mera supremacia, mas por convencimento, muito contribuiu para a força de atração dessa concepção de Deus[47]. Aqui se encontram realmente analogias aos traços da paciência e bondade que caracterizam o Deus da Bíblia em seu procedimento para com suas criaturas, por exemplo, quando este em amor busca suas criaturas desgarradas e está disposto até a sofrer por elas. Mas a isso já se encontra subjacente nas afirmações bíblicas que as criaturas devem tudo o que são ao todo-poderoso agir criador de Deus. Uma vez que as criaturas são chamadas à existência, o Deus da Bíblia respeita sua autonomia de um modo em grande parte análogo à descrição dada por WHITEHEAD. Neste ponto também se justifica a idéia de que Deus conquista suas criaturas para "seus fins" com sua criação (e especialmente para o objetivo de sua consumação) por meio de persuasão (*persuation*) e não por meio de imposição. Mas a paciência e o amor humilde, com os quais Deus busca suas criaturas são divinos

---

der Schöpfung und das Denken unsrer Zeit (1959), Munique, 1971, pp. 44ss., L. GILKEY analisa a concepção de WHITEHEAD da relação de Deus com o mundo como uma versão moderna do dualismo espírito-matéria de PLATÃO no contexto de sua delimitação da doutrina cristã da criação em relação a essa compreensão por meio da fórmula da *creatio ex nihilo*. Algo semelhante também acontece em J. MOLTMANN, *loc. cit.*, p. 91. No contexto posterior, GILKEY, *Reaping he Whirlwind. A Cristian Interpretation of History* (1976), 1821, pp. 248s e 414 nota 34, também se manifestou de modo semelhante, como também já W. TEMPLE, de maneira crítica sobre a diferenciação entre Deus e *creativity*.

[47] Referente a isso, cf. esp. L. S. FORD, *The Lure of God. A Biblical Background for Process Theism*, Philadelphia, 1978, esp. pp. 20ss.; além disso, J. B. COBB, *God and the World*, 1969, c. 2: *The One Who Calls* (pp. 42-66, esp. p. 65), bem como J. B. COBB; D. R. GRIFFIN, *Prozesstheologie. Eine einführende Darstellung* (1976), alemão 1979, pp. 62ss. Especialmente referente à *creatio ex nihilo*, vide L. S. FORD, *An Alternative to creatio ex nihilo*, in: *Religious Studies* 19, 1983, pp. 205-213.

pelo fato de não terem nascido de impotência, mas serem manifestação do amor do Criador, que quis sua criatura independente e existente em liberdade. Os teólogos do processo contrapuseram com razão à doutrina da *creatio ex nihilo* que a existência do mal e da desgraça lhe causa dificuldade. Pois parece que um Criador que age irrestritamente poderia ter criado, em sua onipotência, um mundo sem o mal e a desgraça. A existência do mal e da desgraça na criação sempre de novo suscitou dúvidas a respeito do ensinamento de que Deus como criador onipotente pudesse ser, ao mesmo tempo, o Deus do amor pregado pelos cristãos. À primeira vista, os adeptos teológicos da filosofia do processo de WHITEHEAD aparentemente têm à mão uma resposta mais convincente à experiência do mal e da desgraça do que a doutrina cristã da criação, concebendo o poder de Deus como restrito. Na verdade, porém, essa doutrina leva ao resultado de que a criatura não depende unicamente de Deus, mas também de outros poderes, não podendo, portanto, pôr toda a sua confiança unicamente em Deus para superar o mal no mundo. Os crentes do Israel antigo ainda preferiram atribuir inclusive o mal e a desgraça a Deus (Jr 45.4s., Is 45.7, Am 3.6) ao invés reconhecer um poder do mal autônomo em relação a Deus. Inclusive Satanás é um servo de Deus (Jó 1.6). Desse modo, mudar o destino dos sofredores depende unicamente de Deus, ainda que a pergunta pelas razões para a admissão do sofrimento e o domínio do mal no mundo, bem como para sua duração, exceda a compreensão humana.

> Ocasionalmente se fez a tentativa de legitimar biblicamente a definição da relação entre Deus e mundo de WHITEHEAD, apontando-se para o surgimento pós-bíblico da fórmula da *creatio ex nihilo*, afirmando, em contrapartida, que o pensamento da criação contínua estaria melhor fundamentado biblicamente[48]. No que diz respeito à fórmula, a de uma *creatio continua* é de uma época ainda muito posterior do que a da *creatio ex nihilo*, a saber, da Idade Média ocidental (vide *abaixo* pp. 76ss.). A fórmula da *creatio continua* já pressupõe o rigoroso conceito da criação como *creatio ex nihilo*, caracterizando a atividade mantenedora de Deus como sua continuação. Já por essa razão não se pode contrapor a idéia de uma criação contínua à fórmula da *creatio ex nihilo*. Afirmações véterotestamentárias em

---

[48] Assim o influente livro de I. G. BARBOUR, *Issues in Science and Religion* (1966), 1968, pp. 383ss. A isso tb. se refere R. RUSSELL in: *Zygon 23*, 1988, p. 25.

salmos como Sl 104.14-30 ou 147.8s. e 139.13, porém, não querem afirmar uma limitação do poder criador de Deus por ligação a uma matéria preexistente, mas já implicam, do mesmo modo como a concepção da criação pela palavra em Gn 1, aquela liberdade irrestrita do agir criador divino, que mais tarde foi reduzida à fórmula da *creatio ex nihilo* (cf. tb. Ph. Hefner, in: C. E. Braaten *et alii*: *Christian Dogmatics I*, 1984, pp. 309ss., esp. p. 310). Não é desse modo que as afirmações bíblicas se encontram em tensão com o relato da criação do escrito sacerdotal no início do livro de Gênesis, mas somente no fato de que nelas o agir criador de Deus não é limitado ao começo do mundo. Essa concepção, porém, não é idêntica com a *creatio ex nihilo*. Em sua interpretação patrística, esta formula apenas a rejeição de uma concepção da atividade criadora de Deus em correlação com um princípio diferente de Deus. Uma justificativa bíblica para a concepção aqui rejeitada, porém, também não pode ser deduzida das afirmações dos Salmos e de Dêutero-Isaías.

As mesmas razões que negaram à crença bíblica na criação, tal como ela encontrou sua expressão clássica no relato sacerdotal da criação, qualquer concessão a uma cosmogonia dualista também a separam da concepção oposta da relação de Deus com o mundo no ato de sua criação. Se toda idéia dualista do surgimento do mundo restringe a liberdade do Criador em seu agir onipotente, então a liberdade divina é sacrificada nos sistemas de um monismo filosófico a uma necessidade ferrenha que rege a processão do mundo de sua origem divina. Aqui o próprio Deus aparece como preso a uma lógica que emana de sua própria natureza, segundo a qual tudo tem que acontecer tal como acontece de fato.

Nas concepções antigas da *heimarmene* começou a formar-se um monismo nesse sentido. Ele se manifestou plenamente quando a *heimarmene* era compreendida não apenas como o destino que reina sobre os deuses, mas como idêntica com o poder divino sobre o cosmo, como no estoicismo antigo em Crisipo, que pôde identificá-la com o *pneuma* que perpassa o mundo, com "Zeus" e sua providência[49]. Todavia, o monismo estóico ainda não concebia o mundo como desdobramento necessário de sua origem divina,

---

[49] M. Pohlenz, *Die Stoa. Geschichte einer geistigen Bewegung I*, 1959, pp. 102ss.) cf. vol. II, pp. 58ss.).

porque o estoicismo compreendia o cosmo visível antes como o corpo do *Logos*, que é permeado e ordenado por sua *diakosmesis*[50]. O contraste com a crença bíblica na criação não pôde deixar de ser visto, mas não era uma contraposição a um sistema de emanação. Para muitos, um exemplo para isso é o neoplatonismo. A filosofia de PLOTINO, porém, fez apenas uso discreto e com consideráveis restrições da imagem da processão ou da emanação de *nous* e da alma do mundo a partir do Uno[51], e atribuiu a existência de um mundo visível a uma "queda" da alma, ou seja, da alma do mundo, que, por seu "querer-mais", teria produzido o tempo e com ele o mundo passageiro (PLOTINO, *Enn.* III,7,11). Aqui o surgimento do mundo justamente não procede necessariamente da natureza do Uno ou do *nous*. Por isso a suposição corrente de que PLOTINO teria ensinado uma *emanação* do mundo visível a partir do Uno foi contestada com razão[52]. Já em PROCLO a situação é outra, na medida em que desistiu do "momento da liberdade" da tese platônica da origem do tempo de uma "queda" da alma do mundo a favor de uma processão contínua das etapas do ser do Uno[53]. As idéias de PROCLO penetraram na discussão da escolástica latina por meio de PSEUDO-DIONÍSIO AREOPAGITA e da *theologia Platonica*[54]. Começos de um pensamento monista manifestaram-se, além disso, no averroísmo árabe. Contra os dois perigos impôs-se a doutrina cristã de Deus da escolástica por meio da elaboração de uma psicologia da ação conjunta de intelecto e vontade de Deus, sob crescente ênfase na vontade. Por isso a crítica de SPINOZA ao caráter antropomorfo da concepção de inte-

---

[50] Vide POHLENZ, vol. I, p. 78s. e os comprovantes no vol. II, pp. 45s.
[51] Cf. quanto a isso K. KREMER, artigo Emanation in: *Hist. WB Philos.* 2, pp. 445-448, esp. p. 446.
[52] W. BEIERWALTES, *Plotin über Ewigkeit und Zeit* (1967), 3ª ed., 1981, pp. 17ss. considera a interpretação dos ensinamentos de PLOTINO no sentido de uma emanação como mal-entendido, e isso já a partir das imagens platônicas da origem do *nous* e da alma do Uno, porque nisso este permaneceria em si mesmo (vide tb. pp. 166s.).
[53] A respeito das diferenças entre o sistema de PLOTINO e o de PROCLO, vide W. BEIERWALTES, *Denken des Einen.* Studien zur neuplatonischen Philosophie und ihrer Wirkungsgeschichte, 1985, pp. 155-192, esp. pp. 170s. referente à crítica de PROCLO à derivação de PLOTINO do tempo de uma "queda" da alma.
[54] Segundo J. MEYERDORFF, *Christ in Eastern Christian Thought*, 1969, pp. 73s., porém, os perigos de um emanatismo foram evitados no Areopagita. Cf. tb. W. BEIERWALTES, Andersheit. Grundriss einer neuplatonischen Begriffsgeschichte, in: *Archiv für Begriffsgeschichte 16*, 1972, pp. 166-197.

lecto e vontade de Deus⁵⁵ foi uma pré-condição de sua renovação do monismo filosófico. Sobretudo, por meio de Spinoza o monismo tornou-se, na era moderna, um desafio para a compreensão cristã de Deus em sua relação com o mundo. Suprassumindo em si a doutrina cristã da Trindade e articulando-a por sua interpretação, esse desafio adquiriu na filosofia hegeliana sua forma mais diferenciada. Ela se concentrou aqui na tese de que o momento do ser-diferente na unidade divina adquiria seu lugar justo, seu "direito da diferencialidade", primeiro pela processão do mundo do finito a partir do Absoluto⁵⁶. Por causa de sua especial proximidade com a teologia cristã, esse monismo hegeliano deve ser considerado, e como tal também foi percebido, de modo especial como desafio para a teologia. Nas formas materialistas do monismo mais recente⁵⁷, o contraste com a fé cristã está bem mais evidente, por que, em geral, já contestam a existência de Deus por princípio.

Para a compreensão cristã da liberdade de Deus em seu agir como Criador é essencial que Deus não foi obrigado a criar um mundo por causa de uma necessidade intrínseca a sua natureza. Do contrário ele seria dependente em sua essência da existência de um mundo. Isso também vale se o mundo fosse concebido como momento mínimo da auto-realização de Deus. Por outro lado, uma concepção de mundo que concede ao mundo apenas um ser ínfimo também não seria compatível com a crença cristã na criação. Isso o mostra a economia salvífica do agir de Deus, que visa uma consumação da criação⁵⁸. A liberdade da origem divina do mundo, por um lado, e a fidelidade

---

⁵⁵ Cf. referente a isso vol. I, pp. 506s.
⁵⁶ G. W. F. Hegel, *Vorlesung über die Philosophie der Religion II*, Sämtliche Werke [Obras Completas] 16, p. 250. Cf. o texto da edição de G. Lasson, *PhB* 63,p. 85. Vide, além disso, *Logik II* (PhB 57), p. 485, segundo o qual na esfera da idéia divina "a diferença ainda não é um *ser-diferente*, mas é e permanece inteiramente transparente a si mesmo". Hegel fala expressamente da "necessidade" do Absoluto no "desenvolvimento" na primeira parte de sua preleção filosófico-religiosa (*PhB* 59, pp. 185s.), cf. tb. *Sämtliche Werke* 16, p. 51. Referente à crítica de J. Müller à Hegel (*Die christliche Lehre von der Sünde*, 1838, 3ª ed., 1849, vol. I, p. 552), vide tb. minhas explanações in: *Gottesgedanke und Menschliche Freiheit* (1972), 2ª ed., 1978, pp. 103s.
⁵⁷ Cf. o artigo "Monismus" in: *Hist. WB Philos. 6*, 1984, pp. 132-136.
⁵⁸ De modo semelhante opina L. Gilkey, *Der Himmel und Erde gemacht hat* (1959), 1971, pp. 54ss.

de Deus a sua criação, por outro, são inseparáveis. A peculiaridade desse inter-relacionamento se evidencia na idéia do amor divino como origem do mundo. Amor e liberdade de Deus estão inseparavelmente interligados, mas a liberdade do amor não deve ser confundida com um ato arbitrário. Por outro lado, o amor de Deus também não deve ser compreendido no sentido do poder de um afeto, que supera toda liberdade pessoal. Ambas as coisas se evitam por meio da explicação teológico-trinitária da idéia do amor divino. Por isso a idéia bíblica da criação necessita de uma fundamentação teológico-trinitária para ser imune a uma interpretação equivocada bem como a uma lógica de conclusões precipitadas.

3. A origem trinitária do ato da criação

A contingência do mundo no todo e de todos os acontecimentos particulares, de todas as coisas e de sua natureza tem sua origem na todo-poderosa liberdade do criar divino. Justamente por meio dessa liberdade de sua origem, o fato de existir algo e não o nada adquire a qualidade de ser manifestação do amor divino. Não há razão para Deus criar um mundo além daquele que se manifesta no fato da própria criação: Deus se *compraz* com a existência das criaturas, uma existência própria ao lado de seu ser divino, diferenciado dele. Disso também faz parte uma duração própria da existência como criatura. Somente em sua duração a existência como criatura adquire a autonomia de um ser próprio, diferenciado de Deus, e justamente nisso se manifesta a intenção do Criador, inseparavelmente ligada com o ato da criação, que visa a existência de suas criaturas.

> Singularmente esse aspecto foi completamente esquecido por HANS BLUMENBERG em sua crítica à concepção cristã da todo-poderosa liberdade de Deus como origem do mundo. BLUMENBERG somente conseguiu enxergar na contingência da criatura o correlato de uma arbitrariedade que atua cegamente (*Die Legitimität der Neuzeit*, 1966, pp. 102-200). No entanto, um agir meramente caprichoso é incompatível com a eternidade do Deus Criador. Também como ato livre, a criação do mundo deve ser relacionada com a eternidade de Deus e concebida como ato do Deus eterno. Para a idéia do capricho é essencial o momentâneo, efêmero. Uma atitude que se encontra

numa relação com tudo que lhe é precedente e subseqüente não é mero capricho. Tal relação deve ser pressuposta a todo o agir de Deus inclusive ali onde acontece algo novo que não pode ser derivado: pelo menos no retrospecto se tornará reconhecível um nexo com tudo que aconteceu até agora. Isso também vale para a relação do agir criador divino com a vida intratrinitária de Deus. Por isso o ato da criação não é manifestação de um mero capricho. Mais ainda: um Deus que teria criado o mundo por mero capricho não seria autor de um mundo *constantemente preservado*. A concepção de um capricho divino como origem do mundo não é compatível com uma fidelidade de Deus a sua vontade criadora. Mas ficará evidente que o Deus da Bíblia permanece fiel a suas criaturas inclusive para além do fim posto com sua finitude com vistas a uma consumação escatológica de sua criação. A livre origem de uma criação duradoura deve ser concebida como expressão de uma intenção fundada na eternidade do Criador com vistas a uma realidade diferente dele.

Como, porém, seria tal intenção existente desde a eternidade compatível com a liberdade do ato da criação? JÜRGEN MOLTMANN procura uma solução para esse problema na doutrina da ortodoxia reformada a respeito do eterno decreto da vontade divina que precede ao próprio ato da criação (*Gott in der Schöpfung*, 1985, pp. 92-98). A "unidade de essência e vontade no conceito do *decreto* eterno" de fato exclui "toda idéia de um Deus arbitrário" (p. 94). No entanto, não se perde nessa doutrina também a idéia da liberdade do ato da criação, contanto que esse, não obstante, aparece como expressão da eterna essência de Deus? Certamente KARL BARTH reconheceu isso corretamente e tentou corrigi-lo, substituindo a doutrina do eterno decreto por sua doutrina da eleição fundamentada cristologicamente (*KD* II/2, pp. 172ss.). Seja o que for que deve ser dito criticamente em relação a isso sob pontos de vista do tema da eleição (cf. do Autor, in: *RGG* II³, 1958, pp. 614-621), BARTH ao menos ofereceu uma fundamentação teológico-trinitária para todo o complexo das relações de Deus com o mundo. Para isso se deveria encontrar compreensão não por último de MOLTMANN, que se empenhou tão energicamente a favor do sentido trinitário da fé cristã em Deus. A doutrina da ortodoxia reformada a respeito dos eternos decretos de Deus era, a exemplo de formulações doutrinárias em outras tradições confessionais, expressão de um monoteísmo não-trinitário, que MOLTMANN criticou com razão. Será que não estaria relacionada com isso também sua incapacidade de preservar a liberdade do ato da criação? A polêmica dos luteranos de então de que a doutrina reformada dos eternos decretos conteria o determinismo de uma doutrina do destino certamente não fez jus às boas intenções dos teólogos reformados. No entanto, acaso não se percebeu nisso, afinal, corretamente a incompetência da concepção de uma "unidade de essência e vontade no conceito do *eterno decreto*" (MOLTMANN, p. 94) Esse conceito encontra-se em demasiada proximidade com a concepção da emanação. A teologia deveria desdobrar trinitariamente a idéia de que a criação do mundo é expressão do amor de Deus (MOLTMANN, pp. 88s.) e procurar nisso a resposta à pergunta pela liberdade do ato da criação.

A simples existência do mundo é manifestação da bondade de Deus. Essa afirmação da fé cristã na criação está, inicialmente, ligada à pessoa do Pai. Deus é Pai como origem das criaturas em sua contingência, concedendo às criaturas a existência, dedicando-se a elas em sua providência, proporcionando-lhes assim continuidade e independência.

Agora, porém, a bondade criadora do Pai, pela qual concede e preserva a suas criaturas sua existência, não é diferente do amor com o qual o Pai ama o Filho em eternidade. O Filho é o objeto primário do amor do Pai. Em todas as criaturas às quais dedica seu amor, o Pai ama o Filho. Isso não significa que o amor do Pai não valesse para as criaturas como tais – a cada uma em sua peculiaridade. O amor do Pai não se dirige somente ao Filho, mas individualmente a cada uma de suas criaturas. No entanto, o amor que o Pai dedica à particularidade de cada uma de suas criaturas sempre já é mediado pelo Filho. O amor do Pai por suas criaturas não se encontra em concorrência com o amor com o qual ama o Filho desde a eternidade. Antes, as criaturas se tornam objeto do amor do Pai pelo fato de serem incluídas na eterna dispensação do Pai ao Filho. Em outras palavras: pelo fato de o eterno Filho se manifestar nas criaturas, elas se tornam objeto do amor do Pai.

No Filho se encontra a origem de tudo diferente perante o Pai, sendo a origem, portanto, também da autonomia das criaturas perante o Criador. Essa frase procura concretizar, quanto a seu conteúdo, as afirmações neotestamentárias sobre o Filho (Hb 1.2), respectivamente do *Logos* divino (Jo 1.3) como mediador da criação. Para a fundamentação haverá de se considerar que todas as afirmações sobre o eterno Filho do Pai procedem de afirmações sobre o homem Jesus em sua relação com seu Pai celestial. Na relação concreta de Jesus com o Pai sempre já estão ligados os aspectos intradivino e criatural da relação filial, visto que, além da historicidade dessa relação, a doutrina cristã afirma que Deus é *essencialmente* assim como é revelado por Jesus, e que, portanto a relação de Jesus como Filho faz parte da eterna deidade do Pai. Decisivo para isso é a autodiferenciação de Jesus em relação ao Pai por meio da qual deixa Deus ser Deus como o Pai em contraposição a si mesmo. Diferencia-se a si mesmo como mera criatura do Pai, submetendo-se a ele como o Deus uno e único, deixando que sua vida seja determinada totalmente por ele, como o exige sua mensagem para a relação dos seres humanos com o futuro do reino de Deus. Nisso deixa valer a Deus como o Deus uno, testemunhando, ao mesmo tempo, aos homens sua exclusiva deidade. Esse evento da auto-diferenciação de Jesus do Pai constitui a revelação do eterno Filho na existência terrena de Jesus. Por meio da humildade de sua diferenciação do Pai como o Deus uno, ao qual compete exclusivamente a honra, Jesus se revela como o Filho. Na auto-diferenciação de Jesus em relação ao Pai reside, portanto, primeiramente a *razão do conhecimento* para o eterno ser-filho de Jesus. Não deveria então, inversamente, a *razão de ser* para a existência da criatura em sua diferenciação do Criador ser procurada na auto-diferenciação do eterno Filho em relação ao Pai? A auto-diferenciação correspondente à paternal dispensação do Pai ao Filho, que dá a honra somente ao Pai de ser o Deus uno. Ela constitui o princípio para o modo de ser diferente e para a autonomia da existência como criatura. Pois se, na humildade de sua autodiferenciação do Pai, o eterno Filho sai da unidade da divindade, deixando somente Deus ser Deus, então surgiu na contraposição ao Pai a criatura, mais exatamente aquela criatura à qual sua relação com Deus como seu Pai e Criador se torna temática: o ser humano[59]. Com o ser humano, todavia, também está dada a exis-

---

[59] Esse estado de coisas foi descrito em princípio de modo semelhante por KARL RAHNER, in: *Zur Theologie der Menschwerdung* (1958), Schriften zur Theologie IV, 1960, pp. 137-155 (agora com variações in: *Grundkurs des Glaubens* 1976, pp. 211-226): "Se Deus quer ser Não-deus, surge o ser humano..." (p. 150 = *Grundkurs* p. 223). Por isso RAHNER pôde compreender a assunção da natureza humana pelo *Logos* no evento da encarnação como criação da humanidade de Jesus por meio do *Logos*, sob invocação da palavra de AGOSTINHO: *ipsa assumptione creatur* (PL 42, p. 688, cit. em RAHNER, *LThK* 5, 1960, p. 956). Um ano depois ligou-se a isso a idéia do auto-esvaziamento do *Logos* no evento da encarnação, quando agora se lê que "na humanação atua o *Logos* na medida em que ele assume, e assume

tência de um mundo, porque ele é a condição para a possibilidade [de existência] do homem[60].

Trata-se aqui do mesmo fato que é enunciado pela confissão da deidade de Jesus, apenas agora no modo da inversão: No fato de em sua obediência filial Jesus revelar-se como o eterno Filho do Pai não se elimina a diferença de sua condição humana em relação ao Deus eterno, porque afinal como diferenciação expressamente reconhecida em relação ao Deus uno, ela é a condição da filialidade de Jesus. A permanente diferença entre Jesus e o Deus eterno conforme sua humanidade – e assim também entre Jesus e o eterno Filho – significa, quanto a seu conteúdo, que o Filho eterno não apenas precede à existência humana de Jesus, mas também é a razão de sua existência como criatura. Como todas as criaturas, também a existência de Jesus tem sua origem em Deus, o Criador do mundo. Com sua diferenciação e autodiferenciação em relação a Deus, porém, ela se fundamenta na autodiferenciação do Filho eterno do Pai. Assim o Filho eterno é

---

na medida em que *ele mesmo* se esvazia...". (*Schriften IV*, 151, cf. *Grundkurs* 224). Seguindo-se a essa tese, não se deve, todavia, compreender o esvaziamento como perda de essência do *Logos*, mas deve-se concebê-lo como auto-realização no outro, no ato da criação do ser humano. Em todo caso, porém, trata-se aí, em primeiro lugar, de um ato do *Logos*, da segunda pessoa da Trindade. Na verdade, ele corresponde a um agir do Pai, a saber, a um *envio* pelo Pai. Não obstante, o Filho é seu sujeito primário, que, naturalmente, nunca age por si mesmo, mas somente na comunhão com o Pai por meio do Espírito.

[60] Quanto ao conteúdo, essas frases correspondem às exposições de KARL BARTH sobre a criação como motivo externo da aliança (*KD* III/1, 1945, pp. 103-258) e no sentido de uma inversão da fundamentação interna da criação por meio da aliança (pp. 258-377). Enquanto, porém, a linha de pensamento sistemática de BARTH leva da eleição do Filho à idéia da aliança ao invés de conduzir da autodiferenciação do Filho à existência da criatura (como ser humano e como mundo de criaturas), resulta uma imagem diferente do todo. Diferenciando-se da exposição aqui esboçada, esta imagem é projetada a partir da subjetividade do Pai como o Pai que escolhe, enquanto no texto supra se argumenta, com RAHNER, a partir da autodiferenciação do Filho do Pai. A orientação de BARTH na concepção do Pai que escolhe levou-o ao conceito da aliança, em distinção à qual a criação era limitada ao começo (vide *abaixo* p. 74. Aqui, pelo contrário, com a argumentação teológico-encarnacionista de RAHNER, dá-se o passo de transição da idéia do Filho eterno para o conceito do ser humano, e a reflexão sobre o mundo como "razão exterior" para a existência do ser humano se refere somente à relação de ser humano e mundo *dentro* da criação.

razão de ser da existência humana de Jesus em sua relação com Deus como o Pai. Se, porém, desde a eternidade, e assim também na criação do mundo, o Pai não é sem o Filho, o Filho eterno não será apenas a razão de ser da existência de Jesus em sua diferença do Pai como o Deus uno, mas também a razão da diferenciação e da existência autônoma de toda realidade criatural.

Somente sob as condições que acabamos de formular, pode, inversamente, também manifestar-se na existência criatural o Filho eterno do Pai, que é o Criador do mundo: a existência de Jesus como criatura realiza, no decurso de sua vida, a estrutura e determinação da essência de toda existência como criatura ao assumir – à diferença do restante da criação – sua diferenciação em relação a Deus, o Pai, ao aceitar-se totalmente como criatura de Deus e nisso afirmar e deixar valer a Deus como seu Pai e Criador. Isso pressupõe que Jesus não é apenas criatura em geral, mas ser humano. Pois como ser humano ele não é apenas distinto de Deus de fato, mas como ser humano também tem consciência dessa sua diferenciação, da finitude da própria existência em diferenciação para com o Deus eterno. Ter religião caracteriza a singularidade do ser humano entre as criaturas, e o conhecimento humano da divindade, diferente de todo o finito, é a expressão máxima da capacidade de distinguir e de estar com outro distinto de si mesmo[61]. Com isso se torna temático para o ser humano o que desde sempre já determina a existência de tudo que é finito: ser diferente do infinito e por isso também do outro finito. Daí, porém, ainda não se segue sem mais nem menos que a própria finitude também é aceita. Antes, em geral, os seres humanos vivem na revolta contra a finitude própria e procuram ampliar sua existência ilimitadamente: querem ser como Deus. Jesus, porém, aceitou sua própria finitude e com isso também a finitude do ser humano, e com isso a do ser criatural em geral perante Deus, honrando a Deus como seu Pai e Criador e de todas as criaturas. Honrar a Deus como o Deus uno de todas as criaturas, porém, não é possível sem incluir todas as outras pessoas (e em primeiro lugar o povo de Deus eleito para testemunhar a deidade de Deus) no reconhecimento da deidade de Deus em seu irrestrito senhorio sobre a vida. Com isso Jesus colocou sua própria existência a serviço da glorificação de Deus.

---

[61] Referente à fundamentação, cf. do Autor, *Anthropologie in theologischer Perspektive*, 1983, pp. 59ss.

Nessa "obediência" do Filho realizou-se em Jesus de Nazaré a estrutura e determinação da existência criatural por excelência. Nesse sentido, o Filho eterno é a razão de ser da existência de Jesus como criatura, e, com isso, simultaneamente, de toda existência criatural. Como a razão de ser de toda existência criatural, ele apareceu na relação histórica de Jesus com o Pai.

> No Novo Testamento, a concepção do Filho de Deus com vistas a sua função como o mediador da criação foi desenvolvida em conexão com a concepção judaica da Sabedoria divina preexistente (Pr 8.22-31) e expressa por meio do conceito do *Logos* (Cl 1.15-20; Hb 1.2s.; Jo 1.1ss)[62]. Essas afirmações foram ligadas por mim em *Grundzüge der Christologie* (1964, § 10,3) com outro grupo de enunciados cristológicos do Novo Testamento, a saber, com as afirmações referentes à eterna eleição e predestinação de Jesus Cristo para cabeça de uma nova humanidade, correspondente a Hb 1.2: "A este instituiu como herdeiro do universo; por meio dele também criou os mundos" (cf. Cl 1.16 e 20; Ef 1.10). A afirmação a respeito do Filho como mediador da criação deve ser entendida aqui, em primeiro lugar, de modo *final*. Ela afirma que primeiro em Jesus Cristo a criação do mundo estará consumada. Por mais correto que seja esse ponto de vista com base nas afirmações neotestamentárias citadas, a condição do Filho como mediador da criação não pode ser reduzida a esse aspecto. Antes, o ordenamento final das criaturas para o aparecimento de Jesus Cristo pressupõe que as criaturas já tenham a origem de sua existência e de seu ser no Filho. Do contrário, a reunião final de todas as coisas no Filho (Ef 1.10) permaneceria exterior às próprias coisas, e isso significaria que ela não seria a consumação definitiva do ser próprio dos seres criados. Se, pelo contrário, as criaturas têm sua origem no eterno Filho ou *Logos*, como criaturas *conscientes* de si mesmas, elas estarão alienadas de si mesmas enquanto não percebem nem aceitam nesse *Logos* sua própria lei da essência. No prólogo joanino se lê: "O mundo surgiu por meio dele, mas o mundo não o compreendeu" (Jo 1.10b). Esse fato está pressuposto no evento da encarnação e fundamenta a afirmação seguinte em João (1.11) de que com a encarnação o *Logos* veio a sua "propriedade".

---

[62] Quanto a isso, cf. H. HEGERMANN, *Die Vorstellung vom Schöpfungsmittler im hellenistischen Judentum und Urchristentum*, 1961.

A tradição teológica explicou a participação do eterno Filho no ato da criação com a idéia de que o conceito do *Logos* corresponde ao intelecto divino que, desde a eternidade, contém em si os protótipos das coisas, suas idéias. Essa concepção remonta à ligação mesoplatônica da doutrina das idéias de Platão com o *nous* divino ou – assim em Filo de Alexandria – com o *Logos*[63]. Orígenes a incluiu plenamente na exposição sistemática da doutrina cristã. Pois, segundo Orígenes, na hipostática Sabedoria de Deus, no Filho, estão presentes embrionariamente as origens, idéias e espécies das criaturas[64]. Justamente por isso a Sabedoria seria denominada como início dos caminhos de Deus (*initium viarum Dei*) na Escritura (Pr 8.22)[65]. Esse pensamento foi explicitado em maiores detalhes na patrística posterior. Assim, de acordo com Maximus Confessor, os muitos *logoi* [plural de *logos*] de cada uma das criaturas estão reunidos e contidos no único *Logos*[66].

Também Agostinho concebeu o Filho como a palavra Criadora de Deus por meio da qual todas as coisas já estão presentes para Deus antes de serem criadas[67]. Na escolástica medieval, porém, a suposição de idéias em Deus foi associada à unidade da essência divina por meio da doutrina da ciência divina. Isso vale especial-

---

[63] De acordo com H. J. Krämer, *Der Ursprung der Geistmetaphysik. Untersuchungen zur Geschichte des Platonismus zwischen Platon und Plotin*, 1967, pode-se acompanhar retroativamente as correspondentes exposições nos capítulos 9 e 10 do *Didaskalikos* de Albinos (sobre isso, cf. *ib.*, pp. 101ss., 111s.) até Xenócrates (pp. 121s.), sim, inclusive até Platão (pp. 218s.). Sobre a compreensão do *Logos* como essência das idéias em Filo, cf. *ib.*, pp. 264-281, esp. p. 276. Cf. tb. as exposições sobre Clemente de Alexandria nas p. 282s., além disso, tb. H. Meinhardt, Idee nota 2, In: *Historisches Wörterbuch der Philosophie* 4, 1976, pp. 61s.

[64] Orígenes, *Princ.* I,2.2: ... *continens scilicet in semetipsa universae creaturae vel initiae, vel rationes vel species* (ed. H. Görgemanns e H. Karpp, 1976, p. 126.).

[65] *Ib.*; cf. tb. I,2.3. Quanto ao assunto, a recepção da concepção filosófica de que as idéias se encontram no *Logos* já se encontra em Taciano, *Or.* 5,1, embora ali associada à *logike dynamis* e sem menção expressa das idéias. Vide M. Elze, *Tatian und seine Theologie*, 1960, pp. 74s.

[66] *MPG* 91, 1081 BC, cf. L. Thunber, *Microcosm and Mediator. The Theological Anthropology of Maximus the Confessor*, Lund, 1965, pp. 80s.

[67] Agostinho, *De gen. ad litt.* II,6,12: ... *unigenitus Filius in quo sunt omnia quae creantur, etiam antequam creantur...* (*PL* 34,268). Em sua explicação de Jo 1.2, Agostinho fala expressamente da idéia que precede o objeto real na mente do artista (*in Joann.* I,17, *PL* 35,1387). Cf. *De div. quaest.* 83 Lib. 1, q. 45,2 (*PL* 40,30s.).

mente para TOMÁS DE AQUINO que atribuiu as idéias de Deus a respeito das criaturas ao conhecimento de seu próprio ser como protótipo das diferentes criaturas[68]. Na verdade, também TOMÁS ligou o agir criador de Deus com a pessoa do Filho, visto que Deus cria tudo por meio de sua Palavra; isso, porém, deve ser entendido, segundo opinião dele, no sentido de que o Filho, bem como o Espírito, participam do ato da criação somente na medida em que as processões dessas duas pessoas estão ligadas com os atributos essenciais da ciência e da vontade divina[69]. A idéia fundamental é que o ato da criação deve ser atribuído como *opus ad extra* ao Deus trinitário uno como sujeito, de modo que não acontece uma diferenciação de acordo com contribuições específicas de cada uma das pessoas divinas. Essa também permaneceu sendo a compreensão da dogmática da ortodoxia protestante. Conforme essa concepção, as três pessoas divinas não atuam em conjunto como três causas distintas, de modo que disso resultaria a comunidade de seu agir para fora, mas, em sua unidade indivisível, o ato da criação corresponde à unidade indivisível da essência divina[70]. Na verdade, com isso não se negava a antiga confissão de Cristo como mediador da criação, mas praticamente ela perdeu sua função. Manteve-se a afirmação de que o Filho já participou da criação, mas isso apenas foi levado de arrasto como conseqüência do dogma da Trindade. Já não se associava mais com isso uma concepção específica do modo dessa participação.

A concepção de uma pré-formação das coisas criaturais no Espírito divino por meio de uma multiplicidade de idéias acarretou, desde o início, uma série de problemas de raciocínio. Ao lado de uma aparente contradição à unidade da essência divina, revelou-se como problemático, sobretudo, o fato de se ligar a vontade criadora

---

[68] TOMÁS DE AQUINO, *Suma teol.* I,15,2. A respeito da discussão sobre idéias divinas na alta escolástica, cf. a detalhada discussão em K. BANNACH, *Die Lehre von der doppelten Macht Gottes bei Wilhelm von OCKHAM*, 1975, pp. 111-248, especialmente referente a HEINRICH VON GENT [HENRIQUE DE GANTE] (pp. 135ss.) e DUNS ESCOTO (pp. 154ss.); além disso tb. as exposições de CHR. KNUDSEN *et alii* in: *Historisches Wörterbuch der Philosophie* 4. 1976, pp. 86-101.
[69] *Suma teol.* I,45,6: *Et secundum hoc processiones personarum sunt rationes productionis creaturarum, inquantum includunte essentialia atributa, quae sunt scientia et voluntas*. Cf. art. 6 ad 2.
[70] Creio que basta lembrar D. HOLLAZ, *Sicut una et indivisibilis est essentia divina: ita unus et indivisibilis actus creandi est* (*Examen theol. acroamaticum*, Stargard, 1707, p. 513).

de Deus a um modelo de mundo à disposição em seu intelecto desde a eternidade, o qual era meramente chamado à existência no ato da criação. Enquanto a solução de TOMÁS procurava uma saída para a primeira dificuldade, a crítica de OCKHAM ao embasamento das idéias divinas na essencialidade de Deus tinha em vista a última, procurando encontrá-la no interesse da contingência da realidade criatural e de sua imediatez com a vontade de Deus[71]. Por isso a interpretação da doutrina agostiniana das idéias por OCKHAM resulta em sua dissolução. Em DESCARTES, que neste ponto, como também alhures em suas concepções de Deus e criação, seguiu em grande parte os conceitos occamistas, tirou-se essa conseqüência expressamente: Deus não necessita de idéias precedentes para a criação das coisas[72]. Em contrapartida, LEIBNIZ compreendeu novamente as *veritates aeternae* cartesianas como idéias precedentes às decisões da vontade de Deus – e, portanto, também às coisas da criação – e nisso fundamentou sua doutrina da ligação da vontade divina à melhor ordem do mundo possível reconhecida pela sabedoria de Deus[73]. Com isso LEIBNIZ se aproximou da compreensão posteriormente criticada por KANT, segundo a qual o plano do mundo teria "sido considerado por esse ser incompreensível um objeto da Sabedoria de Deus necessário perante ele, não, porém, ele mesmo como uma conseqüência". KANT observou referente a isso: "Restringiu-se a dependência de outras coisas meramente a sua existência, com o que uma grande participação na razão de tanta perfeição é subtraída àquela natureza superior e atribuída não sei a que despropósito eterno"[74].

---

[71] Essa é a interpretação de K. BANNACH, *loc. cit.* (*acima*, nota 68), pp. 225-248. OCKHAM rejeitou qualquer identificação das idéias com a essência de Deus (*Ord. Id* 35 q 5 a 3, *Opera theologica* IV, 1979, p. 488, pp. 3-7; cf. BANNACH, pp. 226ss.) e as ligou, ao invés, com as criaturas e sua produção (pp. 22ss.): *ostendo quod ipsa creatura est idea. Primo, quia [...] ipsa est cognita ab intellectuali activo, et Deus ad ipsam aspicit ut rationaliter producat* (*Opera* IV, 488,15-18).
[72] R. DESCARTES, *Meditationes*, Amsterdam, 1685 com todas as objeções e réplicas, pp. 580s. (Antwort auf die sechsten Einwände nota 6). Cf. tb. as observações de E. GILSON referentes à quinta parte do "Discours de la méthode", in: DESCARTES, *Discours de la Méthode,* Texte et Commentaire (1925) 5 éd., 1976, pp. 342s.
[73] G. W. LEIBNIZ, *Monadologie* § 43 e § 46, dazu *Theodizée* §§ 180-192.
[74] I. KANT, *Der einzig mögliche Beweisgrund zu einer Demonstration des Daseyns Gottes,* 1973, pp. 181s. Sobre isso, cf. H.-G. REDMANN, *Gott und Welt*. Die Schöpfungstheologie in der vorkritischen Periode Kants, 1962, pp. 99ss., 105ss.

Avaliando-se corretamente as dificuldades que surgiram na história da concepção de idéias divinas como uma multiplicidade de protótipos das coisas e de sua ordem preexistentes no Espírito divino, a teologia hodierna terá que renunciar a essa concepção na interpretação da mediação do Filho na criação. Ela não implica apenas uma diferenciação demasiadamente antropomorfa e uma coordenação da razão e vontade de Deus, mas também prejudica os momentos da contingência de historicidade da realidade do mundo procedente do agir criador de Deus, característicos para a crença bíblica na criação.

Como, então, deve-se entender a afirmação sobre a mediação do eterno Filho na criação e sua função como *Logos* de toda a criação? A filosofia da religião de HEGEL desenvolveu para isso um ponto de partida de raciocínio que percebe de modo novo o assunto com o qual se ocupa o antigo ensinamento das idéias divinas no sentido de expressar racionalmente a processão do muito a partir da unidade divina reunido no *Logos*. Substitui, porém, a imagem estática de um cosmo inteligível das idéias pela concepção de um princípio gerador da multiplicidade e diversidade das coisas criadas. Além disso, renovou o caráter cristológico da concepção em contraposição à doutrina medieval e pós-medieval das idéias no Espírito divino: É o pensamento de HEGEL que o Filho é o princípio da alteridade na Trindade, que se torna ponto de partida para o surgimento do finito como o outro por excelência perante a divindade[75]. Esse pensamento não descreve apenas a tran-

---

[75] Vide quanto a isso comprovantes citados acima na nota 56. Um princípio que aponta nesta direção já foi desenvolvido por MESTRE ECKHART, que com isso revisou a separação entre doutrina da criação e doutrina da Trindade instituída desde PEDRO LOMBARDO (L. SCHEFFCZYK, *Schöpfung und Vorsehung*, 1963, pp.80s., cf. tb. pp. 92, 94s. referente a TOMÁS). Em seu *Opus Tripartitum*, ECKHART relacionou a informação de Gn 1.1 de que "no princípio" Deus teria criado céu e terra com Jo 1.1 e concluiu que o Verbo, resp. o Filho deveria ser compreendido como o "princípio", no qual tudo é criado (*Expositio Libri Genesis*, in: K. WEISS (ed.), *Die lateinischen Werke* I, 1964, pp. 49s.). Sob invocação de Jó 33.14 (*Semel loquitur Deus, et secundo id ipsum non repetit*), declarou que geração do Filho e criação do mundo ocorrem no mesmo ato: *Duo hoc, scilicet personarum emanationem et mundi creacionem, que tamen ipse semel loquitur, semel locutus est* (loc. cit., 51,6-9). Em 1329, essa frase foi incluída pelo papa João XXII entre as 26 teses condenadas de ECKHART (DS 953), porque se a compreendia como negação do início temporal do mundo. Nisso, porém, não foi considerado que também o começo temporal do mundo deve ser imaginado como procedente da eternidade de Deus (vide

sição da imanência da vida divina para a existência do finito em si, mas também fornece a razão para a multiplicidade do finito, conquanto todo finito se caracteriza pelo fato de ser um outro perante outro. Nisso a alteridade pode ser compreendida como princípio gerador da multiplicidade da realidade da criação. Em lugar do estático cosmo de idéias da tradicional concepção das idéias divinas no Espírito de Deus como protótipos da criação aparece um princípio produtivo da processão de constantes diferenças novas e com isso também de sempre novas e diferentes formas da existência finita.

Acima (nota 56) a concepção hegeliana da processão da finitude do Filho como princípio da alteridade foi considerada passível de crítica, porque HEGEL ligava a isso a afirmação de um autodesdobramento do absoluto logicamente necessário para a produção de um mundo do finito. Com efeito, essa afirmação é incompatível com a crença na criação. Em HEGEL, ela resulta do fato de se apresentar a Trindade como desdobramento de um sujeito absoluto, nos moldes da autoconsciência. Se o outro na forma do Filho já é concebido como produto da processão a partir do sujeito absoluto da unidade consigo mesmo, então parece plausível que essa autoexternação conduz necessariamente à produção do finito, porque somente por meio disso a coisa se torna "séria" com o princípio da alteridade. Tal consequência não resulta se a vida da Trindade é pensada a partir da reciprocidade das relações das pessoas trinitárias. Pois para cada uma das pessoas trinitárias a autodiferenciação das duas outras mostrou-se como condição de sua comunhão na unidade da vida divina, sem prejuízo da forma diferenciada da autodiferenciação em cada uma das pessoas individualmente.

SCHEFFCZYK, *loc. cit.*, p. 103). Sobretudo, porém, a sentença eclesiástica não fez jus à reconquista de um princípio trinitário da doutrina da criação em ECKHART. Na verdade, ECKHART não ensinou expressamente a mediação do Filho na criação como origem da *alteridade* da criação na relação com Deus, embora rezasse em sua explicação do Evangelho segundo João referente a Jo 1.1 a respeito do *Logos: ...hoc ipso, quod quid procedit ab alio, distinguitur ab illo* (K. CHRIST e J. KOCH (eds.), *Die lateinischen Werke* III, 7,1-2). NICOLAU DE CUSA ainda excluiu a *alteritas* do conceito de Deus bem como do conceito do ser (*De visione Dei* 14, in: L. GABRIEL (ed.), *Philos.-theol. Schriften* III, 1967, p. 154). A própria verdade é ausência de toda alteridade (*carentia alteritatis: Complementum theol* II, *loc. cit.*, p. 652) e no reino de Deus não existe alteridade (*Apologia Doctae Ignorantiae, loc. cit.*, I, p. 536).

Com isso a vida divina se apresenta como um círculo fechado em si, que não precisa de nenhum outro fora dele mesmo. Também o Filho, embora nele o momento da autodiferenciação tenha sua forma mais nítida, permanece na unidade da vida divina justamente por meio do ato da autodiferenciação, porque ela é condição de sua unidade com o Pai. No evento da encarnação, na relação de Jesus de Nazaré com seu Pai celestial, o Filho saiu da unidade da divindade. Ao saber-se como *mero ser humano*, como criatura, em sua autodiferenciação em relação ao Pai, Jesus reconheceu o Pai como o Deus uno *na contraposição* a si mesmo. Com isso também deixou valer ao lado de si mesmo simultaneamente a existência autônoma de outras criaturas. Isso faz parte da humildade do conhecimento e da aceitação da própria condição de criatura. A isso está associado, por sua vez, que a submissão ao Pai como o único Deus de todas as criaturas se realiza como envio às demais pessoas como testemunho da deidade de Deus. Nesta autodiferenciação em relação ao Pai, Jesus se revelou como o Filho, que é o eterno correlato da paternidade de Deus. Isso inclui que na relação do eterno Filho com o Pai deve estar fundamentada ao menos a *possibilidade* de sua processão da unidade da vida divina para a forma de ser da criatura. Aqui não se poderá falar de uma necessidade divina, porque justamente em sua autodiferenciação e por meio dela o eterno Filho permanece unido com o Pai na unidade da vida divina. No entanto, no fato de o Filho deixar ser Deus somente o Pai e por sabê-lo distinto de si mesmo como o Deus uno, reside a possibilidade para que sua condição de Filho possa realizar-se também naquela outra forma, na diferencialidade de vida divina, que se aceita em sua finitude criatural e que nisso honra o Pai como seu Criador.

Nesse sentido se pode entender a mediação do Filho na criação não apenas como *protótipo estrutural* (e nesse sentido *Logos*) da destinação do ser criatural para a comunhão com Deus por assunção da própria diferencialidade dele, mas, além disso, também como origem da *existência* de realidade criatural. Nisso deve-se pressupor que, como em qualquer outro sentido, o Filho é obediente ao Pai também em sua processão da unidade da vida divina. O Filho não é o criador do mundo somente para si mesmo. Ele mesmo realiza sua processão da divindade como execução da missão recebida do Pai. Por isso a Igreja cristã confessa a Deus o Pai e não o Filho como Criador do mundo. Pois em toda parte a atuação do Filho tem por único conteúdo servir ao Pai e instituir seu reino. Por isso por meio do Filho age o Criador do mundo. Não obstante, a processão do Filho da divindade, para tornar-se o *Logos* de um mundo de criaturas, deve ser concebido do mesmo modo como manifestação de sua *livre decisão própria*. Esse é, evidentemente, o caso se o conceito do *Logos* divino deve ser interpretado a partir da relação filial de Jesus com seu Pai celestial.

> Esse estado de coisas não foi devidamente considerado na exposição da origem trinitária da criação em KARL BARTH. Na verdade, também BARTH rejeitou a idéia de que "exclusivamente Deus o Pai" seria "o Criador" (*KD* III/1,52). A obra da criação apenas é *apropriada* à pessoa do Pai. Mas, segundo a exposição de BARTH, a participação do Filho na criação por fim consiste apenas no fato de que o Pai criou o ser humano "com vistas a esse seu Filho" (p. 53s.). Nisso não se fala de uma subjetividade própria do Filho, apesar da afirmação da reciprocidade do amor de Pai e Filho no Espírito Santo (p. 59). A isso também corresponde a doutrina barthiana da relação entre criação e aliança: somente na lógica de atuação de plano e execução do planejado (cf. III/3,3ss.) a criação se apresenta como razão exterior da aliança e a aliança como razão interior – como o alvo intencionado – da criação. Para BARTH, o sujeito, porém, ao qual se atribui esse agir é Deus, o Pai, embora também seja dito a respeito dele que agiria, desde o início, "com vistas ao" Filho.

Na livre autodiferenciação do Filho em relação ao Pai está fundamentada a existência autônoma de uma criação distinta de Deus. Nesse sentido pode-se entender a criação como livre ato não apenas do Pai, mas do Deus trinitário: Ela não procede necessariamente da essência do amor paternal, que desde a eternidade está dirigido ao Filho. A razão que a possibilita é a livre autodiferenciação do Filho em relação ao Pai, a qual, porém, ainda na processão da unidade da divindade, está unida com o Pai por meio do Espírito, que é o Espírito da liberdade (2Cor 3.17). O envio do Pai não pesa sobre o Filho como obrigação de seguir a um mandamento do amor paternal, como se fosse imposto ao Filho exteriormente. Ele mesmo, o Filho, sai da unidade divina num livre ato da realização de sua condição de Filho ao deixar que somente o Pai seja o Deus uno. O fato de que ainda nesse ato de sua liberdade ele está unido com a vontade do Pai pode ser compreendido somente por um terceiro, a saber, como expressão da comunhão do Espírito que une a ambos. Assim, a criação é livre ato de Deus como expressão da liberdade do Filho em sua autodiferenciação do Pai e da liberdade da bondade paternal, que no Filho também admite a possibilidade e a existência de uma criação distinta dele, bem como também do Espírito, que une a ambos em livre concordância.

A compreensão cristã da livre origem do mundo a partir de Deus, descrita nesses termos, distingue-se tanto da compreensão neoplatônica quanto da hegeliana acerca da origem do mundo. A filosofia de PLOTINO atribui a existência corporal e o mundo visível a uma "queda" da alma do mundo (*Enn.* II,7,11). Com isso PLOTINO seguiu as pegadas de PLATÃO que, no grande mito do Fedro (248 cd), apresentou a existência corporal como resultado de uma queda das almas. PLOTINO ampliou esse pensamento para a concepção de uma queda da alma do mundo, que é o resultado de seu inquieto desejo por "mais", para além da comunhão com o Uno por meio do *nous*. A idéia da queda da alma como origem da existência corporal e do mundo visível também ocorreu na teologia cristã, a saber, em ORÍGENES (*De princ.* I,3,8 bem como 4,1; cf. JERÔNIMO, *PL* 23,369ss.), como também já anteriormente em gnósticos como VALENTINO (cf. P. KÜBEL, *Schuld und Schicksal bei Origenes, Gnostikern und Platonikern*, 1973, pp. 95s.). Desde o século VI a Igreja condenou essa compreensão juntamente com a doutrina de uma preexistência da alma, nela pressuposta (*DS* 403: Edito de JUSTINIANO de 543; *DS* 433: Condenação de doutrinas origenistas pelo 5º Concílio Ecumênico 553). O contraste à verdade de fé cristã consiste no fato de que o mundo visível não foi criado por Deus como lugar de punição para criaturas caídas, mas é boa segundo sua essência original e sua determinação.

O monismo filosófico de HEGEL está mais próximo da doutrina cristã, tendo surgido, aliás, sobre o solo desta e como interpretação de sua verdade. Como já mencionado acima, o contraste à doutrina cristã aparece na idéia da necessidade do surgimento do mundo, que supostamente está dada pelo fato de que "a diferença como tal nela mesma" deve receber seu direito (*Philosophie der Religion III*, PhB 63,85). A necessidade aqui reinante é a de um desdobramento do sujeito absoluto. HEGEL pode dizer: "É no Filho, na determinação da diferença [...] que a diferença recebe seu direito, o direito da diferencialidade" (p. 94), visto que compreende o Filho somente como momento lógico da diferença e não como livre princípio de sua autodiferenciação.

Na compreensão cristã, a criação pode ser concebida como livre ato de Deus, porque ela não nasce nem de uma necessidade que parte, unilateralmente, do Pai, nem é derivada de um "passo em falso" do *pneuma*. Ela nasce da livre concordância do Filho com o Pai por meio do Espírito no ato de sua autodiferenciação em relação ao Pai, conquanto aqui acontece agora a transição da diferenciação do Filho em relação ao Pai, o qual permanece na unidade da divindade, para a autodiferenciação do Pai como o Deus uno, e com isso para o ser-diferente da existência criatural, que será a forma de existência do Filho no homem Jesus. Nisso o Filho se torna origem de existência criatural não somente na medida em que ele é princípio da diferenciação e autodiferenciação, mas também por meio da ligação entre aquilo que diferenciado. Assim como na vida intratrinitária de Deus a autodiferenciação do Filho em relação ao Pai é condição para sua unidade com o Pai por meio do Espírito, também as criaturas estão relacionadas simultaneamente a Deus como seu Criador por meio de sua diferença em relação a Deus, e por suas diferenças estão relacionadas simultaneamente entre si. Suas diferenças não precisam assumir a forma da separação e da contradição. Isso, todavia, acontece quando caem fora da comunhão com Deus, na qual são criadas por meio do Filho e do Espírito de Deus. Em sua ligação com o Espírito, o Filho age na criação como princípio não apenas da diferencialidade das criaturas, mas também de sua coesão na ordem da criação – também nesse sentido como "*Logos*" da criação. Ele "reúne" as criaturas para dentro da ordem dada por suas diferenças e relações e as faz convergir em si mesmo (Ef 1.10) para a participação em sua comunhão com o Pai. Isso, porém, se realiza somente pelo Espírito, como, aliás, a atuação criadora do Filho sempre está associada ao Espírito.

De acordo com os testemunhos bíblicos, o Espírito já é atuante na criação do mundo (Gn 1.2), especialmente como origem da vida nas criaturas (Gn 2.7; cf. Sl 104.29s). Por um lado, o Espírito é o princípio da presença criadora do Deus transcendente em suas criaturas, por outro lado, inversamente, é meio da participação das criaturas na vida divina – e com isso na vida como tal. Nisso a atuação do Espírito está intimamente ligada com a do Filho, mas, ao mesmo tempo, também é caracteristicamente diferente: enquanto a autonomia das criaturas em relação a Deus e sua subsistência distinta de Deus remonta à autodiferenciação do Filho em relação ao Pai, o Espírito é o elemento da comunhão das criaturas com Deus e da *participação* de sua vida sem prejuízo de sua diferencialidade de Deus. Na verdade, também autodiferenciação de e unidade com o Pai estão intimamente ligadas no Filho, porque a autodiferenciação em relação ao Pai é condição para a comunhão com ele. No entanto, justamente nisso se revela a unidade inseparável entre Filho e Espírito. O Filho não é Filho sem o Espírito.

A autodiferenciação do Filho em relação ao Pai é o princípio da peculiaridade que, simultaneamente, reconhece o outro distinto em relação a ela em sua peculiaridade. Isso também vale para aquilo que criaturalmente outro. Disso decorre a *ordem* do mundo criatural nas relações mútuas de suas diversas conformações. Na subsistência perseverante de tais formas, a autonomia da existência criatural em sua diferencialidade de Deus chega ao alvo. Sem subsistência própria, a realidade criatural seria apenas um lampejo momentâneo na eternidade de Deus. Por isso a conservação das criaturas deve ser atribuída especialmente à obra do Filho, à Sabedoria divina. Naturalmente também na criação e conservação das criaturas o Filho é obediente ao Pai. Na processão do Pai para a criação do mundo, ele honra o Pai agora também como Pai de um mundo de criaturas, a saber, como o Criador deste mundo: ele mesmo é a Palavra do Pai que por meio desta sua Palavra chama as criaturas à existência.

A produção da criatura chega à consumação em sua subsistência autônoma. É a isso, portanto, que visa o ato criador de Deus. Essa subsistência criatural em si, porém, somente é possível por participação em Deus; pois somente Deus é irrestritamente subsistente. Toda subsistência limitada deriva-se dele. As criaturas alcançam tal participação não simplesmente por meio de sua existência como distinta de Deus, mas no movimento de sua vida, conquanto vida acontece na transcendência da própria finitude. Essa vida das criaturas como a participação em Deus, que transcende a própria finitude, é a obra específica do Espírito na criação, que está intimamente ligada com a do Filho. Isso não vale apenas para a criatura individualmente, mas também para a dinâmica da criação como um todo, que se concretiza na interação das criaturas, para a "história da natureza" (C. F. von Weizäcker).

A dinâmica inerente à vida da criação pode ser descrita com maior exatidão como um processo de crescente *interiorização* da *autotranscendência* das criaturas. A vida orgânica é a forma básica plenamente desenvolvida de tal autotranscendência interiorizada, e os graus da evolução podem ser entendidos como graus de sua crescente complexidade e intensidade, e daí também como graus de crescente participação das criaturas em Deus – de uma participação extática, entenda-se, que é possível somente no meio do estar-fora-de-si da vida, sem prejuízo da diferença entre Deus e criatura. Sobre isso ainda haveremos de agregar maiores detalhes na segunda parte do capítulo. Mas já aqui se pode constatar como explicação da atuação do Espírito de Deus na criação: Enquanto para os acontecimentos elementares dos fenômenos naturais parecem permanecer exteriormente sua sequência, para as formas permanentes da natureza inorgânica seu ambiente e as mudanças que nelas acontecem, o vivo se distingue pelo fato de ter uma relação interior com o futuro tanto de suas próprias mudanças quanto com o ambiente de espaço. Isso é evidenciado pelo impulso das plantas para o desdobramento, a vida instintiva dos animais. Por isso aqui se pode falar, pelo menos em sentido análogo, de uma autopreservação, embora sem a formação de uma autoconsciência ainda falte a expressividade de uma autorrelação, pressuposta para a estrutura plenamente desenvolvida de uma autopreservação[76]. Tal interiorização da relação com um futuro que modifica o próprio ser-assim implica em um ser além da própria finitude. O movimento de tal autotranscendência, especialmente de sua interiorização, pode ser descrito como participação das criaturas do Espírito que as vivifica[77]. Na medida em que a evolução da vida pode ser caracterizada com HENRI BERGSON e TEILHARD DE CHARDIN como um processo de produção de formas de vida cada vez mais complexas e com isso também cada vez mais interiorizadas, a seqüência das formas da vida também pode ser compreendida como manifestação de uma crescente intensidade da participação das criaturas no divino Espírito da vida. Essa crescente participação no Espírito não elimina a diferencialidade de Deus em nenhuma das etapas, porque as

---

[76] Vide D. HEINRICH, Die Grundstruktur der modernen Philosophie, in: H. EBELING (ed.), *Subjektivität und Selbsterhaltung*, 1976, pp. 97ss., esp. 103ss.

[77] Trata-se aqui de uma das mais importantes noções na descrição da vida na *Teologia Sistemática* III, 1966, parte 4: Das Leben und der Geist, [A vida e o espírito] de PAUL TILLICH. Todavia, TILLICH não compreendeu a extática da vida com a devida radicalidade, e por isso distinguiu do Espírito divino um espírito ontológico, que deve ser atribuído à própria vida criatural. Quanto a isso, cf. do Autor, Der Geist des Lebens, in: *Glaube und Wirklichkeit*, 1975, pp. 31-56, esp. pp. 41ss., 51ss.

criaturas somente têm participação na vida do Espírito no movimento do sair além da própria finitude. Antes, as criaturas recebem participação na vida divina na medida em que a autodiferenciação de Deus (e portanto o Filho) assume forma nelas. Assim, a atuação do *Espírito* na criação converge para a encarnação do *Filho*, a qual, segundo os testemunhos bíblicos, é a especial obra do Espírito, e na qual a criação chega à consumação por meio da plena manifestação da imagem divina no ser humano.

A implementação trinitária do conceito da criação possibilita, portanto, referir o enunciado da criação ao todo do mundo em sua abrangência temporal. Ela não se refere apenas ao princípio do mundo. Na restrição ao começo do mundo reside uma unilateralidade dos relatos véterotestamenários que determinam as formas de concepção, a qual, neste ponto, corresponde à orientação do pensamento mítico em um tempo primitivo fundante[78]. Todavia os dois relatos da criação no início do livro de Gênesis querem afirmar, na forma de uma descrição dos acontecimentos iniciais, a fundamentação da realidade criatural determinante para todo o tempo subsequente, a qual é permanentemente efetiva. Assim também faz parte da criação a preservação das criaturas na sua existência. A preservação, por sua vez, não deve ser compreendida apenas como manutenção invariável das formas de existência criatural inicialmente constituídas, mas como acontecimento vivo, como criação contínua, e assim, simultaneamente, também sempre como nova formação criativa para além do que foi posto na existência no início. Desse modo, criação, conservação e governo do mundo formam uma unidade, cujo nexo estrutural ainda há de ser definido com mais exatidão. Por meio da doutrina da Trindade, criação, conservação e governo do mundo são relacionados à economia salvífica do agir divino no mundo. Com isso o agir de Deus se apresenta como um ato único, que abrange tudo o que acontece no mundo, mas que, não obstante, envolve simultaneamente grande número de atos

---

[78] Referente a esse conceito do mito, cf. do Autor, Christentum und Mythos (1972), in: *Grundfragen systematischer Theologie 2*, 1980, pp. 13-65, esp. pp. 14ss., 29ss., e referente à aplicação ao levantamento bíblico, pp. 31ss., além disso a palestra do Autor, Die weltgründende Funktion des Mythos und der christlichen [sic!] Offenbarungsglaube, in: H. H. Schmid (ed.), *Mythos und Rationalität*, 1988, pp. 108-122, esp. pp. 111s.

isolados e fases, e que, desse modo, também dá espaço a uma multiplicidade de criaturas. Inversamente, com isso também se tornou possível que as criaturas em sua multiplicidade, como expressão de sua finitude, podem participar, cada qual em seu lugar, no movimento do agir divino que perpassa toda a criação, na conformação do Verbo de Deus no sopro de seu Espírito.

4. A criação de Deus, sua conservação e seu governo do mundo

a) Conservação e criação

Conservação de um ente na existência já pressupõe sua existência. Somente o que já é pode ser conservado na sua existência. Além disso, o conceito da conservação implica que o que deve ser conservado não deve sua existência simplesmente a si mesmo; pois não necessitaria de conservação se tivesse a causa de seu ser em si mesmo. Conquanto somente a criação de Deus dá origem à existência das criaturas, elas também dependem, em primeiro lugar, de Deus para sua conservação em sua existência.

Os escritos bíblicos testificam amplamente que Deus também quer conservar o mundo que criou. Nisso se trata, em primeiro lugar, da conservação da criação na ordem criada por Deus. Ela é o tema especial da aliança com Noé (Gn 9.8-17). No entanto, na conservação da criação não está em jogo apenas a firme subsistência do orbe terrestre (Sl 96.10; cf. Is 45.18) e da indestrutibilidade da ordem da natureza na alternância de dia e noite e na seqüência das estações do ano (Sl 74.16s.; 136.8s.), mas também o cuidado de Deus para com cada uma das criaturas individualmente, que dá água e alimento em tempo oportuno (Dt 11.12-15; Jr 5.24; Sl 104.13ss.27, bem como 145.15s.). Nas palavras de Jesus a respeito das aves do céu e dos lírios do campo (Mt 6.25s., 27ss.; Lc 12.24ss., cf. vv. 6s.) esse cuidado de Deus com suas criaturas encontrou sua expressão especialmente intensiva na atenção às necessidades especiais de cada uma delas.

Por causa do estreito nexo entre conservação e cuidado, muitas vezes, a teologia associou o conceito da conservação à providência divina. No Novo Testamento, todavia, o termo helenista da providência divina ainda não foi aplicado à relação de Deus com sua criação[79]. Mas também sobre a conservação do mundo se fala expressamente apenas em poucas passagens, especialmente no contexto da criação do mundo por meio do Filho (Cl 1.17; Hb 1.13c). Já na Primeira Epístola de CLEMENTE se fala expressamente da providência divina (1Clem 24.5). Dentre os apologetas, foi especialmente TEÓFILO de Antioquia que tratou detalhadamente da providência de Deus, a partir de cujas obras se deveria reconhecer sua deidade (*ad Autol.* 15s.). Em CLEMENTE de Alexandria e ORÍGENES, a concepção da providência recebeu importância sistemática para a interpretação da história salvífica como educação divina da humanidade[80]. Nisso ORÍGENES subordinou a conservação da criação inteiramente ao ponto de vista do governo do mundo por meio da providência divina (*De princ.* II.1 *et passim*). Do mesmo modo procedeu mais tarde JOÃO DAMASCENO (*Fid. orth.* II,29). Em contrapartida, CLEMENTE já se havia ocupado separadamente com a conservação imutável da ordem do criado, interpretando-a como manifestação do descanso de Deus no sétimo dia da criação (*Strom.* VI,16,142,1)[81]. AGOSTINHO adotou esse pensamento e o desenvolveu, ligando-o ao dito de Cristo em Jo 5.17: "Meu Pai trabalha até agora, e eu trabalho também". De acordo com isso, o descanso de Deus no sétimo dia da criação não pode significar que Deus não estivesse mais ativo, mas somente que não produz mais novas espécies de criaturas. Sua obra, porém, necessita de uma continuação (*continuatio*) conquanto as criaturas dependem de que Deus as conserve (*continet*) e governe (*administrat*). Sem a atividade conservadora e governadora de Deus, as criaturas deveriam recair no nada do qual foram criadas[82].

---

[79] Quanto a isso, cf. a observação de R. BULTMANN, *Theologie des Neuen Testaments*, 1953, p. 72 [versão brasileira: *Teologia do Novo Testamento*. São Paulo, Academia Cristã, 2008, p. 116].

[80] Foi especialmente K. KOCH, *Studien über Origenes und sein Verhältnis zum Platonismus*, Berlim, 1952, que descreveu a teologia alexandrina em seus começos sob esse aspecto: *pronoia* e *paideusis*.

[81] Parece não ser bem correto se essa concepção é interpretada como expressão de concepção da conservação como *creatio continua* (assim L. SCHEFFCZYK, *Schöpfung und Vorsehung*, 1963, p. 49); pois também segundo CLEMENTE, a produção das criaturas está encerrada com o sexto dia da criação. Conforme essa exposição, a partir da atualidade cristã, olha-se retrospectivamente para a criação como um evento há muito encerrado.

[82] AGOSTINHO, *De gen. ad litt.* IV,12,22s.: *Proinde et quod Dominus ait, Pater meus usque nunc operatur, continuationem quandam operis eius, qua universam creaturam*

A tese de AGOSTINHO de que as criaturas dependem em sua existência da conservação pelo Criador penetrou direta e indiretamente, por meio de GREGÓRIO, o grande, no pensamento teológico da escolástica latina da Idade Média. Assim, a mesma também se encontra em TOMÁS DE AQUINO: como se apaga a luz do dia quando o sol não brilha mais, do mesmo modo as criaturas devem perecer se Deus não continuar a conservá-las na existência[83]. Essa concepção ainda teve grande evidência inclusive para um espírito tão crítico como GUILHERME DE OCKHAM, que por meio dela já considerava provada a existência de Deus[84].

Em sua *Suma Teológica*, TOMÁS DE AQUINO enquadrou, à semelhança da explicação da gênese de AGOSTINHO, a conservação das criaturas no governo divino do mundo (*Suma teol.* I,103-105). Na *Suma contra os gentios*, porém, apresentou a conservação, ao lado do governo do mundo, como aspecto parcial do reino da provisão de Deus (*Sum. c. gent.* III,64-67, esp. 65). Neste ponto ainda lhe seguiu a dogmática protestante antiga[85]. Desde ABRAHAM CALOV, a doutrina protestante da providência foi subdividida de tal modo, que, ao lado da *conservação* das criaturas, abrange também o *concurso* de Deus em suas atividades e, em terceiro lugar, o *governo* de Deus sobre o mundo. O concurso de Deus nas atividades das criaturas (*concursus divinus*) foi diferenciado de sua conservação na existência, porque a existência de uma coisa é fundamental para sua atividade.

---

continet atque administrat, ostendit (PL 34, 304). Ao lado disso, AGOSTINHO também conhecia uma interpretação tipológica do sétimo dia da criação referente a Jesus Cristo, especialmente referente ao sábado de seu descanso no sepulcro (vide tb. *op. cit.*, 11,21).

[83] TOMÁS DE AQUINO, *Suma teol.* I,104,1: *non autem remanet aer illuminatus nec ad momentum, cessante actione solis ... Sic autem se habet omnis criatura ad Deum, sicut aer ad solem illuminantem*. Antes foi dito em princípio: *Dependet enim esse cuislibet creaturae a deo, ita quod nec ad momentum subsistere possent, sed in nihilum redigerentur, nisi operatione divinae virtutis conservarentur in esse sicut Gregoruius* (*Moral.* XVI, 37) *dicit*. Algo semelhante foi dito na *Suma contra os gentios* III,65: *Nulla igitur res remanere potest in esse cessante operatione divina ... tandiu igitur sunt quandiu Deus eas esse vult*.

[84] Vide aqui vol. I, p. 135.

[85] DAVID HOLLAZ definiu o conceito da conservação assim: *Conservatio est Actus providentiae divinae, quo Deus res omnes a se creatas sustentat, ut in natura sua, proprietatibus insitis et viribus in creatione acceptis persistere possint* (*Examen theol. acroamaticum*, Stargard, 1707, pp. 645). A. CALOV ainda identificou providência e *rerum creatarum gubernatio*, que também abrange a conservação (*Syst. Loc. theol. t. 3*, Wittenberg, 1659, 1127).

Ela não precisa estar sempre ativa a fim de ser, mas, em todo caso, ela deve existir – e ser continuadamente – a fim de poder ser ativa. Portanto, a conservação das criaturas na sua existência já é pressuposta para sua atividade. Que as criaturas dependem do concurso de Deus para sua atividade resulta já do fato de que necessitam da constante conservação de Deus até mesmo para sua existência continuada[86]. Por outro lado, não se quer que o concurso de Deus nas atividades criaturais anule a autonomia das criaturas como princípio de suas atividades. As intenções específicas que as criaturas perseguem em suas atividades podem desviar-se das intenções do governo divino do mundo, que une todas as particularidades com o todo[87]. Por isso o concurso divino nos atos criaturais não precisa ser responsável por seus desvios das intenções da providência divina. Por outro lado, também o pecado e o mal nas ações das criaturas ainda devem servir aos fins da providência divina[88].

Todas as afirmações sobre a conservação de Deus e o governo do mundo já pressupõem sua criação. Também as reflexões de CLEMENTE de Alexandria e AGOSTINHO sobre o descanso de Deus no sétimo dia da criação (veja *acima*), o qual procuravam compatibilizar não obstante com a suposição de um permanente agir de Deus, contam com a conclusão da obra de seis dias da criação do mundo, tal como o apresentou o relato da criação do escrito sacerdotal no primeiro capítulo do livro de Gênesis. O agir subsequente de Deus é um agir diferente, que consiste na conservação e no governo das coisas criadas. Já na teologia cristã-primitiva, se opunha a essa distinção estrita entre criação e conservação outra concepção em tensão não resolvida, a saber, a concepção de que o próprio ato da criação como ato do Deus eterno também deveria ser eterno. Como ato eterno do Deus eterno, a criação não pode estar limitada ao começo do mundo, mas é simultânea a todo o tempo

---

[86] TOMÁS DE AQUINO, *Sum. c. gent.* III,67: *Sicut autem Deus non solum dedit esse rebus cum primo esse incoeperunt, sed quandiu sunt, esse in eis causat, res in esse conservans* [...] *ita non solum cum primo res conditae sunt, eis virtutes operativas dedit, sed semper eas in rebus causat. Unde, cessante influentia divina, omnis operatio cessaret.* Cf. *Suma teol.* I,105,5.

[87] Em TOMÁS, a diferença entre o agir das segundas causas criaturais e a *virtus divina*, que atua por meio delas, não é atribuída à diferença das intenções de agir, mas a um defeito por parte da criatura, do qual a atividade divina faz uso como "instrumento" (*Sum. c. gent.* III,71).

[88] TOMÁS DE AQUINO, *Sum. c. gent.* III,140.

em que acontece a criação. Pois, como ato eterno, o ato da criação não é um ato que acontece no tempo. Antes, o próprio tempo surgiu somente com a produção das criaturas.

A teologia cristã-primitiva já pôde encontrar esse pensamento formulado em FILO *Leg. all.* I,2. Baseado em FILO, CLEMENTE de Alexandria negou expressamente que o ato da criação tivesse ocorrido no tempo, visto que "o tempo foi criado simultaneamente com o ente" (*Strom.* VI,16,142,4). Tudo que é criado teria sido produzido simultaneamente com o *Logos* divino, portanto a criação teria ocorrido em um só ato. Para isso, CLEMENTE se baseou no dado de que o relato da criação do escrito sacerdotal já no começo fala da criação de céu e terra como um todo "no princípio" (Gn 1.1), ocupando-se somente depois com a criação de cada uma das obras da criação (*loc. cit.* 142,2). Em sua explicação da obra de seis dias da criação do mundo, BASÍLIO de Cesaréia detalhou melhor esse pensamento admitindo para o mundo da criação um começo determinado pela criação, enquanto descreveu o ato da criação de Deus em si como origem atemporal de todo tempo (*Hex.* I,6, MPG 29,16 CD; cf. c. 3 *loc. cit.* 9 AB). Por meio de AGOSTINHO esse pensamento foi transmitido à doutrina de Deus da Idade Média latina: Assim como a palavra de Deus é proferida eternamente, também todas as coisas são proferidas com isso, pois o proferir da eterna palavra por Deus não encontra fim, como se posteriormente pudesse ter sido proferido outra coisa; tudo é dito por Deus simultânea e eternamente: *Verbum Deum [...] sempiterne dicitur, et eo sempiterne dicuntur omnia: neque enim finitur quod dicebatur, et dicitur aliud quod possint dici omnia; sed simula ac sempiterne dicis omnia quae dicis...* (AGOSTINHO, *Conf.* XI,7,9)[89]. O tempo surgiu somente com as criaturas, a saber, como condição de seus movimentos, de seu surgir e perecer (*De civ. dei* XI,6).

A existência de todas as criaturas tem seu início no ato de sua criação. Nesse sentido, a criação está relacionada ao começo das criaturas.

---

[89] Cf. as exposições de AGOSTINHO em *De genesi ad litteram* V,23 (*PL* 34,357s.) sobre como Deus criou a tudo simultaneamente e, não obstante, em seqüência temporal (vide tb. já I,10,18 *loc. cit.* 253 e IV,35, *loc. cit.* 320: *Dies ergo ille quem Deus primitus facit [...] praesentatus est omnibus operibus dei hoc ordine praesentiae, quo ordine scientiae qua et in Verbo Dei facienda praenosceret, et in creatura facta gognosceret, non per intervallorum temporalium moras, sed prius et posterius habens in connexione creaturarum, in efficacia vero Creatoris omnia simul*).

Disso, porém, não se segue que o ato de criação de Deus fizesse parte do tempo do começo do mundo e que com isso também estivesse limitado a esse tempo do começo. Nesse caso ele seria um ato no tempo e não um ato eterno de Deus. O tempo não teria sido posto primeiro com a existência das criaturas, mas a transição da eternidade para o tempo já se encontraria na processão da imanência de sua essência para o ato da criação. Se, porém, o próprio ato da criação já fosse um ato no tempo, seria inevitável perguntar por um tempo precedente. Com isso, por sua vez, estaria ligada a concepção de uma mudança em Deus na transição para a criação. Por essa razão AGOSTINHO rejeitou a concepção do ato da criação como ato que aconteceu no tempo. Pois na eternidade não existiria mudança (*in aeternitate autem nulla mutatio est – De civ. Dei* XI,6). AGOSTINHO contrapôs a isso uma tese no sentido de que o mundo não teria sido criado no tempo, mas juntamente com o tempo (*non est mundus factus in tempore, sed cum tempore*).

Contra essa tese de AGOSTINHO, KARL BARTH falou enfaticamente de uma criação no tempo, a saber, em seu início (*KD* III/1,72ss., pp. 75s.). Por um lado, concordou com a concepção de AGOSTINHO de que o tempo faz parte do mundo das criaturas, o qual, como distinto da eternidade, vem a existir primeiro com o ato da criação. Mesmo assim considerou "duvidoso" o fato de que, em *Conf.* XI,30 (p. 40), AGOSTINHO "não apenas nega um tempo *antes* da criação, mas também a temporalidade da *própria* criação" (p. 75). Em sua opinião, com isso AGOSTINHO, contra sua própria intenção, atribuiu ao criar divino uma "prioridade temporal perante o devir da criatura, perante o início do tempo" (*ib.*). Isso, porém, não confere com o sentido do pensamento agostiniano. De modo algum, este significa, conforme pensava BARTH, que *primeiro* Deus tivesse criado *e depois* teria surgido a criatura e justamente com isso teria começado o tempo" (*ib.*). Antes, AGOSTINHO está interessado em que a eternidade divina e o ato de criação do Deus eterno precedem à criatura e lhe são simultâneos. Também BARTH não quis excluir a simultaneidade do ato da criação com a existência da criatura (cf. p. 76), embora enfatizasse que a criação "é *a primeira* entre as obras de Deus" (p. 45), o "*começo* de todas as coisas" (p. 13), portanto "*não uma verdade atemporal*" (p. 64). Afirmou com razão que a eternidade, por sua vez, "não é simplesmente a negação do tempo", mas "fonte do tempo", como unidade de passado, presente e futuro (p. 72). Nisso também reside um momento de crítica justificada de KARL BARTH ao conceito de eternidade de Agostinho[90]. No entanto. ao insistir, contra Agostinho, no fato de que o ato da criação tivesse acontecido no tempo (p. 76), "que a criação de Deus acontece como história *no tempo*" (p. 74), atraiu sobre si a crítica que Agostinho fizera à contradição de tais indicações. Elas implicam inevitavelmente a concepção de um tempo *antes* da criação (*De civ. Dei* XI,6: *Quod enim fit in tempore, et post aliquod fit, et ante aliquod tempus; post it quod praeteritum est, ante id quod futurum est*). É verdade que Barth afiançava que também por sua parte não estaria disposto a aceitar um tempo antes da criação (*loc. cit.*, p. 754, cf. 83); neste caso, porém, não deveria falar de um ato da criação "no" tempo[91]. Em Barth, esse modo de se expressar tem por base a concepção de que já no ato da criação Deus se "rebaixa" até suas criaturas, "entra em sua forma de existência [...], sendo que desse modo faz com que sua Palavra ressoe no tempo, que sua obra aconteça no tempo" (p. 74). No entanto, na criação trata-se em primeiro lugar, diferentemente do que na encarnação, de primeiramente criar o "plano" da realidade criatural, em cuja "forma de existência" o Filho entrará por ocasião da encarnação. Isso vale tanto mais se, com Barth, desenvolvemos o conceito da criação somente sob o aspecto do princípio.

A relevância permanente da tese de Agostinho de que o mundo foi criado com o tempo, porém, não no tempo, não consiste tanto na defesa da imutabilidade de Deus, visada por Agostinho. Nessa intenção, que está relacionada com a compreensão agostiniana da eternidade como atemporal, apenas oposta ao tempo, deve-se ver, antes, o transitório na doutrina agostiniana da origem do próprio tempo no ato da criação de Deus. Seu ganho permanente, todavia, consiste em duas coisas distintas: por um lado, é evitada a aparência de que a origem do mundo se basearia numa decisão arbitrária de Deus. Para a compreensão do ato da criação é constitutivo que ele é um ato da liberdade de

---

[90] Cf. vol. I, pp. 543ss.
[91] A problemática de tal compreensão foi pormenorizadamente analisada por R. Rothe, *Theologische Ethik I*, 2ª ed., Wittenberg, 1867, pp. 193ss. (nota sobre § 52). A crítica a ela também se dirige contra a formulação de Lutero contra Agostinho: *deus in tempore creavit, non in momento* (WA 12,245,38). Lutero, porém, não estava interessado numa limitação do ato da criação ao começo, mas que Deus cria ininterruptamente coisas novas (WA 1,563,7ss.). Cf. D. Löfgren, *Die Theologie der Schöpfung bei Luther*, 1960, pp. 37ss. Lutero insistia na *continuata creatio* (*loc. cit.*), da qual haveremos de falar a seguir.

Deus. Mas não é produto de um acaso, de um capricho arbitrário, que não tivesse nenhuma fundamentação na vida interior de Deus. Além disso, a tese da eternidade do ato da criação é significativa, porque está aposta à restrição da atividade criadora divina ao início do mundo. A eternidade do ato da criação constitui a premissa para a concepção da atividade conservadora de Deus como um agir criador continuado, como *creatio continuata* e *creatio continua*.

> Tomás de Aquino já pôde designar a conservação como criação contínua e acentuar que não se trata aí de um novo ato de Deus em oposição à criação, mas da continuação do ato por meio do qual Deus concede o ser às criaturas: *conservatio rerum a Deo non est per aliquam novam actionem, sed per constitutionem actionis qua dat esse; quae quidem actio est sine motu et tempore; sicut etiam conservatio luminis in aere est per continuatum influxum a sole* (Suma teol. I,104,1 ad 4). Em Guilherme de Ockham, esse pensamento adquiriu sentido novo e mais radical por causa de sua concepção da contingência de cada evento individual em conseqüência de sua dependência direta de Deus[92]. Descartes também seguiu a essa concepção: A existência da criatura depende, em todo momento, da ação criadora de Deus, porque de sua existência em um momento anterior de modo algum segue sua existência no próximo momento: *ex eo quod paulo ante fuerim, non sequitur me nunc debere esse, nisi aliqua causa me rursus creet ad hoc momentum, hoc est me conservet*. Pelo da criatura dever sua existência sempre de novo, a todo momento, à atividade criadora de Deus, o conceito da conservação se diferencia do da criação somente por meio da referência ao fato de que já anteriormente Deus concedeu à respectiva criatura sua existência: *adeo ut conservationem sola ratione a creatione differe* (Med. III,36; Adam; Tanney VII, 1964, 49,2-10). De modo semelhante manifestaram-se teólogos da ortodoxia protestante, ainda que sem a especial ênfase que havia sido estabelecida pela concepção atomista de tempo por Descartes no sentido de sequência contingente de momentos. Assim Johann Andreas Quenstedt pôde definir a conservação de uma criatura

---

[92] Nesse sentido K. Bannach, *Die Lehre von der doppelten Macht Gottes bei Wilhelm von Ockham*, 1975, p. 300, conclui com razão que antes de Ockham nenhum teólogo teria apresentado "uma interpretação tão radical da criaturidade do criado, embora as afirmações de Ockham a respeito da unidade do ato divino da criação e da conservação tomadas por si praticamente não vão além do que disse Tomás (cf. *loc. cit.*, p. 213 referente a *Sent.* II, q 11, H e q 3 e 4, L).

como sua produção continuada, que se diferenciaria do conceito de sua criação apenas exteriormente, por sua denominação[93]. De acordo com DAVID HOLLAZ, também a conservação outra coisa não é senão um ato criador continuado, que se distingue apenas pela conotação de que seu produto também já existiu anteriormente[94].

Críticos da concepção da conservação como criação contínua objetaram que desse modo a autonomia das criaturas e de suas ações[95], ou no mínimo sua identidade e continuidade[96], estariam sendo postas em dúvida. Ambos os temores, porém, não têm razão de ser se Deus é fiel a si mesmo em sua atividade criadora. A fidelidade de Deus possibilita e garante o surgir e o subsistir de figuras da realidade criatural, existentes continuadamente, sua identidade que perpassa o tempo e sua autonomia. Mais outra objeção argumenta que, segundo o testemunho da Escritura, a criação estaria concluída (Gn 2.1)[97]. Essa é, com efeito, a concepção do relato da criação do escrito sacerdotal. No entanto, a isso se contrapõem outras afirmações bíblicas, especialmente a palavra de

---

[93] J. A. QUENSTEDT, *Theologia did.-pol. sive Systema Theol*, tom. I (1685) Leipzig, 1715: *Conservatio enim rei proprie nihil est alius, quam continuata eius productio, nec differunt, nisi per extrinsecam quandam denominationem* (p. 760).

[94] D. HOLLAZ, *Examen theol. acroam. I*, Stargard, 1707, pp. 645s.: *conservatio quippe est continuata creatio, seu creativae actionis continuatio. Neque enim alia ratione DEUS creaturam conservare dicitur, nisi quatenus actionem, qua creaturam produxerat, porro positive continuat [...] Distinguuntur autem diversis connotatis. Nam creatio connotat rem ante nos fuisse, conservatio rem ante fuisse supponit.*

[95] Assim J. F. BUDDEUS, *Institutiones theologiae dogmaticae*, Leipzig, 1724, 1.2 c. 2 § 47,1 (cit. segundo C. H. RATSCHOW, *Lutherische Dogmatik zwischen Reformation und Aufklärung II*, 1966, p. 244): *Praeterea, si cosnervatio est creatio quaedam, sequitur, deum singulis momentis non tantum ipsam rerum essentiam, sed omnem motum, omniaque adeo libere agentium dicta, facta, atque cogitata producere; adeoque, quidquid mali ab hominibus dicitur, aut peragitur, id ipsum deum facere.* Cf. tb. J. MÜLLER, *Die christliche Lehre von der Sünde I*, 3ª ed., 1849, p. 302; R. ROTHE, *Theologische Ethik I*, 2ª ed., 1867, p. 217 (§ 54); F. A. B. NITZSCH; H. STEPHAN, *Lehrbuch der evangelischen Dogmatik*, 3ª ed., Tübingen, 1912, p. 413.

[96] Assim K. BARTH, *KD* III/3, 1950, p. 79.

[97] J. F. BUDDEUS, *loc. cit.*, menciona como primeiro argumento contra a suposição de uma *creatio continua* que, segundo o testemunho da Escritura, Deus teria terminado a criação (*deum ab opere creationis cessasse, Gn 2.1 dicitur*). No mesmo sentido se lê em K. BARTH, *loc. cit.*, p. 78: "Não se pode dizer: *ele continua a criá-la.* Não há necessidade disso, pois já está criada, e bem criada".

Cristo em João: "Meu Pai atua até agora, e eu também atuo" (Jo 5.17), uma frase que deu o que pensar à teologia patrística (veja *acima* nota 82). Seria possível restringir o conteúdo dessa afirmação à conservação do que fora criado anteriormente ou ela inclui justamente também a produção de algo novo? Em todo caso, essa última alternativa vale para a palavra de Paulo que coloca o conteúdo da promessa do Filho em paralelo com o ressuscitamento dos mortos e com o agir criador de Deus, que "chama à vida o que não é" (Rm 4.17). A confiança de Abraão em face da promessa do nascimento de um filho em idade tão avançada conta com o poder criador de Deus que justamente não apenas fundou o mundo no princípio, mas sem o qual o evento anunciado não seria possível. Em sentido semelhante, Dêutero-Isaías já usou o conceito do criar de Deus (*bārā'*) para a produção de algo historicamente novo, e isso tanto com vistas a acontecimentos de salvamento quanto de desgraça (Is 45.7s., cf. com outro verbo 43.12 e 19, tb. 48.6s., v. tb. Nm 16.30). Se é dito que Deus "teria criado" a Jacó (Is 43.1) e a Israel (43.15), dever-se-á pensar na eleição de Deus na história, que fundamentou a existência do povo de Deus. Também o que acontece de novo nos fenômenos da natureza é caracterizado terminologicamente como ato criador de Deus (Is 41.20; cf. Sl 104.30)[98]. A isso corresponde, por fim, também a expectativa escatológica, que tem em vista a criação de novo céu e de nova terra (Is 65.17s.). Todas essas obras – o agir de Deus para a conservação e governo de suas criaturas, mas também na produção de algo novo e na reconciliação e consumação do mundo por ele criado – participam da qualidade de seu agir como agir criador.

Como ato eterno, o agir criador de Deus abrange todo o processo mundial e perpassa todas as fases da economia do agir divino em sua história.

> Com vistas à encarnação de Cristo e à instituição de nova "vida global" por meio dele, FRIEDRICH SCHLEIERMACHER reduziu esse estado de coisas à bela fórmula de que esse evento deveria "ser entendido como criação da natureza humana somente agora concluída" (*Der christliche Glaube* § 89). No entanto, por outro lado, SCHLEIERMACHER viu a unidade do agir divino no mundo em primeiro lugar expressa na concepção da conservação, e somente secundariamente na da

---

[98] Outros comprovantes a respeito são mencionados por W. KERN, in: *Mysterium Salutis II*, 1967, p. 533.

criação (§ 36ss.). "Nós mesmos sempre nos encontramos somente no subsistir, nossa existência sempre já se encontra no decurso" (§ 36,1). Por isso a "sensação fundamental" da dependência em relação Deus em seu conteúdo positivo deveria ser exposta pela doutrina da conservação (§ 39), enquanto que a afirmação da criação é apenas "complmentação ao conceito de preservação" para expressar, "a dependência que incondicionalmente a tudo abarca" (§ 36,1): Nada deve ser excluído "do que veio a surgir por meio de Deus" (§ 40). O interesse teológico pela liberdade do agir criador divino não se expressa devidamente nessa concepção. Também nas exposições detalhadas de SCHLEIERMACHER sobre a doutrina da conservação, os momentos da liberdade de Deus e a contingência da realidade criatural correspondente ficam atrás do enquadramento de todos os detalhes no "contexto da natureza" (§ 46). Por isso se encontrará melhor preservado o conceito da abrangente unidade do agir de Deus na criação e de sua conservação e do governo do mundo sob o ponto de vista de uma *creatio continuata*.

Também SCHLEIERMACHER cogitou da possibilidade de pensar o todo do agir divino referente ao mundo ("a criação do mundo como um só ato divino, e com esse toda a ordem natural": *Der christliche Glaube*, § 38,2). Pois "com todo começo de uma série de atividades, ou com os efeitos que procedem do sujeito é posto algo novo que antes não estava posto no mesmo ser individual; isso, portanto, é um novo surgir e pode ser considerado como uma criação...". Apenas não se deveria imaginar o ato da criação como "tendo terminado" (§ 38,2). O fato de não obstante SCHLEIERMACHER preferir o termo da conservação como denominação daquele ato divino está relacionado com seu princípio no sentimento de independência (vide *acima*). Mais forte, porém, era seu interesse de conceber o todo do agir divino como unidade. Mas é justamente contra essa tese que se dirige a crítica de JULIUS MÜLLER (*Die christliche Lehre von der Sünde I*, 3ª ed., 1849, pp. 300ss.). MÜLLER estava perfeitamente disposto a falar de uma *creatio continua* (p. 304) que se refere "a todo novo surgir" (p. 303). Mas insistiu em que o agir conservador de Deus deveria ser diferenciado disso (p. 304), que carrega "as forças criadas em todo momento de sua atividade [...], sem, no entanto, dar ele mesmo uma determinação especial à atividade das forças naturais" (p. 317). A diferença entre o agir de Deus conservador e criador fundamentava para MÜLLER a autonomia da criatura e especialmente de suas atividades, que é a premissa para o conceito do pecado. Por isso também se viu obrigado a rejeitar a identificação de conservação e governo do mundo, apoiada por RICHARD ROTHE (*Theologische Ethik I*, 2ª ed., 1867, p. 316).

A unidade da eterna essência, e assim também a atividade de Deus, não exclui que se fale de uma multiplicidade e variedade de atos divinos que estão unidos na eterna unidade de sua essência e de sua atividade (vide *acima* nota 18). Se as relações do agir divino com suas criaturas em sua história não são exteriores à essência do Criador, visto que, antes, sua eternidade abrange todos os tempos, então também se pode falar perfeitamente dos feitos de Deus em tempo e história. A criação do mundo, porém, não é apenas um dos feitos históricos de Deus ao lado de outros, porque justamente aí não se trata de um ato em tempo e história, ainda que em seu começo, mas do próprio ato de Deus que primeiro constitui o tempo, juntamente com toda a realidade criatural. Ele não apenas estabelece o início temporal da existência criatural, mas essa existência em toda a sua abrangência. Que Deus é a origem dessa existência, todavia, se expressa pelo fato de que especialmente seu começo é atribuído a Deus. Nisso, porém, já está pressuposta a perspectiva do tempo, no qual as criaturas têm sua existência. Nessa perspectiva separam-se, do ponto de vista da criatura, os conceitos de criação e conservação. Não obstante, a concepção da criação contém mais do que uma afirmação sobre o começo do mundo. Cada criatura individual, inclusive todo evento novo, atodo momento tem seu "começo" na criação de Deus.

O conceito da conservação já implica por si mesmo, diferentemente do que o da criação, uma diferença de tempo, a saber, a "diferenciação entre o *começo* da criatura e sua *duração*"[99]. O agir conservador de Deus sempre já é, diferente do da criação, um agir de Deus *no* tempo. Nisso, porém, não se trata de determinado agir individual, como no caso da vocação de Abraão ou da encarnação, mas de uma caracterização geral da propriedade do agir de Deus em suas criaturas. Nesse sentido vale a regra: "O que nosso Deus criou ele também quer conservar"[100]. Nisso se manifesta a fidelidade de Deus em seu agir criador. A conservação das criaturas, todavia, não é a única forma na qual se manifesta a fide-

---

[99] R. ROTHE, *Theol. Ethik I*, 2ª ed., 1867, p. 216, cf. p. 203 (§ 52). No conceito do ato da criação como "função criadora de Deus [...] não se cogita nem de longe que ela tenha um *início*". Porém, justamente por isso o conceito da conservação está diferenciado do da criação e justamente não coincide com ele, como quer ROTHE (p. 216).

[100] J. J. SCHÜTZ, 1675 (Hino 233 no *Evangelisches Kirchengesangbuch* [Hinário da igreja evangélica].

lidade de Deus para com sua criação. A fidelidade também se manifesta por purificação, salvamento, reconciliação e consumação de suas criaturas. Todas essas ações contêm, por sua vez, a conservação das criaturas como momento parcial. Por outro lado, já pressupõem sua existência – e, portanto, sua criação –, como também é o caso no ato da conservação. Por isso o conceito da criação é associado especialmente ao início das criaturas. Na verdade, o agir criador de Deus também se manifesta por meio de sua conservação e governo das criaturas, mas seu início remonta *unicamente* à criação de Deus e não também a sua atividade de conservação e governo de sua existência. Algo semelhante vale para tudo o que é novo e contingente na história universal como na vida das criaturas: também nisso aparece o caráter fundamental do agir de Deus, que é criador e que coloca novos começos. A imbricação desses aspectos foi bem expressa por HANS LASSEN MARTENSEN: "A criação passa para a conservação, conquanto a vontade criadora se dá na forma da *lei*, conquanto atua em cada etapa do desenvolvimento sob a forma da *ordem* mundial natural e espiritual, em, com e por meio das leis e das forças universais. Mas da atividade conservadora irrompe novamente a atividade criadora...". MARTENSEN acrescentou que essa irrupção do princípio criador nos acontecimentos mundiais se manifestaria em tudo que "não pode ser compreendido como mera repetição do anterior, mas revela algo novo, algo original em sua existência"[101]. Com isso, ele ligo, também com razão, o conceito do milagre.

Assim como o conceito da criação atribui o começo do mundo e de todo o ser finito à liberdade de Deus, assim o fenômeno do milagre expressa a liberdade criadora de Deus no meio de uma ordem mundial já existente[102]. É o inusitado, aquilo que nos pode parecer

---

[101] H. L. MARTENSEN, *Die christliche Dogmatik*, Berlim, 1856, pp. 17s. De modo semelhante se lê em R. ROTHE que toda atividade divina no mundo "é ela própria essencialmente uma atividade *criadora*". Essa, todavia, não seria "conservação, de acordo com o lado específico, pelo qual ela se refere ao mundo como já existente, e, sim, governo", porque nisso não se trataria de uma mera sobrevivência, e, sim, do "desenvolver-*se*" do mundo (*Theologische Ethik I*, 2ª ed., 1867, p. 217, cf. p. 216).
[102] Referente a esse tema, cf., ao lado do artigo de H. FRIES no *Handbuch theologischer Grundbegriffe II*, (editado por H. FRIES) 1963, 886-896, esp. G. EWALD; B. KLAPPERT et alii: *Das Ungewöhnliche*, 1969; além disso, ver tb. TH. LOBSACK, *Wunder, Wahn und Wirklichkeit*, 1976. Uma história do conceito de milagre, resumida, porém,

como contraditório à natureza das coisas (*contra naturam*). No entanto, AGOSTINHO já enfatizou que acontecimentos inusitados, que chamamos de milagres, não acontecem contra a natureza, mas apenas contra nosso limitado conhecimento do curso da natureza[103]. A isso também se ateve TOMÁS DE AQUINO (*Sum. c. gent.* III,100; *Sum. theol.* I,105,6). Não obstante, ensinou, diferente de AGOSTINHO, que Deus também poderia agir não apenas de acordo com a ordem da natureza por ele criada, mas também, objetivamente, fora dessa ordem (*praeter naturam*). Somente poderia ser designado de milagre o que não apenas se desvia do curso normal de determinada espécie dos acontecimentos, mas o que acontece em desvio de toda a ordem natural[104]. Essa compreensão se tornou ponto de partida para um desenvolvimento que, por fim, levou ao conflito da teologia com o conceito de lei das ciências naturais. Em primeiro lugar, a diferenciação do que acontece "fora" da ordem natural de um acontecimento contrário a ela (*contra naturam*) perdeu sua acrimônia, porque não mais se associava o conceito de natureza à vontade de Deus como autor da ordem natural, mas ao decurso empírico dos acontecimentos naturais. Nesse sentido, GUILHERME DE OCKHAM já denominou a efetivação de um evento, que normalmente é produzido por meio de segundas causas criaturais, exclusivamente por Deus como uma intervenção de Deus "contra o curso normal da natureza"[105]. Se essa tese encontrou aplicação ao conceito de lei das

---

rica em conteúdo, bem como um resumo em ordem tipológica sobre os posicionamentos face ao tema na teologia do séc. XX é oferecida por B. BRON, *Das Wunder. Das theologische Wunderverständnis im Horizont des neuzeitlichen Natur- und Geschichtsbegriffs* (1975), 2ª ed., 1979.

[103] AGOSTINHO, *De gen. ad litt.* VI,13,24: *Nec ita cum fiunt, contra naturam fiunt, nisi nobis quibus aliter naturae cursus innotuit; non autem Deo cui hoc est natura quod fecerit* (PL 34,349). Cf. *De civ. Dei* XXI, 5,3, bem como referente a Rm 11.17 e 24.

[104] *Sum. theol.* I,110,4: ... *aliquid dicitur esse miraculum, quod fit praeter ordinem totius naturae creatae.* Cf. I,105,7 ad 1, segundo o que a criação do mundo e a justificação do ímpio não devem ser denominados milagres nesse sentido. Nas *Quaestiones Disputatae de pot.* 6,1 ad 1, também se admite a possibilidade de milagres divinos *contra naturam* em determinado sentido. Cf. tb. 6,2 ad 2.

[105] GUILHERME DE OCKHAM, *Opera theol.* VI,137-178 (III. *Sent.* 6, a 2 O): *contra communem cursum naturae*. H. BLUMENBERG, *Die Legitimität der Neuzeit*, 1966, p. 155, caracterizou esse conceito de milagre com vistas a sua relevância sistemática como "redução paradigmática do caráter compromissivo da natureza". Com isso, todavia, não está ligada apenas a validade de comparação entre o real e o possível, como achava BLUMENBERG, mas o interesse pelo caráter imediato do agir criador de Deus no mundo real (cf. K. BANNACH, *loc. cit.*, pp. 305ss.).

ciências naturais que se desenvolveram a partir do séc. XVII[106], o conflito estava estabelecido, porque a suposição de uma suspensão temporária anula esse conceito de lei. SPINOZA então fundamentou de modo determinante para o tempo subsequente a crítica à possibilidade de milagres com a imutabilidade da ordem da natureza que seria expressão necessária da imutabilidade do próprio Deus[107]. De acordo com SPINOZA, seria uma demonstração da imperfeição do Criador se Deus tivesse que interferir exteriormente no curso da natureza a fim de adequar seu curso a sua vontade. Também LEIBNIZ defendeu esse ponto de vista em seu debate com NEWTON e com SAMUEL CLARKE sobre a relação de Deus com sua criação. CLARKE por sua vez contrapôs à concepção tão sugestiva de Deus como um relojoeiro perfeito, cujo mecanismo deveria funcionar sem quaisquer intervenções posteriores, a observação de que tal concepção entregaria o mundo a uma ordem mundial materialista, banindo dele as influências da providência e do governo de Deus. O plano mundial, com efeito, seria imutável, mas ainda não estaria realizado em uma ordem das coisas estabelecida desde o início e por meio de seu funcionamento mecânico, mas se desdobraria no processo do tempo através de fases de decomposição, da desordem e da renovação. As leis naturais, formuladas por homens em determinado tempo ("*the present Laws of Motion*") por isso não seriam idênticas com a ordem mundial divina, mas apenas fórmulas de aproximação em relação à ordem da natureza real, estabelecida por Deus[108]. Consequentemente, de acordo com CLARKE, também os desvios dessas fórmulas em relação a leis estabelecidas por homens, que de fato ocorrem, não se encontram em nenhuma contradição com a perfeição de Deus.

---

[106] Assim J. F. BUDDEUS, *Compendium Institutionum theol. dogmaticae*, Leipzig, 1724, p. 149, falou claramente que nos milagres estaria suspensa a ordem da natureza (*Per miracula enim ordo naturae tollitur*. Tal compreensão do conceito de milagre teve que atrair sobre si a severa repulsa que logo lhe adveio em D. HUME, *An Inquiry Concerning Human Understanding*, 1748, 10,1: "*A miracle is a violation of the laws of nature; and as a firm and unalterable experience has established these laws, the proof against a miracle, from the very nature of the fact, is as entire as any argument from experience can possibly be imagined*".

[107] B. SPINOZA, *Theologisch-politischer Traktat* (1670), cap. 6 (alemão *PhB 93*, p; 110-132, esp. 112ss.). Cf. L. STRAUSS, *Die Religionskritik SPINOZAS als Grundlage seiner Bibelwissenschaft* (1930), reimpressão 1981, pp. 106ss.

[108] Primeira e segunda réplica de CLARKE a LEIBNIZ, reproduzidas em: G. W. LEIBNIZ, *Die philosophischen Schriften*, editado por G. J. GERHARDT, VII, pp. 347-442, aqui pp. 354 e 361 (nota 8). A concepção de LEIBNIZ encontra-se *ib.*, pp. 357s.

Com a rejeição da concepção da ordem da natureza, na qual se baseia a crítica de Spinoza ao conceito de milagre, Clarke recorreu, simultaneamente, ao conceito de milagre de Agostinho, anterior ao aristotelismo cristão da alta escolástica, que não afirmou uma intervenção na objetiva ordem mundial divina, mas estava voltado ao restrito conhecimento dessa ordem por parte dos homens. No aparecimento de acontecimentos inusitados não se manifesta uma ruptura das leis naturais, mas, na melhor das hipóteses, o efeito de parâmetros que até agora permaneceram ocultos[109]. Sobretudo, porém, não se deve considerar como milagre apenas os desvios do curso costumeiro dos acontecimentos. Agostinho já disse que a existência do mundo e dos homens é um milagre muito maior do que todos os acontecimentos espetaculares que são admirados, porque são inusitados. Os sentidos dos homens estariam apenas demasiadamente embotados para perceberem nas coisas costumeiras do dia-a-dia o milagre da criação[110]. A contingência da criação no todo manifesta-se em todo acontecimento particular. Todo momento, todo acontecimento individual é, por ser contingente, em último caso, inderivável; sua ocorrência efetiva é, portanto, milagrosa. Schleiermacher disse com razão: "Milagre é apenas o nome religioso para um acontecimento, para qualquer acontecimento, até mesmo o mais natural e costumeiro", é um milagre, assim que ele é associado diretamente "ao infinito, ao universo"[111]. Schleiermacher estava muito próximo do espírito de Agostinho na noção de que, por causa do efeito embotador do costume e por causa de nossa atitude utilitarista perante a realidade, a lide diária com o mundo dos homens não percebe o que se encontra por trás dos acontecimentos e não os compreende como manifestação do universo, mas apenas em seu contexto mais imediato. A percepção religiosa, porém, avista a essência mais profunda dos acontecimentos cotidianos, percebendo-a como maravilhosa, a saber, como expressão da providência de Deus. Isso, porém, ainda não está fundamentado, como pensava Schleiermacher, no fato de que a percepção

---

[109] De modo semelhante, também teólogos católico-romanos rejeitam a concepção do milagre como "ruptura das leis naturais", p.ex., H. Fries, *Fundamentaltheologie*, 1985, pp. 291ss., bem como idem: *Handbuch theologischer Grundbegriffe II*, 1962, pp. 889 e 895. De modo diferente, ver ainda o trabalho aí mencionado de L. Monden, *Theologie des Wunders*, 1961, p. 50, cf. tb. ali pp. 54s. e 334ss.
[110] Agostinho, *Tract. Io. Ev. 24,1* (PL 35, 1592s.). Cf. tb. *De civ. Dei* X,12.
[111] F. Schleiermacher, *Über die Religion*, 1799, pp. 117s. (2º Discurso, texto de acordo com O. Braun, *Schleiermachers Werke* IV, p. 281).

religiosa compreende, em princípio, o acontecimento individual como expressão do universo. Onde o "universo" é concebido como um princípio que governa o mundo, as coisas individuais também não aparecem como milagres. Para isso está pressuposta, antes, a contingência dos acontecimentos mundiais no todo como também em todas as coisas individuais. Esse é o caso no horizonte da fé no Deus bíblico como criador do mundo: a partir dele o incalculável, o contingente de cada acontecimento individual se revela como expressão da liberdade do Criador. A partir daí se pode compreender tanto melhor, com Schleiermacher – mas também já com Agostinho – o fato da existência da ordem da natureza, de sua regularidade e de suas formações permanentes como maravilhosas. Pois a contingência própria de todo acontecimento individual não permite que se espere, sem mais nem menos, que na sequência dos acontecimentos surjam contornos de ordem. Inversamente, por causa da contingência do elementar estado de coisas de que algo acontece, e não nada, os acontecimentos individuais permanecem condição e base para o surgimento de toda ordem e forma. Por isso, com a contingência dos acontecimentos está dada uma *relação direta* de todo acontecimento individual com a origem divina de todas as coisas, sem prejuízo de toda participação de "segundas causas" criaturais naquilo que acontece. Por não ser natural que algo aconteça, por isso não apenas o devir, mas também e, sobretudo, a permanência das figuras e circunstâncias criaturais é maravilhosa em todo momento.

b) O concurso de Deus nas atividades das criaturas

Se a conservação das criaturas por seu Criador exige sua constante presença, então essa atividade de Deus não pode ser restrita à continuidade da inicial constituição das criaturas. Ela também deve estender-se a suas mudanças e atividades. Especialmente com vistas às atividades das criaturas foi desenvolvida a já brevemente mencionada doutrina do concurso divino (*concursus*).

A distinção entre o *concursus* e a *conservatio* baseia-se inicialmente no fato de que, para a ontologia da escolástica aristotélica, o ser das criaturas (como *actus primus*) sempre já deve encontrar-se na origem de sua atividade (como *actus secundus*), enquanto, inversamente, as criaturas ainda existem até mesmo quando suas atividades cessam[112].

---

[112] Assim ainda S. J. Baumgarten, *Evangelische Glaubenslehre*, editado por J. S. Semler I, Halle (1759), 2ª ed., 1764, pp. 807ss. Cf. a formulação de Tomás de Aquino,

Na teologia mais recente, o sentido dessa distinção foi posta em dúvida. JOHANN CHRISTOPH DÖDERLEIN, *p.ex.*, era da opinião de que a conservação das forças das criaturas, às quais SIEGMUND JAKOB BAUMGARTEN associou o concurso de Deus, já estaria incluída na atividade de conservação geral de Deus[113]. A ortodoxia protestante, todavia, não havia limitado o concurso de Deus nas atividades das criaturas à conservação de suas forças para agir, mas, além disso, havia afirmado uma influência ativa de Deus sobre o próprio ato da atividade das criaturas[114], ainda que as concepções dos luteranos e dos reformados discordassem na questão se a atividade conjunta de Deus e criatura deve ser entendida como *simultans*, como ensinavam os luteranos, ou no sentido de uma movimentação criadora por parte de Deus, precedente ao ato da criação (*concursus praevius*)[115]. SCHLEIERMACHER dirigiu

---

citada *acima* na nota 86. A respeito da relação entre *actus primus* e *actus secundus*, cf. *Sum. theol. I,48,5c* e *&5,2c. Non enim est operari nisi entis in actu*, bem como a aplicação ao tema do *concursus* divino ib. 105,5c: *forma, quae est actus primus, est propter suam operationem quae est actus secundus; et sic operatio est finis rei creatae.*

[113] J. C. DÖDERLEIN, *Institutio theologici christiani I*, Nürnberg, 1780, pp. 586ss. Cf. S. J. BAUMGARTEN, *loc. cit.*, I, 80s. I. A. DORNER ainda associou a doutrina do concurso divino à "força da autoconservação" (*System der christlichen Glaubenslehre I* (1879), 2ª ed., 1886, p. 487) e a agregou de modo conseqüente ao conceito geral da conservação.

[114] Assim, *p.ex.*, A. CALOV, *Systema locorum theologicorum III*, 1659, 6,2,2, p. 1204s., além disso, J. A. QUENSTEDT, *Theologia did-pol. sive Systema Theol I*, 1685 c. 13 (Leipzig 1715, p. 779) e ainda D. HOLLAZ, *Examen theol. acroam I*, Stargard, 1707, p. 648: *Deus creaturis non solum dat vim agendi, datasque perennere iubet, sed et immediate in actionem et effectum creaturarum influit, ita ut ille effectus nec a solo Deo, nec a sola creatura, sed una eademque efficientia totali simul a Deo et creatura producatur.* Cf. tb. a observação de J. KÖSTLIN in: *PRE* 4, 3. 3ª ed., 1898, pp. 262-267, esp. pp. 263s.

[115] Em suas volumosas exposições sobre "o acompanhamento divino", KARL BARTH descreveu e discutiu pormenorizadamente (*KD* III/3, 1950, pp. 102-175) o contraste entre a doutrina ortodoxa luterana e ortodoxa reformada do *concursus divinus* (esp. pp. 107-120, 130ss., 151s., 164s.). Nisso, KARL BARTH, apesar de observações críticas sobre a tendência determinista da posição reformada (pp. 130s), procurou sua própria solução com base na tese reformada do *consensus praevius* (pp. 134ss.), embora admitindo a concepção de uma simultaneidade do agir divino com o das criaturas (pp. 149s., 164s.). A crítica ao formalismo da concepção causal (pp. 117ss.) e a afirmação de querer "partir dos conceitos *carregados de conteúdo* cristão e não de quaisquer conceitos vazios" (p. 132) não preservaram BARTH de permanecer ele mesmo preso àquele formalismo: sua solução de que "o senhorio absoluto e irresistível de Deus [...] justamente"

sua crítica a todas as distinções desse tipo com a observação de que elas se baseiam numa "abstração", não apenas com vistas ao simples agir de Deus, mas também com vistas à realidade criatural: "Pois um ser a ser posto por si somente está ali onde há força, assim como força sempre existe somente na atividade; portanto, uma conservação que não incluísse o fato de que também todas as atividades de qualquer ser finito estão colocadas sob a absoluta dependência de Deus, seria algo tão vazio como uma criação sem conservação"[116]. Quem não consegue mais acompanhar a tradição ontológica do aristotelismo, dificilmente pode evadir-se da evidência da argumentação de SCHLEIERMACHER. No entanto, mesmo assim resta perguntar se a distinção desses aspectos abstratos não tem determinado sentido. Pois não raro se distingue, para fins de seu conhecimento, aquilo que na realidade não está separado de acordo com pontos de vista abstratos. O exemplo mais famoso disso é a questão dos universais, que comoveu tão profundamente a Idade Média: Na realidade concreta, coisas gerais e coisas específicas formam uma unidade; não obstante, não carece de sentido distinguir esses dois aspectos para fins de conhecimento do concretamente individual. Não poderia acontecer algo semelhante com as distinções abstratas entre conservação e concurso de Deus na relação com suas criaturas?

A doutrina do concurso divino nas atividades das criaturas pretende esclarecer, por um lado, que as criaturas não estão simplesmente entregues a si mesmas em suas atividades; por outro lado, não se quer que a atuação de Deus nelas seja concebida como atividade exclusiva de Deus, que excluísse a autonomia das criaturas e seu possível desvio das intenções divinas com elas[117]. Assim como tal desvio não corres-

---

significaria "a fundamentação da liberdade do agir criador em sua peculiaridade e multiplicidade" (p. 165) também já havia sido ensinado pelos dogmáticos ortodoxos reformados (cf. H. HEPPE; E. BIZER, *Die Dogmatik der evangelisch-reformierten Kirche*, 1958, pp. 203 e 218ss.). Também BARTH não fez jus à preocupação da doutrina da ortodoxia luterana de conceber o concurso de Deus nas atividades de suas criaturas de tal modo que não seja necessário atribuir à movimentação criadora de Deus *também o pecado* das criaturas (apesar de todo protesto de que essa não é a intenção). Sobre o assunto, cf. *acima* nota 87.

[116] F. SCHLEIERMACHER, *Der christliche Glaube* (1821), 1830, § 46 Zusatz [acréscimo].
[117] TOMÁS DE AQUINO objetou a essa concepção do agir de Deus nas criaturas que com isso seria negado o ato criador de Deus: ... *quia sic subtrahetur ordo causae*

ponde às intenções de Deus com sua criação, tão inevitavelmente ele está ligado, como risco, à autonomia que foi concedida à criatura e sem a qual o agir criador de Deus não poderia consumar-se em sua obra.

Descrever o concurso de Deus nas atividades das criaturas de tal modo que sua autonomia permaneça intacta, de modo que o pecado deve ser atribuído à criatura como sujeito da ação, e não a Deus, foi a função mais importante da antiga doutrina do concurso divino nas atividades das criaturas. Até a metade do séc. XVII esse também foi o interesse da dogmática da ortodoxia luterana em sua discussão da doutrina do concurso. No final do século, no entanto, essa ênfase se deslocou[118]: a partir daí a questão não era tanto a conservação do espaço da autonomia criatural, mas, antes, que o mundo criado não fique entregue a uma situação de autonomia total. A tendência para tal compreensão estava ligada com o surgimento da física e da filosofia natural a partir de GALILEU e DESCARTES.

DESCARTES desenvolveu a tese de que, depois do ato da criação, Deus não continuaria interferindo nos acontecimentos; antes todas

---

et causati a rebus creatis; quod pertinent ad impotentiam creantis. Ex virtute enim agentis est quod suo effectui det virtutem agendi (*Sum. theol* I,105, 5c). Essa objeção também atinge, sem dúvida, formulações de LUTERO em *De servo arbítrio* (1525), WA 18,753,28-31: *Hoc enim nos asserimus et contendimus, quod Deus ... omnia in omnibus, etiam in impiis, operatur, Dum omnia quae condidit solus, solus quoque movet, agit e rapit omnipotentiae suae motus.* Deus opera tudo em tudo como Criador, fundamentando justamente a autonomia da criatura e não a priva dessa sua independência. Também BARTH concordou com a objeção de TOMÁS contra uma monoeficiência de Deus (*KD* III/3, p. 164), sem considerar, no entanto, que na lógica desse pensamento se fundamenta uma *autolimitação* do Criador, que confere a sua influência sobre a liberdade das criaturas a forma de um convencimento e "acomodação", para cujo destaque em QUENSTEDT houve pouca compreensão por parte de BARTH (*loc. cit.*).

[118] Quanto a isso, cf. C. H. RATSCHOW, *Lutherische Dogmatik zwischen Reformation und Aufklärung II*, 1966, pp. 228ss., esp. 230s. Confira tb. a queixa de K. G. BRETSCHNEIDER (*Handbuch der Dogmatik I*, 1822, 3ª ed., Leipzig 1828, pp. 607s.), de que entrementes o problema da doutrina do concurso divino teria sido "negligenciado de modo indevido pelos dogmáticos", a saber, a pergunta "se a conservação seria ato direto e contínuo da vontade divina, ou se Deus teria concedido a força para perdurar às próprias coisas criadas, de modo que agora nada mais opera diretamente, sendo que o mundo subsistiria por sua própria força".

as mudanças no mundo remontariam às ações recíprocas dos estados de movimento dados às coisas por ocasião de sua criação[119]. Pois, embora, segundo DESCARTES, todas as coisas criadas necessitem de uma conservação continuada por parte de Deus, que ele inclusive equiparou a uma criação contínua em todo momento (*Medit.* III,36), não obstante, por causa da imutabilidade de Deus, considerou impossível atribuir a Deus as mudanças no mundo uma vez criado. Elas também não podem originar-se de uma dinâmica interior das criaturas, visto que toda criatura é mantida por Deus no estado de movimento ou inércia no qual foi criada (*Princ.* II,37s.: a formulação do princípio da inércia de DESCARTES). Portanto, mudanças podem surgir somente das influências mecânicas exteriores das diferentes criaturas e seus movimentos entre si (*Princ.* II,40)[120]. JOHANN FRANZ BUDDEUS enxergou em tal concepção diretamente uma negação de Deus[121]. Nesse juízo, BUDDEUS coincidiu com nenhum outro senão com ISAAC NEWTON. Também NEWTON temia que a fundamentação da física de DESCARTES deveria conduzir necessariamente a conseqüências ateístas[122]. Contra isso ele acreditou ter-se prevenido por seus próprios *Princípios da Filosofia Natural*, porque compreendia as forças ativas, como a força gravitacional que não atua por meio de contato corporal, como expressão da continuada presença e atividade de Deus em sua criação[123]. Além disso, NEWTON presumia,

---

[119] Assim já por volta de 1630 no escrito *Le Monde* (Adam/TanneRY XI, 1967, pp. 34s.), que não foi publicado naquele tempo. De forma resumida, a mesma tese foi apresentada em 1644 no escrito *Principia philosophiae* II, p. 36.

[120] Esse pensamento está expresso de modo ainda mais claro no capítulo 7 de *Le Monde*: Da conservação da matéria no estado de movimento de suas diversas partes no qual foi criada, se seguiria necessariamente *"qu'il doit y avoir plusieurs changemens en sés parties, lesquels ne pouvant, ce me semble, être proprement attribue à l'action de Dieu, parce qu'elle ne change point, je les attribue à la Nature, et les regles suivant lesquelles se font ces chagemens, je les nomme les Loix de la Nature"* (Adam; Tannery XI, 1967, 37,8-14).

[121] J. F. BUDDEUS, *Compendium Institutionum Theologiae Dogmaticae*, Leipzig, 1724, p. 286: ... *qui ita explicant, quod Deus in prima creatione rebus eiusmodi vim operandi concesserit, revera eum negant.*

[122] Cf. referente a isso, A. KOYRÉ, *Newtonian Studies*, 1965, pp. 93s., além disso, E. MCMULLIN, *Newton on Matter and Activity*, 1978, pp. 55s. MCMULLIN mostrou que o interesse teológico na dependência das criaturas da vontade onipotente de Deus pertence às raízes do conceito do poder de NEWTON como princípio a ser diferenciado da matéria inerte (cf. tb. pp. 32ss.).

[123] Cf. G. B. DEASON, Reformation Theology and the Mechanistic Conception of Nature, in: D. C. LINDBERG; R. L. NUMBERS (eds.), *God and Nature. Historical*

contrário a DESCARTES, que todos os impulsos de movimento diminuem no decorrer do tempo (*Opticks*, 1704, livro III, pp.259,23ss.), de modo que são necessários princípios ativos para a conservação e renovação dos movimentos cósmicos que, de acordo com NEWTON, não possuem caráter material e atuam por meio de distâncias do espaço (KOYRÉ, p. 109). Não deixa de ser irônico o fato de que, não obstante, justamente NEWTON entrou na história com seus *Principia mathematica philosophiae naturalis* como o pai de uma explicação puramente mecânica do mundo (referente às razões disso cf. MCMULLIN, pp. 111ss.).

O princípio da inércia compreendido, no sentido de NEWTON, como *visi insita*, teve, por meio de sua ligação com a associação das forças motoras com os corpos, que se impôs contra as intenções de NEWTON, importância decisiva para a emancipação da imagem de mundo mecanicista das ciências naturais do séc. XVIII em relação a todas as ligações com a doutrina teológica de criação e conservação do mundo por meio da atuação de Deus. Hoje esse processo talvez tenha apenas ainda importância histórica, desde que o conceito de força do séc. XVIII está superado pelas teorias de campo da física moderna até as "teorias quânticas de campo" do séc. XX e desde que, em conexão com isso, especialmente ERNST MACH e ALBERT EINSTEIN interpretaram a inércia dos corpos como expressão dos campos de gravitação cósmicos[124]. Em todo caso, o processo, que naquele tempo contribuiu decisivamente para a separação da imagem de mundo das ciências naturais e da teologia, precisa ser retrabalhado no diálogo hodierno entre naturalistas e teólogos, se quisermos que essa alienação seja superada definitivamente[125].

Essays on the Encounter between Christianity and Science, 1986, pp. 167-191, esp. pp. 191-185.

[124] Quanto a isso, cf. as exposições úteis de R. J. RUSSELL, Contingency in Physics and Cosmology: A Critique of the Theology of Wolfhart Pannenberg, in: *Zygon* 23, 1988, 23-43,31ss.

[125] Por essa razão ressaltei reiteradas vezes a importância de um acordo sobre o princípio da inércia no diálogo entre ciências naturais e teologia, assim especialmente na preleção *Theological Questions to Scientists* (*The Sciences and Theology in the Twentieth Century*, ed. por A. R. PEACOCKE, 1981, pp. 3-16, esp. p. 5). No final de seu artigo que ali segue às páginas 17-57, *How should Cosmology relate to Theology?*, MCMULLIN perguntou se essas exposições devem ser compreendidas como uma crítica ao princípio da inércia como tal ou se concernem apenas sua interpretação (pp. 50s.). A teologia não deveria ser encarada como "*autonomous source of logical implication capable of affecting scientific theory-appraisal, but as one element in the constructing of a broader world view*" (p. 51). Com isso posso con-

A moderna autonomização do mundo criatural em relação à sua dependência de permanentes intervenções de Deus atingiu um primeiro auge com a interpretação de Spinoza do princípio da inércia da física por meio do conceito da autoconservação[126]. De acordo com Hans Blumenberg, esse pensamento deveria ser entendido, não somente em Spinoza, mas, muito além disso como alternativa para a concepção teológica de uma dependência de toda criatura de "conservação alheia", a saber, de sua conservação por Deus[127]. Nisso Blumenberg reconheceu corretamente o nexo entre o pensamento cristão, ainda pressuposto na doutrina da *creatio continua* de Descartes, de uma contingência de cada acontecimento individual e da necessidade de cada ser finito de uma (*transitive*) conservação por outrem. Esqueceu, porém, que a concepção da autoconservação de modo algum está isenta dessa problemática, antes já a pressupõe por sua vez, e que por isso também não constitui uma alternativa para a doutrina teológica da dependência de tudo o que é finito de conservação na existência por seu Criador: autoconservação se torna necessária somente com vistas à contingência da própria existência; pois, por causa da incerteza de sua subsistência, é necessário um esforço especial para sua garantia. A tarefa da autoconservação se apresenta de modo concreto em face do fato de mudança. Objeto da autoconservação é a *identidade na mudança*. Se não houve alteração de circunstâncias e condições de existência, se não houve mudança, uma autoconservação seria tão pouco necessária quanto uma conservação por outrem. Por isso autoconservação se diferencia de inércia física; pois o conceito da inércia no sentido de Descartes ou Newton abstrai de toda alteração. Por sua vez, a concepção da persistência expressa mais do que a mera inércia, porque na persistência já se encontra um

---

cordar na medida em que o diálogo entre teologia e ciências naturais se move no plano da reflexão filosófica sobre formação científico-natural de teorias e não no plano da formação de teorias em si. Todavia, certamente a história das ciências revela, por exemplo, por meio das diferentes formulações do princípio da inércia, que essa reflexão também sempre já influiu no processo do *scientific theory appraisal*.

[126] B. Spinoza, *Ethica more geométrico demonstrata III* prop. 7: *unaquaeque res in suo esse perseverare conatur*.

[127] H. Blumenberg, Selbsterhaltung und Beharrung. Zur Konstitution der neuzeitlichen Rationalität, in: H. Ebeling (ed.), *Subjektivität und Selbsterhaltung*. Beiträge zur Diagnose der Moderne, 1976, pp. 144-207, esp. pp. 144ss., 185ss.

princípio ativo referente a condições de existência em mudança – um *conatus* no sentido de SPINOZA. Mas "autoconservação" ainda pressupõe mais outro momento, a saber, uma autorrelação[128], seja na forma plenamente desenvolvida da autoconsciência, ou na rudimentar e expressa autoconfiança, própria de todo ser vivente (da οἰκείωσις da filosofia estóica). No grau de sua plena expressividade, essa autocompreensão contém um saber da contingência da própria existência e do quanto está ameaçada, e somente com isso surge a tarefa da autoconservação: "Pois aquilo que deve conservar-se a si mesmo deve saber que não tem, a todo momento, e, sobretudo, absolutamente seu fundamento em si mesmo"[129]. Por isso, autoconservação jamais pode garantir, por si só, a subsistência da própria existência e do ser-assim, antes ela permanece dependente de conservação alheia. Desta depende, não por último, a preservação das condições da autoconservação, tanto do lado dos fatores ambientais quanto do lado da atividade própria do ser que se conserva. Nisso a própria coisa a ser conservada não existe pronta desde o início. No caso do ser humano, esse si-mesmo como identidade pessoal se forma somente no decurso do processo de vida individual e está presente no respectivo momento da autoconsciência somente de modo antecipativo[130]. De modo semelhante, porém, a mera persistência já contém um momento que vai além do estado inicial: o que se revela como perseverante não persevera apenas na identidade de seu estado inicial e em virtude do mesmo. A identidade do próprio perseverante se forma primeiro no processo do perseverar. O princípio da inércia da física poderá dar a impressão de que toda perseverança na existência poderia ser entendida a partir disso. Isso, porém, nada mais é do que uma aparência superficial. Submetendo-se a isso, está esquecido o caráter daquele princípio que sequer contém algum perseverar *sob condições cambiantes*. O perseverar daquilo existe concretamente se realiza sempre já em face da contingência da própria existência e de suas condições cambiantes.

---

[128] Cf. D. HENRICH, Die Grundstruktur der modernen Philosophie, in: H. EBELING (ed.), *Subjektivität und Selbsterhaltung*, 1976, pp. 97-121, esp. 103ss.

[129] D. HENRICH, *loc. cit.*, p. 111.

[130] Confira com mais exatidão do Autor, *Anthropologie in Theologischer Perspektive*, 1983, pp. 507ss.

Longe de opor-se à perseverança e autoconservação das coisas finitas, a atuação conservadora de Deus possibilita, portanto, em primeiro lugar, aquela autonomia das criaturas que encontra sua expressão na capacidade para a autoconservação e em sua realização. Deus, por seu turno, chega ao alvo de sua atividade criadora primeiramente com o surgimento de criaturas duradouramente persistentes e autonomamente existentes, na medida em que essa atividade criadora tem por objeto, por sua natureza, a produção de algo subsistente autonomamente, distinto de seu criador. É a essa existência autônoma da criatura que serve o agir conservador de Deus, e à autonomia das criaturas em seus atos serve também o concurso de Deus em seu surgimento[131]. Daí surge a pergunta se algo análogo também vale para o governo divino do mundo.

c) *Governo do mundo e reino de Deus: o alvo da criação*

O governo divino do mundo é manifestação da fidelidade de Deus nas transformações da realidade da criação. O ponto de vista da fidelidade de Deus liga entre si conservação e governo do mundo criado, mas também estabelece ligação com a liberdade contingente de seu agir criador[132]. A conservação das criaturas já não se baseia simplesmente em uma rígida imutabilidade de Deus, como supunha DESCARTES, mas na fidelidade do Criador, na qual se manifesta a identidade de Deus na seqüência contingente de suas ações. A fidelidade de Deus, que procede da fidelidade mútua do Filho ao Pai e do Pai ao Filho, também fundamenta a identidade e a subsistência de suas criaturas em um mundo

---

[131] Esse é o sentido da descrição luterana do concurso divino, como foi dada, por exemplo, por D. HOLLAZ, *Concurrit DEUS ad actiones et effecta creaturarum non consursu praevio, sed simultaneo, non praedeterminante, sed suaviter disponente* (*Examen theol acroam I*, Stargard, 1707, p. 654). A. CALOV já havia levantado a acusação tanto contra os calvinistas quanto contra os tomistas de estarem incorrendo na crença estóica do destino (*Systema loc. theol III*, Wittenberg, 1659, 1210ss., cf. tb. 1205s. referente à doutrina tomista da *praemotio physica* em AQUINO, *Sum. theol.* I, 105,1 e I-II, 109,1).

[132] KARL BARTH, *KD* III/3, p. 211; cf. pp. 47 e 203, o significado fundamental da fidelidade de Deus para o conceito teológico do governo divino do mundo, sobretudo, também em face de toda infidelidade e todo fracasso por parte das criaturas.

em constante modificação, apesar de sua infidelidade e de seu fracasso. Nisso já está posto simultaneamente no conceito da conservação da criatura o momento da contingência, do criativamente novo em cada novo momento de vida. Em contrapartida, o aspecto das mudanças no processo de formação e na história das criaturas, bem como em suas relações recíprocas, faz parte do conceito do governo divino do mundo[133]. Com isso, porém, ainda não está nomeado o objeto do governo divino propriamente dito. Pois esse se refere de modo especial à relação das criaturas entre si, e isso em face dos contrastes e conflitos que surgem entre as criaturas em conexão com a busca de autoafirmação e autoexpansão. Nisso o governo divino do mundo está preocupado com o todo do mundo. Por isso ele tem a ver necessariamente também com as relações de suas partes entre si[134]. Ele não pode coincidir com a imagem de uma providência voltada unicamente ao bem-estar do indivíduo tomado em si. Os ditos de Jesus sobre a providência de Deus para com cada uma de suas criaturas (Mt 10.29s.; 6.26ss.), na verdade, excluem a concepção de que a criatura individual tivesse apenas importância secundária para Deus, como mero meio para os fins mais

---

[133] Nesse sentido FRANZ VOLKMAR REINHARD, *Vorlesung über die Dogmatik*, 1891, § 62, p. 221, definiu o conceito do governo divino do mundo como *actio qua rerum omnium mutationes consiliis suis convenienter moderatur*.

[134] Em KARL GOTTLIEB BRETSCHNEIDER, *Handbuch der Dogmatik der evang.-luth. Kirche I* (1814), 3ª ed., 1828 se lê no § 93: Pelo fato de o governo divino do mundo se referir ao todo do mundo, e por isso às relações de suas partes entre si, ele seria "nada mais do que o governo das partes, cuja suma é o mundo" (p. 614). No tocante às diferenciações entre conservação e governo do mundo por Deus, em discussão naquela época, também SCHLEIERMACHER, *Der christliche Glaube*, § 46 complemento, considerou como a melhor aquela segundo a qual o conceito da conservação se referiria ao ser-posto-por-si (*Fürsichgesetztsein*) de cada uma das criaturas individualmente, enquanto o conceito do governo se referiria ao "conjunto das mesmas com todas as demais", juntamente com tudo que daí resulta. Todavia, também nessa diferenciação, como já naquela entre criação e conservação, SCHLEIERMACHER via "tão-somente uma abstração sem importância para nossa autoconsciência piedosa" (*ib.*). Na teologia protestante mais antiga, a referência do governo divino ao todo do mundo criatural, que já havia sido destacada em TOMÁS DE AQUINO, *Sum. theol.* I,103,3 e 5, foi mais acentuada no campo reformado do que no luterano. A isso segue também a definição do conceito em K. BARTH, *KD* III/3, pp. 192s. sem prejuízo de reservas a isso ligadas (esp. pp. 194ss.).

elevados de seu governo do mundo[135]. Cada criatura tem um fim em si mesma no agir criador de Deus, e assim também para seu governo do mundo. No entanto, o modo como Deus tem em vista o bem-estar da criatura individual, a saber, sob consideração do cuidado que também as demais criaturas merecem, pode ser muito diferente do que a própria criatura individual anseia como sua felicidade.

Nesse ponto erguem-se as queixas e os protestos de que a organização efetiva do mundo, o transcurso de sua história muitas vezes revela pouco do fato de que o mundo é governado por um Deus do amor e da misericórdia, ou então, em todos os casos, por um Deus da justiça[136]. A dimensão e o absurdo de sofrimento aparentemente sem sentido, mas também o triunfo e a felicidade da maldade e da

---

[135] K. BARTH, *loc. cit.*, pp. 195ss contesta isso com razão. Nenhuma criatura individual seria apenas meio para outras, mas "cada uma" teria "importância e merecimento, valor e dignidade *para si*" (p. 197) Esse conhecimento, todavia, deveria ter levado BARTH a uma crítica radical à forma de estrutura final da antiga doutrina da providência, como ela tinha sido elaborada especialmente por TOMÁS DE AQUINO. Assim como os meios devem ser subordinados ao fim, assim, conforme TOMÁS, o governo divino de Deus subordina o *bonum particulare* ao *bonum universale*, cf. *Sum. theol.* I,103 a 3 – *finis gubernationis mundi sit quod est essentialiter bonum* – com a 2 da mesma *quaestio*. Assim Deus é para si mesmo fim último de seu agir (*Sum. c. gent.* III, 64; cf. *Quest. Disp. de pot..* 9,9). A problemática dessa definição está amenizada em TOMÁS pelo fato de que a bondade (*bonitas*) divina, que é determinada como fim da ordem do universo, também leva todas as coisas individuais para seus próprios fins (*Sum. c. gent.* III,64; cf. *Sum. theol.* I,44,4c: ... *primo agenti [...] non convenit agere propter acquisitionem alicuius finis; sed intendit solum communicare suam perfectionem, quae est eius bonitas*). Não obstante, a concepção de que não as criaturas, mas Deus seria para si mesmo o fim último de seu governo mundial, tem algo de equivocado e seduz à impressão de que esse governo leva traços da opressão.

[136] Esses fatos, que desde a Antiguidade deram motivo para dúvidas quanto a um governo divino do mundo, foram aduzidos, com especial ênfase, por C. H. RATSCHOW, Das Heilshandeln und das Welthandeln Gottes. Gedanken zur Lehrgestaltung des Providentia-Glaubens in der evangelischen Dogmatik, in: *Neue Zeitschrift für systematische Theologie I*, 1959, pp. 25-80, esp. pp. 76ss. Isso também se encontra atrás de sua crítica a BARTH (pp. 57s.. 61s.). A renúncia exigida por RATSCHOW não somente ao conceito da providência, mas também ao da conservação (p. 80), deve ser considerada, não obstante, como precipitada. Sem conservação e governo do mundo, Deus também não pode ser imaginado como criador. A relação da doutrina do governo divino do mundo com o pensamento bíblico do reino de Deus (vide *abaixo*) não foi considerada em RATSCHOW.

impiedade fazem parte desde sempre das tribulações dos crentes. Não é coisa para toda pessoa aceitar o que escreveu PAUL GERHARDT:

"Queres magoar-me,/com fel saciar-me?
queres que eu sofra/alguma praga?
faze-o conforme, ó Deus, te agradar.
Tudo que é útil,/danoso, o que é fútil
para a saúde/só meu Senhor sabe."

O mais difícil haverá de ser não obstante confessar no final com GERHARDT, em face da própria perplexidade perante o sofrimento de outros: "jamais atribulaste alguém em demasia". Mas é assim que a fé cristã fala da providência. Ela não se esgota na confiança na providência diária de Deus e em sua condução e na ajuda no curso da vida; ela se comprova primeiro no absurdo de sofrimento e culpa. Isso, porém, a fé somente pode em face do evidente domínio da morte no mundo, na expectativa do futuro de Deus e de seu domínio em uma criação renovada, ao qual também a morte não colocará um termo[137].

KARL BARTH enfatizou com razão que, quanto a seu conteúdo, o governo divino do mundo é idêntico com o reinado do Deus de Israel testemunhado no Antigo Testamento (*KD* III/3, pp. 200ss.), e com o reino de Deus cuja proximidade Jesus apregoou e que já irrompeu nele mesmo. Considerando-se esses nexos, também deveria estar claro que o governo divino do mundo não é simplesmente um estado de coisas estático, ainda que subtraído à compreensão das criaturas, e manifesto no mundo apenas em sinais por meio da existência da Bíblia, da Igreja e do povo de Israel, conforme a opinião de BARTH. Afinal, não se pode esquecer que já as afirmações véterotestamentárias referentes a esse tema estão cheias da tensão entre o reino de Deus determinado desde a eternidade e não obstante a ser realizado primeiramente na história,

---

[137] Assim também termina o hino de PAUL GERHARDT (*IB.*, estrofe12) com uma última estrofe que tem por conteúdo a consumação escatológica para além da morte: "Todo o tormento e sofrimento,/toda desgraça da terra passa;/de tudo livra-nos o seu amor./Plena alegria, perfeita harmonia/isso me aguarda na eterna morada/quando eu chegar ao celeste fulgor." (versão *Hinos do Povo de Deus*, São Leopoldo, Sinodal, nº 271,4). WILHELM LÜTTGERT, *Schöpfung und Offenbarung. Eine Theologie des ersten Artikels*, 1934, divisou esse estado de coisas com mais clareza do que KARL BARTH (pp. 368s.).

a ser esperado como futuro de sua consumação, e que a mensagem de Jesus teve seu ponto de partida no anúncio de que seu futuro está próximo. Somente esse futuro decidirá perante os olhos de todos – e por isso também há de revelar – que o Deus da Bíblia não é apenas o Criador do mundo, mas também o Rei do mundo, ao qual, de modo algum, escapou o domínio sobre suas criaturas, mas que, antes, desde sempre o exerceu no curso da história.

Com a tensão entre a atual abscondidade e a consumação futura do reino de Deus sobre o mundo surge, uma vez mais, a pergunta se e em que sentido o governo divino do mundo possui uma orientação final, portanto, uma estrutura final de ação[138]. Se o domínio e o reino de Deus estarão consumados em sua criação primeiramente no futuro, a saber, no futuro escatológico de Deus e com sua vinda, embora já irrompa onde quer que esse futuro de Deus já seja atuante no mundo, então todo o agir governamental de Deus no mundo, que precede à consumação escatológica, parece referir-se a esse futuro. Mas em que sentido? Certamente a consumação escatológica constitui o fim interior de toda a realidade criatural (cf. Rm 8.19ss.). No entanto, seria ela também o alvo do agir de Deus?

Na doutrina da providência da escolástica aristotélica da Idade Média, mas também já em sua concepção da criação, Deus é para si mesmo o fim último de seu agir[139]. Para isso TOMÁS referiu-se a Pr 16.4 em sua *Suma Teológica*, e a ortodoxia protestante lhe seguiu neste ponto[140].

---

[138] Vide quanto a isso, vol. I, pp. 520ss. como entrementes também J. RINGLEBEN, Gottes Sein, Handeln und Werden. Ein Beitrag zum Gesrpäch mit Wolfhart Pannenberg, in: J. ROHLS; G. WENZ (eds.), *Vernunft des Glaubens. Festschrift W. PANNENBERG*, 1988, pp. 457-487.

[139] Cf. *acima* nota 134, além disso, esp. em TOMÁS DE AQUINO, *Sum. c. gent.* III,17s. e *Quaest. Disp. de pot.* 9.9: *volendo bonitatem suam, vult omnia quae vult*, e *ib*.: ... *ex eo quod Deus amat seipsum, omnia ordine quodam in se convertit*. Essa afirmação é derivada ali da psicologia trinitária: Assim como Deus conhece a tudo ao conhecer a si mesmo, assim também quer tudo o que quer ao querer a si mesmo. Todavia também se lê em TOMÁS que Deus não seria fim de seu agir de tal modo que, por meio disso, adquirisse para si algo que não já tivesse há muito: *quia non est in potentia ut aliquid acquirere possit, sed solum in actu perfecto, ex quo potest aliquid elargiri* (*Sum. c. gent.* III,18).

[140] Em A. CALOV, *Systema locorum theol. III*, Wittenberg, 1659, pp. 900s. Pv. 16.4 encabeça a demonstração escriturística para essa tese. Cf. tb. J. A. QUENSTEDT, *Theologia did.-pol. sive Systema theol. I*, Leipzig, 1715, p. 595 (cap. 10, tese 16).

Trata-se da única afirmação bíblica que, em todo caso na versão latina da Vulgata, afirma expressamente tal relação finalista já para o ato divino da criação, enquanto os demais testemunhos aduzidos para isso ou associam tal relação finalista com determinados acontecimentos (como Jo 11.4) ou falam do fato de que a glória de Deus está manifesta em suas obras, que anunciam sua honra (como os céus, de acordo com Sl 9.2) ou deveriam, como o ser humano, lhe agradecer e honrá-lo em sua deidade (Rm 1.21; cf. Lc 17.18). A passagem de Provérbios tem o seguinte teor na Vulgata: *Universa propter semetipsum operatus est Dominus*. No entanto, essa versão não corresponde ao texto original, que fala mais bem do fim específico de cada criatura individual[141].

Na dogmática da ortodoxia protestante, a concepção de uma autorreferência direta do agir divino, de modo que Deus seria para si mesmo fim último de seu agir, foi assumida na forma da afirmação de que a glória de Deus e seu conhecimento e louvor pelas criaturas constituiria o fim da criação[142]. Nisso nem sempre está claro se se está pensando numa relação finalista do próprio ato da criação, ou na realidade criatural daí procedida. Sem dúvida, segundo o testemunho bíblico, faz parte da destinação das criaturas louvar a Deus e enaltecê-lo, engrandecer sua honra[143]. Nisso até mesmo a existência das criaturas e em especial a do ser humano encontram sua consumação (Ap 19.1ss.);

---

[141] Cf., *p.ex.*, o comentário de O. PLÖGER, *Bibl. Komm. AT XVII*, 1984, pp. 186ss. PLÖGER traduz: "Yahveh criou a tudo para seu fim" (p. 186) e comenta: "para um fim determinado" (p 190).

[142] D. HOLLAZ, *Examen theol. acroam*. I,3q 14: *Finis criationis ultimus est Gloria bonitatis, potentiae et sapientiae divinae a criaturis agnoscenda et depraedicanda* (Stargard, 1707, p. 524). Em A. CALOV é dito: *Finis criationis últimus est DEI gloria, ut bonitas, Sapientia et potentia eius a criaturis rationalibus celebraretur, in creaturis universis agnosceretur* (*Systema loc. theol.*, Wittenberg, 1659, p. 900, cf. 1141 referente à *DEI gloria* como fim da providência divina). De modo semelhante já se manifestou J. GERHARD (*Loci theol. ed. altera II*, Leipzig, 1885, p. 15, nota 85), ao qual, do lado reformado, já havia precedido A. POLANUS: *Summus finis creationis, est gloria Dei seu celebratio Dei in omnem aeternitatem* (*Syntagma theol. christianae* (1610) Hannover, 1625, 265b). As passagens bíblicas aduzidas (Sl 8.1; Rm 11.36; Ap 4.10s.; 5.13) sugerem que se pensa na honra que as obras de Deus lhe oferecem. Cf. outras abonações da dogmática ortodoxa reformada em HEPPE; BIZER, *Die Dogmatik der evangelisch-reformierten Kirche*, 1958, p. 156, nota 13 e 14.

[143] D. HOLLAZ, *loc. cit.*, fundamentou-se esp. em Sl 19.2.

pois nisso tomam parte na glorificação do Pai pelo Filho (cf. Jo 17.4). Nesse sentido, a destinação do ser humano e, portanto, o "fim" de sua existência é glorificar a Deus por meio de sua existência, e o pecado do homem consiste em negar a Deus a honra que lhe compete como Criador (Rm 1.21). No entanto é bem outra coisa afirmar que no próprio Deus a decisão para a criação do mundo estivesse fundamentada no fato de que, desse modo, Deus estaria glorificando a si mesmo[144]. Sem dúvida: a obra que Deus criou lhe traz honra. Em todo caso isso deve ser dito à luz da consumação escatológica do mundo e na antecipação crente desse futuro de Deus, que resolverá todas as dúvidas referentes à teodicéia. Por isso toda criatura deve confessar que o mundo foi criado para a honra de Deus[145]. Mas a criatura não foi criada para que Deus receba honra dela. Deus não tem necessidade disso, porque já é Deus em si mesmo desde a eternidade. Ele não precisa tornar-se Deus por meio de sua atuação, menos ainda certificar-se disso no espelho do louvor de sua deidade pelas criaturas. Um Deus que, em seu agir, procurasse em primeiro e em último lugar sua própria honra seria o protótipo daquele comportamento que, como amor próprio (*amor sui*), perfaz no ser humano a ruindade de seu pecado[146]. O agir criador de

---

[144] Nesse ponto a crítica de ANTON GÜNTHER e de GEORG HERMES à doutrina escolástica de que Deus seria fim de seu agir criador para ele mesmo tem sua razão de ser. Sobre a confrontação da dogmática católica mais antiga com esse ensinamento, cf. M. J. SCHEEBEN, *Handbuch der katholischen Dogmatik III*, 3ª ed., 1961, p. 40 (mota 92).

[145] A contestação dessa sentença foi anatemizada pelo I Concílio Vaticano: *si quis* [...] *mundum ad dei gloriam conditum esse negaverit: an. s.* (DS 3025). De acordo com M. J. SCHEEBEN, *loc. cit.*, p. 35, trata-se, nessa afirmação, do *finis operis* (da criatura), e não do *finis operantis*. Todavia o próprio SCHEEBEN também ensinou, sob invocação de Pr 16.4, a destinação do ato criador divino ao próprio Deus (*loc. cit.*, II,222, § 96, notas 513s.). De modo semelhante M. SCHMAUS, *Katholische Dogmatik* II/I, 6ª ed., pp. 118s. afirma: "A motivação para o ato da criação de Deus é seu amor a si mesmo" (p. 118). Em contrapartida, W. KERN acentuou em sua contribuição a *Mysterium Salutis II*, 1967, pp. 449s.: "O 'sentido interior' do criado, honrar a Deus, não deve agora ser mal-entendido como 'sentido exterior' do Criador. Como se Deus, ao criar o mundo, buscasse sua honra [...]. A honra de Deus é o fim 'interior' da criação criada, que lhe é inerente, que diz respeito a sua essência, sim, que a perfaz em última análise – não o fim 'exterior' do Criador criador."

[146] Vide referente a isso do Autor, *Anthropologie in theologischer Perspektive*, 1983, pp. 83ss.

Deus como atividade e expressão de seu livre amor está voltado inteiramente para as criaturas. Elas lhe são simultaneamente objeto e fim da criação. Justamente nisso consiste sua honra como Criador, a honra do Pai que é glorificada nas criaturas pelo Filho e pelo Espírito.

Com vistas ao ato criador divino, portanto, não pode valer que Deus teria procurado, em primeiro lugar, sua própria honra, quando deu e dá a existência às criaturas. Algo análogo vale para o ato do governo do mundo. Mas também ele é manifestação do amor de Deus e tem seu conteúdo e objeto na consumação da criação e das criaturas. Todavia as criaturas podem chegar à consumação de sua existência criatural se louvarem e honrarem a Deus como seu Criador, e nisso tomam parte na glorificação do Pai pelo Filho e o Espírito Santo. Mas também aqui vale que Deus não estabelece seu reino no mundo para impor-se contra elas, mas para redimir sua criação e levá-la à consumação.

Também com vistas ao amor de Deus é inadequada a linguagem teleológica que supõe ao agir de Deus um fim que já não fosse presente consumado para sua vontade todo-poderosa, mas tivesse que ser primeiramente alcançado por meio do emprego de meios. A concepção de uma distância entre término do agir e sujeito do agir permanece inadequada à eterna auto-identidade de Deus, a não ser que fosse o resultado da participação de Deus na vida de suas criaturas. Com isso, o que é objeto da vontade divina deverá ser concebido como já realizado, a não ser que Deus ligasse a realização a condições de vida e comportamento criaturais. Somente sob a condição da participação do Deus trinitário na vida de suas criaturas, e com isso também na diferença de tempo de começo e fim, que caracteriza a vida criatural, pode-se falar de uma separação entre sujeito, fim e objeto no agir de Deus.

Com isso cai novamente luz sobre a distinção entre criação, conservação e governo do mundo por Deus. Conforme constatamos, a *criação* não pode ser concebida adequadamente como um ato no tempo, mas somente como a constituição da realidade finita das criaturas juntamente com o tempo como sua forma de existência. O conceito da *conservação* por sua vez pressupõe a existência das criaturas e com isso também o ato de sua criação como precedente, estándo, portanto, temporalmente estruturado. Algo semelhante vale para o conceito do *governo do mundo* ou da providência em sua referência ao alvo. Conservação e governo das criaturas por Deus se distinguem do ato de sua criação pelo fato de ambos já serem expressão da *participação de Deus na vida das criaturas* e de sua estrutura temporal; eles devem ser diferenciados pelo fato de que a conservação é associada retroativamente à origem das criaturas no ato criador de Deus enquanto a providência ou o governo do mundo se refere a sua consumação futura. Em última análise, essa participação de Deus na vida das criaturas, que se manifesta como sua conservação e seu governo, se fundamenta na autodiferenciação de Deus em sua vida trinitária, a autodiferenciação do Filho em relação ao Pai, que, por meio de sua processão da unidade da vida divina, se torna condição da possibilidade de existência criatural autônoma. Assim o Filho "sustenta" o universo (Hb 1.3) em sua autonomia criatural, distinta de Deus, e, ao mesmo tempo, ele constitui a determinação do alvo do governo divino do mundo, na medida em que esse ordena "o curso dos tempos de tal modo em direção a sua consumação que tudo, no céu como na terra, seja resumido uniformemente em Cristo" (Ef 1.10), a saber, pelo fato de tudo que é criado tomar parte na relação filial de Jesus Cristo com o Pai, na comunhão com ele proporcionada pela autodiferenciação do Pai.

Assim como a escolástica medieval não o fez, também a dogmática da ortodoxia protestante não elaborou expressamente a diferença estrutural entre o conceito do ato divino da criação, por um lado, e os conceitos da conservação e governo do mundo, por outro. No entanto, fez-lhe jus na medida em que associou a distinção entre conservação, concurso e governo do mundo à relação do Criador com o abuso da autonomia criatural[147]. A conservação das criaturas tem por objeto a condição geral para a autonomia criatural. Na participação com a qual Deus acompanha as atividades das criaturas trata-se da participação de Deus em sua realização autônoma da vida, e isso inclusive quando as intenções do comportamento das criaturas divergem da norma da relação do Filho com o Pai. No governo do mundo, porém, trata-se do enquadramento dos resultados efetivos do comportamento autônomo das criaturas, nominalmente de seus erros e do mal daí decorrente, nos "propósitos" de Deus com o mundo[148].

---

[147] Vide quanto a isso do Autor, *Anthropologie in theol. Perspektive*, 1983, pp. 83ss.
[148] Referente ao conceito do governo divino do mundo cf. J. A. Quenstedt, *Theologia did.-pol. sive Systema Theol* I, Leipzig, 1715, pp. 763ss. Como seus atos Quenstedt distingue em seus pormenores: *permissio, impeditio, directio, determinatio*.

O tema central do governo divino do mundo é a superioridade de Deus sobre o abuso da autonomia das criaturas. Nesse ponto a concepção do governo do mundo por Deus contém seu mais evidente excedente sobre aquilo que contêm os conceitos da criação, da conservação e do concurso de Deus. Nega-se ao mal e à maldade a pretensão de poder impor-se como contra-força à vontade criadora de Deus. Esse significado especial do conceito do governo divino do mundo encontra sua expressão no fato de que inclusive as conseqüências do fracasso das criaturas por afastamento da criatura de seu Criador em última análise devem servir aos "propósitos" de Deus com sua criação: A arte divina de governar se comprova no fato de ser capaz de transformar sempre de novo inclusive o mal em bem[149]. Sua justificação definitiva naturalmente estará dada somente pela transformação e consumação do mundo no reino de Deus.

II – O MUNDO DAS CRIATURAS

Depois da reflexão sobre o ato da criação, tal como ele se apresenta desde a doutrina de Deus e tal como ele se relaciona com as atividades da conservação e governo do mundo, atribuídas a Deus, a doutrina da criação passa a dedicar-se ao próprio mundo, a fim de interpretar a criação do Deus trinitário. Trata-se aí de um tema de grande importância para a pergunta pela verdade da fé cristã. Somente squando esse mundo deve ser entendido como criação do Deus bíblico e o próprio Deus como Criador desse mundo, somente então pode-se exigir para a fé em sua única divindade a fundamentada pretensão de verdade. Somente sob essa premissa, porém, é possível interpretar a história de Jesus Cristo como reconciliação do mundo pelo Deus uno verdadeiro, e somente então a proclamação e missão da Igreja cristã acontecem na obediência a esse Deus uno verdadeiro, e somente nele pode-se fundamentar a esperança cristã futura. Por isso LUTERO indicou, no Catecismo Maior, como razão para o fato de que a fé considera o Deus da Bíblia, o Pai de Jesus

---

[149] CLEMENTE de Alexandria já descreveu esse fato como "o maior feito da providência divina" (*Stromata* I,17,86). De modo semelhante, AGOSTINHO designou como razão da admissão do mal e da maldade por Deus o fato de ser capaz de transformar também isso em bem (*Enchir. ad Laurentium* 11: *ut bene faceret etiam de malo*, MPL 40, p. 256).

Cristo, como o verdadeiro Deus, que "outro não há que pudesse criar céus e terra" (*WA* 30/I,483 referente ao Primeiro Artigo do Credo. [Cf. *Livro de Concórdia – Catecismo Maior*, Primeiro Artigo, secção 11, p. 448]). Considere-se o que está sendo dito com isso: Toda informação alternativa à pergunta pela origem do mundo é declarada insuficiente. Na melhor das hipóteses, são possíveis aproximações abstratas da realidade do mundo criatural, onde se abstrai da relação constitutiva com Deus. Todavia, a teologia deverá contar com o fato de que até o dia derradeiro não se alcançará um consenso geral sobre o direito da pretensão cristã de verdade justamente com vistas à compreensão do mundo como criação de Deus. Justamente nesse campo as afirmações teológicas permanecerão controvertidas. Apesar disso a teologia não pode renunciar à descrição do mundo da natureza e da história humana como criação de Deus, e isso com a pretensão de que somente assim é enfocada a verdadeira essência do mundo. A teologia também deve manter essa pretensão no diálogo com as ciências. Fazendo isso, ela poderá mostrar-se vulnerável e, muitas vezes, corresponder somente de modo insuficiente a sua tarefa. Isso, porém, ainda é melhor do que negligenciá-la por completo[150]. A renúncia à reivindicação do mundo descrito pelas ciências como sendo o mundo de Deus significa não prestar racionalmente contas do dado da confissão da deidade do Deus da Bíblia. Essa prestação de contas não pode ser substituída por concentração da crença na criação na subjetividade, como expressão de seu sentimento de dependência[151]. A autocom-

---

[150] Em seu resumo das diferentes determinações relacionais de ciências naturais e teologia no séc. XX, I. G. BARBOUR, *Issues in Science and Religion* (1966), 1968, pp. 115ss., distingue três variantes distintas do tipo que destaca unilateralmente o contraste entre ambas: a teologia "neo-ortodoxa" que surgiu na esteira de BARTH, a teologia de cunho existencialista e a análise lingüística que igualmente reduz as afirmações religiosas à subjetividade. E. SCHLINK, *Ökumenische Dogmatik*, 1983, p. 86, designou, com razão, a omissão da subordinação "do mundo por nós *hoje* conhecido" a Deus como o Criador como "um docetismo na doutrina da criação" (cf. tb. pp. 75s.). Vide tb. A. R. PEACOCKE, *Creation and the World of Science*, Oxford, 1979, pp. 46s., bem como as exposições de W. H. AUSTIN, *The Relavence of Natural Science to Theology*, 1976, pp. 1ss, e, por fim, tb. minha observação em The Doctrine of Creation and Modern Science, *Zygon* 23, 1988, pp. 3ss.

[151] Na tradição dessa interpretação da crença na criação iniciada por SCHLEIERMACHER encontra-se ainda F. GOGARTEN, *Der Mensch zwischen Gott und Welt*, 1952, pp. 317-350. GOGARTEN enfatizava com razão que não se pode concluir retroativamente do mundo para Deus como origem, no sentido de que "não" haveria "caminho a partir do mundo" (p. 324) para reconhecer a Deus como Criador.

preensão da fé entra então numa contraposição à consciência de mundo, correndo o perigo de cair na desonestidade. A confissão de Deus como Criador torna-se então uma fórmula vazia. Em face da emancipação das ciências naturais do séc. XVIII em relação à fé em Deus como Criador e mantenedor do mundo, tudo isso poderá ter feito parte do destino da fé cristã na Modernidade. A teologia, porém, não pode fazer disso uma virtude por mero respeito perante a imagem de mundo das ciências naturais. Não é o caso da teologia permitir-se ignorar simplesmente a descrição do mundo das ciências naturais. As tarefas que aqui se colocam dificilmente poderão ser resolvidas adequadamente já na primeira tentativa. As exposições que se seguem, porém, têm o propósito de no mínimo ajudar a abrir um caminho nessa direção, embora nos detalhes algumas coisas podem permanecer mais problemáticas do que em outras partes da dogmática. Diferindo do costumeiro tratamento do lado objetivo do ato da criação, portanto do mundo criado, não tomaremos imediatamente em vista a pluralidade das formas criaturais, mas, primeiramente mais uma vez a atuação do Filho e depois da do Espírito na criação, desta vez sob o ponto de vista de seu

---

Com isso, porém, nada é dito contra a necessidade de que a crença na criação e, sobretudo, a reflexão teológica sobre ela deveria imaginar o mundo como criação de Deus. Se GOGARTEN achou que poderia ignorar essa tarefa com a observação de que "a crença na criação não é uma interpretação do mundo em termos de cosmovisão" (p. 325), ele se coloca com isso não apenas em oposição à tradição teológica mais antiga, inclusive da Reforma, mas também favorece o esvaziamento da crença na criação. De modo mais diferenciado manifestou-se G. EBELING, *Dogmatik des christlichen Glaubens I*, 1979, pp. 302ss., 264ss., embora se encontre próximo de GOGARTEN ao reconhecer um nexo positivo de crença na criação com ciências naturais, sobretudo, no fato de que a afirmação sobre a criaturidade do mundo teria fundamentado a "liberdade para a investigação do mundo". A meu ver, ele não tomou devidamente a sério o "caso extremo do questionamento da crença na criação pelas ciências naturais" (pp. 302s.) em face das discussões sobre esse tema que abrangeram mais que dois séculos. Se EBELING diz a respeito da crença na criação: "sua certeza não é tirada das ciências naturais" (p. 304), isso sem dúvida é correto, porém nada muda no fato de que a consciência de verdade dessa certeza está ligada à condição da integrabilidade da compreensão do mundo das ciências naturais na concepção cristã do mundo como criação de Deus. PH. HEFNER considera isso com razão como uma condição da coerência da fé cristã em Deus (in: C. E. BRAATEN, *et alii, Christian Dagmatics I*, 1984, p. 298): "*the doctrine of creation is an elaboration of how we understand the world when we permit our understanding of God to permeate and dominate our thinking*" (*ib*).

agir imanente no mundo como princípio da ordem cósmica e sua dinâmica. Desse modo é concretizada, por um lado, a implementação da doutrina da criação, e, por outro, esclarece-se a relação com aspectos fundamentais da descrição do mundo pelas ciências naturais.

1. Pluralidade e unidade na criação

A criação de uma realidade distinta de Deus, que, não obstante, é eternamente confirmada por Deus e que, portanto, deverá ser partícipe da comunhão com Deus é concebível somente como produção de um *mundo* de criaturas. Uma criatura única por si só seria apenas um momento ínfimo perante a infinitude de Deus; como ser finito, não teria autonomia. Da *finitude* de algo faz parte *ser limitado por outra coisa*, não pelo infinito, mas por outra coisa finita. Somente perante o outro finito um ser finito adquire sua peculiaridade. Somente na diferença em relação a outra coisa ele é algo. Por isso o finito existe somente como pluralidade de coisas finitas.

Desse modo a realidade criatural se apresenta diretamente como uma pluralidade de criaturas, cuja essência é o mundo. Inicialmente, essa pluralidade está dada diretamente apenas de modo lógico, conquanto é dada com o conceito do finito. Isso não precisa significar que a criação também já existe temporalmente como pluralidade de criaturas. A cosmologia relativista, que sugere um começo do universo antes de tempo finito[152], ensina que a multiplicidade de fenômenos finitos veio a existir por meio de uma "explosão primitiva", e isso de tal modo que a pluralidade de formas materiais e figuras surgem em virtude da expansão do universo. Isso então seria a forma na qual está ativo

---

[152] As dificuldades de tal concepção no contexto de uma cosmologia física são ressaltadas com razão por E. MCMULLIN, How Schould Cosmology Relate to Theology? in: A. R. PEACOCKE (ed.), *The Sciences and Theology in the Twentieth Century*, Notre Dame, 1981, pp. 17-57, esp. pp. 34ss.: "*The Big Bang cannot automatically be assumed [...] to be either the beginning of time or of the universe...*" (p. 35). "*What one could readily say, however, is that if the universe began in time through the act of a Creator, from our vantage point it would look something like the Big Bang that cosmologists are now talking about*" (p. 30). Vide igualmente P. DAVIES, *God and the New Physics*, 1983, pp. 9ss., 25ss.

o *Logos*, como princípio generativo da alteridade (e, portanto, da multiplicidade) das criaturas. Em todo caso, a concepção da cosmogonia como expansão do universo evidencia que para uma multiplicidade criatural é necessário o espaço no qual uma coisa adquire distância em relação à outra. A expansão do espaço cósmico que acontece com o avanço do tempo é uma condição fundamental para o surgimento de formas duradouras[153].

Os fenômenos progressivamente múltiplos não têm sua unidade interior, sua identidade, diretamente em sua própria particularidade, mas em suas referências à unidade do mundo, melhor: nos múltiplos fenômenos com a unidade de uma *ordem* que une o mundo. Do ponto de vista teológico, a ordem do mundo é expressão da Sabedoria de Deus, idêntica com o *Logos*. Se o *Logos* é o princípio generativo de toda a realidade finita, fundamentado na autodiferenciação do Filho eterno em relação ao Pai, que se apresenta como outra coisa em relação a outra coisa, então, com o surgimento de sempre novas formas do outro, diferentes em relação ao que existia até então, forma-se simultaneamente também o sistema de relações entre os fenômenos finitos, mas também entre eles e sua origem na infinitude de Deus. Como princípio produtivo da alteridade, o *Logos* é tanto origem de toda a criatura individual em sua peculiaridade quanto origem da ordem de relações entre as criaturas. Nisso as muitas criaturas e o *Logos*, do qual elas se originam, se separam no mundo das criaturas. No entanto, o *Logos* não é apenas transcendente para as criaturas, mas também está ativo nelas, constituindo sua existência específica em sua identidade. Ordem e unidade não permanecem exteriores às criaturas. Quanto maior a autonomia da criatura, tanto mais nítida a estrutura específica de cada criatura, por meio da qual ela constitui um todo diferente de tudo mais. A correlação de transcendência e imanência do *Logos* em relação com as criaturas foi sinalizada na teologia patrística pela afirmação de uma multiplicidade de *logoi* de cada uma das criaturas, que estão resumidos no *Logos* uno (vide *acima* nota 64). Todavia, os *logoi* em si eram considerados como transcendentes às criaturas no sentido da doutrina pla-

---

[153] Nisso se manifesta a abertura do futuro. Sobre a correlação da expansão do universo com a quantidade de formas dos fenômenos que se pode conhecer, C. F. VON WEIZÄCKER, *Die Einheit der Natur*, 1971, p. 365, diz o seguinte: "A expansão do espaço é nesse sentido a abertura do futuro".

tônica das idéias, enquanto hoje se deve falar antes de uma formação das formas criaturais com suas peculiaridades estruturais por meio do processo de seu surgimento e desenvolvimento no contexto aberto do processo mundial.

A ordem uniforme do mundo, na medida em que existe em oposição à multiplicidade dos acontecimentos e das coisas como forma geral das condições de sua produção, é a *ordem da lei natural* dos fenômenos. Essa ordem natural é, na verdade, suma das regras para a processão dos fenômenos no processo do tempo. Não obstante, como suma de regras ela é abstrata, independente da multiplicidade das criaturas em sua realidade concreta. A partir da ordem natural, elas parecem ser *intercambiáveis* e, nesse sentido, exemplos indiferentes para a ordem da lei. Nisso se abstrai necessariamente da peculiaridade individual dos acontecimentos individuais. A fundamentação dessa peculiaridade individual ainda haveremos de esclarecer com maior exatidão. Por enquanto é importante considerar o caráter abstrato da lei na relação com o individualmente peculiar, por isso o caráter abstrato também de toda teoria da ordem dos acontecimentos conforme leis naturais[154].

Neste ponto se distingue a descrição da realidade do mundo segundo as leis da natureza do modo como o *Logos* divino é a unidade na pluralidade da criação: *O Logos não é ordem abstrata do mundo, mas ordem concreta.* Isso é assim, porque no conceito do *Logos* divino a eterna dinâmica da autodiferenciação (o *Logos asarkos*) não deve ser separada de sua realização em Jesus Cristo (no *Logos ensarkos*). O *Logos* universal é ativo no mundo somente pelo fato de produzir o *Logos* particular de cada criatura especial. Todavia, o *Logos* universal é uno no sentido pleno com o *Logos* particular de uma forma criatural especial somente na pessoa de Jesus de Nazaré, a saber, como a "carne" desse ser humano individual. As razões para isso foram mencionadas no desenvolvimento da doutrina da Trindade (vol. I, pp. 360ss., 422s.) e ainda necessitam

---

[154] O caráter abstrato aqui mencionado não é idêntico com a abstração feita pelas ciências naturais da "referência de vida imediata" ressaltada em G. EBELING, *Dogmatik des christlichen Glaubens I*, 1979, pp. 299 e 302. Enquanto aqui se trate do estado de coisas alhures designado de "objetivação", no caráter abstrato do conceito da lei, a ser esclarecido com maior exatidão no que segue, trata-se de sua relação com a própria realidade natural, não com a subjetividade das experiências de vida humanas.

de discussão e esclarecimento detalhado em conexão com a cristologia. Aqui, no presente capítulo, já se procedeu a inversão do caminho teológico-trinitário que levou da relação de Jesus com Deus à afirmação sobre o eterno Filho (*acima* pp. 52ss., 59ss.: A partir da autodiferenciação do Filho eterno fundamentou-se agora a produção da criatura diferenciada de Deus. Pelo fato deste caminho estar concluído somente no homem Jesus de Nazaré, deve-se falar agora de uma correlação indissolúvel do Filho eterno em sua função como *Logos* criador de um mundo de criaturas com o homem Jesus em sua relação com o Pai bem como com seus semelhantes. Porque nesse homem apareceu em sua plenitude o *Logos* que permeia o mundo da criação, "todas as coisas no céu e na terra estão resumidas uniformemente em Cristo" (Ef 1.10). Por isso o *Logos* como princípio ordenador do mundo na criação não é uma estrutura atemporal geral – como a lei natural e todo sistema teórico de uma ordem de acordo com as leis naturais –, mas princípio da concreta e historicamente desdobrada ordem do mundo, o princípio da unidade de sua história. Portanto da atuação do *Logos* na criação faz parte seu entrar na peculiaridade da realidade da criação, sua imanência, ou, melhor, sua intraveniência, que encontrou sua concreção extrema na encarnação quando o *Logos* se uniu com uma criatura individual, distinta de todas as demais, de tal modo que dinifitivamente se tornou com ela uma unidade.

Essa união do *Logos* universal com uma criatura individual somente é possível sob a condição de que a respectiva criatura como individual é, ao mesmo tempo, geral, assim como, inversamente, o *Logos* como universal é, ao mesmo tempo, concreto. Essa condição não está cumprida em qualquer criatura: Os acontecimentos elementares e os componentes elementares da matéria na verdade são gerais em alto grau por causa da simplicidade de sua estrutura que retorna em inúmeros exemplares semelhantes, assim como também a partir da formação dos átomos pelo fato de que são "pedras de construção" de todas as formações mais diferenciadas da criação. Mas não são simultaneamente gerais em virtude da peculiaridade única de um caso individual. Relevância geral no sentido de uma generalidade do alcance histórico e da importância daquilo que perfaz sua peculiaridade, transmitida pela peculiaridade de um fenômeno individual, somente é possível em degraus de alta complexidade, porque somente aqui – e especialmente no degrau da vida humana – a individualidade está plenamente desenvolvida. No degrau da forma de vida humana, o geral da relação da criatura com o Criador é expressamente tematizado para a criatura, e a realização desse tema constitui novamente a peculiaridade individual de Jesus. Assim, o *Logos* está unido concretamente com a multiplicidade da criação por meio do ser humano, a saber, por meio de *um* ser humano que, por sua vez, como o "novo homem", integra a humanidade na unidade. Portanto a encarnação não é estranha ao conceito do *Logos*. Ela faz parte da função do *Logos* como o princípio da unidade do mundo não abstratamente descritivo, mas concretamente criador. A encarnação é o centro de integração da ordem histórica do mundo, que está fundamentada no *Logos*, mas que encontrará sua forma consumada somente no futuro escatológico da consumação do mundo e de sua transformação no reino de Deus em sua criação. Se isso for correto, a encarnação não pode ser um complemento exterior da criação, não apenas resultado de uma reação do Criador à queda de Adão. Antes ela constitui a pedra angular da ordem mundial divina, a concreção extrema da presença atuante do *Logos* na criação[155].

Como criação e manifestação do *Logos* divino, cada criatura individual com sua peculiaridade diversa de todas as demais criaturas está associada ao Pai, a fim de glorificar o Pai como seu Criador por meio de sua existência como criatura. A destinação das criaturas corresponde à relação do Filho eterno com o Pai, à glorificação do Pai pelo Filho. Assim como o Filho glorifica o Pai, diferenciando-se dele e, simultaneamente devendo-se inteiramente ao Pai em sua diferencialidade, assim faz parte da destinação de toda criatura honrar o Pai como seu Criador em sua peculiaridade como criatura. Desta forma toda criatura tem parte na relação filial do *Logos* com o Pai. Nisso, porém, não se trata apenas de um estado de coisas geral e abstrato, sendo que as criaturas deveriam ser entendidas como casos de emprego do mesmo. Antes, o Filho, como princípio generativo da alteridade, é a origem criadora da respectiva peculiaridade de cada criatura individualmente, e, ao mesmo tempo, a soma concreta de suas múltiplas manifestações. Ambas

---

[155] MAXIMUS CONFESSOR *PG 91*, 1217 A; além disso, L. THUNBERG, *Microcosm and Mediator. The Theological Anthropology of Maximus the Confessor*, Lund, 1965, pp. 90ss. Referente a *Ord. III* d7 q 3 de DUNS ESCOTO, vide as exposições de W. DETTLOFF in *TRE 9*, 1982, 223-227.

as coisas fazem parte da função do eterno Filho como *Logos* da criação. Além disso, a relação das criaturas com o *Logos* divino se diferencia da exemplificação de um abstrato geral por seus casos concretos pelo fato de que a destinação das criaturas para a comunhão com Deus não está realizada diretamente em sua existência concreta por meio de seu reconhecimento e de sua glorificação como Criador e Pai. Haveremos de ver que para isso é necessária uma história que supera as tendências das criaturas para a autonomização perante Deus e os conflitos com os semelhantes daí resultantes.

Se é possível explicar e explicitar desse modo racional a função do Filho eterno como *Logos* de um mundo de criaturas, também a relação do conceito cristão da criação e conservação do mundo por meio do *Logos* divino com a descrição da ordem do universo segundo as leis naturais ganha maior clareza. Como já foi ressaltado, a descrição da realidade conforme leis naturais se caracteriza por seu caráter abstrato, embora suas afirmações se refiram a movimento e mudança, e com isso também ao surgimento e desaparecimento dos fenômenos no tempo. As hipóteses das leis das ciências naturais descrevem decursos que podem ser reproduzidos arbitrariamente ou reiteradamente observados, e podem, por isso, apoiar-se em experiências repetíveis[156]. Elas descrevem a ordem concreta dos acontecimentos sob o aspecto de formas de transcurso que retornam uniformemente. Ora, não se pode duvidar da importância transcendente de tais uniformidades não apenas para o domínio técnico de fenômenos naturais pelo homem, mas também para os próprios fenômenos da natureza. A inviolabilidade de suas leis é uma condição fundamental para o surgimento de formações de complexidade superior. Mas o processo não se esgota na uniformidade de seus transcursos. Isso vale, em todo caso, quando o curso do tempo, sua direção do anterior para o posterior, em direção ao futuro, é irreversível nos processos naturais concretos. A irreversibilidade do tempo justifica concluir que todo acontecimento individual como tal

---

[156] Cf. a resumida justaposição de afirmações das ciências naturais e da teologia em A. R. Peacocke, *Science and the Christian Experiment*, Londres, 1971, p. 21s. Cf. tb. A. M. K. Müller, *Die präparierte Zeit,* 1972, pp. 264s., bem como, além disso, o trabalho do Autor, citado na próxima nota, p. 66, juntamente com as observações de W. Döring in *Universitas 14,* 1959, p. 974, citadas na nota 59.

é único, sem prejuízo das uniformidades com outros acontecimentos nele perceptíveis. Os transcursos uniformes, que constituem o objeto de fórmulas de leis da forma geral "se A, então B", aparecem então em outra coisa, a saber, na seqüência contingente de acontecimentos[157]. Já em 1922, ERWIN SCHRÖDINGER constatou "que no mínimo para a esmagadora maioria dos transcursos dos fenômenos, cuja regularidade e constância levaram ao estabelecimento do postulado da causalidade geral, a raiz geral da rigorosa regularidade observada é a *casualidade*"[158]. A contingência dos acontecimentos, todavia, é pressuposta de tal modo nas hipóteses de leis das ciências naturais que em grande parte se abstrai dela. A contingência do acontecimento individual na relação com seus precedentes não é tematizada em si. Tematizadas são, antes, as uniformidades da sequência de tais acontecimentos, expressíveis na forma de leis, seja na forma de leis deterministas ou meramente estatísticas. No entanto, essas uniformidades não existem para si mesmas, mas somente *em algo* que não se resume na uniformidade[159], a saber, em seqüências contingentes de acontecimentos.

Para a reflexão, esse estado de coisas se apresenta inicialmente de modo que a *aplicação* das fórmulas das ciências naturais aos fenômenos naturais exige a suposição de condições iniciais e marginais, que, por sua vez, não são deriváveis da respectiva fórmula, sendo, portanto, contingentes. Mas também constantes, que entram nas equações, são incluídas nelas como dados contingentes, embora "estáveis"[160]. Em tudo isso manifesta-se o fato de que as teses

---

[157] Detalhes nas exposições do Autor sobre Kontingenz und Naturgesetz, in: A. M. K. MÜLLER; W. PANNENBERG, *Erwägungen zu einer Theologie der Natur*, 1970, pp. 34-80, esp. pp. 65ss.

[158] E. SCHRÖDINGER, *Was ist Naturgesetz?* Beiträge zum naturwissenschaftlichen Weltbild, 1962, p. 10. A constatação de SCHRÖDINGER se baseia na importância fundamental de regularidades estatísticas no microprocesso para toda regularidade macrofísica, e certamente também pressupõe a irreversibilidade da direção do tempo (p. 13).

[159] Tb. C. F. VON WEIZÄCKER, Kontinuität und Möglichkeit, in: *Zum Weltbild der Physik*, 6ª ed., 1954, pp. 211-239,227, falou de uma "inesgotabilidade do real por meio de conhecimentos estruturais individuais".

[160] Em uma análise muito diferenciada dos diferentes aspectos do conceito de contingência, R. J. RUSSELL, Contingency, in: *Physics and Cosmology*. A Critique of the Theology of Wolfhart Pannenberg, in: *Zygon 23*, 1988, pp. 23-45, 35, sugeriu que se considerasse que as contingências das constantes naturais desapa-

de leis das ciências naturais pressupõem o material dos acontecimentos naturais como contingencialmente dado[161]. Elas formulam

---

recem novamente para um enfoque global do universo, caso seja empregado o "princípio antrópico", que interpreta o aparecimento de constantes naturais de modo final. Isso está correto, sem dúvida, mas na contingência nomológica das constantes naturais trata-se em minha argumentação inicialmente apenas de sua relação com as fórmulas de leis, nas quais entram, não da pergunta mais abrangente por sua relação com contingência "global" – como a chama RUSSELL – do universo em geral. Sobre o "princípio antrópico", vide nota 177ss.

[161] Nessa constatação trata-se igualmente em primeiro lugar da contingência "nomológica" como a denomina RUSSELL, loc.. cit., mas que aqui está ligada com a contingência do acontecimento na real seqüência dos acontecimentos, de que RUSSEL, loc. cit., pp. 24 e 30ss, trata como "local contingency", diferenciando-se da "global contingency" (pp. 27ss.) do universo. Em geral, o termo contingência designa o que é, mas não é necessariamente, de modo que em seu lugar também poderia haver outra coisa (cf. W. HOERING (ed.), Historisches Wörterbuch der Philosophie 4, 1976, 1034-1038, 1035 como o primeiro significado de três modos de emprego atuais mencionados, que, porém, ali não é compreendido ontologicamente, mas apenas como "propriedades de sentenças". Em sua forma ontológica, essa definição de sentido remonta a DUNS ESCOTO, Ord. I d 2 p q 1-2, ed. vat. 2, 1950, p. 178 nota 86). Contingência relativa é sempre relativa a fórmulas de leis, em relação às quais um estado de coisas é contingente (p.ex. como condição inicial). Ela não exclui que o mesmo estado de coisas se apresente como necessário em virtude de outras leis. A contingência do acontecimento, porém, não é relativa a fórmulas de leis, mas a tempo. Ela designa o que não é necessário *a partir do passado*, pressupõe, portanto, abertura do futuro. Negativamente ela aparece como "indeterminalidade" do acontecimento individual no sentido da física quântica ou termodinâmico (cf. I. G. BARBOUR, *Issues in Science and Religion*, 1966, pp. 273-316, esp. pp. 298, 303ss., todavia sem o termo contingência). Querendo-se incluir no conceito da contingência do acontecimento não apenas os acontecimentos que permanecem "indeterminados" para uma descrição conforme leis naturais, mas todos os acontecimentos, então a determinação de contingência como o que não é necessário é insuficiente. Essa distinção expressa uma restrição da contingência ao que não está regulamentado pelas fórmulas de leis. Se, porém, todo acontecimento é contingente no sentido da contingência do acontecimento, e isso descreve um aspecto da uniformidade que aparece apenas neste acontecimento contingente no sentido necessário de leis, então é necessária mais outra determinação do conceito de contingência em relação à necessidade. Então deve ser chamado contingente tudo o que *não* é necessário (portanto o possível), na medida que ela acontece efetivamente (cf. o trabalho do Autor, p. 75, nota 11, mencionado *acima*, na nota 157). Neste último sentido pode-se conceber todo acontecimento como contingente no sentido da contingência do acontecimento, também lá onde o

as uniformidades que aparecem em todas as seqüências de acontecimentos que, sem prejuízo da contingência de cada acontecimento individual, podem ser descobertos neles. Por causa da imbricação dos enunciados das leis, a descrição conforme leis naturais também pode reconstruir de modo aproximado sequências complexas de acontecimentos, porque as condições iniciais e marginais para a aplicabilidade de determinada lei já são, por sua vez, resultado de outras regularidades. Por isso é possível reconstruir no caso de processos tão abrangentes como o surgimento e a história do universo conhecido, ou no caso do surgimento e do desenvolvimento dos seres vivos, a concreta sequência dos acontecimentos como resultado da imbricação de leis. Todavia, tais reconstruções permanecem meras aproximações da efetiva sequência dos acontecimentos. Isso já resulta do fato de que por causa da irreversibilidade da direção do tempo, em última análise, o processo mundial em seu todo e de cada acontecimento individual é único.

É possível ainda uma descrição do nexo de acontecimentos em processos concretos de outra forma do que sob o ponto de vista da exemplificação de regras gerais e de sua imbricação. Na narrativa histórica, a contingência no aparecimento dos acontecimentos, que são elementos constituintes de uma seqüência de acontecimentos, não é excluída, antes sua coesão é constituída justamente por meio da seqüência contingente dos acontecimentos[162]. Todavia, por proceder de modo seletivo, também a apresentação histórica de uma seqüência de acontecimentos procede de modo abstraente. A fim de descrever um processo não são considerados todos os acontecimentos que dele participam, mas somente os que caracterizam a particularidade de seu transcurso e que são importantes para seu resultado. No entanto não se abstrai da contingência da seqüência desses acontecimentos. Por

---

modo de sua sucessão está regulamentado por leis. Aqui então se deveria falar de *"general contingency"* em distinção às *"local"* e *"global" contingencies* de RUSSELL, porque se trata de uma característica de *todo* acontecimento, não, porém, da contingência do mundo todo. Condição fundamental, mas também suficiente para tal compreensão de todo acontecimento como contingente é a abertura do futuro em um tempo irreversível, porque daí segue que, em última análise, *cada* acontecimento é único e irrepetível e que já por isso não pode ser esgotado pelas regras às quais satisfaz.

[162] Maiores detalhes em meu livro, *Wissenschaftstheorie und Theologie*, 1973, pp. 60ss.

isso o nexo histórico de uma seqüência de acontecimentos irreversível é irrepetível do mesmo modo como a incidência dos acontecimentos avulsos em todo seu transcurso. Os acontecimentos individuais têm sua importância histórica específica não pelo fato de sua ocorrência apresentar um caso de aplicação de leis gerais (embora isso possa ser o caso), mas por sua posição e função na seqüência do transcurso único dos acontecimentos, referente ao todo de um processo histórico, que revela sua forma peculiar somente a partir de sua conclusão.

Em sentido semelhante o antigo Israel entendeu a realidade do ser humano e de seu mundo como história, a saber, como irreversível seqüência de acontecimentos cada vez novos. Diferenciando-se da compreensão antropocêntrica da história da Modernidade, que se emancipou de sua procedência teológico-histórica[163], no Antigo Testamento, o agir de Deus na contingência dos acontecimentos é constitutivo para a coesão e o sentido da seqüência dos acontecimentos. Na verdade, também o agir e as intenções dos seres humanos têm seu lugar na história, mas seu curso não é dirigido pelos seres humanos, mas por Deus[164]. Nisso não deu uma contraposição de natureza e história no antigo Israel, tal como ela se desenvolveu no pensamento ocidental da Modernidade. Para ambas as esferas, a "atualidade do agir de Deus" era considerada constitutiva[165]. Também as ordens do mundo natural eram compreendidas como instituições de Deus, e sua inviolabilidade foi atribuída a um acontecimento histórico (Gn 8.22). Parece que esse pensamento já era familiar ao tempo de Salomão[166]. Séculos depois, o escrito sacerdotal incluiu novamente a criação do mundo e de suas ordens em uma exposição da história salvífica e da aliança

---

[163] A exposição clássica desse processo ainda é K. Löwith, *Weltgeschichte und Heilsgeschehen*, 1953. Mas vide tb. as exposições de G. A. Benrath in: *TRE 12*, 1984, 633s. sobre "A autonomização e a secularização da história mundial".

[164] Fundamental para isso permanecem as exposições de G. von Rad, *Theologie des Alten Testaments II*, 1960, pp. 112-132; cf. tb. K. Koch in: *TRE 12*, 1984, pp. 572s.

[165] G. von Rad, Aspekte alttestamentlichen Weltverständnisses, in: *Evagelische Theologie 24*, 1964, pp. 57-98, 65. Conforme von Rad, a compreensão véterotestamentária da natureza é oposta à compreensão moderna do mesmo modo e no mesmo ponto como a compreensão da história (p. 64).

[166] Nisso está pressuposto que Gn 8.22 deve ser atribuído à fonte javista do Pentateuco e que esta deve ser alocada no séc. IX a.C.

de Deus com Israel. Não obstante, no pensamento de Israel também se manifestou progressivamente certa "tensão" entre o agir de Deus revelado na regularidade dos acontecimentos no mundo e sua ação na história. Ela encontrou sua manifestação mais evidente na Literatura Sapiencial[167] já no tempo pré-exílico, mas certamente acentuada pelo abalo da confiança nas antigas instituições salvíficas de Deus, no século VI, ligado com o fim do reinado e da independência como Estado por parte do povo de Israel. Apesar de várias tentativas de conciliação no pensamento judaico[168], a tensão entre o agir de Deus na ordem da criação, por um lado, e na história da eleição de Israel, por outro, foi resolvida definitivamente somente pela doutrina cristã da encarnação do *Logos*, idêntico com a Sabedoria de Deus, em Jesus de Nazaré: com isso a temática da Sabedoria foi enfeixada novamente no contexto do pensamento histórico-salvífico, este, porém, ampliado ao drama do mundo. Com isso, todavia, a teologia cristã também recebeu a tarefa de preservar o interesse da pergunta sapiencial pela ordem da natureza instituída por Deus na doutrina da mediação da criação pelo *Logos*.

Na tradição teológica isso era uma das funções da concepção das idéias resumidas no intelecto de Deus como protótipos das coisas criacionais e suas condições (vida *acima* pp. 56ss.). Se ao invés disso, uma teologia hodierna quer fundamentar a existência e a ordem dos fenômenos da criação com base na autodiferenciação do Filho em relação ao Pai e de sua atividade produtiva, então também

---

[167] G. VON RAD in *Evagelische Theologie* 24, 1964, pp. 65ss, bem como Idem, *Weisheit in Israel*, 1970, pp. 227s., 357ss., 359. Em seu livro sobre a Sabedoria, VON RAD enfatiza, mais do que em manifestações anteriores, que, com seu "singular reconhecimento da contingência de tudo que é histórico no Oriente antigo", Israel era "confrontado" progressivamente "com uma pergunta nova", "a saber, com a [pergunta] por aquilo que é constante na história" (p. 368). Para H. H. SCHMID, *Altorientalisch-alttestamentliche Weisheit und ihr Verhältnis zur Geschichte*, 1972, o estado de coisas se apresenta de tal modo que o pensamento sapiencial em Israel "forneceu" de antemão "o horizonte de compreensão para experiências históricas" (cf. tb. in: *Altorientalische Welt in der alttestamentlichen Theologie,* 1974, pp. 64-90).

[168] Já consta no livro de Jesus Siraque [Eclesiástico] (24,8 e 11) que a Sabedoria divina encontrou historicamente "um lugar permanente" em Israel e tomou lá sua "morada". Nessa linha preestabelecida, ainda FILO de Alexandria interpretou a revelação da lei divina a Moisés no monte Sinai como revelação do *Logos* que perpassa o universo.

deve conceder à ordem natural o lugar e a posição que lhe competem na compreensão dos acontecimentos naturais. Não basta a teologia cristã contrapor à descrição segundo leis naturais meramente outra compreensão da realidade em seu todo como campo de experiências pessoais no processo aberto da história[169]. Por ser subjetivo, isso permaneceria um protesto impotente contra a "imagem de mundo que tem seu nexo necessariamente determinado por leis" em tudo que acontece. Também a referência ao caráter abstrato das fórmulas de leis não é capaz, por si só, de modificar algo nisso enquanto não se toma em conta *de que* abstraem, de que, portanto a descrição dos acontecimentos conforme as leis da natureza também permanece dependente, a saber, a contingência do acontecimento como caráter fundamental de *tudo* o que acontece. Se for certo que "contingência" é apenas uma expressão filosófica para o que teologicamente deve ser considerado como agir criador de Deus[170], então essa contingência deve ser afirmada a respeito de *todo* acontecimento individual e *por isso* também a respeito do mundo como um todo[171]. Somente assim Deus é concebido como

---

[169] Assim PAUL ALTHAUS, *Die christliche Wahrheit*, 3ª ed., 1952, pp. 319-323. Citado na p. 322. Embora com a contraposição de regularidade e história ALTHAUS tivesse definido acertadamente o problema de uma determinação da relação entre o enfoque das ciências naturais e o da teologia, por causa de sua mera contraposição entre ambos, ele não se distingue fundamentalmente de K. BARTH, que, justamente por essa razão, desenvolveu sua doutrina da criação totalmente sem referência à descrição do mundo pelas ciências naturais (cf. *KD* III/1, 1945, Vorwort).

[170] E. BRUNNER, *Die chrisliche Lehre von der Schöpfung und Erlösung* (Dogmatik 2), 1950, p. 14: "O conceito da contingência nada mais é do que uma formulação filosófica da concepção cristã da criação" (3ª ed., 1974, p. 22).

[171] Contingência "local" dos acontecimentos individuais como característica *geral* de todo acontecimento é fundamental para a contingência do universo chamada por R. J. RUSSELL (*loc. cit.*, pp. 27ss.) de "global" (cf. *acima* notas 160s.). Essa última não está ligada necessariamente à suposição de um início temporal. Por isso a teologia medieval já distinguiu entre o mundo como criação, que era considerada racionalmente como comprovável, e a pergunta por seu início no tempo. A meu ver, a concepção da contingência do universo também não precisa, como supõe RUSSELL (pp. 28s.), do chamado "princípio antrópico", e, inversamente, este não oferece uma fundamentação inconteste para a contingência do universo. Certamente a concepção de que esse universo existe com vistas ao ser humano poderia sugerir sua contingência como criação de uma vontade que age teleologicamente. Essa conclusão, porém, não é concludente. A metafísica aristotélica já deu um exemplo para uma teleologia do universo

Criador de todas as coisas e com isso também como Criador do mundo como um todo. Isso, porém, tem como condição indispensável que também o aparecimento de regularidades, formas de transcurso uniformes, que se podem tornar objeto de formulação de leis, deve ser compreendido, no horizonte da processualidade aberta[172] dos acontecimentos naturais, como um estado de coisas que é ele mesmo contingente[173]. Somente assim Deus é concebido como o Criador da natureza assim como a conhecemos, justamente também em sua ordem segundo leis determinadas, e isso, por sua vez, não deve permanecer uma afirmação da teologia exterior aos acontecimentos naturais. Ainda na descrição desses acontecimentos pelas ciências naturais, os pontos de partida para a interpretação teológica da realidade natural devem ser demonstráveis,

---

sem contingência. – A contingência global do universo é o tema das exposições de T. F. TORRANCE sobre "Divine and Contingent Order" in: A. R. PEACOCKE (ed.), *The Sciences and Theology in the Twentieth Century*, 1981, pp. 81-97.

[172] "Os sistemas observados na realidade da natureza sempre são abertos, visto que, como reais, são em princípio sistemas temporais, isto é, sistemas nos quais se desenvolvem mudanças temporais" (H. WEHRT, Über Irreversibilität, Naturprozesse und Zeitstruktur, in: C. F. VON WEIZÄCKER, *Offene Systeme I*, 1974, pp. 114-199, citação p. 140). No volume editado por G. ALTNER, *Die Welt als offenes System* (1986), dedicado ao diálogo com I. PRIGOGINE, H.-P. DÜRR, *Über die Notwendigkeit, in offenen Systemen zu denken – Der Teil und das Ganze*, pp. 9-31, fundamentou a suposição de que o tema de sistemas abertos tratados na termodinâmica (diferenciando-se de sistemas fechados), "em última análise seria causado por fim pela abertura do futuro, implícita à física quântica" (p. 31). A respeito de diferentes compreensões do termo sistemas "abertos", cf. *abaixo* nota 277.

[173] Na terminologia de R. J. RUSSELL trata-se aqui de uma *"absolute nomological contingency"* (*loc. cit.*, pp. 35s.). Ela está intimamente ligada com a tese de que, sob a pressuposição da irreversibilidade do tempo, todas as uniformidades nos acontecimentos da natureza, descritíveis por fórmulas de leis, devem ser compreendidas como uniformidades que se formaram no decorrer do tempo, portanto, aparecem em determinado momento pela primeira vez (*first instantiation*, cf. *loc. cit.*, pp. 36ss.) e que então devem ser "engatadas" (cf. *Kontingenz und Naturgesetz*, pp. 65s. e já na pp. 57ss., bem como *Wissenschaftstheorie und Theologie*, 1973, pp. 65ss., 67s.). Isso é confirmado pelo fato de que a moderna cosmologia ensina que as áreas de aplicação para a maioria das leis naturais (*p.ex.*, para a da mecânica clássica) surgiram apenas em fases avançadas da expansão do universo. Sem sua área de aplicação, porém, não faz sentido falar de uma lei natural. Sobre o aspecto teórico-informativo da primordialidade, vide C. F. VON WEIZÄCKER, Erstmaligkeit und Bestätigung als Komponenten der pragmatischen Information, in: *Offene Systeme I*, pp. 200-221.

apesar de toda ofuscação das referências de enunciados da lei a fatos dados, como expressão e resultado do agir contingente de Deus. Nisso naturalmente não deve ser apagada a diferença dos planos metodológicos entre afirmações das ciências naturais e da teologia. A física deve estar à procura de leis e não falar do agir de Deus. O discurso de uma "história da natureza" com vistas à cosmologia física já é uma afirmação não da física, mas de uma reflexão filosófica sobre formação cosmológica de teorias. Na lógica de afirmações das ciências naturais, o conceito da contingência aparece somente à margem, a saber, como correlato da regularidade, não como índice geral de acontecimentos em si. Não obstante, esses são, em conexão com a irreversibilidade do tempo, os pontos de partida que devem levar uma reflexão filosófica sobre a descrição do mundo pelas ciências naturais à tese da contingência dos acontecimentos, inclusive de processos regulados por leis, em conexão com o processo de uma história da natureza aberto no tempo. Por sua vez, a teologia se serve dessa reflexão filosófica da descrição do mundo pelas ciências naturais a fim de identificar a contingência dos acontecimentos individualmente bem como com vistas ao mundo como um todo como expressão da atividade criadora do Deus da Bíblia que age na história. Também o surgimento de formas de decurso uniformes, descritíveis por fórmulas de leis, apresenta-se à teologia como uma posição contingente do Criador. Nisso a teologia pode argumentar que, num processo cósmico caracterizado pela irreversibilidade do tempo, tais decursos uniformes devem ter ocorrido, do mesmo modo como no processo da observação científica, pela primeira vez em determinado momento, para então serem como que "*linkados*" ("*first instantiation*"). Dessa maneira de modo algum se demonstra a existência do Criador pelas ciências naturais, pois se trata de uma argumentação no plano da reflexão filosófica e teológica. Não obstante, é corroborada a pretensão de verdade da crença na criação pelo fato de que a teologia pode enquadrar em princípio as afirmações das ciências naturais em suas leis no quadro de coerência de sua descrição do mundo como criação de Deus. Sem uma "síntese" racional nesse sentido, que permite incluir também as uniformidades dos fenômenos naturais numa concepção do mundo caracterizado como um todo por contingência e historicidade, como criação de Deus[174], a regularidade natural deveria assumir grande

---

[174] P. ALTHAUS, *loc. cit.*, pp. 320s., contestou uma "síntese" de enfoque histórico e de leis naturais por duas razões: em primeiro lugar, a fé não deveria "explorar para si determinada posição científica na física", a saber, a situação indetermi-

importância como contra-instância à verdade da crença na criação. E foi assim que isso foi compreendido amplamente no decurso da Modernidade. Nesse caso, a contingência do acontecimento da física quântica e da termodinâmica somente na melhor das hipóteses poderia ser contemplada como exceções em relação dos acontecimentos em geral totalmente determinados por leis. Poderiam ser vistas como "lacunas" de sua descrição pelas ciências naturais, tal como sempre de novo foram fechadas pelo progresso das pesquisas, de acordo com toda experiência histórica. Um discurso do agir de Deus nos acontecimentos naturais baseado nisso permaneceria preso à fatal argumentação apologética segundo a qual Deus atua justamente nessas "lacunas", de modo que todo progresso no conhecimento da natureza tinha que se tornar um revés para a teologia. A situação se apresenta de modo totalmente diferente se *todos* os acontecimentos, também os dos decursos descritos por leis naturais, devem ser considerados, em princípio, como contingentes, tal como o sugere, sobretudo, a irreversibilidade da direção do tempo. Nesse caso não se trata mais de lacunas, mas de uma compreensão global da realidade do mundo que também abrange as afirmações fundamentais das ciências naturais, dentro da qual o fato da ordem dos acontecimentos segundo leis naturais ocupa um lugar especial e em vários sentidos especialmente importante.

---

nada dos acontecimentos individuais no sentido da física quântica (pp. 320s.). Em segundo lugar, ALTHAUS temia que com isso a teologia recorreria novamente "às lacunas ou exceções" da explicação por leis naturais com o resultado de que "que tudo o mais que acontece conforme leis determinadas não seria, no sentido como os milagres, imediata atuação viva de Deus" (p. 321). Ambos os pontos de vista estão inter-relacionados e, sem dúvida, têm peso. Dúvidas semelhantes parecem formar o pano de fundo das observações de J. POLKINGHOME, *One World. The Interaction of Science and Theology*, 1986, pp. 71s., que se refere a W. POLLARD, *Chance and Providence*, 1958. O ponto de vista da contingência dos fenômenos da natureza somente está protegido contra essa objeção de que a teologia aproveita novamente uma lacuna na descrição por leis naturais para seu discurso do agir de Deus nos fenômenos da natureza, se puder ser mostrado primeiro que essa contingência é constitutiva para o próprio conceito da lei natural, e se, em segundo lugar, a contingência de acontecimento pode ser afirmada não apenas para os acontecimentos individuais não regulados por fórmulas de leis, mas em geral para todos os acontecimentos naturais. Esse último é o caso se de modo geral a contingência do acontecimento de cada acontecimento individual é afirmada como consequência da irreversibilidade do tempo. Se essa argumentação é consistente em si, a tese da contingência do acontecimento geral pode ser invalidade somente por negação da irreversibilidade do tempo.

A regularidade dos acontecimentos nos processos elementares constitui sobre os estados de ordem assim possibilitados a condição fundamental para o surgimento de formas estáveis. Sem duração, porém, não existe existência autônoma. A uniformidade dos acontecimentos regulados por leis naturais é, por isso, condição de toda autonomia criatural. Se o Criador quis produzir criaturas existentes autonomamente, ele necessitou para isso, em primeiro lugar, da uniformidade de processos elementares. A ordem regulada por leis naturais, portanto, não se encontra em oposição ao agir contingente de Deus na produção das formas criaturais, antes é o meio mais importante para isso. A uniformidade dos fenômenos da natureza é, por um lado, expressão da fidelidade e da constância de Deus em sua atividade como criador e conservador, e constitui, por outro lado, a base indispensável para o surgimento de formas sempre novas e mais complexas no mundo das criaturas. Somente sob a premissa da uniformidade de processos elementares as oscilações termodinâmicas de estados estacionários podem tornar-se fonte do novo, especialmente no surgimento e desenvolvimento da vida e de suas formas.

Diferente do que se acreditava na Modernidade em seus primórdios, a autonomia das formas criaturais mais complexas não é prejudicada pelo surgimento como resultado do efeito de leis naturais. Essa concepção era compreensível na era da visão mecanicista da natureza. Como, porém, os processos naturais não transcorrem em sistemas deterministicamente fechados e isolados (vide nota 172), com toda nova forma passa a existir um novo inteiro, que retroage de modo regulador sobre as condições de sua própria existência[175] e que se manifesta

---

[175] Assim I. A. BARBOUR, *Issues in Science and Religion*, 1966, sobre os efeitos do princípio da exclusão de WOLFGANG PAULI (pp. 295s.). Referente a esse princípio, vide tb. J. D. BARROW e F. J. TIPLER, *The Anthropic Cosmological Principle*, 1966, pp. 302ss. Em uma recensão do livro de BARBOUR, D. R. GRIFFIN aduziu que seu *"relational emergentism"* não seria capaz, tal como seria possível para uma filosofia do processo orientada em WHITEHEAD, de distinguir entre inteirezas orgânicas (*"compound individuals"*) e meros agregados (*"nonindividuated wholes"*) (*Zygon* 23, 1988, pp. 57-81, 62). Isso me parece não estar correto em face da interpretação do princípio de PAULI por BARBOUR. A impressão poderá surgir a partir da perspectiva filosófico-processual, porque aqui não se concede à inteireza emergente um grau ontológico próprio (cf. minha confrontação com essa conseqüência do atomismo do acontecimento de WHITEHEAD in: *Metaphysik*

como fator novo na relação com o ambiente. A constância das condições ambientais regula a subsistência, naturalmente também o desvanecimento das formas. Nas formas de vida que se mantêm por meio de sua referência com seu ambiente, sua estabilidade se torna condição da conservação de sua vida. Para o ser humano, ela se tornou a premissa para um crescente domínio sobre a natureza.

O autocomprometimento do agir criador divino com as leis da natureza, que estão fundamentadas neste agir, não exclui nem aquilo que é novo em termos criaturais nem a relação direta de toda forma criatural nova com Deus. Também aqui mediação e imediatez não são incompatíveis[176]. A concepção de que Deus poderia produzir o novo e extraordinário somente se ele rompe as leis naturais, está superada o mais tardar pela noção de que os processos naturais, sem prejuízo de sua regularidade, não têm o caráter de sistemas fechados (ou melhor:

---

und Gottesgedanke, 1988, pp. 88s.). Por isso, porém, a filosofia do processo, por sua vez, fica impossibilitada de proceder uma descrição ontologicamente adequada de formas complexas, porque deve considerar sua unidade, em ultima análise, como algo secundário (justamente como *"compound"*, para falar com GRIFFIN). Com boa razão, BARBOUR não assumiu esta perspectiva.

[176] A dogmática protestante antiga distinguia, desde L. HÜTTER (1618), entre *creatio immediata* e *creatio mediata* (*Loci communes theologici* III, q 2), porque, de acordo com o relato da criação de P, somente a obra do primeiro dia foi produzida sem qualquer participação criadora de Deus, enquanto as obras dos cinco dias seguintes já pressupunham o que fora criado antes (J. A. QUENSTEDT, *Theologia did.-pol. sive Systema Theol. I* (1685), Leipzig, 1715: *Omnia itaque ex nihilo creata sunt, alia tamen* immediate, *sc. opera primi diei, alia* mediate, *scil. mediate illa matéria quam Deus ante ex nihilo pure negativo creaverat, nempe opera sequentium quinque dierum*, 594 t. 13). Essa distinção também foi assumida por teólogos reformados, apesar da rejeição da concepção a isso associada em QUENSTEDT e outros luteranos de que a criação imediata teria produzido apenas matéria disforme, um caos informe, do qual foram criadas todas as demais criaturas (cf. as comprovações citadas em H. HEPPE; E. BIZER, *Die Dogmatik der evangelisch-reformierten Kirche*, 1958, p. 157). A diferença entre criação imediata e criação mediata, todavia, foi relativizada pela declaração, ainda expressa em F. BUDDEUS, de que também as criaturas criadas por intermédio de mediação criatural foram criadas por Deus *ex nihilo* (*Compendium institutionum theol. dogmaticae* II,3, Leipzig, 1974, pp. 212s.: *omnes quidem ex nihilo factae sunt, sed haec mediate, illa immediate*). Nesse sentido, mesmo assim toda criatura é imediata em relação a Deus, e BUDDEUS combate com veemência a concepção de que Deus poderia ter entregue seu poder criador à mediação criatural (*loc. cit.* § 8, 216).

isolados). Por outro lado, a mediação de todo surgir e desaparecer por meio da validade das leis naturais é uma condição para o fato de que as formas criaturais podem adquirir também perante Deus aquela autonomia que se encontra na concepção de uma criatura diferente de seu criador. Somente sob essa pressuposição criaturas podem comportar-se como autônomas inclusive em relação a Deus, e isso é a pressuposição para que as criaturas possam ser incluídas na relação do Filho com o Pai e assim chegar à comunhão com Deus. As leis naturais têm, portanto, uma indispensável função de serviço na história trinitária da criação.

Na visão da teologia cristã, a participação das criaturas na comunhão trinitária do Filho com o Pai é o alvo da criação. Isso se evidencia na encarnação do *Logos* divino em Jesus de Nazaré. Pois esse evento tinha por fim "reconciliar o universo para ele" (Cl 1.20; cf. Ef 1.10). Somente no estágio do ser humano esse alvo está realizado e também aqui não diretamente, mas primeiro como resultado de uma história, na qual o distanciamento de Deus juntamente com suas consequências deve ser superado. Segundo as palavras do apóstolo, trata-se da destinação de toda a criação (Rm 8.19ss.): toda a criação aguarda a revelação da filialidade divina na humanidade, porque por meio disso é vencida a transitoriedade sob a qual sofrem todas as criaturas. O que quer que se possa dizer sobre a imediatez das criaturas extra-humanas em sua relação com Deus, em todo caso ela tem o reverso do sofrimento da transitoriedade. Se, portanto, o sofrimento da transitoriedade é superado pela recepção do ser humano na relação filial de Jesus com o Pai, trata-se nisso também da consumação da relação das criaturas extra-humanas com seu criador.

Seria, portanto, o ser humano o alvo da criação? A doutrina cristã da encarnação implica evidentemente uma compreensão neste sentido, tal como ela também já foi externada nos relatos véterotestamentários sobre a criação. Naturalmente, à luz da crença na encarnação, o ser humano deve ser denominado o alvo da criação porque nele – melhor: naquele um homem Jesus de Nazaré – se realiza a comunhão da criatura com o Criador pelo fato de o Filho de Deus aparecer na figura de um ser humano. Não obstante, é verdade que, sob esse aspecto, toda a história do universo se apresenta como pré-história para o aparecimento do ser humano. Por muito tempo uma visão nesses termos parecia ser inconciliável com as ciências naturais. Visto que, desde

COPÉRNICO, a Terra não constitui mais o centro do universo, parecia que também o ser humano se havia tornado um fenômeno à margem do cosmo. Acaso, não existiriam igualmente planetas em outros sistemas solares e galáxias, nos quais poderia ter-se desenvolvido vida e nos quais existem seres inteligentes? E acaso estaria terminado com o ser humano a evolução da vida? Primeiro a cosmologia natural-científica do séc. XX, com seus cálculos de idade e desenvolvimento do universo, levou a considerações no sentido de que uma série de dados cosmológicos fundamentais está justamente disposta de tal maneira como é indispensável para o surgimento da vida e com isso também do ser humano nesta terra.

Desses dados fazem parte a velocidade da luz, a constante gravitacional e a carga elétrica elementar[177]. Mas também a proporção numérica de fótons e prótons no universo, bem como a força relativa das forças nucleares e eletromagnéticas, são de tal ordem que seriam concebíveis apenas mudanças mínimas sem que com isso o surgimento de vida em nossa terra se tornasse impossível[178]. Mas também a idade de nosso universo, hoje estimado em 15 ou 17 bilhões de anos, é considerada necessária para a formação das galáxias e dos elementos e das ligas químicas, sem os quais uma vida orgânica baseada em ligas de carbono não poderia ter surgido. Na observação de tais nexos fundamenta-se o "princípio antrópico", hoje considerado plausível por muitos cientistas, mas contestado por outros. Ele afirma, na versão "fraca" fundamentada em 1961 por ROBERT H. DICKE, que o universo deve possuir propriedades que permitem o surgimento de vida e de seres inteligentes. A versão "forte" do princípio antrópico foi apresentada em 1973 pelo físico britânico BRANDON CARTER e diz que o universo deve ser constituído de tal modo que não apenas permite o surgimento de seres inteligentes (e com isso também de física), e, sim, mais dia, menos dia, há de produzi-los *necessariamente*[179]. Em ambas as versões, o atrativo da suposição de tal

---

[177] R. BREUER, *Das anthropische Prinzip. Der Mensch im Fadenkreuz der Naturgesetze*, 1981, p. 25.
[178] J. D. BARROW; F. J. TIPLER, *The Anthropic Cosmological Principle*. 1986, pp. 5, 125 e 175.
[179] R. BREUER, *loc. cit.*, p. 24, cf. BARROW e TIPLER, *loc. cit.*, pp. 16ss, 21a. De modo desconcertante aparece ali a ligação do princípio antrópico com a afirmação da dependência do observado da peculiaridade não somente dos instrumentos,

princípio consiste evidentemente no fato de que confere sentido à faticidade das mencionadas constantes naturais, que de outro modo seriam inexplicáveis. Contra isso, porém, objetou-se com razão que o "princípio antrópico" não oferece uma explicação no sentido das ciências físicas[180]. Não obstante, continua válido: O princípio antrópico *"reveals an intimate connection between the large and small-scale structure of the Universe"*[181]. Isso vale especialmente para sua versão "fraca", pois a forma "forte" do princípio vai consideravelmente, além disso, com sua afirmação da necessidade de um universo que produz necessariamente vida e inteligência. Por isso ela é tanto mais controvertida, e também é designada como "especulativa" por BARROW e TIPLER (p. 23). Isso vale em escala ainda muito maior para sua própria versão de um *"final anthropic principle"*, em decorrência do qual a inteligência, uma vez surgida em um universo, não pode mais desaparecer, mas conquistará o domínio sobre todos os processos materiais, e ela própria será imortal[182].

---

mas também do observador (pp. 15ss., 23 tb. 557). Esse paralelismo afirmado com freqüência desde as discussões em torno da física quântica parece ser problemática por princípio. Diferente de instrumentos, por natureza o ser humano não está preso a determinado modo de ver as coisas, nem mesmo no que diz respeito ao alcance de seus sentidos, visto que pode ampliar o mesmo por instrumentos. O homem é perfeitamente capaz de perceber também fatos que remetem sua própria existência a um papel marginal. Assim funcionaram, por séculos, o mundo copernicano e, inicialmente, a teoria da evolução.

[180] E. MCMULLIN, How should cosmology relate to Theology? in: A. R. PEACOCKE (ed.), *The Sciences and Theology in the Twentieth Century*, 1981, pp. 17-57, 43: *"The anthropic principle would tell us to expect these physical features, once we know that this is the universe that has man in it. But to expect them, given the presence of man, is not the same as to explain why they occur in the first place"*. MCMULLIN refere-se especialmente à relevância antrópica da isotropia do universo, discutida desde COLLINS e HAWKING (1973), cuja importância, porém, recentemente é julgada antes de modo reservado por BARROW e MCMULLIN (*op. cit.*, pp. 419-430, esp. 428s.). Mas a objeção de MCMULLIN vale igualmente para todos os outros casos, esp. para as constantes naturais, em cuja "explicação" se recorre ao princípio antrópico.

[181] BARROW e TIPLER, *loc. cit.*, p. 4.

[182] *Loc. cit.*, p. 23, cf. pp. 659ss. Os passos argumentativos que levam a essa visão escatológica que, em vários sentidos, lembra TEILHARD DE CHARDIN, estão resumidos na recensão de F. W. HALLBERG (*Zygon 23*, 1988, pp. 139-157) e discutidos criticamente (esp. pp. 148ss., 151ss.). Entrementes, porém, FRANK TIPLER, The Omega Point as Eschaton: Answers to Pannenberg's Question for Scientists, in:

A concepção discutida recentemente de que o universo com os competentes detalhes de sua construção está programado para a produção de vida humana depara-se muitas vezes com rejeição não por último por causa da perspectiva da descoberta de vida extraterrena em virtude das investigações do espaço cósmico em andamento. Também para a doutrina cristã da redenção se previram dificuldades para o caso de se descobrirem formas de vida inteligentes extraterrenas[183]. Acaso a redenção ligada à encarnação se refere somente à humanidade terrestre? Acaso os seres inteligentes de outras galáxias não necessitam de redenção, ou se deveria supor para aqueles outros mundos outros eventos salvíficos, destinados a eles? Com referência a isso é preciso dizer, em primeiro lugar, que a probabilidade de vida e inteligência extraterrena, afirmada por alguns autores, é rejeitada por razões respeitáveis[184]. Em segundo lugar, a tradicional doutrina cristã já conhece seres inteligentes além dos seres humanos, a saber, os anjos, os quais, porém, em parte não carecem de redenção, e em parte, na medida em que se voltaram contra Deus, não são considerados capazes de qualquer redenção. A tradicional doutrina cristã, associada a sua doutrina da encarnação, desenvolveu, portanto, a tese da posição central do ser humano no universo sem prejuízo da suposição de outros seres inteligentes e superiores aos seres humanos. Por isso não há razão para afirmar que toda descoberta de seres extraterrenos inteligentes já deveria significar um abalo da doutrina cristã. Se um dia se confirmarem tais descobertas, surgirá naturalmente a tarefa de definir teologicamente a relação de tais seres com o *Logos* encarnado em Jesus de Nazaré.

Zygon 24, 1989, pp. 217-253, ampliou sua cosmologia física, iniciada no signo do princípio antrópico, a uma *Omega Point Theory*, que não mais supõe o aparecimento do ser humano, mas o estado escatológico pleno como critério para o decurso concreto do processo cósmico total.

[183] Assim, *p.ex.*, R. PUCETTI, *Persons. A Study of possible Moral Agents in the Universe*, 1969, pp. 125s. e complementarmente H. MCMULLIN, Persons in the Universe, *Zygon* 15, 1980, pp. 69-89, esp. 86ss.

[184] BARROW e TIPLER, *loc. cit.*, pp. 576-612, cf. pp. 132s. referente à improbabilidade teórico-evolucionista do surgimento de seres vivos inteligentes, e p. 558 referente às exigências à idade de um planeta. Referente à última pergunta, vide tb. as exposições de W. STEGMÜLLER em seu excelente resumo de problemas e resultados da moderna cosmologia física, in: *Hauptströmungen der Gegenwartsphilosophie II*, 6ª ed., 1979, pp. 693-702.

Em todo caso, as possibilidades de existência de seres inteligentes extraterrenos, até agora antes problemáticas e vagas, não são capazes de prejudicar a credibilidade da doutrina cristã, segundo a qual, em Jesus de Nazaré, o *Logos*, que perpassa todo o universo, se tornou ser humano e com isso recaiu sobre a humanidade e sua história uma função-chave para a unidade e a destinação de toda a criação.

2. O Espírito de Deus e a dinâmica dos fenômenos naturais

a) O ponto de partida bíblico

Se as criaturas em sua diferença tanto em relação a Deus quanto entre si devem ser compreendidas como obra do Filho, que, como *Logos* da criação, é, simultaneamente, o princípio de sua ordem, pela qual todos os fenômenos estão inter-relacionados em sua diferencialidade, o Espírito de Deus é, segundo o testemunho bíblico, o princípio vivificador, ao qual todas as criaturas devem vida, movimento e atividade. Isso vale especialmente a respeito dos animais e das plantas e com eles a respeito do ser humano. A respeito de todos eles é dito no Sl 104: "Se envias o teu sopro, eles são criados, e tu renovas a face da terra" (Sl 104.30). A isso corresponde que, de acordo com o relato javista da criação, o mais antigo, o ser humano, cuja figura Deus havia modelado a partir do barro, se tornou um ser vivente quando Deus lhe soprou no nariz seu fôlego (Gn 2.7; cf. Jó 33.4)[185]. Inversamente, toda vida se extingue quando Deus retira seu Espírito (Sl 104.29; Jó 34.14s.). Assim, com efeito, estão em suas mãos "a alma de todo vivente e o fôlego de todos os humanos" (Jó 12.10).

Essa visão bíblica da vida é de difícil conciliação com conceituações modernas, pelo menos à primeira vista. Pois para a biologia moderna, vida é uma função das células vivas ou do ser vivente como um sistema que mantém (sobretudo alimenta) e reproduz a si mesmo[186], e

---

[185] Como o Espírito de Deus se relaciona com o espírito humano ainda haveremos de esclarecer em maiores detalhes no próximo capítulo em conexão com a antropologia.

[186] Vide, *p.ex.*, L. VON BERTALANFFY, *Theologische Biologie 2*, 2ª ed., 1951, pp. 49ss. (sobre a "função mantenedora" da célula cf. pp. 62ss.), bem como M. HARTMANN, *Allgemeine Biologie*, 1953, p. 17, mas tb. J. MONOD, *Zufall und Notwendigkeit*. Philosophische Fragen der modernen Biologie (1970), versão alemã 1971, pp. 17ss., 21s.

não efeito de uma força vivificadora, transcendente ao ser vivente[187]. Agora se poderia supor que as concepções bíblicas que cabem aqui deveriam simplesmente ser consideradas como expressão de uma compreensão de mundo arcaica, superada para nós, como de fato é o caso de muitas concepções de fenômenos naturais. Trataremos disso mais adiante. O modo figurativo direto com que se fala do fôlego divino que é insuflado às criaturas certamente se afigura ao homem moderno antes como uma metáfora poética do que uma explicação para o surgimento da vida. A pergunta é se nessa metáfora não se encontra um sentido mais profundo, que também poderia ser esclarecedor para a compreensão moderna dos fenômenos da natureza[188]. Descobrir esse sentido certamente seria compensador. Com isso está colocada para a teologia uma tarefa irrecusável já porque as afirmações paulinas referentes à nova vida do ressurgimento dos mortos como efeito do Espírito divino (Rm 8.11, cf. 1.4; 1Cor 15.44s) pressupõem a compreensão judaico-véterotestamentária a respeito da relação do Espírito de Deus e vida (cf. tb. Ez 37.5ss.).

A complexidade do tema ainda é aumentada pelo fato de que o relato sacerdotal da criação ampliou a função criadora do Espírito de Deus para além da vivificação das plantas e dos animais a toda a obra da criação (Gn 1.2). Ali a descrição da inicial condição caótica termina com a expressão: "e o vento-Espírito de Deus agitou-se sobre a profundeza". O significado das palavras *rûaḥ elohim*, aqui reproduzidas com "vento-Espírito de Deus"[189] é exegeticamente controvertida até hoje, no entanto somente para a relação sintática desta palavra, que, ademais, é é recorrente no Antigo Testamento[190]. Nas demais passagens se tra-

---

[187] Também as suposições vitalísticas de uma força de vida especial imaginavam-na como uma força própria do organismo, analogamente à concepção das forças orgânicas como funções dos corpos físicos, predominante nos séc. XVIII e XIX. Referente a isso, cf. o artigo "Lebenskraft", de E.-M. ENGELS, in: *Historisches Wörterbuch der Philosophieist Historischeshhis 5*, 1980, 122-128.

[188] Cf. referente a isso do Autor, Der Geist des Lebens (1972), in: *Glaube und Wirklichkeit*, 1975, pp. 31-56.

[189] Acompanhando K. KOCH, "Wort und Einheit des Schöpfergottes" in Memphis und Jerusalem, in: *ZThK 62*, 1965, 251-293,275s.

[190] Vide *p.ex.* Ex 31.3; 35.51; Nm 24.2; 1Sm 10.10; 11.16; 19.20,2; 2Cr 15.1; 24.20, bem como Jó 33.4 (*rûaḥ ēl*). Considervalmente mais freqüente é a ligação com o nome Javé.

duz a expressão, como o sugere o teor da expressão, com "Espírito de Deus". Por que seria diferente aqui? Que em Gn 1.2 se trataria de uma "tempestade divina", a ser rigorosamente distinguida do Espírito de Deus, no sentido de um furacão superlativo[191], foi denominado, com vistas a esse "texto formulado no mais alto grau de reflexão, que no mais emprega *elohim* sempre como nome de Deus, como sendo "uma suposição grotesca"[192]. Desconfia-se que no caso se trate do resultado de uma concepção teológica pré-concebida do Espírito divino, que parece inconciliável com a movimentação física do vento[193], que evidentemente está em jogo se o texto atribui à *rûaḥ* um "agitar" (ou vibrar). Por que haveria de se tratar no significado de "espírito" e "vento" de uma alternativa? A ligação da palavra com a designação de Deus como *elohim* sugere que aqui se concebe o próprio Espírito de Deus como vento, semelhantemente com Ez 37.9s. (cf. 5). Essa compreensão se aproxima da concepção do fôlego vivificante de Deus, comprovada frequentemente alhures, porque tanto no fôlego quanto no vento se trata do ar em movimento (diferente do ar em descanso), uma concepção que também constitui o original conteúdo de sentido da palavra grega *pneuma* (diferente de *aēr*)[194]. Com vistas a Gn 1.2, não se deveria distinguir entre vento e fôlego. É convincente que a menção do Espírito

---

[191] Assim, entre outros, G. von Rad, *Das erste Buch Mose Kap. 1-12,9* (ATD 2), 1949, p. 37, bem como C. Westermann, *Genesis I*, 1974, pp. 148s.

[192] O. H. Steck, *Der Schöpfungsbericht der Priesterschrift*, 1975, p. 235; cf. tb. K. Koch, *loc. cit.*, p. 281 nota 92, bem como B. S. Childs, Myth and Reality in the Old Testament (Studies in Biblical Theology 27), 1968, pp. 35s. (citado em Steck, *loc. cit.*).

[193] Esta é, de fato, a argumentação de C. Westermann, *loc. cit.*, p. 149: "compreender" *rûaḥ* "como vento, no entanto, é dificultado pela associação com *elohim*". Por isso B. S. Childs teria tomado *rûaḥ* também nessa passagem "como o Espírito criador de Deus" em contraste com o "caos", apesar do movimento físico expresso no verbo. Tudo depende, portanto, qual a concepção de Deus que se pressupõe ou, no mínimo, se considera possível. Pois o verbo do movimento associado a *rûaḥ elohim* é, segundo Westermann, a única razão decisiva para se entender aqui a expressão-sujeito de modo diferente do que em todas as demais passagens, a saber, que não pode ser traduzido pela palavra "Deus".

[194] Referente à diferença dessas duas concepções na época grega primitiva, em Anaximandro e Empédocles em contraste à posterior concepção estóica, cf. J. Kerschenstein, *Kosmos. Quellenkritische Untersuchungen zu den Vorsokratikern*, 1962, pp. 79s.

divino deve ser vista em conexão com o falar criador de Deus, que segue imediatamente. O que se tem em mente "é o fôlego de Deus, que se encontra em afinidade com o falar"[195]. Isso também é sugerido pelo fato de que, na continuação, se menciona tão-somente o falar de Deus e não mais seu Espírito como sujeito da obra da criação. No entanto, será que se pode concluir daí que aqui o fôlego ou sopro de Deus não "é já como tal vivificante e eficiente", diferentemente do que em outras concepções véterotestamentárias"[196]? Ainda assim se atribui ao vento-espírito a função de revolver as águas do caos. Não se trata apenas de algo que acontece na intimidade de Deus. A inspiração de Deus é um temporal revolvente, e de sua dinâmica procede o "falar" criador.

O Espírito de Deus é princípio criador não somente da vida, mas já do movimento. O Antigo Testamento não desenvolveu uma concepção geral do movimento cósmico como designação coletiva para os diferentes movimentos e as diferentes atividades das criaturas. Mas na concepção da dinâmica criadora do Espírito de Deus reside um ponto de partida para isso. No entanto, será que desse modo as afirmações sobre o Espírito de Deus como origem da vida se tornam plausíveis para a compreensão moderna?

b) *Força, campo e Espírito*

A descrição das formas de movimento e das forças movimentadoras certamente é o tema central da física moderna. A fim de descre-

---

[195] O. H. STECK, *loc. cit.*, p. 236, aponta para a estreita relação da concepção com Sl 33.6: "Os céus foram feitos pela palavra de Javé, e pelo sopro de sua boca todo seu exército".

[196] *Loc. cit.*, p. 235. STECK fundamenta isso argumentando que a expressão, antes do início da obra da criação em si, faz parte da descrição da situação em Gn 1.2 como um todo. No entanto, seria permitido distinguir as duas coisas com tanto rigor? Não estaríamos aqui diante da *transição* para o agir criador? Em uma longa nota (p. 236, nota 97), o próprio STECK ao menos levanta a pergunta se, por fim, a afirmação não deveria ser entendida "igualmente de modo positivo, no sentido de que Deus está capacitado para iniciar a obra da criação". Com isso desapareceria o contraste com as demais concepções do Antigo Testamento da dinâmica criadora do agir vivificante do Espírito de Deus, embora permaneça como peculiaridade de P que lá a dinâmica do Espírito está intimamente ligada com o falar de Deus (no sentido de Sl 33.6 com sua palavra).

ver movimento e mudança, a física desenvolveu o conceito da força ou da energia, que atua sobre corpos, produzindo desse modo sua movimentação[197]. Nisso a dinâmica clássica se esforçou por reduzir o conceito da força ao do corpo e seus impulsos de movimentação, para com isso poder fundamentar toda a física no conceito do corpo e nas relações entre corpos. Assim Descartes já havia tentado descrever as atuações mecânicas dos corpos uns sobre os outros como transmissão do movimento de um ao outro[198]. Newton por sua vez interpretou a inércia como força própria dos corpos (*vis insita*), mas não restringiu as forças que atuam sobre os corpos (*vis impressa*) à transição dos movimentos por meio de outros corpos, e com isso criou o conceito da força diversa do corpo[199]. Com seu teorema sobre a modificação do movimento como proporcional à força, ele se restringiu à indicação de um método da medição da força, enquanto considerava a natureza das forças em si como em grande parte obscura[200]. Nisso contou, diferentemente que Descartes, com forças não-materiais que, em analogia com o movimento do corpo, atuam por meio da alma. Como uma força nesse sentido considerava também a gravitação que lhe parecia uma expressão do movimento do universo por de Deus por meio do espaço[201]. Justamente estas implicações teológicas da concepção de Newton de forças não-materiais como causa de modificações materiais podem ter contribuído para a crítica feita por físicos franceses do séc. XVIII até Enst Mach e Heinrich Hertz a esse aspecto do conceito de força newtoniana. Esses físicos tentaram reduzir, em contraste com Newton, as forças a corpos ou a suas "massas" (Hertz). Se toda força emana de corpos (resp. de massas), então, e somente então, a compreensão dos fenômenos da natureza está desatrelada de

---

[197] C. F. von Weizäcker, Die Einheit der bisherigen Physik, in: Idem: *Die Einheit der Natur,* 1971, pp. 133-171.
[198] R. Descartes, *Le Monde* (1664, escrito 1633) c. 7, 2. regra (Adam; Tannery XI,41s.). O conceito de força é tangido apenas relevante (42,14).
[199] I. Newton, *Philosophiae naturalis principia mathematica I*, 3ª ed., 1776, reimpressão Cambridge, 1972, Def. 3 e 4. Cf. E. McMullin, *Newton on Matter and Activity,* 1978, pp. 43ss., 52s.,80ss.
[200] M. Jammer no *Historisches Wörterbuch der Philosophie 4,* 1178s. esp. tb. 1179 referente a *Opticks III,* q 31.
[201] A. Koyré, *Newtonian Sutdies,* 1965, p. 109, cf. p. 91. Vide tb. E. McMullin, *loc., cit.,* pp. 55ss. e especificamente referente à gravitação, pp. 57ss.

toda relação com o conceito de Deus, porque Deus, em todo caso, não pode ser imaginado como corpo[202]. O falar teológico de atuações de Deus sobre os acontecimentos mundiais torna-se então simplesmente incompreensível[203].

As implicações anti-religiosas da redução do conceito de força ao do corpo e sua massa permitem avaliar imediatamente a relevância teológica no mínimo implícita da inversão da relação de força e corpo como conseqüência da crescente importância das teorias de campo na física moderna desde MICHAEL FARADAY. Este considerava os próprios corpos como fenômenos de forças que por sua vez agora não mais eram compreendidos como propriedades de corpos, mas como realidades autônomas, preestabelecidas aos fenômenos corpóreos. Essas realidades agora eram concebidas como campos que preenchem os espaços, a fim de evitar as dificuldades da concepção de uma força eficiente através de distâncias. FARADAY tinha a esperança de que por fim todos os campos de força poderiam ser reduzidos a um único, abrangente campo de força[204].

> Sugestões neste sentido já haviam sido feitas por LEIBNIZ quando concebia as mônadas como forças que se manifestam de modo puntiforme e atribuía a impermeabilidade da matéria, de sua massa, ao conceito de força, a saber, à *repulsão que emana da força*[205], enquanto para a continuidade dos fenômenos naturais foi responsabilizada, na esteira de LEIBNIZ, a força oposta da *atração*[206]. Enquanto aqui a

---

[202] Para isso basta recordar os argumentos apresentados por ORÍGENES, que foram resumidos no vol. I, p. 502. Cf. tb. TOMÁS DE AQUINO, S*um. theol.* I,3,1.
[203] Por isso é bem compreensível a luta da teologia dos inícios do séc. XVIII pela doutrina do *concursus* divino como condição indispensável da *facultas se movendi* divina, mas, sob as condições descritas, estava condenada ao insucesso. Cf. J. F. BUDDEUS, *Compendium institutionum theologiae dogmaticae*, 1724, II/2 § 48. Referente ao conceito da força e sua história, vide M. JAMMER, *Concepts of force*, 1957, e M. B. HESSE, *Forces and Fields*. The Concept of Action at a Distance in The History of Physics, 1961, bem como a obra de W. BERKSON, mencionada na próxima nota.
[204] W. BERKSON, *Fields of Force*, 1974, pp. 31 e 58-60 mostra que FARADAY se deixou guiar por uma posição física nesses termos em suas experiências.
[205] W. BERKSON, *loc. cit.*, p. 24.
[206] A respeito de ambas as forças, mais tarde, expressamente I. KANT, *Crítica da razão pura* B 321, cf. a segunda parte in: *Metaphysische Anfangsgründe der Naturwissenschaft*, 1786. F. MOISO, Schellings Elektrizitätslehre, 1797-1799,

força resp. sua manifestação na verdade não mais era concebida como ligada a corpos, mas a *pontos*-espaço, FARADAY ligou o conceito de força com o todo do campo que envolve um só corpo, resp. muitos corpos. A massa (como *"rate of response to forces"*, portanto inércia) depende agora, na visão de FARADAY, da concentração de forças no respectivo ponto-espaço, aparecendo, portanto, de modo puntiforme. Por isso, a partícula material é considerada como ponto de convergência de linhas de força, resp. como *"cluster"* dessas linhas de força, que perduram por algum tempo[207]. Por meio da concepção da força como campo, o conceito da força foi ligado ao "campo métrico" do espaço, resp. do tempo-espaço. Por isso ALBERT EINSTEIN pôde fazer, em sua *Allgemeine Relativitätstheorie* (1916), a tentativa de uma redução do conceito da força ao campo métrico de um tempo-espaço não-euclidiano[208]. Também permanece imaginável a redução inversa do campo métrico do tempo-espaço ao conceito da força[209]. Em todo caso, na esfera das teorias de campo, força e tempo-espaço devem ser entendidos como dados intimamente correlacionados.

A afirmação de uma relevância teológica implícita do recurso da física moderna a teorias de campo sempre mais abrangentes dos fenômenos naturais é sugerida pela procedência metafísica do conceito de campo. A concepção do campo de força pode ser encontrada já no

---

in: R. HECKMANN/H. KRINGS/R. W. MEYER (eds.), *Natur und Subjektivität*. Zur Auseinandersetzung mit der Naturphilosophie des jungen SCHELLING, 1985, pp. 59-97, esp. pp. 92ss, descreve como SCHELLING chegou, a partir daí, a sua concepção de uma dualidade cheia de tensões como "condição de toda conformação" mais e mais orientada em fenômenos elétricos ("Einleitung zu seinem Entwurf eines Systems der Naturphilosophie", 1799, *Sämtliche Werke* III, p. 299). O desenvolvimento de SCHELLING convergia, por sua vez, para uma concepção de campo como modelo básico dos fenômenos naturais (MOISO, p. 94).

[207] W. BERKSON, *loc. cit.*, pp. 52ss.
[208] M. JAMMER in *Historisches Wörterbuch der Philosophie 2*, 1972, 925. Cf. W. BERKSON, *loc. cit.*, p. 318.
[209] W. BERKSON, *loc. cit.*, pp. 324s. concede à idéia de um campo cósmico como campo de força, que remonta a FARADAY, a vantagem da consistência teórica, porque tb. a teoria de campo de EINSTEIN não seria capaz de reduzir todas as forças, como a gravitação, a formas de espaço não curvas, portanto, descrevê-las de modo puramente geométrico, antes teria que admitir o aparecimento de cadências de energia no campo (p. 320).

movimento estóico até a filosofia pré-socrática, a saber, na doutrina do ar como *arché*, de ANAXÍMENES, segundo a qual todas as coisas surgiram como condensações do ar. Como precursor direto do moderno conceito de campo, MAX JAMMER designou a doutrina estóica do *pneuma* divino que, como matéria finíssima, a tudo permeia e que por seu tono (τόνος) mantém coesas todas as coisas no cosmo, bem como produz seus diferentes movimentos e propriedades[210]. Essa doutrina estóica do *pneuma* influenciou não apenas o pensamento de FILO, mas também a teologia cristã-primitiva em suas afirmações sobre a atuação do Espírito divino na criação[211]. Os contatos com a doutrina estóica do *pneuma*, todavia, diminuíram na patrística posterior, especialmente desde a crítica de ORÍGENES à compreensão estóica da natureza material do *pneuma* (cf. vol. I, pp. 502 e 516). Com vistas ao moderno conceito de campo, tais dificuldades não têm cabimento, especialmente desde seu desatrelamento da concepção de um éter como substrato do campo. Na medida em que o conceito de campo corresponde às antigas doutrinas do *pneuma*, em absoluto está errado, antes até mesmo é bastante sugestivo a partir da história do conceito e do pensamento, relacionar as teorias de campo da física moderna com a doutrina cristã da atuação dinâmica do *pneuma* divina na criação.

> Para a teologia existe entre sua doutrina do *pneuma* divino e as teorias de campo da física moderna uma relação muito mais estreita do que era o caso na Idade Média em relação à doutrina aristotélica do movimento. A doutrina do movimento do aristotelismo medieval cristão, do mesmo modo como a descrição mecanicista da natureza, considerava o corpo como ponto de partida do movimento, não apenas na automovimentação, mas também na movimentação por força alheia. A pergunta pela relação dos fenômenos com Deus teve que se concentrar aqui na possibilidade e necessidade do recurso a uma primeira causa de todo movimento, e isso a uma causa não-corporal para o movimento dos corpos, bem como à necessidade de sua ininterrupta atuação em todas as atividades e atuações

---

[210] M. JAMMER: Feld, in: *Historisches Wörterbuch der Philosophie 2*, 1972, 923. Cf. M. POHLENZ, *Die Stoa. Geschichte einer geistigen Bewegung*, vol. I (1959), 1978, pp. 74s. 83 e os comprovantes no vol. II, pp. 42s.
[211] TH. RÜSCH, *Die Entstehung der Lehre vom Heiligen Geist bei Ignatius von Antiochia, Theophilos von Antiochia und Irenäus von Lyon*, 1952, pp. 80ss. referente a TEÓFILO (esp. p. 82) e pp. 103ss. referente a IRENEU.

das segundas causas. Se os corpos naturais podiam ser compreendidos como portadores de forças movedores que não necessitam de qualquer outra causa, a concepção de uma influência de Deus sobre os acontecimentos da natureza não apenas se torna supérflua, mas até mesmo incompreensível (vide *acima*). Em contrapartida, a renovação do conceito do primado da força em Leibniz, que, porém, já se estava prenunciando em Newton, e o desenvolvimento das teorias físicas de campo desde Faraday possibilitaram relacionar novamente a função do Espírito divino na criação do mundo à descrição da natureza pelas ciências físicas[212]. Isso vale em especial para a compreensão de todos os fenômenos materiais corpóreas como manifestações de campos de força e, em última análise, como Faraday o imaginava, de um único campo de força cósmico[213]. O interesse metafísico de Einstein se prendeu mais à imutabilidade da lei e da ordem geométrica do campo[214]. Neste contexto é preciso lembrar a observação cética de Einstein a respeito do indeterminismo da física quântica: "O velho não joga os dados"[215]. Possivelmente encontram-se atrás da inclinação de Einstein a Spinoza, por um lado, e da concepção de campo de força, que remonta a Faraday, por outro – mas também do indeterminismo da física quântica da

---

[212] Th. F. Torrance, *Space, Time and Incarnation*, 1969, p. 71, tem o mérito de ter apontado, decerto como primeiro, para essas relações e de ter pleiteado a inclusão do conceito de campo na teologia: "... *the field that we are concerned with is surely the interaction of God with history understood from the axis of Creation-Incarnation [...] Our understanding of this field will be determined by the force or energy that constitutes it, the Holy and Creator Spirit of God*".

[213] Em contraste ao modelo de movimento mecanicista de pressão e impulsão, bem como a todas as descrições "mecanicistas" dos fenômenos da natureza em sentido mais amplo, as teorias de campo da física moderna possibilitam, de acordo com G. Süssmann, Geist und Materie, in: H. Dietzfelbinger e L. Mohaupt (eds.), *Gott-Geist-Materie*, 1980, esp. pp. 18ss, uma compreensão "intelectual" da realidade da natureza.

[214] Cf. W. Berkson, *loc. cit.*, pp. 317s.

[215] Carta de A. Eisntein a Max Born de 4/12/1926 (Albert Einstein, *Hedwig und Max Born, Briefwechsel 1916-1955*, comentado por Max Born, Munique, 1969, pp. 129s.). Vide também a carta de Einstein de 7/09/1944 (*ib.*, p. 204), bem como as observações de Born referentes a ela em seu estudo sobre as "*Statistical Theories*" de Einstein, in: P. A. Shilpp (ed.): *Albert Einstein – Philosopher – Scientist*, 1951, pp. 163-177, 176s. A confissão de Einstein ao espinozismo na *New York Times* de abril de 1929 é tratada no mesmo volume por V. G. Hinshaw (*Einstein's Social Philosphy*, pp. 649-661, 659s.). Cf. tb. I. Paul, *Science, Theology and Einstein*, 1982, pp. 56s. e 122ss.

atualidade –, diferentes compreensões globais metafísico-teológicas da realidade.

As diferenças de princípio entre enfoque físico e teológico na descrição da realidade proíbem, todavia, a interpretação teológica direta de teorias de campo. Elas somente podem ser compreendidas como aproximações adequadas à peculiaridade do enfoque das ciências naturais (vide *acima* pp. 107s., 110ss.) àquela realidade que também é objeto das afirmações teológicas sobre a criação. Que nisso se trata da mesma realidade pode-se reconhecer, *por um lado*, no fato de que afirmações teológicas sobre a atuação do Espírito de Deus na criação remontam, histórico-conceitualmente, à mesma raiz filosófica que, por meio de formulações matemáticas, também se tornou origem das teorias de campo da física. As diversas formações de teorias também ainda deixam reconhecer perfeitamente as diversas acentuações da instituição metafísica que se encontra em sua base. *Por outro lado*, porém, a formação teológica de conceitos também deve estar em condições (em contraste com a formação de conceitos das ciências naturais) de conceder, dentro de sua própria reflexão, espaço à forma de descrição de outra espécie (portanto, às descrições da física, na medida em que podem ser confirmadas empiricamente), para, desse modo, comprovar a coerência das próprias afirmações sobre a realidade. E não deve tratar-se de uma relação estabelecida só exteriormente. Isso seria apologética rasa. Deve haver razões da própria temática objetiva da teologia para aproveitar para a teologia um conceito fundamental das ciências naturais como o conceito de campo na regressão a seu cunho filosófico pré-físico. Somente então a teologia também está autorizada a desenvolver tais conceitos em sua própria temática de modo adequado, confrontando-se de modo autônomo com o uso lingüístico das ciências naturais. Tais razões para a introdução do conceito de campo na teologia realmente surgiram no contexto da doutrina de Deus, a saber, na interpretação do tradicional discurso de Deus como Espírito. A crítica à tradicional concepção da espiritualidade de Deus como subjetividade racional (como *nous*) levou à conclusão (vol. I, pp. 502-517) de que corresponde melhor às afirmações bíblicas sobre o Espírito de Deus e sobre Deus como Espírito quando se concebe o que isso quer dizer como campo dinâmico, que está estruturado trinitariamente, e no qual a *pessoa* do Espírito Santo deve ser compreendida como uma das concretizações pessoais da essência do Deus uno como Espírito, e isso na correlação com o Pai e com o Filho. Portanto não é a própria *pessoa* do Espírito Santo que deve ser concebida como campo, mas antes como manifestação única (singularidade) do campo da essência divina. Mas pelo fato de que a essência pessoal do Espírito Santo se revela primeiro na correlação com o Filho (e assim com o Pai), sua atuação na criação tem mais o caráter de efeitos dinâmicos de campo. Também na mediação do Filho na criação, a relação pessoal com o Pai está plenamente definida primeiramente na encarnação, na correlação do homem Jesus com o Pai, embora toda diferença criatural em relação a Deus como também em relação às co-criaturas deve ser compreendida a partir da autodiferenciação do Filho em relação ao Pai e com vistas à sua revelação. Algo análogo também vale para a atuação do Espírito Santo na criação. Diferenciando-se da concepção do Filho como mediador da criação e de sua importância para a diferencialidade e alteridade de toda criatura especial, isso pode ser associado ao estar-relacionado e por isso também ao movimento que une as criaturas entre si e com Deus. Nesse sentido, a atuação do Espírito na criação não se esgota simplesmente no caráter de campo da essência divina. Ela está claramente relacionada ao específico da pessoa do Espírito Santo em distinção ao Filho, de modo que com isso também a associação com a terceira pessoa da Trindade parece justificada. Certamente não se pode imaginar a diferença das diversas pessoas entre si e em relação a Deus sem que haja uma relação daquilo que foi diferenciado deste modo. Mas isso já vale com referência à relação do próprio Filho com o Pai: também a comunhão do Filho com o Pai sempre já está mediada pelo Espírito. O Filho é o primeiro receptor do Espírito (vol. I, pp. 428s.). Por isso o estar-relacionado positivo no sentido da comunhão do diferenciado e a dinâmica a isso ligada devem ser atribuídos, tanto na vida trinitária de Deus quanto na criação, à terceira pessoa. Nisso a dinâmica da atuação do Espírito se manifestará de modo diferente sob as condições do tempo nas relações criaturais do que na eterna comunhão da Trindade. Ela superou as separações que surgem com o tornar-se independente da existência criatural. Isso, porém, é possível somente na passagem por contrastes e colisões, que caracterizam as relações dinâmicas na criação.

A fundamentação e estruturação trinitárias de uma descrição teológica da participação do Espírito Santo na obra da criação por meio de conceitos de campo leva à expectativa de que o uso desses conceitos revelará não apenas afinidades, mas também diferenças características em relação a seu emprego nas ciências naturais. Ambas as coisas podem ser explicitadas nas relações entre concepção de campo conceitos de espaço e tempo.

c) Espaço e tempo como aspectos da atuação do Espírito

Se o relato da criação do escrito sacerdotal fala do "agitar" do Espírito de Deus como um temporal sobre as "águas primitivas" (1.2), então a idéia de um poder revolvente é irrealizável sem tempo e espaço. Somente no espaço uma tempestade pode desdobrar sua dinâmica, e para correr sobre as águas ela necessita de tempo. Algo semelhante vale – supostamente de modo mais ameno – para o "envio" do fôlego divino que, de acordo com Sl 104.30, renova a vida na terra. Essas afirmações certamente devem ser entendidas em sentido figurado, mas seu conteúdo não pode ser separado de sua forma figurada à maneira da interpretação espiritualizante.

Concepções de espaço também ocorrem alhures nos enunciados bíblicos sobre a relação de Deus com a criação. Fala-se, *p.ex.*, de sua morada no céu, mas também de que seu poder e até ele próprio aparecem na terra (vide vol. I, pp. 552ss.). A concepção da transcendência de Deus não é realizável sem o conceito de espaço, se ela não for reduzida à fórmula lógica da diferenciação do infinito de tudo que é finito. Inversamente, o conceito da encarnação com a entrada de Deus na esfera da existência criatural, que é diferente dele, implica uma diferença de espaço, que é superado num processo temporal[216]. É impróprio conceber o próprio Deus como localizado, limitado a um lugar no espaço e diferenciado de outros lugares no espaço, mas disso ainda não se foge com a limitação da concepção de espaço às relações de Deus com suas criaturas[217]. Justamente a distinção

---

[216] TH. F. TORRANCE, *Space, Time and Incarnation*, 1969, p. 67: "Incarnation [...] asserts the reality of space and time for God in the actuality of His relation with us".
[217] Assim TORRANCE, *loc cit.*, bem como pp. 23s. Também K. HEIM, *Der christliche Glaube und die Naturwissenschaft I*, 1949, pp. 183s. queria ver o "espaço suprapolar", por ele postulado, como o "espaço, no qual Deus está presente para nós", diferenciado "da própria realidade Deus". Esse espaço seria apenas "um aspecto, uma face voltada para nós, somente a partir da qual Deus [...] pode ser acessível para nós".

daquilo que está em relação no tocante à própria relação deve-se à concepção de espaço e permanece preso a suas limitações. As relações de Deus com o mundo não podem ser contrapostas à concepção de sua essência como se essa permanecesse intocada por suas relações com outra coisa. Também já vimos que o próprio conceito "essência" é um conceito de relação (vol. I, pp. 485ss., 494ss.). No entanto, vale a respeito das relações de Deus com suas criaturas que elas devem ser imaginadas como manifestação da liberdade de sua essência, devendo, portanto, ser expostas como fundamentadas em sua essência.

Desde o séc. I d.C., a palavra "espaço" (*makôm*) foi tratada muitas vezes, no pensamento judaico, como nome de Deus, em conexão com Ex 33.21 ("Eis aí há espaço do meu lado"), e com Ex 24.10, na versão da LXX, mas também com palavras dos Salmos como Sl 139.5ss. ou 90.1[218]. Essa compreensão certamente influenciou a teologia cristã primitiva (vide *abaixo* nota 224) bem como a filosofia da Renascença. Em TOMMASO CAMPANELLA, ela foi ligada ao conceito geométrico do espaço de BERNARDINO TELÉSIO e FRANCESCO PATRIZZI, o que foi feito com base na infinitude do espaço matemático[219]. Por outros pensadores do séc. XVII como PIERRE GASSENDI e HENRY MORE, tornou-se importante a primazia antiaristotélica do conceito do espaço sobre a matéria, que preenche o espaço, como preparação para a física de NEWTON, especialmente com vistas a sua suposição de um espaço absoluto. HENRY MORE que, contrariando DESCARTES, se empenhava por uma compreensão espiritual do espaço, independente de toda matéria, também não temeu o passo para a identificação entre Deus e espaço[220]. Esta é, em conexão com o conceito geométrico do espaço, a opinião que LEIBNIZ combateu em sua correspondência com SAMUEL CLARKE, porque a supunha também por trás das observações de NEWTON sobre o espaço como *sensorium Dei*[221]. Deus não pode ter partes,

---

[218] M. JAMMER, *Das Problem des Raumes* (1953), alemão 1960, pp. 28ss.
[219] *Loc. cit.*, pp. 34ss., 91ss., 96ss. JAMMER também supunha uma influência dessa linha de tradição sobre SPINOZA (p. 50).
[220] Comprovantes para isso em JAMMER, *loc. cit.*, pp. 48s.
[221] Referente a isso, cf. com mais detalhes meu estudo Gott und die Natur, in: *Theologie und Philosophie 58*, 1983, pp. 481-500, esp. 493ss. Vide tb. vol. I, pp. 555s. Referente ao conceito do *sensorium*, cf. M. JAMMER, *loc. cit.*, pp. 122ss. Especialmente importante é a observação de CLARKE em sua segunda resposta a LEIBNIZ, de que

como o espaço, e não pode ser composto por partes. A isso CLARKE contrapôs que o espaço infinito como tal seria indiviso e precederia a toda divisão em espaços parciais, porque espaços parciais e o processo da divisão são concebíveis apenas sob a pressuposição do espaço ilimitado[222]. CLARKE considerou esse espaço ilimitado como idêntico com a incomensurabilidade de Deus (*immensitas Dei*). Portanto, Deus não é idêntico com o espaço ilimitadamente divisível da geometria. Com isso também está superada, em princípio, a concepção da filosofia da Renascença acerca do espaço infinito como receptáculo em si vazio para a recepção das coisas (*receptaculum rerum*)[223].

Ao criar, Deus concede às criaturas espaço a seu lado e perante ele. Mas esse oposto permanece cingido pela presença de Deus. Como dizia a patrística primitiva, Deus abarca a tudo e ele mesmo não é abarcado por nada e por ninguém[224]. Na própria incomensurabilidade são postas e admitidas as diferenças que fazem parte da existência da finitude criatural. Com vistas ao conceito de espaço, isso significa que primeiro com a criação de criaturas surge uma pluralidade de lugares,

---

o termo *sensorium* não designaria o órgão, mas o lugar da percepção (G. W. F. LEIBNIZ, *Die philosophischen Schriften*, ed. por G. J. GERHARDT, vol. VII, p. 360).

[222] S. CLARKE, *loc. cit.* (G. W. LEIBNIZ, *Die philosophischen Schriften*, ed por GERHARDT, vol. VII, p. 368: "... Infinite space is One, *absolutely and* essentially indivisible: *And to suppose it* parted, *is a* contradiction in Terms; *because there must be* Space in the Parformassion itself". Analogamente diz KANT, em 1781, na análise do conceito espaço, em sua *Crítica da Razão Pura*, que a concepção de diferentes lugares no espaço "já deve ter pressuposto a concepção do espaço" (A 23). Por isso se poderia "imaginar somente um espaço", e uma pluralidade de espaços "poderia ser pensada somente *dentro dele*" (A 25).

[223] Referente a essa concepção, vide M. JAMMER, *loc. cit.* pp. 91s (referente a Telésio) e já pp. 83s. (referente a Hasdai Crescas).

[224] Assim já o PASTOR DE HERMAS, *Mand.* I.26,1, além disso ARISTIDES, *Apol.* I,4; TEÓFILO, *Ad Autol.* I,5 e II.10; cf. ainda IRENEU, *Adv. haer.* II,1,2, bem como II,30,9. Teria esse discurso passado posteriormente para segundo plano por causa da virada dos pais para uma compreensão platônica, puramente "espiritual"? Th. F. TORRANCE, *Space, Time and Incarnation*, 1969, pp. 10ss. vê nesse tipo de afirmações uma alternativa para a compreensão do espaço como "recipiente". Isso é convincente na medida em que, nas afirmações patrísticas como já no estoicismo (TORRANCE, p. 11), o "abarcar" no espaço é compreendido dinamicamente, mas no caso não se trata de uma compreensão do espaço como sistema de relações, como TORRENCE o presume encontrar no que segue em ATANÁSIO e no conceito da pericórese (pp. 14ss.).

portanto, de espaços parciais delimitados entre si. A isso já precede, todavia, uma pluralidade no próprio Deus, a saber, a pluralidade de sua vida trinitária. Nisso é possível que a eterna simultaneidade das três pessoas em suas relações recíprocas possa sugerir a concepção de diferenças de espaço e relações em Deus mesmo. Mas as diferenças trinitárias não são do tipo de diferencialidade firme, de uma divisão; antes, no ato da autodiferenciação, cada uma das pessoas trinitárias está simultaneamente unida com o oposto, do qual ela se diferencia. Por isso a produção das criaturas não pode ser concebida como se elas fossem *objeto* de autodiferenciação divina. Elas procedem somente de modo indireto a partir da autodiferenciação do Filho em relação ao Pai, e do mesmo modo elas são co-confirmadas e co-desejadas pelo Pai em sua autodiferenciação em relação ao Filho, por meio da qual ele confirma, simultaneamente, o Filho em sua diferencialidade, como expressão do sobejo amor divino, com o qual o Pai ama o Filho. As diferenças no mundo criado assumem a forma da repartição da separação, conquanto as criaturas vivem lado a lado no espaço, embora aqui também o repartido permanece interrelacionado. O espaço das criaturas é formado pelo fato de estarem interrelacionadas simultaneamente justamente por sua finitude – na delimitação de uma da outra. Sob esse aspecto o espaço se apresenta como uma essência de relações entre espaços parciais, idealizadas como essência de relações entre pontos do espaço.

A compreensão do espaço como essência de relações foi desenvolvida especialmente por Leibniz e contraposta à concepção de espaço absoluto[225]. A filosofia árabe da Idade Média estava na dianteira neste ponto[226]. Mas o interesse teológico que a guiava, de que o espaço bem como o tempo poderiam ter surgido primeiramente com a produção das criaturas, também se encontra na teologia cristã, e isso já em Agostinho. A suposição de espaços ilimitados (*infinita spacia locorum*) fora de nosso mundo foi rejeitada por Agostinho, do mesmo modo como rejeitou a concepção de um tempo antes da criação do mundo. Ele rejeitou a primeira hipótese porque, aceitando-a, se deveria admitir, como os epicureus, a existência de

---

[225] G. W. Leibniz, *Die philosophischen Schriften*, ed. por Gerhardt, pp. 389-420 (cinco mensagens a Clarke).
[226] Vide M. Jammer, *loc. cit.*, pp. 52ss.

inúmeros outros mundos ao lado do mundo criado pelo Deus da Bíblia (*De civ. Dei* XI,5). Seu argumento era: onde não existem criaturas com movimentos mutáveis (*mutabilibus motibus*), aí também não existe tempo (XII,15,2); e tampouco existe um espaço fora desse mundo de criaturas (*cum locus nullus sit praeter mundum*: XI,5). A compreensão do espaço como suma de relações em LEIBNIZ vai além disso, somente por sua precisão categorial, ao se constatar que o espaço não pode ser concebido nem como substância infinita (seja ao lado de Deus, seja com Deus), nem ainda como atributo (porque as coisas mudam de lugar, sendo que, portanto, o lugar não pode contar entre suas propriedades). Assim resta somente que, referente ao espaço, trata-se da essência das relações entre as coisas, tal como elas se apresentam seja na concepção de Deus seja na das criaturas. Esta compreensão foi confirmada, contra a suposição de NEWTON acerca de um espaço absoluto como *receptaculum rerum*, pela teoria geral da relatividade de ALBERT EINSTEIN. B. RIEMANN já havia desconfiado que a estrutura métrica do espaço poderia depender da distribuição da matéria no espaço. A teoria da relatividade desenvolveu essa idéia por meio de uma interpretação geométrica da gravitação, e com isso estava prejudicada a função do espaço absoluto como condição da definição da inércia (a saber, da suposição de um movimento que corre "em linha reta" independente do sistema de referência)[227]. A teoria da relatividade motivou, por sua vez, a THOMAS F. TORRANCE a recorrer também na teologia a uma determinação relacional do conceito de espaço contra a concepção de espaço como *"receptacle"* ou *"container"*[228]. Todavia permanece

---

[227] M. JAMMER, pp. 178s., 192s. Cf. também as palavras do próprio EINSTEIN em seu prefácio ao livro de JAMMER (p. XIVs.), onde ele confirma que a teoria da relatividade teria "dado razão" a LEIBNIZ e HUYGENS em sua resistência à suposição de um espaço absoluto.

[228] T. F. TORRANCE, *Space, Time and Incarnation*, 1969, pp. 11ss., 22ss. (cf. já pp. 4s.), 60ss. Continua não esclarecido em TORRANCE como espaço e tempo, como *"a continuum of relations"* na esfera da criação (p. 61), se relacionam com o discurso da "relação" (*relation*) entre Deus e o mundo criado. Por um lado, ele diz que espaço e tempo constituem o "meio" para a compreensão dessa relação (*ib.*, cf. p. 68); por outro lado, porém, que essa relação em si não estaria determinada por espaço ou tempo (p. 23 *et passim*). Como se deve entender, nesse caso, *"the reality of space and time for God in His relations with us"* (p. 24)? O discurso da ampliação do tempo-espaço pela *"vertical dimension"* da relação com Deus por meio do Espírito (p. 72) – discurso que lembra K. HEIM – dificilmente pode satisfazer a essa pergunta. A relação de espaço e tempo com a dinâmica do Espírito necessita de uma definição mais exata. No entanto, TORRANCE enxergou a tarefa

aceito também no estágio da discussão moderna, caracterizada pela teoria da relatividade, que toda concepção de uma relação de espaços ou locais parciais sempre já pressupõe a unidade do espaço, correspondente ao argumento apresentado por SAMUEL CLARKE e adotado por KANT de que toda divisão e toda relação de espaços parciais sempre já tem por condição a unidade do espaço como "infinita grandeza *dada*" (KANT, *Crítica da razão pura*, B 39). Esse espaço, todavia, não é o espaço da geometria, que sempre já é imaginado como divisível por pontos, linhas, áreas e corpos. Antes se trata, no sentido de CLARKE, da *immensitas Dei*, que como tal é indivisível, mas que já se encontra na base de todas as concepções de espaço com suas diferenciações e combinações como condição, a saber, na intuição do infinito como condição suprema de todas as concepções e de todos os conhecimentos humanos.

As duas concepções do espaço como essência das relações de corpos e de espaços e lugares parciais, que historicamente tiveram grande repercussão, *por um lado,* como preestabelecidas a toda divisão e a toda relação do dividido, *por outro lado,* não precisam excluir-se mutuamente. Elas podem ser interligadas de tal modo que a primeira concepção descreve o espaço do mundo criado, a segunda, todavia, a incomensurabilidade de Deus que constitui esse espaço[229]. Nisso, porém, se deve

---

dada à teologia nesse ponto, e a formulou – (à margem seja observado que a associação entre teologia luterana e celebração da Ceia a um *"receptacle notion of space"* (pp. 30s.) é pouco convincente, visto que a doutrina de LUTERO sobre a participação do Cristo exaltado na ubiqüidade de Deus se volta justamente contra uma compreensão localmente circunscrita (*circumscriptive"*) do sentar à direita de Deus, como o havia defendido ZWÍNGLIO. Cf. H. GRASS, *Die Abendmahlslehre bei Luther und Calvin*, 1940, pp. 53ss, bem como J. ROHLS in: GARIJO-GUEMBE; ROHLS; WENZ, *Mahl des Herrn*, 1988, pp. 159ss., 166 sobre ascensão e onipresença de Cristo, esp. pp. 164s. A frase de TORRANCE de que teologia luterana *"could only read the language about the body of Christ in heaven to mean that it was confined there as in a container"* (p. 32) atribui à doutrina da ortodoxia luterana justamente o contrário do que ela afirma).

[229] Também J. MOLTMANN, *Gott in der Schöpfung*, 1985, p. 166 [versão brasileira: *Deus na criação*], busca estabelecer essa ligação, que ele vê fundamentada pelo conceito da criação: "Primeiramente o conceito da criação diferencia entre o *espaço de Deus* e o *espaço do mundo criado"*. Isso também corresponde ao que foi exposto acima. Todavia não consigo acompanhar a tese de MOLTMANN de que *"o espaço da criação* pressupõe a criação e o espaço nela criado" constituiria um terceiro elemento entre a onipresença de Deus e o mundo das criaturas, con-

identificar a infinitude do espaço geométrico com a incomensurabilidade de Deus, como aconteceu na filosofia renascentista. Do contrário, acaba-se ou no panteísmo de SPINOZA ou na concepção de um espaço absoluto como um recipiente em si vazio para as coisas que primeiramente devem ser criadas. Concepções de espaço da geometria podem, com efeito, ser ilimitadas, potencialmente infinitas no sentido de capacidade ilimitada de ampliação, mas não podem ser atualmente infinitas[230]. A infinitude potencial de espaços geométricos é apenas um reflexo fracionado da infinitude divina no espírito humano. Por sua infinitude, Deus não está somente presente junto a todas as coisas, a fim de consformassuir o espaço da criação por meio de sua onipresença, antes, sua infinitude também é condição para toda compreensão humana das condições humanas, nas quais as coisas estão separadas e unidas entre si. A concepção de espaço que, de acordo com KANT, juntamente com a concepção de tempo, está na base de toda experiência humana, é um modo da intuição do infinito que, de acordo com DESCARTES, é a condição suprema de toda determinação diferenciada de conteúdos de conhecimento e concepções[231]. Com ela, espaço e tempo

---

forme MOLTMANN presume no sentido da doutrina judaica do *zimzum*. O espaço vazio teria surgido pelo fato de que Deus teria retirado sua presença à própria essencialidade (cf. JAMMER, *loc. cit.*, pp. 50 e 37). A essa tese se opõe, em primeiro lugar, o fato de que Deus está onipresente justamente também no espaço das criaturas. Além disso, essa tese atrai sobre si todas as objeções apresentadas por T. F. TORRANCE contra a concepção de espaço vazio como *receptaculum rerum*. A concepção de um espaço vazio *entre* o espaço absoluto da presença de Deus e o espaço de referência concreto, que surge com a existência das criaturas, deve pertencer às hipostasiações de concepções abstratas de espaço que estão superadas com a teoria da relatividade. O espaço da criação não se diferencia em termos reais do mundo das criaturas. Esse, porém, é constituído como essência de relações por meio da presença do Deus infinito junto a suas criaturas, tendo nisso a garantia de sua unidade. Somente assim a tese correta de MOLTMANN, de que por meio do conceito da criação "espaço e mundo criado" estariam associados ao espaço da onipresença de Deus é concretamente realizável. Pois a concepção da criação encerra o fato de que a criatura não pode ser concebida de modo adequado independentemente da presença de Deus junto a ela, que a constitui.

[230] M. JAMMER: *loc. cit.*, pp. 168 remete à introdução da distinção entre o ilimitado e o infinito na geometria por G. F. B. RIEMANN, *Über die Hypothesen, welche der Geometria zu Grunde liegen*, 1854.
[231] Referente a fundamentação mais exata, vide do Autor, *Metaphysik und Gottesgedanke*, 1988, pp. 25-28.

compartilham, como "formas de concepção", a infinitude, e somente assim precedem a todos os conteúdos e experiências. Por sua vez, toda concepção determinada de espaço, como é esboçado pela a geometria, já se distingue do modo de ser estabelecido, característico para o espaço da concepção, como um todo infinito, ao reconstruir a concepção de espaço para a concepção ou também puramente em pensamento[232].

Também a distinção entre espaço e tempo já é obra da reflexão, que distingue a coexistência dos fenômenos no espaço da sucessão da

---

[232] A tese de que a *immensitas Dei* seria constitutiva para o espaço das criaturas, e a interpretação teológica, a isso associada, das exposições de KANT sobre o todo infinito dado do espaço de concepção como condição de todas as diferenciações de espaço e associações, retoma em outra forma de argumentação o que K. HEIM, *Der christliche Gottesglaube und die Naturwissenschaft I*, 1949, pp. 179ss., esp. pp. 183ss., designou como o espaço "suprapolar", por meio do qual Deus estaria presente junto a sua criação (A forma com a qual HEIM apresentou sua tese está onerada pelo fato de que ele – em analogia à discussão da época sobre espaços multidimensionais – quis conseguir aquele espaço "suprapolar" pela introdução de uma "dimensão" adicional, como na transição da linha para a área, e dessa para o espaço em profundidade. Em uma acurada análise crítica dessas exposições de HEIM, W. H. AUSTIN, *The Relevance of Natural Science to Theology*, 1976, pp. 59-72, citação à p. 71, cf. já pp. 64s., fez reparos a seu caráter "semimetafórico". Mas também o cerne racional da argumentação de HEIM é objeto de crítica, a saber, o procedimento de usar o aparecimento de paradoxos na base de determinado espaço como argumento para sua ampliação por meio da introdução de uma nova dimensão. *"Heim's examples do not establish (or render highly probable) that paradoxiality is either a necessary or a sufficient condition for the presence of new space"* (p. 69). Além disso, a descrição do espaço "suprapolar" de HEIM seria *"sermonic in style and quite obscure in content"* (p. 71), de modo que não seria possível descobrir se de fato se trata de um espaço (p. 72). Em contraste com a de HEIM, a argumentação aqui exposta não se fundamenta no procedimento da construção geométrica de espaço por meio da introdução de dimensões adicionais, mas, com KANT, pensa nas condições de concepções de espaço em geral. Estas, no entanto, devem valer, ao mesmo tempo, para condições de espaço independentes de concepções humanas de espaço, se a restrição à subjetividade da concepção de espaço de KANT é resolvida por meio da volta ao pano de fundo metafísico de sua argumentação, não alcançado por KANT. O direito para isso decorre do fato de que a própria concepção de um sujeito cognoscente é formada primeiramente por meio de restrição da intuição do infinito, do mesmo modo como a concepção de qualquer outro objeto finito (DESCARTES, *Med.* III,28).

seqüência temporal. Nisso, porém, o conceito do tempo se revela como fundamental, porque é constitutivo para o conceito do espaço. Pois o conceito do espaço é constituído pela simultaneidade do diferente. O espaço abarca tudo o que está simultaneamente presente. Por isso GEORG PICHT pôde dizer de modo um tanto exagerado que "o espaço é tempo"[233]. A redução do espaço ao tempo aqui enunciada é condição para uma interpretação teológica da presença de Deus no espaço como atuação dinâmica do Espírito divino. Por isso as exposições do presente parágrafo tinham que começar pela concepção de espaço. Esse princípio é suprassumido em uma descrição da estrutura temporal do campo de atuação do Espírito divino em sua atividade criadora. O ponto de partida para isso deverá ser uma interpretação da simultaneidade.

A importância constitutiva da simultaneidade para o conceito de espaço torna filosoficamente plausível o resumo de espaço e tempo na concepção do tempo-espaço como um contínuo quadridimensional. A idéia da simultaneidade absoluta, porém, é objeto de graves reparos por parte da teoria da relatividade. Segundo ela, não pode haver rigorosa simultaneidade para diferentes observadores em sistemas de referência diversamente movimentados, porque a determinação do tempo depende da velocidade da luz. Com isso, porém, a simultaneidade não é eliminada totalmente. Ela somente será relativa à posição do observador, do mesmo modo como com ela serão relativizadas as medições de espaço. Essa simultaneidade relativa sempre é simultaneidade do em si não-simultâneo. No caso da consciência humana de tempo, ela é possível pelo fenômeno de um presente que ultrapassa o tempo, provavelmente descrito pela primeira vez por AGOSTINHO.

---

[233] G. PICHT, Die Zeit und die Modalitäten, in: H. P. DÜRR (ed.), *Quanten und Felder* (Festschrift W. HEISENBERG), 1971, pp. 67-76, citado conforme a reprodução nos artigos selecionados de PICHT, *Hier und Jetzt*, 1980, pp. 362-374, 372. Para a mesma direção aponta o fato de que a concepção do espaço (preenchido) está condicionada à concepção do corpo (cf. A. EINSTEIN, Die Grundlage der allgemeinen Relativitätstheorie, in: O. BLUMENTHAL (ed.), *Das Relativitätsprinzip*, 1913, 6ª ed., 1958, p. 81). Pois um corpo é "algo somente se ele dura" (G. SCHWARZ, *Raum und Zeit als naturphilosophisches Problem*, 1972, pp. 152). Isso também vale para os corpos geométricos, porque as concepções geométricas de espaço se fundamentam em uma simultaneidade ideal, que possibilita duração ilimitada do corpo na concepção geométrica.

Em seu famoso tratado sobre o tempo, no 11º livro das *Confissões*, AGOSTINHO explicou, por meio de exemplos como a compreensão de um discurso oral e o ouvir de uma melodia, que a vivência humana do presente somente é possibilitada pelo fato de que, para além do ponto abstrato do agora, que ao ser percebido sempre já é passado, mantemos presente pela memória (*memoria*) o passado imediato e por meio da expectativa mantemos preente o que há de vir (*Conf.* XI,28,38). Isso acontece em virtude da atenção (*attentio*). Assim acontece uma "distenção da alma" (*distentio animi*: XI,26,33) para além do momentâneo agora[234]. No entanto é necessário distinguir entre aquele espaço de tempo, que de fato ainda pode ser experimentado como um único momento do presente, e os acontecimentos passados ou futuros que ligamos ao nosso presente na consciência de sua distância temporal por meio de recordação ou da expectativa. O espaço de tempo experimentável como presente, que, por sua vez já integra uma seqüência de eventos, está limitado a poucos segundos[235]. Mas também os acontecimentos lembrados como passados e esperados como futuro entram na consciência do presente se seus conteúdos são experimentados como pertencentes a uma forma da realidade que dura no presente. A experiência da duração é a forma mais abrangente e complexa de um presente que ultrapassa o tempo[236].

Também o presente dos acontecimentos criaturais deve ser concebido como ultrapassando o tempo para Deus. O que perante Deus é presente pertence, no plano de sua própria realidade criatural, a diferentes tempos. Perante Deus, estes tempos são e continuam sendo presente. E nisso a eternidade de Deus não necessita de nenhuma recordação e expectativa, porque é contemporânea a todos os acontecimentos por si mesma, e isso no sentido rigoroso dessa palavra: Deus

---

[234] Veja com mais detalhes do Autor, *Metaphysik und Gottesgedanke*, 1988, pp. 58s., bem como K. H. MANZKE, *Zeitlichkeit und Ewigkeit*. Aspekte für eine theologische Deutung der Zeit, dissertação, Munique, 1989, pp. 259-360.
[235] E. PÖPPEL, Erlebte Zeit und Zeit überhaupt, in: *Die Zeit*. Schriften der Carl-Friedrich-von-Siemens-Stiftung 6, 1983, pp. 369-382, 372, presume para isso um espaço de tempo de dois a quatro segundos.
[236] E. PÖPPEL, *loc. cit.*, pp. 373s.: "Para a experiência de duração é necessária a identificação e integração de acontecimentos a formas de percepção" – e isso em conexão com a memória (p. 174).

não necessita sequer da luz e de sua velocidade como meio de informação, porque, por meio de sua onipresença, ele está presente junto a toda criatura em seu próprio lugar[237].

Eternidade é presente indiviso da vida em sua totalidade (vol. I, pp. 547ss.). Isso não deve ser imaginado, por um lado, como um presente separado do passado, e, por outro, do futuro, mas como presente que ultrapassa os tempos, que não tem futuro fora de si: aquilo que tem futuro fora de si tem seu presente limitado por causa disso. Eterno pode ser somente um presente que não está separado de seu futuro e para o qual também nada desaparece no passado[238].

---

[237] O caráter do saber divino que transcende o tempo, como simultaneidade do que não é simultâneo, também torna compreensível o uso do termo da simultaneidade de SÖREN KIERKEGAARD para a fé em Jesus Cristo. Pois a simultaneidade com Jesus Cristo está mediada, em contraste com a mera recordação histórica, pelo *dom* do Espírito, portanto pela presença da eternidade. Para o crente, também o passado do evento salvífico se torna presente com e por meio do eterno Deus. Cf. as observações de KIERKEGAARD logo no início da *Einübung im Christentum* (escrito em 1848). SV XII,1 (= alemão in: *Werkausgabe* editada por E. HIRSCH, tópico 26,5), e de modo mais detalhado XII,59-63 (HIRSCH, pp. 61-66).

[238] O distanciamento crítico de G. PICHT da idéia "grega" da eterna presença a favor de uma opção pelo primado do futuro na compreensão do tempo (no estudo citado na nota 233) pressupõe uma concepção da idéia do presente permanente que dentre os três modos isola um – o presente – do contexto juntamente com os dois outros. Uma compreensão de presente eterno no sentido do presente que transcende os tempos, no entanto, não exclui passado e futuro, antes os inclui, e é possível somente a partir da perspectiva de um futuro intransponível (ou de sua emancipação). O fenômeno de presente que perpassa o tempo, aliás, não deveria ser confundido com o esquematismo (também. chamado de "matriz") de "modos de tempo imbricados" (A. M. K. MÜLLER) ou também de "tempos imbricados", como os chama J. MOLTMANN (*Gott in der Schöfung*, pp. 135-150, esp. 139). Essa "matriz" foi desenvolvida por A. M. K. MÜLLER em sua contribuição Naturgesetz, Wirklichkeit, Zeitlichkeit para o volume *Offene Systeme I*, ed. por C. F. VON WEIZÄCKER, 1974), pp. 303-358 (esp. pp. 338-357) na base de considerações de G. PITCH em conexão com sua ligação dos três modos de tempo com as três modalidades possibilidade, realidade, necessidade (*loc. cit.*, pp. 339s.): todo conhecimento que abarcaria todas as três modalidades referir-se-ia à unidade do tempo. No caso, porém, na comparação com o uso normal dos modos de tempo, se trata meramente de um nível de reflexão mais elevado, enquanto o fenômeno do presente que ultrapassa os tempos faz parte da própria consciência de tempo. Também AGOSTINHO falou desse fenômeno

A eternidade, porém, não é a suma [*Inbegriff*] do tempo, mas, antes, com a separação de seus modos – futuro, presente, passado –, o tempo deve ser imaginado como seqüência de acontecimentos procedente da eternidade e duradouramente abarcado por ela[239]. No mínimo, a eternidade é constitutiva para a experiência e o conceito do tempo, pois a coesão do que se separou na progressão do tempo se torna compreensível somente se o tempo já está na origem como unidade – isso, porém, significa, como eternidade.

Por isso PLOTINO concebeu a alma como origem do tempo; pois, embora a alma esteja enredada no múltiplo, ela ainda tem

---

(*Conf.* XI,20,26): ele não estava interessado numa combinação conjugada dos modos de tempo como presente que já é passado, passado que é passado, futuro que é passado, etc., como ela foi desenvolvida por A. M. K. MÜLLER com o fim de analisar criticamente a unilinearidade da compreensão de tempo da física (cf., por fim, Zeit und Evolution, in: G. ALTNER (ed.), *Die Welt als offenes System*, 1986, pp. 124-160). Para essa finalidade tal combinação pode ser útil, especialmente se ela serve de motivo para reflexões sobre a historicidade da experiência de tempo. No entanto, permanece dúbio se com isso nos aproximamos mais da intelecção da essência do tempo. O que é realmente fundamental no discurso a respeito de modos de tempo imbricados, de modo mais fraco, a respeito de tempos imbricados é, ao lado da relatividade da consciência de tempo, o fenômeno do presente que ultrapassa os tempos, que embasa essas reflexões, mas não é propriamente esclarecido por eles. Cf., porém, A. M. K. MÜLLER, *Die präparierte Zeit*, 1972, pp. 206ss. sobre a importância da duração para a experiência do tempo.

[239] Dessa compreensão de PLOTINO (*Enn.* III,7) se aproxima, na discussão hodierna do conceito de tempo, DAVID BOHM com sua doutrina da *implicate order* como origem dos fenômenos que surgem distintamente da *explicate order* nos processos da natureza (cf. esp. Time, the Implicate Order, and Pre-Space, in: D. R. GRIFFIN (ed.), *Physics and the Ultimate Significance of Time*. BOHM, Pregogine and Process Philosophy, 1986, pp. 177-208, esp. pp. 192s: "... *the order of unfoldment at a given level emerges from a 'timeless' ground in which there is no separation*" (p. 196). Em tensão com isso encontra-se a suposição de BOHM de que tempo deveria ser compreendido como abstração de movimento (p. 177, 189). Referente à crítica às tentativas de derivar o conceito de tempo de dados específicos da física, ao invés de tratá-lo como premissa de todas as descrições de processos naturais pela física, cf. no mesmo volume as exposições de D. R. GRIFFIN, pp. 1-148, esp. pp. 19ss. referente a I. PRIGOGINE entre outros. Certos paradoxos nos pensamentos de BOHM (referente a isso R. J. RUSSELL no mesmo volume, p. 216), talvez somente podem ser resolvidos se for considerado o caráter pré-físico do tempo e seu fundo na eternidade.

parte no uno, de modo que a seqüência dos momentos do tempo formam algo coeso, um *synecheia hen* (*Enn.* III,7,11). PLOTINO contrapôs essa fundamentação do conceito de tempo a partir da idéia da eternidade não apenas à teoria estóica e epicuréia do tempo, mas especialmente à tese aristotélica que definiu o tempo como "número dos movimentos" (*Phys.* 219b 1s.), no que a unidade de medida do movimento é novamente ela mesma um movimento. Segundo PLOTINO, o tempo sempre já está pressuposto, de modo que, nessa descrição, essência e constituição do tempo permanecem não esclarecidas[240]. Essa crítica também ainda diz respeito à definição do tempo na física moderna, pois ao definir o tempo a partir do processo da medição do tempo e ao usar como base uma unidade de movimento que lhe serve de medida – na teoria da relatividade a velocidade da luz –, a física moderna segue a tradição aristotélica da concepção do tempo[241]. Com a orientação da medição do tempo está relacionada também a tese da uniformidade dos espaços de tempo, bem como a negligência dos modos de tempo futuro, presente, passado para a compreensão da essência do tempo[242]. Tudo

---

[240] *Enn.* III,7,9: vide referente a isso o comentário de W. BEIERWALTES, *Plotin über Ewigkeit und Zeit* (1967), 3ª ed., 1981, pp. 228ss., esp. pp. 233ss.
[241] G. SCHWARZ, *Raum und Zeit als naturphilosophisches Problem*, 1972, pp. 183ss, esp. pp. 186ss. A respeito da origem aristotélica dessa concepção do tempo cf. pp. 168ss. à pp. 192s. SCHWARZ aponta para a o caráter absoluto do tempo-espaço definido pela velocidade da luz, expressamente destacada por EINSTEIN. Na imagem de mundo de sua teoria da relatividade, ela se encontra no lugar da absolutidade da eternidade que constitui o tempo.
[242] Este é o tempo "manipulado" ou "preparado", como diz A. M. K. MÜLLER (*Die präparierte Zeit*, 1972, esp. pp. 189-223, 228ss., 264s., 275s. *et passim*). G. PICHT, no qual MÜLLER se apóia em primeiro lugar, chamou a atenção especialmente para a exclusão dos modos de tempo do conceito de tempo da física clássica (no ensaio cit. nota 233, pp. 366ss.). Certamente os modos de tempo são, em sua respectiva determinação, relativos à consciência que se orienta no tempo e a sua posição. No entanto, em cada posição reaparece a distinção de futuro, presente e passado, relacionada ao presente do sujeito. Esse estado de coisas foi interpretado de tal modo por P. BIERI, numa confrontação pormenorizada com as concepções de tempo fundamentadas analiticamente de J. E. MCTAGGART, H. REICHENBACH, A. GRÜNBAUM, G. J. WITHROW *et alii* (*Zeit und Zeiterfahrung, Exposition eines Problembereichs*, 1972) que somente as diferenças de antes e depois (sob a pressuposição de sua irreversibilidade), não, porém, os modos de passado, presente e futuro são atribuídos ao tempo real fisicamente objetivo e constitutivos para a experiência subjetiva do tempo (pp. 142ss., 165ss., 203ss.). A tese, no entanto, de que as pressuposições para uma "objetivação" da dife-

isso poderá ser programaticamente adequado para as ciências naturais que trabalham com medições, mas não corresponde nem à experiência cotidiana de tempo nem à pergunta filosófica pela essência do tempo que levou PLOTINO à compreensão da fundamentação do tempo por meio da eternidade. Essa argumentação de PLOTINO encontrou uma singular analogia na teoria do tempo de KANT. Ela é singular por causa de sua tensão com a tendência de orientação bem diferente de KANT, a saber, de orientação antropocêntrica. Em analogia ao espaço, segundo KANT, também no caso do tempo, na concepção de diferentes tempos, sempre já está pressuposta a unidade do tempo[243]. A "original concepção do *tempo* como irrestrito" (A 32), portanto como "unidade" infinita, no entanto, objetivamente nada mais é do que a idéia da eternidade. Talvez KANT não se deu conta disso, porque não tinha mais presente a determinação da relação plotiniana (ou boeciana) entre eternidade e tempo, sendo que eternidade para ele significava atemporalidade (cf. B 71s.). Em todo caso, ele tentou fundamentar a unidade do tempo bem como a do espaço na subjetividade do ser humano[244]. O sujeito, porém, como grandeza finita, não pode ser fundamento de um infinito rea-

---

rença dos modos de tempo, esp. do futuro em relação ao fatual não existiriam (pp. 165ss.), apenas ventila a fundamentação de REICHENBACH a partir da diferença de determinação do tempo do fatual e indeterminação do futuro (pp. 155ss., 166ss.), não, porém, sua precisão por meio da ligação entre futuro e conceito de possibilidade em G. PICHT e C. F. VON WEIZÄCKER.

[243] I. KANT, *Critica da razão pura* A 31s. [Lisboa, Edições 70]: "*Diferentes tempos e somente parcelas dos mesmos*", de modo que "*todo tamanho determinado do tempo somente é possível por meio de restrições de um único tempo que constitui sua base*".

[244] Isso foi feito por meio da tese de que o tempo como "sentido interior" estaria fundamentado em uma "auto-afecção" do sujeito (*Crítica da razão pura* B 67 ss., cf. já A 33). Referente a isso, cf. K. H. MANZKE, *Zeitlichkeit und Ewigkeit*. Aspekte für eine theologische Deutung der Zeit, Tesde de doutorado, Munique, 1989, pp. 118-145, cf. já pp. 111s., bem como pp. 152s. De acordo com G. PICHT, não obstante permaneceu ativa em KANT a "permanente presença da eternidade" como fundamento da unidade do tempo, porque para ele o tempo como tal, em contraste com as mudanças que nele ocorrem, é imutável: "O tempo, no qual todas as transformações dos fenômenos devem ser pensadas, continua estável e não se transforma" (B 24s.); cf. G. PICHT, *loc. cit.*, p. 366. Na medida em que KANT considerou essa permanência do tempo na mudança dos fenômenos como fundamental para a categoria da substância, nele seu conceito já foi fundamentado na consciência de tempo. Por outro lado, porém, encontra-se na base da tese da imutabilidade do tempo a tese da identidade atemporal do sujeito (B 132, cf. A 123).

lizado, de (também segundo KANT) um todo infinito dado[245]. Pode, no máximo, ser princípio de um continuar sem fim, portanto de um infinito potencial, e também esse estado de coisas se torna compreensível somente a partir da constituição da própria subjetividade pela intuição do infinito como condição de todos os conteúdos finitos da consciência, com inclusão do conceito do próprio eu: A essa intuição de Descartes retornou o velho FICHTE no fim de seu esforço pela constituição da autoconsciência a partir de uma posição do Eu.[246] Por isso não se deverá considerar a substituição da eternidade como fundamento constitutivo do tempo pela subjetividade, feita por KANT, juntamente com a continuação desse pensamento pelo jovem HEIDEGGER como solução definitiva do problema.

Embora a eternidade seja constitutiva para a relação do tempo e daquilo que é separado pela seqüência dos momentos do tempo, o tempo não pode ser derivado do conceito da eternidade. Toda tentativa de tornar plausível uma origem do tempo sempre já deve pressupor o tempo. Por isso PLOTINO concebeu com razão a transição da eternidade para o tempo como um salto. No entanto, ele descreveu esse salto, em conexão com o *Fedro* de PLATÃO (248 c 8), em linguagem mitológica como uma "queda"[247]. Esse conceito também foi importante na gnose cristã. No entanto, a teologia cristã não pôde aceitá-lo se permanecendo na concepção da criação. Se o mundo é intencionado positivamente por Deus com todas as criaturas, então isso também vale para o modo de tempo de sua existência. Por isso AGOSTINHO ensinou com razão que Deus teria produzido o tempo juntamente com as criaturas[248].

Estaria então o tempo sempre ligado com a finitude das criaturas? Entendendo-se isso como a separação entre o anterior e o posterior na seqüência dos tempos, com a conseqüência de que invariavelmente o

---

[245] Cf. do Autor, *Metaphysik und Gottesgedanke*, 1988, pp. 60s.
[246] Referente ao desenvolvimento de FICHTE, vide D. HENRICH, *Fichtes ursprüngliche Einsicht*, 1967.
[247] *Enn.* III,7,11. Cf. W. BEIERWALTES, *loc. cit.*, pp. 244-246. Cf,. tb. *Enn.* II,9,4, onde PLOTINO argumenta contra a derivação gnóstica do mundo visível a partir de uma queda da alma, de que a alma do mundo gera o cosmo visível em lembrança ao mundo superior, sendo que deve estar em permanente ligação com ele.
[248] *De civ. Dei* XI,6; cf. XII,15,2. Cf. *acima* nota 53ss.

que há pouco ainda presente desaparece em passado, então se opõe teologicamente à concepção de uma continuidade ilimitada do tempo nesses moldes o fato de que a expectativa escatológica dos cristãos aguarda um fim deste *éon* (*aion*) (Mt 13.39s.; cf. 24.3; 28.20) e espera por uma ressurreição dos mortos. Os problemas ligados a isso deverão ser discutidos mais detalhadamente em conexão com o capítulo sobre a escatologia. No entanto, já agora se pode dizer: O fim do presente *éon* não é apenas uma etapa de uma época no curso continuado deste *éon*. Antes com a consumação do plano divino da história, no reino de Deus em todo caso, o tempo chegará a um fim (Ap 10.6s.) no sentido de que a separação do passado em relação ao presente e ao futuro de Deus será superado. Estará superada aquela separação entre o presente em relação ao passado e ao futuro, que caracteriza o presente tempo cósmico em contraste com a eternidade. Para a consumação escatológica não se espera desaparecer as diferenças surgidas no tempo cósmico, mas a separação dos tempos será anulada quando a criação receber parte na eternidade de Deus. Por isso a separação dos momentos de vida na sequência do tempo não pode fazer parte das condições da finitude em si. Pois a finitude das criaturas, o fato de serem diferentes de Deus e entre si, também remanescerá na consumação escatológica. Não obstante, a separação dos momentos de vida no tempo tem algo a ver com a finitude da existência criatural, ainda que somente como momento de passagem no caminho para sua consumação.

Evidentemente, a sucessão na seqüência do tempo é condição para que as criaturas como seres finitos possam adquirir *autonomia*, autonomia tanto em suas relações mútuas quanto na relação com seu Criador. Somente no processo do tempo um ser finito pode ser atuante e aparecer assim como centro de atividade própria. Depois de ter adquirido autonomia, essa também poderá ser preservada e renovada também na participação na eternidade de Deus. Aqui, porém, ainda não é o lugar para refletir sobre isso. Adquiri-la e formar sua característica própria em todo caso é possível somente sob a condição do vir a ser e do desaparecer no tempo. Com isso, porém, já está dito igualmente em que sentido o tempo cósmico deve ser entendido como objeto do agir criador divino: Pelo fato do agir do Criador ter em vista a existência autônoma de suas criaturas como seres finitos também o tempo é intencionado por ele como forma de sua existência.

A existência autônoma das criaturas tem a forma da duração como presente que ultrapassa o tempo, por meio da qual são simultâneas a outras e se relacionam com elas – na separação do espaço. Visto que não possuem sua existência a partir de si próprias, seu presente se distingue de sua procedência como seu passado. Por outro lado, simultaneamente possuem ainda outra relação com a eternidade, que forma sua origem: para sua existência como duração dependem tanto da eternidade quanto do futuro do bem que concede às criaturas duração e identidade. No entanto, assim como as criaturas por sua autonomia estão separadas de sua procedência da eternidade, assim também possuem seu futuro fora delas próprias, embora na duração de sua existência sempre já existam como antecipação do futuro de sua integralidade[249].

O futuro ao encontro do qual as formas criaturais caminham na duração de sua existência mostra-lhes, porém, uma face ambivalente: por um lado dependem de um futuro para a preservação, formação e consumação de seu ser, sobre o qual não têm domínio, ou, no máximo, domínio parcial; por outro, como criaturas finitas, lhes vem desde o futuro a ameaça do fim e a dissolução de sua forma autônoma. Nisso a autonomia criatural é – por causa da separação de sua origem criatural a isso ligada – justamente a causa pela qual as criaturas estão entregues ao destino da dissolução de sua forma.

ORÍGENES relacionou a obscura frase paulina referente à nulidade, à qual a criação está sujeita sem sua vontade (Rm 8.20)[250], com a ligação das almas a corpos, por causa dos quais estão entregues ao

---

[249] Referente ao conceito da antecipação, vide com maiores detalhes do Autor, *Metaphysik und Gottesgedanke*, 1988, pp. 66-79, esp. 76s., mas tb. G. PICHT, in: *Hier und Jetzt I*, 1980, pp. 375-389: "... a potencialidade de todo vivente é antecipação implícita".

[250] U. WILCKENS (*Der Brief an die Römer 2*, 1980, p. 154) constata a respeito disso que, em todo caso, o próprio Deus deve ser entendido como aquele que submeteu a criação ao poder da transitoriedade (8.2s.). Se aí se deve pensar nas ordenanças providenciadas por Deus no final da história do paraíso (Gn 3.15ss) deve permanecer em aberto e aparece antes como duvidoso; pois, de acordo com Paulo, trata-se de uma disposição que não apenas foi tomada por Deus, mas também por causa de Deus – não por causa de Adão –, e isso com a perspectiva da superação da transitoriedade por meio da "liberdade dos filhos de Deus" (Rm 8.21; cf. 8.19).

destino da transitoriedade (*De princ.* I,7,5). Ele não considerou as almas como tais sujeitas à transitoriedade. Se, porém, em contraste com Orígenes, se deve supor um enraizamento original de todos os fenômenos anímicos em processos e formas materiais, então a radicalidade da afirmação paulina primeiro vem plenamente à luz: A sujeição sob o poder da transitoriedade remonta à própria vontade criadora de Deus. A expressão desse estado de coisas poderá ser vista hoje no princípio termodinâmico de crescente entropia, normativo para todos os processos naturais, de uma transformação irreversivelmente progressiva de outras formas de energia em calor, sinônimo com uma tendência à decomposição de diferenciações figurativas, que perpassa todos os processos cósmicos. Esse princípio é tão importante para os processos cósmicos que ele inclusive foi responsabilizado pela irreversibilidade do tempo[251]. No entanto, antes se deverá reconhecer, inversamente, no aumento da entropia uma das formas de manifestação da irreversibilidade do transcurso do tempo[252]. Mais convincente do que atribuir o transcurso direcionado do tempo ao crescimento da entropia é sua associação com o problema teológico do mal no mundo no sentido de Rm 8.20. Nisso, todavia, nas mãos do Criador e de seu governo mundial esse mal

---

[251] Assim P. Davies, *God and the New Physics*, 1983, p. 125: "*All physicist recognize that there is a past-future asymmetry in the universe, produced by the operation of the second law of thermodynamics*".

[252] Em seu ensaio *Der zweite Hauptsatz und der Unterschied von Vergangenheit und Zukunft* (agora in: *Die Einheit der Natur*, 1971, pp. 172-182), C. F. von Weizäcker já atribui a irreversibilidade da seqüência de tempo voltada para o futuro nos fenômenos naturais a diferenças entre passado e futuro na estrutura do tempo, a saber, à diferença entre a faticidade do passado e a indeterminação de seu futuro (pp. 18ss.). Em 1948, C. F. von Weizäcker passou a enfatizar em sua *Geschichte der Natur* (2ª ed., 1954, p. 41) que a irreversibilidade do tempo seria uma "premissa" da segunda tese da termodinâmica, que, portanto, não está fundamentada nela. A questão é analisada com maiores detalhes por H. Werth, Über Irreversibilität, Naturprozesse und Zeitstruktur, in: C. F. von Weizäcker (ed.), *Offene Systeme I*, 1974, pp. 114-199, esp. 127s. e 186ss. Vide tb. K. Pohl, Geschichte der Natur und geschichtliche Erfahrung, in: G. Altner (ed.), *Die Welt als offenes System*, 1986, pp. 104-123s., e ainda D. R. Griffin, *loc. cit.*, (acima nota 239), pp. 18ss.. Esclarecedora é a distinção exigida por P. Bieri, *Zeit und Zeiterfahrung*, 1972, 136ss., entre a introdução da distinção de "antes-depois" na física, fundamentada na consciência de tempo pré-física, e sua "objetivação" por meio do segundo teorema da termodinâmica como um direcionamento próprio dos fenômenos naturais independentemente de toda observação humana (p. 155, cf. 148).

físico se torna meio para a produção de novas formas[253]. Assim o domínio do princípio da entropia nos processos naturais é ambivalente com vistas a seus efeitos. Na medida em que deve ser atribuída ao mal, ela não deve ser considerada consequência do pecado do ser humano. Antes ela constitui uma parte do preço pelo surgimento de formas autônomas da criação no âmbito de uma ordem de leis naturais que regula todo o processo do universo.

Mais importante, porém, é o outro aspecto, o aspecto positivo do futuro: O futuro é o campo do possível[254], e por isso também razão da abertura da criação para uma consumação superior e fonte do novo, portanto da contingência em todo novo acontecimento. Esse estado de coisas também é fundamental na relação com o alcance do teorema da entropia: sem acontecimentos e formas deles procedentes também não existe entropia. Esta é parasitária em relação a eles[255]. No poder criador do futuro como campo do possível, porém, manifesta-se a dinâmica do Espírito divino na criação.

Essa última afirmação pode parecer bastante ousada, para não dizer sem fundamento, tanto teologicamente quanto do ponto de vista da filosofia natural. Se, porém, a analisarmos mais de perto, surge outro quadro. No que diz respeito inicialmente a seus pressupostos teológicos, o Novo Testamento testifica a presença do Espírito em Jesus Cristo e nos crentes como o indício decisivo para a irrupção da consumação

---

[253] Referente a isso, cf. R. J. RUSSELL, Entropy and Evil, in: *Zygon 19*, 1984, pp. 449-468, esp. 465: "... *if evil is real in nature, entropy is what one would expect to find at the level of physical processes*". Mas sob referência à teoria de bifurcação de ILYA PRIGOGINE (da qual ainda haveremos de falar), RUSSELL também acentua que o domínio do princípio da entropia nos processos naturais também abre a condição para uma perspectiva "irenéia" de um surgimento de "*order out of chaos*" (p. 466).

[254] A. M. K. MÜLLER, *Die präparierte Zeit*, 1972, pp. 287s. G. PICHT, *loc. cit.*, p. 383 denomina possibilidade como "*die indirekte Gegenwart von Zukunft*" – "o presente indireto de futuro". Vide tb. C. F. VON WEIZÄCKER, "Kontinuität und Möglichkeit" (1951) in: Idem: *Zum Weltbild der Physik*, 6ª ed., 1954, pp. 224s. Cf. tb. a argumentação de E. JÜNGEL, já citada no vol. I, pp. 570s – em defesa de um processo da possibilidade (e com isso da futuridade) numa compreensão teológica da realidade (Die Welt der Möglichkeit und Wirklichkeit in: *Unterwegs zur Sache. Theologische Bemerkungen*, Munique, 1972, pp. 206-233.

[255] R. J. RUSSELL, *loc. cit.*, p. 458 vê nisso uma analogia à compreensão agostiniana do mal como privação do bem (cf. *ib.*, pp. 455s.).

escatológica. Isso já vale para a tradição de Jesus. A presença poderosa do Espírito divino na pessoa de Jesus identifica-o como revelador escatológico de Deus, por meio do qual o reino de Deus vindouro irrompe já no presente. A isso corresponde na teologia paulina que o Espírito concedido aos crentes lhes garante a participação na consumação futura (Rm 8.23; 2Cor 1.22; 5.5; cf. Ef 1.13s.). Isso está fundamentado no fato de que o Espírito é a origem criadora da nova vida a partir do ressuscitamento dos mortos (Rm 8.11). Com isso também a tradicional compreensão judaica do Espírito de Deus como a origem de toda vida entra em nova perspectiva, na perspectiva do futuro escatológico: a função do Espírito como autor de toda vida aparece como preparação da consumação de sua atuação na produção da nova vida escatológica (1Cor 15.45ss.). Não deve a teologia corresponder a esse estado de coisas, tentando compreender a atuação vivificante do Espírito na criação, voltada para todas as criaturas, como atuação precedente de sua realidade escatológica? Nesse caso, porém, a dinâmica do Espírito na criação deve ser vista, de antemão, sob o ponto de vista da consumação que nela se inicia[256]. Isso também vale lá onde o nexo com o futuro escatológico definitivo não está claramente evidente. Também na vida das criaturas esse nexo permanece oculto à observação cotidiana e à descrição científica.

Como, porém, fica tal visão perante a filosofia natural? Pode ela ser associada de tal modo que faça sentido a uma descrição dos acontecimentos da natureza, que, segundo o conhecimento atual, têm pretensão de validade geral? Pode ela ser comprovada como interpretação integradora de um estado de coisas fundamental correspondente dos conhecimentos hodiernos das ciências naturais?

Para os esforços ainda inconclusos na busca de uma interpretação filosófica adequada dos dados que fundamentam a teoria quântica[257],

---

[256] Em 1967, eu propus um primeiro esboço referente a isso sob o título *Eschatologie, Gott und Schöpfung* (em alemão no volume *Theologie und Reich Gottes*, 1971, pp. 9-29, esp. pp. 18ss.); cf. minha discussão com E. BLOCH (*Der Gott der Hoffnung*, 1965), agora in: *Grundfragen systematischer Theologie I*, pp. 387-398.

[257] Referente a isso, cf. o resumo de M. JAMMER, *The Philosophy of Quantum Mechanics: The Interpretation of Quantum Mechanics in Historical Perspective*, 1974, bem como R. J. RUSSELL, Quantum Physics in Philosophical and Theological Perspective, in: R. J. RUSSELL e. a. (ed.), *Physics, Philosophy and Theology. A Common Quest for Understanding*, 1988, pp. 343-374.

HANS-PETER DÜRR contribui com algumas observações desde a perspectiva da teoria quântica, que oferecem um ponto de partida para a continuação das reflexões.

Inicialmente, DÜRR conectou a indeterminação físico-quântica com o conceito da possibilidade, e a esse, por sua vez (à semelhança do que já haviam feito G. PICHT e A. M. K. MÜLLER), ligou com o aspecto futuro dos acontecimentos, de modo que o futuro como o "reino do possível" se contrapõe ao passado como o "reino do fatual", enquanto o presente designa o momento onde "possibilidade se condensa em faticidade"[258]. Essa descrição dá a impressão de um movimento que vem ao encontro do presente desde o futuro, nela se "condensa" e está congelado no passado. Com isso, porém, não coincidem formulações posteriores de DÜRR, segundo as quais o acontecimento presente "fixa um campo de possibilidades para o futuro, que cobre todo o espaço com determinada densidade de verdade para o possível reaparecimento de uma 'partícula'" (loc. cit., p. 20)*. Agora, a dinâmica parte do futuro, ao qual DÜRR atribuíra uma "poderidade" maior em relação ao fatual (p. 17), ou é o futuro determinado pelo fatual do presente "em fase de condensar-se"? Talvez seria melhor falar de uma concretização da "poderosidade" do "reino do possível" por meio do respectivo acontecimento que ocorre presentemente. Isso corresponderia à intenção expressamente manifestada por DÜRR no sentido de *inverter* o direcionamento "clássico" da pergunta, que tem em vista a determinação do futuro a partir do efetivamente dado, para uma abordagem que concede prioridade ao futuro no sentido de sua maior "poderosidade" em relação ao fatual. Será que o "campo de possibilidades de acontecimentos futuros" (p. 28), se lhe for atribuída tal prioridade, não deveria tornar-se o ponto de partida para uma interpretação filosófica dos acon-

---

[258] H.-P. DÜRR, Über die Notwendigkeit, in offenen Systemen zu denken – Der Teil und das Ganze, in: G. ALTNER (ed.), *Die Welt als offenes System.* Eine Kontroverse um das Werk von Ilya Prigogine, 1986, pp. 9-312, cit., p. 17. Cf. tb. I. G. BARBOUR, *Issues in Science and Religion* (1966), 1968, pp. 273-395, esp. pp. 273s., 297s., 304s.

* Nota do tradutor: Texto original: "*...für die Zukunft ein Möglichkeitsfeld festlegt, welches den ganzen Raum mit einer bestimmten Wahrscheinlichkeistdichte für das mögliche Wiederauftreten eines 'Teilchens' überdeckt*".

tecimentos²⁵⁹? A partir daí se obteria, em todo caso, um nexo lógico entre a constatação: "Uma extrapolação para o futuro não é possível" (p. 17) e a outra: "de certo modo, o mundo acontece de forma nova a cada momento" (p. 21). Sem prejuízo disso, o interesse do físico pode estar fixado na previsibilidade do futuro na base de acontecimentos já ocorridos, embora a previsibilidade se reduza agora a possibilidades ou probabilidades estatísticas. À reflexão filosófica, porém, se deverá impor a pergunta se nisso o interesse pela previsibilidade não implica uma *inversão* do nexo objetivo de fundamentação, a que Dürr aludiu. Mas também nesse caso ainda é necessária uma base objetiva para a possibilidade e emprego exitoso dessa inversão. No entanto, ainda assim, se ela descreve nexos causais, que determinam o futuro a partir do fatual, a descrição pelas ciências naturais estaria se baseando numa *inversão* do real nexo de fundamentação dos acontecimentos. Somente no caso extremo da determinação encerrada (p. 28), a inversão do nexo de fundamentação que parte do futuro estaria completo. Mas também para isso ainda permaneceria fundamental a ocorrência contingente dos acontecimentos em "todo" momento (p. 21). Também a ordem natural na área microfísica, que garante a confiabilidade do mundo para as criaturas, ainda está fundada na constituição dos acontecimentos do campo de possibilidades do futuro, que acontece na direção inversa do tempo²⁶⁰.

Se a ocorrência dos microacontecimentos presentes a cada momento pode ser entendida como manifestação do futuro (procedentes do "campo das possibilidades de acontecimentos futuros"), então isso

---

[259] Ela deveria tomar em consideração especialmente o caráter singularmente "holístico" dos fatos físico-quânticos (cf. R. J. Russell, *loc. cit.* (mota 257), pp. 350ss.), que, na verdade é distinguido por D. Bohm como *"implicate order"* de conceitos clássicos de campo, mas que, não obstante, possui propriedades de campo num sentido mais amplo do conceito (cf. as exposições de Bohm citadas *acima* nota 239, esp. pp. 186ss. referente ao *"vacuum state"*).

[260] Uma ontologização direta da multiplicidade das possibilidades no sentido de uma diversidade também realmente realizada, como na concepção *"quantum many worlds"* de H. Everett, ou na "soma de possibilidades" no "método caminho integral" [*Pfadintegralmethode*] de R. Feynman, à qual adere S. W. Hawking (*Eine kurze Geschichte der Zeit. Die Suche nach der Urkraft des Universums*, 1988, pp. 170ss.) deverá, pelo contrário, representar antes um entorno da problemática ontológica encerrada no holismo dos fenômenos físico-quânticos (cf. tb. R. J. Russell, *loc. cit.*, p. 359).

tem consideráveis consequências natural-filosóficas e também teológicas. Com isso oferece-se uma interpretação dos microacontecimentos que se encontra além da alternativa de uma explicação "objetivista" e meramente "epistêmica" ou estatísitca dos dados da física quântica: uma explicação ontológica dos acontecimentos naturais sob o ponto de vista de um primado do futuro[261], sem dúvida, não é mais "objetivista" no sentido da física clássica. Em tal perspectiva ontológica, pode-se entender o "campo de possibilidades de acontecimentos futuros" no verdadeiro sentido como um campo de força, e isso como um campo com estrutura temporal específica. Também deve ser entendido como campo de força, se os acontecimentos que ocorrem contingencialmente procedem de cada vez dele. Nisso também o próprio campo de possibilidades, relativo ao respectivo presente, recebe seus contornos pelos acontecimentos que efetivamente ocorrem, sem que com isso seja prejudicada a contingência dos acontecimentos subsequentes. Uma constituição dos acontecimentos elementares nesse sentido formava a base igualmente para os macroacontecimentos que transcorrem pelas leis da natureza no sentido clássico, mas, no sentido das suposições de DÜRR[262], talvez passaria, em determinados casos, como no aparecimento de flutuações termodinâmicas, para os macroacontecimentos. O campo de força do futuramente possível seria então responsável para que os processos naturais, que, no todo, tendem para a dissolução das formas e estruturas pelo crescimento da entropia, também ofereçam espaço para o surgimento de novas estruturas, sim, inclusive para um desenvolvimento para crescente diferenciação e complexidade, tal como ocorreu na evolução da vida.

    Com isso o conceito de campo certamente recebe um novo rumo perante as teorias de campo da física. Isso vale, em todo caso, com vistas ao emprego que recebeu até agora na física. O discurso

---

[261] Uma "ontologia escatológica" fundada no "poder do futuro" foi esboçada e postulada por mim no estudo mencionado na nota 256. Alguns elementos para a fundamentação filosófica dessa concepção encontram-se no volume *Metaphysik und Gottesgedanke*, de 1988, esp. nas exposições referentes à relação entre ser e tempo (pp. 52ss.) e à categoria da antecipação (pp. 66ss.). A doutrina da criação e esp. as exposições sobre o caráter de campo da atuação do Espírito entendem-se como explanações teológicas desse princípio.

[262] *Loc. cit.*, pp. 29ss.

de um campo de força do futuramente possível como origem de todos os acontecimentos encontra-se, com efeito, em alguma relação com conceitos de campo da física, mas os amplia. Isso não vale primeiro para a prioridade do futuro em fase do presente e do passado, mas também já para a idéia de uma dinânmica *criadora* do campo, que se encontra em sua base, em relação com os fenômenos que nele ocorrem. JEFFREY S. WICKEN objetou contra isso que, do ponto de vista da física, um campo de força seria constituído tanto pelos elementos materiais e seus movimentos que nele aparecem quanto, inversamente, o campo regula esses elementos que lhe pertencem. Primeiro ambos juntos formam o todo ao qual se refere a descrição da física (Theology and Science in the Envolving Cosmos, in: *Zygon* 25, 1988, pp. 45-55, 52). Isto é possível, embora a intuição metafísica de FARADAY passasse para além disso com a idéia da prioridade do campo de força perante os corpos (vide *acima* pp. 131ss.), ao visar uma inversão da associação das forças a corpos, e ao tentar compreender a elas mesmas como manifestações de campos de força. Assim como em campos da física existe, no sentido de WICKEN, uma relação recíproca entre corpos e campo (como acontece, por exemplo, no campo de gravitação), poder-se-ia entender esse estado de coisas como derivado de uma função criadora do campo: assim que ocorrem "elementos" materiais no campo, eles retroagem a este, em analogia à reestruturação do campo de possibilidades da perspectiva de cada microacontecimento ocorrido na descrição de DÜRR. Se a prioridade do campo é ou não acessível a uma descrição pela física ou por toda espécie de manifestações materiais, pode então ficar a cargo do desenvolvimento da física. Inversamente, decerto a atuação criadora do Espírito não deve ser compreendida como condicionada, segundo sua natureza, pelos fenômenos criaturais que procedem dele. Mas a atuação do Espírito divino pode adaptar-se perfeitamente, por amor de suas criaturas, às condições de sua existência e de sua atividade, e, portanto, também conceder-lhes espaço para influenciar a estrutura de campo da atuação do Espírito.

Tais considerações querem servir para mostrar que a concepção de uma dinâmica do Espírito divino teologicamente fundamentada, que como poder do futuro está atuante criadoramente em tudo que acontece, de modo algum deve ser condenada como aberração filosófica. Ela se encontra numa relação identificável com fatos fundamentais das ciências naturais. Nisso ela é capaz inclusive de colocar as descrições das ciências naturais sob nova luz, e isso justamente porque está fundamentada em outro plano de argumentação. Isso exclui uma confusão com afirmações possíveis por parte das ciências naturais, não, porém, uma convergência na reflexão filosófica sobre o conteúdo.

O poder do futuro que se manifesta na dinâmica criadora do Espírito divino, porém, não deve ser entendido somente como origem da contingência dos acontecimentos individuais. Ele também deve valer como origem das formas duradouras como já da ordem e confiabilidade constante no curso dos acontecimentos naturais, sem as quais não existiriam formas duradouras: pois o futuro do qual se trata na dinâmica do Espírito divino é a entrada da eternidade de Deus no tempo. A unidade da vida que, na sequência dos momentos de tempo aparece somente de modo parcial, que estaria realizada somente na eternidade como um todo em simultaneidade, no processo do tempo pode ser alcançada somente a partir do futuro que o tornará como um todo[263]. Mais exatamente, ela pode ser realizada somente como integração dos momentos e acontecimentos que ocorrem no tempo inicialmente a cada vez de forma contingencial – e isso também significa: a cada vez para si e separadamente. A processão dos acontecimentos individuais contingentes do campo de possibilidades, portanto, constitui apenas o aspecto elementar na dinâmica criadora do Espírito, o início de seu desdobramento. Ela culmina na integração dos acontecimentos e momentos de vida na unidade da forma. Na duração das formas como presente que ultrapassa os tempos, ela se manifesta no âmbito do *éon*. Na duração das formas criacionais, com a qual também é formada sua coexistência no espaço, obtém-se uma vaga idéia da eternidade. É a isto que visa a dinâmica do Espírito: conceder às formas criacionais duração por meio da participação na eternidade e garanti-las contra as tendências de dissolução decorrentes da autonimização das criaturas.

Assim, pois, a dinâmica do Espírito divino deve ser pensada como campo de ação em ligação com tempo e espaço: com o tempo, por meio do poder do futuro, que concede às criaturas um presente e uma duração

---

[263] Cf. as explanações no vol. I, pp. 542ss. referente à ligação entre eternidade e futuro em PLOTINO e referente a sua modificação necessária no pensamento cristão (esp. pp. 549s.).

próprios; com o espaço, por meio da simultaneidade das criaturas em sua duração. Nisso, do ponto de vista da criatura, sua origem do futuro do Espírito se apresenta como passado. Mas a própria atuação do Espírito se depara com as criaturas a todo momento como seu futuro, que encerra sua origem e sua possível consumação.

d) A atividade criadora do Espírito e a doutrina dos anjos

A descrição do Espírito divino como campo que, em sua atividade criadora, se manifesta no tempo e no espaço, abre um novo acesso à antiga doutrina dogmática dos anjos. Desde os primórdios da patrística, os anjos da Bíblia foram concebidos, em analogia com a concepção difundida na Antiguidade, como essencialidades e poderes espirituais que desdobram sua atuação tanto na natureza quanto na história, ou por ordem de Deus, ou em autonomização demoníaca contra Deus. Trata-se, em primeiro lugar, de poderes cósmicos, ex-divindades como os sete deuses-planetas, que na tradição bíblica se tornaram criaturas do Deus uno e que se encontram ainda no Apocalipse de João como sete espíritos, luzes, tochas, estrelas – enfim, anjos – (Ap 1.4 e 12ss *et passim*; 4.5). Cabem aqui também os quatro anjos-vento de Ap 7.1 (cf. Sl 104.4 citado em Hb 1.7); o número quatro descreve certamente, junto com os quatro pontos cardeais, a suma das extensões cósmicas. As contagens judaicas de quatro ou sete arcanjos[264] deverão ter um pano de fundo semelhante, a saber, remontando em parte a concepções astrais, em última análise a concepções da astrologia babilônica, com a qual também poderá estar relacionada a função dos anjos da guarda para indivíduos e povos, por outra parte concepções das forças da natureza ou elementos, que são associados aos anjos do fogo, da água e do ar[265].

A angelologia de KARL BARTH (*KD* III/3, 1950, § 51, pp. 426-623), a mais significativa análise do tema na teologia mais recente, não se ocupou com esse estado de coisas em suas explanações, que no mais são muito diferenciadas e referentes às afirmações

---

[264] Abonações no artigo de K. E. GRÖZINGER in: *TRE* 9, 1992, 586-596, esp. 588. Referente às funções cósmicas dos anjos *ib.*, 587.
[265] O. BÖCHER in: *TRE* 9, 1982, pp. 596-599 chama esses *"anjos da natureza ou dos elementos"* de "forças personalizadas da natureza" (p. 597).

bíblicas sobre as funções dos anjos. Em contraste com a tradição, especialmente da angelologia de Tomás de Aquino (*Sum. theol.* I,50-64 e 106-114, e Barth, pp. 452-466), Barth recusou-se por princípio a perguntar pela "natureza" dos anjos. Nisso Barth enxergava a aberração de uma "filosofia dos anjos" (p. 479), portanto de uma orientação insuficientemente decidida da doutrina dos anjos nos testemunhos da Escritura. Essa nos deixaria "sem informações" (p. 477) sobre a muito "falada" natureza dos anjos, mas, por outro lado, concentrou-se na função e no serviço dos anjos (p. 536ss., cf. p. 600). Barth era da opinião de que poderia definir resumidamente esse serviço como "serviço de *testemunhas*" de Deus e de seu reino (p. 538ss., 581ss.). A atividade atribuída aos anjos na Bíblia não foi silenciada por Barth (600s.), mas, não obstante, permaneceu subordinada ao ponto de vista do serviço de testemunho, certamente porque Deus não depende dos anjos para seu agir (cf. 580s.). Daí é compreensível que em Barth as funções cósmicas dos anjos permanecem em segundo plano, sendo no máximo tangidos de passagem (546s., 581). Nos escritos bíblicos, porém, justamente as afirmações sobre o agir dos anjos são fundamentais também para seu serviço de testemunho, e seu agir na história salvífica parece ter novamente sua base em suas funções cósmicas. Também a afirmação de que a Escritura nos deixaria sem informações com respeito à "natureza" dos anjos não confere. Antes, no Novo Testamento, os anjos são designados expressamente como "espíritos" (*pneumata*) (Hb 1.14; 12.9; At 23.8s.; Ap 1.4 *et passim*). Sua caracterização como "espíritos servidores" (Hb 1.14; λειτουργικὰ πνεύματα) também foi reconhecida por Barth como "determinação semelhante a uma definição da natureza dos anjos" (p. 528). Não se poderá negar a Barth que a ênfase recai sobre o "servir" (*ib.*). Mas nem por isso a definição dos anjos como "seres espirituais" pode ser posta de lado ou reprimida. Se a "natureza" dos anjos fosse totalmente indefinível, também todas as afirmações sobre sua existência e suas funções não teriam fundamento. Talvez seja isso uma razão porque os esforços intensivos de Barth em torno desse tema por fim não levaram a uma renovação da concepção dos anjos na teologia.

A descrição dos anjos como "espíritos" (*pneumata*) levanta a pergunta por sua relação com o Espírito em si, com o Espírito de Deus[266].

---

[266] Barth via indícios de um nexo entre anjos e Espírito Santo especialmente nas referências do Apocalipse (*KD* III/3,534, cf. p. 605). Mas também existem indí-

Por sua vez, essa pergunta se amplia à pergunta pela relação dos anjos com a atuação de Deus em geral. É óbvio no contexto do pensamento judaico e também é pressuposto em toda parte do Novo Testamento que os anjos, na medida em que são diferenciados de Deus mesmo, são criaturas. O fato também é mencionado pelo menos uma vez expressamente (Cl 1.16) e foi expresso mais nitidamente no tempo pósapostólico (1Clem 59.3; cf. Hb 12.9). Todavia seu *status* como criaturas permanece singularmente inconcebível na medida em que neles, nos instrumentos e mensageiros de Deus, também aparece o próprio Deus, de modo que pode ser duvidoso se, no caso específico de sua aparição, tenha se tratado de próprio Deus ou de uma forma diferenciada dele (Gn 18.2ss.; 21.17ss.; 31.11ss.; Ex 3.2ss.; Jz 13.21s.)[267].

> KARL BARTH fundamentou sua tese com o argumento de que aos anjos – ao contrário do que acontece com as criaturas terrenas – não compete nenhuma "autonomia" (p. 562, cf. p. 577). "Eles nunca existem nem agem autonomamente, nunca para si mesmos" (p. 562). Eles não existem autonomamente? Como podem então – como também diz o próprio BARTH (p. 488, 601) – ser criaturas? Apesar da problemática de uma negação tão rigorosa de toda autonomia dos anjos, BARTH enxergou aqui um estado de coisas que dificilmente foi percebido alguma vez desse modo na doutrina dogmática dos anjos. Na melhor das hipóteses isso foi objeto em PSEUDO-DIONÍSIO AREOPAGITA, cuja obra sobre a "Hierarquia Celestial" BARTH apresentou brevemente. Fez isso mantendo distância em relação à concepção de uma ordem hierárquica, mas, não obstante, com maior simpatia (*KD* III/3, pp. 445-449) do que a que mostrou em relação a TOMÁS DE AQUINO nesse assunto: os anjos são "criaturas distintas" (p. 526), mas não tão nitidamente distintas entre si como indivíduos terrenos (p. 532). Eles antes constituem o "exército" celestial (p. 522ss.), e "suas formas individuais" são "convocadas" somente "em missão especial, particularmente em relação com a história salvífica terrena, *destacados* da multidão e fileira dos outros [...], para depois desapareceram novamente nela sem deixar vestígios" (p. 532). Essa é a tradução da concepção do mundo dos anjos, elogiada por BARTH em DIONÍSIO, como um "sistema dinamicamente movimentado"

---

cios para uma repressão da concepção de anjos no cristianismo primitivo por meio da evolução da doutrina do Espírito Santo como o *pneuma* em si (BÖCHER, *TRE* 9, p. 598).

[267] Referente a isso, cf. as insistentes explanações de K. BARTH, *loc. cit.*, pp. 571ss.

(p. 448) para a linguagem da história salvífica: o lugar da hierarquia dos anjos, na qual é repassada, de cima para baixo, a luz que emana de Deus, foi ocupado pelo "reino dos céus" em BARTH (p. 486-558) como "um *movimento que parte* de Deus, que visa e alcança a criatura" (p. 499), que forma uma unidade múltipla em si (p. 521s.). Os anjos individuais aparecem a partir daí como as manifestações relativamente efêmeras desse movimento uniforme. Quanto ao conteúdo, não se descreve com isso o reino dos céus no movimento de sua vinda como um campo dinâmico que se manifesta nos anjos a cada vez de modo especial? Assim como dentro da unidade de um campo podem formar-se centros especiais como partes de todo o campo, assim mais ou menos deveria ser compreendida a respectiva manifestação especial do governo de Deus sobre cosmo e história na forma de um anjo. Nisso, porém, estaria ligada com o aparecimento de campos de gravitação especiais dentro de todo o campo do governo de Deus também certa propriedade criatural, sem a qual os "anjos" sequer seriam diferenciáveis como criaturas. Essa independência deve ser elaborada com mais exatidão no que segue.

Se a designação dos anjos como "espíritos" (*pneumata*) deve ser entendida, em analogia ao que foi dito até agora sobre o Espírito, como campo, então o que se quer dizer com isso deve ser imaginado, em primeiro lugar, não como forma pessoal, mas como "poder". No Novo Testamento, por exemplo, as denominações anjos, poderes e potestades aparecem interligadas (1Pd 3.22; cf. 1Cor 15.24; Ef 1.21; tb. Rm 8.38). Essa lista aparece sempre com a especificação de que todos esses poderes e potestades estão subordinados ao domínio do Cristo exaltado. Aparentemente isso não é óbvio. Aparentemente, as forças de campo que estão a serviço do domínio de Deus sobre a criação, podem tornar-se independentes como centros de poder próprios, cuja força de atração pode ser experimentada como ameaçadora pelos crentes (Rm 8.38s.)[268].

---

[268] K. BARTH não quis admitir a ambivalência dos "poderes e potestades" que daí decorre para a concepção dos anjos de Deus, apesar dos pontos de referência existentes para isso na Bíblia não apenas na expressa ligação de 1Pd 3.22, mas nas alusões de Gn 5.1-4 sobre desobediência de anjos, que na apocalíptica judaica foram ampliadas à idéia da queda de anjos, e talvez ecoem igualmente em 1Pd 3.19 (cf. L. GOPPELT, *Der erste Petrusbrief*, 1978, pp. 247ss. com comprovantes; o próprio GOPPELT, todavia, assume a explicação da passagem como referente às almas de pessoas falecidas, p. 250). Essa desobediência de anjos tb.

Justamente experiências dessa espécie levaram na teologia do séc. XX ao reavivamento da doutrina de anjos e demônios, que para muitos observadores parece formidável. Paul Tillich os enxergava em conexão com os arquétipos da psicologia profunda e com uma nova percepção do poder sobre-humano do demoníaco na literatura[269]. Gerhard Ebeling os associou à experiência "de que em nossa relação com Deus e com o mundo interferem poderes que nos são ocultos, mas que, não obstante, nos influenciam"[270]. Paul Althaus já designou a realidade dos anjos como um assunto não apenas da fé, mas também da experiência[271], e Hans-Georg Fritzsche empregou para essa experiência o termo "campo de força", ainda que sem esclarecimento da relação desse discurso com o conceito de campo das ciências naturais: o ser humano se encontraria em "campo de força que abarca seu Eu", e a isso se referiria o discurso a respeito de anjos e demônios[272].

A maior dificuldade da tradicional doutrina cristã sobre os anjos reside na concepção de que anjos seriam seres espirituais pessoais, que servem a Deus, ou – no caso dos demônios – se voltaram contra Deus. Se, porém, tivermos na mente que o emprego de predicados pessoais tem sua origem na experiência de estar sendo atingido pela influência de poderes não totalmente perscrutáveis, por uma influência que atua em determinada direção e que, nesse sentido, se manifesta como

---

está pressuposta nas alusões a sua queda que se encontram no Novo Testamento (comprovantes em O. Böcher, TRE 9, 1982, p. 596; referentes às concepções judaicas que se encontram por trás disso, vide pp. 591s.; cf. os dados de K. E. Grözinger, bem como O. Böcher, Dämonen IV in: TRE 8, 1981, pp. 279-286, esp. pp. 279s.). K. Barth pode ter razão com sua assertiva: "Um anjo de verdade e bem comportado não faz isso" (KD III/3, p 562, cf. p. 623). No entanto, segundo o testemunho da Bíblia, ao qual Barth, afinal, quis seguir com grande rigor, como as clássicas doutrinas de anjos da tradição teológica, justamente não parece que todos os anjos são a todo momento "bem comportados", sem que por isso percam imediatamente toda a realidade. A doutrina judaica (e cristã) da desobediência de alguns anjos foi um recurso para, em face do fato da existência do demoníaco no mundo, evitar o dualismo, que do nada e dos demônios reapareceu na doutrina de Barth: Todos os poderes, também os demoníacos, são criaturas de Deus, mesmo que alguns deles tenham se revelado como desobedientes.

[269] P. Tillich, *Systematische Theologie I*, 6ª ed. em alemão 1958, p. 300.
[270] G. Ebeling, *Dogmatik des christlichen Glaubens I*, 1979, p. 333.
[271] P. Althaus, *Die christliche Wahrheit*, 3ª ed., 1967, p. 317.
[272] H. G. Fritzsche, *Lehrbuch der Dogmatik II*, 1967, § 12,9 (citação p. 352).

"vontade"²⁷³, então essa concepção não deveria oferecer dificuldades insuperáveis. Em todo caso, ela é secundária perante a experiência de efeitos de poder.

DAVID FRIEDRICH STRAUSS falou, justamente com vistas "à atuação mundana dos anjos" de uma "contradição à visão moderna da natureza", porque essa não considera "fenômenos naturais, como relâmpago e trovão, peste e semelhantes" como "específicas promoções de Deus", mas as atribui a "causas de dentro do contexto da natureza"²⁷⁴. No entanto, essa objeção atinge o agir especial do próprio Deus nos acontecimentos naturais do mesmo modo como o dos anjos, e pressupõe a concepção do conjunto da natureza como um sistema coeso (como, todavia, correspondia à imagem mecanisista do mundo), e enxerga em afirmações teológicas sobre o agir de Deus ou dos anjos nos acontecimentos mundiais, em todo caso nos acontecimentos individuais da natureza, explicações de processos naturais que concorrem com descrições das ciências naturais e com os fatores por ela aduzidos. Se, porém, nos damos conta de que descrições científico-naturais não devem ser entendidas como explicações completas dos acontecimentos individuais e que sua inserção em nexos causais não elimina a contingência, antes a pressupõe, que é própria de todo acontecimento individual; se, além disso, o próprio nexo da natureza deve ser compreendido como um sistema aberto para contingências, e não fechado, então deixa de existir a concorrência entre afirmações das ciências naturais e da teologia. Ambas podem referir-se perfeitamente ao mesmo acontecimento. As concepções acerca de anjos nas tradições bíblicas denominam em sua essência poderes naturais que, sob outro enfoque, também são objeto de descrições das ciências naturais. Se poderes como vento, fogo e astros são chamados de anjos de Deus, eles são tematizados em sua relação com Deus o Criador. Da mesma forma, com vistas a experiências de pessoas que por eles foram atingidas, se tornam e são tematizadas como serviçais de Deus ou também como demônios, que resistem à vontade de Deus. Por que razão, portanto, as forças da natureza não poderiam ser compreendidas como servas

---

²⁷³ Cf. aqui vol. I, pp. 514s.
²⁷⁴ D. F. STRAUSS, *Die christliche Glaubenslehre in ihrer geschichtlichen Entwicklung und im Kampfe mit der modernen Wissenschaft dargestellt I*, 1840, p. 671.

e mensageiras de Deus – portanto como "anjos" – nas formas nas quais a humanidade moderna as conhece?

Os testemunhos bíblicos, todavia, associaram os anjos com o céu, no qual Deus habita e a partir do qual ele está presente em sua criação terrena e da qual é senhor (vol. I, pp. 552ss.) Os anjos formam o "exército celestial" criado por Deus (Sl 33.6; cf. Gn 2.1; Is 45.12; Jr 33.22; Ne 9.6 *et passim*). Mas o céu é a esfera da criação sobre a qual o ser humano não pode dispor. "Como a realidade criacional *invisível*, ele é, em contraste com a terra, invisível, e por isso também incompreensível, inacessível, indisponível"[275]. Em contrapartida, não é o mundo das forças naturais totalmente acessível à ciência humana? Mesmo assim os poderes cósmicos, que são investigados pelas ciências, não podem ser atribuídos exclusivamente à terra. Talvez a incompreensibilidade do céu não deveria ser exagerada referente às afirmações bíblicas: Se ela designa a superioridade dos caminhos e pensamentos de Deus em relação aos seres humanos (Is 55.8s.), não obstante eles são revelados ao homem, e justamente em face de sua revelação (Rm 11.25ss.), Paulo gloria a insondabilidade dos caminhos de Deus (Rm 11.33). Assim também a ordem dos tempos que pode ser lida no curso dos astros (Gn 1.14) é do perfeito conhecimento do homem, embora seja uma ordem do céu. No entanto, justamente em sua acessibilidade para o conhecimento humano, essa ordem é de uma profundidade e altura que excede a todo conhecimento humano. Justamente em sua clareza, o céu é insondável. Segundo o testemunho dos melhores cientistas da atualidade, isso também vale para a relação das modernas ciências naturais com a realidade da natureza: no progresso do conhecimento revelam-se constantemente novos enigmas e mistérios da natureza.

JÜRGEN MOLTMANN associou a *"fundamental indeterminabilidade"*, própria da criação por esse lado, especificamente ao *futuro* do mundo[276]. Isso corresponde à característica da mensagem de Jesus

---

[275] K. BARTH, *KD* III/3, p. 494 em conexão com a afirmação de Cl 1.16, acolhida no primeiro artigo do credo niceno, que explica a diferença de céu e terra por meio da justaposição do visível e do invisível. Cf. tb. M. WELKER, *Universalität Gottes und Relativität der Welt*, 1981, pp. 203ss.

[276] J. MOLTMANN, *Gott in der Schöpfung. Ökologische Schöpfungslehre*, 1985, pp. 166-192, citação p. 168.

acerca do "reino dos céus" como uma realidade iminente, futura, que, não obstante, já atua no presente. A referência da terra ao céu forma então "o lado da criação aberto para Deus", e o céu é "o reino das *possibilidades criadoras de Deus*". Nesse sentido, MOLTMANN assimila a compreensão do universo como um "sistema aberto" para o futuro, que decorre das discussões sobre a estrutura termodinâmica dos acontecimentos da natureza[277]. A base para isso é a interpretação teológica do futuro aberto no sentido termodinâmico como "esfera das possibilidades e forças criadoras de Deus", que, conforme MOLTMANN, representa, de acordo com os conhecimentos de hoje, a interpretação normativa do conceito "céu"[278]. Essa interpretação pressupõe que os campos de força que determinam os acontecimentos naturais e seus modos de agir têm estrutura temporal, e isso de tal modo que esta seja determinada a partir do futuro. No plano dos microacontecimentos, isso realmente pode ser o caso se as considerações supra-expostas (pp. 156ss.) estiverem corretas. Todavia manifesta-se já neste plano uma inversão da direção do tempo no sentido de uma restrição do

---

[277] *Loc. cit.*, p. 172. Cf. pp. 63s. onde MOLTMANN remete aos dois volumes publicados sob o título *Offene Systeme* (1974 e 1981). Referente ao conceito termodinâmico do sistema "aberto" em contraste com o sistema "fechado", cf. no primeiro desses dois volumes (editado por C. F. VON WEIZÄCKER, 1974) a contribuição de H. WEHRT, p 114-199, esp. p 135ss. Vide, além disso, o volume mencionado *acima* na nota 252, editado por G. ALTNER, *Die Welt als offenes System*, 1986. Na discussão americana está sendo empregada outra terminologia, por ex., em J. S. WICKEN, *Evolution, Thermodynamics and Information*. Extending the DARWINian Program, 1987. WICKEN distingue três formas de sistemas em vez de duas, a saber, sistemas isolados, fechados e abertos (p. 34). Desses, os sistemas isolados correspondem aos fechados no sentido da descrição de WERTH, enquanto WICKEN chama de "fechados" os sistemas que permutam energia, não, porém, matéria com sua circunvizinhança. Em sentido ainda diferente se emprega a distinção entre sistemas abertos e fechados na cosmologia física, a saber, com vistas à pergunta se a expansão do universo continua ilimitadamente, de modo que ou a matéria se perde no espaço ou continua seu caminho sem limitação em universo "plano", *ou então* a expansão do universo é substituída por uma nova concentração, que termina em um *big crash* correspondente à singularidade inicial do *big bang*, porque a gravitação se sobrepõe às forças expansoras. O último modelo do universo é chamado de "sistema fechado", embora também nisso o tempo é considerado como sendo irreversível (F. TIPLER, The Omega Point as Eschaton, in: *Zygon* 24, 1989, p. 217-253).

[278] MOLTMANN, *loc. cit.*, p. 190.

campo de possibilidades por meio dos respectivos acontecimentos que ocorrem no presente. Tal fixação parcial do vindouro a partir do passado e do presente, mas que na área da mecânica e eletrodinâmica clássica se aproxima de uma determinação completa, não deve ser julgada sem mais nem menos de modo negativo pela teologia como inversão temporal da estrutura do modo como as coisas acontecem perante sua fundamentação nos microacontecimentos, porque ela é condição da continuidade dos acontecimentos da natureza e desse modo expressão da fidelidade do Criador em sua vontade de produzir formas criaturais autônomas. Mas essa inversão da estrutura temporal e do modo de agir das forças da natureza pode ser avaliada como indício de sua autonomia criatural na relação com a dinâmica criadora do Espírito divino, da qual procederam.

A inversão temporal na estrutura e no modo de agir das forças da natureza permite que elas se tornem poderes demoníacos antidivinos somente se elas se fecham ao futuro de Deus, ao reino de suas possibilidades, tornando-se, portanto, "sistemas fechados". Não se pode descartar que os acontecimentos mundiais se encontram, ao menos em parte, sob a influência de tais centros de poder. De acordo com o testemunho do Novo Testamento, até mesmo o mundo como um todo foi parar sob a tirania de um poder antidivino, do "príncipe deste mundo", cujo poder, porém, foi rompido por Jesus Cristo (Jo 12.31; 14.30; 16.11; cf. Ef 2.2). O nexo entre pecado e morte, que mantém toda a criação cativa na corruptibilidade (Rm 8.20 e 22), dá ensejo para se contar com o domínio de tal poder de destruição. Se for correto que o princípio da multiplicação da entropia no processo mundial deixa reconhecer um aspecto desse poder destrutivo ou de seu modo de agir (vide *acima* nota 253), pode-se também mostrar com isso que até mesmo esse poder destrutivo deve ser entendido ainda como servo de Deus (Jó 1.6) e de sua vontade criadora, embora o ser humano o experimente como adversário de Deus. Em todo caso, nenhum poder destruidor é fundamento exaustivo de fundamentação da realidade criacional, na qual ele domina. Antes, manifesta-se por meio de todos os outros poderes e campos de força sempre também o agir do Espírito divino como origem da vida nas criaturas.

Na atuação do Espírito bem como do *Logos* divino, o futuro da consumação da criação no reino de Deus tem uma preponderância pela qual o discurso teológico da dinâmica do Espírito de Deus na criação se distingue das teorias de campo da física, que trabalham com fórmulas de leis científicas. O problema com isso designado, porém, pode ser verificado também no âmbito de uma discussão teórica das ciências naturais com a pergunta como deveria configurar-se uma teoria de campo da evolução da vida e se tal teoria também exigiria uma reformulação da cosmologia da física. Tentativas neste sentido encontram-se nos esforços em torno de uma descrição termodinâmica das condições para o surgimento e a evolução da vida.

e) A atuação conjunta de Filho e Espírito na obra da criação

No início do presente tópico falávamos da mediação da criação pelo Filho. A sua atuação deve ser atribuída a peculiaridade de toda fórmula criatural em sua diferenciação de outros e de Deus, o Criador. Como suma das diferenças e relações, o Filho é o *Logos* da criação, origem e essência de sua ordem. A ordem concreta do processo mundial revelou-se nisso como referindo-se à encarnação do *Logos*, portanto como processo de uma história que tem seu alvo na autonomia da criatura como lugar de seu diferenciar-se em relação a Deus e suas co-criaturas. Entrementes, a discussão da função do Espírito na obra da criação apresentou como resultado que seus efeitos de campo estão igualmente estruturados temporalmente, conquanto todo novo acontecimento procede do futuro de Deus, do qual todas as formas criacionais tomam tanto sua origem quanto buscam sua consumação. Filho e Espírito são, conforme disse IRENEU, as duas "mãos" do Pai, por meio das quais tudo criou[279]. Resta agora ainda perguntar como eles co-atuam na obra da criação. Para isso dificilmente se encontrarão afirmações expressas da Escritura, embora o Sl 33.6 mencionasse lado a lado palavra e Espírito de Deus como órgãos da atividade criadora de Deus. A referência mais importante constitui Gn 1.2s., segundo a qual o falar criador de Deus acontece no poder de seu Espírito, por seu poderoso fôlego (vide *acima* pp. 75ss.). Isso concorda com o

---

[279] IRENEU, *Adv. haer.* IV,20,1. Todavia, ao falar da obra do Espírito, IRENEU ainda pensava na Sabedoria de Deus, que ele, portanto, não associava ao conceito do *Logos* (cf. IV,20,3 e o volume I, pp. 368s. – onde, na nota 40, estão indicados mais outros comprovantes para a concepção de Filho e Espírito como "mãos" de Deus).

fato de que também em outros contextos o Filho é receptor e portador do Espírito (vide vol. I, pp. 428ss.). Gn 1.2s. justifica a suposição de que esse também é o caso na obra da criação. A função do Filho como mediador da criação aconteceria então de tal modo que ele, por meio do poder do Espírito, se torna origem das diferentes criaturas em sua respectiva característica particular. Acaso existe para isso igualmente uma plausibilidade filosófico-natural em conexão com as ponderações sobre a particularidade da atuação criadora do Espírito como campo de força do futuro divino, do qual os acontecimentos procedem de forma contingencial?

A atuação criadora do Espírito de Deus está ligada como campo de força em sua esfera de atuação com propriedades do tempo e do espaço. As explanações sobre espaço e tempo deveriam proporcionar uma idéia de como realidade divina e realidade criatural se distanciam nesse processo, enquanto da criadora futuridade de Deus procede existência criatural com uma duração que lhe é própria, que existe com outros em relações do espaço. Nisso, porém, a concepção de uma dinâmica criadora e animadora não basta para tornar compreensível a peculiaridade da existência criatural, que procede da atuação do Espírito, em sua respectiva diversidade e relação com outra coisa. Para isso é necessário um princípio de particularização, tal como ele se encontra na autodiferenciação do Filho em relação ao Pai, portanto, do *Logos* divino. Enquanto ao Espírito é atribuída a dinâmica criadora no processo da criação, o *Logos* constitui a origem da forma ou figura da criatura na totalidade de sua existência diferenciadora, mas também no conjunto das diferenciações e relações das criaturas entre si na ordem da natureza. Nisso uma coisa não pode ser separada da outra: A dinâmica criadora e a forma determinada de sua manifestação são inseparáveis no ato da criação. No relato sacerdotal da criação isso se manifesta na concepção do falar criador de Deus, por meio do qual a dinâmica do Espírito Divino se torna, em cada caso, origem de uma realidade criacional específica. Nos conceitos de campo das ciências naturais o mesmo estado de coisas se manifesta no fato de que a dinâmica do campo se torna ativa de acordo com regras de leis naturais. Nisso as regras gerais de uma descrição de acordo com leis naturais podem ser apenas uma aproximação a uma explicação dos acontecimentos concretos em sua respectiva singularidade. Também a dinâmica criadora do Espírito contém em si um momento da indefinição. Nela a forma distinta de outras, que dela procederá, está como que oculta antes de assumir forma concreta na própria criatura. Não obstante, surge da dinâmica do Espírito segundo condições do *Logos* a forma da atuação criacional diferenciada, autônoma, centrada em si. A transição para isso é constituída pelo evento da *informação*.

O conceito da informação remonta, por um lado, à retórica antiga[280], por outro, ao aristotelismo cristão da escolástica. Aqui se encontra a raiz de seu emprego ontológico e filosófico-natural[281]. No aristotelismo cristão, o conceito designa a formação de uma matéria pré-dada, e esse estado de coisas foi distinguido rigorosamente em Tomás de Aquino do ato da criação, no qual toda a substância de alguma coisa (*tota substantia rei*) é produzida pelo Criador, não apenas a forma, mas também a matéria[282]. Nas ciências naturais modernas, o conceito da informação modificou-se em relação ao uso lingüístico aristotélico, porque o moderno conceito de energia, com o qual está relacionado o conceito de informação, se distingue profundamente da *energeia* aristotélica. Energia não mais significa a consumação do ser que descansa em si mesma (Aristóteles, Met. 1048a 31), mas uma dinâmica que gera mudanças. Nisso o conceito da energia continuava a ser associado ao contraconceito da matéria. Quando, em 1847, Hermann von Helmholtz definiu energia como a medida para a capacidade de produzir trabalho por meio de superação de resistências[283], ainda estava pressuposto o dualismo entre

---

[280] Vide o artigo de H. Schnelle no *Historisches Wörterbuch der Philosophie* 4, 1976, pp. 356s. Abonações mais antigas encontram-se, ao lado de Cícero (*De orat.* 2,358 *et passim*), também na versão da Vulgata de 1Tm 1.16. Também aqui a palavra tem meramente o sentido de comunicação e instrução lingüística.

[281] Todavia existe para isso uma complexa história anterior, que remonta ao neoplatonismo (esp. a Proclo). Alberto Magno distingue em seu *Comentário à Metafísica* a identidade transcendental de *ens* e *unum* da concepção de *um* determinado ente em contraste com outras coisas: no caso do último, a determinação de sua unidade é uma *informatio* que se agrega ao conceito do ser (*Opera Omnia* XVI/2, 1964, pp. 397ss.). Para essa distinção ele remeteu ao *Líber causis* (cf. lá § 17 na edição de Bardenhewer 180,5). Referente à concepção de *formatio* que se encontra por trás disso e que também ocorre na patrística cristã, cf. W. Beierwaltes, *Denken des Einen*, 1985, p. 359, nota 65 e referente a Plotino, cf. *ib.*, pp. 52ss.

[282] Tomás de Aquino, *Sum. theol* I, 45,2 c e ad 2.

[283] H. L. F. von Helmholtz, *Über die Erhaltung der Kraft*, 1847. Cf. referente a isso M. Jammer em *Historisches Wörterbuch der Philosophie* 1, 1972, pp. 494-499, esp. pp. 496s.

energia e matéria. Somente a teoria da relatividade de EINSTEIN superou esse dualismo e entendeu massa (matéria) como uma manifestação da energia[284]. CARL FRIEDRICH VON WEIZÄCKER ligou esse conceito autonomizado de energia com o conceito da informação. Nisso informação designa a medida da extraordinariedade, portanto, da improbabilidade de um acontecimento a ser superado ou já superado por meio de energia[285]. A energia a ser empregada deve ser tanto maior quanto mais elevado é o conteúdo da informação do acontecimento a ser efetuado, sua peculiaridade ou – expresso em termos de tempo – seu valor de novidade. Por meio do conceito de probabilidade, o conceito de energia foi ligado com os problemas de contingência da termodinâmica e da teoria quântica, mas também com a abertura do futuro. O conceito de informação relacionado a isso se encaixa na exposição supra dos efeitos de campo do Espírito divino como origem dos acontecimentos decorrentes contingencialmente do futuro de Deus[286]. As razões que motivaram TOMÁS DE AQUINO e ALBERTO MAGNO a distinguir entre criação e

---

[284] O desenvolvimento para a elaboração dessa noção foi descrito por M. JAMMER, *Der Begriff der Masse in der Physik* (1961), versão alemã 1964, pp. 185-205, esp. pp. 190s., 202ss.; cf,. tb. pp. 240s.

[285] C. F. VON WEIZÄCKER, Materie, Energie, Information, in: *Die Einheit der Natur*, 1971, pp. 342-366s. Essas explanações também são dignas de nota especialmente porque ligam o pano de fundo filosófico do conceito de informação com a teoria moderna, científico-natural de informação. A diferencialidade (respectivamente contraposição) aí pressuposta entre informação e entropia foi defendida com argumentos convincentes por J. S. WICKEN (*Evolution, Thermodynamics and Information*, 1987) contra a identificação de ambas as grandezas por C. F. SHANNON (pp. 17-28, esp. pp. 26ss.). A autocorreção de C. F. VON WEIZÄCKER, Evolution und Entropiewachstum, in: C. F. VON WEIZÄCKER (ed.), *Offene Systeme I*, 1974, pp. 200-221, esp. pp. 203ss., face às suas primeiras explanações referentes a esse tema deve ser considerada superada. À mencionada definição do conceito por parte de VON WEIZÄCKER corresponde ao que WICKEN designa como determinação funcional do conceito de informação (*loc. cit.*, pp. 40ss., 48).

[286] No final de seu ensaio mencionado na nota anterior, C. F. VON WEIZÄCKER designou a Deus como a "razão da forma", subtraído a toda objetivação (*loc. cit.*, p. 366), ao rejeitar simultaneamente a concepção de Deus como "essência das formas": "Deus não é a essência das formas, mas a razão da forma". Da perspectiva da teologia do *Logos* da ortodoxia eclesiástica, essa contraposição, porém, deve aparecer problemática: Deus não existe sem o *Logos*, e o *Logos* é tanto razão quanto também essência dos *logoi* criaturais (veja *acima* pp. 56s.). Trata-se aqui de um caso de aplicação da unidade entre transcendência e imanência na infinitude da essência de Deus.

informação, porque informação já pressuporia matéria, estão prejudicadas pelo fato de que a própria matéria se apresenta como um modo da manifestação de energia.

A determinação teórico-provável do conceito de informação permite à teologia hoje compreender informação como a medida daquilo que é criacionalmente novo e que com cada novo acontecimento procede do poder criador de Deus por meio de seu Espírito. Como medida das atividades criadoras do Espírito Divino, o conceito de informação está agregado ao *Logos*. O conteúdo diferenciado de informação dos acontecimentos constitui sua respectiva particularidade, por meio da qual eles são expressão da atividade criadora do *Logos*.

Da perspectiva das criaturas, o processo criador continuado, que procede do poder do futuro de Deus, se apresenta por sua vez no modo de uma inversão temporal, como um processo que transcorre do passado para o futuro. Nessa perspectiva, ele está caracterizado pela tensão entre crescente entropia, por um lado, e progressiva estruturação para cima, por outro lado. Pois em sua independentização, toda realidade criacional está sujeita ao destino da desestruturação, da dissolução segundo a lei da entropia. Por outro lado, por causa da "abertura das estruturas do processo para acontecimentos futuros"[287], também pode ocorrer o aparecimento de novas formações de estruturas, porque os processos reais não transcorrem em sistemas fechados, mas em sistemas abertos[288].

> Embora os começos dessa formação de estrutura possam ser raros e insignificantes, pode, não obstante, o posterior curso dos acontecimentos naturais ser determinado decisivamente por eles. Uma prova disso é o diminuto excesso de 1: 1.000.000.000 na pro-

---

[287] H. WEHRT, Über Irreversibilität, Naturprozesse und Zeitstruktur, in: C. F. VON WEIZÄCKER (ed.), *Offene Systeme I*, 1974, pp. 114-199, 174.
[288] H. WEHRT, *loc. cit.*, p. 140. Cf. tb. E. LÜSCHER in: A. PREISL e A. MOHLER (eds.), *Die Zeit*, 1983, p. 367. J. S. WICKEN, *loc. cit.*, p. 68, designa a auto-organização por concurso pelo aproveitamento do declive termodinâmico de energia como uma resposta (*response*) à situação assim criada, e simultaneamente como meio para a aceleração da transformação termodinâmica da energia. "Whereas the universe is steadily running downhill in the sense of depleting thermodynamic potential, it is also running uphill in the sense of building structure. The two are coupled through the Second Law" (p. 72).

dução de elétrons, prótons e nêutrons sobre seus anticorpos na fase do início do universo, em cujo calor extremo colisões de fótons levaram constantemente à decomposição dos fótons em partículas e antipartículas que, por sua vez, se destruíram reciprocamente e novamente geraram fótons: O excesso ínfimo de elétrons, prótons e nêutrons daí resultante formou, com o progressivo esfriamento do universo, todo o acervo de sua matéria que então se concentrou em átomos e moléculas[289]. De modo semelhante apresenta-se na história da terra o surgimento da vida orgânica e a contínua estruturação das formas de vida para níveis mais elevados no processo da evolução como uma corrente de acontecimentos que, inicialmente, apareceram como fenômenos de exceção, para então modificarem pouco a pouco a face da terra. Assim ela foi coberta de verde pela vegetação, inundada por moluscos e crustáceos, dominada por répteis, depois por mamíferos e entre eles por último por seres humanos. Ao contemplar essa história de contínua estruturação para níveis mais elevados da formação de formas, ao teólogo deveria chamar a atenção a analogia com a história da eleição de Deus: cá como lá, a exceção improvável se torna anúncio de uma nova norma, de uma nova fase da criação. "O que é fraco no mundo, isso Deus o escolheu para si, a fim de envergonhar o que é forte" (1Cor 1.27). Já faria isso parte da história da criação, não primeiro da história salvífica humana?

A corrente de estruturações para fases mais elevadas no processo da formação de formas, desde os átomos e estrelas até o ser humano, em especial, porém, no curso da evolução da vida, com frequência deu a impressão desde os inícios da termodinâmica moderna de que aqui se trataria de uma espécie de contramovimento à tendência do aumento da entropia direcionada para baixo nos processos da natureza: à crescente desestruturação e dissolução das diferenças de forma em decorrência da crescente entropia parecia contrapor-se na evolução um movimento voltado "para cima", para formas de sua organização sempre mais elevadas e complexas[290].

---

[289] St. WEINBERG, *The First Three Minutes*, 1977, pp. 89ss., cf. pp. 97s.
[290] Assim já H. BERGSON, *L'évolution créatrice* (1907), Paris, 1948, pp. 243ss., esp. 246s., cf. 368s. Também em TEILHARD DE CHARDIN, *Der Mensch im Kosmos* (1947), versão alemã 1959, pp. 25s., se encontra a imagem deste contramovimento. Embora enxergasse que toda formação de estrutura tem seu preço na forma de uma entropia aumentada no todo da economia da natureza, a evolução para cima da vida lhe pereceu como "fuga da entropia por meio de retorno a ômega" (p. 266).

Nisso, porém, não se trata de um estado de coisas para o qual o princípio do aumento da entropia não valesse. Antes, o surgimento parcial de novas estruturas é compensado por meio de um correspondente aumento da entropia[291]. Além disso, o próprio processo da estruturação para níveis mais elevados pode ser entendido perfeitamente no contexto do geral aumento da entropia. Estruturação para níveis mais elevados no sentido de crescente complexidade é uma possibilidade aberta dentro desse contexto[292]. Sua ocorrência efetiva, todavia, ainda não está decidida com isso, porque a termodinâmica tem a ver somente com possibilidades e probabilidades[293]. A história do universo que transcorre nos parâmetros de suas leis permanece por isso um "sistema indeterminista", no qual reina o acaso"[294]. Não obstante, ocorre nela uma combinação entre acaso e lei, que confere ao surgimento e desenvolvimento da vida na terra uma "inevitabilidade holística"[295], na qual o cristão reconhecerá a obra do *Logos* divino[296].

No aparecimento da respectiva forma criatural específica pode-se enxergar teologicamente a expressão direta da ação do *Logos*, portanto, da divina palavra criadora na realidade criacional. Esse aparecer diferenciado da forma especial encontra sua forma plena primeiramente na *autodistinção*, por meio da qual a criatura individual também deixa valer todas as outras coisas em sua peculiaridade própria. Somente assim também poderá deixar valer a Deus como a origem de tudo que

---

[291] H. WEHRT, *loc. cit.*, pp. 158ss. Vide tb. A. PEACOCKE, *God and the New Biology*, 1986, pp. 140ss., bem como a citação de J. S. WICKEN *acima* nota 288.
[292] Referente a isso, cf. além da exposição de J. S. WICKEN, esp. C. F. VON WEIZÄCKER, Evolution und Entropiewachstum, in: *Offene Systeme I*, 1974, pp. 200-221, 203ss. Para a descrição mais exata do estado de coisas se tornaram pioneiros os trabalhos termodinâmicos de I. PRIGOGINE, *From Being to Becoming*: Time and Complexity in the Physical Sciences, 1980, esp. pp. 77-154, que deixam proceder o surgimento de novas condições de ordem local de complexidade superior a partir de oscilações em estados de sistemas distantes do equilíbrio, que, por meio de "bifurcações", podem levar a novas "estruturas dissipativas" de alta estabilidade.
[293] A. PEACOCKE, pp. 158s.
[294] Assim W. STEGMÜLLER no capítulo sobre Die Evolution des Kosmos, in: Idem, *Hauptströmungen der Gegenwartsphilosophie II*, 6ª ed., 1979, pp. 495-617, 583ss.
[295] *Ib.*, p. 694. Cf. A. PEACOCKE, *Creation and the World of Science*, 1979, pp. 103s., bem como pp. 69ss.
[296] A. PEACOCKE, *loc. cit.*, p. 105, cf. pp. 205ss.

é finito em sua distinção de todas as coisas criadas, dar-lhe, portanto, a honra de sua deidade. Por isso o *Logos* ainda não se manifesta plenamente na peculiaridade isolada de um único fenômeno, mas em sua relação com todas as demais coisas, portanto, na *ordem cósmica*, que, como tal, louva seu Criador. Desse modo tudo recebe do *Logos* a forma que compete a cada um, bem como seu lugar na ordem da criação. Nisso a ação do *Logos* é mediada pelo Espírito do mesmo modo como no evento da encarnação. A encarnação é apenas o caso teologicamente supremo da criação, a realização plena do *Logos* na peculiaridade de uma única forma criatural, que não é apenas diferenciada de fato de outras, mas deixa valer o outro ao lado de si e, especialmente a Deus perante si e toda a criação, e que, a partir daí, também aceita a limitação da própria finitude por outras criaturas. Que desse modo Deus é honrado em sua criação em seu todo faz parte inseparavelmente da encarnação do *Logos* em uma única criatura, e com isso também se torna compreensível que a ação do *Logos* na amplidão da criação encontra sua realização plena somente no evento da encarnação.

A ação do *Logos* na criação tem, portanto, estrutura temporal no sentido de crescente interiorização da dimensão de *Logos* [*Logoshaftigkeit*] nas criaturas. A história da criação pode ser descrita como caminho para a realização da relação com Deus, o Pai, adequada à criatura como representação do *Logos*. Nem todas as criaturas realizam em sua própria peculiaridade a plena estrutura da relação filial com o Pai. Isso é, antes, a destinação especial do ser humano na criação, e essa destinação do ser humano está cumprida no homem Jesus de Nazaré, enquanto a respeito dos demais seres humanos vale que somente pela comunhão com Jesus eles podem ter parte na realização plena da destinação humana realizada nele. Todavia, por ser o homem no qual a destinação da criação para a comunhão com Deus encontra sua forma definitiva, inversamente a ordem da criação tem no tempo a forma de um caminho para a possibilitação do ser humano.

> Este é o conteúdo de verdade nas afirmações sobre um "princípio antrópico" na história do universo (vide *acima* notas 177ss.). Essas teses não podem ter a pretensão de possuírem um valor esclarecedor especificamente físico, não obstante, elaboraram, de modo impressionante, que o universo está, *de facto*, organizado de tal modo que satisfaz às condições para a produção de seres inteligentes. A interpretação teológica pode ir além dessa constatação

para a afirmação de que nesse estado de coisas se manifesta a economia da obra divina da criação relacionada à encarnação do *Logos* divino num ser humano.

O caminho da criação para o ser humano – visto na perspectiva criacional da inversão temporal do agir criador divino – apresenta-se concretamente como uma sequência de etapas de formas. Cada uma dessas formas é chamada à existência como criatura autônoma. Nenhuma delas é mero meio para a existência do ser humano. Também nem todas as linhas na sequência de etapas conduzem ao ser humano, mas, no seu todo, ela constitui a base para seu aparecimento. Na multiplicidade dessas formas se manifesta a inesgotável riqueza do poder criador de Deus. Como representação dessa riqueza, o mundo da criação louva seu Criador já pela sua simples existência, e sem unir sua voz ao louvor da criação a Deus, também o ser humano não seria o que deve ser conforme sua destinação: lugar e mediador para a comunhão da criação com Deus.

3. A série das formas

As criaturas estão ligadas entre si pelo fato de serem remetidas umas às outras e reciprocamente dependentes. Por um lado, cada criatura vive de outras ante e ao lado delas; por outro, tem a justificativa de sua própria existência no serviço a outras que vivem dela. Todavia, o lado-a-lado dos acontecimentos naturais e das formas na história do universo tem, desde o início, também a forma de conflito; a sucessão tem a forma da destruição e nova formação. Fundamental para a formação de todas as formas de organização superior é, no entanto, a repetição de formas elementares e a inclusão em ligas permanentes. Primeiro na base da constância de formas elementares de processos e da imprevisível frequência de seus produtos ocorre, através de oscilações de estados estacionários e por meio de estabilização em novo nível, uma sequência de estágios de formas, das quais as mais complexas (ou "superiores") se alçam acima das respectivas mais simples (ou "inferiores"). Nisso a relação das criaturas permanece, apesar de todos os conflitos, determinada por dependência mútua. Também o ser humano não deveria viver apenas *das* criaturas inferiores, e, sim, sempre também *para* elas, como fundamento de sua própria sobrevivência. Ele deveria ser administrador da vontade de Deus no mundo por ele criado. O mais antigo relato bíblico da criação coloca o ser humano no jardim do mundo como jardineiro, "para que o cultive e preserve" (Gn 1.15). No entanto, parece que em época nenhuma o ser humano correspondeu plenamente a essa tarefa, e, de acordo com o Novo Testamento, primeiro o Espírito de Cristo o capacitará para cumprir essa nova determinação.

No relato da criação mais recente da Bíblia, a estrutura do mundo das criaturas foi descrita como progressão de formas: em sequência surgem, na ordem dos dias da criação, luz e noite, água e firmamento, depois, terra, vegetação, astros, em seguida animais marinhos e aves, e, por fim, os animais terrestres e, por último, o homem. Na visão dos atuais conhecimentos das ciências naturais, a ordem se apresentaria de modo diferente sob vários aspectos[297]. No entanto, talvez seja mais impressionante a existência de consenso quanto ao fato de tal progressão. O relato sacerdotal traz os traços de uma concepção da natureza difundida no primeiro milênio a.C. no Oriente Antigo, e poder-se-ia presumir que suas suposições estariam ainda bem mais distantes do atual estágio de conhecimento do que acontece realmente.

Um exemplo especialmente ilustrativo de conhecimento da natureza condicionado à época, superado para o homem de nosso tempo, oferece a concepção da separação das "águas primitivas" por meio da instalação de um firmamento, de uma "campânula celestial" (Gn 1.6s.)[298]. Essa redoma celestial torna mecanicamente compreensível que as águas abaixo dela e que cobrem a terra se retirem, se juntem, permitindo que apareça a terra firme, porque não vêm mais águas de cima, a saber, das massas de água protegidas pela abóbada do céu (Gn 1.6 e 9s.). O que acontece pelo contrário, quando se abrem as "escotilhas" da abóbada celestial e não são fechadas novamente (Gn 7.11), é relatado e ilustrado pela narrativa do dilúvio.

A cosmologia que se expressa na concepção do firmamento é um testemunho impressionante de ciências naturais arcaicas, que expli-

---

[297] Cf. o breve resumo em I. Asimov, *In the Beginning*, versão alemã: *Genesis. Schöpfungsbericht und Urzeit im Widerstreit von Wissenschaft und Offenbarung*, 1981, pp. 25-71, esp. pp. 41s.

[298] G. von Rad, *Das erste Buch Mose Kap. 1-12,9*, 2ª ed., 1950, p. 41.

cavam a ordem do universo racionalmente em analogia a conhecimentos humanos de engenharia. Por isso seria totalmente contrário a seu espírito se se quisesse fixar a teologia no sentido literal dessas concepções. Uma doutrina teológica da criação deveria justamente seguir às indicações do rumo dos testemunhos bíblicos, repetindo o ato do aproveitamento dos conhecimentos do mundo contemporâneos, que neles se reconhecem, para a descrição da obra divina da criação com recursos do estágio sempre atual dos conhecimentos do mundo. A teologia justamente não corresponderia à autoridade do testemunho bíblico se conservasse as concepções da época, com as quais trabalha o relato bíblico da criação, ao invés de repetir o ato teológico de apropriação dos conhecimentos de mundo para a própria atualidade[299].

Outro exemplo para o condicionamento à época de certas afirmações no relato sacerdotal da criação é o enquadramento dos astros em lugar relativamente tardio, ou seja, somente no quarto dia da criação (Gn 1.14ss.). Aqui só secundariamente se trata de concepções cosmológicas superadas para o leitor moderno, especialmente da expressão de uma situação de controvérsia entrementes superada: Ao contrário do que acontece na epopéia babilônica da criação, que trata da criação dos astros em conexão com a formação do firmamento, no relato do escrito sacerdotal a separação de terra e mar (Gn 1.10) bem como a criação do mundo vegetal (Gn 1.11s.) acontecem antes. Pode-se reconhecer nisso, por um lado, uma consequência da exatidão com a qual é descrita a função mecânica do firmamento no livro de Gênesis: a instalação da campânula celestial tem por *consequência* que se juntem as águas que se encontram debaixo dela, de tal modo que em outro lugar aparece a terra seca (Gn 1.9)[300]. Com isso está intimamente ligada, por sua vez,

---

[299] Assim tb. E. SCHLINK, *Ökumenische Dogmatik*, 1983, pp. 75s.
[300] Além do "título" Gn 1.1, da criação da terra se fala somente na forma dessa separação de água e terra, do mesmo modo como também as duas obras da criação precedentes estavam ligadas com uma separação (cf. W. H. SCHMIDT. *Die Schöpfungsgeschichte der Priesterschrift*, 1984, pp. 25s., e C. WESTERMANN, *Genesis 1-11*, 1974, p. 168; sobre a criação como "apartamento ou separação", cf. especialmente pp. 46ss.). De acordo com WESTERMANN, p. 166, as separações feitas nas três primeiras obras da criação constituem o tempo (pela separação de luz e trevas) e o espaço pela separação de em cima e embaixo, bem como de aqui e lá.

a brotação da vegetação, porque é produzida pela terra (Gn 1.11ss.)[301]. Além disso, se expressa na estranha pós-ordenação da criação dos astros[302] um rebaixamento em comparação com a posição divina que era atribuída aos astros no ambiente religioso de Israel, especialmente na Babilônia: na Bíblia, os astros são reduzidos a suas funções como "lâmpadas" e como sinais para a divisão do tempo[303]. A controvérsia sobre deidade e criaturidade dos astros, que se manifesta nessa sequência, já não é mais relevante para o pensamento moderno. O interesse do relato sacerdotal em um nexo interior na sequência das obras individuais da criação, porém, encontra na descrição moderna do mundo como criação sua expressão natural no fato de que o surgimento da Terra é colocado posteriormente ao surgimento dos astros, das galáxias e, dentro de nossa galáxia, à formação do sistema solar.

Mais surpreendente do que as diferenças entre a concepção da sequência das formas criaturais com base nos modernos conhecimentos das ciências naturais e a descrição do relato sacerdotal do séc. VI a.C. é a extensão de pontos de contato objetivos: a luz no início, o ser humano no fim da sequência, a originalidade da luz em relação ao surgimento posterior dos astros, a produção das plantas pela terra bem como a função da vegetação como condição para a vida animal[304]; a íntima relação de ser humano e "animais da terra"[305] no sexto dia da

---

[301] W. H. SCHMIDT, *loc. cit.*, p. 108, nota 4: "Se em Gn 1 as plantas são criadas antes dos astros, isso se explica pelo fato de que as plantas estão relacionadas de modo especialmente íntimo com a terra". Vide também a consequência análoga das obras da criação no Sl 104, que SCHMIDT menciona *ib.* como abonação de que Gn 1 se encontra dentro de determinada tradição (*loc. cit.*, p. 44).

[302] H. GUNKEL, *Genesis*, 3ª ed., 1910, p. 127: "No [relato] babilônico, os corpos celestiais são criados bem antes do que no [relato] hebraico", cf. pp. 108s.

[303] *Ib.*, p. 109. O sentido polêmico de Gn 1.14-19 foi acentuado especialmente em G. VON RAD, *Das erste Buch Mose Kap. 1-12,9*, 2ª ed., 1950, pp. 42s. Cf. tb. W. H. SCHMIDT, *loc. cit.*, pp. 119s. C. WESTERMANN observou corretamente que a designação dos astros como "lâmpadas" ainda não os "degrada" (*loc. cit.*, p. 179), mas também opina, por sua vez, que a redução a sua função expressa simultaneamente sua condição de criaturas (*ib.*).

[304] Todavia, no Antigo Testamento as plantas ainda não são compreendidas juntamente com os animais como seres viventes; cf. W. H. SCHMIDT, *loc. cit.*, pp. 150ss. referente a Gn 1.29.

[305] A classificação dos animais em Gn 1.24s., todavia, não distingue, como a moderna classificação, entre mamíferos e outras espécies de animais que vivem

criação, em contraste com animais aquáticos e aves, que constituem a obra do quinto dia. Mais digno de nota do que esses pontos de contato em detalhes é, no entanto, a consonância na concepção básica de uma progressão no surgimento das formas criaturais. Essa progressão pode apresentar-se diferente em muitos detalhes nos atuais conhecimentos da natureza do que no relato sacerdotal da criação: na concepção de mundo que surgiu do trabalho da ciência moderna também se trata de uma progressão.

A diferença entre a visão moderna da sequência do surgimento das formas e sua apresentação pelo relato sacerdotal da criação foi vista por EDMUND SCHLINK especialmente no fato de que, "segundo compreensão bíblica, a atuação própria das criaturas ocorre, desde o início, nas ordens concretas preestabelecidas a elas, enquanto a pesquisa moderna chegou de modo crescente à suposição de que ordens concretas procederam da atuação própria do existente"[306]. O relato sacerdotal, todavia, já conhece a idéia de uma participação de instâncias criaturais na atividade criadora de Deus, a saber, na produção não somente da vegetação (Gn 1.11s), mas também dos animais da terra (Gn1.14)[307] pela própria terra. Não obstante, a idéia de um desenvolvimento geral, em cujo transcurso as diferentes formas de realidade criatural tivessem surgido de seus estágios anteriores é totalmente estranha a essa exposição. A razão disso não pode ser que a concepção da atividade criadora de Deus excluiria a participação de instâncias criaturais: a participação da terra na criação das plantas e animais da terra demonstra o contrário. A distância do texto de qualquer concepção de evolução das formas e da realidade criatural se fundamenta antes no fato de que, no escrito sacerdotal, através da criação no princípio foi fundada uma ordem permanente para todos os tempos, de sorte que cada uma das obras da criação é colocada para durar por todo o

---

na terra, mas apenas destaca, por um lado, os animais selvagens, e, por outro, os animais domésticos do resto da "pululação da terra" (cf. W. H. SCHMIDT, *loc. cit.*,p. 124ss.).

[306] E. SCHLINK, *Ökumenische Dogmatik*, 1983, p. 33.

[307] W. H. SCHMIDT, *loc. cit.*, p. 126 chamou a atenção para a tensão existente entre ordem e execução em Gn 1.24s. A ordem de Deus se dirige à terra, enquanto a execução é apresentada como direto agir criador do próprio Deus (cf. tb. O. H. STECK, *Der Schöpfungsbericht der Priesterschrift*, 1975, pp. 118ss.).

tempo subsequente[308]. Justamente com esse interesse, porém, de que as diversas formas criacionais – portanto também as espécies de seres viventes – receberam já no ato da criação no princípio sua forma de existência que há de durar para tudo o futuro, o relato sacerdotal da criação se encontra em contraposição a outras concepções bíblicas da atividade criadora de Deus, que não a restringem ao começo, mas a compreendem como atividade de Deus permanentemente presente, que se manifesta de modo especial também no agir de Deus na história (vide *acima* pp. 77ss.). Por isso a doutrina dogmática da criação se quiser fazer jus ao todo do testemunho bíblico, tem a tarefa de ligar o interesse na constância da ordem uma vez posta por Deus, que se expressa no relato sacerdotal da criação, com o conceito de sua atividade criadora contínua. O ponto de vista da constância da ordem da natureza instituída por Deus não necessita mais, no contexto da moderna concepção da natureza, da pressuposição de imutabilidade das formas das criaturas uma vez criadas por Deus em suas espécies e gêneros. Ele é suficientemente atendido pela concepção das leis naturais e de sua validade inviolável, ainda não tematizada autonomamente no relato sacerdotal[309]. A chance, porém, de compreender a continuada atividade criadora de Deus no mundo por ele criado não apenas como preservação de uma ordem uma vez instituída, mas como a que cria incessantemente coisas novas, foi aberta à teologia pela teoria da evolução.

---

[308] O. H. STECK enfatizou de modo especial a importância desse motivo para o relato sacerdotal da criação (*loc. cit.*, pp. 68ss, cf. p. 94, 110, 121s. 126s.). A partir daí também se explica especialmente o fato de que na criação dos seres viventes é acrescentado um ato especial de bênção referente à procriação (Gn 1.22, cf. 28), porque para poderem durar dependem da multiplicação de sua espécie (*loc. cit.*, pp. 82s.).

[309] Também no final da narrativa do dilúvio é corroborada mais uma vez no escrito sacerdotal apenas a continuação da vontade criadora de Deus voltada para a duração da criação, com vistas a todo vivente (Gn 9.11), enquanto na versão javista não é acolhida a concepção de uma ordem determinada por leis naturais, no ritmo de semeadura e colheita, verão e inverno, frio e calor, dia e noite (Gn 8.22). Talvez esses ritmos já estejam fundamentados para o escrito sacerdotal no "domínio" de sol e lua sobre dia e noite (Gn 1.16) e em sua função para o conhecimento do curso do ano (Gn 1.14), de modo que sua menção no final da história do dilúvio pôde ser dispensada. Neste caso, o javista teria chegado mais perto da concepção de um conjunto de leis naturais a serem distinguidas da função dos astros do que o escrito sacerdotal.

No final do séc. XIX e ainda na primeira metade do séc. XX, as Igrejas cristãs e seus teólogos em grande parte não estiveram em condições, para seu próprio prejuízo, de reconhecer a chance que a teoria da evolução oferecia à teologia em relação às modernas ciências naturais. A luta contra o darwinismo faz parte dos erros das mais graves consequências na relação entre teologia e ciências naturais[310]. Isso vale especialmente para a teologia evangélica alemã, cuja rejeição do darwinismo, porém, é compreensível até certo grau como reação à explicação unilateral da mesma por biólogos representativos. Ambos os lados deveriam ter percebido na teoria de DARWIN, como mostrou GÜNTHER (144) ALTNER, a abertura para uma nova compreensão da natureza, a saber, de uma "historicidade da natureza em contraste à física clássica". Em vez disso, biólogos como ERNST HAECKEL enxergavam na teoria da evolução um triunfo para a "teoria da explicação mecânica da física clássica", e os teólogos "reagiram a DARWIN com polêmica e rejeição", porque, por sua vez, estavam "engessados nas premissas da visão de mundo da teoria da constância (todas as espécies inalteradas desde o começo do mundo) e ofuscados por uma sobreestima idealista do ser humano"[311]. A teologia estava alarmada especialmente por causa da ameaça à posição especial do ser humano na criação por parte da teoria da descendência de DARWIN, e o verdadeiro cerne do contraste enxergava-se na substituição de uma visão teológica da natureza à luz dos fins estabelecidos por Deus pela "ênfase na casualidade de muitos acontecimentos no jogo entre hereditariedade e seleção". Este último fator, com efeito, havia sido visto corretamente. Já no

---

[310] Essa constatação também é inevitável em face do caráter hipotético da teoria da evolução até nossos dias. Referente às dificuldades que a demonstração empírica para o surgimento das espécies por evolução ainda tem que enfrentar até hoje, cf., *p.ex.*, A. HAYWARD, *Creation and Evolution. The Facts and the Fallacies*, 1985, pp. 21ss. Vide, além disso, A. PEACOCKE, *God and the New Biology*, 1986, pp. 44ss., bem como J. S. WICKEN, *loc. cit.*, p. 209 com referência a E. MAYR, *Principals of Systematic Zoology*, 1969, e ainda *The Growth of Biological Thought*, 1982. As razões pelas quais a teoria da evolução foi rejeitada pela teologia, porém, pouco tinham a ver com essas dificuldades internas de sua confirmação empírica.

[311] G. ALTNER, Wer ist's der dies alles zusammenhält? Das Gespräch zwischen Theologie und Naturwissenschaften im Lichte von Prigogines "Dialog mit der Natur", in: G. A. ALTNER (ed.), *Die Welt als offenes System* (1984), pp. 161-171s. As expressões seguintes citadas no texto são extraídas desse excelente breve resumo da problemática por ALTNER. Cf. tb. seu livro *Schöpfungsglaube und Entwicklungsgedanke in der protestantischen Theologie zwischen Ernst Haeckel und Teilhard de Chardin*, 1965.

próprio DARWIN suas intuições do mecanismo da seleção haviam provocado um afastamento da visão teológica da natureza, mecanismo esse que na *Natural Theology* de WILLIAM PALEY (1802), outrora estudada e admirada também por DARWIN, constituía a base da demonstração da existência de Deus pelo *argument of design*[312]. A combinação entre hereditariedade e seleção explicava a funcionalidade nos fenômenos da vida orgânica, a qual a demonstração teológica da existência de Deus considerou explicável unicamente pela suposição de uma razão planejadora. Por isso a teoria da evolução era considerada por simpatizantes e adversários como refutação da concepção teísta de Deus. Para ambos os lados podia parecer que a teoria da evolução estava dando à evolução uma explicação em princípio puramente mecânica para o surgimento das espécies. Nisso foi esquecido, como observa ALTNER, que a "nova imagem evolutiva do mundo oferecia a oportunidade para refletir sobre a dinâmica do evento da criação como um processo aberto no tempo. ...".

Isso vale principalmente para a teologia alemã, abstraindo de poucas exceções como KARL BETH, de Erlangen[313]. Na teologia inglesa já existiram, desde cedo, tentativas de associar a doutrina cristã com a perspectiva da teoria da evolução. Nelas a história salvífica foi considerada como continuação e consumação da evolução, que se via culminar em Jesus Cristo como o novo homem. A concepção teísta de Deus como razão ordenadora e planejadora de fins era agora associada a todo esse processo, em vez de à funcionalidade de determinadas conformações.

Pioneira para essa maneira de ver as coisas tornou-se a coletânea *Lux Mundi*, editada em 1889 por CHARLES GORE. Nela a teoria da evolução foi saudada francamente como libertação de uma visão mecanicista da natureza que permitia, na melhor das hipóteses,

---

[312] R. H. OWERMAN, *Evolution and the Christian Doctrine of Creation*. A Whitehaedian Interpretation, 1967, pp. 57-68, referente a Paley esp. p. 58. No capítulo seguinte (pp. 69-116), OWERMAN ofereceu um resumo substancial das discussões que se seguiram à obra de DARWIN sobre a relação entre a teoria da evolução e a teologia. Vide referente a isso tb. já J. DILLENBERGER, *Protestant Thought and Natural Science,* 1960, pp. 217-253; I. G. BARBOUR, *Issues in Science and Religion,* 1966, pp. 80-114, bem como E. BENZ, *Schöpfungsglaube und Endzeiterwartung.* Antwort auf Teilhard de Chardins Theologie der Evolution, 1965, pp. 157-183, e J. HUBNER, *Theologie und theologische Entwicklungslehre,* 1966. Mais literatura em S. M. DAECKE, Entwicklung, in: *TRE* 9, 1982, 705-710, esp. 714s.
[313] KARL BETH, *Der Entwuicklungsgedanke und das Christentum,* 1909.

conceber a Deus unilateralmente em termos deístas como autor da ordem natural no passado, não, porém, como ininterruptamente atuante criadoramente nos processos naturais[314]. A tradição inglesa de uma teologia da evolução, fundada por *Lux Mundi*, encontrou, no séc. XX, seus mais importantes propugnadores em WILLIAM TEMPLE e CHARLES RAVEN, bem como no presente, em ARTHUR PEACOCKE[315]. Todavia conservou-se, ao lado disso, justamente na Inglaterra e especialmente na América do Norte, também a resistência dos chamados *"creationists"*, que refutam qualquer forma da teoria da evolução como inconciliável com uma crença literal na Bíblia. Desde que HENRY M. MORRIS e JOHN C. WITCOMB fizeram a tentativa, em 1961, de explicar os resultados da geologia e da paleantologia com a ajuda da narrativa bíblica do dilúvio (Gn 6.13-8.22 – *The Genesis Flood*, 1961), surgiu uma ciência "criacionista" concorrente com a teoria da evolução geológica e biológica[316]. A discussão teológica com ela tem que dirigir-se, em primeiro lugar, à compreensão fundamentalista da autoridade bíblica e dos textos bíblicos, na qual ela se baseia: da crença no agir salvífico na história faz parte também o reconhecimento da historicidade dos textos bíblicos e da condicionalidade histórica das concepções reinantes na época de sua redação.

Comparável em muitos sentidos com a teologia da evolução inglesa e americana é a obra de TEILHARD DE CHARDIN[317]. Todavia Teilhard ligou a concepção de Deus como ômega da evolução com o futuro do mundo, em direção ao qual tenderia a dinâmica da evolução de si mesma (por meio de sua energia "radical") e cuja atuação se manifestaria nas formas de vida por meio de crescente complexidade e interioridade, bem como, especialmente no estágio do ser humano, por meio de crescente comunização. Para a atitude até então de rejeição por parte da teologia e da Igreja católico-

---

[314] Abonações em R. H. OVERMAN, *loc. cit.*, pp. 78s.
[315] W. TEMPLE, *Man and God*, 1954; CH. RAVEN, *Nature, Religion and Christian Theology* I, 1953; A. PEACOCKE, *Science and the Christian Experiment*, 1971; *Creation and the World of Science*, 1979.
[316] Cf. referente a isso criticamente A. HAYWARD, *loc. cit.*, pp.69-157, bem como R. I. NUMBERS, The Creation, in: *Zygon* 22, 1987, pp. 133-164, esp. 153ss.
[317] Aqui deve ser mencionada, antes de mais nada, sua obra principal *Der Mensch im Kosmos* (1955), versão alemã 1959. Dentre a volumosa literatura vide esp. S. M. DAECKE, *Teilhard de Chardin und die evangelische Theologie*, 1967, além disso A. GOSZTONYI, *Der Mensch und die Evolution. Teilhard de Chardins philosophische Anthropologie*, 1968.

romana em relação à teologia da evolução[318] a discussão dos pensamentos de TEILHARD DE CHARDIN, inicialmente penosa e atravancada por proibições, produziu uma virada. Enquanto HERMANN VOLK ainda determinava, em 1959, a relação entre criação e evolução no sentido de que criação se referia ao começo e não a um devir, e que, inversamente, evolução sempre já pressuporia o começo posto[319], JOSEPH RATZINGER pôde escrever 10 anos depois: "Criação não é, do ponto de vista de nossa compreensão de mundo, um começo distante, tampouco um começo distribuído sobre vários estágios, antes concerne o ser como temporal e em formação: o ser temporal está cercado como um todo pelo singular ato criador de Deus, que lhe confere a unidade na divisão, na qual consiste, simultaneamente, seu sentido..."[320]. Entrementes essa visão das coisas pode ser considerada também como amplamente reconhecida na teologia católica[321]. Nisso é enfatizado "o surgimento de coisas realmente e formalmente novas" na evolução[322] por meio do emprego e da ampliação de antigo conceito de uma *creatio continua*, que, todavia, é associada, diferentemente do que na teologia da evolução inglesa,

---

[318] Ela se manifestou ainda em 1950 na encíclica *Humani generis*, cf. DS 3877s. Cf. tb. Z. ALSZEGHY, Die Entwicklung in den Lehrformulierungen der Kirche uber die Evolutionstheorie, in: *Concilium* 3, 1967, 442-445.

[319] H. VOLK, Entwicklung, in: *LThK* 3, 2ª ed., 1959, pp. 906-908, 907.

[320] J. RATZINGER, Schöpfungsglaube und Evolutionstheorie, in: H. J. SCHULTZ (ed.), *Wer ist das eigentlich – Gott?* 1969, pp. 232-245, 242. De acordo com RATZINGER, as imagens contrastantes do decurso da criação mostram que "já desde sempre fé e imagem de mundo não são idênticas para a própria Bíblia" (p. 329). A "idéia da constância das espécies reinante antes de DARWIN" é considerada expressamente como "como insustentável hoje em dia (p. 233, cf. 235).

[321] Especialmente K. RAHNER já se havia antecipado nesse assunto. Cf. seu artigo Evolution, Evolutionismus (2), in: *Sacramentum Mundi I* (1967), pp. 1251-1262, ao qual havia precedido, desde 1960, uma série de contribuições para a importância da concepção de evolução para temas avulsos da dogmática (esp. Die Christologie innerhalb einer evolutiven Weltanschauung, in: *Schriften zur Theologie V*, 1962, pp. 183-221. Vide, além disso, L. SCHEFFCZYK, *Einführung in die Schöpfungslehre* (1975), 2ª ed., pp. 59ss.; S. N. BOSSGARD, Evolution und Schöpfung, in: *Christlicher Glaube in moderner Gesellschaft 3*, 1981, pp. 87-127, bem como Idem, *Erschafft die Welt sich selbst? Die Selbstorganisation von Natur und Mensch aus naturwissenschaftlicher, philosophischer und theologischer Sicht*, 1985, e A. GANOCZY, *Schöpfungslehre*, 1983, pp. 143ss., esp. pp. 150s. (cf. *ib.*, 2ª ed., 1987, pp. 196-258.

[322] L. SCHEFFCZYK, *loc. cit.*, p. 61, cf. A. GANOCZY, *loc. cit.*, (1983), pp. 154ss. e (1987) pp. 213s.

somente à conservação do criado, em contraste com o ato de criação do princípio[323].

A aplicação da idéia da criação à evolução pode reportar-se às afirmações véterotestamentárias, especialmente às que se encontram em Dêutero-Isaías, referentes ao caráter criador do agir de Deus na história, sob a pressuposição de que no processo da evolução surge, passo a passo, algo genuinamente novo, que não se pode reduzir ao que já existia antes. Essa premissa está cumprida pela descrição da evolução como *"emergent evolution"*[324]. Ela tem seu ponto de destaque na rejeição de uma compreensão reducionista da evolução. Justamente o fator da casualidade, que JACQUES MONOD enfatizou com tanto vigor em contraste com interpretações teológicas da evolução[325], é importante para uma interpretação teológica dos passos evolutivos como expressão de um

---

[323] L. SCHEFFCZYK, *loc. cit.*, p. 61, acentua com razão que uma interpretação evolutiva do conceito da *creatio continua* nesse sentido representaria "em certo sentido, uma inovação teológica", conquanto esse conceito é "enriquecido por um elemento dinâmico". Na teologia da evolução inglesa e americana ainda se foi oportunamente, além disso, ao se tratar o conceito da *creatio continua* como alternativa ao da *creatio ex nihilo* (assim em I. G. BARBOUR, *Issues in Science and Religion,* 1866, pp. 384s., cf. *acima* pp. 39 e 76ss.). Se, porém, insistirmos na ideia de que o conceito de uma *creatio continua* sempre já pressupõe o da *creatio ex nihilo*, daí ainda não resulta a restrição do primeiro à conservação em contraste com a criação no princípio. A afirmação de uma *creatio ex nihilo* deve, antes, na compreensão de J. RATZINGER (*acima* nota 320), ser associada a toda a extensão de tempo do ser natural, sendo que, portanto, *creatio continua* deve ser compreendida como definição mais detalhada da *creatio ex nihilo*. Nesse sentido se pode, acompanhando I. BARBOUR, colocar toda a história do universo sob o tema "evolução e criação" (*loc. cit.*, pp. 365-418, 414ss., tb. 456ss.).

[324] C. L. MORGAN, *Emergent Evolution,* 1923. Cf. E. C. RUST, *Evolutionary Philosophies and Contemporary Theology,* 2969, pp. 77ss. Em face da contingência dos passos da evolução, TH. DOBZHANSKY pôde designar evolução inclusive como *"a source of novelty"* (*The Biology of Ultimate Concern* 1967, 2ª ed. 1969, p. 33). Com isso também concorda em seu resultado a teoria lúdica da evolução de M. EIGEN (cf. M. EIGEN, Evolution und Zeitlichkeit, in: *Die Zeit*, editado por A. PREISL e A. MOHLER, 1983, pp. 35-57, esp. p. 52.

[325] J. MONOD, *Zufall und Notwendigkeit.* Philosophische Fragen der modernen Biologie (1970), versão alemã 1971, pp. 120ss., 141ss., cf. 177s. Confira as expressões de A. R. PEACOCKE, *Creation and the World of Science,* 1979, pp. 92-111, esp. pp. 93ss., com remissão a W. G. POLLARD, bem como S. N. BOSSHARD, *Erschafft die Welt sich selbst?,* 1985, pp. 94ss.

agir divino criador continuado. Nisso não constituem impedimentos a determinação geral dos processos evolutivos por leis e a processão de toda nova forma a partir das formas de vida que lhes precederam na corrente da evolução. Uma mediação do agir criador divino, aliás, por meio de instâncias criaturais já é conhecida do relato sacerdotal da criação. Decisivo para a possibilidade de uma interpretação teológica dos processos evolutivos no sentido de um agir histórico criador de Deus é o caráter "epigenético" da evolução, dado em cada estágio pela agregação de algo inderivavelmente novo.

A diferença mais profunda entre a concepção moderna dos fenômenos naturais e a do relato sacerdotal da criação reside no fato de que as modernas ciências naturais atribuem todas as formas do mundo natural a processos e elementos elementares. Esse modo de ver as coisas tem suas antigas raízes na teoria atômica de Demócrito, que considerava todas as formações da natureza compostas dos mesmos diminutos elementos, no que suas diferenças deveriam ser explicadas pelo diferente modo de suas ligas. Essa visão de uma estruturação de todas as formações complexas de elementos elementares determinou decisivamente o modo de ver as coisas das modernas ciências naturais. Sem essa visão a progressão da evolução das formas criaturais não é mais imaginável.

A sequência começa nos fenômenos elementares, menos complexos, nos quais todas as demais formas se baseiam. No entanto, nem os "elementos" químicos, nem os "átomos" que se encontram em sua base, nos quais as modernas ciências naturais procuram, há muito tempo, o "elementar" não mais redutível e os elementos constituintes originais, não mais divisíveis da matéria, ofereceram uma resposta definitiva à pergunta por seus últimos elementos constitutivos. Os supostos átomos mostraram-se como por sua vez compostos de numerosas partículas menores, e essas podem ser subdividas novamente em *quarks* e *strings* que, além disso, são qualitativamente diferentes entre si, de modo que também eles não satisfazem a exigência da teoria atômica de Demócritio de elementos constituintes ínfimos e uniformes da matéria, a cuja combinação deveriam remontar todas as diferenças.

Seria, em última análise, o elementar de algum modo concebível como forma que permanece no espaço, como corpo mínimo, como corpúsculo? Ou teria ele antes a forma de acontecimentos momentâneos, sem permanência e localização inequívocas? Há muitos argumentos a favor da tese de que toda matéria corpuscular deve ser considerada como derivada de eventos elementares, que, por sua vez, se apresentam como manifestações de grandezas de campo.

Foi mérito de ALFRED NORTH WHITEHEAD ter tirado da revolução física da física quântica a conclusão filosófico-natural de que acontecimentos e séries de acontecimentos momentâneos precedem a toda formação de corpos que subsistem em espaço e tempo[326]. Primeiro a ininterrupta repetição de acontecimentos de determinada forma produz depois a forma permanente de corpos. Enquanto HENRY BERGSON considerava a "duração" continuada como fenômeno fundamental de toda realidade viva, e criticava sua dissolução em uma sequência de instantâneos que, com velocidade suficiente de sua sequência, conferem, como na projeção de um filme, a ilusão de algo que existe continuadamente, como produto de uma espacificação do tempo pelo juízo separador, sob cujas condições o movimento real é tão pouco reconstituível como, de acordo com o afamado paradoxo de ZENON de Eléia, AQUILES conseguiria alcançar o jabuti[327]. Em WHITEHEAD, o mecanismo "cinematográfico" de modo algum aparece como ilustração disparatada de fenômenos continuados, antes, muito pertinente do surgimento de fenômenos continuados, sobretudo, da duração continuada dos corpos[328].

Com sua tese da prioridade de acontecimentos e séries de acontecimentos fugazes antes do aparecimento de formas que ocupam espaço e que permanecem no tempo, WHITEHEAD encontra, entrementes, amplo consentimento. O problemático de sua posição consiste, porém, no isolamento desse ponto de vista a um atomismo de um acontecimento dogmático, que considera os acontecimentos que aparecem momentânea e discretamente como, em última análise, o unicamente real[329]. O contínuo extensivo do

---

[326] A. N. WHITEHEAD, *Science and the Modern World*, 1925, versão alemã 1949, bem como Idem, *Process and Reality*, 1929, versão alemã 1979. (cf. M. WELKER, *Universalität Gottes und Relativität der Welt*, 1981, esp. pp. 35-137, bem como tb. a introdução de R. WIEHL a WHITEHEAD *Adventures of Ideas* (1933) em uma edição alemã de 1971.
[327] H. BERGSON, *L'evolution créatrice*, 1907, pp. 304ss., 308ss.
[328] Process and Reality. An Essay in Cosmology, in: *HTB* 1933, 1960, p. 54.
[329] *Loc. cit.*, p. 27, cf. 53 bem como p. 95. "*Continuity concerns what is potential, whereas actuality is incurably atomic*".

tempo-espaço é fundamentado no aparecimento de acontecimentos[330] enquanto do mesmo modo poderia ser compreendido como condição de seu aparecimento. O campo de possibilidades, do qual procedem acontecimentos, não é concebido em WHITEHEAD como sua origem criacional, os acontecimentos são concebidos, antes, como autocriadores. Com o primado ontológico do campo antes do acontecimento, como do infinito antes do finito, também se desconhece na exposição da cosmologia por WHITEHEAD a inderivabilidade do todo das partes no aparecimento de formas duradouras[331].

Sem prejuízo da composição de todas as formações de muitíssimos elementos menores, esses últimos sempre já têm lugar, por sua vez, em horizontes holísticos, dos quais também procedem as formas maiores e mais complexas, que, como inteirezas, em lugar algum são simplesmente redutíveis a suas partes. Com vistas a esse estado de coisas, pode-se falar teologicamente da produção das formas criaturais por meio da ação criadora de Deus, sem que com isso seja necessário entrar em concorrência com o esclarecimento científico-natural das condições de seu surgimento e postular lacunas de princípio da descrição pelas ciências naturais. As afirmações da teologia sobre a realidade divina em suas diferentes conformações, porém, não estão relacionadas apenas exteriormente com fatos descritos pelas ciências naturais, mas dirigem-se aos nexos estruturais que unem as formas criaturais com o todo da criação. Com isso a teologia pode, não por último, contribuir também para que se mantenha aberta a consciência para a necessidade de mais progresso no esclarecimento pelas ciências naturais sobre a realidade da natureza.

Embora todas as formações materiais consistam de átomos e das partículas e processos que as constituem, atualmente não se pode mais afirmar sem mais nem menos que, em determinadas ocasiões, partículas elementares que passam de uma para a outra

---

[330] *Loc. cit.*, p. 103. O contínuo extensivo é "real" somente na medida em que é derivado do *actual world* de acontecimentos. Vide tb. as explanações à pp. 159s., referentes ao conceito de campo como forma especial do contínuo extensivo.

[331] Cf. do Autor, Atom, Duration, Form. Difficulties with Process Philosophy, in: *Process Studies* 14, 1984, pp. 21-30, agora em versão alemã in Idem, *Metaphysik und Gottesgedanke*, 1988, pp. 80-91.

(respectivamente que "se desintegram") devessem ser consideradas como "blocos de construção" da matéria, dos quais seriam compostas todas as formações mais complexas[332], antes deve-se conceder aos processos e estados subatômicos um caráter holístico[333]. Essa inteireza (indeternminada) manifesta-se em fenômenos isolados, mas não é composta por eles. Além disso, ela foge, do mesmo modo como suas manifestações, a uma localização exata[334]. Assim parece ser mais sugestivo compreender partículas antes como causadoras locais de um campo que preenche todo o espaço[335].

Nisso surgem inevitavelmente nexos entre microfísica e cosmologia física. O "universo inicial", concentrado num espaço apertado, deve ter-se encontrado num estado de calor tão extremo que dos processos elementares não puderam surgir formas complexas duradouras[336]. O universo inicial constitui o horizonte holístico natural de tais condições. Primeiro o esfriamento, ligado a sua expansão, possibilitou o surgimento de átomos e moléculas, bem como sua aglomeração em galáxias e astros pelo efeito da gravidade[337]. Nisso novamente devem ser levadas em consideração as condições globais do universo como condição holística para o aparecimento de suas formações.

Isso também vale para as condições circunstanciais que possibilitaram o surgimento de uma biosfera na Terra; proteção da superfície da Terra contra as radiações cósmicas por meio de ventos solares, cujos efeitos são, por sua vez, atenuados pela esfera magnética da Terra que se encontra sob a influência da Lua[338]; formação de macromoléculas sob o efeito da radiação ultravioleta e sua posterior filtração por enriquecimento da atmosfera terrestre com

---

[332] W. STEGMÜLLER, Die Evolution des Kosmos, in: Idem, *Hauptströmungen der Gegenwartsphilosophie II*, 6ª ed., 1979, pp. 599ss., cf. pp. 686-604.

[333] R. J. RUSSELL, *loc. cit.*, pp. 350s. De modo semelhante já I. G. BARBOUR, *Issues in Science and Religion* (1966), 1968, pp. 295ss.

[334] R. J. RUSSELL, *loc. cit.*, pp. 351ss. com referência a J. S. BELL *et alii*.

[335] W. STEGMÜLLER, *loc. cit.*, p. 603, cf. R. J. RUSSELL, *loc. cit.*, pp. 356s.

[336] ST. WEINBERG, *The First three Minutes*. A Modern View of the Origin of the Universe (1977) 1978, pp. 14ss.

[337] ST. HAWKING, *Eine kurze Geschichte der Zeit. Die Suche nach der Urkraft des Universums*, 1988, pp. 149ss. A formação dos primeiros núcleos de dautério e hélio teria ocorrido, segundo HAWKING, já em menos de dois minutos depois do *big bang*, enquanto foram necessários milhões de anos até électrons e núcleos se ligarem em átomos (p. 151). Referente a estrelas e galáxias, cf. tb. a ilustrativa descrição de W. STEGMÜLLER, *loc. cit.*, pp. 526-574.

[338] W. STEGMÜLLER, *loc. cit.*, pp. 693ss., esp. 700.

oxigênio em decorrência da fotodesassociação da água[339]; por fim, continuação do aumento do teor de oxigênio da atmosfera em decorrência da fotossíntese das plantas: condição de toda vida animal superior[340].

Os fenômenos de vida se formaram sob essas condições especiais, por meio do aproveitamento da oferta de energia termodinâmica, que surge na esteira da expansão do universo e que possibilitou o surgimento das galáxias e das estrelas[341]. Os seres vivos se distinguem em relação a outras formações pelo fato de aparecerem como produtos de ativa autoconformação por meio de auto-organização[342]. Seu surgimento tem pré-formas em flutuações, tais como ocorrem em processos de corrente, e que conservam, por algum tempo, uma forma própria de movimento contra seu entorno. Especialmente o aparecimento de chamas foi compreendido com razão como analogia de fenômenos de vida: "Chamas apresentam inclusive assimilação de energia e de matéria e se multiplicam devorando combustível, e reproduzindo-se, sob condições favoráveis"[343]. Por isso a chama da vela é um símbolo da vida com uma estrutura "dissipativa", possibilitada por consumo de energia (melhor, por meio de mediação catalisadora de transformação de energia potencial em calor), e que desse modo se estabiliza[344]. Organismos, porém, têm estrutura bem mais complexa, e eles mesmos produzem suas formas e condições por meio do aproveitamento de informação bem como de energia acumulada (vide nota 342).

A condicionalidade do aparecimento das formas de vida, e entre elas do homem, pela disposição global do universo e sua expansão, foi destacada principalmente pelo já reiteradas vezes mencionado "princípio antrópico" (vide *acima* pp. 122ss.). Ainda que com isso não se dê uma explicação causal para a consonância de

---

[339] W. Stegmüller, *loc. cit.*, pp. 606s.
[340] *Ibd.*, p. 715.
[341] J. S. Wicken, *Evolution, Thermodynamics and Information.* Extending the Darwinian Program, 1987, p. 72.
[342] *Loc. cit.*, pp. 31s.
[343] G. Süssmann, Geist und Materie. In: *Gott-Geist-Materie.* Theologie und Naturwissenschaft im Gespräch, editado por H. Dietzfelbinger e L. Mohaript, 1980, pp. 14-31, 23; cf. p. 115 a.
[344] J. S. Wicken, *loc. cit.*, p. 116: *"The stability of a kinetic (dissipative) structure is a function of its ability to concentrate and dissipate thermodynamic potential".* Referente ao conceito das estruturas dissipativas, cf. I. Prigogine, *From Being to Becoming: Time and complexity in the physical sciences,* 1980, pp. 90ss.

constantes fundamentais da natureza com as condições para o surgimento de vida inteligente, está sendo expresso, não obstante, que o universo forma um todo que é a condição abrangente para todos os fenômenos e formas que nele aparecem. Isso não significa que, por meio de sua ordem dinâmica, o universo obriga a admissão de um autor inteligente no sentido da demonstração cosmológica da existência de Deus. Mas aquela consonância, não obstante, parece afirmar que o universo deve ser considerado como um "fim da natureza" no sentido de Kant, no qual partes e o todo se condicionam mutuamente[345], de modo que também o aparecimento da vida e do ser humano não pode ser considerado um acaso indispensável para o conceito do universo. Qualquer que seja a razão última para a existência do universo: ele tem que ser concebido como razão dos processos cósmicos no todo e em todas as suas partes. Nisso compete aos organismos uma importância central já pelo fato de serem, por sua vez, de modo especial, "finalidades naturais"[346]. A antiga concepção da vida e especialmente da vida humana como "microcosmo"[347] afinal possui um núcleo verdadeiro, ainda que menos no sentido de uma participação do ser humano em todas as camadas da realidade cósmica como com vistas à estrutura do ser humano como ser vivente, e também somente no modo de uma potenciação

---

[345] I. Kant, *Kritik der Urteilskraft*, 1790, § 64s. (A. 280ss.). A definição provisória de Kant reza: "*uma coisa existe com fim original quando é causa e efeito (ainda que em dois sentidos) de si mesma* (A 282, formulação algo ampliada depois de 2 e 3 edição de 1793 resp. 1799, 286), no entanto, no parágrafo seguinte a definição é modificada no sentido de "que as partes são possíveis somente (de acordo com seu ser-aí e sua forma) por meio de sua relação com o todo" (A 286), e isso de tal modo "que são reciprocamente causa e efeito de sua forma" (A 287). Todavia, por causa da concepção mecanicista dos fenômenos da natureza de então, Kant admitiu uma aplicação de seu conceito de uma finalidade natural à "natureza como um todo" somente para a capacidade de julgamento reflexivo (§ 75, A 330s.). Neste lugar as afirmações adicionais feitas sob o dado da fórmula do "princípio antrópico" poderiam ser justificativas no sentido de um significado para o evento natural em si.

[346] J. S. Wicken, *loc. cit.*, p. 31 opinou a respeito da concepção de Kant do ser vivente como finalidade natural que ela permanece "*an extremely useful definition*" também sob as condições do atual estágio das pesquisas. Considera sua própria descrição do ser vivente como "*informed autocatalytic system*" que se torna e se mantém por meio de "*participative flow of nature*", como uma formação mais avançada e concretização da definição formal de Kant.

[347] Cf. M. Gatzenmeier e H. Holtzhey, Makrocosmos/Mikrocosmos, in: *HistWBPhilos 5*, 1980, pp. 640-649.

da estrutura expressa pelo conceito da finalidade da natureza, porque vida significa auto-organização, o que não pode ser afirmado a respeito do universo em seu todo.

A expansão do universo deve ser considerada teologicamente como meio do Criador para a produção de formas autônomas da realidade criatural. Isso vale não apenas no sentido de que a expansão cósmica dá espaço a um crescente número de criaturas. Antes, a própria formação de formas está condicionada pelo esfriamento ligado com a expansão. Em contraste com a existência fugaz das partículas elementares, a forma duradoura é a forma básica da subsistência autônoma, seja na forma de sistemas integrados como em átomos e moléculas, seja no modo de meros agregados como em astros, cordilheiras e mares, que na verdade são diminuídos por subtração de partículas, mas não são destruídos. Um nível superior de autonomia da existência criatural é atingido primeiro com os organismos, cuja vida se manifesta na forma de auto-organização de processos catalíticos, portanto como autocatálise.

A afinidade da vida orgânica com formações de correntes já foi destacada. Organismos são catalisadores "desencadeadores" de processos de correntes, que, porém, já pressupõem a cadência de correntes de comutação cósmica de energia. Organismos são chamados de sistemas autocatalíticos, porque produzem e reproduzem a si mesmos[348]. Isso ocorre por formação de estrutura e auto-atividade dirigida pela informação[349]. De acordo com Jeffrey S. Wicken, a informação do duplo hélix do DNA armazenado no contexto de seu uso em genes deve ter sido desenvolvido em processos catalíticos[350].

---

[348] M. Eigen, Selforganization of Matter and the Evolution of Biological Macromolecules in: *Die Naturwissenschaften 58/10*, 1971, pp. 465-523.

[349] M. Eigen, *loc. cit.*, pp. 502ss. Por isso J. S. Wicken pode definir organização como *"informed constraint for functional activity"* (*loc. cit.*, p. 41).

[350] *"Information evolves only within a context of utilization"* (J. S. Wicken, *loc. cit..*, p. 104, cf. pp. 105s.). Com isso Wicken se volta contra a teoria dos hiperciclos de M. Eigen, que teria baseado sua reconstrução da formação de sistemas autocatalíticos de modo demasiadamente unilateral como transmissão de informações de DNA para RNA para proteínas (pp. 98-107). Esse modelo valeria somente para processos parasitários, nos quais fibras de DNA exploram proteínas alheias para sua própria reprodução (pp. 102s.). Isso corresponde ao que acontece em infecções virais, cuja investigação constituiu o ponto de partida para a

Portanto, os processos de vida não podem ser compreendidos apenas a partir da replicação dos portadores de informações genéticas. Antes, já na origem da vida é necessária a referência a um "todo" que liga as diversas funções de RNA e proteínas em seu desenvolvimento[351]. De acordo com isso, em todas as etapas da evolução da vida partes permanecem dependentes do respectivo todo, ao qual estão relacionadas funcionalmente[352].

Com a espontaneidade dos processos de vida como formação de formas por meio de auto-organização se relaciona evidentemente também a multiplicidade dos seres vivos que surgem em exuberante profusão e entram em concorrência pelo aproveitamento do espectro de energia de seu ambiente. Neste ponto inicia o mecanismo da seleção[353], pelo qual, na teoria da evolução de DARWIN, o desenvolvimento das formas de vida aparece como resultado de sua luta pelos recursos naturais em seu ambiente e por chances para sua multiplicação. Fonte da multiplicidade das formas de vida, todavia, é algo diferente, a saber, sua produtividade espontânea. A transbordante riqueza de formas de vida também não está caracterizada desde o início por uma ânsia por adaptação ao

---

genética moderna (cf. W. STEGMÜLLER, *loc. cit.*, pp. 620ss.). Segundo WICKEN (p. 104), com isso ainda não está explicada a ampliação do programa de informação do DNA/RNA às múltiplas funções das proteínas de um organismo, por isso também não a ligação de RNA e proteínas na organização de um ser vivo. WICKEN supõe que o ponto de partida para isso deveria ser procurado antes nas proteínas (pp. 110ss.).

[351] J. S. WICKEN, fala de "*catalytic microspheres*" (*loc. cit.*, p. 106) que por fim são substituídas no surgimento da vida pela formação da célula separada da circunvizinhança por uma membrana (p. 125). De modo semelhante tb. H. KUHN, Entstehung des Lebens. Bildung von Molekülgesellschaften, in: *Forschung 74*, 1973, pp. 78-104. KUHN, porém, pensou inicialmente só em sistemas de ácidos nucléicos.

[352] "*Organistic wholes cannot be built piecemeal from molecular parts. The whole provides rules and contexts in which parts emerge and acquire functional significance*" (J. S. WICKEN, *loc. cit.*, p. 130, cf. 136, 166ss e 207). A relação do conceito do "todo integrado" com o conceito de sistema é discutida detalhadamente por S. N. BOSSHARD, *Erschafft die Welt sich selbst?*, 1985, pp. 110ss., 117ss. em delimitação contra a tendência finalista de uso feito pelo vitalismo do ponto de vista da integralidade. Vide tb. a justaposição de tendências "holísticas" e "reducionistas" na biologia em A. PEACOCKE, *God and the New Biology*, 1986, pp. 32ss., 57ss.

[353] De acordo com J. S. WICKEN, o princípio de seleção já funcionou antes do surgimento da capacidade para a replicação (*loc. cit.*, p. 109).

meio³⁵⁴. Antes ela se distingue na ligação com a tendência das formas de vida rumo à crescente complexidade pelo fato de que das formas de vida é própria a dignidade de entrar na existência em aparente facilidade por amor delas mesmas como autofinalidade. Esse é um momento importante de sua singular beleza. A riqueza de formas de vida não pode ser reduzida à função da adaptação ao meio, por mais importante que essa função seja para o processo da seleção. Antes vale inversamente que a riqueza de novas formas de vida também abre, como que um subproduto, novas possibilidades de aproveitamento de condições de vida.

Na crença bíblica na criação, a riqueza de vida na multiplicidade de suas formas desempenha um papel importante. Assim, por exemplo, o Salmo 104 toma a multiplicidade do mundo animal com especial detalhismo como motivo para louvar o Criador por isso (Sl 104.11ss.). No grande discurso de Deus, que leva o Jó queixoso ao reconhecimento e ao louvor da superioridade do Criador sobre todas as reivindicações de direito de uma única criatura³⁵⁵, a enumeração das maravilhas da criação de Deus com a pluralidade do mundo animal (Jó 38.30), e em nova superação com a admirável grandiosidade do hipopótamo e do crocodilo (Jó 40.10-41.25), chega a seu auge. Ainda na mensagem der Jesus, a riqueza da bondade do Criador e o paternal cuidado de Deus, perceptíveis nos animais e nas plantas, são contrapostas à tendência humana a preocupações (Lc 12.24-28; Mt 6.26-30).

Em vista de tal fascinação da piedade bíblica por multiplicidade e esplendor das formas de vida não admira que também o relato da criação do escrito sacerdotal se refira detalhadamente à criação das diferentes espécies e gêneros de plantas e animais. Embora o escrito sacerdotal afirme apenas a respeito dos animais que eles têm "fôlego de vida" em si (Gn 1.30), não obstante plantas e animais são destacados de igual modo dentre todas as demais criaturas pelo fato de serem criados "segundo suas espécies". Com isso a multiplicidade das formas criacionais é tematizada especificamente nessa área da criação. O ponto de vista clas-

---

³⁵⁴ J. S. WICKEN, loc. cit., p. 179: *The drive toward complexity is constrained by fitness, but not moving on its behalf [...] The important point is that experiments in organizational complexity provide access to new adaptive zones*".

³⁵⁵ É assim que RENDTORFF interpreta o sentido do discurso de Deus dirigido a Jó: "Wo warst du, als ich die Himmel gründete?" Schöpfung und Heilsgeschichte, in: *Frieden in der Schopfung. Das Naturverständnis protestantischer Theologie*, 1987, pp. 35-57, esp. pp. 49ss.

sificador sob o qual isso acontece expressa o interesse no fato de que essa multiformidade é criação de Deus em sua totalidade[356]. Todavia, ela não é compreendida, tal como acontece nas ciências naturais modernas, como produto da auto-organização e da evolução da vida, mas como dada desde o princípio. Também o escrito sacerdotal levou em consideração o fato de que plantas e animais não continuam existindo, por todos os tempos, na forma uma vez recebida, mas que se reproduzem e se multiplicam por meio de sua semente (Gn 1.12) ou, no caso dos animais, por meio da bênção da fecundidade (Gn 1.22). No entanto, justamente desse modo a experiência da continuada renovação e reorganização da vida é reatada à instituição do princípio[357] e, ao mesmo tempo, restrita ao círculo das espécies criadas desde o princípio. Já foi dito que esse traço do relato sacerdotal é expressão de sua dependência de um modo mítico de ver as coisas condicionado à época, que atribui tudo o que existe atualmente a um tempo primordial fundante (vide *acima* pp. 183s.). Já em face da tensão com a concepção da atividade criadora continuada de Deus em outras afirmações bíblicas, isso não pode fazer parte do conteúdo central da crença bíblica na criação. Mais importante é o interesse na multiplicidade das formas de vida e o esforço para sua compreensão em sua totalidade, sob consideração também do poder para renovação e propagação da vida por meio de procriação. O enfoque moderno resume todas esses momentos sob o ponto de vista da auto-organização do vivente em sua evolução. Nisso ele mostra certa afinidade com a concepção do relato sacerdotal de que ao vivente (à vida animal) foi concedida a força da fecundidade por meio da bênção de Deus[358]. No entanto, essa idéia

---

[356] C. WESTERMANN, *Genesis I*, 1974, pp. 171ss, 186ss., 195ss., enxerga nos indícios de uma sistemática classificadora um passo "no caminho para a explicação científica" do surgimento das plantas (p. 172) bem como dos animais (p. 197). O interesse já pressuposto na multiformidade dessas criaturas como tais em geral não é especialmente destacado nos comentários.

[357] O. H. STECK, *Der Schöpfungsbericht der Priesterschrift*, 1975, pp. 65ss., bem como 94s., 121ss.

[358] C. WESTERMANN, *loc. cit.*, pp. 187s. Segundo O. H. STECK, *loc. cit.*, pp. 121ss., e 126ss., encontra-se, no caso dos animais terrestres, no lugar da bênção da fecundidade, a ordem dirigida à terra (Gn 1.24) de fornecer "a força decisiva para a preservação dos animais terrestres" (p. 121). Somente depois do dilúvio a bênção da fecundidade é estendida a todos os animais (Gn 8.17).

sobre a atividade criadora de Deus é generalizada na compreensão moderna por meio da concepção de uma força criadora vital concedida aos seres vivos, de tal modo que ele também abarca a produção das próprias formas de vida em sua multiplicidade.

Importância especial para a produtividade da vida no desenvolvimento de novas variedades cabe, na versão moderna, ao surgimento da forma sexual da procriação e multiplicação. Por meio da ligação da massa hereditária de dois indivíduos e pela divisão redutora, a variabilidade genética é consideravelmente elevada, e a massa hereditária do indivíduo é ligada com a comunhão da espécie[359]. Por meio da seletividade de ligações sexuais dos indivíduos dentro de sua espécie, a reprodução da vida adquire uma dimensão histórica e abre criadoramente o espaço ecológico, para dentro do qual a vida se propaga[360]. Isso vai muito além da função concedida à bênção da fecundidade no relato sacerdotal. Lá tratava-se, sobretudo, da continuação da vida criada por Deus no princípio do mundo em suas espécies. A vida é, de modo especial, efeito do poder criador de Deus. O relato sacerdotal enfatiza isso por repetição do termo *bārā* (Gn 1.21), exclusivo para a ação criadora de Deus (Gn 1.21). Correspondentemente também é necessária uma bênção divina especial para a transmissão da vida, porque nisso os seres vivos tomam parte na ação criadora e conservadora de Deus[361]. Na visão da moderna teoria da evolução, tal participação na atividade criadora de Deus também se estende à produção de variantes e formas novas de vida e que ainda não existiam. Isso é uma ampliação que também corresponde melhor ao interesse cristão na singularidade de cada indivíduo separadamente que vem a existir por meio de transmissão da vida do que uma restrição da participação

---

[359] Em conexão com M. Ghiselin, *The Economy of Nature and the Evolution of Sex*, 1974, J. S. Wicken, *loc. cit.*, p. 218, caracteriza a sexualidade como *"a means for mobilizing genetic variability"*, que faz com que mutações individuais enriqueçam a espécie (*"sex makes evolutionary novities public property"*, p. 213).

[360] Wicken, pp. 218s.

[361] Cf. G. von Rad, *Das erste Buch Mose Kap.1-12,9*, 2ª ed., 1950, p. 43. De acordo com Gn 1.24s., no caso dos animais terrestres, a participação da força de vida que emana de Deus é mediada pela terra (cf. O. H. Steck, *loc. cit.*, pp. 126ss.). Cf. C. Westermann, *loc. cit.*, pp.192ss. e esp. 331s contra uma restrição da bênção à conservação das coisas já criadas.

criacional no agir criador de Deus a mera reprodução de formas de vida sempre já existentes.

Tal participação na força criadora que emana de Deus naturalmente não exclui que se faça mau uso dos dons recebidos, até mesmo na forma de perversão demoníaca. Também o novo nem sempre é o melhor. Participação criacional na atividade criadora de Deus ainda não resulta diretamente em ligação com Deus e sua vontade. Por isso também não surpreende que a bênção da fecundidade concedida também ao homem e, inclusive, para responsabilidade autônoma (Gn 1.28) é destacada cuidadosamente da destinação do homem para a imagem de Deus e lhe é subordinada[362]. Primeiramente a proximidade com Deus dada com a semelhança com Deus fundamenta a posição do ser humano no contexto da obra da criação como seu encerramento e sua coroação, bem como sua relação com as demais criaturas tal como isso se expressa na incumbência do homem com o domínio do reino dos seres vivos (Gn 1.26): essa incumbência não pode ser separada do comprometimento com a vontade criadora de Deus.

Da semelhança do homem com Deus ainda haveremos de falar mais detalhadamente no próximo capítulo. Também a ordem de domínio dada ao homem, fundada na semelhança com Deus, é mencionada no presente contexto somente com vistas à autonomia do ser humano como criatura na relação com o restante da criação, fato que se percebe nessa semelhança do homem com Deus. No entanto, é preciso enfatizar já aqui que essa incumbência no sentido do relato sacerdotal de modo algum diz que os demais seres vivos e a própria Terra fossem entregues ao homem para dispor deles a seu bel-prazer. Isso já está incluído pelo fato de que, de acordo com Gn 1.29, originalmente somente as plantas estavam determinadas para a alimentação dos homens, e não os animais. De acordo com o relato sacerdotal, somente depois do dilúvio foi permitido ao ser humano alimentar-se de carne (Gn 9.3). Portanto, não pode tratar-se de um domínio tirânico no caso da ordem original de dominação ao ser humano, mas, antes, de uma relação como a da criação de animais domésticos e dos animais de rebanho, com inclusão da providência para a subsistência do mundo animal, como ela se expressa, por

---

[362] G. VON RAD, *loc. cit.*, p. 47 referente a Gn 1.27s. Isso também vale se com O. H. STECK, *loc. cit.*, pp. 142s. se presume para a palavra de bênção dirigida ao ser humano uma autorização do homem que vai além de Gn 1.27.

exemplo, na ordem dirigida a Noé por ocasião da construção da arca (Gn 6.19s.)[363]. No domínio sobre a Terra se deve pensar em primeiro lugar na agricultura[364], mas certamente também na mineração. O trato técnico do ser humano com as riquezas minerais da terra está incluído por princípio na ordem de domínio no relato sacerdotal. Em todos esses fenômenos de atividade cultural do ser humano, documenta-se o fato da dominação do homem sobre a terra bem como sobre o mundo animal. No entanto, primeiro a emancipação da era moderna ocidental em relação a sua ligação com o Deus da Bíblia desalojou o conceito bíblico de que o homem está destinado ao exercício substitutivo do domínio do Criador em sua criação, pela concepção de que o homem possuiria um direito à irrestrita exploração da natureza. Por isso não se justifica responsabilizar a imagem bíblica do ser humano pela inescrupulosa exploração da natureza por parte da humanidade moderna[365]. Como vocacionado para o domínio sobre a terra e sobre todos os seres viventes, o próprio ser humano é, ao mesmo tempo, membro da criação de Deus e no exercício de seu domínio ele é responsável pela manutenção de sua ordem[366]. Diferenciando-se do relato sacerdotal, essa responsabilidade poderá ser entendida menos como comprometimento com uma ordem instituída no princípio do mundo, antes como responsabilidade pela determinação da criação em seu desenvolvimento criador. Nessa forma, porém, a responsabilidade do ser humano está tanto mais comprometida com a vontade criadora de Deus que visa a reconciliação e redenção de sua criação.

O ser humano é o ser vivente mais desenvolvido. Isso já se evidencia, na visão de uma análise meramente biológica, a partir da comparação com outras espécies de vida animal[367]. Daí, porém, ainda não se

---

[363] O. H. Steck, *loc. cit.*, p. 145, nota 584, cf. pp. 143s., nota 579, bem como pp. 151ss.
[364] Ibd. p. 156.
[365] Assim Lynn White, The Historical Roots of our Ecological Crisis, in: *The Enviromental Handbook*, 1970, bem como na Alemanha esp. C. Amery, *Das Ende der Vorsehung. Die gnadenlosen Folgen des Christentums*, 1972. Para um posicionamento crítico, vide entre outros G. Altner, *Schöpfung am Abgrund*, 1974, pp. 58ss., 81s.
[366] Referente às bases antropológicas para isso cf. do Autor. *Anthropologie in theologischer Perspektive*, 1983, pp. 40-76, esp. pp. 74ss.
[367] A. R. Peacocke, *Creation in the World of Science*, 1979, p. 157. O especialista em evolução G. G. Simpson, *The Meaning of Evolution*, 1971, p. 236, ao qual Peacocke se refere especialmente nesta constatação, arremata inclusive que a suma dos

segue que o homem seria o alvo da evolução, muito menos de todo o universo. Não se pode descartar a hipótese de que a evolução vá além do ser humano para outras formas de vida inteligente. No entanto, para isso não existem elementos empíricos. Mesmo assim, com base na teoria biológica da evolução, teoricamente tal possibilidade não pode ser simplesmente descartada. Também a constatação de que constantes naturais decisivas são justamente de tal natureza que seus valores possibilitam o surgimento de vida e inteligência não leva forçosamente à conclusão, apesar do "princípio antrópico" da cosmologia física neles baseado, que o mundo foi criado por causa do homem ou para ele. Ela diz apenas que o surgimento de vida orgânica e a forma de vida humana se tornaram possíveis dentro de nosso universo, e que sua singularidade está essencialmente caracterizada por isso. O surgimento da vida e da forma de vida humana não é, como se pensava antigamente em face da amplitude do universo, insignificante acaso da natureza. O surgimento de vida na Terra e também da forma de vida humana é característico para a singularidade de nosso universo em seu todo. Isso é, todavia, em seu todo, uma circunstância que postula uma explicação por que isso é assim.

Uma explicação neste sentido poderia ser dada somente caso se pudesse conhecer a origem do universo como um todo e também se pudesse determinar a relação do surgimento da vida e da humanidade com ele. Para a crença bíblica na criação estão dadas ambas as premissas, e à luz da crença cristã na deidade de Jesus Cristo e que ele é o Mediador da criação, a tradição judaica referente ao tema da posição do ser humano no todo da criação adquire novamente contornos especiais e nítidos. Por isso a teologia cristã pode dar o passo para a afirmação de que o surgimento e o desenvolvimento da vida e o aparecimento do homem primeiro trouxeram à plena luz o sentido da realidade criacional.

Se nos orientarmos pelas afirmações do relato bíblico da criação do escrito sacerdotal sobre o ser humano na relação com o todo da criação, somos levados a procurar o sentido da existência criatural

---

"*basic diagnostic features*", que distinguem o ser humano de outras espécies de animais, não apenas o distingue nitidamente de todas as outras espécies comparáveis, mas resulta numa "*absolute difference in kind and not only a relative difference in degree*" (cf. tb. A. R. PEACOCKE, *God and the New Biology*, 1986, pp. 51s.).

na conformidade da criatura com a vontade criadora de Deus. Pois nisso o domínio sobre a criação confiado ao homem tem sua diretriz. Em que, porém consiste a vontade criadora de Deus? Por mais que o objeto dessa pergunta exceda a capacidade de compreensão da razão humana na concreção dos casos individuais e sua multiplicidade, não obstante é evidente: a vontade criadora de Deus, em todo caso, vai no sentido de que a criatura exista. Em outras palavras, ela visa a existência autônoma da criatura. Pois somente na medida de sua existência autônoma as criaturas têm realidade própria, distinta do Criador e das outras criaturas.

Aqui se pode dizer agora que com o surgimento dos seres vivos, e em especial dos animais, está ligada, apesar de todos os riscos e de toda a fragilidade de sua existência, um grau superior de autonomia em comparação com átomos, moléculas, astros, rios, mares ou cordilheiras. Isso, porém, não no sentido de maior durabilidade. Neste sentido aquelas outras formas da criação são muito superiores aos seres vivos. Não obstante, com os seres vivos se atinge um novo patamar de existência autônoma: autônoma como auto-organização das próprias formas de ser. Com isso ocorre pela primeira vez uma atividade de um posicionar-se, que não é apenas resultado de influência externa. Esse posicionar-se ativo, porém, sempre está direcionado a um outro, ao meio circundante no qual e do qual o ser vivo vive[368]. Nas plantas a autonomia do comportamento ainda está limitado por meio de sua fixação a determinado lugar. Os animais, pelo contrário, movimentam-se livremente no espaço. Nisso o animal, ao relacionar-se com o ambiente, relaciona-se ao mesmo tempo consigo mesmo, a saber, com o futuro da própria realização da vida; isso se torna diretamente plausível no exemplo da busca de alimento. A realidade circundante e com isso as condições da própria sobrevivência já não são apenas exteriores ao animal. Todavia, ainda parece faltar um expresso auto-relacionamento antes do estágio da forma de vida humana, talvez com exceção

---

[368] J. S. WICKEN, *loc. cit.*, p. 129: "*With the emergence of autocatalytic organizitions, 'function' became a part of nature. The emergency of Aos (autocatalytic organisations) was acompanied by gradual shift from the deterministic responses do impressed energy gradients that dominated the prebiotic phases of evolution to the explotative transformation of environments that characterized its biotic phase*".

do chipanzé[369], do mesmo modo como o outro da realidade objetiva ainda não é discernido *como* outro, ou apenas em termos incipientes. A isso corresponde uma falta de uma distinção do futuro como futuro do próprio presente.

Com isso poderia estar relacionado o fato de que novamente primeiro o homem aprende a distinguir a realidade divina em sua alteridade de todo o finito. Aparentemente, somente o homem tem religião. Não obstante, também o movimento de vida dos animais está associado a Deus. Pois os leõezinhos "buscam de Deus seu alimento" quando rugem pela presa (Sl 104.21). A interiorização das relações com o ambiente, e com isso com o futuro da própria realização da vida, se baseia numa interiorização da relação com o Criador e com seu Espírito vivificante: os animais já têm "espírito da vida" em si (Gn 1.30) enquanto respiram.

O estágio da autonomia da existência criatural, atingido com os seres vivos, porém, já pressupõe as formas elementares de existência duradoura, átomos e moléculas. Mais ainda, a espontaneidade da auto-organização dos seres vivos se baseia na atividade permanente das forças e leis que dominam os processos orgânicos. Não como criação divina não mediada, e, sim, somente pela via da expansão e resfriamento do universo, da formação de átomos, moléculas, astros e do surgimento do planeta Terra com as condições especiais de sua atmosfera tornou-se possível aquela autonomia da existência criatural, que adquiriu forma por meio de vida vegetal e animal, e, por fim, por meio de seres humanos.

Se, portanto, o ato da criação visa a autonomia da existência criatural, então se justifica, em certo sentido, a afirmação que a amplidão do universo em expansão, com a riqueza de suas formações, deve ser considerada como meio para o surgimento de vida orgânica. Não que as formações da natureza inorgânica não tivessem igualmente sua beleza e seu sentido em si mesmas: pelo simples fato de sua existência, elas louvam a Deus como seu Criador. Mas autonomia plena é atingida primeiro com os seres vivos, e entre eles de modo especial com o surgimento do homem.

---

[369] Vide referente a isso D. R. GRIFFIN, *The Question of Animal Awareness*, 1976, pp. 30-33, e as exposições de J. C. ECCLES, "Animal consciousness", in: *Experentia 38*, 1982, 1384-1391, esp. 1.386ss., em continuação a isso.

Também para o homem vale que sua procedência da evolução da vida é condição para a autonomia de sua existência como criatura. A partir daí a luta contra a teoria da evolução se revela como teologicamente absurda. A procedência da espécie humana a partir da evolução da vida não exclui a relação direta do homem com Deus. Se até mesmo os animais estão associados a Deus e seu Espírito em sua realização da vida, quanto mais o homem. No homem, porém, há o fator adicional de que a relação com Deus se lhe torna implicitamente temática, e isso como condição da própria existência criatural e sua subsistência. Com isso se torna temático para o homem o que, em princípio, vale para toda a existência criatural: todas as criaturas devem sua existência à ininterrupta atividade criadora de Deus. Como o homem, elas dependem da ligação com Deus e da atuação de seu Espírito. Por isso não apenas sua própria existência, mas a existência de todas as criaturas se torna temática para o homem perante Deus, ao saber-se e aceitar-se como criatura perante Deus. Isso acontece quando o homem se une a todas as demais criaturas de Deus e como que se faz porta-voz de todas elas, ao reconhecer-se como criatura de Deus. Por isso também está chamado para ser o lugar-tenente do governo de Deus em sua criação perante as demais criaturas.

Autonomia criatural[370] não pode subsistir sem Deus ou contra Deus. Ela também não precisa ser conquistada contra Deus, pois é o alvo de seu agir criador[371]. Separada de Deus a criatura haverá de ficar à mercê da própria transitoriedade. Para ter constância em face dela, há a necessidade da comunhão com o eterno Deus. Esse tema, todavia, só emerge onde a criatura é capaz de distinguir a si mesma e toda a criatura em sua finitude do eterno Deus. Esse é o caso no estágio do

---

[370] Com ela a criatura se torna um individual no sentido de D. HENRICH, Das Ding an sich. Ein Prolegomenon zur Metaphysik des Endlichen, in: J. ROHLS; G. WENZ, *Vernunft des Glaubens*. Wissenshaftliche Theologie und kirchliche Lehre, 1988, pp. 42-92, esp. 55ss., 83ss.

[371] De modo bem diferente, segundo a epopéia da criação mesopotâmica *enumaelisch*, o ser humano é criado como escravo dos deuses, para realizar o trabalho agrícola (tábua VI, 6-10 e 38s., *Ancient Near Eastern Texts relating to the Old Testament*, ed. J. B. PRITCHARD, 2ª ed., 1855, 68). Cf. tb. as observações de T. JAKOBSEN, in: Frankfurt/Wilson/Jakobsen, *Frülicht des Geistes* (1946), versão alemã 1954, pp. 164s. referente à relação do homem com os deuses de acordo com a concepção da religião mesopotâmica.

homem. Quando o homem distingue de Deus a si e toda criatura, sujeitando, por conseguinte, a si mesmo com todas as criaturas a Deus como Criador, dando assim a Deus a honra de sua deidade, adquire nele forma a autodistinção do eterno Filho em relação ao Pai na relação da criatura com seu Criador. A determinação do homem como criatura visa, portanto, a encarnação do Filho nele, e com isso sua participação na eterna comunhão do Filho com o Pai. Nisso trata-se simultaneamente da determinação das demais criaturas, porque na autodiferenciação do homem em relação a Deus como criatura, todas as demais criaturas são tomadas juntamente com o homem, para, com ele, serem diferenciadas de Deus e com isso simultaneamente serem relacionadas com ele como Criador.

Primeiramente com vistas à encarnação do Filho na relação do homem com Deus pode-se fundamentar teologicamente a afirmação de que no ser humano a criação chegou à plenitude e que todo o universo foi criado para ele. Essa determinação, todavia, não está – por razões que ainda haveremos de analisar – realizada diretamente no homem. Ela se torna, por isso, tema de uma história da humanidade e, com vistas à humanidade como um todo, objeto de esperança escatológica. A atual realidade de realização humana da vida ainda não está em conformidade com isso.

Com essas sentenças já avançamos muito além da antropologia para a cristologia e a escatologia. Antes, porém, de nos dedicarmos à antropologia, como passo seguinte, pelo caminho da explicação da revelação de Deus em Jesus Cristo, a criação tem que ser tematizada mais uma vez com vistas a todo o processo de sua história, agora sob o ponto de vista do mundo das criaturas na sequência de suas formas. Nisso trata-se mais uma vez, para encerrar, também da constituição do mundo como um todo a partir do Criador.

III – CRIAÇÃO E ESCATOLOGIA

1. Unidade e diferença entre ato de criação e éscaton

Não apenas o ser humano, mas toda a criação está destinada a participar da vida de Deus. Por qual outra razão ela gemeria (Rm 8.21s.) sob o peso da corruptibilidade? Certamente se poderá entender esse gemido na criação extra-humana, do mesmo modo como no caso do ser humano (Rm 8.26), como manifestação da presença do Espírito de Deus vivificante nas criaturas. O criador Espírito de Deus atua de modo vivificante em toda a amplitude da criação, mas também está presente como sofredor junto a suas criaturas em vista de sua transitoriedade, assim como o Filho é atuante criativamente no aparecimento das formas criaturais, até que ele mesmo adquira no homem – em *um homem* – forma de criatura. De acordo com Paulo, primeiramente por meio do ser humano também o restante da criação haverá de adquirir parte na liberdade dos filhos de Deus (Rm 8.19 e 21), a saber, no futuro escatológico da ressurreição dos mortos, que, na verdade, já irrompeu em Jesus Cristo, ao encontro do qual, porém, os cristãos com todos os outros seres humanos ainda estão a caminho[372].

> De acordo com Paulo, faz parte do "saber da fé que em sua criação o próprio Deus esteja presente como seu Criador, e que por isso ela tanto 'geme' e 'sente dor' por causa da contradição entre seu estado atual e seu alvo colocado a ela por Deus, quanto tem a expectativa, sim, a esperança de que, a seu tempo, Deus solucionará essa contradição"[373]. Recentemente essa presença criadora de Deus na "imanência" do mundo criatural e em suas formas, nisso, porém, tendendo para a consumação escatológica, foi tomada por ensejo para falar de uma concepção "sacramental" da natureza no cristianismo[374]. Como a matéria dos sacramentos, também o universo material não seria apenas sinal visível exteriormente de uma graça invisível (da presença de Deus nela), mas também meio para sua concessão[375]. Certamente é justificado o protesto ligado a isso contra uma compreensão meramente instrumental da natureza, que

---

[372] Cf. U. WILCKENS, *Der Brief an die Römer II*, 1980, pp. 152ss., esp. 155s.

[373] U. WILCKENS, *loc. cit.*, p. 156. Cf. tb. K. KOCH, The Old Testament View of Natur, in: *Anticipation 25*, Genebra, 1979.

[374] Assim certamente pela primeira vez em W. TEMPLE, *Nature, Man and God*, 1934, pp. 473-495, esp. 482ss. Cf. tb. A. R. PEACOCKE, *Science and the Christian Experiment*, 1971, pp. 178-188, bem como S. M. DAECKE, Profane and Sacramental Views of Nature, in: A. R. PEACOCKE (ed.), *The Sciences and Theology in the Twentieth Century*, 1981, pp. 127-140, esp. pp. 134ss.

[375] W. TEMPLE, *loc. cit.*, pp. 482ss. De modo semelhante A. R. PEACOCKE, *Creation and the World of Science*, 1979, p. 290: "...the world of matter, in its relation to God, has both the symbolic function of expressing his mind and the instrumental function of being the means whereby he effects his purpose".

abstrai de uma atuação criadora de Deus na natureza e em suas formações[376]. Ele corresponde à contraposição da crença cristã na criação à inversão secularizada da ordem divina de domínio ao ser humano (Gn 1.28) no sentido de uma entrega da natureza dada ao ser humano para livre disposição e exploração (vide *acima* pp. 201s.). Mesmo assim, excetuando-se recaídas em veneração religiosa da natureza a isso associadas[377], o emprego do termo "sacramental" para esse estado de coisas não é feliz do ponto de vista terminológico, porque o conceito de sacramento não contém apenas um simbolismo geral do material visível para o espiritual invisível, também não no sentido de uma efetiva concessão do último pelo primeiro. O conceito de sacramento tem um conteúdo mais específico. Isso já o evidencia a exigência de uma instituição específica do sinal sacramental. Para isso não existe correspondência no "*sacramental universe*". A instituição separa realmente seleciona determinados elementos materiais e atos dentre a realidade material restante para uma função especial, a saber, como sinal para a divina deliberação salvífica revelada em Jesus Cristo sobre o mundo e como meio da inclusão nela. A referência escatológica nisso contida, que também é determinante para a compreensão da natureza de Rm 8.19ss., geralmente se perde num discurso generalizante de uma sacramentalidade da natureza. Mas também a ênfase nessa referência não justifica ainda a designação "sacramental". As formações do mundo natural, como criaturas de Deus, são simultaneamente menos e mais: menos, porque falta o direcionamento específico, dado com a instituição de um sacramento, para a presença do futuro escatológico em Jesus Cristo; mais, porque as próprias formas naturais são objeto da vontade criadora divina, e têm seu sentido não apenas no direcionamento para outras coisas. Desta forma, o discurso de uma realidade sacramental da realidade criacional em sua generalidade deve ser rejeitado por ser demasiadamente pouco diferenciado. Em contrapartida, deve ser julgado positivamente o ponto de vista enfatizado por TEILHARD DE CHARDIN de que, inversamente, nos sacramentos da nova aliança e especialmente na Eucaristia, com os

---

[376] S. M. DAECKE, *loc. cit.*, p. 131 em conexão com a consulta ecumênica sobre Humanidade, Natureza e Deus, realizada em Zurique, em 1977. Cf. tb. as explanações de DAECKE sobre Anthropozentrik oder Eigenwert der Natur, in: G. ALTNER (ed.), *Ökologische Theologie. Perspektiven zur Orientierung*, 1989, pp. 277-299.
[377] PAUL VERGHESE, *The Human Presence. An Orthodox View of Nature*, Genebra, 1978, se aproxima dessa concepção em várias passagens.

elementos de pão e vinho, toda a criação é incluída no evento sacramental do agradecimento a Deus.

A destinação da criação para a comunhão com Deus no sentido de sua participação na comunhão do eterno Filho com o Pai por meio do Espírito ainda não está realizada diretamente na existência de cada criatura individual. Isso é impossível já pelo fato de que, na sequência de formas criaturais, primeiramente no estado atingido com o ser humano acontece uma distinção expressa entre Deus e toda realidade da criação, e sem essa distinção não pode haver participação criatural na autodiferenciação do Filho em relação ao Pai. Por isso é dito em Paulo (Rm 8.21s.) que toda a criação está aguardando a revelação da filialidade (cf. Rm 8.15) nos homens, por meio da qual eles mesmos se tornam "filhos" (Rm 8.19; cf. Gl 4.5s.). No entanto, também com o surgimento do homem na sequência das criaturas ainda não está alcançada a participação na comunhão do Filho com o Pai. O "primeiro Adão" ainda não é admitido na comunhão do Filho com o Pai por meio do Espírito, mas primeiramente o último Adão aparecido em Jesus Cristo, o homem escatológico (cf. 1Cor 15.45s.).

A tensão entre o *surgimento* do homem como último membro na seqüência de formas criaturais e a consumação de sua *destinação* está relacionada com o fato de que o homem como criatura está destinado a ser um ente autônomo. Isso, em geral, vale para toda criatura. Mas justamente nisso o homem constitui o auge na progressão de formas criaturais. Para que a criatura como correlato autônomo perante Deus pudesse envolver-se na relação do Filho com o Pai, houve a necessidade de uma história preliminar de crescente autonomia na série das formas criaturais. O ser humano foi o último a entrar nessa existência. Sua autonomia na existência, por sua vez, necessita de uma transformação especial, se se espera nela a manifestação da relação do Pai com o Filho. Jesus afirma que quem não receber o reino de Deus como uma criança não entrará nele (Mc 10.15). Mas essa palavra se dirige aos discípulos, portanto, a pessoas adultas. Justamente como criatura amadurecida na autonomia, o homem deve relacionar-se com Deus como a criança que tudo espera e recebe do Pai. Isso pressupõe no mínimo que o homem tenha aprendido a distinguir a Deus de tudo mais, portanto, de toda área da realidade criacional. Nisso já está pressuposta por sua vez a formação da capacidade de discernimento, a distinção da alteridade das coisas em suas relações recíprocas e na relação com o próprio Eu. Nisso se baseia a diferenciação do finito em seu todo em relação ao eterno Deus, incluso o próprio Eu.

Criação e escatologia formam uma unidade porque primeiro na consumação escatológica está realizada definitivamente a destinação da criatura, especialmente do homem. No entanto, criação e escatologia não são diretamente idênticas, em todo caso não do ponto de vista da criatura. Para a criatura, sua origem é passado; nele ela tem as raízes de sua existência. Por isso tende a orientar-se pelo passado. Isso vale justamente para os primórdios da história da consciência do ser humano, tal como ela se manifesta na forma da consciência mítica. O futuro, porém, é aberto e incerto para a criatura. Não obstante, as criaturas despertadas para um comportamento autônomo, os seres vivos, se abrem ao futuro como a dimensão da qual unicamente sua existência pode conseguir conteúdo e consumação. No entanto, para a experiência da criatura, origem e consumação não coincidem. Inicialmente, elas formam uma unidade somente na perspectiva do ato criador de Deus. Também com vistas a ela, porém, a estrutura da unidade entre criação e escatologia ainda necessita de um esclarecimento mais exato.

> Esse tema já foi discutido nas considerações sobre a criação como ato de Deus (vide *acima* pp. 69 e 73ss.). Criação, conservação e governo do mundo revelaram-se como aspectos parciais de um único ato divino, por meio do qual as três pessoas da Trindade produzem conjuntamente a realidade de um mundo criatural distinta de Deus. Nisso o termo criação se revelou como associado à abrangente unidade do ato de Deus, enquanto a idéia da conservação refere à existência das criaturas a seu início, e o governo divino do mundo visa a consumação futura do mundo (pp. 100s.). Com vistas ao governo divino do mundo, vimos que a criação chega a seu termo primeiramente com a consumação escatológica. O que isso, porém, significa para a própria estrutura do ato criador divino e para a processão do mundo criatural a partir dele?

Somente aqui, depois da análise do mundo das criaturas com vistas a sua estrutura geral e à sequência de suas formas, pode-se tentar esclarecer essa pergunta. Pois na conservação e no governo do mundo por Deus já se trata de maneiras de como ele toma em consideração a forma de existência das criaturas. Por isso, primeiro no retrospecto da análise da realidade criatural pode ser determinada com mais exatidão a relação entre criação e escatologia, tal como ela está fundamentada na unidade do próprio ato da criação e como encontra seu desdobramento na história do mundo criado.

A unidade do eterno ato divino da criação "precede" ao tempo e por isso também à distinção entre começo e fim no sentido de um tempo anterior lógico. Justamente por isso Deus se chama o Primeiro e o Último (Is 44.6; 48.12; Ap 1.8; cf. 21.6; 22.13). Ele não está limitado a ser o primeiro, mas também não somente o último, mas talvez o resultado do processo mundial. Sendo ambas as coisas, ele está acima da alternativa entre começo e fim, e é Senhor tanto do fim quanto do começo. Como, porém, se deve entender a relação entre começo e fim no agir de Deus e referente ao processo mundial? Como abarca o Deus eterno o princípio e o fim do mundo criado ao não produzir apenas o tempo como forma de existência da criação, mas também se envolve com ela em sua própria atuação de conservar e governar?

Na medida em que a tradição teológica se posicionou, de algum modo, diante dessas perguntas, elas foram respondidas ou no sentido de que o futuro da criação é fundamental em seus começos ou, então, discutiu-as em conexão com a doutrina da presciência de Deus. Já em AGOSTINHO as duas respostas estão interligadas. Elas se distinguem pelo fato de que a primeira resposta fixa a referência ao futuro na própria realidade criatural, enquanto a segunda a remete apenas à concepção da ciência divina como uma presciência dos acontecimentos futuros.

> A referência da afirmação a respeito da criação do mundo como um todo, portanto, não apenas a seu princípio, mas também a sua extensão temporal, ocupou AGOSTINHO reiteradas vezes em seu comentário ao livro de Gênesis. Os maniqueus criticavam o relato sacerdotal da criação, afirmando que a suposição de um começo do mundo resultaria em que esse parecesse o resultado de um ato arbitrário de Deus, e com isso se negaria a própria eternidade de Deus. A essa crítica AGOSTINHO havia contraposto a tese de que o próprio tempo teria sido produzido primeiro com as criaturas (*De gen. contra Manich.* I,2,3; *MPL* 34,174s., cf. tb. acima pp. 73s.). Com isso AGOSTINHO seguiu a interpretação da obra de seis dias da criação do mundo por AMBRÓSIO (*Hexaem.* I,6,20; *MPL 14*,132) e BASÍLIO de Cesaréia (*Hexaem.* I,5; *MPG* 29, 13). Nisso se apercebera que,

diferenciando-se dos sete dias da criação do primeiro capítulo, no segundo capítulo do livro de Gênesis (2.4 *Vulgata*) se fala apenas de um único dia, no qual o mundo foi criado (*loc. cit.* II,3,4; *MPL 34*,197s.). Enquanto naquela vez AGOSTINHO associava essa afirmação especificamente à criação do tempo, ele a associou, como já antes dele o fizeram BASÍLIO e AMBRÓSIO, em seu último comentário ao livro de Gênesis, com a unidade do ato criador na eternidade de Deus, baseando-se em Siraque 18.1: *Qui vivit in aeternum creavit omnia simul* (*De gen. ad litt.* IV,33-35, *MPL 34*,317-320, cf. V,3; *loc. cit.*, pp. 222s.). Nisso concebeu a sequência dos tempos criacionais como simultânea ao único dia da criação divina (IV,35; *MPL 34*,320, cf. *acima* nota 89). Essa afirmação, porém, refere-se somente à obra da criação de seis dias do primeiro relato da criação em relação à informação de Gn 2.4, segundo a qual a criação foi criada num único dia, bem como em relação a Siraque 18.1. Com vistas à continuação do processo mundial, AGOSTINHO se viu comprometido com a constatação bíblica da conclusão da obra da criação com o sexto dia (Gn 2.1s.). Por isso declarou que desde então não surgem mais outras espécies de criaturas, embora Deus crie ininterruptamente novos indivíduos como exemplares dessas espécies (*De gen. ad litt.* V,20, *loc. cit.*, 325s. cf. 28 *loc. cit.* 337s.). Todos os acontecimentos posteriores à obra dos seis dias da criação do mundo estão, por um lado, fundamentados na presciência de Deus (V,18,334 e 21ss., 336ss., bem como IV,17,350s.), por outro lado, predispostos nas sementes e causas do futuro, que são inatos às coisas em sua criação (VI,8, *loc. cit.* 344 e 10s. *loc. cit.* 346)[378].

Ambas as concepções reatam a idéia da simultaneidade do ato da criação como um ato eterno com o processo do tempo à concepção do relato sacerdotal da criação acerca da conclusão da obra dos seis dias da criação do mundo no princípio da história do mundo. Com isso, porém, tudo que segue é subordinado a uma necessidade inevitável – se não for com vistas a suas causas naturais, em todos os casos sob o

---

[378] Sobre a doutrina de AGOSTINHO acerca das *rationes seminales* (cf. *De gen. ad litt.* IX, 17,32, *MPL 34*,406), cf. as explanações de E. GILSON, *Intruction à l'étude de Saint Augustin*, 1929, pp. 261ss., especialmente também sua remissão ao contraste com a teoria moderna de evolução das próprias espécies (p. 263): AGOSTINHO não teve acesso a esse pensamento por causa de sua convicção de que a obra dos seis dias estava encerrada. De modo semelhante tb. A. MITTERER, *Die Entwicklungslehre Augustins. Im Vergleich mit dem Weltbild des hl. Thomas von Aquin und dem der Gegenwart*, 1956.

ponto de vista da presciência divina[379]. Se todo comportamento criacional está fixado desde o passado, então não existe contingência autêntica na continuação dos acontecimentos e nem liberdade criatural. Essas consequências não precisavam ocorrer, se o saber divino, como era o caso em AGOSTINHO em princípio, é concebido em sua eternidade como simultânea a todos os tempos. Mas elas se tornam inevitáveis se essa ciência é associada como uma presciência que a tudo determina com a suposição de uma criação encerrada no princípio dos tempos[380]. Pois então está posto desde o princípio dos tempos o que haverá de acontecer em todo futuro. A teologia da Idade Média latina ocupou-se em reiteradas arremetidas e com grande empenho e perspicácia com a pergunta se o futuro contingente em relação com as causas criacionais precedentes é privado de sua contingência pela presciência divina e se tem que ocorrer necessariamente[381]. Para repelir essa consequência não bastou nem a lembrança de que Deus preveria o contingente futuro *como* ocorrendo contingencialmente nem o argumento de que a eternidade de Deus seria simultânea a tudo que é criado, e por isso não deve ser imaginada no sentido de uma transitoriedade determinante. A ligação da idéia da presciência de Deus com a suposição de que a criação estaria encerrada com a obra de seis dias da criação do mundo acabou tornando inevitáveis algumas consequêncas deterministas.*
Se, porém, foi enfatizada a imediatidade do agir criacional de Deus a todo presente criacional, sob anulação da diferença entre criação e conservação e sob a negação de um comprometimento do agir divino

---

[379] AGOSTINHO, *De Gen. ad litt.* VI,17,28: *Hoc enim necessário futurum est quod ille vult, et ea vere futura sunt quae ille praescivit* (*MPL 34*, 350).

[380] Essa também deve ser a razão para o recuo do ponto de vista da economia salvífica divina na doutrina da criação de AGOSTINHO constatada por L. SCHEFFCZYK, *Schöpfung und Vorsehung*, HDG II/2 a, 1963, pp. 64s..

[381] Cf. a tese de doutorado do Autor, *Die Prädestinationslehre des Duns Scotus*, 1954, esp. pp. 17ss. e, com aplicação ao tema predestinação, pp. 90ss., 116ss.; ver além disso K. BANNACH, *Die Lehre von der do p. elten Macht Gottes bei Wilhelm von Ockham.* Problemgeschichtliche Voraussetzungen und Bedeutung, 1975, pp. 182ss. e 249-275.

* *Nota do tradutor:* O período está corrompido no original alemão, faltando parte do mesmo. Por consulta ao autor, o período foi reformulado no sentido da tradução, ou seja: "... dass Gottes Ewigkeit allem Geschöpflichen gleichzeitig sei und daher nicht im *Sinne determinierender Vergänglichkeit gedacht werden dürfen. Die Verbin*dung der Vorselltung..

com uma ordem do mundo uma vez decidida e realizada[382], teve que surgir a pergunta pela unidade do agir de Deus, para que seus atos individuais não parecessem como totalmente arbitrários.

A pergunta pela unidade do mundo fundamentada no ato da criação e por sua estrutura de fundamentação daí procedente ainda não está respondida com o acréscimo de uma *creatio continua* à concepção de uma criação no princípio. Isso também vale quando, diferente do que no relato sacerdotal da criação, se compreende o começo do mundo meramente como o início de uma atuação criadora continuada. Foi a função do relato sacerdotal da criação dar com a descrição da criação no princípio simultaneamente uma fundamentação para a unidade do mundo criado. Nessa visão, ela está dada justamente pela ordem criada no princípio. A concepção encontrou-se de antemão em tensão com outros aspectos do agir de Deus testemunhado na tradição de Israel. No entanto, tomados para si, esses aspectos não proporcionavam uma compreensão igualmente coesa da unidade da realidade do mundo.

O ponto de partida de outra concepção do agir criador de Deus encontrou-se nas tradições de Israel referentes à ação salvífica de Deus em sua história e no conceito profético de uma atuação continuada na história. A história do agir salvífico de Deus e de sua condução, fundamental para a vida do povo, foi compreendida como unidade por meio da concepção da correspondência entre promessa aos pais e formação de Israel como povo na Palestina, que encontrou sua conclusão no reinado de Davi. Mas para o período subsequente à época dos reis esse esquema de apresentação já teve que ser substituído pela idéia do juízo que se desenvolveu a partir da mensagem da profecia clássica, a fim de tornar compreensível, apesar de sua desproporção com promessas fundamentais, o fim catastrófico da época dos reis como resultado de uma corrente de contínuas transgressões do direito divino. Além disso, não foi possível coadunar sem mais nem menos o conhecimento de uma história primitiva precedente à eleição de Abraão com uma unidade da história baseada na correspondência entre promessa e cumprimento. Foi primeiramente a doutrina apocalíptica da sequência das potências mundiais (Dn 2.36-45) que possibilitou uma compreensão da unidade

---

[382] Cf. K. BANNACH, *loc. cit.*, pp. 255ss. referente a GUILHERME DE OCKHAM, e ainda pp. 221ss. Com vistas ao ato divino como tal, OCKHAM também negou a diferença entre criação e conservação; vide p. 213s.

da história que também abarca o mundo dos povos, comparável de longe com a universalidade da visão sacerdotal de mundo.

O relato sacerdotal da criação, no entanto, também estava associado, por sua vez, no contexto do conjunto da concepção do escrito sacerdotal, à história de Israel nele apresentada. Trata-se de uma visão dessa história que tinha seu ponto culminante nas leis cúlticas no Sinai e especialmente no mandamento do sábado lá instituído (Ex 31.15-17)[383].

Na *Dogmática* de KARL BARTH, a criação concebida como encerrada, foi associada de modo comparável, não obstante estruturada de outra maneira, ao conceito da aliança (como essência da vontade salvífica divina com vistas à criação): a aliança não é concebida, por acaso, como imagem da ordem da criação ou de seu encerramento no descanso de Deus no sétimo dia, mas, inversamente, como determinação do alvo da criação. Nisso BARTH apresentou a relação entre criação e aliança como uma relação de fundamentação recíproca: a aliança como fundamento interno da criação, a criação, como fundamento exterior da aliança[384]. Como determinação do alvo da criação, a aliança é seu fundamento interior. Na intenção divina, a decisão da eleição e, portanto, também a aliança, precede a criação do mundo. Na execução dessa intenção, no entanto, a criação do mundo possibilita a realização da aliança. Nisso, BARTH estendeu a associação entre criação e aliança para além da história de aliança de Israel à nova aliança fundada em Jesus Cristo: por causa da comunhão de Deus com o homem, realizada em Jesus Cristo, já ocorreu a criação do mundo e do homem, assim como, inversamente, a criação forma o ponto de partida para a história da aliança de Deus com vistas a Jesus Cristo.

Apesar dessa estreita interligação, todavia criação e aliança continuam distintas para BARTH, porque nele a criação fica reduzida

---

[383] Cf. O. H. STECK, *Der Schöpfungtsbericht der Priesterschrift*, 1975, p. 253. A idéia da imagem primitiva, que em Ex 31.17 liga a instituição do sábado ao sétimo dia da criação, ocorre em P também com vistas à relação dos sítios terrenos de culto com o modelo do santuário celestial, tomado por base de acordo com Ex 25.9.

[384] K. BARTH, *Kirchliche Dogmatik III/1*, 1945, pp. 103ss., 258ss., cf. já 82. Pode ser deixada de lado a associação do primeiro relato da criação com a criação como razão exterior da aliança, exegeticamente forçada, a associação do segundo relato com a aliança como razão interna da criação.

ao princípio do mundo, sendo que por isso somente pode formar "a razão exterior" da história da aliança que se segue a esse princípio. O encerramento da criação no princípio do mundo implica, de modo semelhante como em AGOSTINHO, que a relação de Deus com o mundo é pensada a partir da perspectiva do princípio, ou, antes, da presciência de Deus ainda anterior ao princípio do mundo: as concepções da presciência e da predeterminação adquirem com isso o sentido literal de que Deus olha prospectivamente para o transcurso do processo mundial e da história humana a partir de um ponto de vista ainda anterior ao princípio do mundo. Embora o uso de tais concepções como expressão para a origem da salvação na eternidade de Deus "antes" de todas as casualidades da história, possa ter sua boa razão de ser (Mt 25.34; Ef 1.4; 1Pd 1.20), sua aplicação à idéia de Deus leva a uma inadequada concepção antropomorfa de Deus, como se Deus, a partir de uma posição "antes" do princípio do mundo, olhasse prospectivamente para um futuro diferente disso – uma concepção inconciliável com a eternidade e a infinitude de Deus.

Não menos problemático é o fato de que, em BARTH, a distinção entre criação e aliança levou a que se compreendesse somente a aliança como expressão direta do amor de Deus, não, porém, a criação (*KD III/1*, pp. 106s.). Se na mensagem de Jesus a atuação de Deus como criador e conservador, que faz seu sol brilhar sobre bons e maus, é mencionada como modelo e razão do mandamento do amor (Mt 5.44ss.), então certamente a criação do mundo já deve ser considerada como expressão do amor de Deus. Então o amor com o qual Deus amou o mundo no envio de seu Filho (Jo 3.16) não é distinto segundo a espécie da bondade paternal do Criador perante suas criaturas; no envio do Filho se manifesta, antes, a radical decisão do amor criacional de Deus a suas criaturas. Por isso, em vez de fazer distinção entre a história da aliança de Deus e a criação, dever-se-ia compreender antes o envio do Filho, desde a encarnação até sua ressurreição e exaltação e gloriosa volta, como a consumação da atuação criadora do próprio Deus. Isso, naturalmente, exige um conceito de criação que não está restrito ao princípio do mundo.

Uma ampliação do conceito da criação a toda a história do mundo já teve seus inícios na explicação judaica da semana de sete dias do relato sacerdotal da criação. No apocalipse das dez semanas do Livro de Enoque (93.1-10 e 91.11-17), a semana de sete dias da criação do mundo tornou-se a chave de uma cronologia da história mundial com uma divisão de seu transcurso em dez semanas-ano³⁸⁵. Nisso se tomou por base, por um lado, o esquema dos sete dias do relato sacerdotal da criação, de modo que se podia considerar a semana da criação como o protótipo da história mundial. Por outro lado, porém, todo o tempo mundial do 'ōlam (ou do 'ālam) foi considerado como "a unidade de espaço e tempo procedente da vontade do Criador", "no qual se desenrola a vida humana"³⁸⁶. Como princípio da exposição aparece aqui a divisão do tempo dada com o mandamento sabático, seu papel na exposição sacerdotal acerca da criação do mundo constitui somente ainda um caso de aplicação especial.

Algumas formas da expectativa apocalíptica ligavam a consumação escatológica do mundo com a concepção de um oitavo dia da criação que, como primeiro dia de uma nova semana, corresponde ao primeiro dia da criação em sua função como novo começo (4Esd 7.31)³⁸⁷. De acordo com outros, a consumação escatológica se encontrará sob o signo do sétimo dia do descanso sabático. Cabe aqui também a descrição da consumação salvífica que se encontra na Epístola aos Hebreus, na qual se baseia a esperança cristã, na figura da entrada no descanso de Deus (Hb 4.3-10)³⁸⁸. Mais além ainda vai uma palavra do Livro de Enoque. Esta não refere apenas a consumação da criação no sétimo dia à consumação escatológica do mundo, mas esta também é denominada como fonte da "paz", portanto como origem de toda consumação no mundo desde seu princípio: do éon vindouro "nasce a paz desde

---

³⁸⁵ Cf. K. Koch, Sabbathstruktur der Geschichte: Die sogenannte Zehn-Wochen-Apokalypse (1Hen 93.1-10; 91.11-17) und das Ringen um die alttestamentlichen Chronologien im späten Israelitentum, in: *ZAW 95*, 1983, 403-430. Cf. já Dn 9.24-27.
³⁸⁶ K. Koch, *loc. cit.*, 427. Como princípio da descrição aparece aqui a divisão do tempo dada com o mandamento sabático.
³⁸⁷ Referente a isso, cf. os dados de E. Lohse, in: *THWBNT* VII, 19s. Concepções desse tipo também deverão constituir o pano de fundo para as afirmações do Apocalipse de João (20.2s. e 7) sobre o reino de mil anos do Messias, ao qual seguirá, conforme Ap 21.1ss., a nova criação. Cf. E. Lohse, *Die Offenbarung des Johannes* (NTD 11), 1960, p. 96.
³⁸⁸ Cf. tb. as explanações de K.-H. Schwarte referentes à interpretação cristã das setenta semanas-ano de Dn 9.24-27 em Ireneu e Hipólito (*TRE 3*, 1978, pp. 269s.), bem como idem, *Die Vorgeschichte der augustinischen Weltalterlehre*, 1966. Sobre as conseqüências medievais cf. J. Ratzinger, *Die Geschichtstheologie des Heiligen Bonaventura*, 1959, pp. 16ss.

a criação do mundo" (En 71.15). A um resultado semelhante chegou CLEMENTE de Alexandria ao identificar o oitavo dia, o dia na nova criação, correspondente ao primeiro dia da criação, ao dia da criação da luz, com o dia de descanso de Deus (*Strom.* VI,16,138s., *MPG* 9,364s.). A esse ele denominou de "começo primordial de todo surgir..., o dia que também é o dia da criação da luz, pela qual tudo é visto e tudo é alcançado como herança" (138,1). Isso quase equivale à tentativa de pensar o éscaton como a origem criadora do processo do mundo em si.

Uma tentativa nesse sentido também corresponderia à pregação de Jesus na medida em que nela o advento escatológico de Deus se tornou o ponto de partida de uma reavaliação de todo o presente e de toda a tradição. Na pregação de Jesus, a escatologia não é mais extrapolação de uma tradição fundamentada num evento salvífico passado sob a pressuposição de sua autoridade, mas seu conteúdo nuclear, o reino de Deus vindouro bem como a relação do homem com seu advento, torna-se critério de uma revisão crítica e transformação de toda a tradição. Em Jesus, também a criação se encontra na luz do futuro escatológico e se torna parábola do reino de Deus[389]. Na verdade, Jesus ainda não designou a criação diretamente como a obra do Deus vindouro, mas uma visão nesse sentido deverá encontrar-se na linha da cadência do futuro de Deus para o passado e o presente do mundo, característica para sua mensagem.

Com isso o universo e sua história são vistos sob nova luz em relação ao relato sacerdotal da criação. Também lá não se tratou apenas do princípio, mas do todo da história mundial. Mas o todo do mundo foi apresentado como fundamentado em seu princípio. Um modo de ver as coisas nesse sentido é característico para uma concepção mítica de mundo, que atribui a atual ordem do mundo a um tempo fundador primitivo, que é tanto princípio quanto protótipo de tudo que segue[390]. Certamente os relatos bíblicos da criação não são mais textos míticos

---

[389] Cf. as observações de U. WILCKENS, in: W. PANNENBERG (ed.), *Offenbarung als Geschichte*, 1961, pp. 55s. nota 35 referente ao nexo interior da "crise dos motivos criação – previdência – cotidiano, por um lado, e proximidade do reino de Deus, por outro, em Jesus" (p. 56).

[390] Sobre a efetividade de uma concepção mítica nesse sentido na compreensão do tempo das tradições bíblicas, cf. o estudo do Autor já citado *acima* na nota 78: *Christentum und Mythos*, pp. 33ss e já pp. 29s.

no sentido rigoroso, mas especialmente na compreensão do tempo ainda partilham a concepção de mundo do mito. Com o encerramento da história primitiva daí decorrente, eles se encontram em uma tensão com a consciência histórica de Israel de povo eleito que, a partir dos feitos de Deus em sua história, olha retrospectivamente para o princípio do mundo como para um primeiro feito de seu Deus na história. Para a profecia e a apocalíptica, o agir decisivo sobre o sentido da história deslocou-se para o futuro, para o futuro de uma revelação definitiva de Deus e de sua justiça, não somente para o povo de Deus, mas também para o mundo. Se agora o futuro escatológico de Deus na vinda de seu reino deverá determinar a perspectiva para a concepção do mundo em sua totalidade, então a compreensão de seu princípio não deixará de ser afetada. Neste caso o princípio do mundo perde a função de fundamentação invariavelmente válida de sua unidade no todo de seu processo. Ele é apenas ainda o começo daquilo que se revelará primeiramente no final em sua forma plena e em sua verdadeira característica. Somente na luz da consumação escatológica do mundo se tornará compreensível o sentido de seu princípio. Isso se manifesta na pregação cristã-primitiva, como REGIN PRENTER o enfatizou com razão, no fato de que Jesus Cristo como Salvador escatológico é crido simultaneamente como o mediador da criação do mundo[391]. Tudo que precedeu a seu aparecimento terreno se torna por isso, na visão da tipologia cristã, uma sombra de descrição antecipada da verdade que com ele vem à luz. No entanto, seria uma visão da relação de escatologia e criação nesses termos conciliável também com a descrição científica do universo?

2. Princípio e fim do universo

Reflexões teológicas sobre a relação entre criação e escatologia pressupõem que faz sentido falar de algum modo de princípio e fim do mundo. Essa premissa é tudo menos óbvia. Ainda na época da patrística, a teologia cristã se deparou com concepções que afirmavam que o mundo não tem começo e que perdurará ilimitadamente.

---

[391] R. PRENTER, Schöpfung und Erlösung. *Dogmatik* Band 1: Prolegomena. Die Lehre von der Schöpfung, 1958, pp. 184ss., esp. 185.

Argumentos a favor dessa tese foram aduzidos tanto a partir da concepção de mundo quanto a partir da concepção de Deus. Em sua *Física* (VIII,1), ARISTÓTELES havia apresentado razões a favor da tese de que o tempo e o movimento não têm princípio nem fim. Com ela ARISTÓTELES se sabia em concordância com a maioria de seus antecessores³⁹², mas diametralmente oposto a PLATÃO que, como único, teria ensinado um surgimento inclusive do tempo (*Física* 251 b 17s. cf. *Timeu* 37 d). Para ARISTÓTELES era decisivo o argumento de que todo agora estaria associado a um antes e a um depois na sequência do tempo (*Física* 251 b 20ss.). No entanto, porque o tempo seria número do movimento, a eternidade do tempo teria por consequência o do movimento (*ib.* 251 b 13, cf. 27s.).

Ao mesmo resultado chegaram as ponderações que partiram das premissas platônicas sobre imutabilidade e eternidade de Deus. No seio da teologia cristã, por exemplo, ORÍGENES considerou a tese de que o mundo não tem princípio como condição indispensável para que Deus pudesse ser chamado todo-poderoso sem restrição a um tempo que começa com o princípio do mundo (*Princ.* I,2,10; cf. 4,5). PLOTINO ensinou a eternidade do mundo como consequência de que a origem do tempo na própria eternidade deveria ser concebida como atemporal (*Enn.* III,7.6) enquanto tudo que é temporal tem um antes no tempo. Nessa concepção, aceita também por PROCLO³⁹³, convergem as argumentações neoplatônica e aristotélica.

A teologia patrística contestou a concepção de ORÍGENES com o argumento de que pensar a Deus como dependente do mundo com vistas a seus atributos anularia o próprio conceito de Deus³⁹⁴.

---

³⁹² Cf. W. WIELAND, Die Ewigkeit der Welt, in: *Die Gegenwart der Griechen im neueren Denken* (FS H.-G. GADAMER), 1960, pp. 291-316, esp. 297s.

³⁹³ Cf. W. BEIERWALTES, *Denken des Einen*. Studien zur Neuplatonischen Philosophie und ihrer Wirkungsgeschichte, 1985, p. 169. Referente a PLOTINO é dito ali: "Se o mundo 'se fez' juntamente com o tempo, se o *princípio* do tempo for compreendido como um evento *atemporal* [...], então o mundo não pode ter um princípio temporal". Cf. tb. Idem, *Plotin über Ewigkeit und Zeit* (*Eneade* III,7), 1967, pp. 213s.

³⁹⁴ METÓDIO DE OLIMPO, *Liber de creatis*, Fragment II (*MPG* 18, 336 B). Cf. tb. fragmento V (340 B). A afirmação de contradição entre a imutabilidade de Deus e um princípio temporal da criação, todavia, foi desautorizada com argumentos primeiramente por João Filopono em seu escrito *De aeternitate mundi contra Proclum* 529 por meio do ponto de vista de que um atributo essencial não dependeria do exercício da atividade a isso ligada (cf. referente a essa argumentação em Filopono, cf. E. BEHLER, *Die Ewigkeit der Welt*. Problemgeschichtliche

No mais, com a tese de que o tempo teria sido criado por Deus num ato atemporal[395], a patrística pôde responder à crítica aristotélica à afirmação de PLATÃO da criacionalidade do tempo, mas não pôde demonstrar um princípio do tempo (e com isso da criação em sua totalidade)[396], tal como o parecia implicar a história bíblica da criação. Os neoplatônicos haviam deduzido da atemporalidade da origem do tempo justamente a conclusão de que o tempo como tal não tem princípio. Diante disso, se podia interpretar a afirmação bíblica de que "no princípio" Deus teria criado céu e terra (Gn 1.1) cristologicamente referente ao *Logos* como "princípio" da criação (Jo 1.1) e desembaraçar-se desse modo da dificuldade[397]. Em seu *Comentário ao Livro de Gênesis*, AGOSTINHO ligou a criação do tempo (no sentido mais restrito da palavra) primeiro com o quarto dia da criação, com a criação dos astros[398], enquanto de acordo com BASÍLIO e AMBRÓSIO a criação do tempo já ocorreu com a criação de céu e terra (Gn 1.1)[399]. Num sentido mais amplo, a saber, no sentido de um conceito de tempo que não está ligado aos movimentos dos corpos celestiais como medida do tempo, também AGOSTINHO se ateve a essa concepção, a saber, com vistas à criação dos anjos, que já foram criados antes de céu e terra; pois também nas criaturas espirituais acontecem

---

Untersuchungen zu den Kontroversen um Weltanfang und Weltendlichkeit in der arabischen und jüdischen Philosophie des Mittelalters, 1965, pp. 125-137, esp. 134s.).

[395] Assim já CLEMENTE de Alexandria, *Strom.* 6.16, 142,2,4 (*MPG* 9, 369 C, 372 A) segundo o procedimento de FILO, *Leg. all.* I,2.

[396] Contra o argumento de que a forma circular dos movimentos celestes seria expressão do fato de serem sem começo e sem fim, BASÍLIO objetou que isso também seria assim no caso de círculos traçados por nós, não obstante terem surgido (*Hezaem.* I,3, *MPG* 9,369 A-C; cf. AMBRÓSIO, *Hexaem.* I,3,10, *MPL* 14, 127 BC). No entanto, isso não pôde valer como refutação racional dos argumentos filosóficos em favor da tese de que o tempo não tem princípio como a conclusão da transitoriedade das partes do mundo para a do todo (AMBRÓSIO ib. I,3,11, *MPL* 14,127 CD, BASÍLIO, *loc. cit.* 11 A).

[397] AGOSTINHO, *De gen. ad litt.* I,2,6; cf. 4.9 bem como 9.15ss.

[398] *Loc. cit.*, II,14,28s.

[399] AMBRÓSIO, *Hexaem.* I,6,20: *In principio itaque temporis coelum et terram Deus fecit. Tempus enim ab hoc mundo, non ante mundum: dies autem temporis portio est, non principium* (*MPL* 14,132 A). Cf. B, *Hexaem.* I,5 (*MPG* 29,13 C. Essa concepção também havia sido compartilhada por AGOSTINHO em seu *Comentário ao Livro de Gênesis* contra os maniqueus (I,2,3, *MPL* 34, 174s.).

mudança e movimento, ainda que não de ordem corporal[400]. Em sua obra *A Cidade de Deus*, AGOSTINHO admitiu que os anjos "sempre" eram. Mas contestou com razão que por isso fossem eternos no mesmo sentido como Deus. Embora os anjos sempre eram, nem por isso são eternos como o Criador, porque a mutabilidade do tempo não é igual à eternidade imutável[401]. Todas as demais coisas, porém, têm, de acordo com AGOSTINHO, um princípio no tempo. Também o próprio tempo não é sem começo (ainda que não no sentido temporal), porque é criatura[402].

Na Idade Média, o tema de que o mundo não teria início era veemente controvertido, e isso já na filosofia e na teologia árabe e judaica dos séc. XI e XII[403]. Também a escolástica cristã teve que defender-se com renovada intensidade contra os argumentos aristotélicos e neoplatônicos contra a suposição de um início temporal do mundo. Enquanto a maioria dos teólogos também considerava a doutrina de um princípio temporal do mundo, declarada como compromissiva pelo IV. Concílio de Latrão de 1215, como racionalmente demonstrável[404],

---

[400] *De gen. ad litt. limbrum imperf.* 3,8 (*MPL* 34, 222s.).
[401] *De civ. Dei* XII,16: *Ubi enim nulla creatura est, cuius mutabilibus motibus tempora peragantur, tempora omnino esse non possunt. Ac per hoc et si semper fuerunt, creati sunt; nec si semper fuerunt, ideo Creatori coaeterni sunt. Ille enim semper fuit aeternitate immutabili: isti autem facti sunt; sed ideo semper fuisse dicuntur, quia omni tempore fuerunt, sine quibus tempora nullo modo esse potuerunt: tempus autem, quoniam mutabilitate transcurrit, aeternitati immutabili non potest esse coaeternum* (CC 48,372). Cf. XI,6: *... tempora non fuissent, nisi creatura fieret, quae aliquid aliqua motione mutaret* (CC 48,326).
[402] *De gen. ad litt. lib. imperf.* 3,8: *...illud certum accipiendum est in fide, etiamsi modum nostrae cogitationis excedit, omnem creaturam habere initium; tempusque ipsum creatura esse, ac per hoc ipsum habere initium, nec coaeternum esse Creatori* (*MPL* 34,223).
[403] Pontos altos dessas controvérsias foram as demonstrações de contradições na argumentação aristotélica feitas por AL-GAZELI, a defesa do filósofo contra essa crítica em AVERRÓIS, bem como a demonstração das limitações da doutrina aristotélica e da do poder explicativo superior da doutrina da criação, que compreende o mundo como um todo como resultado contingente da vontade de Deus, da autoria de MOISÉS MAIMÔNIDES. Cf. E. BEHLER, *Die Ewigkeit der Welt*, 1965, esp. pp. 149ss, 212ss. 262ss.
[404] *DS* 800: *[...] creator ... qui sua omnipotenti virtute simul ab initio temporis utramque de nihilo condidit creaturam, spiritualem et corporalem, angelicam videlicet et mundanam.* Cf. *DS* 3002.

Tomás de Aquino considerava os argumentos aduzidos para isso como insuficientes e satisfez-se com a afirmação da *possibilidade* da crença em um princípio temporal do mundo, depois de haver refutado os argumentos a favor da tese de que o mundo é sem início[405].

A tese de que o mundo não tem princípio não se segue necessariamente da eternidade e imutabilidade de sua origem divina, se nessa se trata de um ato da vontade de Deus, cujo conteúdo e resultado são contingentes[406]. Pela mesma razão, todavia, Deus também poderia ter criado um mundo sem princípio temporal, se isso tivesse sido de sua vontade. Assim a criaturidade do mundo, sua dependência de Deus como primeira causa, é racionalmente demonstrável, não, porém, o fato de seu princípio no tempo[407]. Visto que ninguém estava presente no princípio, ele pode ser tratado somente como fato empírico e como assunto de fé.

Até esse ponto a concepção de Tomás de Aquino também se impôs no tempo seguinte[408]. Ela contribuiu consideravelmente para aguçar a consciência para a dependência da ordem mundial existente em relação à vontade criadora de Deus, e com isso preparou o voluntarismo da Idade Média tardia, que haveria de ser desenvolvido pela nova escola franciscana, sobretudo, por Duns Escoto e Guilherme de Ockham, para muito além das bases lançadas por Tomás[409]. Por outro

---

[405] Tomás de Aquino, *Summa contra Gent.* II, 31-38. Cf. já *Sent.* II d. 1 q. 1 a 5. Em *De pot.* 3,7, Tomás cita expressamente Maimónides a favor de sua solução.

[406] *Sum theol.* I,46,1: *Non est ergo necessarium Deum velle quod mundus fuerit semper. Sed aeternus mundus est, quatenus Deus vult illum esse, cum esse mundi ex voluntate Dwi dependeat, sicut ex sua causa. Non est igitur necessarium mundum semper esse.*

[407] *Loc. cit.* I,46,2. Cf. *Quodl.* 12,6,1 e, sobretudo, *Quodl.* 12,2,2 com a tese de que Deus pode perfeitamente criar algo que é infinito, num sentido (mas não em todo sentido). Cf. *De pot.* 3,14 c.

[408] Para isso é especialmente instrutivo o tratamento do tema em Duns Escoto, *Ord.* II d. 1 q. e (ed. Vat, VII, 1973, 50-91), especialmente a refutação da objeção de que a suposição da criação de uma realidade distinta de Deus, mas temporalmente ilimitada, implicaria uma contradição (pp. 77s., notas 154s.).

[409] Por isso as acusações contra Tomás de Aquino, feitas na esteira de Friedrich Schlegel por A. Günther e J. Frohschammer, de que com a renúncia a uma demonstração racional para o princípio temporal do mundo, Tomás teria subtraído a base metafísica à crença cristã na criação, erram não somente a intenção de sua doutrina, mas igualmente sua função histórico-teológica. Cf. E. Behler, *loc. cit.*, pp. 22ss.

lado, os argumentos mais fenomenológico-empíricos da física aristotélica em favor da tese de que movimento e tempo não têm princípio não foram desarmados com a mesma convicção como os argumentos que partem da concepção de Deus. Isso vale de modo especial para o argumento do tempo (vide *acima* referente à *Física* 251 b 20ss.). Ao outro argumento, que da continuidade do movimento se conclui que ele é sem início (*Física* 251 b 28-252a 5), TOMÁS objetou que a vontade criadora de Deus também poderia criar um movimento que não seja precedido por nenhum outro[410]. O argumento do tempo, porém, significa que sequer podemos pensar um tempo cujo o agora não seguisse a um antes. Nisso a escolástica cristã viu apenas um argumento auxiliar dependente do argumento do movimento, porque se considerava o antes e o depois do tempo dependente do movimento[411]. No entanto, na *Física* de ARISTÓTELES a concepção de que o tempo não tem princípio foi *fundamentada*, entre outros, pelo argumento do tempo. Daí resulta a pergunta se a concepção da criação de um primeiro movimento não contém em si uma contradição já pelo fato de a suposição de um primeiro no tempo parece contradizer à natureza do tempo, no qual para cada agora existe um antes e um depois.

Assim o argumento aristotélico do tempo passou a constituir o ponto de partida para a negação da suposição de um princípio do mundo na antítese da primeira antinomia cosmológica de KANT[412]. Nesse caso, porém, o argumento se volta contra a concepção de um tempo vazio antes do princípio do mundo, que daí resulta. Portanto, também para KANT a idéia de um tempo vazio é apenas imaginária, e isso porque nele nada existiria para possibilitar o surgimento do princípio[413]. O antes temporal evidentemente não é separável

---

[410] *Summa contra Gent.* II,34, cf. *Sum. theol.* 46,1 ad 5.
[411] TOMÁS DE AQUINO, *Sum. theol.* 46,1 ad 7; de modo semelhante DUNS ESCOTO, *Ord.* II d. 1 q. 3 ad 2 (ed. Vat. VII, 88 nota 174): O antes temporal tomado para si é apenas imaginário.
[412] I. KANT, *Crítica da razão pura* B 455: *"Visto que o começo é um ser, precedido por um tempo no qual a coisa não é, logo deverá ter precedido um tempo no qual o mundo não era, i. é, um tempo vazio."*
[413] Crítico da razão pura B 455 "Ora, em um tempo vazio é impossível surgir qualquer coisa, porque nenhuma parcela desse tempo tem em si qualquer condição diferenciadora do ser antes de uma outra, antes da do não-ser" (*ib.*).

de uma regressão na série das causas[414]. Essa ligação também está pressuposta na observação de KANT em passagem posterior sobre a insuficiência de uma concepção de mundo que inclui um princípio do mundo no tempo: uma concepção nesse sentido é "*muito pequena* para vosso conceito de razão no necessário regresso empírico. Pois, pelo fato de que o princípio sempre ainda pressupõe um tempo precedente, ele ainda não é incondicional, e a lei do uso empírico da razão vos impõe perguntar ainda por uma condição temporal superior" (B 514s.). Todavia, a argumentação de KANT não pôde evitar essa "lei" da razão recair sobre sua subjetividade, respectivamente sobre sua descrição pela filosofia de KANT. Se com HEGEL tanto o limite – princípio e fim – quanto sua suspensão fazem parte da essência do finito (cf. nota 414), o ente de modo finito, porém, é temporal e passageiro na medida em que sua suspensão lhe permanece exterior[415], então terá que surgir novamente a pergunta se da essência do finito não faz parte, em todos os casos, também um princípio no tempo. Se isso diz respeito também ao mundo como um todo, depende então da pergunta se o mundo todo é finito ou infinito. Essa é a verdadeira questão objetiva que se encontra no fundo da controvérsia sobre a pergunta se o mundo tem ou não tem princípio, desde as discussões da Antiguidade até os modelos alternativos da cosmologia física moderna.

---

[414] Isso levou HEGEL à observação de que a argumentação da antítese na primeira antinomia de KANT se basearia na suposição já pressuposta de "que não existe um ser incondicional, nenhum limite absoluto, mas que o ser mundano sempre exigiria uma *condição precedente*" (*Wissenschaft der Logik I*, ed. por G. LASSON, *Philosophische Bibliothek* 56, 1967, p. 235). Tese e antítese em conjunto dizem "que existe um limite, e que o limite é do mesmo modo apenas um [limite] suspenso, que o limite tem um além, com o qual, porém, está *relacionado*" (*ib.*). De acordo com HEGEL, essa contradição faz parte da natureza da finitude (*Encyclopädie der philos. Wissenschaften im Grundrisse*, 3ª ed., 1830, ed. por F. NICOLIN e O. PÖGGELER, *Philosophische Bibliothek* 33, 1959, p. 209s.: § 258). HEGEL criticou KANT por ter onerado com essa contradição apenas a razão, para, desse modo, desonerar dela a natureza (*Logik I, loc. cit.*, p. 236).

[415] De acordo com HEGEL, o finito" é "passageiro e *temporal,* por não ser, como o conceito, em si mesmo negatividade total, mas tem, na verdade, em si a essa como sua essência geral, mas é, não adequada a essa, *unilateral*, sendo que por isso se relaciona com a mesma como com seu *poder*" (*Encyclopädie, loc. cit.* § 258).

A crença moderna na infinitude do mundo surgiu da ligação da revolução copernicana da imagem do mundo com a concepção geométrica do espaço das novas ciências modernas[416]. Se o espaço euclidiano, ilimitado em sua expansão, e concebido com GIORDANO BRUNO como o espaço natural ocupado por um número incalculável de sistemas solares, então se está próximo da concepção de uma infinitude do universo espacial. Perante isso, a transferência dessa concepção também ao tempo era secundária e ocorreu somente de forma hesitante[417]. Inclusive o KANT pré-crítico ainda contava com um princípio (todavia não mais com um fim) do mundo[418], embora concebesse o sistema planetário como resultado de processos mecânicos e, portanto, não o compreendia, como em NEWTON, produzido diretamente por autor inteligente.

---

[416] A história desse processo foi descrita por A. KOYRÉ, *Von der geschlossenen Welt zum unendlichen Universum* (1957), versão alemã 1969. Em contraste com a suposição muitas vezes externada desde DESCARTES de que NICOLAU DE CUSA já teria defendido a concepção do mundo infinito (cf., por exemplo, C. F. VON WEIZÄCKER, Die Unendlichkeit der Welt, in: Idem, *Zum Weltbild der Physik*, 10ª ed., 1963, p. 118-157, 129s.), KOYRÉ mostrou que NICOLAU evitou essa tese conscientemente, designando o universo somente como ilimitado (*interminatum*) (pp. 17s., cf. 31). O passo para a concepção de um mundo infinito foi dado primeiramente sob a influência da cosmologia copernicana, mas em oposição a KEPLER (*loc. cit.*, pp. 63ss.), precisamente em THOMAS DIGGES, em 1576, portanto ainda antes de G. BRUNO (*loc. cit.*, pp. 42ss.). Este, por sua vez, foi o primeiro a pensar o espaço geométrico como o espaço do universo (pp. 52s.). Os "infinitistas" do séc. XIV haviam afirmado apenas a *possibilidade* de um mundo infinito como manifestação do infinito poder criador de Deus (A. MAIER, *Die Vorläufer Galileis im 14. Jahrhundert*, 1949, pp. 155-215, enquanto BRUNO afirmava uma correspondência necessária do efetivo agir criador de Deus à capacidade de seu poder (KOYRÉ, pp. 48s.).

[417] Ela ainda não foi ecunciada por BRUNO, em todo caso não na passagem citada por H. BLUMENBERG, *Die Legitimität der Neuzeit*, 1966, pp. 551s. do escrito de BRUNO, *De la causa, principio e uno III*, (*Dialoghi italiani* ed. G. GENTILE, 3ª ed., 1958, pp. 280s.). Lá se fala, antes, da correspondência do mundo a Deus no esquema de *explicatio – complicatio*, cf. pp. 281s.

[418] I. KANT, *Allgemeine Naturgeschichte und Theorie des Himmels* (1755), p. 114: "A criação nunca está concluída. Ela começou em algum momento, mas jamais cessará". A restrição surpreende tanto mais, porque KANT afirma que "o campo da revelação de atributos divinos" seria "infinito do mesmo modo como são eles próprios" (p. 106).

O triunfo da concepção de um mundo infinito foi detido inicialmente, por um lado, pela tradicional distinção entre séries de determinações de espaço e de tempo intermináveis, e pela intensiva e perfeitamente simples e indivisa infinitude de Deus. BRUNO e DESCARTES ainda mantiveram essa distinção agostiniana[419]. Essa diferença entre mundo e Deus se dissolveu depois que HENRY MORE havia identificado o espaço geométrico infinito com a incomensurabilidade e onipresença de Deus, e ISAAC NEWTON havia tomado a absolutidade do espaço e do tempo por base de sua física: também MORE e inclusive SPINOZA ainda fizeram distinção entre a expansão espiritual de Deus e a do cosmo[420], mas pela separação da concepção do espaço e do tempo absolutos da concepção de Deus na física do séc. XVIII, como conseqüência do abandono da interpretação espiritual da força e especialmente da gravitação[421], desenvolveu-se a concepção de um universo a ser concebido em si como ilimitado em termos de tempo e espaço. A teoria antinomiana de KANT reduziu mais uma vez a concepção da infinitude do mundo à concepção da possibilidade de continuidade ilimitada em espaço e tempo[422], distinguindo-o com isso da perfeição de Deus, mas continuou sem resposta a pergunta dirigida por HENRY MORE a DESCARTES se uma continuação ilimitada de determinações em espaço e tempo não pressupõe que no universo não existe nem começo nem limite do espaço cósmico[423]. Esse, todavia, é o caso somente se não se deve renunciar com KANT totalmente à idéia do mundo como um todo[424].

---

[419] A. KOYRÉ, pp. 56s. referente a BRUNO: *De immenso et innumerabilibus* (*Opera lat.* I,1,286s., cf. 291, e ainda pp. 101ss. referente a DESCARTES: *Principia philos.* II § 22, cf. § 26, bem como pp. 111ss. Referente a AGOSTINHO, cf. acima nota 400s.

[420] A. KOYRÉ, pp. 143 e 144.

[421] Vide *acima* p. 129s. bem como N. J. BUCKLEY, The Newtonian Settlement and the Origins of Atheism, in: R. J. RUSSELL e. a. (eds.), *Physics, Philosophy, and Theology: A Common Quest for Understanding*, 1988, pp. 81-99.

[422] I. KANT, *Crítica da razão pura* B 460s. A. ANTWEILER, *Die Anfangslosigkeit der Welt nach Thomas von Aquin und Kant*, 1961, p. 113 observa com razão que com isso KANT se distanciou implicitamente de uma concepção do infinito no sentido do *id quo maius cogitari nequit* de ANSELMO.

[423] A carta de MORE a DESCARTES, de 11/12/1648, está reproduzida em *Descartes' Oeuvres*, ed. Adam-Tannery V, pp. 235ss. Vide A. KOYRÉ, *loc. cit.*, p 109 referente à passagem da carta em DESCARTES 242.

[424] Assim KANT, *loc. cit.* B 550s, cf. B 532s.: "... o mundo, portanto, não é algo absolutamente coeso, portanto também não existe como tal, nem com tamanho infinito, nem com tamanho finito".

Na história da imposição da crença na infinitude do mundo cabe, por fim, também ainda a fundamentação da teoria quântica matemática a partir de BERNARDO BOLZANO. Embora ela não se refira diretamente à cosmologia, ela deve ser considerada, não obstante, como auge e encerramento da transferência do conceito do infinito de Deus ao mundo, porque aparentemente permitia determinar matematicamente a idéia do atual infinito e deste modo também aplicá-lo na física. BOLZANO compreendeu o atual infinito como "essência" ou "quantidade" de uma pluralidade, constituída por um número infinito de partes[425]. Com isso pôde parecer possível pela primeira vez, contrariando a tradição que remonta a ARISTÓTELES, pensar o universo como infinito não apenas potencialmente, mas de fato[426]. Além do mais, sob o ponto de

---

[425] B. BOLZANO, *Paradoxien des Unendlichen* (1851), 1964, 15s. (§ 14). Ao contrário de DESCARTES (*Medit. III,28*), BOLZANO era da opinião de que o conceito do infinito seria derivado do conceito do finito e designaria uma quantidade ou uma pluralidade de unidades finitas (§ 2, cf. § 10s.). O conceito filosófico do infinito como condição da possibilidade para a compreensão de qualquer coisa finita não foi alcançado por BOLZANO.

[426] Nesse sentido BOLZANO fala do infinito "também na área da própria realidade" (*loc. cit.*, 36 § 25), na verdade, em primeiro lugar com vistas a Deus (*ib.*), mas por causa da infinitude de sua força e de sua vontade, também seria possível demonstrar em suas criaturas "muitas coisas infinitas [...]. Pois já a quantidade desses seres deve ser infinita; do mesmo modo a quantidade de condições que cada um desses seres experimenta durante um período, por mais breve que seja, deve [...] ser infinitamente grande, etc." (*ib.*, p. 36). Referente a espaço e tempo, cf. 38 (§ 27), bem como pp. 77s. (§ 39). KANT ainda dizia que um mundo infinito e ilimitado seria "*grande demais para toda compreensão empírica possível*" (*Crítica da razão pura* B 515). No entanto, GEORG CANTOR, que desenvolveu os pensamentos de BOLZANO à teoria quântica matemática, acusou a teoria antinomiana de KANT de um "uso *indistinto* do conceito da infinitude" justamente referente ao atualmente infinito (Brief an G. Eneström vom 4.11.1885 in: G. CANTOR, *Zur Lehre vom Transfiniten. Gesammelte Abhandlungen aus der Zeitschrift für Philosophie und philosophische Kritik* 1, Halle, 1890, cit. conforme H. MELSCHOWSKI, *Das Problem des Unendlichen*. Mathematische und philosophische Texte von Bolzano, GUTBERLET, CANTOR, Dedekind, 1974, pp. 116ss., citação p. 122). CANTOR distinguia o infinito potencial do infinito atual", sendo que o infinito potencial" designaria "uma grandeza finita *mutável*, que *excede* a todos os limites finitos, enquanto o infinito atual" designaria "um quantum *firme e constante* em si, que, no entanto, se encontra além de todas as grandezas finitas" (p. 121). Em lugar do infinito atual, CANTOR falava em geral do transfinito, mas podia identificar a este expressamente com aquele (*loc. cit.*, pp. 118ss.). Nisso a

vista da teoria quântica, de modo algum o universo é a única quantidade infinita. Com isso a concepção da infinitude do mundo perdeu o caráter do racionalmente extraordiário.

Contra a compreensão da quantidade infinita como atual infinita, porém, pode-se objetar que nisso sempre já se deve pressupor como base a concepção de elementos, portanto de partes finitas, das quais essa quantidade é composta. Com isso a presumida infinitude atual da quantidade infinita por fim acaba recaindo novamente na infinitude potencial da síntese de partes finitas, ou, inversamente, da divisibilidade ilimitadamente progressiva. A matemática intuicionista afirmava, para além da comprovação das contradições e dos paradoxos na concepção de quantidades infinitas[427], que não poderiam existir totalidades atuais infinitas; pois essas não podem ser construídas a partir de elementos: "[...] na verdade, se pode construir sempre mais do que já se construiu, mas sempre apenas finitamente muito"[428]. Com isso o conceito da quantidade infinita está reduzido novamente ao tipo da infinitude potencial no sentido da ilimitada continuabilidade de passos finitos.

O conhecimento dos paradoxos ligados com o conceito da quantidade ilimitada pode aparecer hoje como o prelúdio do abandono da concepção de um universo infinito pela cosmologia física. Essa virada foi desencadeada pela teoria da relatividade, que ensinou a ver espaço e tempo como dependente da massa e da velocidade dos corpos, e permitiu que se visse o mundo como espacialmente ilimitado, porém finito[429]. A isso jun-

---

impossibilidade de multiplicação por meio do acréscimo de outros elementos lhe valia como característica somente do infinito absoluto, ainda não do infinito atual em sua distinção do infinito potencial (pp. 121s.).

[427] A respeito disso, cf. de modo resumido H. G. STEINER, Mengenlehre, in: *Historisches Wörterbuch der Philosophie 5*, 1980, 1044-1059, 1053s.

[428] É assim que C. F. VON WEIZÄCKER, *loc. cit.*, (vide *acima* nota 416), p. 150, resume a argumentação intuicionista. Cf. M. DUMMETT, *Elements of intuitionism*, Oxford, 1977, pp. 55-65. A pretensão de infinitude atual também não foi restabelecida na teoria dos tipos de A. N. WHITEHEAD e B. RUSSELL (*Principia Mathematica*, 1913, reimpressão 1961, pp. 37ss.). Cf. tb. D. HILBERT, Über das Unendliche (1925), in: *Hilbertiana. Fünf Aufsätze*, 1964, pp. 79-108, esp. pp. 82s. e 108.

[429] Referente à possibilitação dessa compreensão por meio da aplicação de conceitos de espaço de RIEMANN à cosmologia, vide W. STEGMÜLLER, *loc. cit.*, pp. 501s, como tb. as breves observações de B. KANITSCHEIDER, *Kosmologie. Geschichte und Systematik in philosophoscher Perspektive*, 1984, p. 156.

tou-se o descobrimento do movimento de expansão do universo por EDWIN HUBBLE e com ele a conclusão por um ponto de partida desse movimento há longo tempo finito, quando toda a matéria cósmica deve ter estado concentrada num espaço mínimo. A concepção de um *big bang* como começo da expansão cósmica, de acordo com uma hipótese inicial, há 5 bilhões, segundo cálculos posteriores, há 15 bilhões de anos, constitui, desde a metade do séc. XX, o "modelo padrão" da cosmologia física[430]. Essa cosmologia moderna tomou pela primeira vez o universo como um todo, em sua expansão em tempo e espaço, como objeto de pesquisa empírica[431]. Com isso começou também uma nova situação para a pergunta filosófica pelo mundo como um todo. KANT havia rejeitado uma concepção nesse sentido como empiricamente absurda, e essa havia sido a razão para sua dissolução das antinomias cósmicas (vide *acima* nota 424). Para ele, a unidade do mundo era apenas uma idéia básica da ligação progressiva das experiências. Contra isso se podia aduzir, naquela época, no máximo que o pensar racional não pode prescindir de concepções mais definidas do mundo em seu todo. Primeiramente a moderna cosmologia física forneceu a prova de que uma concepção do mundo em seu todo nesse sentido de modo algum excede os limites do saber empírico e resvala para uma fantasmagoria inconsistente, e, sim, também é empiricamente tanto indispensável quanto possível.

Estaria agora também associada com o modelo padrão do universo em expansão a suposição de um princípio temporal do mundo? À primeira vista, esse parece ser evidentemente o caso. Pois atribui-se ao mundo uma "idade" de 15 bilhões de anos. Uma sensacional declaração de Pio XII, de 22/11/1951, de fato recorreu à nova cosmologia física como confirmação da crença cristã na criação com sua suposição de um princípio do universo "há um tempo finito", e além disso, a tomou inclusive como fundamento para uma nova demonstração da existência

---

[430] A história desse modelo desde sua primeira apresentação por A. FRIEDMANN, em 1922, foi descrita de modo ilustrativo, com suas variantes mais importantes, por S. W. HAWKING, *Eine kurze Geschichte der Zeit. Die Suche nach der Urkraft des Universums*, 1988, pp. 54-74. Cf. além disso J. S. TREFIL, *Im Augenblick der Schöpfung* (1983), versão alemã 1984, bem como, sobretudo, a descrição que deve ser chamada de clássica, de St. WEINBERG, *The First Three Minutes*, 1971.

[431] Assim W. STEGMÜLLER, *loc. cit.*, pp. 505; cf. tb. a opinião de D. W. SCIAMA (1979) citada em B. KANITSCHEIDER, *loc. cit.*, p. 148, bem como seu livro *Modern Cosmology*, 1971.

de Deus[432]. Essa declaração foi objeto de muitas críticas[433]. Com efeito, a suposição de um princípio temporal é menos unívoca e não tão inevitável como podia parecer à primeira vista. No entanto, ainda que o universo tenha um princípio temporal, não se pode fundamentar nisso sem mais nem menos uma demonstração da existência de Deus. Também para tal situação restam interpretações diferentes.

As dificuldades na questão do princípio temporal se baseiam no fato de que o transcurso do tempo não independe dos processos materiais. Assim como, de acordo com a teoria da relatividade, as medidas de tempo já são relativas[434], resultam para o tempo dos primórdios do universo com seus processos elementares problemas específicos para a compreensão do transcurso do tempo. De acordo com o modelo padrão do universo expansivo, a curva de sua expansão leva, acompanhando-a no sentido do tempo para trás, a

---

[432] *Acta Apostolicae Sedis 44*, 1952, pp. 31-43, versão alemã in: *Herderkorrespondenz* 6, 1951/52, caderno 4, janeiro de 1962, pp. 165-170: *Die Gottesbeweise im Lichte der modernen Naturwissenschaft*. Cf. esp. o parágrafo C. *Das Universum und seine Entwicklung* (p. 168) e as "Conclusões finais", p. 169: "Portanto a criação no tempo, e por isso um Criador; por conseguinte, um Deus. Esta é a notícia que Nós, ainda que não expressa e definitivamente, exigíamos das ciências, e que a humanidade de hoje delas espera". Muito mais cautelosa foi a manifestação de João Paulo II em sua mensagem ao diretor do Observatório do Vaticano, Rev. GEORG V. COYNG, de 1º de julho de 1988, por ocasião dos 300 anos da publicação dos Princípios de NEWTON (reproduzido in R. J. RUSSELL e. a. (Eds.), *Physics, Philosophy, and Theology: A Common Quest for Understanding*, 1988, M 11s.), ao manifestar a expectativa de que o diálogo dos teólogos com cientistas *"would prevent them from making uncritical and overhasty use for apologetic porpuses of such recent theories as that of the "Big Bang" in cosmology"*.

[433] Exemplos em HAWKING, *loc. cit.*, pp. 67ss. Algumas das manifestações ali mencionadas dão francamente a impressão de que muitos cientistas estão febrilmente à procura de alternativas, porque eram da opinião de que certamente não poderia ser que as ciências naturais convergiam em seus resultados mais recentes com os ensinamentos da Igreja. Referente a essas reações, cf. S. L. JAKI, *Science and Criation. From eternal Cycles to an oscillating universe*, 1974, pp. 236ss, esp. 346ss.

[434] Em HAWKING, p. 51, é dito, de modo um tanto impreciso, que a teoria da relatividade acabaria "com a idéia do tempo absoluto". Conforme se pode deduzir das exposições ali precedentes, é somente a respectiva medida do tempo, respectivamente a duração do tempo que é relativa por causa da dependência da velocidade da luz. A sequência temporal dos acontecimentos não é atingida por isso.

um ponto de imensa densidade da matéria e imensa curvatura do tempo-espaço. No entanto, as reconstruções da história do universo somente levam à proximidade desse ponto, não para t = 0, porque para o ponto inicial "não está definido nenhum estado físico"[435]. É possível que o "tempo subjetivo" esteja expandido na proximidade desse princípio de acordo com a medida de tal proximidade, de modo semelhante como na proximidade do "horizonte de acontecimento" de buracos negros[436]. Com isso a pergunta por um acontecimento absolutamente primário, se não for sem sentido, em todo caso, não tem resposta.

Não obstante, da finitude de todo processo no tempo faz parte um princípio. Se o universo no todo deve ser pensado como um processo finito, então e nesse sentido também deve ser suposto um princípio temporal para o universo como tal, sem prejuízo da relatividade dos transcursos do tempo e das medidas do tempo. As concepções mo-

---

[435] B. KANITSCHEIDER, loc. cit., p. 309. Cf. tb. WEINBERG, loc. cit., pp. 133, 149, esp. 148s.

[436] Referente à problemática do tempo na proximidade de buracos negros, cf. HAWKING, loc. cit., pp. 117ss. Para processos quânticos HAWKING propõe um cálculo do tempo com números imaginários (p. 171), que ele também designa, de modo um tanto impreciso, como "tempo imaginário" (ib.). Uma reconstrução da cosmologia nessa base poderia representar o universo como um tempo-espaço "de tamanho finito, mas sem limite ou margem" (p. 173), portanto, também sem singularidades de princípio e fim (p. 176). A relevância física e teológica dessa suposição é analisada por C. I. ISHAM, Creation of the Universe as a Quantum Process, in: R. J. RUSSELL e. a. (eds.) *Physics, Philosophy, and Theology*: A Common Quest for Understanding, 1988, pp. 374-408, esp. 397ss. Referente aos problemas da suposição de um "primeiro acontecimento", cf. R. TORRETTI, Kosmologie als ein Zweig der Physik, in: B. KANITSCHEIDER (ed.), *Moderne Naturphilosophie*, 1984, pp. 183-200, esp. 197. Referente a problemas semelhantes com vistas ao fim do mundo no modelo de um universo fechado, cf. F. J. TIPLER, The Omega Point as *Eschaton*: Answers to Pannenberg's Questions for Scientists, in: *Zygon* 24, 1989, pp. 217-253, 227: "... *closed universes end in a final singularity of infinite density, and the temperature diverges to infinity as this final singularity is approached. This means that an ever increasing amount of energy is required per bit near the final singularity*". Pela aproximação à singularidade está à disposição energia suficiente "*for an infinite amount of information processing between now and the end of time in a closed universe. Thus although a closed universe exists for only a finite proper time, it nevertheless could exist for an infinite subjective time, which is the measure of time that is significant for living beings*".

dernas de um universo ilimitado em espaço e tempo (portanto, não somente limitado numa, mas em todas as direções) conceberam como finitas as partes do mundo, não, porém, o mundo em seu todo como processo finito. Em contrapartida, com o modelo padrão da expansão do universo, a moderna cosmologia física sugere, pelo menos para seu princípio, a suposição da finitude. Também não existe motivo empírico para conceber o universo em expansão como processo parcial de um pulsante movimento total, durante cujo transcurso se sucedem fases da expansão e de contração, de modo que depois da contração por fim se seguiria nova expansão. Sobretudo o modelo circular não pode ser aplicado de tal modo ao transcurso do tempo como se num novo turno os processos temporais fossem idênticos com os de um turno anterior. Em face da irreversibilidade do transcurso de seu tempo, a finitude do processo do mundo no tempo inclui a diferencialidade de princípio e fim.

O princípio pode, eventualmente, subtrair-se a uma determinabilidade física exata. Por isso a afirmação de um princípio do tempo também não pode fundamentar-se diretamente sobre dados ou conclusões da física. Ela também não é derivável em termos puramente conceituais da natureza do finito como tal; pois ela depende da possibilidade de se transferir tal conceito de finitude ao mundo como um todo. Mas a afirmação de um princípio também não pode ser justificada como uma verdade revelada exterior ao processo da natureza observável e reconstituível. Ela necessita de uma base empírica. Essa base é efetivamente fornecida pela cosmologia moderna. Se (contra KANT) faz sentido e é necessário conceber o processo global do universo como um todo, e se, além disso, esse processo global é finito em sua forma de espaço e tempo, então também há de ter um princípio temporal: não um princípio "no" tempo, como se lhe precedesse um tempo vazio, mas um princípio do próprio tempo, que, porém, por um lado, já está determinado temporalmente, representando, portanto, o começo de uma sequência de momentos temporais. Por isso é de se supor que numa fase inicial nesse sentido o próprio tempo como sequência de acontecimentos e transcurso mensurável primeiramente adquire forma. Nisso o subjetivo tempo "imaginário" pode estender-se, justamente na proximidade do princípio, ao infinito. Objetivamente, porém, isto é, relativamente ao processo global do universo, com o princípio também está posto um fim, com o qual, porém, o tempo do mundo não se delimita com um tempo precedente, mas com a eternidade[437].

Problemas semelhantes estão ligados com a concepção bíblica de um fim do mundo. A tradição bíblica conhece, no mais tardar desde o surgimento da apocalíptica, a concepção de um fim do mundo e associou essa concepção à esperança do advento do reino de Deus. Para a teologia cristã, a expectativa determinada por essa concepção, que agora se confundiu com a crença na volta de Cristo, foi de importância fundamental, independente de grandes diferenças nas concepções do período que ainda haverá de transcorrer até o fim. A análise mais exata desse tema deverá ficar para o capítulo da escatologia. Aqui ele deve ser tomado em consideração apenas sob um ponto de vista, a saber, com vistas ao fato de que da finitude do mundo, conquanto está temporalmente estruturado como um todo, também faz parte seu fim.

Ao pensamento moderno, essa concepção pareceu ainda consideravelmente mais estranha do que a concepção de um princípio do mundo. Uma razão para isso deverá encontrar-se no recuo de pontos de vista finais na explicação mecânica do mundo das ciências naturais do séc. XVII, e especialmente na compreensão do mundo natural no todo. Desse modo, DESCARTES concebeu o mundo como criado por Deus "no princípio", mas achava que, em vista da imutabilidade de Deus, deveria atribuir a explicação de todos as demais modificações unicamente às coisas criadas e seus efeitos recíprocos[438]. Da imutabilidade de Deus seguia-se para ele a concepção das leis naturais igualmente imutáveis[439]. Em sua *Allgemeine Naturgeschichte*, de 1755, KANT

---

[437] B. KANITSCHEIDER critica a argumentação da antítese na primeira antinomia de KANT (vide *acima* nota 412s.), porque com a afirmação de que a um princípio do mundo teria que preceder um tempo vazio teria deixado de lado a alternativa de AGOSTINHO, "segundo a qual juntamente com o primeiro acontecimento também poderia ter surgido o próprio tempo-espaço" (*loc. cit.*, p. 440). Para isso remete a G. J. WHITROW, The Age of the Universe, in: *The British Journal for the Philosophy of Science* V,19, 1954, 215-225, bem como a B. ELLIS, Has the Universe a Beginning in Time?, in: *The Australian Journal of Philosophy 33*, 1955, 32-37. Cf. tb. ST. WEINBERG, *loc. cit.*, p. 149: "... *it is at least logically possible that there was a beginning, and the time itself has no meaning before that moment*".

[438] R. DESCARTES, *Principia philosophiae* II § 36s. [Cf. *Princípios de Filosofia*. São Paulo: Hemus, 1968].

[439] *Loc. cit.*, § 37.

ainda falou naturalmente de um princípio da criação, acrescentando, porém, imediatamente que ela nunca acabará (vide *acima* nota 418). Somente pelo primeiro teorema da termodinâmica a concepção de um fim do mundo entrou novamente no foco da física, mas inicialmente apenas no sentido de um estado final do equilíbrio termodinâmico, da chamada "morte térmica"[440]. O modelo cosmológico do universo em expansão leva, então, em uma de suas variantes, a uma concepção consideravelmente mais radical de um fim do mundo, todavia com o olhar para um futuro ainda muito mais distante. Pois surgiu a pergunta se o movimento expansionista continuará para todo o futuro apesar de um aparente retardamento, ou se a expansão será freada até a parada total, passando então para uma fase da contração que, por fim, acabará numa singularidade correspondente ao princípio do universo, em um ponto de ilimitada densidade e curvatura do tempo-espaço. Exemplos para processos que se desenrolarão num futuro do universo nesses termos são dados desde o descobrimento e a investigação dos chamados buracos negros dentro do universo[441]. Ao lado da possibilidade da continuação da expansão cósmica para um espaço ilimitado do tempo-espaço, da possibilidade contrária de sua inversão em um movimento de contração em direção a um colapso de sua matéria, que porá um fim à história do universo, mais outra solução intermediária foi objeto de especial interesse: a possibilidade de a curva de expansão acabar em linha "plana" com transição em uma fase ilimitadamente estável do equilíbrio de forças expansionistas e gravitação[442]. A decisão entre esses modelos depende da pergunta não suficientemente esclarecida

---

[440] C. F. von Weizäcker, *Die Geschichte der Natur* (1948) 2ª ed., 1954, pp. 37s. Cf. tb. K. Heim, *Weltschöpfung und Weltende* (1952), 2ª ed., 1958, pp. 114ss., 121ss., que viu nesse prognóstico termodinâmico do fim do mundo formulada com palavras de Dubois-Reymond uma "escatologia científica".

[441] St. W. Hawking e R. Penrose, The singularities of gravitational collapse and cosmology, in: *Proceedings of the Royal Society of London* (A) 314, 1069/70, 529-548. Cf. St. W. Hawking, *Eine kurze Geschichte der Zeit*, 1988, pp. 111-128.

[442] Sobre as três possibilidades de um curso aberto, fechado ou "plano" da curva da expansão cósmica, cf. St. W. Hawking, *Eine kurze Geschichte der Zeit*, 1988, pp. 62ss. O próprio Hawking opta por um universo aberto ou plano (p. 66), porque, segundo as informações disponíveis depois da conclusão de seu livro, a densidade da matéria no universo parecia não ser suficiente para a transição para uma fase de contração.

pela totalidade da massa e pela densidade da matéria no universo. Enquanto a cosmologia física até agora tendia antes para a suposição de um universo "plano", resultados mais recentes da pesquisa favorecem a suposição de uma densidade maior da matéria do que suposto até agora, e com isso também a conclusão final de que o efeito da gravitação poderia levar à inversão do movimento de expansão em uma contração.

Teriam tais ponderações qualquer relevância para a pergunta teológica por um fim do mundo? Já nas discussões sobre uma "morte térmica" do universo com razão se chamou a atenção para o fato de que um acontecimento como este se encontraria muito além do futuro histórico da humanidade, porque as condições para a vida orgânica chegarão a um fim muito antes. Na expectativa bíblica, porém, o fim do mundo estava intimamente ligado com o fim da história da humanidade, e isso com o objeto de uma expectativa iminente mais ou menos intensiva. Caso nosso mundo corresponder ao modelo de um universo "fechado", que desmorona depois de percorrer uma fase de contração numa singularidade final análoga ao princípio, esse fim ocorreria somente bilhões de anos após o momento em que as condições para a vida orgânica, e, portanto, também para a vida humana, terem desaparecido. Todavia, BARROW e TIPLER desenvolveram, em conexão com a discussão sobre o "princípio antrópico", a idéia de que o aparecimento de seres inteligentes, se é que todo o universo está programado para isso, não pode ser um fenômeno passageiro, e continuará até o domínio intelectual sobre o todo do universo, livrando-se da base de uma vida orgânica baseada em compostos de carbono[443]. No entanto, seria isso ainda uma forma de existência humana? Numa versão mais desenvolvida de seu modelo "antrópico", FRANK TIPLER então também associou o ponto final do domínio intelectual perfeito sobre o universo com a concepção de Deus em vez de com um desenvolvimento superior de inteligência humana[444]. Importância fundamental

---

[443] J. D. BARROW e F. J. TIPLER, *The Anthropic Cosmological Principle*, 1986, pp. 266ss.

[444] F. J. TIPLER, The Omega Point as *Eschaton*: Answer to Pannenbergs Questions for Scientists, in: *Zygon 24*, 1989, 217-253, esp. 200ss., 229s. Uma fase intermediária no desenvolvimento do pensamento de TIPLER é sua contribuição: The Omega Point Theory: A Model of an Envolving God, in: R. J. RUSSELL e. a. (eds.), *Physics, Philosophy, and Theology:* A Common Quest for Understanding, 1988, pp. 313-331.

para sua argumentação continua tendo a referência da inteligência surgida com o ser humano no universo a uma possível participação na realidade de Deus consumada no ômega do universo. Essa participação certamente também seria concebível sem a suposição da duração continuada de vida inteligente até o fim do universo, visto que a realidade divina (como também TIPLER supõe) não surge primeiramente em ômega, mas como consumada em ômega, não está sujeita a nenhuma restrição de tempo, sendo que por isso já deve ser pensada desde seu futuro escatológico como presente em todas as fases do processo mundial, e como origem criadora do universo já no princípio de seu caminho.

Imprescindível, porém, é a suposição de uma continuação de vida humana no universo sob outro aspecto, a saber sob a condição (suposta por TIPLER e BARROW) de que o aparecimento de vida humanas (respectivamente inteligente) no processo da evolução do universo deve ter importância constitutiva e não apenas efêmera para seu processo global: nesse caso a vida humana deve estar em condições de abarcar e determinar todo o processo mundial. Essa condição está cumprida na base da fé cristã na ressurreição e na exaltação de Jesus Cristo como o novo homem[445]. Por isso não é mais necessária a suposição de futuras formas de desenvolvimento da inteligência aparecida no processo do mundo com o ser humano em outra base que não a forma de vida orgânica baseada em carbono.

As respectivas questões detalhadas devem ficar reservadas para [os capítulos sobre] a escatologia. No entanto, já aqui deveria estar claro que, do ponto de vista da física, é concebível não apenas um fim temporal do universo no todo de seu processo, correspondente a seu princípio temporal, que é, antes, o futuro e não o princípio temporal do universo que se revela como o "lugar" a partir do qual todo o processo do mundo está fundamentado desde o princípio. O ponto de vista "antrópico", que permite considerar o aparecimento de vida inteligente como essencial para o caráter do universo em seu todo, leva a uma compreensão de sua estrutura fundamental que atribui à escatologia uma função constitutiva para o universo no todo, porque somente no ômega do processo cósmico é concebível a forma perfeita daquele domínio intelectual sobre o mundo, que, porém, se seu aparecimento re-

---

[445] Cf. quanto a isso minhas observações in *Zygon 27*, 1989, 255-271, esp. 267s.

almente deve ser significativo para o universo em seu todo, deveria estar realizada ainda em outra forma, que determina o universo em toda a sua extensão. Primeiramente no ômega do processo cósmico, porém, é imaginável um domínio intelectual sobre o processo todo, que também fundamenta seu princípio, por que sai dos condicionamentos do tempo. Poder-se-ia objetar a isso que também com o princípio pode ser ligada diretamente uma concepção de Deus que deu ao universo suas leis e sua existência. De fato, no efeito final, também a teoria do ponto ômega de TIPLER leva a uma concepção nesse sentido. Mas ela tem a vantagem de desenvolver, guiando-se pelo princípio antrópico, um caminho de fundamentação que, por fim, leva a esse resultado. Sem o caminho da escatologia, estariam à disposição para isso somente os saltos intelectuais e as conclusões analógicas antropomorfas da demonstração teológica da existência de Deus que da ordem do universo conclui a suposição de um autor inteligente. Em contraposição a essa tradicional figura racional, há de se admitir que a argumentação apresentada por TIPLER não recorre meramente a conclusões analógicas nem conduz a uma concepção antropomorfa de Deus. No mais, trata-se apenas de um nexo teórico possível, alternativo para outros modelos cosmológicos, não se tratando por isso de uma demonstração da existência de Deus no sentido tradicional.

Para a teologia, a adoção de um modelo desses não pode entrar em discussão. Sua argumentação move-se em um plano diferente do da teologia. No entanto, é evidente uma convergência de pensamentos fundamentais básicos com a argumentação teológica aqui desenvolvida. A possibilidade de considerações cosmológicas semelhantes pode, por isso, ser aduzida pela teologia para o esclarecimento da tese sobre o futuro de Deus como origem criadora do universo e esclarecer sua referência à realidade. O modo como Deus está presente criadoramente para suas criaturas no decurso do processo cósmico desde o éscaton do universo, necessita, todavia, no modelo de TIPLER, de um esclarecimento mais abrangente, para o qual até agora não existem propostas. Talvez ele possa ser procurado na direção das conjeturas sobre o conceito de campo aqui externadas sob o ponto de vista da atividade criadora do Espírito de Deus (vide *acima* pp. 156ss.)[446].

---

[446] Uma reinterpretação do campo cósmico (TIPLER, 1989, p. 229) no sentido da relevância constitutiva de ômega para sua estrutura de campo poderia resultar

3. Crença na criação e teodicéia

O mundo como ele se oferece à experiência e ao conhecimento humano pode ser compreendido, com boas razões, como criação do Deus da Bíblia, fazendo-se uso dele como tal. A prova disso deve ser fornecida pela doutrina teológica da criação, apresentando o mundo como criação de Deus. Com isso ela oferece uma contribuição inestimável para que se mantenha em aberto a possibilidade de falar de Deus intelectualmente de modo responsável. Onde a teologia fracassa na tarefa da doutrina da criação, corre-se o perigo de que o vocábulo "Deus" perca seu sentido legítimo. No entanto, também no caso de ter sucesso, a doutrina teológica da criação não é capaz de demonstrar como evidente o louvor de Deus a partir das obras da natureza, do qual fala o Salmo 19, de tal modo que agora ele poderia ser claramente deduzido do respectivo estágio do conhecimento da natureza. Embora, de acordo com Paulo, todo homem perceba por sua razão nas obras

---

numa explicação da problemática quântico-física da contingência, que tornaria supérfluo o recurso de TIPLER (*loc. cit.*, pp. 235s.) à *Many Worlds Interpretation* de HUGH EVERETT (1957), e concederia mais peso à contingência temporal de cada acontecimento (não na relação com a função de ondas universal, mas em relação a seus antecessores) do que TIPLER (*loc. cit.*, p. 236) lhes atribuiu até agora. Referente à crítica à hipótese de H. EVERETT, cf. MARY B. HESSE, Physics, Philosophy and Myth, in: R. J. RUSSELL e. a. (eds.), *Physics, Philosophy, and Theology: A Common Quest for Understanding*, 1988, pp. 185-202, esp. 192ss. Considerações que apontam nessa direção talvez poderiam tomar por ponto de partida as explanações de J. A. WHEELER sobre uma decisão retroativa da identidade de acontecimentos quânticos, se essa decisão deve ser ligada primariamente com ômega, e se o homem participasse apenas de modo secundário em sua relação com o mundo natural, correspondente à concepção bíblica do domínio do homem semelhante ao de Deus na criação (cf. J. A. WHEELER, Die Experimente der verzögerten Entscheidung und der Dialog zwischen Bohr und Einstein, in: B. KANITSCHEIDER (ed.), *Moderne Naturphilosophie*, 1984, pp. 203-222, esp. 214ss., bem como Idem, World as System Self-Synthesized by Quantum-Networking, in: *IBM Journal Res. Develop.* 32, 1988, 4-15, onde WHEELER se volta contra a concepção de um tempo-espaço continuado (pp. 13s.), mas continua a falar de acontecimentos (p. 13) que, não obstante, não são imagináveis sem tempo, de modo que sua crítica ao conceito de tempo poderia ser compreendida antes como exigência por sua revisão no sentido de uma sequência discreta dos momentos temporais e, portanto, depois de tomada em consideração a contingência em nosso conceito de tempo.

da criação o eterno poder e a deidade de Deus (Rm 1.20), a pretensão expressa de que a realidade da natureza (mas também da história dos homens) seja criação de Deus permanece um tema controvertido. Para isso existem razões múltiplas. De acordo com Paulo, ingratidão e injustiça dos homens impedem-nos de tributar ao Criador do mundo a honra de sua deidade (Rm 1.18 e 21). Mesmo antes de se chegar a tais juízos últimos, é possível dizer que os contrastes da interpretação do mundo estão co-condicionados pelos diferentes posicionamentos dos intérpretes. Mas também existem razões que residem na própria questão e estorvam o conhecimento do Criador a partir das obras da criação. Algumas dessas razões estão ligadas à autonomia das formas e dos processos criaturais, que dão a impressão de que para sua compreensão não há necessidade de uma regressão a um criador divino. Por outro lado atrapalham a suposição de um Criador tanto todo-poderoso quanto bondoso o sofrimento das criaturas aparentemente sem sentido e o sucesso no mínimo temporário do mal na criação. Com isso é posta em dúvida a convicção da bondade da obra da criação em sua correspondência com a vontade criadora de Deus, indispensável para a crença na criação. Haveremos de ver que esse segundo complexo de problemas está relacionado com o primeiro. Essa relação, porém, pode ser esclarecida somente se o desafio da crença na criação pela dúvida na bondade da obra da criação for antes determinado com maior exatidão.

O relato da criação do escrito sacerdotal constata, depois de cada uma das obras da criação, a consonância de sua execução com a intenção divina, e acrescenta uma aprovação da obra surgida como "boa"[447]. No final do relato, depois da criação do homem, consta no lugar de uma aprovação específica dessa obra uma "aprovação geral" de toda a criação como "muito boa" (Gn 1.31). Nisso naturalmente está incluído também o homem, e, além disso, se destaca deste modo a especial importância da criação do homem para o acabamento de toda a obra da criação (Gn 2.2)[448]. Que a criação "é boa" em seu todo depende, evidentemente, de que o homem seja bom, de sua correspondência com a intenção criadora divina.

---

[447] Gn 1.4 bem como os versículos 10, 12, 18, 21, 25, 31. Cf. W. H. SCHMIDT, *Die Schöpfungsgeschichte der Priesterschrift*, 1964, pp. 59ss.
[448] O. H. STECK, *Der Schöpfungsbericht der Priesterschrift*, 1975, p. 183, cf. p. 131 nota 521.

Todavia também ao escrito sacerdotal não ficou despercebido o fato de que o mundo, tal como os homens o experimentam e o conformam, não permite reconhecer inequivocamente que ele é tão bom como o juízo de Deus o declara. No início da narrativa do dilúvio é dito: "E viu Deus a terra, e eis que estava corrompida; pois toda carne tinha corrompido seu caminho na terra" (Gn 6.12). Parece que aí não se pensa apenas no homem, mas em todos os seres viventes[449]. Todos os seres viventes estão incluídos na culpa que acarreta o juízo de Deus. Conclui-se, portanto, que o mundo foi criado bom por Deus, mas que foi corrompido pelas criaturas – e especialmente pelos homens, por meio dos quais a boa criação deveria ser levada à perfeição. Como havia sido atribuído uma perfeição inicial à criação, o escrito sacerdotal pôde explicar o mal presente no mundo como instalado posteriormente. Contra essa corrupção do mundo, o escrito sacerdotal deve ter compreendido a observação da lei de Deus e especialmente do mandamento do sábado (cf. Ex 20.11) como conservação da ordem original da criação. A compreensão cristã vai além disso ao compreender o aparecimento do novo homem escatológico em Jesus Cristo (1Cor 15.46s.) como consumação da própria criação, que supera toda corrupção que nela surgiu. A partir daí a teologia cristã da criação não precisa estar presa à suposição de um estado inicial perfeito. Mas pela autoridade das afirmações do relato bíblico da criação de que a criação era boa, a teologia cristã foi levada nessa direção, apesar das palavras paulinas de 1Cor 15.45ss., que apontam para uma direção bem diferente.

Para a fé de Israel e também da cristandade primitiva era inconcebível acusar o próprio Criador por causa do mal instalado em sua criação. Estranhamente, isso era impossível não apenas porque se responsabilizavam por isso as criaturas, especialmente o homem, mas já pelo fato de se negar ao homem o direito de arvorar-se em juiz sobre o agir criador de Deus: "Ai daquele que contende com seu Criador, ele, um caco entre cacos de cerâmica! Acaso o barro também diz ao oleiro: Que fazes aí? e a obra: tu não tens mãos?" (Is 45.9; cf. Jr 18.6; Rm 9.20). "Se ele arrebata, quem poderá impedi-lo? Quem lhe dirá: Que fazes aí?" (Jó 9.12). Na base da fé em Deus o Criador, deveras se-

---

[449] W. H. SCHMIDT, *loc. cit.*, p. 63 nota 1 com remissão a Gn 6.17. De acordo com SCHMIDT, consiste nisso uma diferença no uso lingüístico de J.

quer pode surgir o problema da teodicéia, uma exigência de justificação de Deus pelo mundo por ele criado[450]. Isso, todavia, não impede que essa pergunta também pode impor-se ao crente, a saber, como tentação para sua fé, assim como o fato (e portanto a possibilidade) da descrença acompanha a fé como uma sombra: existe evidentemente a negação aberta da fé em Deus o Criador, e essa descrença argumenta, não sem razão, com o fato da existência do mal no mundo, lembrando o sofrimento inocente, que excede todas as proporções especialmente das criaturas, cuja vida sequer teve chances de se desdobrar. O sofrer e o morrer miserável de crianças continua sendo o argumento mais contundente contra a fé num sábio e bondoso criador do mundo[451]. Esse não é um argumento de ordem meramente teórica, que poderia ser desarmado por contra-argumentos e interpretações. O sofrimento sem sentido de tantas criaturas opõe-se de modo muito real à fé em um Criador todo-poderoso e, ao mesmo tempo, bondoso e sábio. Se é que essa contradição pode ser resolvida de algum modo, então somente por superação real dos males e sofrimentos, tal como a escatologia cristã a espera por meio da fé na ressurreição. Toda teodicéia apenas teórica permanece exposta à crítica que KARL BARTH fez a LEIBNIZ e seus sucessores no séc. XVIII, afirmando que desse modo apenas *se dá outro sentido* à realidade desse mundo por meio de bagatelização de seu lado sombrio[452]. Sofrimento, culpa e lágrimas gritam pela superação real do mal. Por isso primeiramente a unidade de

---

[450] Por isso K. BARTH inverteu o tema da teodicéia em uma justificação da existência das criaturas pelo fato de sua criação (*KD III/1*, 1945, pp. 418-476). Deus o Criador não necessita de "qualquer justificação" nem mesmo em face do fato de as criaturas lhe voltarem as costas (p. 304).

[451] Esse argumento contra a fé em Deus encontrou sua formulação clássica no diálogo de IVAN KARAMASOW com Aljoscha no romance de F. M. DOSTOIEWSKY *Os irmãos Karamasow* (5. livro, cap. 4: A Indignação). Em ALBERT CAMUS, *A Peste*, encontra-se tão-somente ainda um eco dessa indignação (IV,3 e 4), porque o médico Rieux já abandonou a fé em Deus, para dedicar-se ele mesmo à ajuda para as pessoas sofredoras (II,6). Já em IVAN KARAMASOW, porém, o "deus-homem", que passa a ocupar o lugar de Deus e que se empenha pela felicidade dos homens, constitui o correlato da rejeição da fé, conforme se torna evidente na lenda do grão-inquisidor, que segue imediatamente. Cf. W. REHM, *Jean Paul – Dostojewsky. Eine Studie zur dichterischen Gestaltung der [sic!] Unglaubens*, 1962, pp. 62ss.

[452] K. BARTH, *KD III/1*, 1945, pp. 446s.

criação e redenção no horizonte da escatologia possibilita uma resposta sustentável à pergunta da teodicéia, à pergunta pela justiça de Deus em suas obras[453]. Formulando com mais exatidão, é exclusivamente o próprio Deus que pode dar uma resposta libertadora a essa pergunta, e ele a dá por meio da história de seu agir no mundo, e em especial por sua consumação com o estabelecimento de seu reino na criação. Enquanto o mundo é visto, por um lado, isoladamente com vistas a seu presente não consumado e não redimido, e sob o ponto de vista de sua processão inicial das mãos do Criador, por outro lado, o fato do mal e da desgraça na criação permanecem um mistério e um escândalo sem saída. O mais grave defeito do tradicional tratamento que se dá ao problema da teodicéia, justamente também na forma que Leibniz lhe deu e que se tornou clássica, consiste no fato de se ter acreditado poder comprovar a justiça de Deus em suas obras exclusivamente sob o ponto de vista da origem do mundo e de sua ordem do agir criador de Deus no princípio[454] em vez de tomar também em vista a história do agir salvífico divino e sua consumação escatológica já irrompida em Jesus Cristo[455].

No entanto, também sob o ponto de vista da reconciliação e da consumação escatológicas continua em aberto a pergunta por que o Criador todo-poderoso não criou, de antemão, um mundo sem sofrimento e culpa. Nesse sentido, o problema da teodicéia também continua ligado com a origem do mundo. Por isso é compreensível que ele tenha sido colocado para a teologia cristã a partir deste lado.

---

[453] W. Trillhaas, *Dogmatik*, 3ª ed., 1972, pp. 172ss.

[454] Não deve ser motivo de crítica desde logo a tentativa de investigar a justiça de Deus em suas obras. Não é o caso que com isso a criatura estivesse transgredindo os limites que lhe foram colocados. As criaturas – e entre elas especialmente os homens – estão efetivamente conclamadas a testemunhar a sabedoria, bondade e justiça de Deus em suas obras. Por isso, querer investigá-las não pode ser repreensível. Digno de reparos é apenas a unilateralidade do processo seguido nas tradicionais discussões da teodicéia, que pôde provocar a impressão de que Deus deveria ser desculpado por meio de argumentos racionais pelas carências de suas obras, em vez de a razão refletir sobre o caminho trilhado por Deus mesmo para a justificação de sua deidade.

[455] Essa parece ter sido também para Karl Barth a objeção em última análise decisiva a esse otimismo criacional exposto "nesta literatura", que, no mais, Barth avaliou singularmente de modo muito positivo (*KD III/1*, pp. 474ss.).

Até mesmo CLEMENTE de Alexandria já se ocupou com a pergunta como o mal e a desgraça puderam entrar num mundo criado por Deus. (*Strom.* I,17,82ss.). A resposta dada por ele e que mais tarde foi repetida muitas vezes é: os males e o sofrimento deste mundo são consequência do pecado. Mas a responsabilidade pelo surgimento de pecado e maldade entre as criaturas não seria do Criador, mas somente do Autor da má ação, porque as almas são livres em suas decisões (83,5). Ambos os elementos dessa resposta são insuficientes: sofrimento e dor já estão difundidos no mundo antes do aparecimento do ser humano, e não podem ser apresentados em termos gerais como consequência do pecado do homem[456]. Será necessário recorrer até mesmo à queda dos anjos e a seu domínio sobre o mundo presente, quando se quer entender o mal indiscri-

---

[456] Em seu importante livro *Evil and the God of Love* (1966), J. HICK tentou defender essa antiga posição cristã contra a crítica apresentada de modo efetivo especialmente por DAVID HUME (*Dialogues concerning Natural Religion*, 1779, ed. H. D. AIKEN, Londres, 1948, 1977, parte XI, pp. 73ss.), distinguindo entre a sensação de dor difundida entre todos os seres vivos, especialmente entre os vertebrados (*pain*), e o sofrimento (*suffering* – pp. 328ss., 354ss.), no que compreende o "sofrimento", em contraste com a dor associada ao momento vital para um ser que se move em um ambiente, como especificamente humano e, ao mesmo tempo, (p. 355) como conseqüência do pecado do homem. Essa argumentação, porém, dificilmente convencerá. É duvidoso que se possa diferenciar tão rigorosamente entre dor e sofrimento, como HICK o queria. Razões teológicas, em todo caso, não existem para isso. Paulo também contava com um sofrimento da criatura extra-humana (Rm 8.22), que também deverá ter parte na redenção (8.21). Por outro lado, nem todo sofrimento dos homens é manifestação de egocentrismo pecaminoso, que não quer aceitar a própria finitude. O próprio HICK enfatizou em seu livro, publicado mais tarde, *Death and Eternal Life* (1976) o ponto de vista de uma compensação para os fracassos da vida presente como motivo fundamental da expectativa escatológica (pp. 152ss., cf. 390s.). Isso também corresponde a um posicionamento básico da mensagem de Jesus (*p.ex.*, Mt 5.3ss.). Mas com isso também está aberto o espaço para o reconhecimento de um sofrer com a inautenticidade e carente integridade da presente vida, que não pode ser interpretado como consequência do pecado. Em sua contribuição Materie und Vergänglichkeit. Über das Böse als kosmisch-geistige Realität, in: W. BÖHME (ed.), *Das Übel in der Evolution und die Güte Gottes,* 1983, pp. 26-43, G. SÜSSMANN chama a atenção para o fato de que também o tratamento dos acontecimentos comentados por Jesus em Lc 13.1-5, ou a rejeição da pergunta por um pecado como causa do sofrimento do cego por nascença, de acordo com Jo 9.1ss., não permitem atribuir o sofrimento humano sem mais nem menos à existência de alguma culpa (p. 43, nota 15).

minadamente como resultado de um afastamento do Criador por livre decisão das criaturas[457]. Mas também a redução da responsabilidade pela má ação a seu autor não é convincente, se um outro poderia ter impedido o autor de cometer um ato desastroso. Isso vale especialmente para o Criador, que não é indiferente para com suas criaturas, mas as criou. Se a ação é o resultado da livre decisão do Autor, então a própria liberdade é uma obra do Criador, e também seu uso atual não é imaginável sem sua participação. Porque, portanto, Deus não dispôs o mundo de tal maneira a suas criaturas ficarem preservadas de pecado e mal?

A afirmação de que o mal tem sua origem na liberdade de decisão e ação da criatura não é capaz de desonerar o Criador da responsabilidade para essa sua criação: Seja qual for o modo como a criatura é livre, ela é criatura de Deus justamente nessa sua liberdade. O esforço no sentido de desonerar o Criador foi um engano da teodicéia cristã. Este não poderia levar ao objetivo nem em termos de reflexão nem em correspondência ao testemunho neotestamentário, segundo o qual o próprio Deus assumiu e carregou, pela morte de cruz de seu Filho, a responsabilidade pelo mundo por ele criado.

No entanto, a referência à liberdade da criatura contém, em outro sentido, um importante momento de verdade, que deve ser rigorosamente diferenciado do fracassado esforço pela desoneração do Criador, e que somente assim revela sua importância plena: se o Criador quis criaturas autônomas e livres em relação a ele, que o reconhecem espontaneamente em sua deidade, podendo, assim, por sua vez, corresponder à comunhão do Filho com o Pai, realizada em Jesus, então também existe na decisão para a realização da criação o risco de abuso dessa liberdade criatural[458]. Argumentações desse tipo implicam um

---

[457] Em J. Hick, *Evil and the God of Love*, pp. 367ss., esta concepção é rejeitada; nisto ele se diferencia de C. S. Lewis, L. Hodgson, E. L. Mascall e outros; quem aceita a separação entre dor e sofrimento proposta por Hick em verdade não necessita dela.

[458] Essa problemática foi discutida em pormenores na filosofia das religiões britânica, nas décadas de 1950 e 1960, por J. L. Mackie, A. Flew, N. Smart e outros. Cf. esp. J. L. Mackie, Evil and Omnipotence, in: B. Mitchell (ed.), *The Philosophy of Religion*, 1971, pp. 92-104, esp. 106ss., e A. Plantinga, The Free Will Defense, *ib.*, pp. 105-120, bem como J. Hick, *loc. cit.*, pp. 301ss, esp. 308ss. Cf. tb. A. Plantinga, *God, Freedom and Evil*, 1975, pp. 29ss., bem como 27s. Ali Plantinga distingue o alvo argumentativo limitado do *Free Will Defense* do alvo mais abrangente de uma teodicéia.

enfoque que conduz para a esfera da doutrina da providência, a saber, para a concepção de que o Criador assume o risco de pecado e mal como condição para a realização de seu objetivo de livre comunhão da criatura com Deus. O mal e as desgraças não são desejados por Deus como tais, isto é, não podem ser para si objeto de seu bem querer e, portanto, o fim de sua vontade. Mas são aceitos como efeitos colaterais e, deste modo, como *condições*[459] de realização por partes das criaturas da intenção de Deus para com sua criação, e isso sob o ponto de vista do governo divino do mundo, o qual é capaz de ainda transformar o mal em bem, ao ser dirigido para a reconciliação e redenção do mundo por Jesus Cristo.

A idéia do governo divino do mundo possivelmente foi introduzida na discussão do problema da teodicéia pela primeira vez por ORÍGENES. Em certo sentido, a doutrina estóica da providência já lhe havia precedido[460]. Mas somente no campo da fé cristã na criação o problema adquiriu sua agudeza plena. Sob invocação de Jó 1.13, Orígines declarou que Deus não apenas não impede, mas até mesmo permite a ação de poderes malignos e hostis (*maligna et contraria virtutes*) em sua criação (*non solum non prohibet deus, sed et permittit facere haec* – *De princ.* III,2,7). Isso faria parte da provação dos seres humanos pela providência divina (cf. *ib.* 3,3) do mesmo modo como a paciência de Deus com o pecado, que poderá levá-los ao conhecimento da própria fraqueza e com isso também do benefício de sua cura (III,1,12). ORÍGENES, todavia, ainda não aplicou a concepção da permissão ou "admissão" do mal à pergunta por sua origem. Isso foi feito por GREGÓRIO DE NISSA, estendendo o ponto de vista da permissão do mal pela providência divina à criação do homem apesar da previsão divina de sua queda (*Grosse Katechese*, 8,3, *MPG* 45, 37 BC), para, assim, fazer frente à negação maniqueísta de uma criação do ser humano pelo Deus bondoso (cf. *ib.* 7,1; *MPG* 45,29s.). AGOSTINHO então também passou a falar expressamente de uma permissão da queda pela providência divina (*De civ. Dei*

---

[459] A função das *condições* como características da admissão do mal e da desgraça por Deus foi acentuada esp. por G. W. LEIBNIZ em sua *Teodicéia*, de 1710, ao escrever que "o mal admitido por Deus foi objeto de sua vontade nem como fim nem como meio, mas exclusivamente como condição" (nota 336, cf. 119 e 209, bem como *Causa Dei*, 36).

[460] Cf. as observações de R. SCHOTTLAENDER referentes a CRISIPO SVT 2,1172, in *Historisches Wörterbuch der Philosophie 5*, 1980, 664 (art. *Malum*).

XIV,27). Nisso não ligou o conceito da permissão ou admissão com a intenção de uma desoneração de Deus do surgimento do mal na criação[461]. Antes, associou o conceito da permissão aos fins da providência divina, concretamente à previsão da vitória sobre o diabo a ser conquistada por Cristo[462]. Infelizmente não se pode negar que, em outras passagens, AGOSTINHO justificou como fazendo parte da múltipla perfeição do universo o que para nós parece mau (*De civ. Dei* XII,4), e que pôde incluir até mesmo o fato do pecado e do mal em tal modo "estético" de ver as coisas, comparável às manchas escuras que destacam tanto mais as cores do quadro (*ib.* XI,23,1). Tais afirmações cabem num complexo de idéias bem diferente do que a argumentação com os objetivos da providência divina que lhe permite admitir o mal que parte das criaturas. Mas tais considerações, que visam a justificação da afirmação de que a criação é boa, não deveriam ser colocadas de modo isolado, sem levar em consideração a destinação histórico-salvífica da admissão do mal, como características para a doutrina da providência de AGOSTINHO[463].

---

[461] Foi assim que H. BLUMENBERG, *Die Legimität der Neuzeit*, 1966, pp. 85s., interpretou a compreensão agostiniana, ou seja, como justificação de Deus "por conta do homem". As sentenças de AGOSTINHO aduzidas para isso, extraídas de *De libero arbitrio* e de *Confessiones*, falam da responsabilidade do ser humano por aquilo que ele aceita por vontade própria. No entanto, com isso não precisa estar ligada uma tendência de desonerar a Deus de sua responsabilidade por sua criação. As sentenças extraídas de *De civ. Dei*, citadas na próxima nota, mostram isso com clareza.

[462] AGOSTINHO, *De civ. Dei* XIV, 27: *Cum igitur huius futuri casus humani Deus non esset ignarus, cur eum non sineret invidi angeli malignitate temptari? Nullo modo quidem quod vinveretur incertus, sed nihilominus praescius quod ab eius semine adiuto sua gratia idem ipse diabolus fuerat sanctorum gloria maiore vincendus.* Cf. tb. XXII, 1.

[463] Em J. HICK, *loc. cit.*, pp. 88-95, esse perigo não foi evitado, porque o nexo com a doutrina da providência orientado histórico-salvificamente não foi devidamente considerado. Em HICK, esta é reduzida ao tema específico da predestinação (pp. 70-75) ao invés de funcionar como tema de fundo para todos os demais pontos de vista. A negligência da estrutura histórico-salvífica da doutrina da providência de AGOSTINHO facilita em HICK a contraposição e oposição de um tipo de teodicéia agostiniano a de um IRENEU (pp. 217ss.). Nisso o próprio HICK admite que em IRENEU nem se pode falar ainda de uma teodicéia explícita e elaborada (pp. 216, 211). Indícios disso se encontram, como mencionado acima, primeiramente em CLEMENTE de Alexandria. A tese da existência de um tipo "irenaico" da argumentação referente à teodicéia é uma construção de HICK, mais inspirada em SCHLEIERMACHER (pp. 225-241) do que em IRENEU. Pode-se perfeitamente dar, com HICK, preferência à concepção de IRENEU dos começos imperfeitos da humanidade

Digno de nota é o fato de que AGOSTINHO não foi até o ponto de fazer passar o pecado e a existência de réprobos diretamente como necessários para a perfeição do universo[464]. Primeiramente no agostinianismo medieval foi dado esse último passo, que ameaça anuviar a idéia do amor criacional de Deus[465]. Não obstante, com vistas a AGOSTINHO já se objetou com razão contra a independentização do ponto de vista da ordem do universo com sua harmonia estética e a bagatelização do mal e da desgraça resultante da inserção de ambos nela. AGOSTINHO viu-se provocado a tais considerações pela constatação de que no relato sacerdotal a criação é boa (*De civ. Dei* XI,23). No entanto, uma teologia cristã deveria compreender esse juízo de Deus a respeito de sua criação como antecipação de sua consumação escatológica depois de sua reconciliação e redenção. Somente assim o juízo de que a criação é boa se torna plausível, apesar de seu estado atual.

A tradição teológica denominou o mal como ontologicamente nulo, porque não é obra da vontade de Deus que pudesse ser intencionada por ele como objeto de seu beneplácito. Ainda que o mal e a desgraça se manifestem na criação com a ciência e a permissão de Deus, nem por isso são objeto de sua vontade no sentido do beneplácito criador. O fato de que a teologia cristã no Ocidente descreveu, desde AGOSTINHO – como já anteriormente no Oriente[466] –, esse estado de coisas com os recursos da ontologia neoplatônica, ainda não é razão suficiente para rejeitar a tese da nulidade ontológica do mal. Isso vale, em todo caso, se com isso não se liga a tentativa de desonerar a Deus da responsabilidade pelo surgimento do mal em sua criação nem se bagateliza com isso a realidade do mal e da desgraça para as criaturas[467]. A responsabilidade pelo surgimento do mal na

---

sobre a doutrina do estado original de AGOSTINHO. Mas com isso ainda não estava ligada em IRENEU uma contribuição para a questão da teodicéia.

[464] Isso também é enfatizado por J. HICK *loc. cit.*, p. 94.
[465] Como exemplo para muitos, cf. TOMÁS DE AQUINO, *Sum. theol.* I, 23,5 a 3, e tb. as explanações em HICK, *loc. cit.*, pp. 101-104 sobre o papel do motivo "estético" da inserção do mal na perfeição do universo.
[466] Assim em GREGÓRIO DE NISSA, *Oratio Catech. magna* 6,2; cf. 7,2.
[467] Já em GREGÓRIO DE NISSA, *loc. cit.*, a tentativa de desoneração de Deus não foi evitada. Para fazer frente a uma bagatelização do mal com base em sua nulidade ontológica, KARL BARTH, em seu artigo sobre esse tema (*KD* III/3, 1950, pp. 327-425, § 50), elevou o nulo a um poder real, embora negado por

criação recai inevitavelmente sobre o Deus presciente e permissivo, embora o agir das criaturas constitua a causa direta. Deus também não se subtraiu a essa responsabilidade, antes a assumiu pelo envio e entrega de seu Filho à cruz. Assim Deus confirma sua responsabilidade como Criador pelo mundo por ele criado. E nisso o mal é real e suficientemente oneroso não somente para as criaturas, mas também para o próprio Deus. Isso o mostra a morte de seu Filho na cruz. A nulidade do mal perante a vontade criadora de Deus será selada somente pela superação no evento da reconciliação e na consumação escatológica da criação.

Com tudo isso, porém, ainda não está respondida a pergunta pela razão da admissão do mal e da desgraça por Deus. Entrementes pode ser considerado esclarecido que ambos, o mal e a desgraça, não podem ser objeto positivo da vontade criadora divina. Não obstante, Deus é co-responsável por seu surgimento por meio de sua admissão "previdente", respondendo por isso com a morte do Filho na cruz. No entanto, por que o admitiu?

Referente a essa pergunta a tradição teológica remete à constituição da realidade criatural: Faz parte do conceito da criatura, em contraste com o Criador, que ela seja mutável[468]. Comparada com a eterna mesmidade de Deus, a mutabilidade da criatura é manifestação de fraqueza ontológica, carência de poder-de-ser. Isso vale especialmente para a vontade humana. Enquanto por natureza busca o bem[469], que constitui o verdadeiro objeto de sua vontade, a possibilidade de voltar-se de fato ao mal deve ser considerada como indício de sua deficiência ontológica: O que, porém, pode desviar do bem, um dia o perpetrará realmente[470].

LEIBNIZ deu a esse pensamento uma forma diferente e mais geral: A razão mais profunda para a possibilidade do pecado, portanto, para o surgimento do mal na criação, com todas as suas sequelas, consis-

---

Deus. Referente à crítica a esse respeito, cf. J. HICK, *loc. cit.*, pp. 132-150, esp. 141ss.

[468] Assim, *p.ex.*, AGOSTINHO, *De civ. Dei* XIV,13. Referente a esse motivo, cf. J. HICK, *loc. cit.*, pp. 44-64, esp. 52ss.

[469] Referente ao caráter de vontade do pecado e sua radicação nas condições da natureza da existência humana, cf. do Autor, *Anthropologie in theologischer Perspektive*, 1983, pp. 101ss.

[470] TOMÁS DE AQUINO, *Sum. theol* I,48,2c: *...perfectio universi requirit ut sint quaedam quae a bonitate deficere possint; ad quod sequitur ea interdum deficere..*

te no fato de que "existe *uma imperfeição original na criatura*, porque a criatura é limitada por natureza, e também não pode saber tudo, antes pode enganar-se e cometer outras faltas". LEIBNIZ chamou isso também de mal metafísico em distinção ao mal físico e moral[471]. Trata-se aqui de uma limitação que faz parte do conceito da criatura, conquanto esta é distinta de Deus e de sua perfeição. Essa limitação, portanto, está ligada com a existência de toda criatura. "Pois Deus não pôde conceder-lhe tudo, sem transformar ela mesma em um 'Deus'"[472]. Disso LEIBNIZ deduziu a limitação da existência criatural em geral, bem como a diferença e a multiplicidade das criaturas como manifestação de formas diferenciadas da limitação. Com isso LEIBNIZ se afastou da interpretação neoplatônica da imperfeição criacional como consequência da criação das criaturas a partir do nada. Não é mais a fraqueza do não-ser, mas a finitude da forma criatural da existência que contém a possibilidade do mal e das desgraças, ainda que de modo algum seja idêntica com pecado e mal.

> JOHN HICK acusou LEIBNIZ de que, por sua recondução do mal metafísico às limitações como inevitavelmente fundamentadas na ciência da possibilidade da razão divina, de fato, teria negado o infinito poder de Deus[473]. Essa acusação não faz justiça a LEIBNIZ, pois ele diz expressamente que o poder de Deus se estenderia "a tudo que não encerra em si uma contradição" (*Theodizee*, p. 227). A ligação do poder de Deus à ciência da possibilidade da razão divina, e, portanto, ao que é compatível sem contradição na existência criatural, constitui em LEIBNIZ apenas a expressão positiva de que Deus nada faz que seja contraditório em si. Isso, porém, igualmente é reconhecido pelo próprio HICK (*loc. cit.*, pp.. 301s.). Com isso sua crítica a LEIBNIZ cai por terra. Na concepção de LEIBNIZ se poderia criticar a afirmação de que as idéias não teriam sido produzidas por meio de um ato da vontade divina, visto que a razão precederia à vontade (*Theodizee*, p. 335). Essa afirmação negligencia o fato de que razão e vontade não podem ser concebidas como realmente

---

[471] G. W. LEIBNIZ, *Theodizee*, pp. 20s., cf. 156 e 288.
[472] LEIBNIZ, *loc. cit.*, p. 31, cf. *Causa Dei* 69.
[473] J. HICK, *loc. cit.*, pp. 176s. Cf. em contrapartida as explanações afins à argumentação de LEIBNIZ em A. PLANTINGA, *God, Freedom and Evil*, 1975, pp. 34ss. Singularmente, porém, PLANTINGA atribui a LEIBNIZ a concepção de que, segundo sua onipotência, Deus poderia ter criado qualquer tipo possível de mundo (p. 33).

distintas em Deus. No entanto, também se nos satisfazermos contra LEIBNIZ com a discreta afirmação de uma coincidência de razão e vontade em Deus, como ela é exigida por sua real identidade com a natureza divina, conclui-se igualmente que Deus não faz nada contraditório. Mas com a exigência de que Deus deveria ter criado uma criatura sem limitações criaturais, estaríamos exigindo algo contraditório em si.

De resto, HICK observa com muito acerto que a argumentação de LEIBNIZ dificilmente pode ser designada como otimista (*loc. cit.*, p. 172). Somente uma compreensão superficial da tese de que o mundo presente seria o melhor possível pôde induzir a esse mal-entendido. O verdadeiro sentido da tese de LEIBNIZ é o de que, sob as condições restritivas da imperfeição criatural, ainda se trata do melhor mundo em termos relativos: exigir um mundo melhor seria tolice. Uma compreensão nesses termos dificilmente pode ser considerada otimista; antes pode ser tido como expressão de um realismo cristão. Em face da infinitude das possibilidades da sabedoria divina, pode-se duvidar, todavia, se algum mundo entre os mundos possíveis pode ser considerado como o absolutamente melhor. Não importa no caso a objeção de LEIBNIZ de que, neste caso, Deus não poderia ter criado um universo de modo algum, porque sempre poderia querer somente o melhor (*Theodizee*, p. 196). Nesse ponto assume seu direito o princípio do voluntarismo teológico, segundo o qual a vontade divina como origem da contingência de todo ser extradivino também é a regra do bem para a realidade criacional. Em face da infinitude do possível, a própria vontade criadora de Deus é a razão da boa qualidade da existência das criaturas. O mundo é bom, apesar de todas as suas sombras, *porque* é criado e confirmado por Deus. Acertadamente, isso foi acentuado por KARL BARTH. Este princípio tem seus limites somente no fato de que não se deve atribuir à vontade divina uma liberdade abstrata de também agir contra o que foi reconhecido como melhor ou produzir o contraditório. Esse é o momento de verdade na crítica de LEIBNIZ ao voluntarismo radical de proveniência nominalista.

A recondução da possibilidade do mal, inclusive do mal moral do pecado, às condições da existência ligadas à dimensão criatural contém algo de verdade. Não obstante, o destaque da limitação da criatura como razão da possibilidade do mal ainda não basta. A limitação da finitude ainda não é o mal, como também o sabia LEIBNIZ, e se o mal surgisse dela, sua natureza deveria ser definida como engano ao invés de apostasia de Deus. Nesse ponto também LEIBNIZ ainda ficou preso à compreensão neoplatônica do mal como carência. A raiz do mal deve ser procurada, antes, na revolta contra a finitude, na negação de aceitar a própria finitude, e na ilusão a isso associada de querer ser como Deus (Gn 3.5). Por isso se faz necessária uma transformação da concepção que, no Ocidente, vê fundamentada a possibilidade do mal e das desgraças na natureza da própria criaturidade: Não a limitação, mas a autonomia para a qual a criatura foi criada constitui a razão da possibilidade do mal. Com isso o nexo entre criaturidade e mal é colocado sob uma luz ainda mais clara do que aconteceu em LEIBNIZ. A autonomia da criatura é, por um lado, expressão de sua perfeição como criatura, que é determinada fundamentalmente pela posse de uma existência própria. Mas ela também está ligada com o risco de um afastamento do Criador. A autonomia da criatura contém a sedução de tomar-se a si mesma por absoluto na auto-afirmação da própria existência.

Na transição da autonomia dada por Deus para a autonomização encontra-se a fonte do sofrimento das criaturas do mesmo modo como também do mal, e, em conseqüência, daqueles sofrimentos que as criaturas infligem umas às outras para além da medida de sua finitude.

No que tange ao chamado mal físico e sofrimento dele decorrente, já foi mencionado anteriormente um nexo entre entropia e mal (vide *acima* pp. 154s.). Agora pode-se dizer que as criaturas se tornam vítimas do destino da entropia por se tornarem independentes. Quem não é capaz de assimilar nova energia, para, desse modo, transcender a si mesmo, torna-se vítima dos efeitos da entropia que anulam a capacidade de diferenciação. Inclusive nos seres vivos especializados na exploração do espectro de energia nos processos naturais, e que daí tiram o sustento de sua vida, a auto-afirmação a isso associada vem acompanhada de uma tendência à autonomia, que, por fim, desemboca no estarrecimento dos sistemas vivos por meio de envelhecimento e morte. Quanto mais, porém, a permanência na existência está interiorizada na progressão das formas criaturais tanto mais a transitoriedade e a experiência do desvanecimento se lhes torna doloroso, não somente no sentido de sensação de dor momentânea, mas como marca de toda sentimento de vida[474].

---

[474] Esta é a objeção de HICK que deve ser feita à limitação da dor à sensação momentânea (vide *acima* nota 456). Ou se deverá admitir à dor, com referência à deter-

Esse estado de coisas torna-se ainda mais agudo pelo fato de que a interdependência das criaturas faz parte da finitude criatural da existência. Toda criatura vive de outras e para outras, constrói sobre a existência a partir de outras e torna a ser o solo para outras lançarem raízes. No reino dos organismos ainda se acresce a luta dos seres vivos entre si por acesso às fontes da vida, uma competição repressiva por alimento e prazer, no que um ser se impõe por conta do outro, chegando a matar e a devorar um ao outro. O sofrimento da transitoriedade, que paira sobre todo vivente, e que constituiu o pano de fundo até da própria alegria de viver, culmina no sofrimento que é infligido por outros.

Assim como sofrimento e dor, também a possibilidade do mal faz parte da finitude da existência criatural, especialmente da finitude das formas de vida que procuram afirmar-se em sua autonomia, e que, por isso, tendem para uma autonomização radical. Nisso reside a origem do sofrimento e também do mal.

Com a autonomização das criaturas umas contra as outras está ligada sua autonomização em relação a Deus. Ela começa na linha ascendente das formas de vida e alcança seu auge no pecado do homem, e isso justamente porque para ele é tematizada a relação com Deus. À criatura que se torna independente sua independência disfarça a dependência em relação a Deus, do mesmo modo como para o observador dos processos naturais a autonomia dos processos naturais e formas obstrui sua origem em Deus. Por outro lado, parece que as consequências da autonomização em forma de sofrimento e maldade igualmente refutam a fé num bondoso Criador deste mundo. Trata-se de dois aspectos do mesmo estado de coisas.

Se o Criador quis um mundo de criaturas finitas, e se quis a autonomia dessas criaturas, teve que assumir a transitoriedade e o sofrimento em consequência dela, mas também a possibilidade do mal como consequência de sua autonomização. Com isso também teve que assumir a abscondidade de sua própria deidade em sua criação, seu encobrimento e questionamento pela independência de suas criaturas.

---

minação do sentimento de vida, um momento de efeito continuado, ou, então, já se deve associar o conceito do sofrimento (*suffering*) a isso em vez de restringi-lo à autocompreensão refletida, a ser primeiramente atribuída ao homem. Cf. tb. a discussão com C. S. Lewis em P. Geach, *Providence and Evil*, 1977, pp. 67ss.

No estágio da existência humana, com a capacidade do homem de distinguir outra coisa de si mesmo e também a si de outros, e por isso também de aperceber-se da própria finitude em relação à infinitude de Deus, abre-se a possibilidade de o homem assumir sua finitude e, com ela, sua transitoriedade, e de aceitá-la em humildade perante o eterno Deus. No entanto, louvar a Deus por ter criado este mundo pressupõe que o presente estado de coisas não será o definitivo. Por isso é dito com razão em WOLFGANG TRILLHAAS que não existe "teodicéia sem escatologia"[475]. Uma crença na criação sem a esperança da superação escatológica da realidade do mal e da desgraça, ligada à finitude, no fim das contas deverá emudecer perante a questão da teodicéia. Uma resposta somente é possível em face da unidade da criação com a obra divina da reconciliação. Se a própria criação é consumada primeiramente pela reconciliação e pela redenção do mundo, então o Criador é aliado do homem na luta pela superação do mal e da mitigação e cura do sofrimento no mundo. Só a consumação escatológica pode demonstrar definitivamente a justiça de Deus em seu agir criacional e com isso também sua deidade.

O louvor da criação a Deus, do qual falam os salmos, acontece sempre já na antecipação da consumação escatológica. Em sua luz, a criação louva a Deus já agora por meio de sua *subsistência* como realidade finita, porque é nisso que as criaturas são o que Deus queria que fossem. Por isso louvam a Deus também em seu desvanecimento, porque isso faz parte de sua finitude. Ao aceitar a existência finita que lhe foi dada, a criatura vive sua existência não como fundada nela mesma, mas como existência da qual é devedora. No entanto, ao agradecer a Deus por sua existência, ainda no próprio desvanecimento, a criatura deve gratidão, para além de sua finitude, à eterna vontade criadora de Deus, e nisso tem parte na imperecível glória de Deus.

---

[475] W. TRILLHAAS, *Dogmatik*, 3ª ed., 1972, p. 166.

Capítulo 8
DIGNIDADE E MISÉRIA DO SER HUMANO

A evolução é impulsionada pela produtividade da vida que se manifesta no aparecimento de formas de vida sempre novas. Esse fato não leva à suposição de que na sequência das formas de vida uma delas pudesse constituir o auge intransponível de toda a série. Certamente o homem é o ser vivo mais desenvolvido. Por sua adaptação inteligente nas mais diversas condições de existência, ele ampliou constantemente seu domínio sobre o mundo da natureza, assegurando com isso o cume da evolução de vida orgânica na terra. Por isso é difícil imaginar um progresso da evolução que, em princípio, ultrapasse o estágio do homem sem uma catástrofe que extermine o homem como espécie, a qual, porém, não deverá exterminar simultaneamente toda a vida orgânica. No entanto, primeiramente na perspectiva da consciência religiosa e, em especial, aquela biblicamente fundamentada acerca da destinação do homem para a comunhão com Deus como autor do universo, pode-se fundamentar a afirmação de que toda a criação culmina no ser humano. Pois para isso é necessário *primeiro* a possibilidade de tomar em vista o todo do mundo, apesar do fato de que a história natural ainda não esteja encerrada; *segundo*, uma relação com a origem do universo que destaca o homem dentre as demais criaturas; *terceiro*, a suposição de que no homem será resumido e consumado o sentido da existência finita em si.

A primeira dessas condições está satisfeita pelo conhecimento de Deus como Criador do mundo. A segunda e terceira estão intimamente inter-relacionadas, e isso de tal modo que a posição especial do ser humano entre as demais criaturas tem seu fundamento na terceira condição, na realização definitiva da relação com o Criador adequada às criaturas como tais na relação do homem com Deus.

Que a relação da criatura com o Criador encontra sua suprema e definitiva realização no homem é algo que se pode afirmar, todavia, primeiro em face da encarnação do Filho eterno na figura de um ser humano. A relação do Filho com o Pai não pode ser superada por nenhuma outra forma da relação com Deus. Pelo fato de o Filho eterno ter assumido forma em um homem e por meio dele tornou acessível a aceitação na condição de filho a todas as demais pessoas, a relação da criatura com o Criador alcançou, em princípio, a mais elevada consumação imaginável.

A respeito do estado natural dos seres humanos pode-se afirmar tal distinção somente porque são da mesma espécie que o ser humano no qual o Filho eterno tomou forma. Por outro lado, esse evento não é exterior à condição humana do ser humano. Nele está evidente a destinação do ser humano como indivíduo e como espécie. Por meio de sua destinação para a comunhão com Deus, que foi realizada definitivamente na encarnação do Filho, o homem como tal e, portanto, cada homem individual, já está alçado acima do mundo natural e, em determinado sentido, também acima das relações de poder do mundo da vida social, no qual está colocado. A destinação para a comunhão com Deus torna intocável a vida do homem na pessoa de cada homem individual[1]. Ela fundamenta a dignidade que é inalienável própria de cada pessoa humana.

> Na verdade, o conceito de uma dignidade (*dignitas*) não somente dos indivíduos destacados por cargo e autoridade, mas do homem em geral como ser racional já é de origem pré-cristã. Cícero, em *De officiis* I,30,106, fundamentou o conceito a partir do privilégio de o homem estar dotado de razão, o que comprometeria o homem com uma conduta de vida adequada a sua razão. No entanto, em Cícero ainda não está ligado com isso o conceito da intangibilidade da vida humana de cada indivíduo, como no uso linguístico

---

[1] A fundamentação legal para a proibição do homicídio em Gn 9.6 refere-se à criação do homem à imagem de Deus. Nesse sentido ela tem caráter mais geral do que a fundamentação cristológica dada no texto acima. No entanto, de acordo com 2Cor 4.4, a imagem de Deus em figura humana apareceu primeiro em Jesus Cristo, e, em todo caso, primeiro nisso é reconhecível a destinação do homem para a comunhão com Deus como sentido do fato de ser a imagem de Deus, que foi aduzida no texto acima como fundamentação para a intangibilidade da pessoa do homem e, por isso, de sua dignidade humana.

moderno. Esse conceito resulta primeiro do fato de o homem estar agregado a uma instância suprema, de modo que em última análise nenhum outro poder pode dispor dele, nem outros seres humanos nem a sociedade. Por isso é justo a tradição cristã ter procurado a razão da dignidade da pessoa na criação do homem à semelhança de Deus[2]. A destinação do homem para a comunhão com Deus constitui a condição imprescindível também para a função da dignidade humana como conteúdo de um princípio jurídico supremo e como base dos direitos humanos individuais em modernas declarações desses direitos[3]. Uma expressa fixação desse estado de coisas foi evitada em modernas constituições de estados, como, por exemplo, na da República Federal da Alemanha de 1949. Poder-se-ia apontar, com razão, para o fato de que o conceito da dignidade humana ainda tem outras raízes que não as cristãs. A concepção de CÍCERO de uma dignidade decorrente da razão do homem e que o compromete em seu comportamento foi acolhida e desenvolvida especialmente por SAMUEL PUFENDORF bem como por IMMANUEL KANT no sentido de sua fundamentação da ética na autonomia da

---

[2] Assim já TEÓFILO de Antioquia, *ad Autol.* II,18, mais tarde, *p.ex.*, GREGÓRIO DE NISSA em seu escrito sobre a criação do homem (*MPG* 44,123-256), bem como AMBRÓSIO em seu livrinho *De dignitate conditionis humanae* (*MPL* 17,1105-1108). O ponto de vista da *dignitas* da natureza humana por ser a imagem de Deus ocorre mais tarde ainda em LEÃO MAGNO (*sermo* 24,2; *MPL* 54,205 A; cf. 27,6 ib. 220 B), bem como em GREGÓRIO o Grande (*Moralia* 9,49; *MPL* 75,900). Na teologia escolástica, o ponto de vista da dignidade foi enfatizado especialmente por BOAVENTURA (*I. Sent.* 25,2,1 o pp. 2, *Opera ed. Quaracchi* 1,442). Em TOMÁS DE AQUINO, o conceito da *dignitas* aparece em ligação com a finalidade da destinação do homem para o conhecimento e o amor de Deus (*Sum. c. Gent.* III,111), e também como característica da pessoa por causa de sua *natura intellectualis* (*De pot.* 8,4 e 9,3 *et passim*), no mais, porém, não tem importância na doutrina do homem como imagem de Deus.

[3] Na Carta das Nações Unidas, de 26 de junho de 1945, a crença na "*dignity and worth of human person*" é mencionada diretamente em conexão com a crença em direitos humanos fundamentais (F. HARTUNG, *Die Entwicklung der Menschen- und Bürgerrechte von 1776 bis zur Gegenwart*, 4ª ed., 1972, p. 130). No Preâmbulo da Declaração dos Direitos Humanos, de 10 de dezembro de 1948, está anteposta à afirmação "de direitos iguais e inalienáveis" de toda pessoa o reconhecimento de uma "dignidade inerente" de cada membro da humanidade (*ib.* p. 144, quanto a posteriores referências a isso, cf. pp. 265 e 283). A Constituição alemã de 1949 vai ainda mais longe no tocante à intangibilidade da dignidade do homem, dizendo que a mesma, afirmada no Art. 1,1 é tomada expressamente por ponto de partida ("por isso" – 1,2) para o caráter compromissivo dos Direitos Humanos.

razão⁴. No entanto, é difícil derivar da natureza racional do homem a exigência de KANT de que todo homem individual sempre deve ser tratado como fim em si mesmo, e nunca como mero meio⁵. Na verdade, ela é uma herança do espírito cristão em KANT, por cuja fundamentação puramente racional KANT se empenhou com sucesso duvidoso. Algo semelhante vale para a concepção moderna de que a dignidade humana constituiria o critério supremo do direito. A ligação desse conceito com a concepção de intangibilidade da pessoa de cada ser humano individualmente não pode ser separada de sua origem bíblica sem que se tenha que renunciar a toda fundamentação sólida. Ela vai além do conceito de direito natural da igualdade dos homens como seres racionais, e até mesmo além da exigência por direito natural da reciprocidade (na regra de ouro) pelo caráter absoluto da instância que constitui a dignidade do homem. Da razão se reivindica em vão tal tal caráter absoluto. A autolegislação da razão, na qual KANT quis fundamentar a concepção de dignidade intocável de cada pessoa individualmente, há muito decaiu na autodestinação segundo a arbitrariedade individual e no pluralismo daí resultante. No entanto, ainda se verifica a presença de elementos da origem religiosa dos direitos humanos à liberdade no respeito do moderno estado de direito pelos direitos da personalidade, que competem a todo homem.

Para a dignidade que compete ao homem por causa de sua destinação para a comunhão com Deus, é característico o fato de ela não ser extinta por nenhuma humilhação efetiva, que possa acontecer ao indivíduo. O rosto dos humilhados, daqueles que são privados de seus direitos e dos sofredores pode ser enobrecido de modo especial – porque ficaram destituídos de qualquer outro prestígio – pelo reflexo daquela dignidade que nenhuma pessoa possui por mérito próprio e nem a recebeu de outros, e que, por isso, também ninguém lhes pode tirar.

Diferente é o caso em que pessoas não prezam a dignidade de sua destinação divina, ao se comportarem indignamente. Por meio disso a imagem do ser humano é deformada mais profundamente do que por

---

⁴ Referente à fundamentação dos Direitos Humanos de PUFENDORF no conceito da dignidade humana, cf. H. WELZEL, *John Wise und Samuel PUFENDORF* (Rechtsprobleme in Staat und Kirche. Festschrift R. Smend, 1952, pp. 387-411, 392s.). Referente a KANT, cf. sua *Grundlegung zur Metaphysik der Sitten*, 1785, Akademieausgabe [edição acadêmica] 4,434ss.

⁵ I. KANT, *loc. cit.*, pp. 428ss.

opressão, maus tratos ou por condições miseráveis de vida. Evidentemente também as condições de vida exteriores podem ser indignas, injustas e humilhantes para o homem. Também essa miséria contraria a destinação divina do homem. Mas por essas coisas os homens não estão alienados de sua destinação. Isso acontece somente onde homens vivem sua vida em contradição com sua destinação. É verdade que também por meio disso não podem simplesmente jogar fora sua dignidade. Mas neste caso a dignidade de sua destinação se torna juízo sobre sua conduta indigna. Primeiro nisso consiste a mais profunda miséria na situação do ser humano. Nem carência e opressão, nem decadência e transitoriedade da vida, mas a contradição na atitude do ser humano a sua destinação leva o apóstolo a exclamar: "Miserável homem que sou, quem me livrará deste corpo de morte?" (Rm 7.24). O fato de o homem estar condenado à morte caracteriza a miséria à qual toda vida humana está sujeita, independente das diferenças da situação de vida. Mas a raiz dessa miséria está em contradição com a destinação de nossa vida para a comunhão com Deus[6].

De acordo com AGOSTINHO, deve ser chamado de miserável aquele que tem que prescindir daquilo que deseja e ama (*Enn. in Ps 26,II,7: miser quisque dicitur quando illi subtrahitur quod amat*, CC 38,157). Muitos, porém, já devem ser chamados de miseráveis porque suas pretensões visam algo que não é verdadeiramente desejável. Por isso, inclusive na posse dos bens por eles almejados, são mais miseráveis do que outros, pois carecem daquilo que é verdadeiramente bom de tal modo que sequer têm consciência dessa carência (*ib.* e *De civ. Dei* XII,8: *qui perverse amat cuiuslibet naturae bonum, etiamsi adipiscatur, ipse fit in bono malus, et miser meliore privatus*). Por isso é compreensível a opinião de AGOSTINHO de que os homens são inevitavelmente miseráveis enquanto sua vida está ameaçada pela morte (*De civ. Dei* IX,15,1), pois carecem, quer tenham consciência disso, quer não, da vida que não acaba com a morte. A razão dessa miséria, porém, é o pecado do afastamento de Deus (*De civ. Dei* XXII,24,3), pois quem não serve a Deus já é infeliz pelo fato de estar privado da comunhão com Deus por causa de seu comportamento (*De civ. Dei* X,3,2: *Si ergo non colit Deum, misera est, quia Deo privatur*).

---

[6] Cf. ainda 2Clem 11.1. Ao lado da desgraça à qual estão sujeitos aqueles que não servem a Deus, essa epístola também conhece a miséria no sentido geral, à qual está sujeito o justo do mesmo modo como o ímpio (9,4).

Miserável é, portanto, o homem que está privado da comunhão com Deus, para a qual está destinada a vida humana. Essa destinação não é anulada pelo fato de o homem estar alienado dela. Justamente por continuar em vigor ela fundamenta a miséria do homem, pois na distância em relação a Deus as pessoas também estão privadas de sua própria identidade. Por isso, conforme a análise perspicaz de AGOSTINHO, as pessoas são mais miseráveis justamente quando nada sabem de sua miséria e isso não necessariamente na desgraça, em doença e na angústia de morte, mas em face dos bens deste mundo. Quando aí esquecem Deus, tornam-se por isso infelizes em meio a bem-estar e abundância, experimentando sua vida como vazia e sem sentido.

O discurso sobre a *miséria* do homem descreve a situação da perdição do homem longe de Deus de modo mais abrangente do que a doutrina clássica do *pecado*. No conceito da miséria está resumido o afastamento do ser humano me relação Deus e sua independência com as consequências daí decorrentes. Por meio disso se torna mais clara a inter-relação interior entre pecado e consequências do pecado do que no próprio conceito do pecado. Uma amplitude de sentido semelhante ao do da miséria tem, em contrapartida, o conceito da alienação[7]. Neste é reconhecível inclusive a ambiguidade de um traço ativo e de um traço situacional: é possível uma pessoa alienar-se de alguém, mas a própria pessoa também se encontra no estado da alienação. Por sua etimologia, o termo alemão *Elend* (miséria) tem afinidade com a concepção da alienação pela afinidade com a concepção do estrangeiro como lugar estranho, com a idéia implícita da separação da pátria. O homem alienado de Deus vive na miséria da separação em relação a Deus, longe da pátria da própria identidade.

> No Novo Testamento, alienação designa a situação dos gentios, contanto que "como estranhos, são excluídos da vida de Deus" (ἀπηλλοτρτωμένοι τῆς ζωῆς τοῦ τεοῦ), porque lhes falta o verdadeiro conhecimento de Deus e seu coração está endurecido (Ef 4.18; cf. 2.12 e Cl 1.21). De modo semelhante, a patrística cristã associou o conceito da alienação à relação com Deus. Por isso PAUL TILLICH não deveria ter-se referido a HEGEL como autor do conceito, quando introduziu o conceito da alienação para esclarecer a doutrina do

---

[7] Cf. o parágrafo Alienação e Pecado" em meu livro *Anthropologie in theologischer Perspektive*, 1983, pp. 258-278.

pecado na teologia⁸. No entanto, a autorrelação, contida implicitamente no conceito da alienação desde o misticismo medieval, foi tematizada de modo específico por Hegel (e mais tarde por Marx)⁹. Nisso tanto Hegel quanto Marx destacaram no conceito da "auto-alienação" a atividade humana como origem do estado da alienação. A analogia com a doutrina teológica do pecado nisso implícita, porém, está limitada pela ligação de auto-alienação com renúncia. Aqui entra em jogo outra antiga raiz do conceito de alienação, o ponto de vista da alienação que pressupõe a original posse do alienado. Em correspondência a isso, Hegel e Marx pressupõem uma auto-identidade original do homem, à qual este teria renunciado por meio de auto-renúncia e auto-alienação. Nisso talvez também haja resquícios da concepção cristã do estado original e da queda. Mas na visão cristã, o homem jamais estava de posse de sua identidade diretamente para si mesmo, antes é partícipe dela sempre somente por meio da relação com Deus como o outro de si mesmo e de tudo que é finito.

Para a consciência moderna, também a situação do homem no mundo caracteriza experiência da miséria e da auto-alienação. Especialmente na literatura e nas artes o estado da existência que se manifesta em tais experiências foi descrito com insistência neste sentido. Em sua doutrina do pecado, a teologia trata da origem dessa situação do homem em sua relação com Deus. Nisso a concepção da destinação do homem para a comunhão com Deus sempre já está pressuposta, tal como ela foi desenvolvida pela teologia cristã em conexão com a afirmação bíblica sobre a criação do homem segundo a imagem de Deus (Gn 1.26s.).

Em conjunto, as duas afirmações antropológicas fundamentais da teologia cristã a respeito da criação do homem à semelhança de Deus e de seu pecado descrevem as premissas para a mensagem divina da redenção de Deus do homem por Jesus Cristo. Pois o homem carece da redenção por causa do pecado que constitui a raiz de sua miséria e de sua alienação de Deus e de seu próprio Eu. Por outro lado, pode-se falar de redenção somente com vistas a um evento que proporciona liberdade aos redimidos. A comunhão com Deus mediada por Jesus Cristo pode ser chamada de redenção somente sob a condição de que

---

⁸ P. Tillich, *Systematische Theologie II*, 1957, versão alemã 1958, p. 53.
⁹ Comprovantes in: *Anthropologie in theologischer Perspektive*, 1983, p. 261.

com isso o homem se torna livre. Isso acontece se a comunhão com Deus ajuda o homem a encontrar a identidade consigo mesmo, e pressupõe que este, segundo sua natureza, está destinado somente para a comunhão com Deus.

A destinação do homem para a comunhão com Deus é tema da doutrina de sua criação à imagem de Deus. A exposição dessa doutrina, porém, ainda carece de uma fundamentação antropológica mais geral que garante simultaneamente a relação da antropologia teológica com a doutrina da criação, por um lado, e com a cristologia, por outro lado. Essa função foi cumprida na tradição teológica desde a patrística pela doutrina da natureza não apenas físico-anímica, mas também espiritual do homem: ela constitui o quadro para a interpretação das afirmações bíblicas sobre a condição do homem como semelhança de Deus. Por isso a exposição começará neste ponto, e a relação concreta da vida humana com o Espírito da Vida divino retornará mais uma vez no final do capítulo, a fim de preparar a transição para a cristologia.

O presente capítulo da exposição da doutrina cristã não tem, portanto, a tarefa de desenvolver uma antropologia completa. Para isso seria necessário mais do que apenas a descrição da destinação do homem e da situação de sua alienação em relação a essa sua destinação. Uma antropologia teológica completa também deveria abranger a realização da destinação humana, que constitui o objeto do agir redentor de Deus, de sua imputação e sua apropriação para o homem, e que chega a seu alvo primeiro com sua consumação escatológica[10]. Por outro lado, uma antropologia completa deveria tratar, além das bases biológicas da forma de vida humana, de sua característica e sua posição no mundo, também das relações sociais nas quais acontece vida humana e que no processo da socialização do indivíduo co-condicionam

---

[10] Nesse sentido foi com razão que O. H. PESCH deslocou os temas de pecado e graça para o centro de sua exposição da antropologia teológica (*Frei sein aus Gnade*. Theologische Anthropologie, 1983). No entanto, neste caso, também a cristologia e a escatologia deveriam ser incluídas no complexo de temas da antropologia – a primeira como fundamentação do ser na graça, e a segunda como sua consumação. Também não deveria faltar a eclesiologia como descrição da vida em comunhão, em cujo ambiente se realiza concretamente o ser na graça.

sua identidade¹¹. No contexto da exposição sistemática aqui oferecida, esse aspecto sempre voltará a ser tocado. Também será tematizado em conexão com o conceito de igreja¹². Mas a natureza social do homem não será objeto próprio da análise. Do mesmo modo o tema da historicidade do homem e as referências à história da humanidade como meio da realização concreta de vida humana ainda perpassarão todos os capítulos ainda pendentes da exposição da doutrina cristã, embora esse tema não se torne objeto próprio da análise.

1. O ser humano como unidade pessoal de corpo e alma

Toda interpretação da realidade do ser humano deve levar em conta o fato de que o homem realiza e conduz sua vida conscientemente. Pode-se, como o behaviorismo radical¹³, tentar reduzir todas as experiências de vida conscientes a um comportamento exteriormente observável; pode-se também querer explicá-lo como consequência (epifenômeno) de funções cerebrais, como a manifestação da atividade de uma alma em princípio diferente do corpo¹⁴. Em todo caso, o fato da existência da consciência faz parte dos elementos básicos da vida humana, por cuja interpretação adequada toda antropologia deve esforçar-se

---

¹¹ Referente a isso, cf. em meu livro *Anthropologie in theologischer Perspektive*, 1983, a terceira parte: *Die gemeinsame Welt* (pp. 305-517), esp. os capítulos 7 e 8 sobre os fundamentos da cultura e sobre a ordem institucional do mundo comum.

¹² Ele não cabe, porventura, sob o aspecto de uma doutrina de ordens de criação e conservação: a ordem social e estatal do convívio humano encontra-se, como a Igreja, teologicamente sob o critério do reino de Deus e tem que ser analisada nesse contexto. Correspondentemente a atração mútua e o convívio dos gêneros têm seu lugar teológico na doutrina do matrimônio. Além do mais, como realidade da criação, isso já faz parte dos princípios pré-humanos da reprodução da vida (vide *acima* cap. 7, pp. 199s.).

¹³ Como posição filosófica, o behaviorismo radical foi defendido, em base linguística, por G. RYLE (*The Concept of Mind*, 1949) em polêmica contra o dualismo cartesiano, que teria apresentado o homem como "espírito na máquina". Referente ao behaviorismo de fundamentação psicológica de J. B. WATSON até B. F. SKINNER, e referente à crítica às suposições que constituem sua base, cf. do Autor, *Anthroplogie in theologischer Perspektive*, 1983, pp. 26-29.

¹⁴ Assim J. SEIFERT, *Das Leib-Seel-Problem in der gegenwärtigen philosophischen Diskussion. Eine kritische Analyse*, 1979, pp. 79ss.

de um ou outro modo. Por outro lado é igualmente irrefutável que vida consciente e consciente de si mesma é conhecida somente como vida corporal. Além disso, conforme o conhecimento de hoje, toda experiência anímica é condicionada por funções físicas. Isso vale também para a autoconsciência. No entanto, esse fato nem sempre foi evidente para a humanidade. Muitas culturas pré-modernas atribuíram à alma humana consciente de si mesma uma medida de independência maior do que o permitem os conhecimentos científicos modernos acerca dos entrelaçamentos estreitos e recíprocos entre fenômenos físicos e anímicos. O conhecimento progressivamente diferenciado dessas inter-relações tornou inverossímil na história do pensamento moderno as tradicionais concepções da alma como uma substância fundamentalmente distinta do corpo e separável da ligação com ele na morte[15]. Como poderia a vida da alma condicionada em todos os detalhes por processos e órgãos físicos ser separada do corpo e continuar subsistindo sem ele? Alma e corpo são considerados pelas correntes mais influentes da moderna antropologia aspectos constitutivos e inseparáveis da unidade de vida humana, não redutíveis um ao outro. Alma e consciência estão profundamente enraizadas na corporeidade do homem, assim como, inversamente, o corpo humano não é um corpo morto, mas animado em todas as suas manifestações de vida[16].

Pode-se ver essa concepção moderna perfeitamente no alinhamento das intenções que determinaram os primórdios da antropo-

---

[15] J. Seifert, loc. cit., pp. 126s. cita para a compreensão de corpo e alma como duas substâncias diferentes, ao lado de Platão, Plotino, Descartes com razão tb. Agostinho, mas também Tomás de Aquino, apesar de sua doutrina da alma como forma essencial da vida.

[16] Pioneiro nesta visão tornou-se H. Bergson, Matière et Mémoire. Essay sur la Relation du Corps à l'Esprit, 1896. Próximo dessa visão encontra-se, em muitos sentidos, a psicologia de W. James (1890) com sua tese de que o corpo constitui o núcleo ("*nucleus*") do si-mesmo, do qual temos consciência (*The Principles of Psychology*, nova impressão 1981, pp. 400ss, cf. 341). Referente à relação entre James e Bergson, cf. H. Ey, *La conscience* (1963), versão alemã *Das Bewusstsein*, 1967, p. 37. A obra de Ey pertence, por sua vez, à corrente iniciada por Bergson. De outro modo isso também vale para M. Merleau-Ponty, *Phänomenologie der Wahrnehmung* (1945), versão alemã 1965 [em português: Fenomenologia da percepção, São Paulo, Martins Fontes], bem como para a corrente de antropologia filosófica fundada na Alemanha por M. Scheler (*Wesen und Formen der Sympathie*, 1913; *Die Stellung des Menschen im Kosmos*, 1928).

logia cristã-primitiva. Pois a patrística primitiva defendeu contra o platonismo, que, desde meados do séc. II, se tornava a filosofia dominante da baixa Antiguidade, a unidade entre corpo e alma do homem como princípio da antropologia cristã. No entanto, ela se envolveu com a concepção da alma como entidade autônoma e a corrigiu somente na medida em que considerou a alma, do mesmo modo como o corpo, como princípio parcial da realidade humana: Somente os dois juntos constituem o ser humano. Apesar da ênfase na unidade de corpo e alma do homem, com isso também o dualismo de corpo e alma deu entrada na imagem cristã do homem. No entanto, deve-se reconhecer nisso uma expressão da participação do pensamento cristão-primitivo nas questões gerais da cultura helenista da época e não uma compreensão que pertence ao conteúdo essencial da imagem cristã do homem.

TERTULIANO já se referiu a corpo e alma como duas "substâncias", ainda que ligadas uma a outra (*De an.* 27,1s.; CCL 2, 1954, 822s.). Nisso imaginava sua relação, de modo semelhante como antes dele TACIANO[17], à maneira estóica: a alma é o fôlego ou o hálito da vida, que tem no corpo sua forma de manifestação (cf. Gn 2.7). No entanto, à semelhança de IRENEU (*adv. haer.* II,34), TERTULIANO já considerou a alma como imortal (*De an.* 22,2; CCL 2,814); fez isso contra a tese da mortalidade defendida por TACIANO (TACIANO, *ad Gr.* 13,1). IRENEU baseou-se para essa concepção na narrativa do homem pobre e do rico Lázaro (Lc 16.19-31), cujos destinos pós-morte pressupõem, a seu ver, a imortalidade da alma.

A ligação entre corpo e alma na unidade de vida do homem foi acentuada nos teólogos cristão-primitivos especialmente em conexão com a argumentação apologética a favor da esperança cristã da ressurreição. De acordo com ATENÁGORAS, a destinação do homem para a vida eterna vale, na intenção do Criador, para o homem todo. Por isso também seria necessária uma ressurreição do corpo, pois a alma para si não é o homem todo (*de res.* 15).

Por causa de sua concepção da unidade de corpo e alma do homem, a teologia cristã se viu obrigada a confrontar o platonismo em uma série de pontos, com o qual tinha afinidades na doutrina

---

[17] Referente à antropologia de TACIANO, cf. M. ELZE, *Tatian und seine Theologie*, 1960, pp. 88ss.

de Deus[18]. *Em primeiro lugar*, a teologia cristã – com exceção de correntes gnósticas – não podia seguir a doutrina órfica, adotada de PLATÃO, segundo a qual o corpo deveria ser considerado como prisão ou sepultura da alma (*Georg.* 493 a, *Crat.* 400bf.), e a morte deveria ser vista como libertação da alma da prisão (*Fedro* 64 e, *Georg.* 524 b). Em contrapartida, a doutrina cristã afirmava que o corpo seria, do mesmo modo como a alma do ser humano, boa criação de Deus, e que, por isso, a ligação entre ambos seria expressão de sua vontade criadora.

Em segundo lugar, na teologia cristã, a alma não é considerada como algo divino, como em PLATÃO (*A República* 611 e), mas é, como o corpo, parte da natureza criatural do homem. Já no diálogo de JUSTINO com TRÍFON, o velho na praia de Éfeso acentuava que a alma é criada e por isso é passageira como tudo com exceção de Deus (*Dial* 5). Ela é princípio de vida do corpo, mas não vive por si mesma, também não move a si mesma (*Dial* 6), bem ao contrário da concepção de PLATÃO (*Fedro* 245 e). Teólogos cristãos posteriores assumiram, com efeito, a concepção da imortalidade da alma, mas a fizeram depender da vontade do Criador, e com isso se delimitavam contra a suposição de sua deidade. São necessárias a graciosa iluminação e elevação pelo Espírito divino para que a alma possa alcançar a semelhança com Deus e com isso a participação em sua vida imortal[19].

Um *terceiro* ponto de controvérsia entre antropologia cristã e antropologia platônica está intimamente relacionado com os dois pontos mencionados: a rejeição da concepção de uma preexistência da alma e da doutrina da metempsicose ou reencarnação, associada à concepção da preexistência em PLATÃO (cf. *Fedon* 76 e-77 d, e tb. 80 cff.). IRENEU já se havia voltado expressamente contra PLATÃO nesse ponto, e, com a lembrança de uma vida pré-natal da alma, também havia negado a suposição de sua preexistência (*Adv. haer.* II,33,2 e 5). ORÍGENES, pelo contrário, assumiu a concepção da preexistência, e compreendeu a vinculação das almas a corpos no sentido platônico (*Fedro* 248 cf.) como consequência de faltas pré-natais (*De princ.* II,9,6s. e I,7,4 f.)[20]. Com isso ORÍGENES logo encontrou resistência, e ainda no séc. VI foi condenado pela Igreja por causa dessa con-

---

[18] Cf. do Autor, Christentum und Platonismus, in: *ZKG 96*, 1985, pp. 147-161, esp. 150ss.
[19] Comprovantes na pp. 151s. do artigo citado na nota 18.
[20] Referente à interpretação, cf. P. KÜBEL, *Schuld und Schicksal bei Origenes, Gnostikern und Platonikern*, 1973, pp. 88ss. 95s.

cepção²¹. A doutrina eclesiástica afirmava por sua vez que a alma do homem foi criada junto com o corpo. Essa doutrina era, por seu turno, suscetível de várias interpretações teológicas: por um lado se podia conceber que a alma do homem individual surgiu juntamente com o corpo por meio do ato genético (assim o "traducianismo" de TERTULIANO), ou que seja criada a cada vez diretamente por Deus. A última solução (o chamado criacianismo) começou a tomar forma em CLEMENTE de Alexandria e de modo mais incisivo em LACTÂNCIO²², enquanto AGOSTINHO permaneceu indeciso nessa questão até o fim²³.

A visão bíblica da unidade de corpo e alma do ser humano não foi alcançada plenamente pelas afirmações patrísticas sobre a antropologia, apesar de todas as correções na imagem do homem helenista e especialmente na platônica, por causa das limitações dadas com o modelo da ligação de duas substâncias. Dentre os princípios da filosofia da Antiguidade, somente o princípio aristotélico pôde ajudar nesse ponto. Isso aconteceu no aristotelismo cristão da alta escolástica por meio da concepção da alma como forma essencial do corpo por TOMÁS DE AQUINO, e com isso também do homem em si²⁴, que foi confirmada

---

[21] No Concílio de Constantinopla de 543 (*DS* 403 e 410). Cf. F. P. FIORENZA e J. B. METZ, Der Mensch als Einheit von Leib und Seele, in: *Mysterium Salutis II*, 1967, 584-636, aqui 615.

[22] H. KARPP, *Probleme altchristlicher Anthropologie*. Biblische Anthropologie und philosophische Psychologie bei den Kirchenvätern des dritten Jahrhunderts, 1950, pp. 92-171, esp. 96s. (referente a CLEMENTE) e 135s., 143ss. referente a LACTÂNCIO. Referente a TERTULIANO, cf. pp. 49ss. referente a seu traducianismo, pp. 59s. (referente a *De an.* p. 27).

[23] H. KARPP, *loc. cit.*, pp. 243ss. A verdadeira razão para a hesitação de AGOSTINHO ainda em 418 em sua Carta a Optato (*ep.* 190) de optar pela tese criacionista deve ser procurada em sua doutrina do pecado (*loc. cit.*, p. 246). Uma queda para o traducianismo encontra-se, no séquito de AGOSTINHO e por razões semelhantes, mais tarde ainda em LUTERO (G. EBELING, *Lutherstudien II, Disputation De Homine 2* pp. 46-59 [vide em português *Obras Selecionadas*, vol. 3, 1982, p. (192) 194-200].

[24] TOMÁS DE AQUINO, *Sum. theol.* I,76,1 afirma que a alma intelectiva (*anima intellectiva*) é a forma essencial do corpo humano (*humani corporis forma*). O art. 4 da mesma *quaestio* acrescenta que a alma seria a única forma essencial do homem. Cf. as explanações de F. P. FIORENZA e J. B. METZ in: *Mysterium Salutis II*, 610ss., bem como K. RAHNER, *Geist in Welt.* Zur Metaphysik der endlichen Erkenntnis bei Thomas von Aquin, 2ª ed., 1957, pp. 325ss., esp. 329.

pelo Concílio de Vienne, de 1312, como doutrina da Igreja (*DS* 902). De acordo com isso, a alma não é apenas um princípio parcial do homem, mas aquilo que faz do ser humano em sua realidade corporal um ser humano. Inversamente, o corpo é a forma concreta na qual o ser-homem do ser humano, sua alma, encontra a expressão que lhe é adequada[25].

Apesar de toda a proximidade com a visão bíblica da realidade corporal do homem, encontra-se um "deslocamento da ênfase" em Tomás de Aquino. Mas ele consiste menos no fato de o todo dessa realidade ser resumido no conceito da alma[26]. Já a história da criação do escrito sacerdotal pôde designar a realidade toda do homem como "alma vivente" (*nefesh ḥayah*) (Gn 2.7). Uma diferença em relação a essa concepção do homem existe antes em Tomás na compreensão da alma e especialmente de sua intelectualidade (como *anima intellectiva*). Na verdade, também a concepção bíblica da alma está associada à do espírito, porém em sentido totalmente diferente.

De acordo com Gn 2.7, a alma não é apenas princípio de vida do corpo, mas é o próprio corpo animado, o ser vivente como um todo. Nisso ela não possui a autonomia que o conceito de substância tomista-aristotélico expressa. A designação do homem como *nefesh ḥayah* caracteriza-o como ser necessitado, e por isso cobiçoso. Sua própria vida tem a forma da necessidade e da cobiça. O ilustrativo sentido fundamental da palavra *nefesh* como goela, garganta ou esôfago tem em vista a garganta ressequida, a goela faminta: "Água fresca para uma *nefesh* sedenta é como uma boa mensagem de terra distante" (Pr 25.25). "Uma *nefesh* saciada calca o mel aos pés, mas para uma [*nefesh*] faminta, todas as coisas amargas são doces" (Pr 27.7). O homem como *nefesh* é um ser da cobiça, dependente e em busca de tudo que satisfaz sua cobiça. Por isso vida animada não é viva por si mesma, mas pelo Espírito de Deus, que a vivifica por meio de seu sopro.

A interpretação da vida como necessidade e cobiça pode ser comparada, sob vários aspectos, com a descrição teleológica do

---

[25] Cf. as explanações de K. Rahner, Zur Theologie des Symbols, in: *Schriften zur Theologie IV*, 1960, pp. 275-311, esp. 304ss., que dão continuidade a Tomás de Aquino.
[26] Assim F. P. Fiorenza e J. B. Metz, *loc. cit*, p. 613.

vivente na filosofia aristotélica. No entanto, não se deve associar a concepção de um desenvolvimento orgânico do ser vivente no sentido do conceito da enteléquia aristotélica. Há um ponto de contato com o aristotelismo cristão de Tomás de Aquino na medida em que é Deus que unicamente pode satisfazer o desejo de vida, o qual perfaz a vida da alma (Sl 107.9; cf. Sl 42.2s.). Em perspectiva bíblica, ter necessidade de Deus constitui a própria natureza da vida criatural, por mais que a natureza divina permaneça transcendente e inatingível ao ser vivente, a não ser que ela esteja voltada para ele por si com seu poder criador.

Em sentido bíblico, espírito não significa intelecto, mas força de vida criadora, e sua natureza é a do vento[27]. É a partir daí que a afirmação de Gn 2.7 tem sua evidência plausível: Deus insufla no homem fôlego da vida e vivifica desse modo a figura por ele formada (Jó 33.4): "É a respiração efetivada por Deus que faz dele um ser vivo, uma pessoa viva, um indivíduo vivente"[28]. A criatura também continua carente do vento-espírito ou do fôlego de Deus. Seu sopro não está a seu dispor, sua falta, porém, teria por consequência imediata a morte da criatura: "Se Deus [...] para si recolhesse seu espírito e seu sopro (rûaḥ), toda a carne expiraria, e o homem voltaria para o pó" (Jó 34.14). E é isso que acontece com efeito quando o homem morre: "... o pó voltará à terra, como era, o fôlego (rûaḥ), porém, retorna a Deus, que o deu" (Ecl 12.7).

As afirmações mencionadas por último mostram que o fôlego da vida (nishmat ḥayim), do qual fala Gn 2.7, não pode ser separado do espírito (rûaḥ), e que antes as duas expressões designam a mesma realidade (cf. entre outras Gn 6.17). A mortalidade da vida humana é a consequência do fato de que o Espírito de Deus não fica atuante nele para sempre (Gn 6.3). Pois, como "carne", o homem é passageiro, como todos os demais seres viventes. Isso significa inversamente que, enquanto durar sua vida, o homem a deve à continuada atuação do fôlego da vida que procede do Espírito de Deus.

Por meio de sua atuação nos seres vivos, todavia, o Espírito de Deus não se torna parte integrante da criatura. Antes está se afirmando com isso o caráter excêntrico da vida criatural, sua dependência

---

[27] Vide vol. I, p. 504s.
[28] H. W. Wolff, *Anthropologie des Alten Testaments*, 1973, p. 43.

do poder divino em relação ao espírito que atua sobre as criaturas a partir de fora. Elas têm o fôlego da vida em si mesmas, mas este não está a seu livre dispor. Assim Deus permanece Senhor da vida criatural.

> A Igreja espanhola da Antiguidade tardia rebateu reiteradas vezes a compreensão atribuída a Prisciliano, segundo a qual a alma humana seria parte de Deus ou de substância divina (*Dei portionem vel Dei esse substantiam*, DS 201, cf. 190, bem como 455). Isso corresponde à rejeição da doutrina platônica da deidade da alma, que parecia inconciliável com a afirmação de sua criaturidade, rejeição essa que remonta aos primórdios da teologia cristã. Com isso, porém não está rejeitada a concepção de uma atuação vivificadora do espírito divino como um princípio transcendente ao homem na vivência da criatura. Nesse caso, porém, o espírito não deve ser compreendido como uma força anímica, mas como poder de Deus que produz e conserva a vida da alma como do corpo, e que por isso também é atuante nela.

Existe, todavia, um grupo de afirmações véterotestamentárias que apresentam a medida especial de atuação do espírito divino em determinadas pessoas como carisma concedido a elas, do qual é própria determinada autonomia perante a transcendência do Espírito de Deus[29]. Essa autonomia se evidência especialmente na concepção de um carisma por assim dizer negativo, como no caso da "*rûaḥ* maligna enviada ao rei Saul da parte de Deus (1Sm 16.14; cf. 1Rs 22.20ss.; Is 19.14). Por fim, também podia ser atribuído ao homem, em generalização ainda mais ampla, o espírito da vida atuante no homem por tempo limitado como "seu" espírito[30]. Não existe, porém, no Antigo Testamento nenhuma afirmação que diferencia, em princípio, uma *rûaḥ* criatural autônoma perante a *rûaḥ* divina como parte essencial do ser vivente. A concepção dos processos de vida como funções das partes essenciais do homem e de sua alma também penetrou primeiro no pensamento judaico por meio do helenismo. Neste caso, o *pneuma* atuante no homem podia ser compreendido como um elemento integrante da essência criatural, ou como elemento divino constituinte da alma criatural.

---

[29] H. W. WOLFF: *loc. cit.*, pp. 62s.
[30] H. W. WOLFF, *loc. cit.*, pp. 64ss.

A primeira dessas duas concepções parece estar presente nos escritos rabínicos[31] e também no apóstolo Paulo. Ele pode circunscrever o homem resumidamente como espírito, alma, corpo (1Ts 5.23), e justapor (Rm 8.16s.), sim, até mesmo opor (1Cor 2.10s.) o espírito divino ao do homem[32]. Veria ele neste último caso, não obstante, "o *pneuma* dado por Deus e por isso, em última análise, algo estranho dado ao homem"[33]? Será que ele, sob a premissa considerada natural, formula, ainda que não de maneira expressa, que o *pneuma* que a tudo efetua nas criaturas remonta ao espírito criador de Deus? Então se deveria esperar que essa premissa fosse enunciada também expressamente uma vez no mínimo em conexão com a referência de 1Cor 15.45 a Gn 2.7. Isso, porém, não acontece: não é mencionado o fato de que a "alma vivente" foi insuflada no primeiro Adão pelo Espírito de Deus. O "espírito criador de vida" (πνεῦμα ζῳοποιοῦν) não é mencionado na criação do primeiro homem, mas somente como característica do homem escatológico. Por outro lado, como acontece que o homem natural, que pertence ao tipo do primeiro Adão, também seja ou tenha, por sua vez, *pneuma* (1Cor 2.11), se ele foi criado somente como "alma viva", sem o espírito reservado ao homem escatológico? Neste ponto se torna irrenunciável a necessidade de uma interpretação que vai além das afirmações expressas do apóstolo. Somente assim pode ser reconstruída sua unidade objetiva.

A unidade objetiva no emprego paulino do conceito de espírito não deve ser procurada na direção da segunda das supramencionadas possibilidades de interpretação do *pneuma* como constituinte essencial do homem, respectivamente da alma humana. É a interpretação de Gn 2.7 desenvolvida no judaísmo helenista, que compreende o fôlego da vida insuflado por Deus como transmissão do Espírito de Deus ao homem[34]. Característico para essa interpretação é a ligação da concessão do

---

[31] Cf. as explanações de E. SJÖBERG in: *ThWBNT 6*, 1959, pp. 374ss., esp. tb. pp. 376ss. referente à concepção relacionada a isso de uma preexistência da alma-espírito criada diretamente por Deus.

[32] Mais exemplos em R. BULTMANN, *Theologie dês Neuen Testaments*, 1953, pp. 202s. [versão brasileira: *Teologia do Novo Testamento*. São Paulo, Ed. Academia Cristã, 2008, p. 263].

[33] Assim, contra BULTMANN, E. SCHWEIZER, in: *ThWNT 6*, 1959, p. 433.

[34] Referente ao que segue, esp. referente a FILO, cf. W.-D. HAUSCHILD, *Gottes Geist und der Mensch. Studien zur frühchristlichen Pneumatologie*, 1972, pp. 256ss.

espírito com o conhecimento de Deus, que já se encontra nos textos de Qumran[35]. No fundo, pode-e encontrar a concepção da Sabedoria como carisma, que é conferida aos homens pelo Espírito de Deus: não é a quantidade de anos que ensina sabedoria, mas "o espírito ilumina os homens, e o sopro do Todo-Poderoso os torna entendidos" (Jó 32.8; cf. Dt 34.9). Na *Sapientia Salomonis*, a sabedoria pode ser identificada diretamente com o *pneuma*[36]. Por isso o homem, que segundo Gn 2.7 recebeu o fôlego da vida, deveria conhecer a Deus, ao invés de servir aos ídolos (Sb 15.11). A ligação entre espírito e sabedoria pôde levar a que, em interpretação helenizante, se entendesse a razão do homem como aquele *pneuma* divino que lhe foi inspirado na criação. Essa ligação, que tem muitas consequências, foi realizada por FILO de Alexandria ou já estava a seu dispor[37].

Com a interpretação de Gn 2.7 como referente à concessão da razão por meio do Criador, fundamentou-se uma equiparação entre espírito (humano) e razão, que permaneceu determinante, na teologia cristã, para a concepção da parte mais elevada da alma, da alma-espírito. No entanto, a teologia cristã afastou-se novamente da suposição da deidade dessa alma-espírito. Nisso justamente a gnose cristã poderia ter desempenhado um papel importante.

> Para os gnósticos, o *pneuma* concedido por ocasião da criação do homem, segundo Gn 2.7, não podia ser o verdadeiro *pneuma* divino, porque não atribuíam a criação ao Deus redentor, mas ao demiurgo. Um *pneuma* divino autêntico só pode ter entrado sorrateiramente, sem que o demiurgo o percebesse[38]. CLEMENTE de Alexandria igualmente separou o fôlego da vida de Gn 2.7 da concessão do espírito divino, entendendo, como FILO, o primeiro como inspiração do *nous*, mas reservando a concessão do espírito

---

[35] I QH Frg., 3,14 (J. MAIER, *Die Texte vom Toten Meer I*, 1960, p. 120). Cf. HAUSCHILD, *loc. cit.*, p. 257.
[36] Comprovante para isso nas exposições de W. BIEDER, in: *ThWBNT 6*, 1959, p. 369. Cf. tb. Eclo 24.3, onde a sabedoria é descrita como o sopro que sai da boca de Deus.
[37] HAUSCHILD, *loc. cit.*, pp. 258ss, BIEDER, *loc. cit.*, pp. 371s. com uma compreensão um pouco diferente de *Opif. Mundi* 135. Em outra passagem (*Rer. Div. Her.* 55), FILO também identificou, segundo BIEDER, o *nous* em sua função como força condutora da alma (*hegemonikon*) com o *pneuma* divino (372).
[38] HAUSCHILD, *loc. cit.*, pp. 263ss.

divino para a redenção[39]. De modo semelhante, TERTULIANO, em seu escrito sobre a alma, acentuou, por um lado contra HERMÓGENES, a origem da alma a partir do fôlego de Deus, segundo Gn 2.7[40], mas, por outro lado, distinguiu entre espírito (*spiritus*) e fôlego (*flatus*), assim como entre causa e efeito, identificando nisso o fôlego com a alma[41]. De modo semelhante manifestou-se, mais tarde, AGOSTINHO (*De civ. Dei* XIII,24,2ss.). Em ORÍGENES, porém, Gn 2.7 não teve mais importância decisiva para a antropologia, porque ensinou a preexistência da alma-espírito racional[42]. Ao invés disso, fundamentou a espiritualidade do homem em sua criação à imagem de Deus, conforme Gn 1.26s., e a essa argumentação seguiu mais tarde a teologia, assim aproximadamente GREGÓRIO DE NISSA, embora este se afastasse da tese da preexistência da alma[43].

Também na escolástica latina foi rejeitada, sob a autoridade de AGOSTINHO, a compreensão de Gn 2.7 no sentido de uma concessão do espírito divino (TOMÁS DE AQUINO, *Sum. theol.* I,91,4 ad 3), porque o apóstolo Paulo contrapôs o resultado da inspiração por Deus, o que em Gn 2.7c é designado de "alma vivente", à vida do novo Adão permeado pelo espírito (1Cor 15.45 – cf. AGOSTINHO, *De civ. Dei* XIII, 24,4 nota 6). Foi necessário retroceder ao teor hebraico da passagem e da imparcialidade exegética de LUTERO para se poder reconhecer novamente na inspiração do fôlego da vida, de acordo com Gn 2.7, o próprio Espírito de Deus, cuja atuação na criação do homem, todavia, teve que ser distinguida de sua atuação escatológica na vida do novo Adão. Mas também LUTERO não percebeu que a atuação

---

[39] HAUSCHILD, *loc. cit.*, pp. 268s. e pp. 18ss. ref. a *Strom.* V,94,3 entre outras, bem como pp. 28ss. ref. ao papel do Espírito na redenção.
[40] TERTULIANO, *De an.* 1,1 (CCL 2,781).
[41] TERTULIANO *De an.* 11.2 (CCL 2,797). Cf. tb. 4,1 (786), onde TERTULIANO acentua contra PLATÃO a dimensão criatural da alma. TERTULIANO menciona o *hegemonikon* da alma (*De an.* 15,1ss., 801) em conexão com a concepção bíblica do coração como sede dos pensamentos e das aspirações. Referente à dependência da psicologia de TERTULIANO em relação estoicismo, cf. H. KARPP, *Probleme altchristlicher Anthropologie*, 1950, pp. 71ss.
[42] HAUSCHILD, *loc. cit.*, p. 269, cf. 86ss., esp. pp. 91ss.
[43] De acordo com ORÍGENES, somente a parte espiritual da alma foi criada segundo a imagem de Deus (*De princ.* II,10,7); cf. III,1.13). GREGÓRIO DE NISSA considerava a natureza racional do homem (*logos* e *dianoia*) como imagem do *nous* e *logos* divinos (*De hominis opificio* 5, *MPG* 44, 137 BC). Referente a sua rejeição da suposição de uma preexistência da alma, cf. *loc. cit.*, 28, *MPG* 44, 229ss.

criadora de vida do espírito divino na criação se estende a todos os seres viventes[44].

A profunda diferença da concepção de uma alma-espírito humano, que se desenvolveu na patrística, em comparação com a concepção bíblica da relação entre alma e espírito, pode ser percebida no fato de que nem a descrição do homem como "alma vivente" (Gn 2.7), nem a concepção de sua vitalidade como efeito do fôlego de vida divino menciona o elemento especificamente diferenciador do homem em relação a outros seres vivos[45]. Também os animais são considerados *nefesh ḥayah* (Gn 2.19) e têm espírito da vida em si (Gn 1.30, cf. 6.17 e 7.22). Nesse sentido, o homem apenas partilha o que distingue todos os seres vivos, em contraste com as demais criaturas. De acordo com a compreensão do escrito sacerdotal, a particularidade que diferencia o homem dos animais consiste primeiramente no fato de ser imagem de Deus e na missão de domínio sobre as outras criaturas na terra a isso associada. Uma concepção semelhante encontra-se em Sl 8.7ss. A isso corresponde, no relato da criação mais antigo, o privilégio humano de dar nomes às demais criaturas (Gn 2.19)[46]. Neste ponto são enfocadas as capacidades da linguagem e (ligado a isso) do conhecimento como particularidades distintivas do homem. Também alhures o Antigo Testamento não deixou de perceber a importância da razão conhecedora e planejadora na vida do homem, embora as localize no coração e não na cabeça[47]. Ao se tratar da pergunta acerca do que perfaz a primazia do homem sobre as demais criaturas, não se destacou sua capacidade intelectual, mas sua destinação para a comunhão com Deus, bem como a posição de dominar em relação às demais criaturas, ligada à proximidade com Deus. Essa última, todavia, está ligada, a nosso ver, com a atividade da razão. Em Gn 2.19 se pode encontrar no mínimo

---

[44] Referente à explicação de Gn 2.7 por LUTERO em sua Preleção sobre o Livro de Gênesis de 1535/45 (esp. *WA* 42,63ss.), cf. o comentário de G. EBELING ao debate *De homine* de LUTERO (*Lutherstudien* II/2, 1982), pp. 34-46 [Sobre o Debate *De homine*, cf. in: *Obras Selecionadas* vol. 3, 1992, pp. 194-200].
[45] H. W. WOLFF, *Anthropologie des Alten Testaments*, 1973, pp. 43s. Também J. MOLTMANN, *Gott in der Schöpfung. Ökologische Schöpfungslehre*, 1975, p. 195, acentua a participação conjunta de todo vivente no fôlego da vida.
[46] G. VON RAD, *Das erste Buch Mose – Genesis*, 1950, pp. 66s.
[47] H. W. WOLFF, *loc. cit.*, pp. 68-95, esp. pp. 77ss.

indícios para isso. Mas não se pode falar de uma autonomia da razão. A atividade da razão depende, como todas as demais manifestações de vida, da atuação vivificante do espírito divino. Também na literatura sapiencial, que compreendia a capacidade racional como um dom do espírito especialmente precioso (cf. além de Jó 32.8 ainda 33.4, Pr 2.6 e a Sabedoria de Salomão), essa não foi identificada com a capacidade intelectual do homem, mas era considerada como um dom não inato ao homem.

Portanto, de acordo com o testemunho bíblico, espírito e razão devem ser diferenciados. No entanto, para a elaboração dessa distinção são escassos os pontos de referência bíblicos. Embora as afirmações bíblicas sobre o coração do homem revelem um saber de seu conhecimento e da capacidade de julgamento, o esclarecimento desses nexos era, em medida incomparavelmente maior, tema do pensamento grego. Por isso a teologia patrística, com razão, concedeu às concepções gregas de *nous* e sua relevância antropológica suma importância para a compreensão do homem. Nisso a capacidade de conhecimento foi ligada ao conceito da alma especificamente humana. Referências para isso podiam ser encontradas no emprego do conceito da razão em Paulo (Rm 7.23, cf. 1.20; 12.2 sequência). Por outro lado, a doutrina joanina do *Logos* podia induzir a compreender a razão humana, no sentido da concepção grega de unidade entre *logos* e *nous*, como participação no *Logos*, que então teria encontrado sua perfeição na encarnação do *Logos* em um ser humano. A partir daí podia parecer plausível a interpretação do fato de o homem ser imagem de Deus como manifestação da participação de seu *nous* no *Logos*. Apenas deveria ter sido evitada uma identificação da razão com o espírito. A atuação vivificadora do espírito divino no homem não é idêntica com a sua razão. Esta necessita, antes, do mesmo modo como outras funções vitais, da atualização por meio do espírito criador de Deus[48]. Isso, porém, não exclui o fato de que a razão está programada, por sua natureza, para essa atualização e que lhe compete, como função condutora da alma humana, um papel decisivo para a relação de todo o homem com o Espírito.

---

[48] K. BARTH enfatizou com razão a identidade do espírito com Deus e sua distinção em relação à realidade criatural. Por isso, em oposição ao chamado tricotomismo, negou que o espírito pudesse ser compreendido como parte do homem (ao lado de alma e corpo), ou como parte da alma (*KD* III/2, pp. 426ss.).

O primeiro desses dois estados de coisas foi expresso, quanto a seu conteúdo, embora sem ligação com Gn 2.7 e sem distinção entre espírito e razão, na doutrina de Agostinho acerca da dependência da razão em relação à iluminação pela divina luz da verdade[49]. Com isso Agostinho desenvolveu a partir da concepção platônica da iluminação uma concepção em grande parte análoga à concepção bíblica (cf. também Jo 1.9). Como interpretação teológica da razão humana, ela permaneceu superior à teoria do conhecimento do aristotelismo cristão, que foi concebida pela alta escolástica latina. Lá, a razão era tratada como uma grandeza autônoma, embora fosse, além disso, num segundo passo, associada a Deus como alvo sobrenatural. Por outro lado, Alberto Magno e Tomás de Aquino, ao considerarem o intelecto ativo, o único imortal, segundo Aristóteles[50], como parte da alma humana, e não como um poder sobrenatural, que atua sobre a alma "de fora", lançaram o fundamento para uma compreensão a seu modo cristãmente inspirada da liberdade subjetiva do homem em seus atos de conhecimento[51]. Fizeram isso em contraste às antigas teorias de conhecimento que, de um ou outro modo, concebiam conhecimento como recepção de uma verdade preestabelecida das coisas[52]. A atividade da razão no processo do conhecer pensante foi acentuada de modo consideravelmente mais incisivo ainda mais tarde, em Nicolau de Cusa, como produtividade espontânea em retratadora correspondência à liberdade criadora do espírito divino[53]. A concepção da liberdade do conhecimento racional humano[54], desenvolvida pelo Nicolau, que reproduz de forma aproximada, por conjeturas sobre a realida-

---

[49] O paralelismo entre a doutrina da iluminação de Agostinho e sua doutrina da graça foi elaborado por R. Lorenz, Gnade und Erkenntnis bei Augustinus, *ZKG* 75, 1964, pp. 21-78.

[50] Aristóteles, *De na.* III,5430 a 23.

[51] Alberto Magno, *Metaphysika* XI tr 1 c 9 (*Opera Omnia* XVI/2, 1964, editado por B. Geyer, pp. 472,69f). Tomás de Aquino, *Sum. c. Gent.* II,76 e 78, bem como *Sum. theol.* I,79,4. Especialmente em Alberto a decisão dessa pergunta estava intimamente relacionada com o tema da mortalidade individual visto que, segundo Aristóteles (vide nota anterior), somente o intelecto ativo é imortal.

[52] Cf. meu ensaio Rezeptive Vernunft: Die antike Deutung der Erkenntnis als Hinnahme vorgegebener Wahrheit, in: H. Nagl-Docekal (ed.), *Überlieferung und Aufgabe.* Festschrift für Erich Heintel zum 70. Geburtstag, 1982, vol. 1, pp. 265-301.

[53] Nicolau de Cusa, *De Beryllo 6,* cf. *Idiota de mente 7*.

[54] Cf. M. de Gandillac, *Nikolaus von Kues.* Studien zu seiner Philosophie und philiosophischen Weltanschauung, 1953, pp. 153ss, 164, bem como o escrito de Nicolau de Cusa: *De coniecturis*.

de das coisas criadas, os pensamentos de Deus para a criação, tem, em relação ao modelo de uma mera aplicação de formas de pensamentos apriorísticos preestabelecidos ao material dos sentidos pela razão, a vantagem de poder corresponder melhor à liberdade produtiva e à historicidade da atividade racional. Com isso a fantasia se tornou o verdadeiro princípio da atividade intelectual do homem, enquanto a razão apenas submete as idéias da fantasia a suas regras lógicas. A atividade da fantasia, porém, se baseia numa forma superior da receptividade[55], não na receptividade para as impressões recebidas pelos sentidos, nem em sua reprodução pela memória, ligada com livre recombinação de seus conteúdos, mas em uma abertura que refere o fundamento infinito da subjetividade às realidades finitas da consciência[56]. Esse estado de coisas pode ser compreendido como correspondente às intenções teológicas da doutrina da iluminação de AGOSTINHO.

O fato de a vida da fantasia, que une receptividade e liberdade, ser imprescindível para a atividade do entendimento e a razão, se presta para esclarecer a dependência da razão em relação à atuação do espírito como fundamento da liberdade subjetiva do homem. Para uma compreensão mais exata, no entanto, é necessário adquirir certa clareza sobre a relação entre o espírito e as funções da consciência.

A relação fundamental da consciência com a infinita razão da vida deverá ser dada no sentimento de vida que ainda nas experiências do

---

[55] H. KUNZ, *Die anthropologische Bedeutung der Phantasie I*, 1946, e do Autor, *Anthopologie in theologischer Perspektive*, 1983, pp. 356s.
[56] Na primeira versão de sua *Wissenschaftslehre*, de 1794, J. G. FICHTE caracterizou a faculdade imaginativa como "uma faculdade que oscila entre destinação e não-destinação, entre finito e infinito" (*Werke I*, editado por J. G. FICHTE, 1845/46, p. 216). FICHTE atribuiu, todavia, essa faculdade à "atividade" do eu "que vai ao infinito" (*ib.*), enquanto o momento da receptividade na fenomenologia da faculdade imaginativa (vide nota anterior) deveria sugerir antes que se associasse a faculdade imaginativa (na terminologia de FICHTE) ao sentimento (vol. I, pp. 289ss.; cf. vol. I, pp. 314ss., onde FICHTE não considera o momento receptivo na vida da fantasia). É instrutivo recorrer nesse contexto às considerações posteriores de FICHTE sobre o conceito do sentimento (*Wissenschaftslehre*, 1797/98, ed. por P. GAUMANN, *PhB 239*, pp. 70s., bem como *Darstellung der Wissenschaftslehre*, do ano de 1801/02, ed. por R. LAUTH, *PhB 302*, pp. 75ss. e pp. 179s.). Quanto ao próprio assunto, cf. tb. as exposições do Autor in: *Anthropologie in theologischer Perspektive*, 1983, pp. 237ss. (referente ao conceito do sentimento, bem como pp. 365ss. referente à fantasia).

adulto abarca a diferença de si-mesmo e mundo. Na esfera de vida simbiótica da primeira infância, o lado objetivo e o lado subjetivo da relação de mundo ainda não podem ser claramente diferenciadas[57]. Pela qualidade do prazer ou do desprazer do sentimento, porém, já cedo está dada uma auto-referência implícita, um ponto de partida para a futura formação da autoconsciência em contraste com a consciência de mundo[58]. Essa auto-familiaridade implícita, dada no sentimento[59],

---

[57] Referente à superação da diferença sujeito-objeto, característica para o fenômeno do sentimento, cf. do Autor, *Anthropologie in theologischer Perspektive*, 1983, p. 243s.; referente à ligação simbiótica com o ambiente, que a fundamenta, *ib.*, pp. 219ss. e pp. 254s.

[58] Em sua *Glaubenslehre* § 5,4, 2ª ed., 1830, SCHLEIERMACHER concebeu a diferença entre prazer e desprazer como ligada com o sentimento primeiro pela referência objetiva do "da autoconsciência sensual". Por outro lado, no § 3 já compreendeu o sentimento em si como "autoconsciência imediata". À luz de descrições modernas do sentimento, ambos os pontos devem ser criticados: O sentimento ainda não é autoconsciência em contraste com a consciência de mundo. Si-mesmo e mundo justamente ainda não estão separados no sentimento; a auto-referência que se torna expressa na autoconsciência, porém, está predisposta no sentimento conquanto está determinada por qualidades de prazer e desprazer, que já fazem parte da situacionalidade pré-objetiva (cf. do Autor *Anthropologie in theologischer Perspektive*, 1983, pp. 240ss.). No § 5,1 da *Glaubenslehre*, SCHLEIERMACHER se mostra interessado no fato de que no sentimento não nos "opomos a nenhum outro indivíduo", mas ele refere isso somente ao momento da dependência que, segundo sua exposição, já deve estar contido na auto-consciência imediata (§ 4), enquanto de fato já pressupõe, como o deixa entrever a própria argumentação de SCHLEIERMACHER no § 4,2 ("efeito recíproco" do sujeito com outra coisa), a separação entre si-mesmo e objeto na consciência "sensual". A precedência antes da diferença eu-objeto deve ser ancorada de modo mais radical no conceito do sentimento do que isso acontece em SCHLEIERMACHER. Este, porém, ainda não pode ser designado como autoconsciência, mas constitui meramente, e justamente por meio das qualidades sentimentais de prazer e desprazer, um ponto de partida para sua formação. Cf. *Anthropologie in theologischer Perspektive*, pp. 243s. A consciência da dependência, porém, que em SCHLEIERMACHER se tornou a chave para a descrição da consciência religiosa, não constitui nenhum momento original do sentimento, mas sempre já pressupõe uma diferenciação entre Eu e objeto.

[59] Na doutrina estóica da *oikeiosis*, ela foi apresentada como já ativa na luta pela auto-conservação dos animais. Cf. M. POHLENZ, *Die Stoa. Geschichte einer geistigen Bewegung*, 1959, pp. 57s. 114s. Nisso se baseia o que W. JAMES denominou de "valor" da dignidade própria (*The Principles of Psychology* (1890), reimpressão 1981, pp. 316s.).

o homem a compartilha com a vida animal, talvez até com todos os seres vivos em geral, porque, como auto-catalisadores, todos os seres vivos são processos de uma auto-organização que, como tal, está caracterizada por referência ao todo da própria existência[60]. A formação da autoconsciência explícita, porém, parece surgir primeiramente em ligação com a objetividade da consciência de objeto isenta de pulsões, que é característica para o homem e que se forma nas atitudes lúdicas da criança[61]: o estar junto ao outro como outro possibilita não apenas a distinção de diversos objetos um do outro e suas relações recíprocas, mas também sua distinção do próprio corpo, ora identificado pelo nome próprio e, mais tarde, pelo uso do verbete "eu"[62], bem como sua localização no mundo das coisas. O estar junto ao outro como outro, proporcionado pela consciência da percepção[63], parece abrir, deste modo, com a distinção dos objetos entre eles e do Eu em relação ao próprio corpo, o campo da consciência, no qual a relação fundamental entre Eu e mundo adquire seus contornos para o homem. O sentimento de vida como manifestação da presença do espírito com a presença da totalidade da vida ainda indeterminada, que precede à diferença sujeito-objeto e a abarca, portanto já se encontra na base da formação do campo de consciência, no qual se torna possível uma visão sobre seus conteúdos distintos entre si[64]. Na experiência do encontro com outras pessoas, este mundo da consciência é atribuído ao próprio Eu e com isso colocado em relação ao Eu como *seu* mundo em contraste com o dos outros. A relatividade do Eu do mundo da consciência, e com

---

[60] Vide *acima* cap. 7, pp. 193s, 195s.
[61] Cf. do Autor, *Anthropologie in theologischer Perspektive*, 1983, pp. 59ss., bem como pp. 313ss. e 347s.
[62] Detalhes *loc. cit.*, pp. 213ss.
[63] *Loc. cit.*, p. 59. Como faculdade do homem de compreender "o outro em si", também KARL BARTH, *KD* III/2, 1948, pp. 478ss. identificou a natureza-razão do homem, que "está pressuposta no evento de seu encontro com *Deus*" (p. 482; a causa final para essa razoabilidade do homem é, inversamente, o fato de que o homem está destinado a perceber a Deus: pp. 478s.). Todavia, BARTH compreendeu a auto-consciência, em contraste com a concepção supra desenvolvida, como base para o ato da percepção, pois este é descrito como "receber uma outra coisa como tal em sua autoconsciência" (p. 479). Em contraste a isso, aqui a consciência de objeto é concebida como precedente à auto-consciência.
[64] Em direção semelhante apontam as considerações de TH. NAGEL, *The View from Nowhere*, 1986, esp. pp. 13-27.

isso sua diferença em relação ao mundo "real" ainda não é constitutiva para a consciência acerca dos objetos em si, mas é tematizada primeiramente a partir da experiência das diversas visões de mundo ligadas à intersubjetividade. A presença do imenso fundamento de vida que se manifesta no sentimento de vida, a do espírito, porém, abarca também a diferença dos sujeitos, e isso não apenas "para" o próprio Eu, visto que, antes, uma consciência do próprio Eu surge primeiramente como produto da diferenciação da unidade do sentimento de vida no processo da experiência[65].

Primeiramente no campo da intersubjetividade e como consequência da consciência da relatividade do Eu do próprio mundo da consciência pode desenvolver-se também uma diferenciação entre corpo e alma: à alma como mundo interior da consciência contrapõe-se o próprio corpo que, do mesmo modo como as coisas do mundo – mas em contraste com o mundo interior de minha consciência – existe não somente para mim, mas também para os outros. A partir daí pode parecer óbvio compreender o mundo anímico interior da consciência, em contraste com o corpo, como o verdadeiro Eu do homem. Com isso, porém se restringe de modo inadequado tanto o conceito da alma quanto o do Eu: enquanto o verbete "eu" aponta para o respectivo locutor, ele também sempre já designa sua individualidade corporal[66], e se o corpo vivo já deve ser compreendido como animado, conquanto ele é vivo, então o conceito da alma deve abranger mais do que apenas o mundo interior da consciência; então também faz parte dela o "inconsciente" ligado com a própria corporeidade e sua história. Neste ponto se torna possível unir a concepção da alma orientada na experiência de um mundo interior da consciência com o conceito da alma como princípio de vida do corpo. A aparência, porém, de que alma fosse algo independente em relação ao corpo poderia remontar à autonomização do mundo interior da consciência em sua ligação com o Eu.

O mundo interior da consciência é atribuído ao Eu como o dele. Na tradição da filosofia transcendental kantiana, o Eu (na atividade do "eu penso") é considerado até mesmo como razão da unidade,

---

[65] Cf. do Autor, Bewusstsein und Geist, *ZThK 80*, 1983, pp. 332-351 referente à argumentação de K. R. POPPER no diálogo com J. C. ECCLES (*The Self and its Brain. An Argument for Interactionism*, 1977).

[66] W. JAMES, *The Principles of Psycology* (1890), reimpressão 1981, pp. 323, tb. 378.

razão da unidade da experiência. Será que ele o é de fato? Não teria, em certo sentido, o mundo da consciência sua unidade em si mesmo, em seus conteúdos e pensamentos fundamentais? Acaso a consciência do Eu que os pensa não seria, na melhor das hipóteses, o fundamento da compreensão consciente desses conteúdos, e por isso também responsável pelo fato de que o modo de sua concepção se desvia da verdade do objeto? De fato, na diferença sempre já está contida também uma unidade do diferenciado. Esta não é o acréscimo exterior de uma função "sintética" da consciência. Perceber essa unidade, todavia, não é natural. Para isso é necessária, para falar com o jovem HEGEL, a "contemplação", e para cada caso determinadas contemplações[67]. Elas ocorrem à consciência desde a infinitude do sentimento por meio da fantasia que, segundo FICHTE, se move entre aquela infinitude e as realidades finitas, diferenciadas pela atividade da consciência. Nisso, porém, as contemplações produzidas na fantasia necessitam, conforme acentuou HEGEL, do disciplinamento por referência à atividade diferenciadora da reflexão. Somente assim elas têm conteúdo como apreensão da unidade de coisas diferenciadas. Como a destinação exata do próprio diferenciado depende da consciência da unidade que as une, também as contemplações da fantasia devem ser associadas tanto aos membros diferenciados em sua peculiaridade quanto à unidade que as une apesar de toda diferenciação. Portanto, a unidade do diferenciado é, mais uma vez, algo diferente em relação à diferença. Nesse sentido também a apreensão da unidade na diferença ainda é uma função da faculdade do distanciamento na consciência da alteridade. Portanto a unidade do diferenciado é ela mesma outra para a consciência. Ela não se deve à unidade do Eu. A unidade do Eu como base de toda experiência que fundamenta a unidade de seus conteúdos na vivência subjetiva e a integra na unidade da vivência individual, forma-se como correlato da unidade objetiva do "conceito" que compreende o objetivamente diferenciado em sua unidade. Nisso também se forma uma consciência da unidade de tudo aquilo que é distinto de outras coisas como algo especial, portanto do "mundo" como essência de todo finito, limitado, em relação ao qual agora o infinito pode ser compreendido como o outro do finito. Um segundo passo na reflexão pode levar

---

[67] G. W. F. HEGEL, Differenz des Fichte'schen und Schelling'schen Systems der Philosophie (1801), *PhB* 62a, pp. 31ss.

então à compreensão de que o infinito somente pode ser distinto do finito sob a condição (portanto de todo "algo" em contraste com o outro) de que não é apenas o outro em relação ao finito (assim ele mesmo seria finito), mas abarca simultaneamente todo infinito por si mesmo. Nesse pensamento do infinitamente uno torna-se temático o que como infinito indeterminado sempre já está presente para a consciência, e forma o espaço intelectual no qual se move o distanciamento do outro e toda a destinação da alteridade e referência, sendo que ele próprio é patenteado à consciência.

A instância Eu dificilmente pode ser compreendida como pré-condição para toda forma da consciência de objeto. Pois ela é formada primeiramente no processo da experiência do objeto e por diferenciação de tudo mais. Na experiência de todo indivíduo, também o contexto de vida social já precede ao uso do verbete "eu", embora uma auto-referência implícita, tal como está dada no sentimento de vida, é condição para que o uso dessa palavra possa ser aprendido. Com a palavra "eu" aquela auto-referência pode tornar-se implicitamente temática para o indivíduo e, desse modo, também secundariamente o Eu pode tornar-se o solo de todos os conteúdos da consciência. Precedente a isso, no entanto, está aberta para a consciência a própria multiplicidade do mundo bem como a realidade de vida do indivíduo compreendida em distinção a isso por meio da infinitude do sentimento de vida, que precede à diferença de sujeito e objeto na consciência e por isso também a excede em toda situação de vida. Com vistas a isso, talvez se possa redefinir a relação entre intelecto e consciência, se de outro modo o sentimento de vida é manifestação da vivificante presença do Espírito criador nos seres viventes. Não o Eu, mas o espírito divino é a última razão para a unidade do diferenciado na consciência, também da unidade do Eu com as coisas de seu mundo, e, especialmente, com os seres vivos semelhantes a ele.

A consciência do infinito como tal, em contraste com todo finito, baseia-se no fato de que o homem sempre já está "extaticamente" com o outro de si mesmo. Ele pode perceber o outro como tal, não somente como correlato de seu próprio comportamento instintivo. Assim aprende a distinguir cada qual do outro em sua particularidade, e forma, por fim, frente a toda a esfera do finito, que a cada caso está determinada e limitada pelo contraste a outra coisa, a idéia do infinito. Na compreensão do infinito, porém, já está contida uma consciência atemática do infinito – como do outro do finito. Disso as pessoas se apercebem na consciência religiosa na forma de um poder divino atuante nos fenômenos finitos. Em todo conhecimento do mundo sempre já se "divisa racionalmente" também o eterno poder e a deidade de Deus em suas obras (Rm 1.20). Isso permanece verdade ainda que os homens "não glorifiquem a Deus e não lhe agradeçam", antes se tornaram estultos e insensatos em suas concepções religiosas (Rm 1.21). Pois não distinguem, ou não distinguem suficientemente a infinita realidade de Deus do meio das coisas criaturais, em cuja finitude ela se revela, e não se apercebem de sua própria finitude como de uma existência que, com todo o mundo de fenômenos finitos, se deve inteiramente ao Deus uno e infinito.

Não obstante, na distinção racional de todo finito de seu outro, e todo infinito juntamente com o próprio Eu do infinito, está ativo o *Logos* divino, que produz e permeia toda a existência criatural em sua particularidade. Apesar de toda perversão instalada por causa do pecado, da qual ainda haveremos de falar, na percepção da alteridade do outro a inteligência humana tem parte na autodiferenciação do Filho eterno em relação ao Pai, por meio da qual ele não só está unido com o Pai, mas também é princípio de toda existência criatural em sua particularidade. A razão humana naturalmente apenas produz pensamentos e não diretamente a realidade das coisas finitas. No entanto, esses pensamentos representam não apenas os objetos finitos em sua diferença de outros, mas podem, além disso, tornar-se também a base para as produções da técnica humana.

Assim como em sua auto-diferenciação em relação ao Pai, o Filho está unido a ele por meio do Espírito na unidade da vida divina, e também une, em virtude de sua atividade criadora, por meio do poder do Espírito, o diferente, assim também a atividade diferenciadora da razão humana necessita do espírito que a capacita a nomear, por mediação da fantasia, todo fato em sua particularidade e perceber nas diferenças a unidade que mantém o diferenciado coeso. Nisso a razão humana não está plena do espírito já por si mesma. Em sua criaturidade, ela necessita, como todas as demais funções vitais, da vivificação pela força vital do espírito, a fim de ser ativa. Em conexão com isso, necessita também da espiritualização, que a eleva acima de sua própria finitude e, em meio a toda sua limitação, certifica da presença da verdade e do todo nos detalhes.

A concepção bíblica acerca do Espírito de Deus como o princípio criador de todos os seres vivos, conquanto são "animados" e têm vida em si mesmos, pode também ser explicada com vistas à multiplicidade da consciência e com vistas à atividade da razão. Portanto com vistas àquela dimensão do anímico que era objeto específico da filosofia grega e que ainda hoje para a compreensão moderna constitui o conteúdo central da vida anímica desperta. Nisso a concepção da alma como princípio da vida obriga a que se pergunte pela função da consciência para a vida em geral. Dessa pergunta certamente podemos aproximar-nos melhor se nos recordarmos do fato de que todas as manifestações de vida estão relacionadas com o ambiente. A realidade circundante torna-se temática para o ser vivo em sua consciência perceptiva. Por meio da percepção que interioriza o meio circundante, a extática da vida se torna, inversamente, a auto-realização. Quanto mais desenvolvida for a vida consciente tanto mais o ser vivente está fora de si em sua consciência, e ao mesmo tempo tanto mais é para ele sua referência de mundo interiormente, presente nele mesmo. Algo análogo vale para as relações sociais dos indivíduos. A autoconsciência humana constitui para o nosso saber o grau mais elevado desse entrelaçamento entre extática e interioridade, pois a objetividade da relação com o objeto é a condição para que, a partir do mundo, possamos tornar-nos, como membros deste mundo, objetos para nós mesmos.

A extática da consciência é vida potenciada, interiorização da vida, com isso também participação mais intensiva no Espírito, a origem criadora de toda vida. Essa participação no Espírito não precisa significar arrebatamento do mundo, tal como pode acontecer como caso extremo na consciência do contraste do infinito com tudo que é finito no mundo; antes ela expande a alma por meio da experiência do mundo que o espírito permeia criadoramente, em especial, porém, pela experiência de comunhão humana em face do infinito fundamento do mundo. Somente na outra pessoa ocorre uma vida que em seu sentimento de vida está permeada por um ou outro modo da ciência do fundamento infinito do mundo, e pela promessa da totalidade da vida nisso fundamentada, que é individual e, não obstante, comum a todos. A presença dessa dimensão caracteriza todo encontro entre os semelhantes, ainda que seja nos modos negativos do atrofiamento ou da perversão de seu potencial espiritual. Ela permeia todas as relações sociais, começando pelas relações familiares.

Ela proporciona, não por último, também ao encontro dos gêneros sua profundidade pessoal.

Sem a atuação do espírito divino no homem não se poderia adjudicar-lhe nenhuma personalidade no sentido mais profundo da palavra. Pois personalidade tem a ver com a manifestação da verdade e inteireza da vida individual no momento de sua existência. O homem não é pessoa já pelo fato de possuir autoconsciência e por ser capaz de distinguir o próprio Eu de tudo mais e segurá-lo[68]. Ele também não deixa de ser pessoa onde essa identidade não existe mais na autoconsciência; tampouco fica sem personalidade onde ela ainda não existe[69]. A personalidade está fundamentada na destinação do homem, a qual sempre excede sua realidade empírica. Ela sempre será experimentada no outro, no Tu, como o mistério de um ser-eu que não se resume em tudo que é perceptível exteriormente no outro, de modo que esse outro se me depara como um ser que não é ativo somente a partir de si mesmo, mas também a partir de uma razão de sua existência em última análise subtraída a todo conhecimento[70]. Embora o conhecimento psicológico possa tornar compreensível muita coisa no comportamento do outro, sempre uma origem última de sua liberdade permanece fora do alcance de toda compreensão psicológica. O que se me depara desse modo atinge-me como realidade pessoal.[71] Aqui cabe também ainda o fato de que no outro se me depara, por meio de seu lado exterior presente sensualmente, uma inteireza da existência, subtraída a minha disposição, de tal modo que por isso sou exigido simultaneamente

---

[68] Contra I. KANT, *Anthropologie in pragmatischer Hinsicht*, 1798, § 1.
[69] Cf. do Autor, Der Mensch als Person, in: H. HEIMANN e H. J. GAERTNER, *Das Verhältnis der Psychiatrie zu ihren Nachbardisziplinen*, 1986, pp. 3-9, esp. cf. tb. meu ensaio Die Theologie und die neue Frage nach der Subjektivität, in: *Stimmen der Zeit* 202, 1984, pp. 805-816, esp. pp. 815s.
[70] Cf. a análise dos conceitos *"Insichsein"* ("estar em si") e *"Wesen"* ("essência") em D. HENRICH, "Ding an sich". Ein Prolegomenon zur Metaphysik des Endlichen, in: J. ROHLS e G. WENZ, *Vernunft des Glaubens,* Wissenschaftliche Theologie und kirchliche Lehre, 1988, pp. 42-92, esp. pp. 69 e 70ss., bem como pp. 89ss.
[71] Esse ponto de vista foi enfatizado pelo Autor no artigo *"Person"* in *RGG* vol. 3. 3ª ed., 1961, pp. 230-235, esp. p. 232 com vistas à experiência da personalidade de Deus. Referente à aplicação antropológica, cf. meu livro *Anthropologie in theologischer Perspektive*, 1983, p. 228, bem como J. ZIZIOULAS, Human Capacity and Incapacity. A Theological Exploration of Personhood, in: *Scottisch Journal of Theology 28*, 1975, pp. 401-447.

com minha própria vida. Isso somente é compreensível sob a premissa de que na pessoa do outro se me depara também a razão de minha própria existência[72]. Por isso o encontro com o Tu pode dar o impulso para aperceber-se da própria personalidade, mas também pode, por outro lado, dar motivo para uma autonomia crítica perante todas as dependências intersubjetivas[73].

Embora toda vida humana seja pessoal em sua concreção individual, o conceito da pessoa só relativamente tarde se tornou tema de uma reflexão teológica fundamental. Na história da cultura ocidental isso pode estar ligado ao fato de que o ser humano individual como tal – e, portanto, cada ser humano individual – foi tematizado como objeto da eterna dispensação de Deus primeiramente na esfera da atuação da fé bíblica. Objetivamente, isso é uma consequência do fato de o homem ser imagem de Deus. Isso já ficou expresso pelo fato de que, por ser imagem de Deus, a fé de Israel declarou toda vida humana individual como intocável (Gn 9.6). No entanto, com isso ainda não se chegara ao conceito de que toda vida humana individual tem valor infinito perante Deus justamente em sua *particularidade*. O passo decisivo para essa noção foi dado pela mensagem de Jesus de que Deus, com amor eterno, vai em busca de cada uma de suas criaturas, como fica expresso de modo acentuado no amor de Deus ao desgarrado e perdido[74]. Só no pensamento cristão essa distinção da vida individual foi associada ao conceito da pessoa. O ponto de partida para isso foi constituído historicamente pela cristologia com sua afirmação da unidade pessoal de Jesus com o *Logos* divino.[75]

A análise do uso linguístico pré-cristão de *prosopon* no grego e *persona* no latim mostrou que o conceito da personalidade estava

---

[72] Em 1929, FRIEDRICH GOGARTEN desenvolveu a tese de que no direito do outro se me depararia o tu de Deus (*Zwischen den Zeiten 7*, 1929, pp. 493-511: "Das Problem einer theologischen Anthropologie"). Cf. tb. E. LEVINAS, *Ethik und Unendliches*. Gespräch mit Philippo Nemo (1982), versão alemã 1986, pp. 64ss., bem como já Idem, *Totalité et Infini* (1961), versão alemã 1987.
[73] Cf. minhas observações em *Anthropologie in theologischer Perspektive*, 1983, p. 234.
[74] Cf. do Autor, *Die Bestimmung des Menschen*, 1978, pp. 7ss.
[75] Referente à discussão desencadeada pela fórmula de Calcedônia (*DS 302*), vide ST. OTTO, *Person und Subsistenz*. Die philosophische Anthropologie des Leontios von Byzanz. Ein Beitrag zur spätantiken Geistesgeschichte, 1968.

associado à concepção do "papel" que o indivíduo desempenha no palco ou também na vida social. Como designação generalizada para cada pessoa individualmente na terminologia retórica e jurídica da Antiguidade tardia, o conceito ficou sem conteúdo, porque nisso se abstraiu de todo conteúdo diferenciador dos papéis sociais[76]. Isso vale também para a afamada definição da pessoa como indivíduo racional em BOÉCIO[77]: ela acrescentou ao conceito geral do ser humano como *animal rationale*, respectivamente, ao conceito mais geral ainda da *natura rationalis* em geral tão-somente a destinação abstrata da individualidade. De acordo com essa definição, o conceito de pessoa seria indiferente a todas as demais diferenças da individualidade. Pelo uso cristológico, o conceito de pessoa, porém, se tornou a designação para a relação com Deus, constitutiva para a existência humana de Jesus, e esse estado de coisas pôde ser generalizado antropologicamente no sentido de que todo homem é pessoa por sua especial relação com Deus: ou, como Jesus, em abertura para a comunhão com Deus, ou em fechamento a essa sua destinação[78]. Nessa ampliação antropológica também se desenvolveu a discussão teológico-trinitária do conceito de pessoa que definiu o específico de cada pessoa individual a partir de sua relação com as demais[79]: se o ser-pessoa de Jesus é o do eterno Filho em relação com o Pai, assim todo homem é pessoa por meio de sua relação com Deus, que fundamenta sua existência no todo, seja por meio de participação na relação filial de Jesus com o Pai seja por meio da emancipação em relação a ele; pois ainda no afastamento de Deus o homem permanece preso a sua destinação para a comunhão com Deus, embora no modo da alienação e de uma vida que erra sua destinação.

Pessoa é todo ser humano em sua integridade anímico-corporal, tal como ela se manifesta a cada momento presente de sua existência. A referência à integridade está ligada com a personalidade,

---

[76] M. FUHRMANN, Persona, ein römischer Rollenbegriff, in: O. MARQUARD e K. STIERLE, *Identität (Poetik und Hermeneutik VIII)*, 1979, pp. 83-106, referente ao uso linguístico retórico e jurídico, cf. pp. 94ss.
[77] BOÉCIO, *De persona et duabus naturis* 4: "*Persona est naturae rationalis individua substantia*" (MPL 64, 1343 C).
[78] H. MÜHLEN, *Sein und Person nach Johannes Duns Scotus. Beitrag zur Grundlegung einer Metaphysik der Person*, 1954, esp. pp. 106ss.
[79] Assim RICARDO DE SÃO VÍTOR, *De trin.* IV,12ss. (MPL 196,937s.), Cf. tb. vol. I, pp. 379s. (referente a ATANÁSIO), e quanto ao próprio assunto cf. pp. 434ss.).

porque pessoa na compreensão moderna da palavra justamente não se refere a um papel substituível, mas ao próprio ser humano. No ser-eu-mesmo, no entanto, se trata da identidade no todo da vida própria. Isso também vale a respeito de sua extensão temporal. Por isso, em nossa biografia, nosso ser-eu-mesmo jamais já se manifestou de modo conclusivo. Ainda não se mostrou quem somos afinal, e não obstante sempre já existimos como pessoas[80]. Isso é possível somente na antecipação da verdade de nossa existência que nos está presente por meio do espírito no meio de nosso sentimento de vida.

A integridade da própria vida, a despeito de sua forma fragmentária em cada momento, é acessível somente na relação com seu Criador. Sua peculiaridade, porém, ela adquire na justaposição a outras pessoas. As duas espécies de relações são deste ou daquele modo constitutivas para o ser-pessoa do indivíduo. Pessoa concreta cada qual é em sua impermutável peculiaridade como homem ou mulher, pai, mãe, filho, amigo ou inimigo, aprendiz e instrutor, dando ordens ou obedecendo, em trabalho, carência ou gozo. Não obstante, o ser-pessoa excede todas as peculiaridades e mudanças das circunstâncias da vida, porque, em última análise, ele se alimenta da relação com Deus como fonte de sua integridade. Por isso também pode coincidir, em toda concreção individual, com o ser-homem em si, de modo que o encontro com outros pode tornar-se uma conclamação para que o homem seja pessoa ele mesmo na aceitação da peculiaridade da própria existência: então as circunstâncias de vida especiais e as relações com outros não são mais papéis exteriores e que se pode trocar ao bel-prazer, mas neles se revela agora a condição definitiva do ser-eu-mesmo fundamentado por Deus em suas peculiaridades.

Assim se realiza na presença da pessoa a integração dos próprios momentos de vida na identidade de ser-eu-mesmo autêntico. Nisso a liderança cabe à consciência racional, porque, por meio da recordação e da expectativa, é capaz de manter presente os momentos da própria vida e de refletir sobre sua compatibilidade. O papel da consciência racional para a condução da vida, nisso fundamentada, foi discutido na tradição filosófica e teológica sob o ponto de vista de um domínio

---

[80] Sobre isso detalhadamente do Autor, *Anthropologie in theologischer Perspektive*, 1983, p. 233, bem como para a fundamentação na pp. 228ss.

da alma sobre o corpo[81]. Ele pode, como todo domínio, degenerar em repressão, neste caso, em repressão do corpo e de suas necessidades por um Eu tirânico[82]. Mas com isso a necessidade de domínio como integração de momentos de vida, que em geral são contraditórios, não está refutada. Sem autodomínio não há unidade e integridade da vida[83].

Unidade pessoal da vida, porém, não é produto da autodisciplina. Antes, já é necessária a unidade do ser-eu-mesmo, para, de algum modo, constituir a identidade de um Eu estável e permanente, que, por sua vez, pode aparecer como sujeito agente. Todo agir já pressu-

---

[81] Esse ponto de vista fora proposto à antropologia patrística pela antiga concepção do intelecto como *hegemonikon* da alma (cf. PLATÃO, *Fedro* 246 a f.), assim já em TERTULIANO, *De an.* XV,1 (CCL 2,801), cf. XII,1 (797s.), e em CLEMENTE de Alexandria, *Strom* VI,134,2; 135,4; 136,4. De acordo com AGOSTINHO, que se baseou em CÍCERO para essa concepção, o domínio da alma sobre o corpo era fácil no estado paradisíaco, enquanto no estado atual ele está dificultado pela resistência do corpo para vergonha da alma (*De civ. Dei* XIV,23,2).

[82] Por esse motivo, MOLTMANN negou um domínio da alma sobre o corpo (*Gott in der Schöpfung*. Ökologische Schöpfungslehre, 1985, pp. 248ss. e se ocupou especialmente com a concepção de K. BARTH. MOLTMANN caracteriza criticamente as exposições em *KD* II/2, § 46 (esp. pp. 502ss.) como "doutrina teológica da soberania" – em correspondência com a "ordem intratrinitária do Pai dominante e do Filho obediente" (p. 258). MOLTMANN critica com razão que BARTH "em lugar algum" menciona "um direito à resistência por parte do corpo abusado, também nenhum direito de opinião dos sentimentos nas decisões da alma racional, e nem mesmo uma desejável concordância do corpo com sua alma dominante" (p. 257). No entanto, sua própria "idéia de uma relação comunitária de parceria com influenciação recíproca" (p. 261) permanece, a meu ver, comprometida demasiadamente com uma concepção ideal de uma harmonia e concordância aproblemática: Justamente a adução de tal concordância em face de um ponto de partida no qual ela não é óbvia, constitui o alvo de domínio justo. Além disso, certamente também não se poderá negar simplesmente, com vistas às relações trinitárias, a idéia de um domínio do Pai, ao qual o Filho se sujeita de forma obediente, sem que se rejeite com isso afirmações neotestamentárias básicas e especialmente também o conceito fundamental de um reino de Deus. Importante, porém, é o fato de que a monarquia do Pai é mediada pela livre obediência do Filho (cf. vol. I, pp. 439ss.).

[83] Convém lembrar aqui a *Ética* de WILHELM HERRMANN, publicada em 1901, cujo tema era a exigência de "autodomínio" da parte do homem como ser racional, desenvolvido da auto-afirmação do ser vivo (§ 5, reimpressão da 5ª ed., 1921, pp. 19ss.).

põe identidade do agente, no mínimo em uma medida tal em que a identidade do agente é necessária para a superação da diferença de tempo entre intenção e execução de uma ação[84]. Quanto mais abrangente o decurso da ação tanto mais constante deve ser a identidade do agente, se quiser chegar ao alvo. Quem faz uma promessa que pode ser cumprida somente depois de anos ou por uma vida inteira, esse deve poder permanecer idêntico consigo mesmo por anos e por uma vida inteira a fim de cumprir sua promessa. Ações devem sua unidade à identidade do sujeito agente que atravessa os tempos. Por isso a identidade do sujeito agente já deve estar constituída para que possa ocorrer ação. A identidade da pessoa, porém, ainda está em formação no caminho ao longo de sua biografia. Por isso o valor antropológico relativo do conceito da ação deveria ser avaliado sobriamente. Ele não é conceito antropológico fundamental, apesar de toda tendência do homem de querer dominar sua própria vida e a de outros por meio da ação[85]. As possibilidades de agir e realizar são multiplamente limitadas. A literatura sapiencial da Bíblia está cheia de referências a quanto o sucesso de planos humanos depende do governo da providência divina. Em princípio, isso também não mudou na humanidade moderna, por mais que a ciência e a técnica moderna tenham ampliado o espaço para o agir do homem. Unidade e integridade da vida são constituídas em outra esfera, que precede a todo agir.

---

[84] Cf. do Autor, *Anthropologie in theologischer Perspektive*, 1983, pp. 355s.

[85] Em diversas passagens do livro anteriormente mencionado (*p.ex.* p. 356) posicionei-me contra a tendência dominante de sobrevalorizar o conceito da ação nas modernas ciências humanas, que encontrou sua expressão a ser chamada de clássica na tese da antropologia de ARNOLD GEHLEN de que o homem seria o ser agente (*Der Mensch. Seine Natur und seine Stellung in der Welt*, 1940, 6ª ed., 1958, pp. 33s, cf. pp. 19s, bem como pp. 42ss., 65ss., 130, 200s. *et passim*). É totalmente errado atribuir-me justamente neste ponto um nexo acrítico com GEHLEN, tal como isso ocorreu em CHR. FREY, *Arbeitsbuch Anthropologie. Christliche Lehre vom Menschen und humanwissenschaftliche Forschung*, 1979, p. 81. O contraste com GEHLEN aqui existente já foi destacado expressamente em meu ensaio Das christologische Fundament christlicher Anthropologie, in: *Concilium* 6, 1973, pp. 425-434, em comparação com HERDER (p. 428).

2. A destinação do ser humano

Fundamental para a personalidade de cada ser humano individual é sua destinação para a comunhão com Deus. O fato de ser esta a destinação de todo ser humano já como criatura de Deus, no entanto, evidencia-se com clareza derradeira primeiramente a partir da mensagem de Cristo do Novo Testamento, ao ligar o aparecimento do Filho de Deus na carne para a superação de pecado e morte com a pergunta pelo destino da vida humana. Os escritos véterotestamentários falam de modo mais moderado da proximidade com Deus, a qual distingue o ser humano como criatura e fundamenta sua posição especial dentre as demais criaturas.

a) O ser humano como imagem de Deus em Adão e em Cristo.

No Salmo 8 é dito a respeito do ser humano: "Tu o fizeste um pouco inferior que Deus (respectivamente ser divino, anjo); com honra e nobreza o coroaste. Instituíste-o como dominador sobre a obra de tuas mãos. Tudo puseste sob seus pés" (Sl 8.6s.). A posição de domínio do ser humano entre as demais criaturas é expressão de sua proximidade com Deus. Pois se trata do domínio de Deus sobre sua criação, e o ser humano é vocacionado para dele participar e exercê-lo. Isso, porém, não é dito de modo tão expresso no Salmo 8. No relato sacerdotal da criação, no entanto, a missão de domínio dada ao ser humano é justificada expressamente pelo fato de que ele é representante do próprio domínio de Deus sobre sua criação. Isso acontece por meio da afirmação de que o ser humano é criado "à imagem e semelhança de Deus", e nessa função é chamado para o domínio sobre as demais criaturas (terrestres – Gn 1.26s., de modo semelhante Eclo 17.3s.). Com isso o exercício do domínio pelo ser humano está vinculado ao domínio do próprio Deus sobre suas criaturas: como "imagem de Deus", o ser humano deve manter aberto o espaço para o domínio de Deus no mundo e preparar-lhe o caminho.

> O termo figurativo usado em Gn 1.26s. (*tselem*) designa especificamente a imagem do Deus, a estátua do Deus (cf. 2 Rs 11.18; Am 5.26). A expressão *d'mut* é um plural abstrato e significa "semelhança". Quanto à relação existente entre os dois termos, a pesquisa

exegética tende, em sua maioria, para a opinião de que não se pode reconhecer entre eles uma diferença de significado[86]. Se acaso existir uma diferença, então antes no sentido de que *d'mut* restringe a correspondência da imagem com o retratado, que está presente por meio da imagem, a uma simples semelhança[87].

A função da imagem é representar o retratado que é representado pela imagem. Modelo dessa função da imagem era a imagem do rei erigida nos domínios de um soberano, mas, de acordo com H. SCHMIDT, no Egito também o próprio reinado de faraó, na medida em que este incorpora a teocracia Amun-Res como "a imagem de deus que vive na terra"[88]. A aplicação dessa concepção à posição do ser humano na criação do escrito sacerdotal significa então: "O que no mais é atribuído somente ao rei, aqui é atribuído a todos os homens"[89].

Se, portanto, existe a função da imagem de Deus na representação do domínio de Deus na criação, então não é possível identificar simplesmente imagem e função de domínio[90]. Se o conceito da imagem contém a fundamentação (e ao mesmo tempo também a limitação) da ordem de domínio ao ser humano, então a função de domínio deve ser antes determinada como *consequência* da semelhança do ser humano com Deus[91]. No que essa consiste para si, não é dito em Gn 1.26s., e também não precisa ser dito ali, porque a intenção da afirmação visa a fundamentação da posição dominante do ser humano. Todavia, poder-se-ia conjeturar se o acréscimo do

---

[86] Cf. W. H. SCHMIDT, *Die Schöpfungsgeschichte der Priesterschrift*, 1964, pp. 127-149, esp. pp. 133 e 143.
[87] Assim H. W. WOLFF, *Anthropologie des Alten Testaments*, 1973, p. 236.
[88] W. H. SCHMIDT, *loc. cit.*, p. 137. Assim tb. O. H. STECK, *Der Schöpfungsbericht der Priesterschrift*, 1975, p. 150 contra C. WESTERMANN, *Genesis I*, 1974, pp. 214ss., e Idem, *Genesis 1-11* (Erträge der Forschung 7), 1972, pp. 24ss.
[89] W. H. SCHMIDT, *loc. cit.*, p. 139.
[90] Assim na exegese moderna H. W. WOLFF, *loc. cit.*, p. 235: "Justamente como dominador ele é imagem de Deus". Opinião semelhante foi defendida na exegese dos socinianos (cf. FAUSTO SOCINI: *De statu primi hominis ante lapsum disputatio*, Racoviae 1610, p.93) e parece que já desempenhou um papel importante no tempo da Reforma; pois já CALVINO se viu obrigado a delimitar-se contra uma interpretação nesses termos (*Inst.* 1559 I,15,4), porque a semelhança com Deus deveria conter algo no próprio ser humano (*penes ipsum, non extra*). Que a função fundamentadora da semelhança com Deus pressupõe uma diferencialidade de ambos para a missão do domínio, foi ignorado no atual trabalho teológico entre outros por H. THIELICKE, *Theologische Ethik I*, 1951, pp. 268 e 781.
[91] Assim W. H. SCHMIDT, *loc. cit.*, pp. 142s, O. H. STECK, *loc. cit.*, p. 151.

termo "semelhança" talvez tivesse que ser explicado a partir dessa intenção, dando então a entender que o domínio do ser humano sobre a criatura deve ser "semelhante" ao do Criador.

Em face desse resultado, deve ser rejeitada como injustificada aquela crítica à imagem bíblica do ser humano que atribui a culpa pela exploração inescrupulosa no mundo da natureza pela técnica moderna e pela sociedade industrial com a crise ecológica daí decorrente à ordem bíblica ao ser humano para o domínio sobre a criação (Gn 1.28)[92]. A moderna sociedade industrial tem sua base na cultura secular da modernidade, que, depois das guerras religiosas dos séculos XVI e XVII, se separou de suas raízes históricas no cristianismo. A emancipação de ligações e considerações religiosas e das condições circunstantes da vida social nisso fundamentadas foi uma das premissas para o desenvolvimento autônomo da vida econômica na modernidade. O secularismo moderno não pode gloriar-se simultaneamente da emancipação de amarras religiosas e imputar a responsabilidade pelas consequências de sua absolutização da ambição terrena de posse àquelas origens religiosas de cujas restrições ela se desfez. Na verdade, a fé no Deus uno transcendente da Bíblia de fato desdivinizou o mundo da natureza e o concedeu ao ser humano como esfera de domínio[93]. Mas

---

[92] Um dos primeiros a fazer tais acusações foi LYNN WHITE, The Historical Roots of Our Ecological Crisis, in: *The Environmental Handbook*, Nova Iorque, 1970. Na área de língua alemã essa argumentação ficou conhecida, sobretudo, através de CARL AMERY, *Das Ende der Vorsehung. Die gnadenlosen Folgen des Christentums*, 1972. Como exemplo de uma discussão ponderada com uma crítica desse tipo, cf. G. ALTNER, *Schöpfung am Abgrund*, 1974, pp. 58ss., P. 81s. Cf. tb. do Autor, *Anthropologie in theologischer Perspektive*, 1983, p, 71-76.

[93] Essa foi a tese central de FRIEDRICH GOGARTEN, *Verhängnis und Hoffnung der Neuzeit. Die Säkularisierung als theologisches Problem*, 1953. À vezes se esquece que GOGARTEN não apenas justificou a compreensão de mundo do ser humano moderno, marcado pelas ciências naturais e pela técnica, como consequência legítima da fé bíblica em Deus, mas que antes, por outro lado, se voltou contra a virada de secularização em secularismo como resultado do afastamento do ser humano moderno de Deus (cf. esp. 12ª ed., 1958, pp. 134ss.). Cf. tb. Idem, *Der Mensch zwischen Gott und Welt*, 1952, pp. 175ss. Para uma visão das raízes de secularização e secularismo, que diverge de GOGARTEN, mas assume seu pensamento central, cf. do Autor, *Christentum in einer säkulatrisierten Welt*, 1988, pp. 9-41.

o mundo da natureza permaneceu propriedade do Criador, e a vontade criadora de Deus permaneceu critério para o domínio do qual o ser humano foi investido como semelhança de Deus. Por isso esse domínio não inclui o direito de disposição e exploração arbitrária[94]. Ele é antes comparável aos cuidados de jardinagem, dos quais foram encarregados os seres humanos no jardim do Éden, de acordo com o mais antigo relato da criação (Gn 2.15). Visto, porém, que o mundo da natureza, apesar do poder de domínio sobre ele transmitido ao ser humano, permanece criação de Deus, o abuso autocrático da missão divina de domínio por parte do ser humano recairá sobre ele mesmo e o arrastará para a ruína. Nesse sentido justamente a crise ecológica pode ser entendida, no fim da Modernidade emancipatória, como recordação de que, ora como dantes, o Deus da Bíblia permanece Senhor de sua criação e que a arbitrariedade do ser humano no trato com ela não pode ser expandida sem limites e que não fica sem conseqüências.

Se, portanto, a semelhança do ser humano com Deus constitui o critério para sua destinação para o domínio na criação e por isso já está preestabelecida a esta, no que consiste então essa semelhança de Deus propriamente dita? É compreensível que a teologia não quis se conformar com o silêncio do relato da criação do escrito sacerdotal neste ponto e procurou por indícios que, mesmo assim, poderiam permitir uma resposta a essa pergunta. No entanto, nenhuma dessas tentativas conseguiu obter um resultado suficientemente fundamentado.

> A mais recente dessas tentativas partiu de DIETRICH BONHOEFFER (*Schöpfung und Fall*, 3ª ed., 1955, p. 39s.) e de KARL BARTH. Este ligou o plural da auto-intimação divina de Gn 1.26 ("Façamos homens ...") com a observação do v. 27 referente à criação do ser humano como homem e mulher, e daí concluiu que justamente na pluralidade do correlato dos semelhantes, e isso em sua forma básica como diferenciação e relação de homem e mulher, o ser humano seria imagem de Deus (*KD* III/1, pp. 205-221, esp. 219s., III/2, pp. 390s.). Com isso BARTH conseguiu o consentimento de alguns[95]. Exegeti-

---

[94] Cf. tb. O. H. STECK, *Welt und Umwelt*, 1978, pp. 146ss.
[95] Por exemplo, em PHYLLIS TRIBLE, *God and the Rhethoric of Sexuality*, 1978, p. 19, ao qual segue J. MOLTMANN, *Gott in der Schöpfung. Ökologische Schöpfungslehre*, 1985, pp. 228s. Em contrapartida, CF. a crítica de PH. A. BIRD em seu ensaio *Male*

camente, no entanto, sua compreensão não encontra justificativa[96]. A menção da criação do ser humano como homem e mulher segue aditivamente à afirmação sobre sua criação à imagem de Deus[97]. Da sequência das duas declarações pode-se deduzir que homem e mulher são igualmente imagem de Deus, não, porém, que a condição de imagem de Deus consiste na relação dos gêneros. Caso se quiser compreender, com BARTH, a relação sexual como correspondência figurativa da relação trinitária de Pai e Filho, também se deveria, como faz BARTH, ver na subordinação do Filho ao Pai fundamentada uma subordinação da mulher ao homem. A declaração do escrito sacerdotal, porém, implica, nesse sentido, antes uma igualdade em princípio entre homem e mulher, ao associar a condição de imagem de Deus ao ser humano sem diferença de gênero, portanto a ambos os gêneros de igual modo.

A interpretação da similitude do ser humano com Deus na teologia cristã, que mais merece ser chamada de clássica, restringe seu conteúdo à alma-espírito do ser humano. Já na Sabedoria de Salomão (9.2) se menciona o dom da sabedoria no lugar da similitude com Deus, e certamente no sentido da equivalência, como capacitação divina do ser humano para o domínio sobre as demais criaturas (cf. tb. Sb 2.23 com 8.13 e 8.17, onde a destinação do ser humano para a imortalidade é associada ao dom da sabedoria). Em analogia ao duplo sentido da concepção da

---

and Female He Created Them: Gen 1,27b in the Context of the Priestly Account of Creation, *Harward Theological Review* 74/2, 1981, 129-159, esp. P. 136ss. e 145ss.

[96] W. H. SCHMIDT, *loc. cit.*, p. 146, nota 4 destaca que, além de em Gn 5.1, onde se repete literalmente a expressão de Gn 1.27, imagem de Deus e bissexualidade do ser humano não são mencionadas lado a lado. Gn 1.26, bem como 9.6, e Sir 17.3s, mencionam a semelhança de Deus separadamente, ou (em Siraque) em ligação com a ordem de domínio. Referente ao plural na auto-intimação divina ou do anúncio do ato (SCHMIDT, pp. 129s.) deve ser dito que justamente Gn 1.27, onde à criação do ser humano à imagem de Deus se segue a constatação de sua bissexualidade, falta o plural. PH. A. BIRD, *loc. cit.*, p. 150 acentua que a afirmação sobre a criação do ser humano como homem e mulher é um acréscimo à afirmação precedente sobre a semelhança de Deus.

[97] Nisso reside a analogia à informação acrescentada à afirmação sobre a criação dos animais: "segundo suas espécies" (Gn 1.21 e 24). Cf,. W. H. SCHMIDT, *loc. cit.*, p. 146 bem como O. H. STECK, *Der Schöpfungsbericht in der Priesterschrift*, 1975, p. 154 e o juízo de PH. A. BIRD, citado na nota anterior. No entanto, dificilmente se poderá deduzir daí que a diferença sexual no ser humano também corresponderia objetivamente às diferenças de espécie nos animais.

sabedoria como preexistente (Sb 9.9) e como dom concedido ao ser humano, Filo de Alexandria associou o conceito da similitude com Deus por um lado ao *Logos* preexistente e, por outro, ao *nous* humano como sua imagem[98]. Em seus passos, também a teologia cristã-alexandrina restringiu a similitude do ser humano com Deus a sua razão (Clemente, *Strom.* V,94,5; Orígenes, *princ.* I,1,7,24). Por meio de Gregório de Nissa (*De hom. opif.* 5, *MPG* 44,137 C) e por meio de Agostinho, essa concepção se tornou determinante tanto no Oriente quanto no Ocidente[99]. Por meio das concepções patrísticas sobre a imagem do Deus trinitário na diferenciação interior da alma-espírito do ser humano,[100] ela encontrou uma expressão que se tornou específica para o agostinianismo da teologia ocidental. Foi acentuado expressamente pela escolástica que o ser humano seria somente ou ao menos primariamente imagem de Deus em sua alma-espírito[101]. Isso foi pressuposto como natural ainda pela teologia reformatória e pós-reformatória[102]. As modificações reformatórias da concepção tradicional da imagem de Deus, às quais ainda haveremos de nos referir, movem-se no espaço de concepção básica. Ela, porém, não corresponde à afirmação do escrito sacerdotal em Gn 1.26s. Esta se refere ao ser humano em seu todo, sem dife-

---

[98] Filo, *De opif. Mundi* 69. Referente ao contexto ideológico dessa concepção em Filo, cf. J. Jervell, Bild Gottes I, in: *TRE* 6, 1980, pp. 491-498, esp. pp. 493s.

[99] Agostinho, *De civ. Dei* XIII,24,2: *Sed intelligendum est secundum quid dicatur homo ad imaginem Dei ... Illud enim secundum animam rationalem dicitur...* Cf. XII,24 bem como *In Ioann, tr. 3,4* (*MPL* 35, 1398).

[100] Ambrósio, *De dign. Hom* 2 (*MPL* 17, 1106-1108), Agostinho, *De trin.* IX, 4ss. e XII, 6,6 *et passim* [= *A Trindade*, São Paulo, Paulinas, 1995]. Cf. P. Hadot, L'image de la Trinité dans L'âme chez Victorinus et chez St. Augustin, in: *Studia Patristica* 6, 1962, pp. 409-442.

[101] Como exemplo para isso citamos aqui Tomas de Aquino, *Sum. theol.* I,93,6. Cf. I,93,3 ad 2.

[102] Contra Osiander, Calvino escreveu em *Inst.* I,15,3: *Quamvis enim in homine externo refulgeat Dei gloria, propriam tamen imaginis sedem in anima esse dubium non est* (*CR* 30, 136). Embora a teologia reformatória enxergasse a verdadeira essência da similitude com Deus na atual comunhão do ser humano com Deus (vide *abaixo*), não obstante também foi admitido pelos luteranos posteriores que a espiritualidade da alma humana se encontraria na base de sua similitude com Deus no sentido restrito da palavra (D. Hollaz, *Examen theol. Acroamaticum I*, Stargard, 1707, pars II,3) resp. representaria sua sede (*ib.*, p. 18 q. 13). Cf. tb. J. F. Buddeus, *Compendium Institutionum Theologicae Dogmaticae*, Leipzig, 1724, pp. 365s.

renciação em corpo e alma e sem (nem mesmo primariamente) localização da similitude com Deus na alma.

A plasticidade da idéia da imagem é tomada em consideração, antes, na proposta de se reconhecer a similitude do ser humano com Deus em sua figura ereta, que confere uma expressão visível a sua destinação para dominar[103]. EBERHARD JÜNGEL ressaltou esse pensamento recentemente, sob remessa a sua ocorrência já na patrística[104]. Até mesmo AGOSTINHO deixou valer a figura ereta do ser humano como expressão visível da similitude com Deus que caracteriza sua alma (*De gen. ad lit.* VI,12; *CSEL 28/1*, 187), todavia, mais no sentido do olhar voltado para o céu do que referente à ordem do domínio sobre a criação terrena. Com efeito, a referência à figura ereta do ser humano constitui uma boa e impressionante explicação da afirmação bíblica, embora não exista certeza de que o escrito sacerdotal, em sua afirmação sobre a similitude do ser humano com Deus, realmente tivesse pensado em sua figura e seu porte ereto.

A dimensão corporal da similitude com Deus também foi mantida na teologia de IRENEU ao empenhar-se por manter unidos os aspectos opostos pelos valencianos do anímico-físico por um lado e do pneumático por outro. Para isso IRENEU recorreu à duplicidade de imagem e semelhança em Gn 1.26. Esses dois termos haviam sido compreendidos pelos valencianos como designações de aspectos

---

[103] L. KÖHLER, *Theologie des Alten Testaments*, 4ª ed., 1966, pp. 135. Também H. GUNKEL havia associado a idéia da imagem à estatura física do ser humano (*Gênesis übersetzt und erklärt*, 3ª ed., 1910, p. 112).

[104] E. JÜNGEL, "Der Gott entsprechende Mensch". Bemerkungen zur Gottebendildlichkeit des Menschen als Grundfigur theologischer Anthropologie, in: H. G. GADAMER e P. VOGLER (eds.), *Neue Anthropologie 6*, 1975, pp. 342-372, 354ss. JÜNGEL remete a LACTÂNCIO, *Vom Zorne Gottes* 7, 4s. (p. 355). Em 7.5 se lê: *Homo autem, recto status, ore sublime ad contemplationem mundi exicatus, confert cum deo vultum, et rationem ratio cognoscit* (*Sources chrétiennes 289*, 1982, p. 112). Esse aspecto da similitude do ser humano com Deus encontrou novamente maior atenção desde o séc. XVIII. S. J. BAUMGARTEN, por exemplo, já contou entre os traços da imagem divina no ser humano, existente tb. após a queda, ao lado da alma racional livre, também "a figura ereta do ser humano, voltada para o céu, em contraste com os animais" (*Evangelische Glaubenslehre*, editado por J. S. SEMLER II, 1765, p. 442). CHR. FRIEDRICH AMMON colocou esse estado de coisas em primeiro lugar em sua descrição da similitude do ser humano com Deus (*Summa Theologiae Christianae*, Göttingen, 1803, p. 109). Não deve ser esquecido J. G. HERDER, Aelsteste Urkunde des Menschengeschlechts (1774), *Herders Sämtliche Werke*, editado por B. SUPHAN, vol. VI, p. 249, cf. 316).

diferenciados (*adv. Haer.* I,5,5), e isso evidentemente na acepção platônica já sugerida pela tradução grega (εἰκὼν ὁμοίωσις), de acordo com o que primeiro a busca ética de *homoiosis* supera a distância da imagem original, ainda existente no conceito de imagem (*República* 613 a 4ss., *Teeteto* 176 a 5). Nisso IRENEU associou, a exemplo dos valencianos, a similitude ao espírito, no entanto com a versão de que o espírito (de acordo com 1Ts 5.23) faz parte com alma e corpo da perfeição do ser humano como criatura: "Se, porém, à alma falta o espírito, tal ser humano é somente psíquico, e visto que permaneceu carnal, ele será imperfeito; ele leva a imagem de Deus em seu corpo, mas não assume a semelhança com Deus por meio do Espírito" (*adv. Haer.* V,6,1). Sem dúvida também essa concepção aceita no tempo subsequente por CLEMENTE de Alexandria (*Strom.* II,131,6) bem como por ORÍGENES (*princ.* III,6,1) não coincide com a afirmação do escrito sacerdotal de Gn 1.26, e isso nem na interpretação da *homoiosis* como proximidade que vai além da referência à imagem nem na ligação com uma antropologia tricotômica. Não obstante, ela tem o mérito sistemático de ter representado uma ligação da afirmação véterotestamentária sobre a criação do ser humano com as afirmações neotestamentárias sobre Jesus Cristo como imagem de Deus e sobre a destinação do ser humano para a transformação nessa imagem. Essa teologia da imagem é a base antropológica da teologia histórico-salvífica de IRENEU. No entanto, encobriu-se com isso, sob o postulado de uma unidade doutrinária sistemática de todas as afirmações bíblicas, a diferença entre a compreensão de imagem do escrito sacerdotal e a compreensão de imagem cristológico-paulina por meio de uma interpretação abíblica da *homoiosis* como superação da referência da imagem, em vez de contar com uma modificação e um aprofundamento da própria concepção de imagem.

Teologia cristã deve ler a afirmação do escrito sacerdotal sobre a semelhança do ser humano com Deus à luz das palavras paulinas e pós-paulinas do Novo Testamento, que chamam a Jesus Cristo de imagem de Deus (2Cor 4.4; Cl 1.15; cf. Hb 1.3) e falam da transformação dos crentes nessa imagem (Rm 8.29; 1Cor 15.49; 2Cor 3.18). Esses depoimentos neotestamentários não tematizam explicitamente a relevância da história de Jesus Cristo para a compreensão do ser humano como tal. A participação na similitude de Deus, afirmada a respeito de Jesus Cristo, é prometida somente aos crentes. Por outro lado, conforme corresponde ao arraigamento do conceito de imagem na história da criação, ela também é ligada com o conceito do ser humano em si por meio do discurso acerca do ser humano escatológico ou "segundo ser humano" aparecido em Jesus Cristo (1Cor 15.45ss.)[105]. Neste sentido, a concepção de Jesus Cristo como a imagem de Deus, na qual os crentes deverão ter parte por meio do Espírito (2Cor 3.18), implica uma abrangência teológica geral, a qual, todavia, não está desdobrada nos enunciados neotestamentários. Quando ela é tematizada, surge inevitavelmente a pergunta, evitada em 1Cor 15.45s., pela relação da similitude com Deus que caracteriza a Jesus Cristo e é transmitida por ele com aquela que, segundo Gn 1.26s., caracteriza todo ser humano desde a criação. Enquanto nos escritos cristão-primitivos recordações disso (1Cor 11.7; Tg 3.9, decerto tb. Rm 1.23) aparecem ao lado da concepção cristológica e soteriológica da similitude com Deus, sem qualquer interligação, a teologia cristã tem a tarefa de estabelecer uma ligação neste ponto se quiser manter a unidade entre criação e redenção do ser humano.

A teologia de IRENEU resolveu essa tarefa na discussão com a gnose, diferenciando, por um lado, no conceito de imagem entre Cristo como protótipo e Adão como imagem[106], por outro lado, por sua interpretação da "semelhança" como *homoiosis* que ligava imagem com protótipo. Pela referência do Adão imagem ao protótipo deu-se à similitude criatural de Deus o sentido de uma destinação que visa o protótipo, que deve ser resgatada por via da "assimilação" ao protótipo no processo da luta pela temática de vida ética do ser humano, uma destinação que fracassou entre os primeiros homens e que foi levada ao alvo primeiro pela encarnação do próprio protótipo em Jesus Cristo.

A distinção entre protótipo e imagem referente à imagem divina no ser humano já havia sido preparada pela interpretação judaica de Gn 1.26s., quando essa afirmação foi associada à Sabedoria, e isso, por um lado, à Sabedoria concebida como preexistente, no sentido de Pr 8.22ss. (Sb 9.9), e, por outro, à participação do ser humano nela por meio do dom da Sabedoria (9.2 *et passim*),

---

[105] Cf. U. WILCKENS, Christus, der "letzte Adam", und der Menschensohn, in: R. PESCH *et alii* (eds.), *Jesus und der Menschensohn. Für Anton Vögtle*, 1975, pp. 387-403, esp. p. 402.
[106] IRENEU, *adv. Haer.* V,12,4, com base em Cl 3.9s., bem como V,15,4 e, sobretudo, VG,16,2.

respectivamente por meio do *nous* (vide *acima*). Especificamente cristã foi primeiro a tese de uma encarnação da preexistente imagem de Deus num ser humano, ligada à afirmação de que primeiro por meio dela o ser humano alcançaria a destinação que o destaca dentre todas as criaturas. Nesse sentido IRENEU associou as afirmações paulinas e dêutero-paulinas sobre Jesus Cristo como imagem de Deus ao *Logos* encarnado, e não, em primeiro lugar, ao *Logos* preexistente (*adv. haer.* V,16,2)[107], enquanto ORÍGENES, e em sua esteira também ATANÁSIO, as interpretaram como referentes ao *logos asarkos*, ao eterno *Logos* como tal[108]. No último caso, as afirmações cristológicas sobre Jesus Cristo como imagem do Deus eterno não mais contribuíam para a compreensão da semelhança do ser humano com Deus como tal. Pelo menos neste ponto, cristologia e antropologia tiveram que tomar outros rumos, sem prejuízo de sua interligação existente alhures, a saber, por meio do conceito do *Logos* (no qual também o ser humano tem parte como ser-logos). Se depois ainda também a semelhança do ser humano com Deus foi associada à substancialidade divina ou à Trindade como um todo, ao invés de ser associada ao *Logos*, tal como era o caso na patrística posterior e especialmente também em AGOSTINHO[109], e se deslocou por fim também a compreensão da razão humana para

---

[107] Cf. P. SCHWANZ, *Imago Dei als christologisch-anthropologisches Problem in der Geschichte der Alten Kirche von Paulus bis Clemens von Alexandrien*, 1970, pp. 131s.

[108] ORÍGENES, *De princ.* I,2,6; ATANÁSIO, *De inc.* XIII,7. Cf. J. ROLDANUS, *Le Christ et l'homme dans la théologie D'Athanase d'Alexandrie*, Leiden, 1968, pp. 40ss.

[109] AGOSTINHO, *De genesis ad litt. Imperf. Líber c 16*: ... *non ad solius patris aut solius filii vel solius spiritus sancti, sed ad ipsius trinitatis imaginem factus est homo... non enim ait filio loquens: faciamus hominem ad imaginem tuam, aut ad imaginem meam, sed pluraliter ait: ad imaginem et similitudinem nostram: a qua pluralitate spiritum sanctum separare quis audeat?* (*CSEL* 28/1, 502; cf. *De gen. ad lit.* III,1p *loc. cit.* 85). A teologia cristã-primitiva interpretou, desde Barn 5,5 e 6,12, o plural de Gn 1.26 ("Façamos homens") como palavra que o Pai dirigiu ao Filho (e ao Espírito). Cf. JUSTINO, *dial.* 62, TEÓFILO, *ad Autol.* II,18; IRENEU, *adv. haer;* IV praef. 4 e IV,20,1; V,1,3. Nisso IRENEU interpretou a palavra dirigida ao Filho na criação do ser humano (V,15,4) como se o ser humano fosse criado à imagem do Filho (V,16,1s.). De modo semelhante se expressou TERTULIANO em *De resurr. Carnis* 6 (*MPL* 2,802). Quanto a isso, cf. A. STRUKER, *Die Gottebenbildlichkeit des Menschen in der christlichen Literatur der ersten zwei Jahrhunderte*, 1913, pp. 81ss. A patrística posterior associou a similitude do ser humano a Deus antes à substancialidade divina e reservou a participação na filialidade para a ordem da redenção (cf. W. BURGHARDT, *The Image of God in Man According to Cyril of Alexandria*, 1957, pp. 120ss.).

mais longe da concepção do *Logos* divino, tal como acontecia no chão do aristotelismo cristão, então a semelhança do ser humano com Deus pode ser compreendida como tema essencialmente diferente da semelhança do *Logos* com Deus na relação com o Pai[110]. Na verdade, mesmo então a encarnação do *Logos* ainda ficou com uma função para a antropologia, mas somente a função de um *meio* para a restauração da condição de graça para a consumação da *imago*, perdida pela queda de Adão: por meio da obra salvífica de Cristo é reconquistada como graça divina a *similitude* perdida, a comunhão com Deus, a aproximação a Deus e – ligado a isso – a imortalidade, e transmitida ao ser humano pelos sacramentos da Igreja. Com isso, todavia, apenas se realiza a destinação do ser humano como criatura, destruída pela queda, por um caminho mais longo, mas não se alcança uma consumação que vá além disso.

Essa idéia de uma mera restauração da perfeição original de Adão havia-se manifestado inclusive na teologia de IRENEU, porque este havia partido do princípio de que, de acordo com Gn 1.26s., o primeiro ser humano já teria possuído, além da *eikon*, também a *homoiosis*[111]. Recapitulação no sentido do bispo de Lyon, todavia, não significa simplesmente restauração, mas uma consumação que vai além do estado original de Adão com sua fraqueza infantil[112]. Não obstante, a concepção de uma perfeição inicial de Adão, existente no começo da história humana e depois perdida, implicou em uma ambiguidade na concepção de desenvolvimento teológica de IRENEU[113]. Isso pôde permanecer oculto para ele mesmo por causa de seu interesse na correspondência tipológica de redenção e criação do ser humano. No entanto, a teologia do tempo subsequente não encontrou em IRENEU uma orientação clara. Ela podia encontrar nele

---

[110] Para isso são características as notas de TOMÁS DE AQUINO, *Sum. theol* I,93,1 ad 2, juntamente com a divisão do tratamento dos temas em doutrina da Trindade de um lado, e antropologia do outro. De modo semelhante pensou a dogmática protestante antiga; cf. D. HOLLAZ, *Examen theol. acroamaticum I*, Stargard, 1707, II c 1 q 9 (pp. 11-15).

[111] P. SCHWANZ, *loc. cit.*, pp. 124s., 133s. Cf. esp. IRENEU, *adv. haer.* III,18,1, bem como IV,10,1.

[112] Assim tb. P. SCHWANZ, *loc. cit.*, p. 134 com sua observação convincente de que, segundo IRENEU, a *homoiosis* seria "em formação e não perfeita no começo". Essa processualidade da *homoiosis* está em plena harmonia com o pensamento platônico. Referente à concepção de um crescimento necessário para o ser humano, cf. esp. as observações características em *adv. haer.* IV,38,1-4.

[113] Nisso P. SCHWANZ, *op. cit.*, p. 141, vê "a fissura na doutrina da semelhança com Deus de IRENEU".

tanto a concepção da redenção por meio de restauração quanto sua compreensão no sentido de uma superação que vai além dos inícios de Adão. Porém, uma solução clara para a tensão entre o conceito da imagem de Deus véterotestamentário e o neotestamentário cristológico ainda não estava dada.

b) Imagem de Deus e estado original do ser humano

A doutrina cristã do ser humano como imagem de Deus deve acolher as afirmações paulinas sobre Cristo como imagem de Deus, na qual todos os seres humanos devem ser transformados, como explicação da destinação do ser humano em si para ser imagem de Deus. Nisso, porém, não se pode apagar as diferenças entre a consumação da imagem de Deus do ser humano em e por meio de Jesus Cristo, por um lado, e as afirmações véterotestamentárias sobre Adão como imagem de Deus, por outro. Do contrário se ignora que a destinação do ser humano como criatura encontra sua perfeição primeiramente por meio de Jesus Cristo[114].

A doutrina reformatória do ser humano como imagem de Deus não escapou desse perigo. Ela concordou com IRENEU, em oposição à escolástica latina, no fato de se ter orientado nas afirmações paulinas sobre Cristo como imagem de Deus[115]. Por outro lado, a Reforma rejeitou a distinção entre *imago* e *similitudo*, que a escolástica decerto havia adotado de JOÃO DAMASCENO (*de fide orth.* II,12) e ligado com a doutrina de AGOSTINHO acerca da graça do estado original. As duas expressões "imagem" e "semelhança" em Gn 1.26s. foram consideradas sinônimas na exegese da Reforma. Com isso os reformadores seguiram, por um lado, a uma tradição exegé-

---

[114] Por essa razão ALBRECHT RITSCHL rejeitou a doutrina de uma perfeição original do primeiro ser humano: "A teologia, porém, que desloca o estado moral, que é possível para o ser humano primeiramente no cristianismo, já para o começo da história humana e o declara como elemento natural do ser humano, acarreta a inconveniência de que a pessoa de Cristo deve ser compreendida como um fenômeno irregular na história humana. Pois naquela base, Cristo é compreendido somente como o portador da atuação de Deus contra o pecado" (*Die christliche Lehre von der Rechtfertigung und Versöhnung III*, 2ª ed., 1883, p. 307, bem como pp. 4s.

[115] Assim LUTERO num sermão de 1523 (*WA* 14,110s).

tica patrística diferente de IRENEU[116], mas, por outro lado, aproximaram-se também da opinião da exegese moderna sobre esse ponto. A tese da identidade de imagem e semelhança, no entanto, os levou a identificar a afirmação do relato sacerdotal da criação de Gn 1.26s. ao todo com o que a Epístola aos Colossenses diz sobre a renovação do crente no conhecimento de Deus "segundo a imagem de seu criador" (Cl 3.10) e com o que escreve a Epístola aos Efésios sobre o novo ser humano "tal como Deus o criou: em verdadeira justiça e santidade" (Ef 4.24; cf. 5.9)[117]. Daí resultou não apenas que a concepção do primeiro ser humano como imagem de Deus inclui a idéia de um estado de justiça original, mas também que a renovação do ser humano por meio de Jesus Cristo deve ser entendida como restauração daquela relação original com Deus. Em contrapartida retrocedeu a outra linha de pensamento de IRENEU que havia compreendido o evento da encarnação como uma consumação do ser humano que vai além da fraqueza dos começos de Adão. Quanto mais, porém, se acentuava o estado de perfeição original de Adão[118] tanto mais profunda deve ser a queda dessa perfeição por meio de seu pecado e como consequência desse primeiro pecado[119]. Com

---

[116] A distinção feita por IRENEU foi adotada por CLEMENTE e ORÍGENES, não, porém, pelos teólogos alexandrinos posteriores e pelos três capadócios. Cf. W. J. BURGHARDT, *The Image of God in Man According to Cyril of Alexandria*, 1957, p 2-11.

[117] F. MELANCHTHON, *Apologia da CA* II, 18-22 [cf. *Livro de Concórdia*, São Leopoldo, Sinodal; Porto Alegre, Concórdia, *Apologia da Confissão de Augsburgo*, Artigo II: Do pecado original, secções 18-22] sob invocação de IRENEU e AMBRÓSIO. Cf. tb. M. LUTERO, WA 42,46, bem como J. CALVINO, *Inst.*, 1559, I,15,3s [= *As Institutas, ou Tratado da Religião Cristã*. São Paulo: Cultura Cristã, 2008]. Correspondentemente a isso, também a dogmática ortodoxa protestante descreveu a concepção dos primeiros seres humanos como imagem de Deus com base nas afirmações dêutero-paulinas, esp. de Ef 4.24. JOH. GERHARD, *Loci Theologici* (Leipzig, ed. altera, 1885) t. II,110 nota 23, 112 nota 30; A. CALOV, *Systema locorum theologicorum* t. IV (Wittenberg 1659), 569ss., bem como D. HOLLAZ, *Examen theol. acroam. I*, Stargard, 1707 p. II. C. 1 q6 (p. 5).

[118] Referente à descrição idealizante dessa concepção na dogmática protestante antiga, cf. K. G. BRETSCHNEIDER, *Systematische Entwicklung aller in der Dogmatik vorkommenden Begriffe nach den Symbolischen Schriften der evangelisch-lutherischen Kirche und den wichtigsten dogmatischen Lehrbüchern ihrer Theologen* (1805), 3ª ed., 1825, pp. 513ss. Característico é o tratamento pormenorizado desse tema em D. HOLLAZ, *Examen I*, p.II, c 1 q 15-24 (pp. 19-51).

[119] "Quanto mais elevados esses predicados, tanto mais abrangente aparece neles e em seus descendentes o estado do pecado que surgiu com a transgressão da conhecida proibição" (A. RITSCHL, *Die christliche Lehre von der Rechtfertigung und Versöhnung III*, 2ª ed., 1883, p. 307).

essas concepções, a teologia pós-reformatória se movimentava na linha da doutrina de AGOSTINHO e da escolástica latina. Por causa da identificação entre *imago* e *similitudo*, teve que se afirmar uma perda não só da graciosa semelhança com Deus, mas também da imagem de Deus como consequência da queda[120]. Com isso não deveria ficar ligada nenhuma modificação da natureza criatural do ser humano, antes o ser humano deveria permanecer – contra FLÁCIO – ser humano também como pecador[121], a similitude com Deus, e do mesmo modo a pecaminosidade teve que ser declarada como destinação *acidental* da natureza humana[122]. Isso, todavia, não era compatível nem com o sentido de Gn 1.26s. nem com as afirmações neotestamentárias sobre a renovação do ser humano segundo a imagem de Deus manifestada em Jesus Cristo. Pois em ambos os casos estão em jogo a essência específica do ser humano e sua realização. Também as alusões de LUTERO a esse tema haviam apontado para uma direção bem diferente[123]. A dogmática luterana pós-reformatória

---

[120] *Fórmula de Concórdia* (1580) SD I, 2s. Assim ocasionalmente também já AGOSTINHO, porque também ele não fazia distinção entre *imago* e *similitudo* (*De genes. Ad lit* VI,27; CSEL 28/1, 199). A dogmática da ortodoxia protestante considerou a perda da imagem de Deus como pressuposta nas manifestações neotestamentárias sobre sua renovação: *Imago DEI est renovanda* Eph. IV,234. Col. III,10. *Ergo est amissa. Quod enim amissum non est, ejusdem restitutioni nullus esse potest locus.* D. HOLLAZ, *loc. cit.* Q. 25 (p. 51).

[121] Cf. W. SPARN, Begründung und Wirklichkeit. Zur anthropologischen Thematik der lutherischen Bekenntnisse, in: M. BRECHT e R. SCHWARZ, *Bekenntnis und Einheit der Kirche. Studien zum Konkordienbuch*, 1980, pp. 129-153, esp. 143s.

[122] A. CALOV, *Systema locorum theologicorum IV*, Wittenberg, 1659, p. 56; D. HOLLAZ, *Examen etc.* II c 1 q 4 (p. 2). Segundo HOLLAZ, uma prova da acidentalidade do ser humano como imagem de Deus entre outras é que ela pode ser perdida, algo que ele entendeu testificado em Rm 3.23. Já JOHANN GERHARD dedicou um capítulo inteiro à tese de que a similitude do ser humano com Deus não faria parte de sua substância (*Loci Theologici*, ed. altera 1885, II, pp. 126s.).

[123] Na *Disputatio de homine* [Debate acerca do homem], de 1536, LUTERO designa o ser humano desta vida presente como mera matéria, da qual Deus fará futuramente a gloriosa figura do ser humano escatológico (*WA* 39/1, 177,3-12 [= *Obras selecionadas* v. 3 p. [192] 194-196]. Cf. G. EBELING, Das Leben – Fragment und Vollendung. Luthers Auffassung vom Menschen im Verhältnis zu Scholastik und Renaissance, *ZThK* 72, 1975, pp. 310-334, esp. 316s., 326ss., igualmente Idem, *Lutherstudien II: Disputatio de Homine – 3. Teil*, 1989, pp. 98-105. Na verdade, também LUTERO falou da "restauração" da imagem de Deus no ser humano. Mas acrescentou, inteiramente no espírito de IRENEU, que ela também será levada à perfeição.

retornou nesse ponto atrás do estágio de conhecimento teológico já alcançado por IRENEU. Primeiramente SCHLEIERMACHER reconquistou essa cognição e a expressou com a oportuna formulação de que o aparecimento de Cristo deve ser "considerado como a criação da natureza humana consumada somente agora"[124].

As concepções de uma perfeição paradisíaca e integridade da vida humana antes da queda, em decorrência da justiça original dos primeiros homens (*iustitia originalis*), especialmente destacadas pela dogmática da ortodoxia protestante, carecem de fundamento bíblico[125]. Na verdade, as restrições de vida[126], impostas aos homens da história do paraíso como consequência de sua transgressão (Gn 3.16-19), já pressupõem um estado livre de agravos desse tipo, mas esse estado não encerra nem conhecimento e santidade perfeitos do primeiro ser humano antes da queda nem sua imortalidade. Os frutos da árvore da vida (Gn 2.9) não estavam proibidos ao ser humano, mas, no sentido da narração bíblica, aparentemente ainda não haviam sido descobertos antes de serem subtraídos aos pecadores (Gn 3.22)[127]. No livro Sabedoria de Salomão de fato é dito que Deus teria "criado o ser humano para a imortalidade", e ali esse estado de coisas é associado intimamente com a concepção do ser humano criado à imagem de Deus (Sb 2.23). Mas a história javista do paraíso não permite a suposição de posse da imortalidade pelos primeiros homens; quando muito, a concepção de uma destinação do ser humano de consegui-la no futuro. Também da ameaça da morte como consequência do fato de comerem o fruto proibido não se pode concluir que os primeiros homens teriam sido imortais se não tivessem cometido essa falta: "... essa ameaça não diz que eles *se tornam mortais*, mas

---

[124] D. F. SCHLEIERMACHER, *Der christliche Glaube*, 2ª ed., 1830, § 89.
[125] Quanto a isso, cf. A. RITSCHL, *Die christliche Lehre von der Rechtfertigung und Versöhnung III*, 2ª ed., 1993, pp. 307s. e já antes J. MÜLLER, *Die christliche Lehre von der Sünde* (1838), 3ª ed., vol. II, pp.483-488.
[126] O. H. STECK, *Die Paradieserzählung*. Eine Auslegung von Gn 2.4b-3.24, 1972, pp. 59s., 118ss.
[127] O. H. STECK, *loc. cit.*, p. 117 observa a respeito de modo perspicaz que imortalidade "é desejável primeiro para o ser humano autônomo, autodeterminante", de modo que a inacessibilidade da árvore da vida para os pecadores torna "o limite da vida, pressuposto de modo neutro em toda a narrativa do paraíso, e enunciada expressamente na passagem da maldição, é realmente intransponível de modo definitivo". Referente à árvore da vida, cf. igualmente as explanações de STECK, *loc. cit.*, pp. 47s. e 61ss.

que *morrerão* no dia do delito, portanto, que seriam castigados por uma morte prematura"[128].

Primeiramente na sabedoria pós-exílica de Israel e em textos apocalípticos se encontra a concepção de que Adão possuía imortalidade já antes da queda. Em Hen 69.11, *p.ex.*, é dito que originalmente os seres humanos não teriam sido "criados diferentes dos anjos", e a morte não os teria atingido se não tivessem pecado. De acordo com Sb 1.13, Deus não criou a morte. A palavra supracitada referente à criação do ser humano para a imortalidade (Sb 2.23) certamente não significa apenas, de acordo com esse escrito helenista, que o ser humano está determinado para a imortalidade, mas também – em contraste com a história do paraíso – que ele já a possuía desde o início; pois primeiro "pela inveja do diabo a morte apareceu no mundo" (Sb 2.24). Em contrapartida é digno de nota que Paulo igualmente compreendeu a morte como consequência do pecado (Rm 6.23), começando pelo próprio destino de Adão (Rm 5.12)[129]. Ele, porém, não falou de imortalidade original de Adão. Antes, com Gn 2.7, é dito a respeito do primeiro ser humano que ele teria sido terreno (1Cor 15.47), e isso inclui, no sentido da argumentação paulina, também a efemeridade. Paulo atribui imortalidade primeiramente ao segundo ser humano, ao ser humano escatológico, revelado na ressurreição de Jesus e cuja vida está permeada pelo Espírito criador da vida (1Cor 15.52ss.). Infelizmente, em sua maioria, a patrística cristã não seguiu a Paulo neste ponto; ela tendia para a concepção de imortalidade original de Adão – também sem e antes de Jesus Cristo – no mínimo no sentido de que, com a participação no *Logos*, Adão possuía a predisposição para a imortalidade, e que se teria tornado participante dela se tivesse perseverado no conhecimento de Deus[130].

---

[128] K. G. BRETSCHNEIDER, *Handbuch der Dogmatik der evangelisch-lutherischen Kirche I*, 3ª ed., 1828, p. 747. Cf. G. VON RAD, *Das erste Buch Mose – Kap. 1-12/9* (ATD 2), 2ª ed., 1950, p. 77. O sentido da ameaça de morte em Gn 2.17 "não era: 'naquele dia vos tornareis mortais', mas 'morrereis'". Nisso VON RAD acentua que o propósito do narrador poderia ser reconhecido no fato de que "Deus não executou sua horrível ameaça, antes usou de misericórdia"; pois a morte justamente não acontece imediatamente. Cf. tb. STECK, *loc. cit.*, p. 110.

[129] Referente a Rm 5.12, cf. U. WILCKENS, *Der Brief an die Römer 1*, 1978, p. 316, bem como referente à história da tradição do tema na pp. 310ss.

[130] Assim ATANÁSIO, *De inc. 3*; cf. já TACIANO, *Or.* 13.13,1 e 7.1 (referente a isso M. ELZE, *Tatian und seine Theologie*, 1960, pp. 90s.). JUSTINO, *Dial.* 5s., IRENEU, *adv. haer.* III,20,1s. Todavia, IRENEU não afirmou nem em *Ad. haer.* 3,20,2, que os primeiros

Também a afirmação de perfeito conhecimento de Deus e perfeita santidade dos primeiros homens não pode ser derivada das referências escriturísticas aduzidas pela dogmática da ortodoxia protestante. Quanto às faculdades de conhecimento, a crítica biblicamente fundamentada com razão chamou a atenção para o fato de que a história do paraíso associa a perspectiva de conhecimento justamente com o comer do fruto proibido (Gn 3.5)[131]. Também a respeito de justiça original o leitor não recebe nenhuma informação neste relato. A narrativa do pecado dos primeiros homens apresenta a transgressão como consequência de carência de concordância com a vontade de Deus. A tendência ao afastamento da vontade de Deus apenas é trazida expressamente à luz pela serpente (Gn 3.5)[132]. O argumento de que da renovação do ser humano testemunhada no Novo Testamento se pudesse concluir pelo estado original e que por isso se poderia usar as afirmações sobre o conhecimento de Deus do ser humano renovado (Cl 3.10), bem como sobre sua justiça e santidade (Ef 4.24) para a descrição do estado original de Adão[133], pressupõe, sem prova, que as afirmações neotestamentárias sobre a imagem de Deus podem ser vistas no mesmo plano com as da história bíblica dos começos. Essa pressuposição era considerada duvidosa por volta de 1800 até mesmo por um teólogo conservador como Franz Volkmar Reinhard, porque "é incerto se nessas passagens se faria um retrospecto aos primeiros homens e sua perfeição"[134]. No entanto, não está sendo dito no próprio Antigo

---

homens tivessem possuído imortalidade por natureza (assim A. Struker, *Die Gottebenbildlichkeit des Menschen in der christlichen Literatur der ersten zwei Jahrhunderte. Ein Beitrag zur Geschichte der Exegese von Gen 1.26*, 1913, p. 121), nem em III,23,6 está implícita uma compreensão nesse sentido. De acordo com *Epid.* I,15, os primeiros homens seriam contemplados com imortalidade somente no caso de observação do preceito. Em contrapartida, Ireneu considerava imortal a *alma*, mas somente por participação na vida que procede de Deus (*Adv. haer.* II,34).

[131] K. G. Bretschneider, *Handbuch der Dogmatik der evangelisch-lutherischen Kirche I*, (1814), 3ª ed., 1828, p. 747.

[132] Schleiermacher descreveu isso de modo impressionante em sua crítica a toda tentativa de "declarar o começo do pecado nos primeiros homens como se não tivesse havido pecaminosidade" (*Der christliche Glaube*, 2ª ed., § 72,2).

[133] Assim, *p.ex.*, A. Calov, *Syst. Theol.* IV,598, bem como D. Hollaz, *Examen etc.* II, c 1 q 6 (p. 5) e q 7 (pp. 6 e 8).

[134] F. V. Reinhard, *Vorlesungen über die Dogmatik*, editado por G. J. Berger, 1801, p. 261. De modo semelhante manifestou-se, alguns decênios depois, o insuspeito teólogo bíblico Julius Müller, *Die christliche Lehre von der Sünde* (1838), 3ª ed., 1849, I, pp. 485ss.

Testamento, a saber em Ecl 7.30, que Deus teria criado o ser humano "reto; mas eles se meteram em muitas astúcias"? Sem dúvida, mas essa palavra expressa somente, de modo bem geral, a oposição da atitude humana à ação criadora de Deus. Ela não se manifesta a respeito de um estado do ser humano antes do surgimento dessa tendência fatal.

Portanto, já à luz de um exame teológico-bíblico, resta muito pouco das tradicionais concepções dogmáticas acerca do estado original perfeito de Adão. Por isso elas também já foram dissolvidas no contexto das exigências de uma "teologia bíblica" na teologia evangélica desde o séc. XVIII[135] e não se tornaram vítimas primeiramente por meio da aplicação de princípios de crítica histórica aos fatos da história bíblica dos começos. O desenvolvimento de uma compreensão da história bíblica do paraíso como lenda ou mito desde JOHANN GOTTFRIED EICHHORN e JOHANN PHILIPP GABLER[136] constitui apenas um fator adicional neste processo de dissolução. Isso vale também para a crítica à concepção de uma perda por parte do homem da imagem de Deus por meio da queda no pecado.

Nos escritos bíblicos, a concepção de uma perda da imagem de Deus por parte do ser humano não pode ser encontrada, ou (assim com vistas a duas controvertidas passagens paulinas), em todo caso, não de modo inequívoco. A crônica do escrito sacerdotal sobre a sequência de gerações desde Adão até Noé, Gn 5.1ss., implica, com a retomada da afirmação de Gn 1.26 sobre a criação do ser humano à imagem de Deus (Gn 5.1), que essa distinção do ser humano dentre todas as demais criaturas também tem validade para os descendentes de Adão. Se é dito a respeito de Sete, filho de Adão, que Adão o gerou "igual a ele e conforme a sua imagem" (Gn 5.3), na verdade a igualdade com Adão não inclui expressamente que também possua a imagem de Deus, mas a afirmação também não contém nenhuma restrição no sentido de que, eventualmente, a similitude de Adão com Deus estaria excluída da igualdade de Sete. Por isso o sentido da menção expressa da similitude de Adão com Deus no cabeçalho da lista certamente consistirá no fato de que ela também compete

---

[135] Cf. quanto a isso do Autor, *Wissenschaftstheorie und Theologie*, 1973, pp. 358ss., bem como G. EBELING, Was heisst 'Biblische Theologie'?, in: Idem, *Wort und Glaube I*, 1960, pp. 69-89.
[136] J. PH. GABLER, *J. G. Eichhorns Urgeschichte*, 1790-1793.

a seus descendentes[137]. Isso também resulta da fundamentação da proibição do homicídio de Gn 9.6 pela similitude do ser humano com Deus – a saber, de todo ser humano individualmente. Também em Paulo a similitude do ser humano com Deus é citada naturalmente como fato válido para a humanidade presente (1Cor 11.7), ainda que restrita ao varão, fato escandaloso para o sentimento do ser humano moderno e inadmissível como exegese de Gn 1.26s. A concepção de que a mulher tem parte na imagem de Deus somente de modo indireto por meio de Adão (1Cor 11.7b)[138] pode ter sua origem na combinação de Gn 1.26s. com o relato da criação da mulher a partir da costela de Adão (cf. 1Cor 11.8). Em todo caso, ela é insustentável em face da afirmação clara de Gn 1.27, que liga a criação do ser humano como homem e mulher diretamente com a afirmação sobre a similitude do ser humano com Deus. Já foi acentuado por AGOSTINHO e em sua esteira também pela teologia medieval e da ortodoxia protestante que homem e mulher são criados de igual modo à imagem de Deus[139]. Justamente se a imagem de Deus não está realizada na relação de homem e mulher quanto a seu conteúdo, ela vale de igual modo para homem e mulher, independentemente da diferença de gênero de homem e mulher. Apesar da distorção dessa intenção de Gn 1.26s., 1Cor 11.7, porém, comprova que Paulo considerava como natural o fato da similitude do ser humano com Deus, fundamentada na criação. Suas afirmações sobre a transformação dos crentes pelo Espírito de Deus na imagem de Cristo, que é a imagem de Deus (2Cor 4.4, cf. 3.18 *et passim*), devem, portanto, ter em vista uma proximidade de Deus que vai além da similitude com Deus fundamentada na criação e não somente sua restauração. Isso é confirmado por 1Cor 15.45ss. A isso não contradiz nem

---

[137] G. VON RAD, *Das erste Buch Mose Kap. 1-12,9*, 2ª ed., 1950, p. 56 tem razão contra a crítica de K. BARTH, *KD* III/1, pp. 223s. Cf. tb. W. H. SCHMIDT, *Die Schöpfungsgeschichte der Priesterschrift*, 1964, pp. 143s. Todavia, em sua doutrina da criação, também BARTH desistiu da tese reformada da perda da imagem de Deus pelo pecado, anteriormente por ele defendida (*KD* I/1, pp. 251s., 254 e I/2, p. 336). Cf. A. PETERS, Bild Gottes IV, in: *TRE* 6, 1980, pp. 512s.
[138] Cf. J. JERVELL, Bild Gottes I, in: *TRE* 6, 1980, 497s. 4Esd 6.54 e Sb 10.1 falam somente de uma criação do ser humano à imagem de Deus.
[139] Assim AGOSTINHO, *De genesi ad lit.* III,22 (*CSEL* 28/1, 89), com base no fato de que em Cristo não haveria distinção entre homem e mulher (Gl 3.28). Entre os teólogos da ortodoxia protestante, cf. A. CALOV, *loc. cit.*, IV a 2 c. 2 q 10 (*An Eva fuerit ad imaginem Dei condita?*), bem como J. GERHARD, *Loci theologici* I.8 c.6 (t. II, pp. 688-691).

Rm 1.23, nem Rm 3.23[140] – ambas são palavras que a dogmática da ortodoxia protestante já aduziu em favor da tese da perda da imagem de Deus por parte de Adão[141]. A perversão da glória de Deus pelo pecado dos homens e especialmente por sua idolatria nada muda no fato de que, como criatura, o ser humano permanece caracterizado pela destinação a ser imagem de Deus.

Querendo-se que o testemunho bíblico global a respeito da proximidade especial do ser humano com Deus, que se manifesta na idéia da similitude com Deus, seja considerado adequadamente em sua estratificação múltipla, então a realidade duradoura da criação do ser humano à imagem de Deus deve ser ligada sem reduções com a interpretação da tese paulina de que não o ser humano como tal, mas primeiramente Jesus Cristo é a imagem de Deus e que todos os outros seres humanos necessitam da renovação de suas relações com Deus conforme essa imagem. Como compatibilizar uma coisa com a outra? Como ponto de partida para isso oferece-se, como já o percebeu IRENEU, o fato de que em Gn 1.26s. (como também Gn 5.1 e 9.6) o ser

---

[140] Outra é a opinião de J. JERVELL, *Imago Dei. Gen 1.26s. im Spätjudentum, in der Gnosis und in den paulinischen Briefen*, 1960, pp. 320-331. A ele adere também U. WILCKENS, *Der Brief an die Römer I*, 1978, pp. 107s. Em oposição a isso, P. SCHWARZ aduziu com razão que em Rm 1.23 a palavra *doxa* se referiria à própria glória de Deus e não designaria uma glória conferida ao ser humano, como em Rm 3.23. Ali, porém, Paulo apenas constataria "que todos os homens carecem da (participação na) glória de Deus, porque pecaram", portanto não diz que a perderam (p. 57, diferenciando-se de U. WILCKENS, *loc. cit.*, p. 188, que entende a afirmação de Paulo no sentido da concepção judaica como Apocalipse de Moisés 20s. Nesse caso, porém, ficaria estranho o contraste com 1Cor 15.45ss., onde é evitada a concepção de uma imagem de Deus anterior ao pecado, mas que teria sido perdida).

[141] D. HOLLAZ, *Examen etc.* II c 1 q 7 prob. 2 (p.6) e q 25 prob. 2 (p. 52). Ao lado disso, a prova escriturística da ortodoxia protestante se baseou especialmente em Gn 5.3 para fundamentar a suposição de uma perda da imagem de Deus (cf. *acima* pp. 310s), e em uma conclusão retroativa do discurso de uma "renovação" do ser humano segundo a imagem de Deus em Cl 3.10 (cf. Ef 4.24). Essa argumentação já se encontra em AGOSTINHO, *Ge gen. Ad lit.* III,20: ... *sicut enim post lapsum peccati homo in agnitione dei renovatur secundum imaginem eius, qui creavit eum, ita in ipsa agnitione creatus est* (CSEL 28/1, 87). Aliás, em AGOSTINHO também já se encontra a tese da perda da imagem de Deus por parte do homem (*De gen. ad lit* VI, 27 CSEL, 28/1, 199).

humano não é designado simplesmente "imagem de Deus", mas criado "segundo" ou "de acordo com" (hebraico: "be") a imagem de Deus. Nisso está implícita uma diferença entre proto-imagem e imagem: O ser humano é imagem de Deus. No que diz respeito à proto-imagem, o texto permanece um tanto vago, porque, por causa do plural ("segundo a nossa imagem"), não se pode decidir com exatidão última se o texto se refere ao Criador em pessoa ou apenas a uma qualidade geral da divindade (como em Sl 8.6). Essa falta de clareza deixa espaço aberto para uma definição mais detalhada da proto-imagem de Deus. Na literatura sapiencial judaica (Sb 7.26), em FILO e em Paulo (2Cor 4.4) realmente ocorreu uma definição mais detalhada de modos diversos – lá pela concepção da Sabedoria preexistente, respectivamente do *Logos*, cá pela referência ao Cristo exaltado.

Qual é então a relação entre a imagem humana e a proto-imagem de Deus? Na reflexão sobre essa pergunta é preciso observar que a imagem deve *representar* o que é retratado (a imagem original). Isso pode acontecer somente quando aquela é semelhante a esta. Por meio da semelhança na imagem, a imagem original está presente na cópia. Nisso a semelhança pode ser maior ou menor, e quanto maior a semelhança, tanto mais nítida a imagem, tanto mais intensiva a presença da imagem original nela.

A teologia de IRENEU apoiou-se, com razão, na abertura do conceito da semelhança para diferentes graus da intensidade. Atribuiu certa semelhança com Deus já ao primeiro Adão, mas sua consumação primeiramente a Jesus Cristo, no qual apareceu a própria proto-imagem. A concepção de IRENEU se torna problemática pelo fato de não haver distinguido apenas um grau maior ou menor de semelhança, mas também haver feito uma diferença categorial entre imagem e semelhança, de modo que, depois da transgressão de Adão, a semelhança podia se perder, enquanto a imagem de Deus como tal permanecia. Isso não é sustentável, nem do ponto de vista exegético nem objetivamente – exegeticamente é insustentável por causa do paralelismo dos termos "imagem" e "semelhança" em Gn 1.26s.; objetivamente a concepção é insustentável porque uma imagem deixa de ser imagem quando não tem mais nenhuma semelhança com o retratado[142]. Existem imagens

---

[142] Em sua reflexão sobre essa pergunta, TOMÁS DE AQUINO distinguiu dois tipos de semelhança, uma mais geral, que não diz respeito apenas à relação de

ruins, cuja semelhança com o original retratado é mínima. A perda total de toda semelhança, porém, significa o fim da própria imagem[143]. Inversamente, com semelhança crescente, a imagem se destaca com maior clareza. O retratado aparece com maior clareza na imagem. A imagem se torna representação do retratado em maior grau. Com isso ela se torna retrato em maior grau. Pois representação é a essência do retrato.

Na aplicação à representação de Deus pelo ser humano como sua imagem, isso significa: o ser humano sempre é imagem de Deus, mas nem sempre na mesma medida. A semelhança pode ter sido ainda imperfeita nos primórdios da humanidade. Por meio do pecado, esses começos foram desfigurados ainda mais em cada indivíduo. Primeiramente na figura de Jesus, assim o vê a antropologia cristã, a imagem de Deus apareceu em plena clareza.

Na história da humanidade, portanto, a imagem de Deus não estava plenamente realizada desde o início. Sua configuração ainda está acontecendo. Isso não diz respeito apenas à semelhança, mas também à própria imagem. Visto, porém, que semelhança é indispensável para a imagem, a criação do ser humano à imagem de Deus está associada implicitamente a uma figura plena da semelhança da imagem. Sua plena realização é a *destinação* do ser humano, que irrompeu historicamente com Jesus Cristo e na qual as demais pessoas devem tomar parte por meio de transformação na imagem de Cristo.

> Quanto ao assunto, a questão da inconclusão da imagem que é o ser humano já se manifestou em IRENEU e na história da compreensão de imagem e semelhança depois dele. Ela foi acentuada de modo especial pelos pensadores da Renascença. Em PICO DELLA MIRANDOLA, *p.ex.*, é dito que o ser humano teria sido criado como "ser de figura indeterminada" (*indiscretae opus*

---

imagem, e outra que ainda é agregada à concepção de imagem (*ut subsequens ad imaginem*), conquanto a imagem pode ser mais ou menos semelhante ao representado (*Sum. theol.* I,93,9). Nessa alternativa, porém, não está sendo considerado o fato de que semelhança em qualquer grau é constitutiva para a essência da imagem.

[143] Assim AGOSTINHO, *De gen. ad lit. lib. imperf. C. 16: Omnis imago est similis ei, cuius imago est* (CSEL 28/1, 497s.); *si enim omnino similes non est, procul dubio nec imago est* (503).

imaginis)[144]. O específico desse pensamento consistia em que o ser humano seria criado para determinar ele mesmo sua natureza a seu livre critério. A única forma bem-sucedida de tal auto-realização consiste, segundo PICO, na assimilação a Deus, de modo que também para ele a plena realização da similitude do ser humano com Deus ocorreu primeiramente em Jesus Cristo[145]. De outro modo, quase três séculos depois, JOHANN GOTTFRIED HERDER renovou a concepção do ser humano como o ser não firmado ao restringir o ponto de vista da autodestinação pela dependência do ser humano em relação ao agir da providência divina: "Aos animais deste instinto, ao ser humano gravaste tua imagem, religião e humanidade na alma: o contorno da estátua encontra-se no escuro, profundo mármore; só que ele não pode esculpir, formar-se a si mesmo. Tradição e ensino, razão e experiência deveriam fazer isso, e não lhe deixaste faltar meios para isso"[146]. HERDER, todavia, não associou a transformação do ser humano em imagem de Deus ao aparecimento de Jesus Cristo como consumador da semelhança de imagem. No lugar dessa referência encontra-se o pensamento mais geral de um direcionamento da história do ser humano pela providência divina para o alvo da humanidade, mas também da imortalidade.

---

[144] G. PICO DELLA MIRANDOLA, *De dignitate hominis* (1486), versões latina e alemã ed. por E. GARIN, 1968, p. 28.

[145] CH. TRINKAUS, *In Our Image and Likeness. Humanity and Divinity in Italian Humanist Thought*, II, 1970, pp. 505ss., 516ss., 734. E. CASSIRER, *Individuum und Kosmos in der Philosophie der Renaissance* (1927) 3ª ed., 1963, pp. 40ss. atribuiu esse humanismo cristocêntrico ao pensamento de NICOLAU DE CUSA. Com efeito, NICOLAU DE CUSA associou a expressão "primogênito de toda a criação" não apenas ao *Logos* divino, mas, como IRENEU, ao Homem-Deus Cristo, porque nele teria sido realizado o objetivo da criação do ser humano e de todas as criaturas em geral (cf. R. HAUBST, *Die Christologie des Nikolaus von Kues*, 1956, pp. 169s.).

[146] J. G. HERDER, *Ideen zur Philosophie der Geschichte der Menschheit* (1784) IX,5 (ed. H. STOLPE, 1965, vol. 1, pp. 377s.). Já em seu escrito *Aelteste Urkunde des Menschengeschlechts* (1774), HERDER reconheceu o conselho de Deus sobre o ser humano no fato "de que nem *tudo* já estaria desenvolvido nele". Antes, "a imagem de Deus" se encontraria "numa forma de barro ruim. Também aqui seria dito, portanto: Segundo esse conselho de Deus ainda não apareceu o que seremos um dia e eternamente" (*Herders Sämmtliche Werke,* ed. por B. SUPLAN, vol. VI, 1883, pp. 253s.). Cf. do Autor, Gottebenbildlichkeit als Bestimmung des Menschen in der neueren Theologiegeschichte, *SBAW* 1979/8, pp. 3s., bem como *Anthropologie in theologischer Perspektive*, 1983, pp. 40ss., 49ss.

c) Imagem de Deus como destinação do ser humano

Por meio do ponto de vista de que a semelhança do ser humano com Deus ainda está em formação no processo de sua história, esse tema é ligado de modo específico à concepção da destinação do ser humano[147]. Tal ligação não é óbvia se o conceito da *destinação* do ser humano tem a ver com seu futuro definitivo, com o alvo e o fim de sua criação, enquanto a *similitude com Deus* é associada ao equipamento do ser humano como criatura. Enquanto a similitude com Deus era tida como plenamente realizada no estado original de Adão, ela não pôde ser concebida como destinação final do ser humano no processo de sua história.

Para esse estado de coisas é especialmente esclarecedor o que Tomás de Aquino diz a respeito do tema, justamente porque Tomás tentou, a seu modo, fazer uma ligação entre similitude de Deus e destinação: A doutrina da similitude de Deus foi apresentada por ele como resposta à pergunta pela finalidade da criação do ser humano[148]. Como, porém, nisso está pressuposta a associação da similitude de Deus com o estado original de Adão, ela é enfocada como destinação do ser humano somente no sentido de que a realização inicial da imagem de Deus no ser humano foi o fim de sua criação por Deus. Não se trata de uma determinação do fim, à qual primeiro se aspira no processo da história humana. Isso estranha tanto mais quando uma concepção nesse sentido era de se esperar do pensamento teológico de Tomás, visto que toda a segunda parte de sua *Suma Teológica* se encontra sob o tema da busca do ser humano por Deus. Na segunda parte da *Suma*, essa aspiração de fato é ligada com a similitude do ser humano com Deus, no entanto de tal modo que esta constitui o ponto de partida da aspiração do ser humano por Deus, mas não seu fim. Isso estranha porque o próprio Tomás havia interpretado de passagem a tradicional distinção de diversas formas da imagem de Deus no sentido de sequência histórico-salvífica, que chega a sua consumação somente no estado da bem-aventurança futura[149]. Na exposição da doutrina sobre a

---

[147] O conceito da "destinação" do gênero humano ocorre em Herder em conexão com a similitude com Deus já em 1769 (*Werke*, VI,28) e em 1774 (VI,2153). Cf. tb. Idem, XI,1 (*loc. cit.* 1,339s).

[148] Tomás de Aquino, *Sum. theol.* I,93 (título e introdução).

[149] Na *Sum. theol.* I,93,4, Tomás designou a *similitudo gloriae* como o mais alto grau da similitude de Deus, que vai além da mera *aptitudo naturalis* e a *conformitas*

similitude do ser humano como criatura com Deus, evidentemente esse ponto de vista não conseguiu se impor, porque estava atado à concepção do estado original.

Se a idéia da destinação do ser humano é ligada com sua criação à imagem de Deus, então essa destinação haverá de referir-se não somente ao domínio do ser humano sobre a criação restante, mas também e especialmente à comunhão do ser humano com Deus. Isso certamente excede a afirmação do escrito sacerdotal em Gn 1.26s. Para este, uma comunhão com Deus foi criada primeiramente por meio da aliança com Abraão, e isso não para todos os homens, mas somente para os descendentes de Abraão (Gn 17.7). Pois, enquanto a aliança com Noé garante apenas a subsistência duradoura das ordens terrenas (Gn 9.8ss.), Deus confirma a Abraão e seus descentes que ele é "seu Deus". Com isso se fundamentou uma ligação especial entre Deus e os receptores de sua aliança, a base para que o salmista pudesse dizer mais tarde: "Deus é eternamente minha rocha e meu quinhão" (Sl 73.26). Primeiramente a sabedoria judaica estendeu essa proximidade especial de Deus ao ser humano como tal, e a base para isso era a criação do ser humano à imagem de Deus. Com efeito, a concepção de imagem forçou a pergunta, deixada em aberto pelo escrito sacerdotal, em que afinal consistiria a semelhança que une

---

gratiae, em conexão com a distinção entre *imago creationis, imago recreationis* e *imago similitudinis* na *Glossa Ordinaria* de ANSELMO DE LAON referente a Sl 4.7 (*MPL* 113,849 D). Ali, porém, a tríade das formas de imagem não é compreendida no sentido de sequência histórico-salvífica: Na verdade, em contraposição à *imago creationis*, que consiste na *ratio*, a *imago recreationis* é identificada como graça (*gratia*), mas a *imago similitudinis* não é relacionada à futura glória, mas, no sentido de AGOSTINHO, à imagem da Trindade na alma humana. De modo semelhante, PEDRO LOMBARDO, *Commentarium in psalmos Davidicos*. Ele diz a respeito da *imago similitudinis: ad quam factus est homo, qui factus est ad imaginem et similitudinem non Patris tantum, vel Filii, sed totius Trinitatis* (*MPL* 191, 88 B). Na *Suma*, que toma o nome de ALEXANDRE DE HALES, por volta da metade do séc. XIII, a *imago similitudinis* inclusive é relacionada até mesmo ao Filho eterno, e somente de modo indireto ao ser humano: *imago similitudinis est ipsa Sapientia quae est ipse Filius Dei, ad quam imaginem homo conditus est* (ALEXANDRE DE HALES: *Summa Theologiae* t. IV, 1948, nota 632 p. 999). A concepção das três formas de imagem no sentido de sequência histórico-salvífica era, portanto, tudo menos óbvia na escolástica.

proto-imagem e imagem. Como resposta a essa pergunta não pode bastar por si só a remessa à figura ereta do ser humano. Ela pode simbolizar a ordem de domínio sobre a criação, bem como o olhar investigador sobre toda a realidade criatural. Mas só com isso não se pode justificar a afirmação de uma semelhança com o Deus invisível. O discurso do ser humano como imagem de Deus deve ter por fundamento uma semelhança com a eterna essência de Deus. Somente então ela repousa sobre um fundamento consistente. Vai nesse sentido o fato de que na literatura sapiencial de Israel, em todos os casos em sua fase tardia, representada pela *Sabedoria de Salomão*, a similitude do ser humano com Deus foi compreendida como participação na glória[150] e na imortalidade (Sb 2.23) de Deus. Nisso a *Sabedoria de Salomão* certamente viu a participação na imortalidade em conexão com o fato de que, na criação, Deus equipou o ser humano "com sabedoria" (Sb 9.2)[151]. Pois a respeito da sabedoria é dito: "Por sua causa alcançarei imortalidade" (Sb 8.13). Por sua vez, com a sabedoria também está associada a justiça, e esta "é imortal" (Sb 1.15). Imagem de Deus significa, portanto, participação na sabedoria e na justiça de Deus, e com isso também comunhão com sua essência imortal.

No contexto da interpretação judaica, essas afirmações se referem à glória de Adão antes da irrupção do pecado e da morte no mundo (cf. Sb 2.24 e 1.13). A mensagem paulina acerca de Cristo, porém, associou esses conteúdos ligados à concepção da imagem de Deus ao aparecimento da imagem de Deus em Jesus Cristo (2Cor 4.4). O motivo para isso deve ter partido da mensagem pascal cristã, pois com a ressurreição de Jesus apareceu a nova vida incorruptível. A "imagem" desse segundo Adão, que todos devem trazer (1Cor 15.49), é a imagem do Criador no sentido de Gn 1.26s., segundo a qual o ser humano deve ser "renovado", reformado (Cl 3.10). Isso então também inclui – correspondente a Sb 1.15 – justiça (Ef 4.24). Mas o fundamento para isso é o aparecimento da vida nova, incorruptível na ressurreição de Jesus.

---

[150] Cf. quanto a isso J. JERVELL, *Imago Dei. Gen 1.26s. im Spätjudentum, in der Gnosis und in den paulinischen Briefen*, 1960, pp. 45ss., bem como pp. 100ss referente à explicação rabínica.

[151] O conceito da sabedoria representa (e explica) em Sb 9.2 a similitude do ser humano com Deus de acordo com Gn 1.26, conforme se evidencia a partir da referência ao domínio sobre as demais criaturas, mencionado em Sb 9.2b.

A esperança de participação nessa vida é garantida aos fiéis pelo fato de "vestirem o novo ser humano" já agora por meio do poder do Espírito (cf. 1Cor 15.53s., Gl 3.27), a saber, por justiça e verdadeira pureza, por meio de misericórdia, bondade, moderação e longanimidade, bem como por meio do amor ensinado e vivido por Jesus Cristo (Cl 3.12s.). Aqui a comunhão com Deus, destacada pela sabedoria judaica como sentido mais profundo da similitude e semelhança com Deus dos primeiros homens antes da queda, é reinterpretada, em termos escatológicos, na destinação definitiva do ser humano, manifestada em Jesus Cristo, na qual os crentes têm parte já no tempo presente por meio do poder do Espírito, que torna ativa já agora a realidade escatológica do "novo ser humano".

> Com isso se enfoca o contexto no qual as afirmações neotestamentárias têm seu lugar e no qual se orientaram precipuamente a interpretação da *similitudo* da ortodoxia e a interpretação reformatória e pós-reformatória acerca do ser humano como imagem de Deus (esp. Cl 3.9ss. e Ef 4.24). Decisivo para sua compreensão é o contexto escatológico de fundamentação que parte da irrupção da vida imortal da esperança escatológica na ressurreição de Jesus Cristo. Se as afirmações éticas de Cl 3 e Ef 4 são separadas desse contexto cristológico-escatológico de fundamentação, elas podem ser aduzidas (numa inversão da intenção paulina no discurso do novo ser humano) não somente para a descrição da original imagem de Deus de Adão, mas também favorecem uma interpretação puramente moral da destinação do ser humano, tal como ela se desenvolveu na moderna teologia evangélica (vide *abaixo*).
>
> A teologia se ateve, com razão, ao nexo entre imagem de Deus e imortalidade, infelizmente, porém, não de tal modo que ambas também fossem apresentadas, também com vistas à criação do ser humano, como sua destinação escatológica realizada primeiramente em Jesus Cristo – e por enquanto realizada somente de modo proléptico. A ponderação que retorna com frequência nos pais da Igreja antiga de que Adão poderia ter alcançado a imortalidade já no estado original (portanto, sem Jesus Cristo, em todo caso, sem a encarnação e do evento pascal), se não tivesse transgredido o mandamento de Deus, dificilmente pode ser conciliada com a fé cristológica da Igreja, apesar de uma base especulativamente maquinada na menção da árvore da vida na história do paraíso[152]. Perante

---

[152] Gn 2.9 e 3.22. Cf *acima* nota 127.

concepções platônicas, segundo as quais a alma já é imortal por sua natureza, pode de fato ter sido uma correção incisiva distinguir a imortalidade como um dom da graça de Deus dependente da atitude dos homens de uma natureza criatural[153]. Desse modo os teólogos cristão-primitivos também expressaram que a imortalidade e a incorruptibilidade (prevista não apenas para a alma, mas para o ser humano todo) são momentos parciais da *destinação* do ser humano para a comunhão com o Deus eterno. Mas (com exceção da linha de pensamento de Ireneu, mencionada *acima* pp. 300s.) apresentaram essa destinação do ser humano não, de antemão, como associada ao futuro aparecimento do eterno Filho de Deus na carne. A razão para isso deve ser procurada – mais uma vez – na exagerada fantasia em torno da glória do estado original de Adão.

Como consequência da concepção de uma imagem de Deus plenamente realizada já no começo da humanidade também deve ser compreendido o fato de que o tema da destinação do ser humano para a incorruptibilidade ter-se separado do contexto da doutrina de uma criação à imagem de Deus. Isso aconteceu em todo caso quando se contava com a continuação da imagem de Deus como instituição de Deus desde o começo também depois da queda, enquanto a imortalidade como comunhão com a eterna vida de Deus se tornara alvo inatingível da esperança por meio da queda, que se tornou acessível novamente por meio de Cristo. A questão se tornou ainda mais complicada pelo fato de que, desde o séc. III, sob a influência do platonismo, a idéia de imortalidade própria da alma segundo sua natureza também se difundiu na teologia e adquiriu prestígio normativo especialmente pela atividade de Gregório de

---

[153] Cf. a confutação de uma imortalidade natural da alma em Justino, *Dial* 5, Taciano, *Or. ad. Graecos* 13,1, Ireneu, *Adv. haer.* III,20,1 (a imortalidade é dom da graça divina, não uma posse natural: III,20,2). Também de acordo com Clemente de Alexandria, a alma do ser humano deveria alcançar a imortalidade somente pelo conhecimento de Deus (*Strom.* VI,68,3), enquanto Tertuliano foi um dos primeiros a considerar a alma imortal por sua natureza: para ele, a alma é indivisível e por isso imortal (*De na.* 51,5). Ele considerou a morte como separação da alma do corpo (51.1), no que, todavia, a alma passa para um estado reduzido (53,3), que quase não pode mais ser chamado de vida (43,4s.). Teólogos posteriores como Orígenes e Agostinho aceitavam, por um lado, a doutrina platônica da imortalidade da alma, mas consideram a dependência de sua vida em relação a Deus como consequência da afirmação de sua criaturidade (*De civ. Dei* X,31).

Nissa, no Oriente, e de Agostinho, no Ocidente. A imortalidade própria da alma por natureza não pretendia, no entanto, garantir participação na vida eterna de Deus e, portanto, a bem-aventurança[154]. A destinação do ser humano para a vida e a bem-aventurança eternas deve ser distinguida, portanto, da suposição de imortalidade da alma por natureza, ambivalente com vistas à bem-aventurança[155]. Por outro lado, a destinação do ser humano para o alvo da suprema bem-aventurança pôde ser designada como razão para a imortalidade da alma humana, porque com isso esta está sendo direcionada ao alvo da bem-aventurança[156]. Essa doutrina de Boaventura também foi mencionada com frequência pelos dogmáticos da ortodoxia protestante como argumento a favor da tese de que, assim como a imortalidade, também a imagem de Deus faz parte da natureza do ser humano, e não deve ser entendida como complemento sobrenatural[157]. Ainda era convicção geral até o séc. XVIII que a destinação do ser humano, a finalidade de sua criação, aponta para além da vida terrena para uma futura bem-aventurança por participação na vida eterna de Deus.

---

[154] Agostinho, *De civ. Dei* XIII,24,6.
[155] A Igreja medieval do Ocidente dogmatizou, em 1513, no V. Concílio de Latrão, a imortalidade da alma (*DS* 1440), mas não pretendia com isso, segundo o juízo de dogmáticos católicos da atualidade, definir uma doutrina filosófica de imortalidade própria da alma por natureza, mas preservar uma referência da vida humana individual ao Deus eterno que perdura para além da morte. Vide J. Ratzinger, *Eschatologie – Tod und ewiges Leben*, 1977, pp. 127ss. Por isso Ratzinger fala somente de "destinação" do ser humano para a imortalidade por natureza (pp. 129ss.). Cf. tb. J. B. Metz e F. P. Fiorenza in: *Mysterium Salutis*, 1967, pp. 615ss. bem como H. Mayr in: *LThK 10*, 1965, pp. 527s.
[156] Boaventura *Sent.* II, d 19 a 1 q 1 (*Opera Omnia II*, pp. 457ss., esp. 460): *...certum, quod anima rationalis facta sit ad participandam summam beatitudinem. Hoc enim adeo certum est ex clamore omnis appetitus naturalis, quod nullus de eo dubitat, nisi cuius ratio est omnino subversa.* Enquanto, segundo Boaventura, a razão final da imortalidade da alma pode ser reconhecida em sua destinação para a bem-aventurança, a similitude do ser humano com Deus constitui sua razão formal: Desse modo, Boaventura preserva, apesar da diferenciação, a relação entre similitude de Deus e destinação do ser humano.
[157] Assim A. Calov, *Systema locorum theologicorum IV*, Wittenberg, 1659, p. 444, bem como tb. D. Hollaz, *Examen theol. acroam.* I p.II c 1 q 20 (Stargard, 1707, 34 nota 3). Cf. tb. as exposições precedentes de Hollaz sobre a eterna bem-aventurança do ser humano como *finis formalis* da teologia (I p I c 7, 664ss.) no sentido do chamado método analítico da teologia (cf. aqui vol. I, p. 27).

Se a destinação escatológica do ser humano para a participação na vida eterna de Deus não é mais compreendida como constitutiva para o ser ser imagem de Deus, visto que doravante esta é encontrada somente ainda nas virtudes de conduta de vida justa, então também se pode perguntar se, inversamente, a imagem de Deus compreendida nesses termos não constitui o fundamento para a compreensão da destinação do ser humano. A pergunta precisa então é se a destinação do ser humano se refere, em primeiro lugar, a uma vida no além ou se deve ser entendida, em primeiro lugar, como destinação para uma vida moral neste mundo. Sobre essa pergunta aconteceu uma discussão no séc. XVIII[158], cuja história ainda não foi escrita e na qual se impôs, especialmente sob a influência de KANT e FICHTE, a tese do primado da destinação moral do ser humano[159]. Esse processo é de interesse para o tema da similitude do ser humano com Deus, porque na teologia evangélica mais recente também a interpretação desse conceito por meio da concepção da destinação do ser humano se deu, em parte, no sentido da tese da destinação moral do ser humano.

HERDER descreveu a imagem de Deus interpretada como destinação do ser humano, quanto a seu conteúdo, especialmente por meio das palavras-chave "religião e humanidade"[160], embora também tivesse perfeitamente em vista, para além disso, o alvo da vida

---

[158] Há bibliografia sobre o assunto em K. G. BRETSCHNEIDER, *Systematische Entwicklung aller in der Dogmatik vorkommenden Begriffe etc.*, 3ª ed., 1825, pp. 504s. Como transição para a concepção de destinação do ser humano primariamente moral é importante em especial o influente escrito de J. J. SPALDING, *Die Bestimmung des Menschen* (1748), 1769. Cf. do Autor: Gottebenbildlichkeit als Bestimmung des Menschen in der neueren Theologiegschichte, *SBAW* 1979, caderno 8, pp. 16s.

[159] A fórmula da destinação moral do ser humano ocorre com bastante frequência em KANT, *p.ex.* em *Crítica da razão prática*, 1788, p. 168 [cf. Edições 70 Ltda]; *Kritik der Urteilskraft* [*Crítica da faculdade de julgamento*], 1790, p. 168, mas especialmente na obra *Religion innerhalb der Grenzen der blossen Vernunft* (1793), 2ª ed., 1794, pp. 59,74,227, *et passim*; cf. *Anthropologie in pragmatischer Hinsicht*, 1798, 2ª Parte, E III (VII, pp. 325s.). Sobretudo, porém, KANT fundamentou, quanto a seu conteúdo, o primado da destinação moral do ser humano sobre qualquer destinação para a bem-aventurança que vá além deste mundo, por mais que esteja preso à última como consequência daquela. Referente a J. G. FICHTE, cf. seu livro *Die Bestimmung des Menschen*, 1800.

[160] *Ideen* IX,5, ed. por H. STOLPE 1, pp. 377s., cf. 370s.

eterna. Alguns teólogos do tempo subsequente falaram de destinação terrena do ser humano em contraste (mas também em relação) à destinação celestial. Assim, *p.ex.*, KARL GOTTLIEB BRETSCHNEIDER enxergou a "*destinação* original do ser humano" no "desenvolvimento das forças e faculdades que lhe foram dadas, tanto do corpo quanto do espírito, segundo as leis do verdadeiro, bom e belo, e tornando-se capaz para isso"[161]. A distinção entre destinação terrena do ser humano precipuamente ética e destinação celestial encontra-se também em CARL IMMANUEL NITZSCH[162]. Quanto ao conteúdo, inclusive JOHANN TOBIAS BECK enxergou a similitude do ser humano com o Deus da criação em primeiro lugar sob o signo de sua destinação terrena. Nisso, na verdade, BECK teve em mente uma referência da "predisposição inata" do ser humano como imagem de Deus para "Cristo como proto-imagem" divina, mas, não obstante, era da opinião de que a imagem divina deveria desenvolver-se "à qualidade *pessoal* ou *virtus*" "em consequência da correspondente *auto-atividade* do ser humano, isto é, pelo caminho da ética"[163]. Também segundo ISAAK AUGUST DORNER, o ser humano é "potencialmente imagem de Deus, isto é, de acordo com sua destinação daquilo que é ético"[164], o que tem de expressar-se em sua auto-atividade ética. Não obstante, segundo DORNER, "nesta imagem como destinação [...] está contida a relação religiosa como o ponto cardeal, quando daí parte a força da unificação e consumação dos diversos aspectos do ser humano". Por isso DORNER pôde ver novamente a destinação do ser humano como imagem de Deus em relação íntima com sua destinação para a imortalidade[165]. A tendência para uma visão isolada da destinação terrena resp. moral do ser humano está relacionada com

---

[161] K. G. BRETSCHNEIDER, *Handbuch der Dogmatik der evangelisch-lutherischen Kirche I*, 3ª ed., 1828, p. 752 cf. 748. Essa descrição une a destinação "terrena" com a destinação eterna do ser humano (cf. do mesmo Autor, *Systematische Entwicklung aller in der Dogmatik vorkommenden Begriffe*, 3ª ed., 1825, p. 504, no entanto, do modo como era o caso de KANT, ou seja, que o cumprimento da primeira fundamentava a dignidade da última.

[162] C. I. NITZSCH, *System der christlichen Lehre* (1829) 3ª ed., 1837, pp. 182s.

[163] J. T. BECK, *Vorlesungen über Christliche Glaubenslehre,* editado por I. Lindenmeyer, 1887, vol. 2, pp. 328s., 331: "*zur persönlichen Eigenschaft oder virtus in Folge der entsprechenden* Selbsttätigkeit *des Menschen, d. h. auf ethischem Wege*".

[164] I. A. DORNER, *System der christlichen Glaubenslehre I* (1879) 2ª ed., 1886, p. 518. Mas ao menos DORNER afirmou que os atos livres do ser humano "não seriam produtivos na relação com Deus", mas também como "atos da recepção" eles podem ser postos ou "omitidos" (p. 517).

[165] *Loc. cit.*, pp. 521, 522ss.

uma difundida concepção de sua personalidade como um produto pronto. Se a imagem de Deus e a personalidade do ser humano forem identificadas nesse sentido, como em Reinhold Seeberg, a relação com Deus como fim do ser humano só existe ainda na medida em que sua espiritualidade encerra em si "sua predisposição religiosa e ética"[166]. No séc. XX, Paul Althaus ainda era da opinião de que poderia reconhecer a imagem de Deus no ser humano em sua "condição de pessoa". Não obstante, viu nisso "a *constituição* do ser humano na qual ele está determinado para a comunhão com Deus, a qual encontrou seu cumprimento em Jesus Cristo[167]. Isso poderia significar que a constituição pessoal da realidade humana por si mesma não deveria ser compreendida como produto pronto, mas como constituída a partir de sua destinação futura. Em Althaus, todavia, ela certamente era concebida, inversamente, como premissa e fundamento dessa destinação. Também Emil Brunner compreendeu a imagem de Deus no ser humano como seu "ser-sujeito ou seu ser-pessoa" no sentido de um produto pronto, no que descreveu o ser-pessoa no sentido de Kant como "ser responsável"[168]. Naturalmente ele também enfatizou que o ser do ser humano em autoconhecimento e autodestinação não seria primário, mas secundário, a saber, posterior à relação com Deus, mas também não no sentido de que estaria fundamentada a partir da referência do ser humano ao futuro de sua destinação para a comunhão com Deus[169].

---

[166] R. Seeberg, *Christliche Dogmatik I*, 1924, pp. 483ss., 499, citação p. 501. A identificação da imagem de Deus do ser humano com sua peculiaridade como "ser pessoal" já se encontra em C. I. Nitzsch, *System der christlichen Lehre* (1829) 3ª ed., 1827, pp. 180s., bem como em J. Müller, *Die christliche Lehre von der Sünde 2* (1844), 3ª ed., 1849, pp. 188 e 489. A interpretação da imagem de Deus como personalidade também foi assumida pela escola católica de Tübingen, por meio de F. A. Staudenmeier, o qual, porém, por outro lado, refutou em sua discussão com F. C. Baur (vide A. Burkhardt, *Der Mensch – Gottes Ebendbild und Gleichnis. Ein Beitrag zur dogmatischen Anthropologie F. a. Staudermanns*, 1962, pp. 133ss., 155ss.) a interpretação da imagem de Deus como destinação do ser humano como foi desenvolvida na teologia evangélica.
[167] P. Althaus, *Die christliche Wahrheit. Lehrbuch der Dogmatik* (1947) 3ª ed., 1952, pp. 336s.
[168] E. Brunner, *Natur und Gnade. Zum Gespräch mit Karl Barth*, 1934, p. 40. Idem, *Der Mensch im Widerspruch* (1937) 3ª ed., 1941, pp. 87 e 91, bem como *Dogmatik II* (Die christliche Lehre von der Schöpfung und Erlösung), 1950, pp. 65ss.
[169] E. Brunner, *Der Mensch im Widerspruch*, p. 93 *et passim*. Brunner não interpretou a imagem de Deus como destinação do ser humano, porque conseguiu libertar-se apenas paulatinamente da tese do estado original (cf. *loc. cit.*, p. 102). Por isso

Se a destinação do ser humano está dada com sua criação à imagem de Deus, de modo que sua descrição deve estar orientada nas implicações das relações de imagem do ser humano com Deus, então o ser humano está determinado desde sua origem como criatura de Deus para a comunhão com Deus, "para a vida com Deus"[170]. Pois o sentido da semelhança com Deus é a ligação com ele. A partir dessa destinação futura também deve ser entendida sua existência presente, especialmente sua personalidade. Ela é o modo pelo qual se manifesta no presente sua destinação futura. Todos os demais pontos de vista estão subordinados a isso. Já a ligação do conceito da imagem de Deus com a imortalidade se baseia no fato de que a relação de imagem com Deus tem seu *telos* interior na comunhão com Deus. Também o comprometimento do ser humano com a justiça, portanto aquilo que foi chamado de sua destinação moral, está fundamentado no fato de que se trata das condições para a permanência na esperança pela comunhão com Deus garantida pelo próprio Deus. Trata-se das condições que não dizem respeito apenas à relação do ser humano com Deus, mas também à relação com os semelhantes, porque não foi criado para a comunhão com Deus este ou aquele ser humano isolado, mas a humanidade toda. A destinação do ser humano para a comunhão com Deus não vale somente para o indivíduo isolado, mas visa a congregação dos homens numa só comunhão no reino de Deus. Nisso, porém, a destinação comum para a comunhão com Deus está anteposta às relações dos homens entre si e constitui seu fundamento.

---

desenvolveu a infeliz distinção entre uma imagem "material" de Deus no ser humano, que se perdeu por ocasião da queda, e uma imagem "formal" de Deus no ser humano, que consistiria de sua personalidade, a qual foi preservada (*loc. cit.*, p. 166). A concepção de uma imagem de Deus formal substituiu o discurso da ortodoxia protestante de um "resto" da imagem que permaneceu depois da queda (cf. referente a isso *Natur und Gnade, loc. cit.*, pp. 27ss.). BRUNNER continuou insistindo na distinção entre imagem de Deus formal e material (pp. 67s., 70ss.) também depois de ter abandonado a tese do estado original (*Dogmatik II*, 1950, pp. 55-60, esp. 59s.). Essa distinção é infeliz em comparação com a distinção entre predisposição e realização da destinação do ser humano, porque a continuidade da forma como grandeza que determina o conteúdo está em oposição ao pensamento paulino acerca de uma transformação do velho ser humano em novo ser humano (Fl 3.21, cf. 1Cor 15.5ss., Rm 8.29). Por isso KARL BARTH contradisse com razão a distinção entre formal e material com vistas à similitude de Deus do ser humano (*Nein! Antwort an Emil Brunner*, 1934, p. 26, cf. *KD* III/2, 1948, pp. 153ss. esp. 155).

[170] KARL BARTH, *KD* III/2, p. 242 (*caput*).

Portanto somente na relação com Deus e por isso desde o futuro escatológico de sua destinação também a autodestinação moral do ser humano, sua autonomia ética, encontra uma base firme e sustentável. Se essa relação for invertida, tal como aconteceu com vasto efeito em KANT, as normas éticas perdem sua força compromissiva para o indivíduo. A autonomia ética da razão é substituída por fim no decurso da história pela arbitrariedade de autodestinação individual[171]. A destinação do ser humano para a comunhão com Deus constitui a base indestrutível para uma compreensão da moralidade resistente a tais tendências de dissolução. Premissa para isso é, naturalmente, *em primeiro lugar*, que a temática religiosa é imprescindível e não um resto de épocas passadas, sendo constitutiva para uma compreensão adequada para o ser homem[172]. *Em segundo lugar*, que existem bons motivos e suficientes para considerar justamente o Deus da Bíblia como a forma definitiva de revelação da única realidade de Deus oculta na insondabilidade do mundo e da vida humana[173].

Se a criação do ser humano à imagem de Deus implica sua destinação para a comunhão com o Deus eterno, então o tornar-se humano de Deus em Jesus de Nazaré deverá valer como cumprimento dessa destinação. A unificação de Deus e da humanidade na vida de um ser humano evidentemente é insuperável por qualquer outra forma da co-

---

[171] Isso pode ser estudado com base nas transformações do conceito da autonomia a partir de KANT. Seu resultado encontrou forma refletida filosoficamente no existencialismo de J.-P. SARTRE. Cf. o artigo de CH. GRAWE sob o verbete *Bestimmung des Menschen* in: *HistWBPhilos* 1, 1971, 856-859.

[172] Vide referente a isso o volume editado pelo Autor, *Sind wir von Natur aus religiös?* (Schriften der Katholischen Akademie in Bayern 120), 1986, bem como do Autor, *Anthropologie in theologischer Perspektive*, 1983. A demonstração da relevância de que a temática religiosa, quer permaneça implícita, quer se apresente explicitamente, é constitutiva para os diversos aspectos da realidade é o objeto central desse livro.

[173] Cf. referente a isso vol. 1, cap. 4 (A revelação de Deus) em conexão com a discussão precedente das pretensões de verdade das religiões contraditórias entre si e com a explicação da concepção de revelação por meio da doutrina de Deus nos capítulos 5 e 6 daquele volume. A credibilidade das pretensões de verdade da doutrina cristã referentes à deidade do Deus bíblico, porém, ainda não está suficientemente comprovada pela explicação do conceito de Deus. Disso também faz parte a possibilidade de poder compreender a esse Deus como Autor e consumador do mundo do ser humano, tal como é objeto da doutrina cristã da economia salvífica, começando pela criação até a escatologia.

munhão de Deus e ser humano. O direito da doutrina cristã sobre a unidade de Deus e ser humano na pessoa de Jesus Cristo, porém, ainda não pode ser pressuposto aqui. Por enquanto pode ser dito apenas o seguinte: Se esta doutrina for verdadeira, então também está tomada a decisão sobre o cumprimento da destinação do ser humano para a imagem de Deus como tal. A partir daí se pode compreender que os escritos paulinos e dêutero-paulinos do Novo Testamento puderam falar de Jesus Cristo como a única imagem de Deus. Todavia, ainda não fizeram isso sob a pressuposição da posterior doutrina da deidade de Jesus, mas em conexão com o anúncio do Evangelho do ressuscitamento do Crucificado, que também constituiu o ponto de partida para a doutrina da eterna filialidade divina de Jesus.

Se, pois, agora a destinação do ser humano encontrou seu cumprimento em sua criação à imagem de Deus – com vistas aos demais membros do gênero humano um cumprimento proléptico – por meio da comunhão entre Deus e ser humano em Jesus Cristo, então também deve ser dito que a criação do ser humano à imagem de Deus estava associada, desde o início, àquele cumprimento que sucedeu respectivamente irrompeu na história de Jesus de Nazaré[174]. Como, porém, se deve compreender mais exatamente essa associação? Significa ela apenas que *na intenção de Deus* a criação do ser humano já estava associada à comunhão de Deus com o ser humano realizada na encarnação do Filho? Ou significa ela que a realidade criatural do próprio ser humano está caracterizada, desde o início, por uma dependência de Deus e daquela comunhão com ele, que foi realizada em Jesus Cristo?

> KARL BARTH descreveu a associação do ser humano como criatura à comunhão do ser humano com Deus, iniciada pela aliança de Deus com Israel e cumprida com ele em Jesus Cristo, como intenção exterior à índole criatural do ser humano[175]. Por isso pôde renunciar à suposição reformatória e pós-reformatória de perda da imagem de Deus de Adão pela queda, anteriormente partilhada por ele (*KD* I/1,251): "Assim como o ser humano não pode legar em herança o que não possui, também não o pode perder. E assim por outro lado também a intenção de Deus na criação do ser humano

---

[174] O estado de coisas descrito ainda de forma vaga com essa formulação será exposto com mais exatidão no próximo capítulo.
[175] De modo semelhante cf. H. THIELICKE, *Theologische Ethik I*, 1951, pp. 276 e 278s.

e a promessa e garantia com isso estabelecidas não podem ter sido perdidas, ter sofrido nenhuma destruição total ou parcial" (III/1, p. 225). A concepção da imagem de Deus do ser humano apenas como uma "promessa e garantia" de Deus que acompanham a "sequência física" das gerações tem seu fundamento na rejeição por BARTH da compreensão de Gn 5.1-3 sugerida pela exegese, segundo a qual a imagem de Deus é transmitida na própria sucessão das gerações (vide *acima* pp. 311ss.). No entanto, BARTH queria, por sua vez, preservar uma correspondência entre "natureza divina" do ser humano e "destinação divina" (III/2, p. 244). BARTH enxergou essa correspondência no fato de que humanidade é *"um ser no encontro com as outras pessoas"* (p. 296), como estaria representado alegoricamente na comunhão de humem e mulher (pp. 344-391). Nisso está pressuposta a interpretação da imagem de Deus referente à relação das gerações, que acima (pp. 297s.) já foi considerada como sendo insustentável. O fato de na Epístola aos Efésios a comunhão entre homem e mulher (Ef 5.31s.) ser associada à relação entre Cristo e sua Igreja (vide BARTH III/2, pp. 377ss.) está relacionado apenas de modo indireto com a imagem de Deus e a destinação do ser humano nela fundamentada, a saber, conquanto essa afirmação básica sobre o ser humano se refere à humanidade na multiplicidade de seus membros (vide *acima* pp. 311s.). Isso ainda deverá ser verificado em outro contexto. Agora interessa que, de acordo com BARTH, o fato da comunhão humana é, na verdade, uma parábola da destinação do ser humano para a comunhão com Deus, mas não é reconhecível por si mesma como tal. É "uma realidade que, na verdade, contém o anúncio de sua destinação para o ser com Deus, mas justamente apenas contém e, portanto, tanto a silencia quanto a expressa, e expressa somente se ela chega a expressar-se pela graça e revelação de Deus e no conhecimento da fé por ela despertado" (III/2, pp. 387s.). Portanto, a coisa fica na exterioridade da intenção divina na relação com a realidade de vida criatural do ser humano. Essa não está voltada a partir de si, no sentido da intenção divina, também para Deus e para o ser com Deus. A representação alegórica da destinação para a comunhão com Deus na natureza criatural do ser humano, de acordo com BARTH, justamente não acontece na temática religiosa da vida humana, mas na esfera da comunhão humana neutra em relação a ela, concentrada na relação dos gêneros. Com isso esta substitui diretamente a destinação religiosa do ser humano, como, aliás, com efeito, deverá ser, em grande parte, o caso referente ao comportamento do ser humano em um mundo cultural secularizado, ali, porém, certamente no sentido de uma inversão da destinação do ser humano para o conhecimento de Deus, que deveria acontecer por meio de distinção da realidade do ser humano de tudo que é criatura. O fato de os homens não terem discernido a Deus das formas da realidade criatural e, portanto "não o glorificaram como Deus e não lhe darem graças" é, de acordo com Paulo (Rm 1.21ss.), manifestação e indício de seu pecado e de sua loucura. Aqui certamente está pressuposto que, como criaturas de Deus, os homens estão vocacionados a honrarem a Deus como Deus – em sua diferença de tudo que é criatura – e a render-lhe graças. Essa é a temática religiosa da vida humana que é posta de lado e silenciada de modo tão significativo na antropologia teológica de BARTH. Essa temática é reconhecível ainda até mesmo em sua perversão revelada por Paulo bem como pela crítica religiosa profética antes dele.

Se por sua criação à imagem de Deus o ser humano é instado a procurar a Deus e a honrá-lo como Deus, isto é, como o Criador e Senhor de todas as coisas, e de agradecer-lhe como ao autor de toda vida e de toda boa dádiva, então se deve supor uma predisposição para isso na vida de todo ser humano, por mais que possa estar soterrada no caso individual. A destinação do ser humano para a comunhão com Deus, fundamentada em sua criação à imagem de Deus, não pode permanecer exterior à realização real da vida do ser humano. Ela não consiste de uma intenção do Criador com ele, exterior à natureza criatural do ser humano, que se tornaria reconhecível no plano da realidade de vida humana primeiro pelo aparecimento de Jesus Cristo. Se esse fosse o caso, evidentemente o Criador não teria conseguido dar forma a sua intenção em sua obra, ou ao menos, pôr em andamento essa sua obra em direção ao alvo que lhe está determinado. A intenção do *Criador* não pode mostrar-se a suas criaturas de maneira tão impotente e exterior. A realização da vida da criatura antes deve ser imaginada como movida interiormente por sua destinação divina – também se a realização dessa destinação não está encerrada já no começo da história do ser humano, antes, estará alcançada primeiramente como alvo e consumação dessa história. No começo deve estar, no mínimo, a predisposição em direção a esse alvo.

Desde o surgimento da interpretação da imagem de Deus como destinação do ser humano também se falou na história da teologia evangélica mais recente de uma predisposição da natureza humana em direção a esse alvo. Assim CARL IMMANUEL NITZSCH pode dizer que a imagem de Deus do ser humano deveria ser entendida tanto como disposição quanto como destinação[176]. Em sentido semelhante, Isaak August Dorner considerou a similitude do ser humano com Deus como objeto de sua destinação, mas também já como "dom original"[177]. Paul Althaus falou da *disposição* do ser humano, "na qual ele está determinado para a comunhão com Deus"[178]. A pergunta, porém, é como deve ser imaginado o caminho da disposição natural para seu desdobramento e sua realização. Não poucos teólogos mais modernos procuraram e ligação entre uma coisa e outra na ativação da disposição inata do ser humano por ele mesmo: "... não apenas por seu desdobramento, mas por sua livre atuação se alcança a destinação"[179]. Também Dorner pôde falar de uma "mediação", "por meio da qual o eticamente necessário e pertencente à natureza do ser humano deve tornar-se *realidade* em sua vontade"[180]. Até mesmo em Martin Kähler se lê a respeito da similitude do ser humano com Deus como de uma "disposição inata [...] que encerra em si uma tarefa a ser cumprida". Pois como personalidade, o ser humano "possui a capacidade de entrar numa relação com Deus"[181]. Naturalmente esses teólogos tinham por premissa a dependência do ser humano em relação ao seu Criador. Não obstante, Hans Lassen Martensen, não totalmente sem razão, atribui tal compreensão da realização da imagem de Deus por meio de auto-atividade humana à "dogmática pelagiana". Ele mesmo queria, antes, falar de um "*começo* vivo da verdadeira relação com Deus" na origem do ser humano, em vez de falar de uma disposição inata[182]. Independente da decisão terminológica, o que interessa em todo caso é a noção de que a realização da disposição inata para a imagem de Deus não pode ser concebida simplesmente como tarefa da auto-atividade do ser humano, e, sim, é assunto de Deus e de seu agir com o ser humano, sendo que com isso de modo algum deve ser excluída também a participação ativa do ser humano no processo de sua própria história. Somente Deus pode fazer transparecer a imagem de si mesmo no ser humano. Por isso existe, na observação de Herder de que o ser humano não pode

---

[176] C. I. Nitzsch, *System der christlichen Lehre* (1829), 3ª ed., 1837, p. 181.
[177] I. A. Dorner, *System der christlichen Glaubenslehre 1* (1879), 2ª ed., 1886, p. 515.
[178] P. Althaus, *Die christliche Wahrheit*. Lehrbuch der Dogmatik (1947) 3ª ed., 1952, p. 337. Cf. tb. as explanações de E. Schlink sobre a imagem de Deus como "origem e destinação" in: *Ökumenische Dogmatik*, 1983, pp. 117s.
[179] Th. Haering, *Der Christliche Glaube*, 1906, p. 248.
[180] I. A. Dorner, *System der christlichen Glaubenslehre* (1879) 2ª ed., 1886, p. 515.
[181] M. Kähler, *Die Wissenschaft der christlichen Lehre* (1883) 2ª ed., 1893, § 300s. (p. 262).
[182] H. L. Martensen, *Die christliche Dogmatik* (versão alemã 1856), 1870, p. 139.

esculpir ele mesmo a imagem de Deus existente nele por natureza e lhe dar forma, uma advertência a ser tomada a sério também na teologia (vide *acima* na nota 146), de que ela dependeria para isso da ação da providência divina por meio de tradição e doutrina, razão e experiência. No momento em que o ser humano toma sua destinação para a comunhão com Deus em suas próprias mãos, ele já é pecador, errando já o alvo.

A disposição natural do ser humano para sua destinação para a comunhão com Deus não está relegada a ele mesmo para o desdobramento. No caminho para sua destinação e na relação com ela, o ser humano nunca já é sujeito pronto, mas tema de uma história na qual ele apenas vem a ser o que ele já é[183]. O fim lhe está presente primariamente de forma indeterminada, nem mesmo como *fim*, mas na indeterminada confiança que abre o horizonte da experiência do mundo e da intersubjetividade[184], assim como, por outro lado, no inquieto ímpeto para a transgressão de toda realidade finita. Essa inquietação e o sentimento da insuficiência a ela associada certamente também podem ser manifestação de fraqueza humana, a saber, manifestação da incapacidade de satisfazer-se com a limitação das próprias possibilidades de vida, bem como do perigo deixar passá-las sem aproveitamento[185]. Não obstante, manifesta-se nisso também a consciência de que o último horizonte, no qual transparece o verdadeiro sentido de todas as realidades da vida, ultrapassa toda a esfera do finito. Por isso também se designou como abertura para o mundo a singularidade da forma de vida humana de estar ligada exentricamente com o outro das coisas e

---

[183] Isso foi expresso com profunda sensibilidade por C. I. Nitzsch ao exigir que "a verdadeira similitude ou personalidade" do ser humano deve ser concebida "simultaneamente como disposição e destinação". "A alma humana, portanto a alma espiritual, também deverá *vir a ser* o que ela é" (*loc. cit.*, pp. 181s.). Decisivo é, todavia, que esse vir a ser da própria identidade não aconteça como produção agente de si mesmo, mas como história da formação do sujeito. Cf. referente a esse assunto do Autor, *Anthropologie in theologischer Perspektive*, 1983, pp. 488-501 e as explanações referentes à formação da identidade *ib.*, pp. 185-235.
[184] Vide do Autor, *Anthropologie in theologischer Perspektive*, 1983, pp. 219-227.
[185] Com essa frase pretende-se corrigir certa unilateralidade das exposições do Autor em seu livro *Was ist der Mensch? Die Anthropologie der Gegenwart im Lichte der Theologie*, 1962, pp. 9ss. sobre a abertura do ser humano para o mundo como transgressão da realidade finita.

do ser como com outro[186], tendo conhecimento de um horizonte que ultrapassa sua finitude e indo em busca de sempre novas experiências[187]. Em termos mais exatos, dever-se-ia falar de uma abertura para além de tudo que é finito, que também ultrapassa o horizonte do próprio mundo, porque somente na percepção do infinito pode ser formada a concepção do mundo como essência de tudo que é finito. Toda dispensação de uma pessoa a um ser ou um objeto finito já é mediada por uma consciência atemática de todo campo que ultrapassa em muito esse objeto e retorna ao objeto na luz do infinito[188]. Somente assim, na consciência ampliada desse movimento, também se torna perceptível a beleza das coisas e dos seres finitos.

À abertura constitucional da vida humana consciente para a infinitude do Espírito e de seu agir não se contrapõe o fato de que os homens, em sua própria realização da vida, não apenas estão sujeitos a toda sorte de limitações, mas também podem ser vítimas desta ou daquela forma de limitação que se endurece até a taciturnidade. O fenômeno da limitação humana, por sua vez, somente pode ser compreendido sob o pano de fundo da abertura constitucional do ser humano. Isso vale também para a inerente abertura para Deus nisso implícita[189], que antigamente era denominada de *notitia Dei insita*[190]. Ela não está presente de antemão para a consciência como um estar-associado *a Deus*, mas primeiramente no retrospecto, a partir de uma experiência com Deus historicamente concreta e identificável como tal. Nisto ela não se encontra apenas na base das diversas formas de religiosidade

---

[186] *Anthropologie in theologischer Perspektive*, 1983, pp. 58ss.
[187] Detalhes referente a isso cf. *loc. cit.*, pp. 33ss. e pp. 60ss. referente à critica de H. PLESSNER a um emprego muito pouco diferenciado da expressão abertura para o mundo para caracterização do comportamento humano.
[188] Cf. as explanações de KARL RAHNER sobre o *excessus* do conhecimento sobre o objeto sensual como condição de sua apreensão in: *Geist in Welt*. Zur Metaphysik der endlichen Erkenntnis bei Thomas von Aquin (1957) 3ª ed., 1964, pp. 153-172. Cf. tb. Idem, *Grundkurs des Glaubens*. Einführung in den Begriff des Christentums, 1976, pp. 42ss. Sobre o ser humano "como a essência de um horizonte *infinito*" (p. 42). O discurso de RAHNER a respeito da "antecipação" desse horizonte pode ser mal entendidos conquanto parece que aí já esteja pressuposto um sujeito antecipador, enquanto também, de acordo com RAHNER, (p. 45) "o nascer do infinito horizonte desse mesmo" primeiro constitui subjetividade humana.
[189] Cf. do Autor, *Anthropologie in theologischer Perspektive*, 1983, pp. 166s.
[190] Cf. vol. 1 da presente obra, pp. 160-174.

implícita, mas ainda constitui também a condição da possibilidade da descrença e do fechamento existencial contra Deus.

A tematização religiosa do objetivo daquela abertura constitucional do ser humano é – como também outras formas de vida humanas – um fenômeno profundamente ambíguo[191]. Na verdade, ela se sabe fundamentada numa automanifestação da realidade divina, mas sempre ainda preserva um resquício do fato de que os homens tomam sua destinação para a comunhão com Deus em suas próprias mãos, a fim de conseguirem participação na vida divina. O ser-como-Deus é a destinação do ser humano – justamente por isso também sedutor para ele (Gn 3.5). Mas quando os homens se apropriam da igualdade com Deus como uma usurpação (Fl 2.6) – seja por via do culto religioso, ou também, pelo contrário, por emancipação de toda ligação religiosa – então justamente sua destinação erra seu fim. Essa é a razão pela qual ela não pode ser obtida por meio da iniciativa humana. Ela é realizada somente ali onde o ser humano se sabe diferenciado de Deus e se aceita em sua finitude perante Deus como sua criatura. Com isso dá a Deus a honra de sua deidade, distinguindo-o de tudo que é finito.

Isso parece simples. Mas não pode ser conciliado facilmente com a auto-afirmação de um ser finito, embora a aceitação da própria diferencialidade de Deus pressuponha a autonomia da criatura, inclusive sua autonomia ativa na ciência da própria finitude. Com a capacidade para a autotranscendência e para a ultrapassagem de toda realidade finita, os homens estão vocacionados para a autodestinação de seu comportamento segundo escolha própria. Mas a isso se une a ultrapassagem de todo limite na esteira da auto-afirmação. Por isso autodiferenciação de Deus é realizável somente ali onde homens já estão alçados acima de si mesmos pelo Espírito de Deus e capacitados para aceitarem a própria finitude.

Somente sob a condição da autodiferenciação em relação a Deus por meio de aceitação da própria finitude em sua diferença em relação a Deus pode a criatura corresponder à vontade criadora de Deus, que a quis em sua peculiaridade e em sua finitude. Somente assim a criatura dá a Deus a honra que lhe compete como seu Criador, associada à gratidão por tudo que a criação é e tem. Somente pela aceitação da própria finitude como dada por Deus o ser humano alcança a comunhão com Deus implícita na destinação do ser humano para a semelhança com

---

[191]Referente a isso, cf. vol. I, pp. 317-353.

Deus. Em outras palavras: Os homens devem ser conformados à imagem do Filho, a sua *autodiferenciação* em relação ao Pai. Assim também participarão da *comunhão* do Filho com o Pai.

No Filho, a imagem de Deus não está realizada em plena semelhança, porque ele se fez igual ou semelhante a Deus, mas, muito antes, pelo fato de se ter diferenciado do Pai, e o Pai de si mesmo, para, desse modo, revelar ao Pai como o Deus uno. Com isso o Filho corresponde ao ser-Pai de Deus a tal ponto que o Pai é Pai e Deus desde a eternidade somente na relação com ele. Somente na medida em que a autodiferenciação do Filho em relação ao Pai adquire forma humana na correlação do ser humano com Deus vem à luz o "ser humano que corresponde a Deus"[192], que como imagem de Deus está determinado para a comunhão com ele.

A destinação do ser humano para a similitude de Deus é, portanto, sua determinação para que o Filho adquira forma humana em sua vida, como aconteceu definitivamente no evento da encarnação. A encarnação não é um evento "sobrenatural" como se nada tivesse a ver com a natureza da criatura e, em especial, do ser humano, ou lhe fosse apenas exterior. Pelo contrário, na encarnação do Filho chega à consumação a existência criatural em sua diferencialidade em relação a Deus, mas justamente dessa maneira também em sua destinação para a comunhão com a própria essência de Deus – para uma consumação antecipatória, como ainda haveremos de ver.

Com isso também a ordem dada ao ser humano de dominar sobre as outras criaturas sofre mais uma vez uma nova versão: os homens cum-

---

[192] Este é o título das Bemerkungen zur Gottebenbildlichkeit des Menschen als Grundfigur theologischer Anthropologie de E. JÜNGEL in: H. G. GADAMER; P. VOGLER, *Neue Anthropologie*, vol. 6, 1975, pp. 342-372, esp. 343ss. JÜNGEL escreve que "o ser humano está definido como o ser aberto para Deus pela tornar-se humano por parte de Deus" (p. 349). Nisso está correto que a encarnação deve ser entendida como realização dessa destinação do ser humano, e que por isso primeiro a partir dela o sentido dessa destinação pode ser designada inequivocamente. No entanto, o ser humano já é ser humano desde a criação, e isso igualmente no sentido da comunhão com Deus. Em correspondência a isso, também para JÜNGEL a abertura do ser humano para Deus também inclui sua abertura para o mundo (p. 349). Na frase de JÜNGEL de que a identificação de Deus com o ser humano Jesus também "primeiramente poria em evidência" a diferença entre Deus e ser humano (p. 350) está presente o motivo da autodiferenciação, aqui enfatizado, como condição para a unidade, todavia não expressamente com vistas à autodiferenciação *do ser humano* em relação a Deus (vide, porém, p. 351).

prirão a ordem de assumir substitutivamente o domínio de Deus na criação de modo correto primeiro quando, por meio da aceitação de sua própria finitude, alcançarem a comunhão com a vida eterna de Deus, pela qual todas as criaturas que sofrem sob a dor da corruptibilidade serão reconciliadas com seu Criador (cf. Rm 8.19ss.). A aceitação da própria finitude também deve incluir a demonstração do devido respeito para com todas as demais criaturas nos limites de sua finitude. Com isso a multiplicidade das criaturas passa a ser vista como uma ordem na qual cada uma delas tem seu lugar. Somente assim o ser humano pode resumir toda a criação no louvor de seu Criador e oferecer ao Criador com o agradecimento pela própria existência simultaneamente o agradecimento por todas as suas criaturas.

3. Pecado e pecado hereditário*

a) O difícil acesso ao tema da hamartiologia

Dificilmente haverá outro tema da doutrina cristã a respeito do ser humano tão entulhado para a consciência moderna do que o tema

---

* *Nota do tradutor:* Tradução literal do termo original alemão "Erbsünde". Embora em português se use oficialmente no linguajar teológico "pecado original" (pelo latim *"peccatum originis"*), optamos aqui por "pecado hereditário", porque a discussão a seguir se baseia amplamente no conceito de pecado "herdado" e "hereditário" (*erblich*) e em "hereditariedade" do pecado, em transmissão "por herança", geneticamente. A tradução por "pecado hereditário" é assunto controvertido. No livrinho *Termos teológicos alemães, latinos e outros*, editado por LINDOLFO WEINGÄRTNER sob os auspícios da Faculdade de Teologia da Igreja Evangélica de Confissão Luterana no Brasil, São Leopoldo, em 1976, consta sob o verbete "*Erbsünde*: pecado original, o pecado que dá origem aos atos pecaminosos. É usado desde AGOSTINHO para expressar que o ser humano, já antes de cometer pecados individuais (atos pecaminosos), é pecador. Chama-se também de "pecado pessoal", "pecado primordial" ou "pecado hereditário". Esta última designação (seria a tradução verbal do termo alemão) é incorreta, pois fomenta o mal-entendido de que todos os homens são pecadores por transmissão biológica." No entanto justamente esta concepção considerada "incorreta" ocorre exatamente no sentido de transmissão biológica na *Declaração Sólida* I: "Do pecado original, 7: "... mas [...] o pecado original é propagado de semente pecaminosa, pela concepção e nascimento carnais de pai e mãe". Cf. *ib.*, 8, que fala do "mal hereditário", que "é a culpa pela qual acontece que, em razão da desobediência de Adão e Eva, todos estamos no desfavor de Deus e somos 'por natureza filhos da ira'...".

pecado e o acesso a ele. Isso não se deve somente aos problemas que oneram a doutrina eclesiástica do pecado hereditário que levaram a sua dissolução na teologia protestante do séc. XVIII e também, numa fase posterior, na teologia católica do séc. XX[193]. Com a eliminação da doutrina do pecado hereditário, a ênfase que a teologia da Reforma e a piedade evangélica colocavam no reconhecimento do pecado como condição da certeza de redenção tornou-se tanto mais problemática. O assunto passou a assumir traços coercitivos, especialmente na piedade do movimento do avivamento que, sob as condições do desenvolvimento moderno, quis renovar mais uma vez a concentração no pecado como premissa da fé cristã na redenção, e isso na base da experiência própria de cada indivíduo[194]: Parece que esse tipo de piedade levou inúmeras pessoas a uma história de sofrimentos de opressão psíquica. Em alguns casos, o fenômeno também produziu um potencial psíquico para a emancipação de tais coerções. Essa emancipação, todavia, levou, em alguns casos, não apenas à rejeição da piedade avivacionista como fonte de inautênticos sentimentos de culpa, mas ao afastamento do próprio cristianismo. De modo francamente exemplar e do mais amplo efeito público, isso aconteceu com o filho de pastor FRIEDRICH NIETZSCHE[195]. Nas próprias Igrejas evangélicas, o sinal de alarme foi entendido só tardiamente e até hoje somente raras vezes na profundidade de sua importância, de modo que no protestantismo a problemática associada à piedade avivacionista não apenas provocou a emigração de muitas pessoas da Igreja e um sentimento de incerteza nos que ficaram, mas também sofreu toda sorte de abrandamento, mas não foi superada em sua profundidade. É preciso ter em mente esse estado de coisas a fim de entender a tabuização emocional do tema pecado na consciência pública da sociedade secular, produto de culturas de cunho cristão.

A dissolução da tradicional doutrina do pecado, especialmente da concepção de um pecado hereditário, ocorreu no protestantismo antes

---

[193] Referente ao desenvolvimento na teologia católica, cf. H. M. KÖSTER, *Urstand, Fall und Erbsünde in der katholischen Theologie unseres Jahrhunderts*, 1983.

[194] Referente a esse assunto, cf. do Autor, Protestantische Bussfrömmigkeit, no volume: *Christliche Spiritualität. Theologische Aspekte*, 1986, pp. 5-25. Cf. tb. J. WERBICK, *Schulderfahrung und Busssakrament*, 1985, pp. 7ss.

[195] A importância da crítica moral para o ateísmo de NIETZSCHE foi elaborada por B. LAURET, *Schulderfahrung und Gottesfrage bei Nietzsche und Freud*, 1977 (esp. pp. 129-190).

do surgimento do movimento avivacionista e faz parte de seus pressupostos. Esporadicamente a doutrina do pecado hereditário foi rejeitada já no séc. XVI, especialmente pelos socinianos, como sendo não-abíblica e como escandalosa para a consciência ética do ser humano[196]: Foi rejeitado como revoltante para a sensibilidade ética a afirmação de que Deus teria imputado o pecado de Adão a seus descendentes como culpa, ainda antes que esses tivessem cometido, de sua parte, qualquer ato mau. Essa concepção lesa, aparentemente, o princípio de que toda pessoa pode ser responsável somente pelos atos cometidos por ela mesma ou com seu consentimento, não, porém, pelos atos de alguém outro, menos ainda por um ascendente, sobre cujo comportamento os descendentes não puderam ter nenhuma influência. A concepção, porém, de que o próprio Deus estaria agindo contra esse princípio, ao imputar aos filhos de Adão o pecado de seu ancestral, pareceu inconciliável com a fé na justiça de Deus e em seu amor que perdoa. No séc. XVIII nem a teologia evangélica de cunho luterano ou reformado pôde subtrair-se ao peso dessa argumentação. Isso estava ligado ao fato de que a partir daí a base bíblica daquela concepção, especialmente a interpretação da palavra paulina de Rm 5.12[197], se tornou questionável, porque a teologia evangélica a partir daí estava disposta em princípio a medir criticamente pelo testemunho bíblico não apenas a doutrina eclesiástica católica, mas também a protestante e a examinar, com a imparcialidade devida, o sentido das palavras bíblicas. Quanto menos se conseguia encontrar na Escritura uma base suficientemente consistente para a doutrina do pecado hereditário tanto maior o peso da crítica objetiva contra ela[198]. Restou a constatação de uma supremacia dos impulsos

---

[196] Fundamental para isso é FAUSTO SOCINI, *Praelectiones Theologicae*, Racov, 1609, c. 4 (*An sit et quale sit peccatum originis*) pp. 10-14, esp. 13s. De acordo com Socinus, a passagem de Sl 51.7 deve ser entendida figurativamente (p. 12), enquanto o *ef hô* de Rm 5.12 significaria o mesmo que *eo quod* ou *quatenus* (p. 14).
[197] J. G. TÖLLNER dedicou a essa referência bíblica um tratado pormenorizado e importante: *Theologische Untersuchungen* 1. Bd, 2. Stück, 1773, pp. 56-105 (Über Rm 5 v. 12 bis 19). TÖLLNER traduz o texto como muitos exegetas modernos, ou seja, que a morte passou a todos os homens "porque todos pecaram" (p. 62).
[198] Nessa direção a análise de TÖLLNER, *Die Erbsünde* (*loc. cit.*, pp. 105-159) teve efeito pioneiro. Cf. esp. pp. 153s. Quanto ao assunto, J. F. JERUSALEM já havia antecipado pontos importantes da concepção de TÖLLNER. Cf. suas considerações sobre as *Vornehmsten Wahrheiten der Religion* [verdades precípuas de religião],

sensuais no ser humano sobre sua razão, uma constatação que se deduziu da Escritura, especialmente de Rm 7.7ss. e 7.14ss. e que se viu confirmada pela experiência[199]. Também uma transmissão por herança dessa relação desproporcional de sensualidade e razão, ainda aceita na filosofia prática de KANT, permaneceu concebível[200]. A pergunta era se essa herança ainda podia ser chamada de pecado, e se, de outro modo, faz parte do pecado como culpa que ele pode ser imputado ao autor do mesmo como livre decisão de sua vontade[201].

A pergunta custou a sossegar na história da teologia do séc. XIX. KARL GOTTLIEB BRETSCHNEIDER a negou[202]; do mesmo modo o fez, mais tarde, RICHARD ROTHE[203]. WILHELM M. LEBERECHT DE WETTE, porém, achava que nossa consciência nos imputava a fraqueza inata

---

2. Theil. [2 parte], 2. Bd. [2. v.], 4. Abschnitt [parágrafo 4]: *Lehre von der moralischen Regierung Gottes über die Welt oder Geschichte vom Falle,* Braunschweig, 1779, pp. 465-559, esp. 513ss., 531ss.

[199] J. G. TÖLLNER, *loc. cit.,* pp. 116, 122ss.

[200] F. V. REINHARD, *Vorlesungen über die Dogmatik,* hg. (editado por) J. G. I. BERGER, 1901, considerou a desproporcionalidade entre sensualidade e razão nos seres humanos como "como uma doença moral transmitida a nós por nossos pais como herança" (p. 196, cf. 301ss.), que teria sido causada pela ingestão dos frutos envenenados da árvore do paraíso nos primeiros homens (pp. 287s., cf. 276). Nisso ele se opôs veemente a uma imputação do pecado de Adão como culpa a seus descendentes (pp. 288ss., § 81), baseando-se em J. D. MICHAELIS, *Gedanken über die Lehre der heiligen Schrift von Sünde und Genugthuung als eine der Vernunft gemäße Lehre,* 1799, 2ª ed.,, §§ 40-43 (pp. 384ss.). Sobre esse tema também TÖLLNER já se havia manifestado com rigor especial (*loc. cit.,* p. 154).

[201] Por isso TÖLLNER preferia que o conceito da "herança" fosse associado a *"ein Erbübel oder eine Erbschwachheit oder eine angeerbte Sündlichkeit"* – "um *mal hereditário,* uma fraqueza hereditária ou uma pecaminosidade herdada" (*loc. cit.,* p. 125). Outros teólogos como REINHARD sentiram-se motivados pelo uso paulino da palavra "pecado" em Rm 7 acerca "da sensualidade que descrevemos como o pecado hereditário" (*loc. cit.,* p. 303), a se aterem à denominação do estado de coisas como pecado. Um panorama sobre as diferentes posições referentes a essa pergunta encontra-se em K. G. BRETSCHNEIDER, *Systematische Entwicklung aller in der Dogmatik vorkommenden Begriffe etc.* 3ª ed., 1825, p. 544s.

[202] K. G. BRETSCHNEIDER, *Handbuch der Dogmatik der evangelisch-lutherischen Kirche 2,* 3ª ed., 1828, pp. 87s.: "Isso, porém, não deve ser considerado como uma imputação ou castigo, e, sim, apenas como um mal (subjetivamente para o ser humano) ...".

[203] R. ROTHE, *Theologische Ethik III,* 2ª ed., 1870, p. 44, bem como pp. 158ss.

como uma escolha e culpa[204]. JULIUS MÜLLER insistiu na tese de que culpa pressuporia a origem do mal de uma livre decisão do Autor individual, e a partir daí também criticou o discurso de SCHLEIERMACHER de uma "culpa global" do gênero humano, que ainda mostrou reflexos em *Begriff Angst*, 1844, de SÖREN KIERKEGAARD. Ao invés disso, postulou uma preexistência das almas como lugar de decisão primitiva para o mal, a fim de poder compreender a tendência inata para o mal como culposa e, portanto, como pecado[205]. Em consequência disso destacou-se de modo impressionante a tendência à redução do pecado hereditário ao pecado atual individual, que caracterizou toda aquela época. ALBRECHT RITSCHL lhe abriu caminho sem a suposição de uma preexistência da pessoa individual, considerada pela maioria dos teólogos como fantástica e inútil, compreendendo tanto o surgimento de uma tendência egoísta no indivíduo quanto a propagação do pecado por meio do efeito social recíproco como consequência do pecado atual[206]. Por causa da reciprocidade social, o indivíduo pode sentir-se co-culpado inclusive pelos atos de outros, segundo RITSCHL, e o cristianismo está disposto a isso em grande medida, acreditava RITSCHL[207]. No entanto, RITSCHL não pôde mais afirmar uma necessidade para tal extensão da consciência de culpa por causa de sua ligação a um pecado atual pessoal, de modo que sua exposição poderia dar a impressão de produção de sentimentos de culpa na piedade cristã, que vai muito além da medida admissível.

---

[204] W. M. L. DE WETTE, *Christliche Sittenlehre 1*, 1819, pp. 104ss., 119ss.

[205] J. MÜLLER, *Die christliche Lehre von der Sünde*, 3ª ed., vol. II, 1849, pp. 485ss., cf. pp. 553ss., bem como referente à interpretação do pecado de SCHLEIERMACHER, pp. 432ss. Cf. tb. F. SCHLEIERMACHER, *Der christliche Glaube*, 2ª ed., 1830, § 71, bem como S. KIERKEGAARD, *Der Begriff Angst*, versão alemã E. HIRSCH (*Ges. Werke 11./12. Abt. 1952, p. 25*: como indivíduo, o ser humano seria "simultaneamente ele mesmo e todo o gênero" (SV IV, 300), cf. p. 100 (SV IV, p. 368). Sobre a crítica à concepção de MÜLLER, cf. G. WENZ, Vom Unwesen der Sünde. Subjektivitätstheoretische Grundproleme neuzeitlicher Hamartiologie dargestellt unter besonderer Berücksichtigung der Sündenlehre von JULIUS MÜLLER, *KuD 30*, 1984, pp. 298-329, esp. 305 nota 13 com a remissão à reação de R. ROTHE.

[206] A. RITSCHL, *Die christliche Lehre von der Rechtfertigung und Versöhnung III*, 2ª ed., 1883, pp. 324s.

[207] *Loc. cit.*, p. 337. Fundamento para isso, porém, permanece o pecado individual atual. A partir daí também deve ser entendida a crítica de RITSCHL à doutrina do pecado hereditário, que teria conhecido apenas uma "um dever *impessoal* para o castigo" (*loc. cit.*, vol. I, p. 507, cf. 542s. e a crítica a SCHLEIERMACHER p. 502ss.).

A decadência da doutrina do pecado hereditário levou ao deslocamento e, em última análise, à redução do conceito do pecado a pecados atuais. Isso se evidencia de modo especialmente penetrante no fracasso das tentativas teológicas de garantir a dimensão da generalidade do pecador na base de um conceito de responsabilidade individual restrito ao comportamento próprio. O resultado foi a produção de uma falsa consciência de culpa de vaga generalidade em conexão com moralismo. O moralismo que resultou do deslocamento do conceito de pecado para o pecado atual tornou-se vítima da crítica a um "farisaísmo" cristão que julga o comportamento faltoso de outros sem compreensão psicológica e social para sua causa. Ao mesmo tempo, o conceito de pecado foi privado de seus fundamentos por meio da crescente dúvida acerca da aceitação de obrigatoriedade mais do que meramente convencional das próprias normas morais. O moralismo cristão pôde então apresentar-se como obstinação biofóbica, e os extensos sentimentos de culpa somente ainda como neuróticos. Nisso fizeram-se sentir os efeitos da crítica moral pregada especialmente por Nietzsche e Sigmund Freud com argumentação diversa, mas, não obstante, convergente. A dissolução da consciência moral das normas atingiu especialmente os tradicionais conceitos de normas na área do comportamento sexual. O desmascaramento do caráter neurótico da consciência cristã acerca do pecado mostrou para muitos a essência repressiva por excelência da crença cristã em Deus[208].

É preciso ter em mente essa história da decadência da consciência cristã do pecado para entender o que significa o dado que a palavra "pecado" ficou marginalizada não somente na linguagem coloquial hodierna. Também onde ela ainda ocorre fora da linguagem eclesiástica, ela é, na maioria das vezes, mais ou menos superficial e sem relevância (como em *"Verkehrssünde"**), denotando contravenções individuais. O termo até mesmo experimentou uma inversão de sentido quando sinaliza o prazer para a transgressão de proibições sem motivo. O primeiro caso pode ser compreendido como resultado

---

[208] Exemplar para isso é, ao lado e depois de Friedrich Nietzsche (cf. nota 195 citação do trabalho de B. Lauret), o livro de T. Moser, *Gottesvergiftung*, 1976.

* *Nota do tradutor:* Na língua alemã se usa *"Verkehrssünde"* para designar infrações contra as leis do trânsito, o que se traduziria literalmente por *"pecado no trânsito"*.

da moralização do conceito de pecado em ligação com a redução de normas morais ao *status* de regras de comportamento sociais, o último, como manifestação da libertação das proibições de prazer ligadas à moral tradicional.

A teologia cristã de modo algum deveria fazer pouco caso da constatação dessa decadência linguística, eventualmente como confirmação de que afinal as verdades da fé simplesmente não são acessíveis para o mundo. Nisso se esqueceria que essa decadência linguística é resultado de uma erosão da credibilidade do tradicional discurso cristão[209]. Já por isso um auto-enclausuramento da teologia não é uma reação adequada. Certamente também não basta apenas lamentar a decadência linguística e a perda de sentido da palavra pecado. Pelo contrário, a teologia precisa tirar consequências autocríticas, que não devem abranger apenas a tradição da doutrina teológica sobre o pecado e a nova formulação de seu conteúdo essencial, mas (com isso) também as premissas de formas da piedade penitencial cristã e seus efeitos na vida cúltica da Igreja, os quais se tornaram carentes de crítica.

Conquistar nova credibilidade para o conteúdo central da linguagem cristã tradicional neste assunto deverá ser mais difícil do que muitas manifestações teológicas sobre esse tema querem admitir até agora. Quem declara o fato do pecado como um puro conhecimento de fé, que não necessita de apoio na realidade humana, tal como ela é acessível à experiência comum[210], esse ignora que a fé em Cristo não cria o fato do pecado, mas o pressupõe[211], embora sua profundeza possa tornar-se

---

[209] Isso deverá ocorrer quando aquele estado de coisas é usado como "indício de que o discurso do pecado é desnecessário para o mundo". Assim G. SCHNEIDER-FLUME, *Die Identität des Sünders. Eine Auseinandersetzung theologischer Anthropologie mit dem Konzept der psychologischen Identität Erik H. Eriksons*, 1985, p. 13. A autora, todavia, vê, além de no discurso dominante da auto-realização do ser humano (pp. 16ss.), também no desenvolvimento teológico errado de um "mal-entendido legalista-moral acerca do pecado" (pp. 18ss.) um dos impedimentos para um discurso teológico adequado de pecado, e ela merece consentimento em ambos os casos. Ela, contudo, nem sequer se ocupa com a dissolução da doutrina do pecado hereditário na Modernidade, que constitui a base das tendências legalista-morais no tratamento do tema pecado.

[210] Assim recentemente G. SCHNEIDER-FLUME, *loc. cit.*, pp. 27ss. Cf. tb. *abaixo* nota 258s.

[211] Onde a teologia acha que deve evitar esse estado de coisas por causa do cristocentrismo do conceito da revelação, ela acaba em estranhas violações também na exegese. G. FREUND, *p.ex.*, é da opinião de que pode entender as explanações

consciente primeiro à luz do conhecimento de Deus proporcionado por Jesus Cristo. Nem por isso o ser humano que não chega à fé em Jesus Cristo já está livre da responsabilidade por aquela inversão na estrutura de seu comportamento, para a qual aponta o termo pecado. Se esse estado de coisas não existisse independente do conhecimento que vem da fé, por mais que sua natureza como descrença e desprezo de Deus venha à luz primeiramente na perspectiva do conhecimento que vem da fé, então, com efeito, o discurso cristão do pecado deveria aceitar a acusação de NIETZSCHE e seus seguidores de que com isso a vida seria difamada. O discurso cristão acerca do ser humano como pecador somente corresponde à realidade se ele se refere irrefutavelmente a um estado de coisas que caracteriza todo o quadro em que se apresenta a vida humana e que é reconhecível como tal também sem a pressuposição da revelação de Deus, embora sua verdadeira importância possa ser revelada primeiramente por meio dela.

Foi enfatizado com razão que a perda de sentido do conceito de pecado na consciência da Modernidade de modo algum significaria que o ser humano moderno não se apercebe mais da realidade do mal[212]. Pelo contrário: o mal, ainda que compreendido muitas vezes apenas de modo difuso e em aspectos parciais, constitui um dos problemas principais da humanidade moderna. Mais especificamente trata-se da incapacidade da humanidade de lidar com existência do mal, manifesto em seus efeitos destruidores. Esse problema apenas foi acirrado com o fato de o ser humano ter-se afastado de Deus, pois agora não pode mais ser responsabilizado o Criador, mas somente o próprio ser humano pelo

---

paulinas em Rm 5.12ss, no sentido de que "pela morte de Cristo a realidade do pecado é preservada como realidade *em processo desaparecimento*", de modo que pela morte de Cristo "a culpa pode chegar a seu início em Adão e ser herdada" (*Sünde im Erbe*. Erfahrungsinhalt und Sinn der Erbsündenlehre, 1979, p. 187). Certamente é verdade que pela morte de Cristo, ou, antes, pela ressurreição do Cristo crucificado e morto (Rm 5.10: "por meio de sua vida") o pecado foi vencido por Deus e destinado a desaparecer. Porém, não é pensamento paulino que, porém, primeiro por meio disso é estabelecido o nexo com Adão. Antes é dito: "... o pecado já estava no mundo antes que foi dada a Lei" (Rm 5.13). Cf. U. WILCKENS, *Der Brief an die Römer I*, 1978, pp. 319s.

[212] CHR. GESTRICH, *Die Wiederkehr des Glanzes in der Welt*. Die christliche Lehre von der Sünde und ihrer Vergebung in gegenwärtiger Verantwortung, 1989, pp. 40s.

mal no mundo, respectivamente por sua superação ainda não alcançada[213]. Por mais que o ser humano seja atingido pela realidade do mal, é característico, no entanto, que, em geral, a responsabilidade pelo mal é atribuída a outros, a outros mais ou menos definidos, de preferência a estruturas e pressões anônimas do sistema social. Isto é compreensível até certo ponto, porque o sistema das modernas sociedades seculares ainda continua a exigir o indivíduo nos mais diversos aspectos, mas não associa mais tal exigência a um sentido para a vida dos indivíduos, respectivamente, fundamentada e justificada por recurso a uma instância que lhe desse sentido. Por isso as exigências da parte da sociedade podem ser sentidas pelo indivíduo como estranhas e frias, e até mesmo como repressão do autodesdobramento individual. Por isso o sistema social e seus representantes podem tão facilmente parecer como maus, porque supostamente responsáveis por todas as privações na vida dos indivíduos: uma mentalidade que, como toda localização do mal em outras pessoas e grupos, leva facilmente a manifestações de violência. Desta tendência profundamente arraigada no ser humano de procurar o mal em outras pessoas, para, desse modo, desonerar a própria pessoa (ou grupo), a tematização bíblica e especificamente cristã do mal como pecado se distingue pelo fato de procurar a raiz do mal no próprio ser humano, e, em princípio, em todo ser humano, não somente no outro.

Todavia, só raras vezes o mal se manifesta com o pleno ímpeto de seu poder destruidor[214]. Isso facilmente pode ensejar o mal-entendido de que o mal como tal seria apenas um fenômeno à margem do mundo da vida humana. Se assim fosse, então seria possível afastar o mal, isolando-se seus autores ou destruindo-os. No entanto, quanto maior o radicalismo nesse procedimento, com tanto maior facilidade também se revela o mal do lado daqueles que se presume como bons, especialmente por parte do aparato montado para a repressão do mal. Por isso certamente é realista contar com um volume muito maior de maldade latente. Isso acontece na doutrina cristã do pecado. Seu conceito

---

[213] CHR. GESTRICH, *loc. cit.*, p. 41.
[214] CHR. GESTRICH, *loc. cit.*, p. 190. O conceito do absolutamente mau é definido por GESTRICH como "a destruição e violentação de vida humana, inclusive de sua alma, *sem razão evidente*" e é representado no evento da *Shoa* [holocausto] (p. 186).

abrange muito mais do que as formas em que o mal se manifesta. Por isso mesmo ele se apresenta ao olhar superficial tão facilmente como uma forma do bem, eventualmente como algo que faz parte do livre desenvolvimento da personalidade humana, ou no mínimo como neutro em termos de valores. Essa impressão desaparece quando também são consideradas as consequências inerentes ao pecado, embora nem sempre se manifestem plenamente. A concepção da disseminação geral do pecado entre os homens, procedente da profecia clássica de Israel, formada em algumas correntes do judaísmo pré-cristão e culminando em Paulo, faz com que pareça surpreendente que o mal se manifeste relativamente raras vezes na plena extensão de sua maldade destruidora. A Bíblia atribui isso ao fato de que Deus sempre de novo preserva suas criaturas das consequências extremas de seu procedimento, apesar de seu pecado. Assim, já na história do paraíso, a ameaça de morte imediata como consequência da degustação do fruto proibido não se cumpre: a morte é adiada, de modo que resta ao ser humano um período de vida limitado. De modo semelhante depois do fratricídio de Caím, o assassino é protegido, embora sua vida estivesse destruída (Gn 4.15). A história bíblica oferece uma série de exemplos de que Deus limita os efeitos destruidores dos pecados de seu povo. Em face da generalidade do pecado, a raridade de irrupções manifestas do mal é tudo menos natural. Ela é consequência da bondosa prevenção e preservação, e a ingratidão para isso por parte dos homens – ao aceitarem as coisas boas que lhes são proporcionadas como natural – é de novo expressão de seu pecado.

A generalidade do pecado proíbe o moralismo que retira toda solidariedade com aqueles que se tornaram instrumentos do poder destruidor do mal. Em face da generalidade do pecado, tal comportamento moralista é desmascarado como hipocrisia. Justamente a doutrina cristã acerca da generalidade do pecado tem a função de, apesar da necessidade da repressão do manifestamente mau e de suas consequências, contribuir para a preservação da solidariedade com os agentes do mal, em cujo comportamento se manifestou abertamente o mal ativo, que de forma latente está em todos. Essa função antimoral da doutrina da generalidade do pecado foi muitas vezes subestimada. Na Modernidade, ela se tornou vítima da dissolução da doutrina do pecado hereditário, se em seu lugar não entrou outra concepção da generalidade do pecado antes de todo agir individual. Se, por sua vez, tais concepções foram fundamentadas na idéia do pecado atual, o moralismo pôde ser retido apenas em parte e ao preço de exageradas auto-acusações. O esmaecimento da convicção de uma generalidade do pecado precedente a todo agir individual abriu o caminho para o moralismo que procura o mal nos outros, ou, por meio de agressão voltada para dentro, produz sentimentos de culpa autodestrutivos.

No que, porém, consiste propriamente o pecado, que é mais geral do que o manifestamente mau, mas que contém a raiz para isso?

b) Formas de manifestação do pecado e a pergunta por sua raiz

Enquanto a tradução grega do Antigo Testamento e também os escritos neotestamentários resumem todas as mais diversas faltas com a palavra "pecado" (*hamartia*), o texto hebraico oferece uma multiplicidade terminológica que distingue as diversas situações[215]. A palavra hebraica que mais se aproxima do sentido literal de *hamartia* como errar um alvo é *hattat*: essa palavra significa igualmente errar um alvo, diferenciando-se de '*āvōn*, a falta por descuido. Em contrapartida, '*āvōn* designa a falta consciente, e por isso dolosa no sentido específico. As duas palavras, porém, têm em comum o fato de se referirem a atos individuais. Com isso também está definida sua diferença. Não obstante, a idéia da culpa aponta para além do ato individual, remetendo para sua raiz na mente do agente. Em correspondência a isso, o peso do ato é diverso. Enquanto o delito involuntário pode ser expiado perante Deus por meio de sacrifícios, quem age dolosamente permanece preso em sua culpa[216]. Esse é o caso mais acentuado quando o ato tem o caráter de revolta contra a própria norma, resp. contra a autoridade que se encontra atrás da norma. Neste caso se fala em hebraico de *peshah* (revolta). Assim, *p.ex.*, segundo Isaías (1.2), todo o povo de Deus se encontra no estado da apostasia e da revolta contra seu Deus (cf. tb. Jr 2.29, bem como já Os 8.1; Am 4.4).

---

[215] Como resumo comparativo dessa constatação continuam instrutivas as explanações de L. KÖHLER, *Theologie des Alten Testaments* (1936) 2ª ed., 1947, pp. 157ss. Cf. tb. G. VON RAD, *Theologie des Alten Testaments I*, 1957, pp. 261s.[= *Teologia do Antigo Testamento*, São Paulo: ASTE/Targumim, 2006, p. 243].

[216] Cf. R. RENDTORFF, *Studien zur Geschichte des Opfers im Alten Israel*, 1967, pp. 200ss., esp. 202s.

Todas essas concepções diferenciadas têm a ver com transgressões de norma de comportamento. Por isso se pode dizer que no discurso véterotestamentário de pecado se trata, em todas as suas variações, do fato da transgressão[217]. Isso vale também para afirmações que apresentam a mente perversa, que se manifesta na transgressão, como difundida de modo geral entre os homens (Gn 6.5; 8.21). Certamente a concepção da maldade do "coração" aponta para trás do ato individual e para além dele, tal como já foi dito com vistas a culpa e revolta, Por isso o salmista pede um coração puro (Sl 51.12), e Jeremias (32.39) e também Ezequiel (11.19 e 36.26) aguardam para o tempo salvífico vindouro que Deus há de dar aos homens outro coração, um coração novo, que não mais resiste a seus mandamentos. O "ser humano judaico não apenas lamenta seus atos, mas a raiz de seus atos"[218]. Não obstante, também as concepções do coração que maquina o mal, e do novo coração que será harmônico com a vontade de Deus, sempre se referem à relação do ser humano com o mandamento de Deus, seja no modo da transgressão ou no da observação da norma. Primeiro em Paulo parece que pecado foi compreendido como um estado de coisas precedente a todos os preceitos, que "revive" pela Lei e por ela é revelado, mas já existe antes (Rm 7.7-11). Embora essa compreensão estivesse preparada pela concepção véterotestamentária acerca da perversidade do coração, a separação do conceito do pecado do da Lei, não obstante, deu, em princípio, o passo em direção a uma nova compreensão do pecado, a saber, como estado antropológico. O característico desse estado, todavia, será revelado somente pela Lei. O resumo de todas as proibições da Lei na frase "Não cobiçarás" revela a anormalidade do pecado como (falsa) cobiça (Rm 7.7). Melhor: o pecado *se manifesta* nas cobiças voltadas contra os mandamentos de Deus, portanto contra o próprio Deus que os ordena[219].

---

[217] Assim G. QUELL caracterizou resumidamente os termos do Antigo Testamento para o pecado como designações "para um ato contrário às normas" (*TWBNT* I, 1933,278). L. KÖHLER (*loc. cit.*, p. 158) explicou o raro emprego de *peshah* com a orientação em pecados individuais, embora atrás deles teria sido visto perfeitamente "a revolta da vontade humana contra a vontade de Deus".

[218] P. RICOEUR, *Symbolik des Bösen* (1960), versão alemã 1971, p. 274.

[219] Referente a Rm 7.7 e à concepção paulina da cobiça, cf. U. WILCKENS, *Der Brief an die Römer 2*, 1980, pp. 81s. Referente à designação da cobiça como pecado, cf., além disso, Rm 7.17 e 20: o pecado do qual ali é dito que ele habita em mim, é, sem dúvida, idêntico com o estado de coisas descrito em Rm 7.7s.

Pois é dito que o pecado, provocado pela Lei, *desperta* em mim as cobiças (Rm 7.8). Nas cobiças (dirigidas contra os mandamentos de Deus), portanto se torna evidente o pecado anteriormente latente. Disso naturalmente não se pode concluir que essas cobiças não seriam pecado como tais. Pelo contrário: elas são a forma manifesta do pecado.

Para a doutrina cristã acerca do pecado essa frase de Paulo se tornou norteadora. No entanto é verdade que a maioria dos Pais da Igreja consideraram a cobiça (*epitymia* respectivamente *cupiditas* ou *concupiscentia*) como consequência da transgressão de Adão, portanto como castigo, porque pela queda de Adão o domínio do ser humano (sob direção da graça divina) e seus afetos teriam sido prejudicados ou perdidos[220]. Nada disso consta em Paulo. Antes, de acordo com Rm 7.7, a cobiça como tal já é manifestação do pecado.

> No séc XVI, esse tema tornou-se objeto de condenações doutrinárias entre a Reforma e a Igreja católico-romana. A concepção reformada de que a concupiscência egoísta como tal já seria pecado, orientada em Paulo e AGOSTINHO, levou à afirmação de que o pecado hereditário ainda estaria presente também no batizado, embora não fosse mais imputado[221]. Roma viu nisso prejudicada a eficiência do Batismo. Por isso afirmações de LUTERO nesse sentido já haviam sido condenadas na bula de excomunhão de 1520 (*DS* 1452 e 1453). O Concílio de Trento igualmente discutiu a pergunta pela relação

---

[220] Referente a isso, cf. J. GROSS, Entstehungsgeschichte des Erbsündendogmas, von der Bibel bis Augustinus (*Geschichte des Erbsündendogmas 1*), 1960, pp. 110s. (referente a Metódio Olimpo), p. 137 (ref. a DÍDIMO o Cego – de Viena), pp. 142s. (referente a BASÍLIO), p. 145 (referente a GREGÓRIO NAZIANZO). ATANÁSIO, porém, considerou a cobiça como pecado somente no sentido impróprio, porque a cobiça como tal ainda não estabeleceria culpa (pp. 132s.). Referente a METÓDIO, cf. tb. L. SCHEFFCZYK, Urstand, Fall und Erbsünde. Von der Schrift bis Augustinus (*HDG II*,3 a, 1. Teil), 1981, pp. 85s. Pais posteriores como NEMÉSIO de Emesa, cujas exposições sobre os desejos foram adotados por JOÃO DAMASCENO em sua exposição da fé ortodoxa (II,13), distinguiam entre desejos e cobiças naturais e não-naturais, entre bons e maus desejos.

[221] Assim MELANCHTHON, *Apologia II*, 35s. (*LC*, pp.106s.), com base no escrito *De nuptiis et concup.* I, 25 (*MPL 44.*, 430), de AGOSTINHO. Referente a LUTERO vide G. EBELING, Disputatio de Homine 3. Teil: Die theologische Definition des Menschen (*Lutherstudien II*, 3. Teil), 1989, pp. 287s; cf. tb. P. ALTHAUS, *Die Theologie Martin Luthers*, 1962, pp. 138s. Sobre a imputação do pecado em AGOSTINHO, cf. J. GROSS, *loc. cit.*, pp. 330s.

entre concupiscência e pecado sob o ponto de vista da eficácia da graça batismal e chegou à decisão de que a cobiça remanescente no batizado não deveria ser compreendida como pecado no verdadeiro sentido, apesar do modo paulino de se expressar, que designa cobiça como pecado, mas como "estopim" (fomes)* do pecado, *quia ex peccato est et ad peccatum inclinat* (*DS* 1515). A reforma luterana, no entanto, insistiu no uso linguístico não somente de Agostinho, mas também já de Paulo, no qual se havia baseada a *Apologia* referente a CA 2 (Apol. 2.40: LC p. 107, secção 41). Por isso a Fórmula de Concórdia já condenou por seu lado a doutrina contrária "de que as más concupiscências não são pecado" (FC Epit. I,11-12, cf. SD I,17-18). A atual formação de juízo com respeito a esse tema deveria levar em consideração que a concepção doutrinária católico-romana está determinada pelo interesse na eficácia da graça batismal, a qual também o lado evangélico não quis negar ou esvaziar, mas apenas descrever de outro modo[222]. Referente à relação entre concupiscência e pecado, o lado evangélico pode admitir que o conceito da concupiscência não fornece uma descrição completa da natureza do pecado. De acordo com CA 2, o conceito do pecado deve ser definido a partir da relação com Deus como carência de temor a Deus e confiança em Deus (*sine metu Dei, sine fiducia erga Deum*). Somente em conexão com isso segue-se a referência à concupiscência (*et cum concupiscentia*). Portanto, o conceito da concupiscência não fornece por si só uma definição completa do conceito do pecado. Não obstante, a concupiscência egoísta já é pecado, a saber, forma de manifestação do pecado, ainda que nisso ainda continue oculto o cerne de sua natureza ou de sua perversão. A designação da concupiscência como forma de manifestação do pecado condiz melhor com o estado de coisas do que a distinção da alta escolástica entre aspecto material e formal do pecado. Nisso se designa-

---

[222] Cf. G. Wenz, *Damnamus?* Die Verwerfungssätze in den Bekenntnisschriften der evangelisch-lutherischen Kirche als Problem des ökumenischen Dialogs zwischen der evangtelisch-lutherischen und der römisch-katholischen Kirche, in: K. Lehmann (ed.), *Lehrverurteilungen – kirchentrennend?* II: Materialien zu den Lehrverturteilungen und zur Theologie der Rechtfertigung, 1989, pp. 68-127, esp. 88ss.

* *Nota do tradutor:* Em português antiquado existe o termo "fomes", s. m. no sentido de (1) concupiscência; (2) grande apetite; (3) aquilo que estimula, incentivo (cf., *p.ex.*, Laudelino Freire, *Novíssimo Dicionário da Língua Portuguesa*. Detalhes sobre o uso do termo "fomes" na teologia da Reforma, confira *Apologia da Confissão* Art. II: Do pecado original, secção 7, com a nota 16.

va a concupiscência como o *material*, a carência da justiça devida a Deus como o *formal* do pecado²²³. Essa descrição tem a desagradável consequência de que, neste caso, a concupiscência justamente ainda não seria pecado, em contraste com as afirmações paulinas especialmente em Rm 7. Pois é primeiramente a forma que faz de uma coisa essa coisa. Como forma de manifestação do pecado, no entanto, a concupiscência é realmente pecado, embora o cerne e a raiz de sua manifestação malévola ainda estejam ocultos nela.

A importância clássica de Agostinho para a doutrina cristã do pecado consiste no fato de que ele compreendeu e analisou de modo mais profundo o nexo entre pecado e cobiça apontado por Paulo do que a teologia cristã conseguira fazê-lo até então. Não se deve permitir que a visão para esse extraordinário trabalho de Agostinho nos seja bloqueado pelos muitos aspectos de sua doutrina do pecado passíveis de crítica. Isso se refere a sua concepção de hereditariedade do pecado de Adão na sequência das gerações, bem como à tendência de Agostinho, co-determinada por isso, de exemplificar a pecaminosidade da concupiscência unilateralmente pelo prazer sexual, até uma fundamentação demasiadamente pouco diferenciada da concepção da responsabilidade pela decisão da vontade, indispensável para o conceito do pecado, que ocasionalmente o fez recuar, ao preço da consistência de seu uso lingüístico, perante a decisão de designar como pecado a concupiscência e não somente os atos dela decorrentes. A teologia precisa captar por detrás dos aspectos da doutrina do pecado de Agostinho realmente passíveis de crítica o seu pensamento básico de importância permanente e fazê-lo valer em sua autonomia perante aqueles outros aspectos²²⁴. O esforço nesse sentido é indispensável ainda hoje para uma determinação adequada do tema da doutrina cristã do pecado. Mui-

---

²²³ Essa diferenciação encontra-se em uma série de teólogos escolásticos do séc. XIII, *p.ex.*, em Tomás de Aquino, *Sum. theol.* II/1 q 82 a 3. A fundamentação dada por Tomás de que o conceito de pecado deveria ser determinado a partir de sua causa, da ruptura na relação com Deus, enquanto a concupiscência seria consequência dessa ruptura, corresponde no mais à afirmação da confissão luterana em CA 2.

²²⁴ Já empreendi uma tentativa neste sentido em *Anthropologie in theologischer Perspektive*, 1983, pp. 83ss. No que segue, queremos elaborar de modo ainda mais claro as razões para essa interpretação da doutrina de Agostinho. Cf. tb. H. Häring, *Die Macht des Bösen. Das Erbe Augustins*, 1979, pp. 153-161.

tas contribuições mais recentes para esse objeto erraram seu objetivo porque se dispensaram precipitadamente do esforço de compreender a doutrina de Agostinho.

Desde seu batismo em 387 e desde o escrito sobre o livre arbítrio daí resultante, Agostinho considerou o desejo incontrolado (!), que ele, com frequência, equiparou à cobiça em geral (*libido* ou *cupiditas*) como forma básica do pecado humano[225]. Suas manifestações sobre se no caso do desejo desmedido se trata de pecado ou apenas de causa ou sequela de pecado nem sempre são totalmente uniformes[226], porque por causa da ligação do caráter de culpa do pecado ao ato nascido de livre decisão da vontade, a interpretação do desejo em crianças de peito, que precede a toda decisão de vontade responsável, ofereceria dificuldades ao entendimento como pecado no sentido próprio. Não obstante, Agostinho se inclinava no todo para uma identificação entre concupiscência e pecado[227]. Em contra-

---

[225] Agostinho, *De lib. Arb.* I, 3s., III,17-19 [*O Livre-arbítrio,* São Paulo: Paulinas, 1995]. Em 1.4, Agostinho destaca expressamente que a pessoa que deseja o bem (*p.ex.*, o de viver sem temor) não deve ser recriminada: ... *ita cupiditas culpanda non est, alioquin omnes culpabimus amatores boni*. Em III,17, a *cupiditas* desenfreada é caracterizada como manifestação de uma vontade perversa. Informações gerais sobre a determinação da relação entre pecado e concupiscência em Agostinho e sobre a discussão acerca desta questão, vide em J. Gross, *Entstehungsgeschichte des Erbsündendogmas*, 1960, pp. 322-333. L. Scheffczyk,"Urstand, Fall und Erbsünde, Von der Schrift bis Augustin (*HDG II*,3 a 1. Teil, 1981, pp. 218ss. fala de "exageros do mal da concupiscência" ["*Übertreibungen des* malum *der Konkupizenz*"] (p. 218) em Agostinho. Sua compreensão em Agostinho, porém, é apresentada por Scheffczyk demasiadamente no sentido de concepções patrísticas antigas e não em seu nexo interior com o pecado da soberba.

[226] Cf. J. Gross, *loc. cit.*, pp. 325ss.

[227] Isso também vale para a passagem do escrito tardio de Agostinho contra Juliano, no qual definiu o pecado hereditário como *concupiscentia* que acarreta culpabilidade [*reatus* – reato] (*c. Julian op. imperf.*, I,71; CSEL VIII/4, 1974, 84) e que foi interpretada na dogmática católica neoescolástica no sentido de que primeiramente o estado de culpa (*reatus*), que no cristão é eliminado pelo Batismo, faria da concupiscência um pecado. Cf. F. Diekamp, *Katholische Dogmatik nach den Grundsätzen des heiligen Thomas II*, 6ª ed., 1930, p. 156. Em *Sum. theol* II/1, 82,3, porém, o próprio Tomás emprega uma formulação semelhante das *Retratações I,15* de Agostinho como testemunho de autoridade para a concepção da concupiscência como pecado hereditário. Como aqui, também na passagem do escrito contra Juliano o estado de culpa não está ligado apenas exteriormente à concupiscência, mas fundamentado em sua própria natureza. Isso também

partida, sua concepção de concupiscência não pode ser identificada com o desejo sexual, como aconteceu não raras vezes[228]. Embora AGOSTINHO tivesse exemplificado a natureza da concupiscência perversa de preferência pelo exemplo do desejo sexual, algumas outras das raras manifestações sobre a concupiscência como deformação estrutural da vontade devem ser consideradas como fundamentais para a sistemática de seu pensamento[229].

Segundo AGOSTINHO, a perversão da cobiça pecaminosa está fundamentada numa perversão da vontade, que consiste no fato da vontade privilegiar o inferior (mundano) na escala de valores em detrimento do superior (Deus)[230] e até mesmo usar este como meio para consecução daquele. Nisso consiste o desmedido da vontade pecaminosa[231], pois por meio disso é pervertida a ordem da natureza, que AGOSTINHO compreendeu no sentido de um cosmo estratificado de valências diversas, de modo que os estratos inferiores sempre estão ordenados com vistas aos superiores. Como a concepção do mundo como cosmo estratificado nesse sentido platônico hoje perdeu sua validade, também a afirmação de AGOSTINHO de uma inversão dessa ordem poderia parecer como obsoleta. No entanto, a análise de AGOSTINHO culmina num pensamento que independe da visão de mundo platônica como cosmo estratificado e que foi capaz de sobreviver a sua decadência. Pois nessa desconsideração da ordem da natureza manifesta-se, segundo AGOSTINHO, uma arbitrariedade da vontade que coloca o próprio Eu no centro e que usa todas as outras coisas como mero meio para o próprio Eu. Essa é a soberba que faz do próprio Eu o princípio de todas as coisas, colocando-se com isso no lugar de

---

foi ignorado em J. GROSS, *op. cit.*, p. 330, para cujas explanações sobre o tema da imputação do pecado queremos remeter mais uma vez.

[228] Assim tb. em J. GROSS, *loc. cit.*, pp. 324ss. Confira, porém, o sentido muito geral da *libido* em *De civ. Dei* XIV.15,2.

[229] Isso é pressuposto nas explanações do Autor em *Anthropologie in theologischer Perspektive*, 1983, pp. 84s. J. GROSS, *loc. cit.*, p. 324 registra algumas manifestações que vão nesse sentido; por causa da reduzida freqüência, contudo, ele se deixa levar a concluir erradamente que seriam menos relevantes para a compreensão do pecado de AGOSTINHO.

[230] AGOSTINHO, *De div. quaest.* q. 35,1; *MPL* 40.23 z. 2s. Cf. tb. *De civ. Dei* XII,8.[cf. *A cidade de Deus*, São Paulo: Ed. das Américas, 1961].

[231] AGOSTINHO, *Conf.* II,5. [cf. *As Confissões*, São Paulo : Paulinas, 1984]

Deus[232]. Essa soberba, porém, constitui, conforme AGOSTINHO, o cerne de toda cobiça perversa[233], porque todo cobiçado é cobiçado "para" aquele que cobiça e que, por isso, esse então funciona implicitamente como fim último de seu cobiçar. Essa auto-referência na estrutura do cobiçar, que se expressa na palavra *concupiscentia*, embora do ponto de vista formal a referência do fim do cobiçado também poderia ter outro conteúdo (a saber, Deus como bem supremo), deve estar presente subliminarmente, na maioria das vezes, no emprego do termo por AGOSTINHO. Visto, porém, que a excessiva auto-afirmação da soberba em grande parte está presente e é ativa apenas implicitamente, o querer pecaminoso do ser humano, atuante na cobiça das coisas exteriores, não já alcança inicialmente e em toda parte a mais profunda radicalidade e extrema consequência da vontade pecaminosa, a saber, do ódio a Deus como consequência da soberba de colocar-se no lugar de Deus, que haverá de fracassar inevitavelmente nessa aspiração. Nisso se distingue, segundo AGOSTINHO, a situação do ser humano como pecador da situação dos anjos caídos, que não pecam via concupiscência, mas (como seres puramente espirituais) diretamente por sua soberba[234]. No entanto, em última consequência, também o pecado impele o ser humano até o ódio a Deus. Assim rege no reino do mundo o amor próprio até o ódio a Deus, enquanto no reino de Deus o amor a Deus leva o ser humano a colocar o próprio Eu em segundo plano[235].

---

[232] AGOSTINHO, *De civ. Dei* XIV,13.
[233] AGOSTINHO, *De trin.* XII,9,14. V. S. GOLDSTEIN, The Human Situation. A Feminine View (*The Journal of Religion 40*, 1960, pp. 100-112) e, mais recentemente, S. N. DUNFEE, The Sin of Hiding. A Feminist Critique of Reinhold Niebuhr's Account of the Sin of Pride (*Soundings 65*, 1982, pp. 316-327, esp. 321ss.) estabeleceram a afirmação de que o pecado da soberba seria uma tentação especificamente masculina, à qual no caso das mulheres se oporiam formas do subdesenvolvimento ou da rejeição do próprio Eu. Essa concepção ignora que no caso da *superbia* na compreensão de AGOSTINHO não se trata de uma forma especial de pecado, mas de uma estrutura geral que se encontra na base de todas as formas do pecado – também das formas de pecado mencionadas por aquelas duas autoras, que pode remontar ao "não desespereis de querer ser vocês mesmos" de KIERKEGAARD (vide *abaixo* p. 443).
[234] Cf. AGOSTINHO, *De genes. ad lit.* XI,14 e 16 (*CSEL* 28/1, 1894, pp. 346 e 348s.).
[235] AGOSTINHO, *De civ. Dei* XIV,28: *Fecerunt itaque civitates duae amores duo, terrenam scilicet amor sui usque ad contemptum Dei, caelestem vero amor Dei usque ad contemptum sui.* R. HOLTE, *Béatitude et Sagesse*. Saint Augustin et le problème de

A idéia de que o querer-ser-como-Deus do ser humano, o *amor sui* que, como última consequência, implica o ódio a Deus, é o princípio estruturador da cobiça perversa, constitui o auge da análise de AGOSTINHO do conceito paulino de pecado como cobiça. Infelizmente, na compreensão do pecado humano em AGOSTINHO nem sempre foi observada a correlação entre *amor sui* (respectivamente *superbia*), por um lado, e *concupiscentia*, por outro[236]. Porém, somente a unidade estrutural de seu conceito do pecado, que se manifesta nessa correlação, possibilita que se dê o devido valor à interpretação agostiniana da determinação

---

la fin de l'homme dans la philosophie ancienne, 1962, chamou a atenção para o pano de fundo estóico do conceito *amor sui* de AGOSTINHO: originalmente o termo tem apenas o significado de "autopreservação" (p. 239, cf. 33s.), mas na perversão da vontade ele se torna *superbia* (pp. 248ss.).

[236] Na Idade Média latina encontra-se, no contexto da discussão da doutrina do pecado hereditário como posição de AGOSTINHO inicialmente em primeiro plano sua determinação pelo conceito da concupiscência. Por exemplo, em PEDRO LOMBARDO, *Sent.* II d. 30 c.8, *MPL 192*, 722. Cf. referente a essa corrente H. KÖSTER, *Urstand, Fall und Erbsünde*. Na escolástica (*HDG II 3 b*), 1979, pp. 125ss. Também TOMÁS DE AQUINO tratou da concupiscência em conexão com o pecado hereditário, ainda que somente como seu *materiale* (*Sum. theol.* II/1,82,3), que consiste de uma *inordinatio virum animae*. Nisso não é mencionado o *amor sui* (no sentido da *superbia*), que implica em *odium dei*. Se estivesse em vista a *superbia*, como em AGOSTINHO, como cerne da concupiscência, esta última dificilmente poderia aparecer como mero material do pecado, a não ser que ela própria fosse considerada pecado. Por isso em outro contexto, a saber, na análise do conceito do pecado como tal, TOMÁS descreveu o *amor sui inordinatus* como o verdadeiro princípio do pecado, e isso também como princípio da concupiscência, conquanto do amor próprio inadequado procede a cobiça inadequada de bens temporais (*Sum. theol.* II/1,77,4 c e ad 2). Aqui TOMÁS compreendeu a relação entre concupiscência e *amor sui* plenamente no sentido de AGOSTINHO, enquanto na análise do pecado hereditário a concupiscência é entendida mais no sentido dos pais pré-agostinianos como desordem das forças da alma.

Na teologia moderna constata-se uma compreensão deficiente da correlação interior entre concupiscência e *amor sui* no contraste entre a compreensão da natureza do pecado de JULIUS MÜLLER e de RICHARD ROTHE. Enquanto, de acordo com MÜLLER, o egoísmo é o princípio do pecado (*Die christliche Lehre von der Sünde I* (1839) 3ª ed., 1849, pp. 177ss.), ROTHE atribuiu todo pecado ao pecado "sensual" (*Theologische Ethik III*, 2ª ed., 1870, pp. 2ss.). Com isso os dois momentos parciais do conceito do pecado humano de AGOSTINHO se distanciaram e entraram em oposição. Referente a isso e com mais profundidade, cf. minhas explanações in: *Anthropologie in theologischer Perspektive*, 1983, pp. 86s.

do pecado como cobiça dada por Paulo. Pois a compreensão de Agostinho da cobiça se diferencia num ponto importante da do apóstolo, mas justamente por meio disso destaca o sentido mais profundo do pensamento paulino, ao mesmo tempo em maior generalidade e validade psicológica geral.

Em Paulo, a cobiça é identificada como pecado pela referência à Lei de Deus, melhor, por meio de sua resistência a suas exigências. As manifestações de Agostinho a respeito da concupiscência, porém, referem-se à cobiça em geral, como fenômeno antropológico. Certamente, em Rm 7.7ss. também Paulo tinha em mente a situação do ser humano em si. Mas sua descrição acontece numa narrativa de cunho mítico, com reminiscências à história bíblica dos começos e à revelação da Lei. A afirmação de Agostinho sobre a correlação entre concupiscência e amor próprio exagerado (*amor sui, superbia*) possuem, ao contrário, a forma de análise filosófica de um fenômeno. Nisso Agostinho conseguiu descobrir também na estrutura geral da natureza da cobiça a oposição a Deus, a qual em Paulo aparece como resistência das cobiças contra a Lei. Em Agostinho resultou disso inicialmente o pensamento de uma inversão da ordem das coisas em ordenação com vistas a Deus como bem supremo. Agostinho, porém, identifica como raiz dessa inversão a auto-sobre-estima do Eu volitivo. A *superbia* ativa implicitamente na concupiscência perversa podia agora ser compreendida até mesmo diretamente, sem passar pela ordem gradual das coisas, como reivindicação daquela posição que pode caber somente a Deus. Da resistência aos mandamentos da Lei divina positiva se fez, desse modo, a revolta contra a posição que compete a Deus como Criador na relação com suas criaturas, portanto também em relação ao ser humano. Desse modo Agostinho transferiu o conteúdo central das afirmações paulinas do revestimento narrativo de Rm 7.7ss. para a forma de pensamento geral em uma afirmação estrutural sobre a forma geral do comportamento humano em relação à realidade de Deus. A difusão geral do pecado, que Paulo podia afirmar primeiramente em face da generalidade da morte como efeito do mesmo (Rm 5.12), para Agostinho já resultou de sua análise estrutural antropológica do próprio pecado.

O alcance desse pensamento foi encoberto na história da teologia cristã pela concepção da hereditariedade do pecado, associada a ela em Agostinho e pela luta pela superação dos problemas nisso contidos. A generalidade do peado na humanidade foi concebida como dependente da suposição de sua transmissão no contexto das gerações. Nisso se esqueceu que a descoberta do nexo entre *amor sui* e concupiscência deve ser lida já por si só como descrição da estrutura do comportamento humano comum a todos os indivíduos. Para isso não havia necessidade de uma teoria adicional de hereditariedade. Pois o dado de que a estrutura geral do comportamento humano, reproduzida no indivíduo pela inter-relação das gerações, faz parte da essência da espécie é algo que se entende por si só. A tendência ligada à teoria do pecado hereditário no sentido de derivar a difusão geral do pecado da procedência de todos os homens de Adão, porém, encobriu a importância de sua efetiva generalidade como expressão de uma estrutura de comportamento que pode ser encontrada em geral. Somente depois da dissolução da doutrina do pecado hereditário pela crítica do Iluminismo, a generalidade estrutural do pecado voltou a ser discutida como tema independente da concepção da hereditariedade. Para isso se tornou decisiva especialmente a tese de IMMANUEL KANT acerca do mal radical.

KANT definiu o mal radical, por meio do qual o ser humano é "mau por natureza", como inversão na ordem de valores das pulsões de seu agir, a saber, como subordinação da lei moral, que na verdade deveria dominar, sob a condição de sua consonância com o amor próprio, respectivamente com as "molas propulsoras" da sensualidade que clamam por bem-aventurança[237]. Estruturalmente essa descrição é análoga ao conceito do mal de AGOSTINHO. Também em KANT o mal consiste na inversão de uma ordem de valores dos bens por meio da vontade má, e isso materialmente, como na concupiscência de AGOSTINHO, na dominância das ambições "sensuais", radicadas no amor próprio. A descrição de KANT se distingue da de AGOSTINHO pelo fato de que a inversão da hierarquia das pulsões acontece somente na subjetividade do ser humano, não como inversão de uma ordem do universo que se manifesta na graduação dos bens, como em AGOSTINHO. Nisso se manifesta não somente o fato de que para a cosmologia de KANT o cosmo platônico de existências estratificadas não era mais opção, mas, de modo ainda mais fundamental, a concentração do pensamento moderno na subjetividade do ser humano, na qual enfrenta livremente

---

[237] I. KANT, *Die Religion innerhalb der Grenzen der blossen Vernunft*, 2ª ed., 1794, pp. 26ss., esp. 33s.

seu mundo. A teologia não deveria considerar de antemão como deformação essa temática moderna, juntamente com o deslocamento da pergunta referente a Deus para a antropologia, a isso ligada[238]. Ela deveria antes reconhecer nisso um desenvolvimento de motivos bíblicos na determinação da relação entre ser humano e mundo. Também para a descrição da estrutura do pecado existe um progresso no fato de o pecado ser tematizado teórico-subjetivamente como delito próprio. A tese de KANT do mal radical criou um ponto de partida para isso. A isso, todavia, se contrapõe uma grave deficiência em comparação com a descrição do pecado por AGOSTINHO. Em KANT não é mais constitutiva para o conceito do pecado a perversão da relação com Deus adequada ao ser humano como criatura, tal como AGOSTINHO a encontrou expressa no fenômeno da concupiscência. No lugar da relação com Deus, em KANT passa a existir a relação com a voz da lei moral que fala dentro do ser humano. A troca da ordem de preferência entre religião e moralidade, entre Deus e lei moral – por mais que KANT quisesse fundamentar de modo novo a religião na moralidade – não pode ser admitida pela teologia cristã[239]. Essa deficiência, porém, não deveria impedir a teologia de reconhecer como mérito de KANT ter restabelecido dos escombros da doutrina do pecado hereditário a pergunta por uma estrutura geral do mal no comportamento humano, para além das faltas individuais do ser humano, como pergunta por uma inversão da subjetividade em si mesma.

HEGEL desenvolveu ainda mais o princípio teórico da subjetividade para a descrição do mal e o ampliou pela a reflexão sobre a natureza geral da autoconsciência, por um lado, e sobre a relação da autoconsciência finita com o absoluto, por outro[240]. Não se pode mais acusar a

---

[238] Isso eu gostaria de recomendar à consideração em face das exposições de CHR. GESTRICH, *Die Wiederkehr des Glanzes in der Welt. Die christliche Lehre von der Sünde und ihrer Vergebung in gegenwärtiger Verantwortung*, 1989, pp. 136s.

[239] Nisso concordo com CHR. GESTRICH, *loc. cit.*. Em *Anthropologie in theologischer Perspektive*, 1983, pp. 83ss., não me ocupei com essa deficiência que onera a descrição de KANT em comparação com o conceito teológico do pecado, porque ali se tratava mais das paralelas estruturais que ocorrem na filosofia na pesquisa das ciências humanas do que de um juízo teórico.

[240] Talvez esse estado de coisas tivesse sido descrito de modo mais marcante na *Filosofia do Direito* § 139 de HEGEL. Cf. também suas preleções sobre a filosofia da religião (*Sämtliche Werke* 16 (Obras Completas), pp. 257-277, esp. 267s.,

HEGEL, como no caso da teoria de KANT acerca do mal radical, que aqui o mal ou o pecado estaria sendo determinado sem tomar em consideração a relação do ser humano com Deus. Também HEGEL parte da subjetividade do ser humano, todavia, não mais somente de sua consciência moral, mas do ser humano como o ser consciente de si mesmo em princípio. De acordo com HEGEL, a autoconsciência constitui o fundamento da unidade de todos os conteúdos da consciência acerca do objeto. Com isso também ela está simultaneamente além de todo conteúdo específico. Algo semelhante vale para a realização prática da autoconsciência na forma da cobiça[241]. A cobiça caracteriza o ser humano como vontade natural. Nisso, porém, ele ainda não é o que deveria ser. Pois deve alçar-se acima de sua própria e toda particularidade ao pensamento do em si geral, do verdadeiramente infinito e absoluto, em contraste com todos os conteúdos de consciência finitos, incluído o próprio Eu. Por outro lado, o Eu também tem a possibilidade de tratar o absoluto como um conteúdo especial de sua consciência ao lado de outros e tomar a infinita unidade da consciência do Eu, que ultrapassa todos os conteúdos especiais, como o propriamente infinito, a fim de que, em verdade, "a *própria particularidade* seja alçada a princípio sobre o geral, e realizando-o por meio do agir – sendo *mau*"[242].

A descrição HEGEL acerca da cobiça introduz na de AGOSTINHO um elemento de diferenciação adicional, ao atribuir à cobiça humana como forma de manifestação da autoconsciência uma tendência para o infinito, que torna compreensível como o Eu pode colocar-se a si mesmo no lugar do verdadeiramente infinito e absoluto. Nisso, a cobiça em

---

bem como a incisiva apresentação dos pensamentos de HEGEL em J. RINGLEBEN, *Hegels Theorie der Sünde. Die subjektivitätslogische Konstruktion eines theologischen Begriffs*, 1977, esp. pp. 65-105, bem como referente à relação de pecado e conceito de Deus, pp. 116-153.

[241] G. W. HEGEL, *Encyclopädie der philosophischen Wissenschaften im Grundrisse*, editado por F. NICOLIN, *PhB 33*, §§ 426ss. [= *Enciclopédia das ciências filosóficas*, 1830, São Paulo, Loyola, 1995-1997]. Cf. *Phänomenologie des Geistes*, editado por J. HOFFMEISTER, *PhB 114*, 139s. [= *Fenomenologia do Espírito*. Petrópolis: Vozes, 1999] e referente à caracterização da cobiça como da vontade a ser vencida, as explanações das Preleções Filosófico-religiosas in *Werke 16*, p. 262.

[242] G. W. F. HEGEL, *Grundlinien der Philosophie des Rechts*, ed. por J. HOFFMEISTER, *PhB 124a*, 124 (§ 139). Cf. nas *Vorlesungen über die Philosophie der Religion III*, editado por G. LASSON, *PhB 63*, p. 104 (Manuscritos de HEGEL) também a ênfase na culpabilidade da vontade má, que realmente recorre a essas últimas possibilidades.

si ainda não é má, mas apenas a vontade que se identifica com ela, ao invés de alçar-se acima dela – e com isso acima do próprio egoísmo. Um motivo para isso seria dado pelo conceito do absoluto desenvolvido pela consciência teórica. No entanto, acaso a elevação à idéia do absoluto não permanece sempre atada à subjetividade finita como sua base?

Esse é o ponto no qual KIERKEGAARD desenvolveu e aprofundou a descrição hegeliana do pecado[243]. As palavras introdutórias de seu livro *Die Krankheit zum Tode*, de 1849, descrevem a subjetividade humana como "uma relação que se relaciona consigo mesma": o ser humano é uma relação da finitude de seu Eu com o infinito do eterno, e ele tem uma relação com essa relação, que é ele, tendo autoconsciência disso. Agora, porém, "ele não pode chegar ao equilíbrio e sossego por si mesmo", porque não pode fundamentar a unidade de si mesmo em sua autoconsciência; pois a existência do ser humano está posta, antes, pelo eterno como uma relação com ele. Se, todavia, o ser humano tenta realizar a unidade dele mesmo por si mesmo, isso sempre acontece na base da própria finitude. Com isso também KIERKEGAARD (como HEGEL já antes dele) repetiu a concepção agostiniana do pecado como perversão da estrutura do ser humano como criatura. Agora, porém, isso é feito na nova forma de que a auto-realização do ser humano na base de sua finitude representa uma inversão do contexto da fundamentação que parte do infinito e eterno e constitui a existência do ser humano como relação. Daí se segue o caráter desesperado de todos os esforços do ser humano por auto-realização na base de sua existência finita. Pois todas essas tentativas se movem na contradição à constituição dessa existência, que parte do eterno e de sua infinitude. Em seus esforços por auto-realização, o ser humano descobre isso, desesperado, porque na contradição à fundamentação de sua existência desde o eterno, na idéia de querer ser ele mesmo, a saber, na base de sua própria finitude, ou procura, ao tomar a eternidade como sua determi-

---

[243] A estreita relação que liga o conceito de pecado de KIERKEGAARD, *Krankheit zum Tode*, 1849 [*O desespero humano: doença até a morte*. Porto: Tavares Martins, 1961], apesar de toda crítica, foi enfatizada com razão por J. RINGLEBEN, *Hegels Theorie der Sünde*, 1977, pp. 245-260 (esp. pp. 248s., cf. pp. 112ss.). Referente ao que se segue, cf. tb. minhas explanações in *Anthropologie in theologischer Perspektive*, 1983, pp. 94ss.

nação contra a própria finitude, desesperadamente não ser ele mesmo – não ser ele mesmo, porque pode ser isso somente como ser finito, e desesperadamente porque nisso não consegue libertar-se da própria finitude nem consegue alcançar a eternidade. Na verdade, KIERKEGAARD viu uma saída dessa situação, quando o si-mesmo "se fundamenta de modo transparente em Deus"[244]. No entanto, estaria essa possibilidade da fé ao alcance do si-mesmo por si só como um fundamentar-"se" na base da própria finitude? Porventura KIERKEGAARD não mostrou que para a subjetividade que busca a auto-realização é impossível fugir das amarras à própria finitude?

A descrição de KIERKEGAARD acerca da situação desesperada do esforço humano em busca de auto-realização da própria identidade em face da constituição do si-mesmo da parte de Deus, renovou, sobre o fundamento da teoria da subjetividade, a tese de LUTERO sobre o cativeiro do ser humano em *servum arbitrium*[245]: embora perfeitamente na posse da faculdade normal da escolha, o ser humano não é capaz de, sobre o fundamento de sua subjetividade finita e por seu próprio agir, corresponder a sua situação perante Deus, ou, falando com KIERKEGAARD, de realizar sua própria identidade a partir de si mesmo.

A descoberta do desespero por parte de KIERKEGAARD nas diversas formas da intenção do ser humano de querer ser ele mesmo contém uma crítica radical a toda crença na factibilidade do ser-eu-mesmo, muito antes do aparecimento da psicologia da identidade com suas descrições de processos de formação de identidade com seu uso terapêutico. Todavia, nem descrições de tais processos nem ajudas terapêuticas neles fundamentadas devem implicar que a formação da própria identidade seja compreendida como mérito da referida pessoa[246]. Mas já a concentração exagerada na própria identidade deve ser

---

[244] *Die Krankheit zum Tode*, versão alemã E. HIRSCH (ed.), *Gesammelte Werke*, 24. seção, 1954, p. 81 (SV XI,194), cf. já 10 (XI,129).

[245] M. LUTERO, *De servo arbítrio* (1525) [*Da vontade cativa*, in: *Obras Selecionadas*, vol. 4, pp. 17-216].

[246] G. SCHNEIDER-FLUME, *Die Identität des Sünders*. Eine Auseinandersetzung theologischer Anthropologie mit dem Konzept der psychosozialen Identität Erik H. Ericksons, 1985, infelizmente trata da psicologia da identidade de Erickson apenas no sentido de distanciamento e não tenta uma integração das descrições nela contidas numa antropologia teológica. A razão para isso certamente reside

considerada uma deformação da temática da vida humana, porque em primeiro lugar devem estar não a própria identidade, mas os bens e as tarefas, aos quais está dedicada a vida: a partir deles, em última análise, a partir de Deus como o bem supremo pode a vida pessoal obter uma identidade que permanece inatingível ao ser humano envolvido apenas com a preocupação pela própria identidade. Nisso se repete o antigo tema da primazia da idéia do bem sobre a busca de bem-aventurança ou de prazer[247]. A busca de felicidade por amor a ela própria é egocêntrica e leva ao engano. Somente quem busca o bem por amor dele próprio também encontrará com isso a felicidade e sua própria identidade[248]. "Pois quem quer salvar sua vida, esse a perderá. Quem, todavia, perde sua vida por amor de mim, esse a encontrará" (Mt 16.28).

A inversão da escala entre a busca do bem, por um lado, e do interesse na própria identidade e na própria felicidade, por outro, também se encontra na base do fenômeno do medo, que KIERKEGAARD quis descrever como determinação psicológica intermediária entre inocência e pecado[249]. O pecado que se agarra na própria finitude não procede primeiramente do medo, como achava KIERKEGAARD, mas já perfaz a essência do próprio medo: o medo está interessado no próprio poder-ser. Ele está fixado no próprio Eu, de modo semelhante como a preocupação dele procedente, que justamente por isso se tornou objeto da crítica de Jesus (Mt 6.25-27; Lc 12.22-26) e à qual contrapôs a conclamação: "Buscai primeiro o reino de Deus e sua justiça, e todas essas coisas vos serão acrescentadas" (Mt 6.33; Lc 12.31).

Para a descrição teórico-subjetiva da inversão estrutural que caracteriza a natureza do pecado, cabe ao medo uma importância igual-

---

no fato de que SCHNEIDER-FLUME se fixa numa interpretação da busca de identidade como obra do próprio ser humano (pp. 73s., 79s., 110ss.). Neste caso, a rejeição de tal concepção pelo teólogo está pré-programada.

[247] Cf. o diálogo entre SÓCRATES e CÁLICLES nas *Górgias* 491ss. de PLATÃO, esp. 506c 7ss., bem como já anteriormente 470e9s.: Quem é honesto e bom, esse também é bem-aventurado.

[248] Para falar com CHR. GESTRICH, *loc. cit.*, p. 78, a isso corresponde "que fé verdadeira está interessada em primeiro lugar em Deus *mesmo* – e não em amadurecimento, liberdade, felicidade, identidade do ser humano crente".

[249] S. KIERKEGAARD, *Der Begriff der Angst*, 1844 (versão alemã editada por E. HIRSCH, in: *Gesannelte Werke*, 11./12. Seção, 1952). Cf. com mais detalhes do Autor, *Anthropologie in theologischer Perspektive*, 1983, pp. 93s, 98ss.

mente fundamental à da concupiscência na exposição de AGOSTINHO: Assim como essa constitui a raiz de vícios concretos como ganância, inveja e ódio, o medo é a fonte não apenas do desespero e da preocupação, mas também da agressão[250]. Visto que as análises teórico-subjetivas permitem ser lidas como aprofundamento da psicologia agostiniana do pecado, o medo (como manifestação do amor próprio excessivo) também já deve ser presumido como motivo da processão da concupiscência dele: o ser humano já está caracterizado como ser natural pela carência e por isso também por cobiça. Mas o passo para aquele excesso de cobiça, que a torna pecado, deverá estar fundamentado na preocupação pelo próprio poder-ser, na qual o ser humano procura assegurar-se, por meio da posse do cobiçado, do próprio ser-ele-mesmo.

Medo e a fixação no próprio Eu a ele associada também estão na base da busca doentia de confirmação por outros, para a qual, com razão, recentemente se chamou insistentemente a atenção como a uma forma importante da manifestação de pecado[251]. Por causa da abertura de sua identidade, o ser humano é dependente, no processo de uma história ainda inconclusa, de reconhecimento por parte de outros. Onde este lhe é oferecido sem hipocrisia e como manifestação de aceitação amorosa, nada há de mal nele[252]. Onde, porém, o reconhecimento de outros é buscado a qualquer preço como garantia da própria identidade, aí este anseio resulta de uma preocupação pelo próprio ser eu mesmo, a qual, ligada com o esforço de sua garantia, manifesta uma fixação no próprio Eu no sentido do *amor sui* de AGOSTINHO. O anseio de garantir o Eu por meio de reconhecimento por parte de outros deveria ser tematicamente diferenciado do anseio por autojustificação[253]. Aquele anseio é mais importante do que este último, porque uma justificação se torna necessária primeiramente perante uma instância acusadora e (possivelmente) condenadora. O anseio por reconhecimento, no fundo, porém, está interessado no amor do outro, embora tivesse

---

[250] Referente a isso, cf. minhas exposições em *Anthropologie in theologischer Perspektive*, 1983, pp. 139-150.
[251] CHR. GESTRICH, *Die Wiederkehr des Glanzes in der Welt. Die christliche Lehre von der Sünde und ihrer Vergebung in gegenwärtiger Verantwortung*, 1989, pp. 199-203.
[252] Assim tb. CHR. GESTRICH, *loc. Cit*, p. 201.
[253] A diferenciação está ausente em CHR. GESTRICH, *loc. cit.*, pp. 202, 203ss.

que contentar-se muitas vezes com sinais exteriores de certa benevolência. O anseio doentio por "confirmação da própria bondade pelo mundo circundante" também não é a raiz do qual nasce todo o mal[254], embora de fato, em muitos casos, maldade destruidora possa proceder de uma busca desiludida de reconhecimento, como também pode surgir de todas as outras formas de manifestação do pecado. O anseio doentio por reconhecimento é uma das formas nas quais se manifesta o pecado, talvez até uma forma especial da concupiscência, naturalmente associada à temática da identidade do ser humano como um ser consciente de si mesmo. Em todo caso, a preocupação com o próprio poder-ser como manifestação e simultaneamente motivo de amor próprio exagerado também já está pressuposta aqui.

A fixação no Eu não pode ser atribuída ao medo, porque já está contida no medo[255]. Mas na situação da temporalidade, a fixação no próprio Eu é constantemente reproduzida pelo medo. A incerteza do futuro e a inconclusividade da própria identidade realimentam o medo. Assim o ser humano está preso no próprio Eu[256]. A alternativa a isso seria uma confiança em um futuro e uma vida no presente a

---

[254] As formulações de CHR. GESTRICH, *loc. cit.*, p. 203, são equívocas neste sentido. Se GESTRICH realmente quis afirmar que o anseio doentio por reconhecimento é a forma absolutamente básica de manifestação do pecado, então isso teria exigido uma argumentação mais detalhada face às pretensões concorrentes da tradição para concupiscência, egoísmo, medo. O fato de que egoísmo e medo em geral participam na busca por confirmação depõe antes a favor do fato de que esses motivos são fundamentais para a estrutura de pecado, enquanto o anseio por prestígio é uma de suas formas de manifestação ao lado de outras.

[255] Além disso, existe ainda, ao lado da forma angustiante da fixação no Eu, também a soberana forma despreocupada, a qual os antigos já conheciam como *hybris* ou *superbia*.

[256] O grande alcance deste estado de coisas para o largo espectro do comportamento neurótico foi descrito recentemente por E. DREWERMANN em sua obra de três volumes: *Struktur des Bösen. Die jahwistische Urgeschichte in exegetischer, psychoanalytischer und philosophischer Sicht*, 1977ss. DREWERMANN enfatizou com razão que uma solução dessa problemática, que vá até as raízes, necessita de uma conversão a Deus. Reconhecer isso, todavia, não significa seguir ao posicionamento anti-racionalista de DREWERMANN e sua mistura de matérias bíblicas e míticas na base da psicologia de C. G. JUNG. A importância fundamental do medo como uma forma básica do pecado, aliás, também já foi vista em AGOSTINHO, embora ainda não fizesse distinção terminológica entre temor (*timor*) e medo.

partir dessa confiança. Se isso não fosse concedido ao ser humano sempre de novo, ele não teria condições de sobreviver. Mesmo assim, sempre de novo homens se fecham a isso, preocupados que estão consigo mesmos.

Neste sentido, foi com razão que a teologia da Reforma designou a descrença como a raiz do pecado[257]: Preocupados consigo mesmos, os homens se negam ou são incapazes de aceitar a própria vida como dádiva, e por isso, gratos e confiantes, ir ao encontro do futuro. Naturalmente, confiança neste sentido geral ainda não é fé no sentido de o ser humano se voltar para o Deus da Bíblia. Essa manifestação expressa da fé é possível somente sob o fundamento de experiência histórica com Deus. Se descrença como estado antropologicamente geral deve ser incluída na descrição teológica do pecado como fato de difusão geral entre os homens, então deve ser admitida uma indeterminação primária do objeto e do fundamento da confiança, por um lado, e, por outro, a incapacidade de confiar. O Deus da Bíblia não se apresenta a todo ser humano sempre já numa correlação concreta. Não obstante, a crença bíblica na criação exige que se conte com uma referência de todas as criaturas ao Deus da Bíblia como a seu Criador, embora não possam saber que é ele do qual procede sua vida e em direção ao qual ela está indo. De modo semelhantemente não expresso podem fé e descrença ser realizadas por parte da criatura em grata aceitação da vida e confiante abertura, por um lado, ou, por outro, na preocupação pelo próprio poder-ser.

Na situação geral em que se erra a determinação do ser humano, teologicamente chamada de pecado, nem sempre a descrença é tematizada como sendo o seu fundamento. Isso somente é possível no con-

---

[257] LUTERO viu na descrença o pecado contra o Primeiro Mandamento, assim como viu na fé seu cumprimento. Abonações para isso vide em P. ALTHAUS, *Die Theologie Martin Luthers*, 1962, pp. 131s., e especialmente G. EBELING, *Lutherstudien II: Disputatio De Homine*, 3. Teil, 1989, pp. 114ss., e Idem, Der Mensch als Sünder. Die Erbsünde in Luthers Menschenbild, *Lutherstudien III*, 1985, pp. 74-107. De modo semelhante J. CALVINO, *Inst.* II, 1,3. [= *As Institutas, ou Tratado da Religião Cristã*. São Paulo: Cultura Cristã, 2008]. Em ligação com isso, K. BARTH interpretou a afirmação fundamental sobre o pecado como soberba (*KD* IV/1, 1953, pp. 458-531) por meio do conceito da descrença (pp. 459-462). À interpretação do pecado como descrença segue também O. H. PESCH, *Frei sein aus Gnade*. Theologische Anthropologie, 1983, pp. 166ss.

fronto com o Deus da revelação histórica[258]. Tampouco o ponto de partida concreto do pecar se encontra meramente na *hybris* do querer-ser-como-Deus do ser humano. Esta *hybris* em grande parte está ativa somente de modo implícito na cobiça e no temor pela própria vida. Se ela uma vez aparece abertamente, isso pode, todavia, ter efeitos destruidores e fatais. Nas formas cotidianas da manifestação do pecado normalmente sua verdadeira natureza e a profundidade de sua maldade permanecem ocultas[259]. Do contrário, como poderia seduzir os homens? Na verdade, eles sofrem as consequências de uma vida em medo, em desejos irrefreados e em agressividade. Mas primeiro na confrontação com o Deus da revelação histórica se torna nominável a monstruosidade desse modo de vida como pecado contra esse Deus, e com isso também identificável sua raiz como descrença.

c) A generalidade do pecado e o problema da culpa

A demonstração da generalidade estrutural do pecado no nexo entre cobiça e egoísmo agrava o problema da responsabilidade pelo

---

[258] Cf. do Autor, *Anthropologie in theologischer Perspektive,* 1983, pp. 88ss. e 132ss. Cf. tb. as exposições de J. RINGLEBEN, *Hegels Theorie der Sünde. Die subjektivitätslogische Konstruktion eines theologischen Begriffs,* 1977, pp. 252ss., referente à relação entre KIERKEGAARD e HEGEL nesse ponto. Em KIERKEGAARD, cf. esp.: *Die Krankheit zum Tode* (versão alemã de E. HIRSCH), p. 94. K. BARTH já acusou a teologia da Reforma e a pós-reformatória, e com maior razão ainda, a moderna teologia protestante em todo seu desenvolvimento (com M. KÄHLER como única exceção) de não ter fundamentado o conhecimento do pecado decididamente e com a devida exclusividade a partir de Cristo (*KD* IV/1, 1953, pp. 395-458) Em sua própria fundamentação cristológica do conhecimento do pecado (*loc. cit.*, p. 430 formulado como princípio), no entanto, BARTH não levou em consideração que o desvendamento do pecado à luz da revelação de Cristo se refere a um fato que, como tal, é de natureza bem mais geral e que precede historicamente à revelação de Cristo. Onde, porém, isso não é considerado, o fato do pecado se torna mero postulado da fé em Cristo. Cf. tb. as observações de CHR. GESTRICH, *loc. cit.*, pp. 85s.

[259] Estas formas de manifestação do pecado são, também conforme LUTERO, perfeitamente acessíveis à percepção geral, embora a razão obcecada as ignore facilmente: *Posset tamen peccatum ab effectibus suis cognosci utcumque, Nisi ratio etiam hic esset nimium caecutiens et obiectorum facile oblivisceretur* (*WA* 39/1,85). Cf. G. EBELING, *Lutherstudien III,* 1985, pp. 275s. e 295-300.

pecado, que ocupou a doutrina cristã do pecado constantemente até a discussão moderna: falar de pecado parece fazer sentido somente se se tratar de um comportamento que é imputável como culpa. Do contrário, se falaria de modo mais correto de doença ou de uma situação miserável. Responsabilidade, porém, existe somente, de acordo com a obra da fase inicial de Agostinho sobre o livre arbítrio, para o ato perpetrado propositadamente. Essa concepção estava de acordo com a tradição patrística mais antiga: o pecado é imputado com justiça somente ao que o comete. Pois, quem peca com alguma coisa que ele não pode evitar?[260]. Mais tarde os adversários pelagianos de Agostinho puderam recorrer a sentenças semelhantes: Como poderia haver culpa, em face de tais princípios, para uma circunstância na qual alguém se encontra sem ter contribuído para isso, e isso até mesmo já desde o nascimento? Agostinho remeteu, em contrapartida, à Escritura que declarou puníveis igualmente delitos cometidos por desleixo, inclusive delitos que o ser humano gostaria de evitar, porém, não o consegue (Rm 7.15)[261]. Com isso, todavia ainda não se havia dado uma resposta ao argumento objetivo que liga responsabilidade e culpa à vontade do infrator. Uma saída foi oferecida primeiro pela reflexão sobre a liberdade de decisão de Adão antes da queda, ligada à pressuposta concepção paulina de que em Adão estavam presentes todos os seus descendentes e participaram desse modo de sua livre decisão para o pecado, e assim pecaram "nele" (Rm 5.12 Vulg.)[262]. A pergunta pela responsabilidade

---

[260] Agostinho, *De lib. Arb.* III,18 = *O livre-arbítrio*, São Paulo : Paulinas, 1995: *Quis enim peccat in eo, quod nullo modo caveri potest?* Sobre a relação de liberdade de decisão e responsabilidade no Agostinho jovem, vide H. Häring, *Die Macht des Bösen. Das Erbe Augustins*, 1979, pp. 139-148, 150ss.

[261] Agostinho, *Retract.* I,9. Sobre o desenvolvimento da posição posterior de Agostinho na questão de culpa e responsabilidade, cf. H. Häring, *loc. citi*, pp. 189-218.

[262] Agostinho, *De civ. Dei* XIII,14 = *A cidade de Deus*, São Paulo : Ed. das Américas, 1961: *Omnes enim fuimus in illo uno, quando omnes fuimus ille unus ... Nondum erat nobis singillatim creata et distributa forma, in qua singuli viveremus; sed iam erat natura seminalis, ex qua propagaremur.* Mais comprovações em J. Gross, *Entstehungsgeschichte des Erbsündendogmas*, 1960, pp. 319ss. Groß distingue esse pensamento com razão da "segunda série de concepções..., segundo a qual o pecado hereditário não é outra coisa do que a concupiscência que é hereditária desde Adão" (p. 322), mas considera a relação de ambos como contraditória (pp. 327s.), em vez de complementárias, por que não considera suficientemente o motivo da soberba contido na concupiscência. O pecado dos primeiros seres

pelo atual estado do domínio do pecado foi, portanto, o motivo mais forte para o recurso a Adão e com isso para a concepção de uma participação dos descendentes de Adão em seu pecado.

> Na verdade, AGOSTINHO sequer desenvolveu sua doutrina do pecado hereditário com o fim de resolver o problema da responsabilidade individual pelo atual estado dos homens. Já desde o escrito sobre o livre arbítrio partilhou, além da concepção de difusão geral na teologia patrística da origem da fatalidade da morte na queda de Adão, também já a concepção de TERTULIANO da hereditariedade de uma natureza depravada pelo pecado, surgida em conexão com seu traducianismo (procedência inclusive da alma da corrente das gerações)[263]. No entanto, que com a herança da concupiscência também está ligada diretamente a participação na culpa de Adão é uma tese que AGOSTINHO defendeu com bastante rigor na controvérsia pelagiana[264]. Nesse sentido sua doutrina do pecado hereditário recebeu sua forma plena primeiro sob a pressão da questão da culpa. Primeiro nesse ponto se tornou importante a concepção da hereditariedade para a sistemática da doutrina de AGOSTINHO. Para explicar a difusão geral da perversão da vontade contida na concupiscência não havia necessidade disso. A generalidade do pecado também era fato consumado sem o recurso a Adão.

A discussão medieval sobre o conceito do pecado hereditário mostrou, no entanto, que justamente o problema da responsabilidade pelo pecado pela remissão à liberdade decisória de Adão antes da queda não estava resolvido em absoluto. A concepção de uma presença

---

humanos já foi um pecado da soberba, com o qual, segundo Ecl 10.15, começa todo pecado (*De civ. Dei* XIV,13,1). A soberba, porém, é *perversae celsitudinis appetitus*, que deseja mais para o próprio Eu do que lhe compete (ib), e como tal ela também constitui o cerne da concupiscência.

[263] *De lib. Arb.* III,20, referente a isso J. GROSS, *loc. cit.*, pp. 266ss. Cf. TERTULIANO *De an.* 40,1 f. (*CCL II*,84). Em TERTULIANO aparece, nesse contexto, tb. a concepção paulina da *caro peccatrix ... concupiscens adversus spiritum* (cf. já pp. 38.2s; 841), enquanto em AGOSTINHO ainda está em primeiro plano aqui o conceito da libido (III,18), resp. a *difficultas* (ib.) da obediência à vontade de Deus nisso fundamentada e associada à *ignorantia*.

[264] Vide J. GROSS, *loc. cit.*, pp. 268s., 273, 301ss., esp., porém, 305ss. referente à importância da interpretação de Rm 5.12 por AGOSTINHO para esse tema.

de todos os descendentes de Adão no ancestral no sentido de uma livre co-participação em seu ato fatal, na verdade teria postulado a suposição de uma preexistência das almas. A concepção agostiniana de uma presença em forma de semente dos descendentes em Adão podia reivindicar certa plausibilidade somente sob a pressuposição da concepção traducianista de que também as almas procedem da corrente das gerações, embora mesmo então ainda continue um tanto bizarro imaginar que a semente da alma dos descendentes participou da decisão de Adão. Sob a pressuposição do criacianismo, porém, era preciso encontrar uma explicação totalmente nova para o fato de que a alma criada nova para cada novo indivíduo não obstante permaneceria presa ao pecado de Adão. ANSELMO de Cantuária era da opinião de que estaria dando tal explicação na linha de pensamentos de AGOSTINHO com a tese de que toda nova alma criada por Deus deveria a Deus a justiça original concedida à humanidade como gênero, perdida pela queda de Adão,[265]. Os teólogos do tempo subseqüente apropriaram-se progressivamente dessa tese, no que a carência com vistas à justiça devida a Deus por cada descendente de Adão era ligada de modo mais ou menos íntimo com a concupiscência transmitida hereditariamente na corrente das gerações[266]. Também a teologia da ortodoxia protestante seguiu essa linha, apenas acentuou com especial ênfase a complementaridade daqueles dois aspectos do pecado[267]. Que também a idéia de uma culpabilidade hereditária pela carência de um elemento do equipamento original do ser humano não foi capaz de resolver o problema da responsabilidade individual pelo pecado, isso o revelaram, no entanto, os argumentos que estavam no ar

---

[265] ANSELMO de Cantuária, *De conceptu virginali et de originali peccato 2-6* (*Opera Omnia* ed. F. S. SCHMITT II, 1940, pp. 14ss.), cf. p. 27 (II,170).
[266] Cf. referente a isso H. KÖSTER, *Urstand, Fall und Erbsünde*. In der Scholastik (*HDG* II,3b), 1979, pp. 129ss.
[267] Assim é dito em J. A. QUENSTEDT, *Theol. Didactio-polemica sive systema theol.*, Leipzig, 1715, p. 918 (th. 34) referente ao pecado hereditário: *Forma est habitualis Iustitiae Originalis privatio ... cum forma contraria, totius nempe naturae profundissima corruptione, coniuncta*. Na explicação da tese, da *corruptio* aqui mencionada também faz parte a concupiscência (cf. tb. th. 35,919). QUENSTEDT dedicou à pergunta uma *quaestio* própria: *An peccatum Originis consistat in nuda privatione et carentia iustitiae Originalis, an vero simul importat positivam quandam qualitatem contrariam?* (qu. 11.1029-1035).

desde a crítica sociniana à doutrina do pecado hereditário e que, por fim, levaram a sua dissolução (vide *acima*). No entanto, nem com isso estava acabada a luta pela compatibilidade de responsabilidade individual e generalidade do pecado. O problema da responsabilidade individual antes também surgiu em todas as tentativas mais recentes de tornar credível, após a dissolução da concepção tradicional da hereditariedade e culpa hereditária, uma pecaminosidade geral, precedente ao agir individual.

Aqui se encontra o motivo mais profundo por que a história da doutrina do pecado na teologia moderna acabou finalmente por reduzir o conceito do pecado ao pecado atual (vide *acima* p. 269). Já na exposição de Agostinho o pecado hereditário havia sido reduzido, em última análise, a um pecado atual, ou seja, ao de Adão. A teologia mais recente aplicou essa idéia a cada pessoa individual, sob exclusão do esquema da hereditariedade. O pecado é ato de cada um, mas que simultaneamente determina o todo de sua vida, "ato de vida"[268]. No entanto, acaso a vida é ato em seu todo? Não é ela, antes, uma história marcada não apenas por atos próprios, e, sim, também por sucedimentos e obras do destino[269]? Assim a saída tentada por Julius Müller sempre ainda permanece instrutiva, porque acreditava poder garantir a generalidade e totalidade do pecado juntamente com a responsabilidade somente postulando uma decisão pré-natal de cada indivíduo como origem da pecaminosidade no todo de sua vida (vide *acima* nota 205).

As formas mais influentes substitutivas para a doutrina do pecado hereditário se baseiam na ligação dos aspectos supra-individuais da pecaminosidade com a situacionalidade do indivíduo no contexto social. No lugar da transmissão natural do pecado através da sucessão das gerações entra a concepção de sua transmissão pelas relações sociais entre os indivíduos. Aí então o contexto de vida social pode ser compreendido como estruturalmente deformado. Até esse ponto,

---

[268] K. Barth *KD* IV/1, 1953, pp. 566ss., cf. 448ss. O conceito do ato de vida substitui o do pecado hereditário, que também segundo Barth *"ein höchst unglücklicher, weil höchst mißverständlicher Begriff ist"* – "é um conceito extremamente infeliz e sujeito a mal-entendidos" (p. 557).

[269] Cf. do Autor: *Anthropologie in theologischer Perspektive*, 1983, pp. 488ss.

isso também é inegável²⁷⁰. Assim como vida individual e vida social do ser humano são inseparáveis, sendo que a primeira sempre já está co-constituída pelas referências sociais nas quais ela se forma e desdobra, do mesmo modo também o pecado terá seus reflexos sobre as formas de vida social. A pergunta somente pode ser se se trata dos efeitos de um estado de coisas que tem suas raízes na vida de cada um, ou se, inversamente, a sociedade é a verdadeira sede do mal. Neste ponto também aqui surge inevitavelmente a pergunta pela responsabilidade individual como critério para a aplicabilidade do conceito do pecado. Primeiro com a concordância da vontade individual a má influênciaa da sociedade se torna pecado do indivíduo. Se o indivíduo pode, em princípio, esquivar-se dessa influência, então desaparece a diferença da concepção pelagiana, que igualmente conheceu uma transmissão do pecado no contexto de vida social por meio do efeito contagioso do mau exemplo e a contrapôs à doutrina agostiniana do pecado hereditário²⁷¹. No entanto também quando o indivíduo não consegue esquivar-se da influência da sociedade, ele pode, assim mesmo, considerá-la como um poder estranho, do qual ele se distancia interiormente. Ele então se sabe como mau não em si mesmo. O mal aparece como "pecado estrutural" fora do indivíduo. Não há necessidade de uma complicada demonstração de que aqui se erra o sentido bíblico do discurso de pecado. Por mais diversas que sejam as concepções bíblicas nos detalhes, o que sempre importa é que o ser humano justamente não pode distanciar-se do pecado por si mesmo, antes tem que reconhecer o mal do pecado como seu próprio mal, seja como seu próprio ato, seja como poder que "habita" nele mesmo (Rm 7.17). É no "coração" de cada ser humano que o pecado tem sua origem. Esse estado de coisas não é atingido pela explicação

---

[270] Isso é enfatizado com razão por CHR. GESTRICH *loc. cit.*, pp. 88s. sob referência à interpretação da teologia da libertação do conceito do pecado. Cf. M. SIEVERNICH, *Schuld und Sünde in der Theologie der Gegenwart*, 1982, pp. 249ss., 256ss. E referente à crítica pp. 265ss. Como exemplo de uma interpretação "política" do pecado hereditário e da fundamentação de sua compreensão, a ser discutida mais adiante (nas notas 279ss.) como "estar situado" do ser humano no contexto de vida social, cf. W. EICHINGER, *Erbsündentheologie. Rekonstruktionen neuer Modelle und eine politisch orientierte Skizze*, 1980, pp. 187-228.

[271] Vide G. GRESHAKE, *Gnade als konkrete Freiheit. Eine Untersuchung zur Gnadenlehre des Pelagius*, 1972, pp. 81ss.

da difusão do pecado pelo contexto de vida social, a não ser que já seja pressuposto como dado no sentido de um pendor existente em cada pessoa individual.

Esse foi o caso em KANT, que por meio de sua concepção de uma realização social do princípio do mal em um "reino do mal"[272] veio a ser o mais importante precursor da respectiva formação teológica. Segundo KANT, o surgimento e a difusão desse reino, que deve ser vencido pela fundação de um reino de Deus ético, de um estado ético comum segundo leis da virtude, sempre já têm na origem de cada um o "pendor" para a perversão da ordem das molas propulsoras[273]. De modo semelhante a "inibição" da consciência de Deus por meio da autoconsciência sensual em cada indivíduo constitui o correlato da comunidade do pecado, que procede da interação dos indivíduos e que se apresenta como uma "vida global" da pecaminosidade[274], da qual o indivíduo pode ser libertado somente por meio de incorporação em outra vida global, cujo surgimento é atribuído ao Redentor. Na verdade, existe em SCHLEIERMACHER, distinguindo-se de KANT, uma preponderância do aspecto comunitário, de modo que compreendeu a "pecaminosidade existente no indivíduo antes de todo ato dele e fundamentada além de sua própria existência" (§ 70) como "o ato global e a culpa global do gênero humano" (§ 71). No entanto, ela também está presente em cada um individualmente[275]. ALBRECHT RITSCHL atribui a concepção de SCHLEIERMACHER de modo mais decidido à encarnação social dos indivíduos, "na medida em que o agir egoísta de cada um, que o coloca na incomensurável reciprocidade com todos os outros ... o leva

---

[272] I. KANT, *Die Religion innerhalb der Grenzen der bloßen Vernunft* (1793) 2. Aufl. (2ª ed.) 1794, pp. 107s.

[273] I. KANT, *loc. cit.*, pp. 223ss. Referente ao conceito do reino de Deus de KANT como um estado ético comum de acordo com leis da virtude, cf. pp. 137ss.

[274] SCHLEIERMACHER,*Der Christliche Glaube*, 2. Ausg. (2ª ed.) 1830, § 71,1s.; cf. § 69,3. Referente ao conceito "Gesamtleben" – "vida global", vide § 82,3. .

[275] SCHLEIERMACHER, no entanto, não se viu em condições de designar a participação do indivíduo na pecaminosidade do gênero como culposo (§ 71,2). Somente na medida em que o pecado primitivo *"nicht ohne seinen Willen in ihm fortfährt und also auch durch ihn würde entstanden sein"* – "não continua nele sem sua vontade e, portanto, também teria surgido sem ela" pode ele ser denominado *"mit Recht eines Jeden Schuld"* – "com razão culpa de cada um" (§ 71,1). As seguintes informações no texto referem-se igualmente à *Glaubenslehre* de SCHLEIERMACHER.

a ligações dos indivíduos em um mal comum"[276]. RITSCHL designou o "entrelaçamento" que surge desse modo, como um "reino do pecado"[277], no que a distância da doutrina do pecado hereditário está mais claro do que a diferença em relação à concepção pelagiana da difusão do pecado por meio de exemplo e imitação[278].

A interpretação dos aspectos supra-individuais da concepção cristã do pecado por meio do entrelaçamento social dos indivíduos, que partiu de KANT, permaneceu restrita à teologia evangélica até o séc. XIX. Recentemente ela também encontrou um equivalente na teologia católica, especialmente na tese de grande repercussão de PIET SCHOONENBERG referente a um "pecado do mundo", no qual todo indivíduo estaria enredado por meio de seu "estar-situado" no contexto de vida social[279]. As exposições de SCHOONENBERG a respeito assemelham-se de modo surpreendente às idéias de RITSCHL, somente com a diferença de que RITSCHL havia apresentado sua concepção como alternativa para a doutrina do pecado hereditário, não como sua interpretação. Também quando se pondera com KARL RAHNER que o conteúdo essencial dogmaticamente compromissivo da definição do pecado hereditário pelo Concílio de Trento (DS 1513) deve ser restrito à transmissão do pecado por mera imitação[280], não obstante continua duvidoso se a interpretação do pecado primitivo como ser-situado realmente exclui a concepção rejeitada. Pois a rejeição da difusão do pecado por mera imitação destina-se a garantir que o pecado seja concebido como interiormente próprio de cada um[281]. Exatamente neste ponto encontra-se a problemática da interpretação do pecado como ser-situado. Na verdade, SCHOONENBERG

---

[276] *"sofern das selbstsüchtige Handeln eines Jeden, das ihn in die unmeßbare Wechselwirkirkung mit allen Anderen versetzt ... zu Verbindungen der Einzelnen in gemeinsamem Bösen führt"* – A. RITSCHL: *Die christliche Lehre von der Rechtfertigung und Versöhnung III*, 2. Aufl. (2ª ed.;) 1883, p. 311.

[277] *Loc. cit.*, pp. 314ss.

[278] O esforço de RITSCHL de se delimitar também em direção a esse lado (*loc. cit.*, p. 312), revela, na melhor das hipóteses, que nele o ponto de vista da encarnação social foi exposto mais amplamente.

[279] P. SCHOONENBERG, "Der Mensch in der Sünde", in: J. FEINER/M. LÖHRER (Hrgg. – editores): *Mysterium Salutis II*, 1967, pp. 7845-941, esp. 886ss., 890s., bem como 928s. Cf. tb. K.-H. WEGER: *Theologie der Erbsünde*, 1970.

[280] K. RAHNER, "Theologisches zum Monogenismus" (1954), in: *Schriften zur Theologie I*, 1864, pp. 253-322, 270, 295s..

[281] O Concílio descreve o pecado original (*peccatum originale*) como *Adae peccatum, quod origine unum est et propagatione, non imitatione transfusum omnibus inest unicuique proprium* (DS 1513).

quer compreender o ser-situado como uma determinação *interior*[282]; mas se isso pode ser demonstrado racionalmente, sem que com isso entre em jogo a auto-realização da vida individual e um pendor do indivíduo atuante nisso, correspondente ao ser-situado, disso há de se duvidar. O cerne de verdade da posição de Agostinho em sua oposição ao pelagianismo pode ser mantido somente se no pecado for reconhecido um resíduo básico de constituição natural da vida no indivíduo. Somente por meio disso o indivíduo é forçado à identificação com o pecado como pertencente a ele mesmo, porque a própria existência corporal é a forma básica do si-mesmo, como o qual o indivíduo é identificado, a forma básica sobre a qual todos os demais aspectos do auto-ser constróem[283]. Com isso ainda não está dada uma resposta à pergunta como é possível a responsabilidade individual pelo próprio ser-assim, mas está dada a imprescindível premissa para que se possa, de algum modo, fazer essa pergunta de tal modo que faça sentido.

Evidentemente é preciso empreender um novo esforço para responder a pergunta em que sentido o estado de coisas a ser designado de pecado pode ser compreendido como culposo. Isso leva à próxima pergunta em que sentido culpa e responsabilidade dependem da liberdade do agir ou estão fundamentados nela. Somente no âmbito de uma discussão dessa pergunta pode-se julgar se é possível falar de algum modo de culpa e responsabilidade com vistas a outra coisa senão a atos.

Julius Müller foi da opinião de que para a responsabilidade e culpabilidade do agir seria necessária a pressuposição da liberdade "formal", que se encontra ainda além das alternativas entre as quais se deve escolher, de sorte que lhe é própria a faculdade de "produzir de si mesmo *tanto o mal quanto o bem*"[284]. Para isso, na verdade, não seria necessário que a pessoa que escolhe seja indiferente em relação às possibilidades de sua escolha antes de escolher. No entanto, seria imprescindível que também possa posicionar-se de modo diferente perante essas possibilidades[285], e esse também-poder-diferente conteria a possibilidade do mal perante a norma do bem[286]. Müller não se deu conta

---

[282] P. Schoonenberg *loc. cit.*, p. 924, cf. 891.
[283] Cf. referente a isso do Autor *Anthropologie in theologischer Perspektive*, 1983, pp. 198ss.
[284] J. Müller, *Die christliche Lehre von der Sünde II*, 3. Aufl. (3ª ed.), 1849, p. 15, cf. 17s.
[285] J. Müller, *loc. Cit.*, pp. 32ss., cf. 41.
[286] J. Müller, *loc. cit.*, p. 35.

de que uma vontade que também pode diferente perante a norma do bem, na verdade já não é mais uma vontade boa. Ela também não é fraca apenas porque ainda não está firmada no bem[287]. Na medida em que também pode ser diferente perante a norma do bem, ela já é pecaminosa, porque está emancipada do compromisso com o bem[288]. Pode-se compreender o pecado perfeitamente como manifestação da fraqueza dos homens em relação a sua determinação[289]. Pois já foi dito que não se pode equiparar pecado a maldade nua e crua. Mas não se pode apresentar aquela fraqueza da vontade para o bem como neutra em relação ao contraste do bem e do mal[290]. Nesse sentido, a vontade que também pode diferente em relação ao bem sempre já está enredada no mal. Por isso não adianta recorrer a um ato de livre escolha para explicar a origem do pecado e da responsabilidade por ele[291]. Nisso se confunde a responsabilidade por uma mentalidade que se manifesta no agir com

---

[287] Essa concepção difundida na patrística encontra-se, *p.ex.*, em ATANÁSIO, *De inc.* 3s. bem como em AGOSTINHO, *Ench* 28 (105) *CCL* 46, 106: A vontade que nem pode pecar, com razão é considerada livre em grau superior àquela que pode tanto pecar quanto não pecar.

[288] Nesse sentido também a observação final crítica de G. WENZ referente ao conceito da liberdade formal de JULIUS MÜLLER em seu artigo: "Vom Unwesen der Sünde", *KuD 30*, 1984, pp. 298-329, 307.

[289] Assim IRENEU *adv. haer.* IV,38,1s. E 4.

[290] K. BARTH, *KD* III/2, pp. 234s.: "*Des Menschen Freiheit ist also nie die Freiheit, sich seiner Verantwortung vor Gott zu entschlagen. Sie ist nicht Freiheit zu sündigen*" – "A liberdade do ser humano, portanto, nunca é liberdade para esquivar-se da responsbailidade perante Deus. Ela *não é a liberdade para pecar*" (p. 235). Desconcertante, porém, é que, não obstante, BARTH não conseguiu livrar-se do modelo de tal escolha como origem do pecado, embora descrevesse a escolha do ser humano "*zwischen seiner einen und einzigen Möglichkeit und seiner eigenen Unmöglichkeit*" – "entre sua una e única possibilidade e sua própria impossibilidade" (*ib.*). Infelizmente W. KRÖTKE, *Sünde und Nichtiges bei Karl Barth* (1970) 2. Aufl. (2ª ed.) 1983, pp. 66ss. não se ocupou com o problema da concepção de liberdade de BARTH, que surge neste ponto.

[291] Diferente do que a argumentação aqui exposta, K. BARTH já criticou a JULIUS MÜLLER por ter-se aventurado a tentar uma resposta à pergunta pela possibilidade do pecado (*Die protestantische Theologie im 19. Jahrhundert. Ihre Vorgeschichte und ihre Geschichte*, 2. Aufl. (2ª ed.) 1952, pp. 54ss.). No entanto, a crença cristã na criação não se pode subtrair a uma informação sobre essa pergunta. Por isso a teologia cristã já procurou dar essa resposta na controvérsia com a gnose. Apenas fica a pergunta até que ponto é consistente a resposta dada na época, na qual também JULIUS MÜLLER ainda se fundamentou.

a responsabilidade por um ato isolado. Isso vale para Adão do mesmo modo como para os homens da atualidade. Essa noção é de longo alcance. Ela atinge não apenas Julius Müller ou Sören Kierkegaard, e, sim, já tinge a Agostinho e, antes dele, a argumentação dos pais antignósticos. Pois ela não permite atribuir a responsabilidade pelo pecado a uma decisão da vontade entre bom e mau.

Com isso não se nega, eventualmente, a faculdade da vontade para decidir entre alternativas. Essa faculdade e sua atividade, com efeito, fazem parte dos traços característicos do comportamento humano. Eles têm suas raízes na capacidade para o distanciamento perante os objetos da percepção, mas também perante objetos imaginados e atitudes imaginadas próprias frente a tais objetos. A possibilidade de escolha, porém, está condicionada a que de algum modo alguma coisa se torne objeto para a consciência. Somente então o sujeito pode tomar essa ou aquela atitude[292]. Nem tudo, porém, o ser humano pode trazer de tal modo perante sua consciência que possa tornar-se objeto de uma escolha. Isso já vale para a área do comportamento em atividade e omissão: muitas coisas acontecem por meio de nós ou é omitido, sem que ocorra uma escolha no verdadeiro sentido (decisão depois de ponderadas as possibilidades). Em muitos desses casos seriam possíveis, em princípio, ponderação e possibilidades. Isso, porém, não acontece apenas para que as energias necessárias para isso sejam concentradas nos casos realmente importantes. Outras coisas fogem da completa objetivação por sua natureza e com isso também de uma escolha. Isso vale especialmente para os estados do sujeito que escolhe. Pode-se escolher entre atos e seus objetos, mas dificilmente entre os estados de espírito e sensações aos quais nós mesmos estamos sujeitos. Também nossas atitudes em relação ao mundo dificilmente podem ser influenciadas por meio de decisões de escolha e antes somente de modo indireto. Algo semelhante vale para nossa situacionalidade no mundo: podemos tomar atitudes diversas em relação a isso, podemos modificar nossa situação em detalhes, mas sempre apenas em medida mais ou menos restrita.

---

[292] W. James, *The Principles of Psychology*, reimpressão 1983, p. 277. Cf. referente a esse tema agora tb. do Autor: "Sünde, Freiheit, Identität". Eine Antwort an Thomas Pröpper, in: *Theologische Quartalschrift 170*, 1990, pp. 289-298, esp. 294s.

Também nossa relação com Deus, conquanto ele é origem do mundo e de nossa vida, não é determinada precipuamente por um posicionamento eletivo. Como o mistério divino, que envolve e sustenta nossa vida de todos os lados, Deus não é, ou apenas de modo difuso, objeto de nossa consciência e, portanto, também de posicionamentos possíveis. Primeiro na medida em que a realidade divina está apreendida em determinada forma de consciência religiosa, ela também pode tornar-se objeto de um posicionamento eletivo. No entanto, faz parte da consciência religiosa que a realidade divina excede a todas as concepções que temos dela, e assim também a possibilidade de um posicionamento em relação a ela permanece restrita, porque a realidade divina cerca e permeia nossa vida de modo inconcebível. Pessoas podem dar as costas à forma de revelação da divindade, à manifestação de sua vontade – e já o fizeram, se cogitam seriamente de uma possibilidade nesse sentido. Do mistério divino presente no íntimo de nossa vida não podemos nos distanciar desse modo direto. Não obstante, acontece aquele afastamento de Deus que denominamos de pecado. Mas ele acontece de modo indireto, como implicação do querer-a-si-mesmo do ser humano, quando nisso ele ocupa com seu próprio Eu o lugar que, na verdade, compete somente a Deus.

Também o querer-a-si-mesmo do ser humano não está à escolha de tal modo que uma pessoa pudesse, de alguma maneira, deixar de querer a si mesma. Ainda no nojo de si mesmas, pessoas realizam uma forma do ser-elas-mesmas, ainda que no modo do desespero. Nem mesmo o suicida pode deixar de qualificar sua própria existência por seu ato. Somente podemos escolher *como* queremos a nós mesmos, pelo menos em determinados limites e, na maioria das vezes, somente de modo indireto através dos objetos e das atividades às quais nos dedicamos, sempre, porém, misturados com ilusões, por sempre nos termos diante de nós apenas de modo parcial – sempre ainda somos, simultaneamente, aquele que olha para esse espelho.

Acaso esse querer-a-si-mesmo do ser humano sempre já é pecado? Não é ele, antes, manifestação daquela centralização da vida em si mesma, que é realizada na evolução da vida animal, e especialmente em vertebrados, em nível cada vez mais elevado, no ser humano, por fim, na forma da autoconsciência, que sempre também inclui identificação, que portanto é um querer-a-si-mesmo e que refere todo o mais ao Eu como centro? Acaso o ser humano não é criado por Deus justamente nessa centralização de sua vida, como um ser capacitado em grau especialmente elevado para a autonomia e para o domínio sobre seu ambiente? Sobre isso não há dúvida, e por isso a centralização da vida em si não pode, como tal, ser declarada como pecado[293]. Ela também não se contrapõe simplesmente à determinação excêntrica do ser humano para a elevação acima de todas as cosias finitas, incluída a própria finitude; pois essa movimentação da vida é constitutiva para o próprio Eu[294]. Não obstante, nisso a inversão da relação da infinitude do Eu com o infinito e absoluto encontra-se tão próxima que, com exceção do caso de expressa autodiferenciação do Eu em sua finitude de Deus, de fato sempre o próprio Eu se torna o chão e ponto de referência de todos os seus objetos, ocupando, desse modo, o lugar de Deus[295]. Por via de regra, isso sequer acontece na forma de revolta expressa contra o Deus da religião, e, sim, no temor do Eu por si mesmo e na imoderação de seus desejos. É a forma do absoluto querer-a-si-mesmo implícita, nisso ativa, que aliena o ser humano de Deus, ocupando por seu próprio Eu o lugar que compete somente a Deus, sem que nisso a relação com Deus sequer fosse objeto de uma decisão.

Em toda parte onde o querer-a-si-mesmo do ser humano não acontece em autodistinção existencial de Deus, ele assume, de fato, a forma daquela ilimitada auto-afirmação, mesmo que seja apenas na forma do temor e preocupação irrestrito pela própria vida. Nesse sentido o pecado está intimamente entrelaçado com as condições naturais da existência humana[296]. No entanto, como pode então haver responsabilidade do ser humano pelo pecado?

---

[293] Assim com razão, já I. A. DORNER: *System der christlichen Glaubenslehre II/1*, 2. Aufl. (2ª ed.) 1886, p. 86. Desde sua primeira publicação sobre a antropologia (*Was ist der Mensch? Die Anthropologie der Gegenwart im Lichte der Theologie,* 1962), o Autor ligou a Eu-referência do comportamento humano ao tema do pecado (pp. 40-49), não identificou, porém, a egoidade como tal (p. 44) com o pecado, e, sim, a *"in sich selbst und in ihrem Weltbesitz verschlossene Ichhaftigkeit"* – "a egoidade encerrada em si mesma e em sua posse do mundo" (p. 146). Cf. tb. *Anthropologie in theologischer Perpspektive*, 1983, pp. 104ss., bem como CHR. GESTRICH, *Die Wiederkehr des Glanzes in der Welt*, 1989, pp. 75ss.

[294] Vide do Autor, *Anthropologie in theologischer Perspektive*, 1983, pp. 102s., bem como 233ss.

[295] Vide tb. *acima* p. 358.

[296] Cf. minhas exposições in: *Anthropologie in theologischer Perspektive*, 1983, pp. 104ss., bem como CHR. GESTRICH, *Die Wiederkehr des Glanzes in der Welt,* 1989, pp. 75ss.

No discurso de responsabilidade e culpa[297] trata-se, em primeiro lugar, de atos ou omissões, nesse sentido também de uma referência a escolha e decisão. Com vistas a atos e omissões se pressupõe, no mínimo, uma possibilidade de escolha. Nisso podem, no processo penal, *p.ex.*, ser de importância também considerações adicionais sobre a exigibilidade de alternativas de ação. Da referência do discurso usual de responsabilidade e culpa a atos segue-se já agora que uma aplicação direta ao tema pecado é possível somente na medida em que o conceito de pecado se refere a atos ou omissões, a transgressões de uma norma. Essa pressuposição está cumprida em grande parte no uso lingüístico do Antigo Testamento[298], assim também na narrativa do paraíso. Ela, porém, não confere sem mais nem menos para o estado do coração mau ou da revolta contra Deus como pano de fundo de tais atos individuais, e para o conceito paulino do pecado como poder que domina o ser humano e habita nele, esse modo de ver as coisas não pode mais ser aplicado de modo algum.

Acontece, porém, que também a responsabilidade para o próprio agir está sujeito a determinadas condições, sem as quais ainda não resulta culpa do mero fato da autoria. A reflexão sobre as circunstâncias biográficas – psicológicas e sociais – de atos sempre é apropriada para fazer um ato parecer como resultado de suas coincidências, e para desse modo desonerar o autor. Responsabilidade e culpa resultam somente da validade de uma norma, a qual o agente deve observar ou deveria ter observado. No processo penal espera-se do Autor, em nome da sociedade e de sua lei, que ele ou ela se deveria ou poderia ter comportado de acordo com a norma. Desse modo se imputa culpa objetiva. Se a norma é interiorizada na consciência moral, então o agente faz essa

---

[297] Referente ao que segue, cf. o parágrafo sobre culpa e consciência de culpa in: *Anthropologie in theologischer Perspektiva*, pp. 278-285, esp. 280ss.

[298] Nisso estou abstraindo aqui do fato de que os textos do Antigo Testamento ainda estão profundamente determinados pelo ponto de vista de responsabilizar o autor do ato por suas conseqüências, independente de sua capacidade de evitar o ato. O princípio de culpa fundamentado nessa capacidade livrou-se somente mais tarde da concepção da responsabilidade pelas conseqüências, visando um julgamento mais justo do Autor do ato. Cf. *Anthropologie in theologischer Perspektive*, p. 282ss., bem como o exemplo da história do roubo de Acã de Js 7.16ss., citado à p. 281, nota 125. Fundamental para esse tema é P. FAUCONNET, *La responsabilité. Étude de Sociologie*, Paris, 1920.

exigência a si mesmo. Somente então também acontece subjetivamente a aceitação da culpa. Consciência de culpa, consciência e responsabilidade, portanto, têm algo a ver com o comprometimento da consciência da própria identidade como conceito de dever do si-mesmo com determinadas normas e com as exigências daí decorrentes para o próprio comportamento[299].

Daí também resulta uma relação do estado de coisas descrito como pecado com a temática de responsabilidade e culpa. A ciência de Deus e com isso também da destinação do ser humano para a comunhão com Deus faz com que a situação da oposição a Deus no pecado e na separação dele apareça como uma situação que não deve ser, e que tem de ser superada[300]. A partir daí pode ser fundamentada uma acusação de culpa inicialmente no sentido de condenação exterior de um comportamento correspondente, tal como acontece em Paulo Rm 1.18-32. A descrição dessa situação básica, no entanto, também pode ocorrer, sob o ponto de vista de aceitação subjetiva da exigência divina, pelo ser humano, e assume então a forma de desequilíbrio interior do ser humano, conforme Rm 7.15ss., que concorda com a norma divina e que, não obstante, em seu comportamento segue o caminho do pecado. De acordo com Rm 7.7ss., o pecado não consiste apenas de transgressões avulsas. Ele também não é atribuído a tais atos individuais. Ele precede a todos os atos do ser humano como um poder que habita nele e que possui algo como uma subjetividade própria, quando supera o ser humano com seu poder. É um estado da alienação de Deus. No entanto, tal alienação de Deus não acontece ao

---

[299] Vide quanto a isso complementarmente *Anthropologie in theologischer Perspektive*, pp.109s, bem como as exposições sobre a consciência pp. 286-303. Cf. tb. G. CONDRAU/F. BÖCKLE, "Schuld und Sünde", in: *Christlicher Glaube in moderner Gesellschaft 12*, 1981, pp. 91-135, esp. 127-130.

[300] Com razão CHR. GESTRICH, *loc. cit.*, pp. 162s. chamou a atenção para o perigo de uma moralização do mal, que na teologia mais recente estava ligada com o fato de que o mal não era mais compreendido como uma apostasia de um estado primitivo bom, "*sondern als Zurückbleiben hinter der ... geistigen Berufung und geschichtlichen Zielbestimmung des Menschen*" – "e, sim, como *ficar atrás* da vocação espiritual e destinação histórica do ser humano". Para evitar esse perigo importa que a concepção da destinação do ser humano seja concebida não em primeiro lugar em termos éticos, e, sim, escatologicamente e, com vistas a sua realização, na perspectiva histórico-salvífica, o que não exclui que disso também se seguem compromissos éticos.

ser humano sem sua participação, e não sem uma concordância nisso implícita, ainda que dicotômica. Paulo não reflete se o ser humano também poderia ter procedido de outro modo; importante para ele é somente que ele próprio, apesar de sua concordância com a Lei de Deus, acaba seguindo ao pecado. Por que o faz? Porque lhe promete a vida. Com isso, porém, ilude o ser humano (Rm 7.11); porque na verdade lhe traz a morte[301].

Essa ilusão é, evidentemente, a razão por que o ser humano se envolve com o pecado. E esse fato da realização intencional basta para torná-lo culpado. Para isso não há necessidade do único, histórico-primitivo acontecimento de uma queda no pecado, do qual Adão outrora se teria tornado culpado – além de todo enredamento em pecado. Na verdade, Paulo afirma em conexão com a história do paraíso que "pela transgressão de um veio a condenação para todos os homens" (Rm 5.18). No entanto, isso é assim porque todos os homens pecam, como pecou Adão (Rm 5.12). Adão era apenas o primeiro pecador. Com ele já começa a sedução pelo poder do pecado, que se impõe até o dia de hoje a todos os homens. Todos pecam, porque, desse modo, acreditam conquistar a verdadeira vida, a vida plena. Nesse sentido a história de Adão é a história de todo o gênero: ela se repete em cada indivíduo. Nisso não se cogita de um estado isento de pecado precedente no caso de Adão, em contraste com todos os seus descendentes. Uma suposição nesse sentido se oporia à analogia da biografia de cada indivíduo com a história de Adão, intencionada em Rm 7.7ss. Adão é, como o primeiro, ao mesmo tempo o protótipo do pecar em cada ser humano.

> Isso também já deverá corresponder às intenções da história do paraíso do livro de Gênesis. Na medida em que ela deve ser lida como narrativa etiológica, não se trata aí de uma explicação da origem do pecado, e, sim, da origem da morte, bem como da fadiga no trabalho e no surgimento de nova vida. O pecado funciona como razão para a explicação. Ele próprio não é objeto da explicação, embora a narrativa descreva de modo francamente exemplar como o ser humano (sempre de novo e todos eles) chega a pecar... Por isso foi negado com razão que na história do paraíso se trata de um relato de um acontecimento único de

---
[301] Detalhes a esse respeito no ensaio do Autor, pp. 292s. supracitado na nota 292.

uma queda do ser humano em pecado[302]. Na dogmática também merece consideração o fato de que, de acordo com o relato do livro de Gênesis, o pecado nem chega ao domínio na humanidade com um único acontecimento, e, sim, aumenta numa sequência de acontecimentos, cujo ponto baixo é atingido com o fratricídio cometido por Caim contra Abel (Gn 4.7ss.) e que por fim culmina no evento do dilúvio. Não uma análise isolada de Gn 3 com vistas à concepção de determinada queda no pecado a ser daí derivada, e, sim a observação da apresentação de um processo do aumento do pecado na humanidade e da reação de Deus à seu aumento excessivo, para preservar os homens das conseqüências funestas de seus atos é adequada ao texto da história bíblica dos começos.

Na história da teologia cristã a concepção da origem do pecado no livre arbítrio das criaturas e, especialmente, em seu abuso por Adão, também serviu para mais outra finalidade, a saber, para desonerar o Criador da responsabilidade pelo mal e suas conseqüências no meio de uma criação boa[303]. A referência à liberdade de escolha de Adão antes da queda, todavia, nunca conseguiu cumprir muito bem essa função, porque a onisciência de Deus já deve ter previsto a queda do ser humano antes de sua criação. AGOSTINHO teve a coragem de enfrentar esse estado de coisas não com evasivas, e, sim, até mesmo acentuando a responsabilidade do Criador pelo desenvolvimento das coisas em sua criação, acrescentando que a onisciência de Deus também teria previsto o curso da História posterior à queda de Adão, até onde um descendente da Adão haveria de vencer o diabo com a ajuda da graça de Deus[304]. Com isso AGOSTINHO respondeu à dúvida

---

[302] Assim de acordo com o procedimento de L. KÖHLER (*Theologie des Alten Testaments*, 2. Aufl. (2ª ed.), 1947, pp. 163-166) C. WESTERMANN, *Genesis*, 2. Aufl. (2ª ed.) 1976, p. 376, bem como idem, *Theologie des Alten Testaments in Grundzügen*, 1978, pp. 81s. Cf. além disso H. HAAG, *Biblische Schöpfungslehre und kirchliche Erbsündenlehre*, 1966, pp. 44ss., 55ss., bem como as observações de H. HÄRING, *Die Macht des Bösen*, 1979, p. 221 sobre a discussão do tema na exegese véterotestamentária.

[303] Cf. as explanações de CLEMENTE de Alexandria *Strom* I,82-84, já mencionadas *acima* na p. 245.

[304] AGOSTINHO *De civ. Dei* XIV,27, cf. XIV,11,1 = *A cidade de Deus*, São Paulo : Ed. das Américas, 1961.

corrente do poder e da bondade do Criador por causa do surgimento do pecado de maneira bem mais convincente do que CLEMENTE de Alexandria, além disso, em consonância com a teologia paulina do divino mistério salvífico, do divino plano histórico cumprido em Jesus Cristo, no qual Deus "encerrou a todos na desobediência, para comiserar-se de todos" (Rm 11.32). Nisso AGOSTINHO ressaltou que o ser humano não é obrigado por Deus a pecar: nesse caso já não seria mais o pecado do próprio ser humano, e com isso o próprio conceito do pecado seria anulado. Não obstante, porém, evidentemente AGOSTINHO era da opinião de que já na criação Deus assumiu o risco do pecado previsto na prospectiva a sua futura redenção e consumação. Em sentido semelhante ousou pensar, no séc. XIX, F. SCHLEIERMACHER[305]. Abstraindo-se neste ponto do perigo de uma falsa interpretação determinista de tais pensamentos juntamente com os absurdos daí resultantes[306], reconhecer-se-á neles uma manifestação mais digna da fé em um Deus Criador todo-poderoso do que numa concepção que considera o aparecimento do pecado na criação como um acontecimento que surpreende a Deus, e que, por isso, também não pode ser compreendido a partir da fé em Deus, qualificado a partir de Deus como impossível, cuja declarada nulidade não obstante se revela para a experiência das criaturas como real contrapoder ao do Criador. Em vez de cultivar um dualismo desses, a teologia cristã deveria reconhecer na admissão do pecado o preço para a autonomia das criaturas visada pelo ato criador de Deus[307]. O ser humano como criatura que alcançou plena autonomia, tem que tornar-se e formar por si mesmo o que ela é e o que deveria ser. Nisso é demasiadamente grande o perigo de que isso aconteça na forma de uma independentização, na qual o ser humano coloca a si mesmo no lugar de Deus e de seu domínio sobre a criação. Mas sem independência criatural, também a relação do Filho com o Pai não pode aparecer no meio de existência criatural.

---

[305] F. SCHLEIERMACHER: *Der christliche Glaube*, 2. Ausg. (2ª ed.), 1830, § 79ss.
[306] Esse perigo surge em decorrência da concepção antropomorfa de um plano que, desde o princípio dos tempos, determina o transcurso futuro, cf. aqui vol. I, pp. 521s., bem como *acima* pp. 33s.
[307] Vide *acima* pp. 246ss.

4. Pecado, morte e vida

O poder do pecado sobre o ser humano se baseia no fato de que ele lhe promete a vida, uma vida mais plena e rica. Isso é, como já mencionado acima, seu "engano" (Rm 7.11)[308]. Somente assim se explica que, segundo Paulo, o pecado pode tomar o mandamento de Deus por "pretexto", a fim de apoderar-se do ser humano: O mandamento de Deus é dado ao ser humano para a vida. Sua observação deve ajudar-lhe a preservar a vida recebida de Deus (Dt 32.47; Lv 18.5). A cobiça, porém, que se dirige ao proibido, acredita saber melhor o que serve para a vida. Ela induz o ser humano a suspeitar de uma tendência biofóbica da Lei, como se uma observação da mesma encerrasse uma renúncia a algo que faz parte da riqueza da vida (cf. já Gn 3.4ss.). Assim, de acordo com Paulo, a Lei se torna instrumento do domínio do pecado, expondo aos olhos do ser humano a vida, fornecendo desse modo o motivo para que a cobiça tome em vista a vida, agora, porém, de tal modo que põe a Lei de lado – e não somente a tradicional ordem moral, e, sim, também o mandamento da razão (cf. Esd 7.62-72). Por isso o ser humano, no anseio de viver, entra em contradição não somente com uma lei que restringe exteriormente seu autodesdobramento, e, sim, também com sua própria razão que, como diz Paulo, concorda com a Lei de Deus (Rm 7.22), mas está desesperadamente sujeito ao cego impulso em busca de realização da vida.

Também depois de dois milênios, essa descrição ainda continua tão atual que quase dispensa qualquer comentário. As diferentes formas de comportamento vicioso fornecem um exemplo contundente de como o anseio por realização da vida leva ao vício, que, por fim, leva a vida a enfezar-se, estreita o espaço da efetiva liberdade de decisão e que, não raro, termina em morte. Apesar das diferenças, cuja importância ainda haveremos de voltar, segundo Paulo, em última análise

---

[308] Cf. o estudo de G. BORNKAMM sobre "Sünde, Gesetz und Tod", in: *Paulusstudien* Bd. I (vol. 1): *Das Ende des Gesetzes*, 1952, pp. 51-69, esp. 54ss., bem como U. WILCKENS, *Der Brief an die Römer 2*, 1980, pp. 81ss. De acordo com WILCKENS, no fundo das exposições paulinas encontra-se sempre a história do paraíso, do mesmo modo nas demais alusões neotestamentárias ao "engano" do pecado (Ef 4.22; 2Ts 2.10; Hb 3.13).

todos os homens são, de uma ou outra maneira, escravos do anseio pela vida, e em todos os casos ele termina na morte. O "salário que o pecado paga, é a morte" (Rm 6.23; cf. 7.11).

A lógica interna do nexo de pecado e morte, como Paulo o afirmou[309], se revela desde a premissa de que toda vida procede de Deus: visto que o pecado é afastamento de Deus, o pecador não se separa apenas da vontade ordenadora de Deus, e, sim, com isso, simultaneamente, da fonte de sua própria vida. A morte, portanto, não é um castigo ditado ao pecador de fora por uma autoridade estranha. Ela reside antes na natureza do próprio pecado como consequência de seu ser[310]. Nisso Paulo sem dúvida tinha em mente a morte física do ser humano. Na verdade, a morte que se instala como consequência do pecado, não é apenas um processo natural, e, sim, tem seu rigor na separação de Deus. Isso corresponde à concepção existente já no Antigo Testamento, de que a morte separa de Deus (Sl 88.6; cf; 6.6; 116.17; tb Is 38.18). A interpretação da morte como consequência do pecado apenas fornece a razão para isso. Mas ela não se refere a um outro acontecimento que não a morte física. De modo algum afirma que a mortalidade "natural" do ser humano porventura nada tivesse a ver com a morte nesse sentido específico[311]. Antes, na separação de Deus na morte se trata da mais profunda natureza justamente da morte física, que, todavia, já é inerente à natureza do pecado como separação de Deus[312]. Somente sob essa pressuposição Paulo pôde aduzir, em Rm 5.12, a generalidade

---

[309] Concepções semelhantes já se encontram na sabedoria judaica (Sb 2.24; cf. Sir 25.24), bem como também na apocalíptica (4Esd 3.7; 7.118ss. e 11ss., mas tb. Baruque Siríaco 23.4, em algumas passagens do livro de Baruque (54.15; 56.6), todavia no sentido de morte prematura, como, decerto, já em Gn 2.17 e 3.3s. Cf. E. BRANDENBURGER, *Adam und Christus*, Exegetisch-religionsgeschichtliche Untersuchung zu Röm 5.12-21 (1. Kor 15), 1982, pp. 49ss, bem como 58ss. referente à literatura rabínica.

[310] Cf. quanto a isso também do Autor, "Tod und Auferstehung in der Sicht christlicher Dogmatik", in: idem: *Grundfragen systematischer Theologie 2*, 1980, pp. 246-159, pp. 149ss, bem como *Anthropologie in theologischer Perspektive*, 1983, pp. 136s.

[311] Essa distinção é feita, entre outros, por R. BULTMANN, art. *Thanatos* in *ThWBNT 3*, 1938, 14s,, embora admita que em parte alguma Paulo se refere expressamente a tal distinção (p. 15).

[312] Por isso se pode dizer, em sentido figurado, que o pecador já está morto em vida (1Tm 5.6; cf. 1Jo 3.14, bem como Lc 9.60/Mt 8.22).

da fatalidade da morte como prova para a difusão geral do pecado entre os homens.

A teologia posterior, todavia, distinguiu entre morte física e morte espiritual da alma por um lado, entre morte temporal do ser humano e morte eterna (da condenação no juízo final) por outro[313]. Essa última distinção já ocorre no Apocalipse de João. A concepção da "segunda morte" (Ap 2.11; cf. 20.14; 21.8) pressupõe uma ressurreição geral dos mortos para o juízo, à qual segue então a "segunda" morte para os condenados, sem perspectiva para nova ressurreição. A distinção entre morte física e morte anímica, todavia, tomou seu início na teologia patrística como consequência da concepção da imortalidade da alma. A concepção da morte física como separação da alma do corpo (cf. PLATÃO, Gorg. 524b 3s., Fedro 67 d 3 s., 88 b 1s.) já se encontra em TERTULIANO (De na. 51,1, cf. 52,1) e CLEMENTE de Alexandria (Strom. VII,71,3), o qual, porém, diferente de TERTULIANO, designou essa morte como "natural" (strom IV,12,5 cf. III,64,2) e a contrapôs à morte da alma, que consistiria do pecado (III,64,1) e do desconhecimento do Pai (V,6,3,8) e separaria a alma da verdade (II,34,2). De modo semelhante pensou ORÍGENES[314]. Uma solução intermediária, que se tornou padrão para o tempo subseqüente, encontra-se em ATANÁSIO (De inc. 4). Segundo ele, a mortalidade faz parte da natureza do ser humano, não, porém, a ocorrência efetiva da morte. Pois, por causa da participação do ser humano no Logos, também seu corpo teria se tornado partícipe da imortalidade, se Adão não tivesse caído em pecado. Portanto, apesar da mortalidade da natureza humana, a morte física como fato é primeiro consequência do pecado. A essa concepção seguiu também, entre outros, GREGÓRIO DE NISSA em sua Grande Catequese (8,1s.).

Na cristandade ocidental se tornou diretriz a concepção de AGOSTINHO, a qual corresponde, em grande parte, à de ATANÁSIO e GREGÓRIO DE NISSA. AGOSTINHO distinguiu, de modo semelhante como os pais gregos, uma morte da alma pelo pecado da morte física: enquanto a última se baseia na separação da alma do corpo,

---

[313] Assim ainda a dogmática da ortodoxia protestante, p.ex., D. HOLLAZ, Examen theol. acroam. III sect. 2 c 9 q 2 (Stargard 1707, p. 373).
[314] ORÍGENES, Comentário a João em Ges. Werke (Obras colecionadas) hg. (editadas por) E. LOMMATZSCH Bd. (v.) 13.23.140. Cf. tb. De princ. I,2,4 e adicionalmente H. KARPP, Probleme altchristlicher Anthropologie, 1959, pp. 198s.

a primeira se baseia na separação da alma de Deus[315]. No entanto, já a morte do corpo não é simplesmente natural, e, sim, ocorre como consequência do pecado (*De civ. Dei* XIII,6). Não pode ser confundida com a morte da alma pelo pecado como estado atual a "segunda" morte, a qual, depois do juízo vindouro, separará os condenados de Deus para sempre (XIII,2; cf. XX,9,4 e XIV,1). Portanto, já em AGOSTINHO estão diferenciadas as três formas de morte citadas na posterior formação teológica da doutrina.

A teologia eclesiástica se ateve, até o limiar da era moderna, à concepção de que a morte física dos homens é consequência do pecado[316]. Desde o séc. XVIII, no entanto, surgiu na teologia protestante a opinião de que a morte do ser humano faria parte, como a de todos os demais seres vivos, da finitude de sua natureza. Somente para o pecador essa morte natural se tornaria expressão do juízo divino sobre o pecado. Não mais o fato objetivo da morte, e, sim, somente ainda a forma subjetiva de sua experiência era compreendida agora como consequência do pecado.

Em 1722 CHRISTOPH MATTHÄUS PFAFF e em 1743 JOHANNES E. SCHUBERT ainda associaram sem afetação a naturalidade da morte física com a tese da origem da morte como consequência do pecado de Adão[317]. Meio século depois, porém, um teólogo eclesiástico como KARL GOTTLIEB BRETSCHNEIDER defendeu a afirmação, anteriormente feita, sobretudo, por socinianos e arminianos, de que a morte física teria sido compreendida como "algo natural" não somente no Antigo Testamento e nos Evangelhos, e, sim, também em Paulo, visto que em 1Cor 15.35-38 ensinaria que seria necessário que o corpo terreno morresse, a fim que possamos chegar à ressurreição. As afirmações do apóstolo sobre a morte como consequência do pecado em Rm 5.12, por conseguinte, não se refeririam à morte

---

[315] AGOSTINHO, *De civ. Dei* XIII,2 = *A cidade de Deus*, São Paulo: Ed. das Américas, 1961: *Mors igitur animae fit, cum eam deserit Deus: sicut corporis, cum id deserit anima*. A distinção também se encontra no ano de 529 no segundo cânone do Concílio de Orange (*DS* 372).
[316] Cf. a decisão do Concílio de Trento *DS* 1511s., bem como a "Apologia" de MELANCHTHON referente a CA 2, § 46s. (LC pp. 108s. seção 46s.).
[317] CHR. M. PFAFF, *Schediasma orthodoxum ... de morte naturali*, Tübingen, 1722, pp. 36-40; J. E. SCHUBERT, *Vernünftige und schriftmäßige Gedanken vom Tod*, Jena, 1753, 32ss, 36ss.

física[318]. SCHLEIERMACHER já pôde constatar em sua Doutrina da Fé, sem discussões complicadas: Os "males naturais – considerados objetivamente – não surgem ... do pecado", porque "encontramos morte e dor ... também lá onde não há pecado"[319]. Somente por causa do pecado com sua dominância da vida sensual o ser humano perceberia essa "imperfeição inevitável", que inibe sua vida sensual, de algum modo como mal, de modo que essa imperfeição se lhe afiguraria subjetivamente como castigo pelo pecado[320]. A. RITSCHL acentuou de modo ainda mais enérgico que os conceitos pecado e mal "em si não fazem parelha"[321], no mais, porém, seguiu a direção apontada por SCHLEIERMACHER. Ele apenas precisou a tese de SCHLEIERMACHER pelo fato de primeiro a consciência da culpa pelo pecado tornaria compreensível a concepção dos males como castigo divino[322].

O preço por tal psicologização da tradicional concepção dos males naturais e especialmente da morte consistiu na perda da sensibilidade para o fato de que na relação com Deus estão em jogo vida e morte para o ser humano. A relação com Deus foi concentrada na temática moral da vida[323]. A concepção dos males naturais e, sobretudo, da morte como consequência do pecado foi defendida pelos teólogos como justificáveis ao menos ainda psicologicamente. Mas somente podia parecer mais objetivo pô-la de lado como neurótica juntamente com os sentimentos de culpa que a embasam. Se for negado um nexo objetivo entre pecado e morte, independente da consciência do crente, com efeito, o natural era desfazer-se de todo esse complexo de concepções como produto de uma imaginação mais ou menos doentia. Além disso,

---

[318] K. G. BRETSCHNEIDER, *Handbuch der Dogmatik der evangelisch-lutherischen Kirche 1*, (1814) 3. Aufl. (3ª ed.) 1828, p. 551, cf. 747 (referente a Gn 3.19).
[319] F. SCHLEIERMACHER, *Der christliche Glaube* (1820), 2. Ausg. (2ª ed.) 1830, § 76,2.
[320] *Ib.* bem como § 75,3 (onde se encontra a citação).
[321] A. RITSCHL, *Die christliche Lehre von der Rechtfertigung und Versöhnung III*, 2. Aufl. (2ª ed.) 188, p. 330.
[322] *Ib.* pp. 336s., 399s.
[323] Isso vale, apesar da acentuação da característica da temática religiosa por SCHLEIERMACHER, afinal também para uma exposição do cristianismo na Dogmática, conquanto definiu o cristianismo como uma *"Glaubensweise"* – "forma de crer" de cunho ético, *"der teleologishen Richtung der Frömmigkeit angehörige"* – "pertencente à corrente teleológica da piedade" (§ 11). Base para isso foi sua interpretação ética do conceito de reino de Deus.

a crítica psicológica também podia ser estendida à pretensão de validade das próprias normas morais, como o mostra o exemplo da descrição da genealogia da moral por FRIEDRICH NIETZSCHE.

Um paralelo para a dissolução neoprotestante da tradicional concepção da morte como castigo pelo pecado pode-se enxergar nas distinções de morte natural e morte no juízo em muitos teólogos do séc. XX. Em PAUL ALTHAUS e EMIL BRUNNER, em KARL BARTH e EBERHARD JÜNGEL a concepção da morte como juízo de Deus sobre o pecador, na verdade, não aparece como mero reflexo da consciência de culpa do ser humano, e, sim, como manifestação da ira de Deus sobre o pecador[324]. No entanto, somente o crente enxerga o Deus irado. Somente para a consciência de fé, na medida em que ela inclui uma consciência do pecado, a morte aparece como juízo de Deus sobre o pecado. Isso não está tão distante da posição de SCHLEIERMACHER e de ALBRECHT RITSCHL, como parece à primeira vista. Pois também para estes e outros teólogos a morte do ser humano é considerada como algo que, em si, faz parte do ser humano como criatura[325]. Primeiro o pecador, como o qual, porém, o ser humano se reconhece primeiro na fé, portanto, primeiro na consciência do crente a morte se torna expressão do juízo divino.

Para comprovação da legitimidade bíblica da suposição de um nexo apenas psicológico entre o pecado e a morte como consequência do pecado remeteu-se à ocorrência de outras avaliações da morte nos textos bíblicos. Os defensores dessa tese acreditavam que

---

[324] P. ALTHAUS, *Die letzten Dinge* (1922) 4. Aufl. (4ª ed.) 1933, pp. 81ss. E..BRUNNER, *Der Mensch im Widerspruch* (1937) 2. Aufl. (3ª ed.) 1941, pp. 493s.; K. BARTH, *KD* III/2, 1948, pp. 721s, 728ss., 763s.; E. JÜNGEL: *Tod*, 1971, pp. 94ss. = *Morte*. São Leopoldo: Sinodal, 1980, pp. 51s.

[325] P. ALTHAUS; Art. "Tod" in *RGG VI*, 3. Aufl. (3ª ed.) 1962, 918, bem como: *Die christliche Wahrheit* (1947) 3. Aufl. (3ª ed.) 1952, pp. 409ss. E. BRUNNER, "Die christliche Lehre von Schöpfung und Erlösung" (*Dogmatik* 2) 1950, pp. 149ss. K. BARTH, *KD* III/2, pp. 725ss., 764ss, esp. 770. E. JÜNGEL, *Tod*, 1971, pp. 93s, 117, 167s. = *Morte*. São Leopoldo: Sinodal, 1980, p, 51s.; 64s. 92s. Cf. P. TILLICH, *Systematische Theologie II* (1957), versão alemã 1958, p. 77, versão portuguesa: *Teologia Sistemática:* Três volumes em um. São Leopoldo: EST; São Leopoldo: Sinodal, 5ª ed. revisada, 2005, pp. 360s. Referente a TILLICH cf. do Autor em detalhes: *Anthropologie in theologischer Perspektive*, 1983, pp. 137ss, referente ao assunto em si vide o artigo: "Tod und Auferstehung in der Sicht christlicher Dogmatik" (*Grundfragen systematischer Theologie 2*, 1980, pp. 146-159, 151ss.).

podiam invocar não somente palavras véterotestamentárias sobre a morte dos patriarcas em fartura de anos (Gn 25.8; 35.29; cf. 46.30), e, sim, também palavras do Novo Testamento, justamente também palavras paulinas que deixam aparecer a morte em luz positiva, a saber, como "libertação" dessa vida passageira, longe do Senhor ressurreto[326]. Assim em Fl 1.21 Paulo considera "lucro" morrer e estar com Cristo. Em Rm 14.8 o contraste entre vida terrena e morrer é relativado pelo fato de se pertencer a Jesus Cristo. Segundo A. RITSCHL, já por essa razão não é permitido "fixar a concepção objetiva do nexo de pecado e mal como a regra", e acrescentou que a "inversão dos males em bens" aconteceria "não apenas nos renascidos no sentido cristão, e, sim, já em todo caráter enérgico e verdadeiro"[327]. RITSCHL ignorou aqui inteiramente que a requalificação da morte naquelas palavras paulinas tem seu fundamento, em todo caso para Paulo, num fato "objetivo", que coloca a realidade do ser humano e da criação como um todo numa luz totalmente nova, a saber, no fato da ressurreição de Jesus. Por isso, para o cristão a requalificação da morte à luz da fé pascal de modo algum contradiz a concepção da morte em sua generalidade como consequência do pecado em Rm 5.12 (respectivamente 6.23)[328]. Esse juízo vale inclusive ainda para o caminho terreno dos próprios cristãos (Rm 7.1-6). Acontece, porém, que esse nexo consequente entrou em outro molde pela ressurreição de Jesus e pela união dos cristãos com a morte daquele que em seu morrer venceu a morte (Rm 6.5ss.), e por isso está modificado em seu significado, porque já agora a morte não é mais o fim definitivo da pessoa humana (cf. Rm 7.6).

---

[326] A. RITSCHL, *Die christliche Lehre von der Rechtfertigung und Versöhnung III*, 2. Aufl., (2ª ed.) 1883, p. 333, cf. 43. Cf. tb. K. BARTH, *KD* III/2, p. 777 e já antes K. G. BRETSCHNEIDER, *Handbuch der Dogmatik der evangelisch-lutherischen Kirche 1* (1814) 3. Aufl. (3ª ed.) 1828, p. 751.

[327] A. RITSCHL, *loc. cit.*, pp. 329s.

[328] A. RITSCHL todavia considerava a derivação *"des allgemeinen Todesschicksals von der Sünde Adams"* – "da morte como destino geral do pecado de Adão" em Paulo como teologicamente não-compromissivo (*loc. cit.*, p. 335). R. NIEBUHR avaliou criticamente a idéia paulina *"that physical death is a consequence of sin"* (*The Natur and Destiny of Man I* (1961) 1964, pp. 176s.), enquanto E. BRUNNER era da opinião de que a morte que, segundo Rm 6.23, é o salário do pecado, não poderia ser a morte física (*Dogmatik 2*, p. 150).

De maior peso é a referência ao fato de que 1Cor 15.44-49 daria a entender que "a humanidade adâmica teria sido criada, de antemão, como sujeita à morte"[329]. No entanto, em relação a isso deveremos lembrar que Paulo não conheceu um estado primitivo anterior ao pecado de Adão. Para ele, Adão era o pioneiro do pecado e do mesmo modo da morte.

A primeira coisa que merece reparos na tradicional doutrina das conseqüências do pecado[330] é a denominação "castigo", porque essa expressão contém uma sanção imposta ao autor do pecado. Por isso o conceito do castigo não faz jus à concepção bíblica de uma relação entre atos e conseqüências dos atos inerente à natureza da coisa[331]. Também o nexo de pecado e morte, tal como Paulo o afirmou, é dessa espécie: com a separação do pecador de Deus, o pecado já implica a morte, que ocorre como sua conseqüência. A morte é a consequência da ruptura da relação com Deus, da fonte da vida, e deve ser vista no contexto das demais conseqüências do pecado que consistem no fato de que o ser humano, por sua oposição ao Criador, também entra em oposição com suas co-criaturas, com a terra, com os animais e com os outros homens (cf. Gn 3.14-19). Aí não se trata de castigos impostos de fora, que estivessem fora do contexto com a natureza do pecado. Antes, da natureza do pecado como rompimento da relação com Deus segue o conflito do pecador com a criação de Deus e com o semelhante, e até

---

[329] Assim R. BULTMANN in ThWBNT III, 138, 15.
[330] Ela também foi mantida na teologia dos séculos XIX e XX por renomados teólogos em seu núcleo, por exemplo, por J. T. BECK, Vorlesungen über Christliche Glaubenslehre, hg. (editado por) L. LINDENMEYER 2, 1887, pp. 456ss. com reflexões de profundo significado sobre a relação de indivíduo e gênero modificada no ser humano, em J. MÜLLER, Die christliche Lehre von der Sünde 2, 3. Aufl. (3ª ed.) 1849, pp. 388ss., que coincide em muitos pontos com O. KRABBE, Die Lehre von der Sünde und vom Tode in ihrer Beziehung zueinander und zu der Auferstehung Christi, Hamburg, 1836, e que nele se baseia (cf. lá esp. pp. 7ss., 68-82 e 187-327), além disso, em I. A. DORNER com notável destaque da ira de Deus em relação a A. RITSCHL (System der christlichen Glaubenslehre II/1, 2. Aufl. (2ª ed.) 1886, pp. 218ss, 229ss.), depois em M. KÄHLER, Die Wissenschaft der christlichen Lehre (1883) 2. Aufl. (2ª ed.), 1893, pp. 280ss. (§ 326ss.). KÄHLER já desenvolveu a descrição da morte como estado sem relações, apresentada mais tarde por E. JÜNGEL (loc. cit., pp. 99ss. = Morte. São Leopoldo: Sinodal, 1980, pp. 54s.).
[331] Cf. referente a isso K. KOCH, "Gibt es ein Vergeltungsdogma im Alten Testament?" ZThK 52, 1955, pp. 1-42.

mesmo consigo mesmo. Aqui se trata, em toda parte, de uma lógica interior. Assim também transcorre a sequência da lei natural, que do pecado leva à morte, sem uma intervenção especial de Deus. A morte como consequência (Gn 2.17) deverá ser entendida como advertência da consequência ligada à transgressão. Na história do paraíso, a intervenção de Deus no curso dos acontecimentos tem, antes, a função de uma restrição das conseqüências funestas que partem do pecado (cf. Gn 3.19 com 2.17).

Agora, porém, esse esclarecimento da concepção da morte como consequência do pecado primeiro expõe em seu peso pleno a mais grave objeção que se levanta contra ela: a morte já parece ser uma consequência inevitável da finitude do ser humano, não primeiro de seu pecado. Toda vida multicelular tem que morrer. Nisso não se deve pensar somente em envelhecimento e desgaste dos organismos, e, sim, também no fato de que sem a morte dos indivíduos não haveria espaço para novas gerações. A evolução da vida não é concebível sem a morte dos indivíduos. Algo análogo também vale para a história da humanidade. A morte dos indivíduos é uma das condições para a multiplicidade das manifestações da vida sempre em renovação.

> Também para KARL BARTH a inter-relação de finitude e morte foi o argumento decisivo para a tese de que a morte faria parte da natureza do ser humano. "Finitude significa *mortalidade*" (*KD* III/2, 761). A fundamentação cristológica de BARTH para o fato de que a morte não é apenas juízo de Deus sobre o ser humano, antes que a finitude dos homens faz parte de sua natureza criatural (*loc. cit.*, pp. 765-770), tornou-se objeto de justificada crítica[332]. No entanto,

---

[332] Já H. VOGEL objetou contra a derivação de finitude criatural, a ser diferenciada da sujeição do ser humano como pecador ao juízo, do significado substitutivo da morte de cruz de Jesus em BARTH (*KD* III/2, 765ss.) que a vicariedade justamente consistiria no fato de que em Jesus Cristo Deus toma a si total e incondicionalmente a situação do ser humano sujeita ao juízo de Deus, que por isso não reivindicaria uma finitude para o ser humano diferenciada disso (Ecce homo. Die Anthropologie Karl Barths, in: *Verkündigung und Forschung 1949/1950*, pp. 102-128, esp. 124). L. STOCK (*Anthropologie der Verheißung. Karl Barths Lehre vom Menschen als dogmatisches Problem*, 1980) rebateu essa crítica sem fundamentação suficiente (pp. 228s.), no entanto também considera, por sua vez, a derivação da finitude do ser humano da cristologia como não bem sucedida (p. 233). Ela poderia ter sido mais convincente se tivesse argumentado com a

aqui como alhures na antropologia de BARTH, sua noção do estado de coisas continua tendo seu peso, também sem a fundamentação cristológica: a finitude do ser humano inclusive no tempo faz parte de sua natureza criatural (p. 770).

Contra a afirmação de que a morte é algo natural por causa da finitude da vida humana existe, no entanto, um argumento teológico convincente: a esperança escatológica cristã espera uma vida sem morte (1Cor 15.52ss). Essa vida em comunhão com Deus não significará uma absorção total da existência criatural em Deus, e, sim, sua renovação e consolidação definitiva. A finitude inerente à vida criatural não será eliminada pela participação na vida eterna de Deus. Disso, porém, se segue que finitude nem sempre pode incluir mortalidade. A esperança escatológica dos cristãos conhece uma finitude da existência criatural sem morte. Por isso a morte não pode fazer necessariamente parte da finitude da existência criatural[333]. Somente para a existência no tempo permanece certo que finitude e mortalidade da vida são inseparáveis. Como, porém, entender isso?

A existência sem morte, que a esperança cristã espera para o futuro, não está caracterizada apenas por comunhão com Deus, e, sim, também por uma totalidade decorrente da participação na eternidade divina: Assim como a vida das criaturas está diante dos olhos do eterno Deus na totalidade de sua extensão temporal, assim os redimidos estarão perante Deus na totalidade de sua existência e o glorificarão como criador de suas vidas.

Essa totalidade da existência é inatingível para as criaturas sujeitas ao processo do tempo. Isso vale, em todo caso, para o ser humano porque conhece seu próprio presente – e com isso também o respectivo estado presente de outra existência criatural – diferenciado de futuro e passado. Na ciência de futuro e passado, na verdade, o ser humano se eleva acima da estreiteza e fugacidade do momento presente. Por outro lado, porém, por esse saber também somos separados mais profundamente do que todo outro ser daquilo que ainda não é ou não é

---

   autodiferenciação do *Logos* do Pai como razão da finitude humana (bem como de toda finitude), em vez de argumentar com a encarnação como condição da morte vicária de Jesus.

[333] Vide referente a isso minhas observações já in: *Grundfragen systematischer Theologie 2*, 1980, pp. 153s.

mais. A diferença de nosso presente do futuro não somente de Deus, e, sim, de nossa própria vida, conquanto ainda está oculta no futuro de Deus, nos impede de percebermos definitivamente a totalidade de nossa existência finita. Na verdade, podemos antecipar essa totalidade – e somente assim a duração e identidade de nossa existência estão ao nosso alcance no processo do tempo. Mas com nossas antecipações permanecemos atados à posição do respectivo presente, o qual, no processo do tempo com vistas a um futuro aberto, sempre de novo é ultrapassado por novos momentos.

A temporalidade da existência criatural é uma condição de sua subjetividade ainda a ser alcançada (vide *acima* pp. 151s.). Primeiro como resultado de seu devir no tempo, existência finita pode, sob a condição de sua ligação com o Deus eterno, subsistir autonomamente perante Deus também em sua totalidade, na totalidade de sua extensão temporal. Na passagem pela temporalidade, porém, a criatura também tem, com a finitude do respectivo futuro de sua vida ainda por chegar, seu fim fora de si. Mas o fim de nossa existência como o limite de sua duração que lhe é colocado exteriormente, é a morte. Nisso a morte não permanece exterior à existência do ser humano. O fim ainda por vir lança sua sombra diante de si e determina todo o caminho de nossa vida como um ser para a morte de tal modo que seu fim justamente não está integrado na existência, mas ameaça todo momento presente de viva auto-afirmação com nulidade. Por isso levamos nossa vida temporal à sombra da morte (Lc 1.79; cf. Mt 4.16). Inversamente, a auto-afirmação da vida está marcada, em todo momento de seu presente, pela oposição a seu fim na morte. A morte é o último inimigo de todo vivente (1Cor 15.26). O temor da morte penetra profundamente na vida e motiva o ser humano, por um lado, para uma ilimitada auto-afirmação sob desprezo da própria finitude, e priva-o, por outro lado, da força para aceitar a vida em geral. Em ambos revela-se o nexo entre pecado e morte. Esse nexo tem suas raízes no pecado na medida em que primeiro a não-aceitação da própria finitude faz com que o fim da existência finita inevitável, embora ainda por vir, se torne manifestação da força da morte que ameaça a existência presente com nulidade. Inversamente, todavia, o temor da morte impele o ser humano mais profundamente para dentro do pecado. O fato, porém, de que a aceitação da própria finitude se apresenta tão difícil para um ser que se sabe e aceita como vivente, está ligado à estrutura da temporalidade, na qual seu fim (e com isso também sua totalidade) é uma data ainda futura. Essa futuridade do fim e totalidade da existência finita no tempo caracteriza a situação na qual o pecado ocorre de fato, portanto aquela irrestrita auto-afirmação do ser humano que, com o afastamento de Deus, também implica a morte como fim da existência.

    Entre os esforços da teologia do presente século em busca de uma compreensão mais profunda do nexo entre vida criatural, pecado e morte se destaca a *"Theologie des Todes"* – "Teologia da Morte" – de KARL RAHNER, pelo fato de associar o tema "morte" com a pergunta pela totalidade da existência humana. Motivo para isso deu a análise da existência de MARTIN HEIDEGGER em *"Sein und Zeit"* que fundamentou o poder-ser-totalmente da existência a partir do saber precedente da própria morte[334]. RAHNER modificou o pensamento de HEIDDEGER no sentido de associar o poder-ser-totalmente da existência à relação com Deus, e isso ou no modo da abertura para Deus, ou no modo do fechamento para Deus[335]. Nisso, todavia, RAHNER assumiu de HEIDEGGER a pressuposição de que a morte levaria a existência para sua totalidade, e, ao mesmo tempo, compreendeu a morte como ato do próprio ser humano, no qual sua vida se completaria a partir de dentro[336]. As duas suposições merecem crítica. Em primeiro lugar, é Deus quem pode levar a existência da criatura, que ele criou, também para sua totalidade. RAHNER ligou, com razão, a pergunta pela totalidade da vida à relação com Deus; pois somente a partir de Deus a vida humana pode receber, sem prejuízo de sua finitude, sua "salvação", portanto, tornar-se participante de sua totalidade. Esse tema está ligado ao problema da morte na medida em que se trata da salvação da existência *finita*, mas encontra-se numa relação negativa com a morte como ruptura dessa existência. Alcançar a salvação significa superação da morte. Em segundo lugar, porém, essa totalidade não pode ser produzida por meio de um ato do ser humano, também não em face da morte, e a própria morte não é um ato do ser humano, e, sim, é preciso sofrê-la[337].

---

[334] M. HEIDEGGER, *Sein und Zeit*, 1927, pp. 235-252, 258-267. = *Ser e Tempo*. Parte II. Petrópolis: Vozes, 1989.
[335] K. RAHNER, *Zur Theologie des Todes*, 1958, pp. 36ss., esp. 41.
[336] K. RAHNER, *loc. cit.*, pp. 36ss., cf. já antes pp. 29s., 65, 76s. Referente ao que segue, cf. do Autor, *Grundfragen systematischer Theologie i*, 1967, pp. 145s., e 2, 1980, pp. 154s.
[337] Com razão E. JÜNGEL denominou a morte *"eine dem Menschen widerfahrende Beendigung, also ein anthropologishes Passiv"* – "um *término que sucede* ao ser humano, portanto um passivo antropológico" (Der Tod als Geheimnis des

Diversamente do que a finitude da existência criatural, a morte é parte integrante da criação de Deus somente em ligação com o pecado. Na Sabedoria de Salomão é dito inclusive sem rodeios: "Deus não criou a morte" (Sb 1.13). Todavia, a teologia tem de reconhecer um estado de coisas análogo à morte do ser humano em toda a área do vivente que geme sob o peso da transitoriedade (Rm 8.20-22). Assim como o pecado do ser humano, também o nexo de pecado e morte tem uma pré-história na evolução pré-humana da vida. Parece que já aqui se estruturou a dinâmica demoníaca que culmina no pecado do ser humano e no domínio de pecado e morte sobre a humanidade[338].

Tanto mais importante se torna neste ponto o estado de coisas já referido acima, de que a morte é consequência essencial do pecado, não, porém, um ato penal determinado e imposto arbitrariamente por Deus. A intervenção de Deus na história de suas criaturas se caracteriza, antes pelo fato de que ele sempre de novo põe um limite às conseqüências do pecado e do mal, para ainda possibilitar a suas criaturas a vida sob as condições restritivas impostas dessa forma.

Nisso não se trata apenas de efeitos da paciência de Deus com o pecador, e, sim, para muito além disso, de sua contínua atividade criadora no contexto de seu governo mundial, que sempre de novo faz nascer o bem do mal. Isso foi muito pouco observado na tradicional dogmática cristã com vistas à situação da humanidade caída. A vida dos homens sob as condições da irrupção do pecado e seus efeitos foi traçada muitas vezes de modo demasiadamente unilateral. As reações de Deus, o Criador, aos poderes do mal e do pecado que irromperam em sua criação, foram negligenciadas. Na melhor das hipóteses se perguntava ainda pela capacidade para o bem que restou também após a queda de Adão (esp. de sua livre vontade). Aqui, porém, nem se deveria falar de quaisquer capacidades do ser humano, e, sim, da contínua atividade da bondade criadora de Deus e de sua providência. Nesse

---

Lebens, in: *Entsprechungen: Gott-Wahrheit-Mensch*. Theologische Erörterungen, 1980, pp. 327-352, 344; cf. já antes idem: *Tod*, 1971, pp. 116s.. Para o *processo* do morrer isso talvez vale somente com restrições. No entanto, sempre existe a possibilidade de enfrentar o próprio morrer com dignidade. No entanto, o morrer é um ato somente no caso do suicídio.

[338] Vide cap. 7, pp. 153s., 171, 253ss.

contexto é importante que Deus, pela contínua atividade criadora de seu Espírito, sempre de novo eleva as criaturas acima de seu enredamento e sua ego-referência por seus temores a desejos. Por isso sempre de novo existe também, apesar do pecado e seus efeitos, original alegria de vida, prazer em riqueza, amplidão e beleza da criação, em cada novo dia, prazer nas iluminações da vida espiritual, força para a atividade dentro das ordens do mundo comunitário, também dispensação ao semelhante e participação em suas alegrias e seus sofrimentos. De um modo comparável à doutrina luterana do regime secular, os homens são levados a participar, não somente na responsabilização pela ordem social e seu direito, e, sim, também com vistas à conformação racional de sua vida individual, da atividade do governo divino do mundo que põe limites ao pecado e suas conseqüências. Na história bíblica, a intimação a não se deixar dominar pelo pecado, antes dominá-lo, foi dirigida justamente a Caim (Gn 4.7), valendo, portanto, inteiramente no mundo ainda não redimido, não somente entre cristãos. O fato de Caim não ter correspondido a essa intimação é, todavia, um exemplo do constante perigo de que o pecado irrompa em maldade destruidora. Seus efeitos podem acumular-se e enfeitiçar povos inteiros, pelo menos por determinado período. Mas pelo uso da razão e do direito também podem ser dominados. Em sua história, os homens conseguiram coisas admiráveis, apesar de todos os efeitos subliminares e abertos do pecado, apesar das constantes explosões de maldade destruidora, e viveram tempos de elevado florescimento cultural. Isso tudo naturalmente nada muda no fato de que também nos melhores tempos a vida permanece perpassada daqueles poderes obscuros que, por meio de medo e cobiça, por fim provocam destruição. Os homens não podem conseguir libertação desses poderes obscuros, rompendo as correntes de seus opressores impostas de fora – embora isso lhes possa, ao menos, proporcionar um alívio temporário. Libertação do domínio do pecado e da morte os homens conseguem somente lá onde, pela ação do Espírito divino na vida da humanidade, assume a imagem do Filho.

CAPÍTULO 9
ANTROPOLOGIA E CRISTOLOGIA

O tema da cristologia está dado com a interpretação cristã-primitiva da pessoa e da história de Jesus de Nazaré como o Messias de Deus[1]. O título de Messias implica o conceito da filialidade divina. E isso na concepção cristã da figura de Jesus, desde cedo no sentido de que no homem Jesus teria aparecido na terra o preexistente Filho de Deus. Um evento desses pode ser fundamentado somente a partir de Deus mesmo, a saber, como envio do Filho ao mundo (Gl 4.4; Rm 8.3)[2]. Por outro lado, ele é reconhecível como efetivamente ocorrido no plano da realidade criatural humana.

Com isso surge, em primeiro lugar, o problema metodológico da cristologia: Deverá o curso de sua fundamentação partir de Deus e de sua iniciativa no envio do Filho? Ou deverá mover-se no plano da realidade humana, no qual deve ser demonstrável a faticidade deste evento, se ele realmente aconteceu? Com isso surge, em segundo lugar, a pergunta pela singularidade do Filho de Deus em distinção a toda outra realidade humana, mas também em relação a ela. O nexo entre a pergunta metodológica e aquela pela singularidade da humanidade do Filho de Deus em relação à natureza e determinação do ser humano

---
[1] Com essa tese começam os *Grundzüge der Christologie*, 1964, do Autor, (p. 15). De modo semelhante também é definida a tarefa de cristologia em W. KASPER, *Jesus der Christus*, 1974, p. 43, ao qual I. U. DALFERTH cita em seu importante ensaio sobre a recente crítica inglesa à cristologia da encarnação (Der Mythos vom inkarnierten Gott und das Thema der Christologie, *ZThK 84*, 1987, pp. 320-344) concordando com ele (p. 3239). Substancialmente de modo semelhante, J. MOLTMANN, *Der Weg Jesu Christi*. Christologie in messianischen Dimensionen, 1989, pp. 17ss., 55 [= *O caminho de Jesus Cristo*. Cristologia em dimensões messiânicas. São Paulo, Ed. Academia Cristã,2009.
[2] Cf. *abaixo* pp. 516ss.

em geral será desdobrado, no presente capítulo, como introdução à cristologia; o posterior capítulo 10 tratará da singularidade humana de Jesus como fundamento das afirmações sobre a deidade de Cristo, e o capítulo 11 referirá, por fim, a especial história de Jesus de Nazaré novamente no horizonte universal da antropologia e da doutrina da criação sob o aspecto da ação divina para a reconciliação do mundo acontecida nessa história.

1. O método da cristologia

O anúncio de Jesus de Nazaré como Filho de Deus pelos apóstolos teve seu início a partir do aparecimento terreno de Jesus, seu destino no fim de seu caminho terreno e do agir de Deus nele por meio de seu ressuscitamento dentre os mortos. A cristologia da Igreja, porém, desenvolveu-se, desde o séc. II, precisamente a partir de discussões sobre a relação do Filho de Deus preexistente com o próprio Deus, sobre sua processão do Pai, sua relação com a criação e sua encarnação. Isso teve sua boa razão no fato de que a compatibilidade da confissão cristã sobre a filialidade divina e da deidade de Jesus Cristo com a fé comum a cristãos e judeus no Deus uno. Esta também era fundamental para a missão gentílica da Igreja na discussão com a popular crença politeísta (cf. já 1Ts 1.9s.) e teve que constituir um tema central do pensamento cristão-primitivo[3]. Com a aceitação da cristologia do *Logos*[4] no séc. III estava tomada definitivamente a decisão para a interpretação de todo o testemunho acerca de Jesus no Novo Testamento sob o ponto de vista do envio do Filho de Deus

---

[3] Vide as observações de A. GRILLMEIER, *Jesus der Christus im Glauben der Kirche 1*, 1979, pp. 225ss., sobre a importância da doutrina apologética do *Logos* para a formação da cristologia (cf. p. 2076 referente a JUSTINO).

[4] O preço disso foi a separação do conceito do Filho de sua original ligação com a pessoa histórica de Jesus Cristo. Cf. as observações críticas referentes a isso de F. LOOFS em seu artigo sobre o verbete "Christologie, Kirchenlehre" na *Realencyklopädie für prot. Theologie und Kirche*, 3ª ed., vol. 4, 1898, p. 35 referente à "combinação do conceito do Filho com o conceito do *Logos*. Nisso LOOFS todavia subestimou o fato de que a aceitação do conceito do *Logos* se encontra em continuidade com as concepções da preexistência do Filho que surgiram já muito cedo na cristandade primitiva.

preexistente ao mundo, portanto, para aquele tipo de fundamentação de afirmações cristológicas que mais tarde foi denominado de "cristologia a partir de cima". Com isso estava estabelecido o molde dentro do qual se desenrolaram todas as demais discussões cristológicas da Igreja Antiga e da Idade Média latina.

Outro caminho para a fundamentação de afirmações cristológicas se tornou urgente depois que os antitrinitários da época da Reforma e nominalmente também os socinianos haviam posto em dúvida a interpretação trinitária da confissão da deidade de Cristo e em grande parte também a concepção da preexistência[5]. Como a crítica havia argumentado na base de um rigoroso princípio bíblico, também a discussão com ela tem que ser conduzida igualmente sobre o fundamento da interpretação da Escritura. Nisso entrou progressivamente em primeiro plano a messianidade de Jesus como elemento central dos testemunhos neotestamentários e fundamento das afirmações dogmáticas sobre sua pessoa.

Motivo para isso ofereceu o uso do título crístico nas tradicionais designações do artigo *De Christo* esp. *De persona Christi*. DAVID HOLLAZ ainda se satisfez com uma explicação introdutória do título crístico como parte integrante do onomástico Jesus Cristo[6]. JOHANN FRANZ BUDDEUS, que antepôs à cristologia no lugar da doutrina da predestinação uma doutrina da aliança da graça, declarou a Jesus como mediador dessa aliança como o objeto da cristologia, e enfatizou o sentido titular da palavra "cristo" como designação de um ministério[7]. Sua equiparação com o conceito do mediador, porém, o motivou em seguida a enveredar pelos tradicionais caminhos da doutrina da pessoa de Cristo como união da natureza divina e humana. Em 1777, porém, JOHANN SALOMO SEMLER substituiu o artigo da pessoa de Cristo por um capítulo "da história de Cristo", que identifica a messianidade de Jesus como o verdadeiro objeto da doutrina a respeito dele[8]. As afirmações da doutrina eclesiástica

---

[5] Resumo e bibliografia em G. A. BENRATH, Antitrinitarier, in: *TRE 3*, 1978, pp. 168-174.
[6] D. HOLLAZ, *Examen theologicum acroamáticum*, Stargard, 1707. p. III, 113s.
[7] J. F. BUDDEI, *Compendium institutionum Theologiae Dogmaticae*, 1724, pp. 521ss.
[8] J. S. SEMLER, *Versuch einer freien theologischen Lehrart*, 1777, pp. 384-433, esp. 387ss., cf. tb. 440ss. Com isso SEMLER foi decididamente além de seu mestre S. J. BAUMGARTEN, cuja *Evangelische Glaubenslehre*, editada por SEMLER, seguiu inteiramente ao esboço tradicional da cristologia, abstraindo-se do fato de que a

sobre Jesus como Deus e ser humano foram tratadas por SEMLER como interpretação desse estado de coisas fundamental, agora, porém, em uma luz expressamente crítica. Outros teólogos no fim do séc. XVIII, como FRANZ VOLKMAR REINHARD, usaram o mesmo procedimento para apresentar as afirmações do dogma cristológico como interpretação objetiva da messianidade de Jesus[9]. O discípulo de REINHARD, KARL GOTTLIEB BRETSCHNEIDER, opinou de modo bem mais crítico a esse respeito e pleiteou uma restrição da cristologia dogmática aos enunciados bíblicos sobre o Messias Jesus, dos quais, todavia, também fazem parte, de acordo com BRETSCHNEIDER, a confissão de sua deidade e da humanação do Filho de Deus preexistente[10]. Em 1829 encontra-se a mesma concepção no essencial em CARL IMMANUEL NITZSCH[11].

Objetivamente tratou-se já aqui do procedimento para a fundamentação de afirmações cristológicas que, desde a discussão em torno da teologia de ALBRECHT RITSCHL, designada de cristologia "de baixo para cima"[12], porque nela o Jesus Cristo histórico é ponto de partida e critério de todas as afirmações cristológicas sobre sua pessoa, enquanto as sentenças da cristologia são consideradas manifestações de sua realidade histórica. "Pois o que Cristo é segundo sua determinação eterna e atuando sobre nós de acordo com sua elevação a Deus sequer poderia ser reconhecido por nós, se não estivesse atuante também em sua existência histórico-temporal"[13]. A cristologia dos inícios do séc. XIX

---

doutrina da pessoa de Cristo começa em BAUMGARTEN com o evento da encarnação (vol. II, 2ª ed., 1775, pp. 6-23.)

[9] F. V. REINHARD, *Vorlesungen über die Dogmatik*, editado por I. G. I. BERGER, 1801, pp. 332ss., 336ss.

[10] K. G. BRETSCHNEIDER, *Handbuch der Dogmatik der evang.-luth. Kirche 2* (1863), 3ª ed., 1828, pp. 162-187, esp. 163ss. e 183ss. BRETSCHNEIDER quis deixar em aberto o modo de união das naturezas em Cristo (pp. 186s.).

[11] C. I. NITZSCH, *System der christlichen Lehre* (1829), 3ª ed., 1832, pp. 224ss.

[12] F. H. FRANK, *Zur Theologie Albrecht Ritschl's* (1888) 3ª ed., 1891, p. 27 formulou desse modo uma tese que ele compartilhava com RITSCHL: "nosso conhecimento de Cristo bem como de Deus vai de baixo para cima" – corresponde "à frase de MELANCHTHON, que RITSCHL gostava de destacar" (p. 26): *Hoc est Christum cognoscere, beneficia eius cognoscere* (CR 21, 85 cit. em: A. RITSCHL, *Die christliche Lehre von der Rechtfertigung und Veröhnung III*, 3ª ed., 1888, p. 374.

[13] A. RITSCHL, *Die christliche Lehre von der Rechtfertigung und Versöhnung III*, 3ª ed., 1888, p. 383, cf. 437s.

acreditava poder basear-se, neste caso, simplesmente no testemunho dos Evangelhos a respeito de Jesus e, sobretudo, nos ditos de Jesus sobre si mesmo, especialmente em João. Com o progressivo desenvolvimento da exegese histórico-crítica tornou-se necessário retroceder, ao invés disso, ao caráter global do aparecimento de Jesus e de sua história, e buscar a base para a confissão de sua deidade.

Em ALBRECHT RITSCHL, esse procedimento tinha uma ponta polêmica contra a cristologia especulativa que partiu de HEGEL e SCHELLING[14], bem como contra a doutrina do esvaziamento dos dogmáticos de Erlangen. Nisso RITSCHL ligou a referência à pessoa histórica de Jesus como ponto de referência de todos os enunciados cristológicos sobre ele com a tese de que o conhecimento de sua deidade seria possível somente pela fé nele[15]. Por isso RITSCHL pôde ser colocado na vizinhança íntima com a fundamentação da cristologia de SCHLEIERMACHER[16]. De fato, porém, os dois têm pouco em comum, excetuando-se a oposição à clássica cristologia do *Logos* e à nova cristologia especulativa. SCHLEIERMACHER construiu o conceito do Redentor e os atributos que lhe devem ser conferidos a partir da consciência de redenção da comunidade como pressuposto de sua existência[17]. RITSCHL destacou muito mais a particularidade histórica de Jesus como origem da fé de sua comunidade nele, e distinguiu entre a atividade histórica de Jesus no contexto de sua proclamação do reino de Deus, por um lado, e, por outro lado, a atuação do Cristo exaltado, experimentada pelos crentes de tal modo que todas as afirmações sobre uma atividade de Cristo atualmente experimentável deverão ser comprovadas como continuação de sua

---

[14] Isso foi destacado por O. WEBER em suas exposições, que ainda podem ser lidas com proveito, sobre a problemática do processo de fundamentação cristológica "de cima" ou "de baixo" (*Grundlagen der Dogmatik II*, 1962, pp. 20-26, esp. 25.).

[15] A. RITSCHL, loc. cit., pp. 371s. Cf. E. GÜNTHER, *Die Entwicklung der Lehre von der Person Christi im XIX Jahrhundert*, 1981, pp. 296s.

[16] Assim em J. KAFTAN, *Dogmatik* (1897) 3ª ed., 1901, pp. 411ss., bem como esp. *Zur Dogmatik*, 1904, pp. 247ss.

[17] F. SCHLEIERMACHER, *Der christliche Glaube*, 2ª ed., 1830, § 87s. Analogamente, SCHLEIERMACHER parte da consciência cristã da redenção e pergunta "como está posto o Redentor em virtude desta consciência" (§ 91,2). Isso então leva ao conceito do Redentor como protótipo na relação com a vida global por ele fundada (§ 93), uma condição de protótipo que continua sendo descrita como "permanente eficácia de sua consciência de Deus", "que era um verdadeiro ser de Deus na dele" (§ 94).

atividade histórica terrena e por isso intermediadas pela relação do indivíduo com a Igreja, que atribui sua origem a Jesus[18]. Essa exposição tem mais afinidade com o processo de fundamentação cristológica em REINHARD, BRETSCHNEIDER e com o jovem NITZSCH do que com SCHLEIERMACHER. Infelizmente, os princípios cristológicos antes e ao lado de SCHLEIERMACHER foram negligenciados pela historiografia teológica[19], de modo que surgiu uma imagem enganosa de SCHLEIERMACHER como renovador da ligação da fé em Jesus Cristo contra a dissolução racionalista da cristologia antiga. Pois faz parte da característica da cristologia de SCHLEIERMACHER a repressão da fundamentação histórica a favor da construção da cristologia a partir da consciência de fé. Neste ponto, a cristologia de WILHELM HERRMANN, sobretudo, em seu período tardio[20], se aproxima de SCHLEIERMACHER, não, porém, da fundamentação da cristologia de RITSCHL. Somente a supressão da diferença entre o procedimento de RITSCHL e o de SCHLEIERMACHER possibilitou que se lançasse contra a forma da fundamentação cristológica "de baixo", desenvolvida por RITSCHL, a suspeita de projeção antropocêntrica e que se lhe opusesse a constatação de que a pessoa de Jesus poderia ser compreendida somente "de cima", a partir de Deus, a saber, como a pessoa do *Logos* divino[21]. Com isso se passou por alto a justificada exigência de que todas as afirmações cristológicas sobre Jesus Cristo devem ter por centro de sua justificação sua realidade histórica, e devem ser fundamentadas como sua interpretação. Essa exigência justamente também valeu para a afirmação de que a pessoa de Jesus é a do *Logos* divino. O próprio Deus não pode ser conhecido de outro

---

[18] A. RITSCHL, *loc. cit.*, pp. 393s., 391, 423ss., cf. pp. 3s.

[19] Assim, por exemplo, a influente obra de E. GÜNTHER, mencionada na nota 15, começa com SCHLEIERMACHER, sem sequer mencionar os esforços precedentes empreendidos para estabelecer uma fundamentação histórico-exegética da cristologia. Características são igualmente as explanações em F. A. B. NITZSCH e H. STEPHAN. *Lehrbuch der evangelischen Dogmatik*, 3ª ed., 1912, pp. 527ss. que colocam SCHLEIERMACHER como renovador da cristologia perante o racionalismo.

[20] Sobre o desenvolvimento da cristologia de W. HERRMANN, vide W. GREIVE, *Der Grund des Glaubens. Die Christologie Wilhelm Herrmanns*, 1976.

[21] Por isso K. BARTH, Die dogmatische Prinzipienlehre bei Wilhelm Herrmann, in: Idem, *Die Theologie und die Kirche. Gesammelte Vorträge 2*, 1928, pp. 240-284, 275s., chegou à conclusão de que "além do caminho de cima para baixo aqui não existe caminho nenhum" (p. 276). BARTH manteve essa posição inclusive na cristologia da *Kirchliche Dogmatik*. W. HERRMANN, porém, não queria "começar de cima e transformar em fundamento da redenção o que é um fruto da redenção" (*Der Verkehr des Christen mit Gott*, 5ª ed., 1908, p. 64).

modo por nós senão por meio do que aconteceu cá "em baixo", na história humana de Jesus de Nazaré²². Por isso, além de outros, PAUL ALTHAUS se ateve, com razão, à exigência de que a cristologia deveria "inicialmente ser uma cristologia de baixo para cima; ela principia, como a neotestamentária, com o ser humano Jesus e sua história, e reflete sobre os meios pelos quais ele exige e conquista de nós a fé nele. Ela não pode começar dedutivo-trinitariamente pela eterna deidade de Cristo. O conhecimento da preexistência e da Trindade não está preestabelecido ao conhecimento religioso do ser humano Jesus, mas se baseia nesse conhecimento"²³. Essa argumentação, todavia, pressupõe que a história de Jesus ocorrida "em baixo" esteja "aberta" para "cima", isto é, para a realidade de Deus, e com isso leva inevitavelmente à pergunta se isso vale somente para a história de Jesus, ou para a história humana em geral²⁴. Se valer o citado por último, surge a próxima pergunta por que então a intermediação por Jesus deverá ser imprescindível para a relação dos demais homens com Deus. No outro caso, porém, se pergunta como se pode chegar da realidade humana de Jesus ao conhecimento da presença de Deus nele. De acordo com PAUL ALTHAUS, isso acontece por meio da ousadia da fé que, na verdade, está fundamentada no autotestemunho de Jesus e na mensagem de sua ressurreição, por meio do que, porém, ALTHAUS não considera comprovado seu objeto²⁵. Assim sendo, porém, acaso não é, em última análise, a fé e não a história de Jesus que constitui o ponto de partida para o falar de Deus em Jesus Cristo?

---

[22] Conforme O. WEBER (*loc. cit.*, p. 24), isso também foi muito pouco considerado pela "cristologia clássica", cf. p. 33: "No fundo", a cristologia clássica não alcança o ser humano "lá onde ele se encontra, a saber, em seu irrestrito 'em baixo'". Será mesmo que essa carência foi realmente corrigida em BARTH, como crê WEBER (p. 33, nota 1)?

[23] P. ALTHAUS, *Die christliche Wahrheit* (1947), 3ª ed., 1952, p. 424.

[24] O. WEBER, *loc. cit.*, p. 27.

[25] P. ALTHAUS, *loc. cit.*, pp. 425, 426ss. A incerteza existente em ALTHAUS nesse ponto, que, contrariando sua intenção, converte a fundamentação da fé a partir da história de Jesus em uma dependência da importância teológica do ato da fé, é motivada, em última análise, pela opinião de ALTHAUS de que a ressurreição de Jesus não seria uma "um fato histórico comprovável" (p. 426). Essa insegurança também aparece no escrito mais importante de ALTHAUS: *Das sogenannte Kerygma und der historische Jesus*, 1958. A discussão sobre esse assunto constitui o cerne em minha resposta à crítica de PAUL ALTHAUS a mim ("Einsicht und Glaube". Antwort an Paul Althaus, in: *Grundfragen systematischer Theologie I*, 1967, pp. 223-236). Cf. tb. meu escrito *Grundzüge der Christologie*, 1964, p. 23.

Para o exame e a justificação dos enunciados cristológicos sobre Jesus, a cristologia tem que "voltar atrás" dos enunciados confessionais e dos títulos cristológicos da tradição cristã-primitiva "até o fundamento para o qual ela remete, que dá sustentação à fé em Jesus. Isso é a história de Jesus. É tarefa da cristologia perguntar e mostrar em que medida essa história fundamenta a fé em Jesus". Isso acontece quando ela pergunta pela "necessidade interior objetiva do desenvolvimento cristológico no Novo Testamento"[26], mas também, além disso, pela continuação dessa lógica na história da cristologia da Igreja Antiga. Com isso está designada a tarefa de uma "teoria da tradição cristológica"[27] que tem que ter por objeto a consistência sistemática interior no desenvolvimento da cristologia à confissão da deidade de Jesus Cristo e para o esclarecimento dessa afirmação, mas também de sua relação com a realidade humana de Jesus, e tem nisso, ao mesmo tempo, um critério para julgar os desvios e as aberrações surgidas no curso do desenvolvimento cristológico. Uma teoria da tradição cristológica neste sentido teria[28], como apresentação histórica, simultaneamente um caráter sistemático. Apresentações da cristologia "de baixo", que visam somente o cerne sistemático do nexo da fundamentação de afirmações cristológicas que parte da história de Jesus, e que apresentam a esse sob pontos de vista meramente sistemáticos[29], sempre já pressupõem no mínimo a possibilidade de uma teoria da tradição cristológica com essa característica. Decisiva para a exequibilidade de semelhante teoria é a suposição de que as afirmações cristológicas confessionais do cristianismo primitivo podem ser entendidas, em seu conteúdo essencial, como explicação do conteúdo de sentido implicitamente próprio do apareci-

---

[26] PAUL ALTHAUS, *Die christliche Wahrheit*, 3ª ed., 1952, p. 434.
[27] W. PANNENBERG, *Grundzüge der Christologie*, 1964, p. 11.
[28] Uma apresentação com essas características não existe até hoje. A grandiosa obra de A. GRILLMEIER, *Jesus der Christus im Glauben der Kirche* (I, 1979), liga à exposição histórica uma intenção sistemática na medida em que a história cristológica até 451 é descrita como pré-história do dogma de Calcedônia, mas não elabora os conteúdos de significado, implicitamente próprios da história de Jesus, como critério para a avaliação e o desenvolvimento de toda a formação doutrinária cristológica.
[29] Cabem aqui também minhas *Grundzüge der Christologie*, 1964, com sua aceitação da tarefa de uma cristologia de baixo (pp. 28ss.).

mento e da história de Jesus[30]. A relação entre implicação e explicação fez com que a suposição de correspondência da confissão crística da comunidade a uma consciência messiânica do próprio Jesus expressamente manifesta, outrora considerada imprescindível para a suposição de um nexo interior da mensagem crística dos apóstolos com Jesus e sua pregação, se tornasse uma questão subordinada. A reconstrução do nexo da mensagem apostólica de Cristo com a pregação histórica de Cristo como explicação da importância nisso contida implicitamente, todavia, é exequível somente sob a inclusão do testemunho cristão-primitivo do ressuscitamento de Jesus como elevação de Jesus a uma forma de comunhão com Deus que, simultaneamente, legitima a atuação pré-pascal de Jesus[31]: primeiro por seu ressuscitamento dentre os mortos o Crucificado alcançou sua dignidade de *Kyrios* (Fl 2.9-11) e foi instalado a "Filho de Deus em poder" (Rm 1.4). Primeiro na luz de sua ressurreição ele também é o Filho preexistente de Deus, e somente como o Ressurreto ele permanece o Senhor vivo de sua comunidade[32].

---

[30] Esse ponto de vista certamente foi formulado pela primeira vez em 1929 por R. BULTMANN com a constatação de que no chamado de Jesus à decisão a favor do reino de Deus por ele anunciado estaria contida "implicitamente uma cristologia" (*Glauben und Verstehen I*, 1933, p. 174). Todavia, BULTMANN ainda não pensou nas afirmações cristológicas confessionais da comunidade pós-pascal, as quais ele compreendeu com razão como manifestações da fé pascal.

[31] A exclusão da mensagem pascal, considerada historicamente problemática, dos esforços desenvolvidos pelos discípulos de BULTMANN com base em sua observação (citada na nota anterior) a fim de estabelecer um nexo entre a mensagem de Jesus e o querigma crístico de sua comunidade constituiu o ponto fraco da chamada "nova pergunta pelo Jesus histórico" na escola de BULTMANN. Cf. J. M. ROBINSON, *Kerygma und historischer Jesus*, 1960.

[32] R. SLENCZKA chamou expressamente a atenção para o fato de que o ser pessoa de Jesus Cristo no sentido dos testemunhos neotestamentários não deve ser limitado a sua história terrena: *Geschichtlichkeit und Personsein Jesu Christi. Studien zur christologischen Problematik der historischen Jesusfrage*, 1967, pp. 294ss. (referente à controvérsia entre M. KÄHLER e W. HERRMANN), bem como pp. 316ss, 333s. De modo semelhante MOLTMANN, *Der Weg Jesu Christi*, 1989, pp. 58s. [= *O caminho de Jesus Cristo*, 1993, pp. 76ss.] Com razão I. U. DALFERTH, Der Mythos vom inkarnierten Gott und das Thema der Christologie, ZThK 84, 1987, pp. 339ss. protesta contra a redução da base da cristologia na história de Jesus por meio da exclusão do evento pascal nos críticos ingleses da doutrina da encarnação, especialmente em J. HICK, *Incarnation and Mythology (God and the Universe of*

Não se compreende por si mesmo que o ressuscitamento de Jesus faz parte da base histórica de uma "cristologia de baixo". O assunto já foi veemente controvertido nas discussões em torno da cristologia de ALBRECHT RITSCHL e sua escola. O próprio RITSCHL havia construído sua cristologia exclusivamente sobre a *pregação* terrena de Jesus e (como acreditava) no *estabelecimento* do reino de Deus entre os homens. Da coincidência da vontade de Jesus com a de Deus, nisso contida, RITSCHL concluiu diretamente (sem necessitar do recurso ao ressuscitamento de Jesus) pela deidade de Jesus[33]. Em contrapartida, MARTIN KÄHLER acentuou que a certeza da confissão de Jesus como Senhor "teria estado ligada" em seu surgimento e efeito, "à outra, que ele seria o Vivo, o Crucificado e Ressurreto"[34]. Em seu famoso ensaio sobre o Cristo histórico como fundamento de nossa fé, WILHELM HERRMANN defendeu a concepção de que RITSCHL, tentando compreender "a imagem do Jesus interior, que o Novo Testamento nos oferece", como resposta à pergunta "como compreendemos atualmente a Jesus Cristo como fundamento da fé de que existe um Deus que quer tirar-nos de toda a necessidade e pecado"[35]. Nisso HERRMANN não considerou a ressurreição expressamente como fundamento da fé, mas como parte dos pensamentos de fé desenvolvidos a partir dela pela comunidade crente em Jesus[36]. De modo mais decisivo e inequívoco essa argumentação

---

Faith, 1973, pp. 165-179) e nas contribuições para o volume editado por HICK, *The Myth of God Incarnate*, 1977.

[33] A. RITSCHL, *Die christliche Lehre von der Rechtfertigung und Versöhnung III*, 3ª ed., 1888, § 48 (pp. 417-426), esp. pp. 432ss. Por isso RITSCHL pôde afirmar que a digna consideração da "vocação" de Jesus (para anunciar e estabelecer o reino de Deus) levaria à avaliação religiosa de sua pessoa como Filho de Deus (cf. § 50, p. 444).

[34] M. KÄHLER, *Der sogenannte historische Jesus und der geschichtlich, biblische Christus* (1892), nova edição coordenada por E. WOLF, 1958, p. 40 (= 1892, p. 20). No entanto, KÄHLER identificou o Senhor ressurreto imediatamente com o "Cristo da pregação apostólica, de todo o Novo Testamento" (p. 41), sem deixar espaço para o processo de desenvolvimento da cristologia no cristianismo primitivo e para a pergunta pela estrutura interna desse processo. Neste ponto, o questionamento de RITSCHL e seus alunos permanecem superiores à argumentação de KÄHLER.

[35] W. HERRMANN, Der geschichtliche Christus der Grund unseres Glaubens, *ZThK* 2, 1892, pp. 232-273, citações pp. 256, 261 (cf. 253, 272), 233.

[36] Contra a concepção de KÄHLER de que o Cristo ressurreto e exaltado seria "o derradeiro apoio e razão de nossa fé", HERRMANN observou que "isto não está certo (*op. cit.*, p. 250), pois, na verdade, ressurreição e exaltação seriam "conteúdo da fé,

foi apresentada por MAX REISCHLE[37], embora HERMANN CREMER tivesse objetado com boa razão que os apóstolos "não pregaram a vida interior de Jesus, mas o Crucificado, 'que morreu por nossos pecados, segundo a Escritura, e ressuscitou no terceiro dia, segundo a Escritura, e que, exaltado pela direita de Deus, derramou isto que vedes e ouvis. Esse é o Cristo ressurreto e vivo, que está diante de nós na presença de Deus e do Espírito Santo [...], no qual Deus nos prende'"[38]. Contra a exclusão da ressurreição de Jesus do conceito da razão da fé também surgiram protestos de dentro da escola de RITSCHL. De acordo com THEODOR HÄRING, não se pode falar da revelação de Deus em Jesus Cristo sem seu ressuscitamento, de modo que esse evento deve ser contado plenamente como razão da fé[39]. REISCHLE e HÄRING acabaram concordando que os momentos individuais da fundamentação da fé formam um todo graduado em si, do qual, porém, "a demonstração do poder de Jesus sobre a morte não" poderia ser "arrancada"[40].

A pergunta se a ressurreição de Jesus faz parte do fundamento da fé é inseparável da pergunta se ela aconteceu de fato, portanto, pela historicidade desse evento[41]. Por isso é compreensível que a questão não chegou ao fim com a mencionada discussão. Se a ressurreição de Jesus não é um acontecimento histórico, mas, não obstante, o ponto de partida da pregação crística da comunidade primitiva, conforme o supôs R. BULTMANN, então não se pode atribuir ao saber histórico a respeito de Jesus qualquer importância como

---

mas não sua última razão" (p. 251, referente à distinção entre razão e conteúdo da fé, cf. pp. 247s., bem como p. 263). O que neste ensaio é chamado de "conteúdo" da fé é designado alhures por HERRMANN também como "pensamentos da fé" (p.ex., Der Verkehr des Christus mit Gott (1886), 5ª ed., 1908, pp. 31ss.).

[37] TH. HÄRING e M. REISCHLE, Glaubensgrund und Auferstehung, ZThK 8, 1889, pp. 129, 133, 132. Sobre toda a discussão, cf. tb. W. GREIVE, Der Grund des Glaubens. Die Christologie Wilhelm Herrmanns, 1976, pp. 106-111.

[38] H. CREMER, Glauben, Schrift und heilige Geschichte, 1898, pp. 44s., cf. M. REISCHLE, loc. cit., p. 195. A afirmação de que a impressão da "vida interior" tivesse produzido a fé, foi chamada por CREMER de "hipótese que necessita da violenta operação crítica para conseguir sua imagem de Cristo, da qual afirma que ela se encontra como a real antes de todos os mal-entendidos e perversões" (p. 89).

[39] TH. HÄRING, Gehört die Auferstehung Jesu zum Glaubensgrund?, ZThK 7, 1897, pp. 331-351, esp. 341.

[40] TH. HÄRING e M. REISCHLE, Glaubensgrund und Auferstehung, ZThK 8,1889, pp. 129, 133, 132. Sobre toda a discussão cf. tb. W. GREIVE, Der Grund des Glaubens. Die Christologie Wilhelm Herrmanns, 1976, pp. 106-111.

[41] Esse tema ainda haverá de ser discutido em pormenores no próximo capítulo.

base da confissão crística. Se, pelo contrário, a volta ao Jesus histórico é inevitável a fim de proteger o querigma da suspeita de ser mero mito[42], e se a ressurreição de Jesus for considerada a-histórica, é preciso perguntar por concordâncias entre o querigma cristão-primitivo e a mensagem de Jesus sob exclusão da temática pascal. Neste caso, porém, o processo de formação da tradição cristológica permanece incompreensível como processo histórico. Se, porém, a faticidade do evento pascal pode ser suposta em algum sentido e ser descrito com mais exatidão, então é possível descrever a história da confissão crística até a formação do dogma cristológico e trinitário da Igreja como explicação do conteúdo de significado próprio da história de Jesus à luz da fé pascal[43].

Entrementes existem muitas formas diferentes de "cristologia de baixo", as quais, apesar de todas as diferenças, têm em comum que todas partem, ao contrário do que fez a clássica cristologia do *Logos*, do Jesus histórico, para mostrar em sua proclamação e história a razão para a confissão crística da comunidade[44]. Várias dessas cristologias

---

[42] Assim, E. KÄSEMANN, Das Problem des historischen Jesus. *ZThK* 57, 1954, pp. 125-153, 141.

[43] Essa é a concepção que constitui a base de meu escrito *Grundzüge der Christologie*, 1964. Uma tese de continuidade comparável em princípio foi estabelecida por C. F. O. MONDE, *The Origin of Christology*, 1977 (esp. pp. 135-141), enquanto as contribuições do volume *The Myth of God Incarnate* (ed. por J. HICK, 1977) sequer levantam a pergunta se poderia existir tal continuidade no sentido de explicação progressiva de um conteúdo dado implicitamente desde o princípio em vez de uma série de concepções originárias de outras fontes culturais, que tivessem sido atribuídas a Jesus somente exteriormente. MONDE repetiu sua tese no diálogo com os autores daquele volume (Three Points of Conflict in the Christological Debate, in: M. FOULDER (ed.), *Incarnation and Myth. The Debate Continued*, 1979, pp. 131-141, esp. 137s. Uma resposta a isso não apareceu, se não contarmos as observações do coordenador da discussão BASIL MITCHELL no final do volume (*loc. cit.*, p. 226), que mantém aberta essa pergunta (cf. tb. o Prefácio de M. FOULDER, *loc. cit.*, p. X).

[44] Referente a isso, cf. R. SLENCZKA, *Geschichtlichkeit und Personsein Jesu Christi*, 1967, pp. 310ss. Com razão, SLENZCKA chama a atenção para a ambiguidade da designação "cristologia de baixo" (p. 309) e indica importantes pontos comuns nas diversas posições que devem ser atribuídas a ela (p. 311). Referente à "cristologia de baixo" na moderna teologia católica, cf. W. KASPER, Christologie von unten?, in: L. SCHEFFCZYK (editor), *Grundfragen der Christologie heute*, 1965, pp. 141-170. De fato também a base argumentativa do livro *Jesus der Christus*, 1974,

atêm-se exclusivamente à pregação de Jesus e especialmente à pretensão de autoridade a ela ligada, mas passam por alto as razões interiores do escândalo que surgiu com tanta frequência como reação à apresentação de Jesus. Outras concentram-se no caminho de Jesus para a cruz como manifestação do amor de Deus que ele pregou, no entanto, sem levar adequadamente em consideração a circunstância de que uma interpretação da execução de Jesus permaneceria absurda sem o evento pascal, e que também segundo o testemunho bíblico foi formulada primeiro à sua luz. Não raro a resposta da fé à proclamação de Jesus é compreendida como origem e fundamento da confissão crística de tal modo que a fé pascal dos discípulos aparece como forma de manifestação especial dessa resposta da fé enquanto os testemunhos do Novo Testamento apresentam, sem exceção, o evento pascal como *razão* da fé dos discípulos. A complementação da referência ao Jesus histórico pela fé, seja do indivíduo, seja da Igreja, é a forma mais difundida de uma cristologia "de baixo". Primeiro a fé complementa, é o que se pensa, a mensagem da apresentação histórico-humana de Jesus pelo fato de que a fé vê em Jesus mais do que um simples ser humano. Isso até pode ser concebido como resposta a uma pretensão de autoridade implícita em Jesus, mas, não obstante, a referência à produtividade da fé permanece uma fundamentação singularmente deficitária das afirmações confessionais cristológicas por meio de uma cristologia "de baixo".

---

de W. KASPER, deve ser denominado de cristologia de baixo, apesar da crítica de KASPER a essa concepção a ser mencionada na próxima nota. Naturalmente na exposição surge, em KASPER, adicionalmente uma linguagem interpretativa de cunho pneumatológico. Isso acontece de modo ainda mais acentuado em J. MOLTMANN, *Der Weg Jesu Christi*, 1989 (esp. pp. 92ss.) [*O caminho de Jesus Cristo*, São Paulo: Ed. Academia Cristã, 2009, esp. pp. 123ss.]. Com vistas a sua base argumentativa, também sua apresentação é uma cristologia "de baixo", em contraposição a uma apresentação que parte "de cima", apesar da crítica a tal distinção metodológica manifesta na pp. 88s. como "superficial e enganosa" (p. 88). Se essa alternativa metodológica pudesse ser evitada tão facilmente num discurso teologicamente fundamentado, como querem MOLTMANN e outros, seria de se admirar que seus vestígios estão encravados tão profundamente na história da teologia como exposto acima e como também se evidencia a partir das próprias explanações de MOLTMANN pp. 67ss. Justamente tomando a messianidade de Jesus por ponto de partida, como o faz MOLTMANN, foi característico para a volta a uma cristologia de baixo na teologia moderna, *p.ex.*, em BRETSCHNEIDER (cf. *acima* nota 10).

É uma fundamentação que, em última análise, recorre a um princípio de autoridade e com isso desespera em toda fundamentação. Além disso, se supõe aqui que o chamado de Jesus à decisão não se dirigiu apenas a seus ouvintes judeus, mas a todo ser humano em todo tempo; uma ampliação que somente se justifica no chão da mensagem pascal e que foi realizada primeiro nessa base.

Certamente é compreensível que muitos cristãos como homens modernos acham difícil onerar a argumentação para sua fé em Jesus Cristo com uma suposição tão controvertida do ponto de vista da visão de mundo como do fato da ressurreição de um defunto. acontece, porém, que histórica e objetivamente não se pode compreender de outro modo a origem da confissão cristã e de suas afirmações cristológicas[45]. Este é o contexto de fundamentação das afirmações cristológicas da confissão cristã, dado na história da formação do cristianismo[46], que pode ser reconstruído na cristologia dogmática, mas não pode ser substituído por outro. É certo que a fé individual não está atada a tais razões. Pessoas também crêem sem razões. Mas isso, em todo caso, ainda não é teologia. Nesta contam somente argumentos, e nisso ela não

---

[45] É estranho que W. KASPER escreve (no ensaio supracitado) sobre meus *Grundzüge der Christologie* que, por causa de minha concepção histórico-traditiva, eu estaria "obrigado a fazer da ressurreição (sob determinados pressupostos hermenêuticos) um acontecimento historicamente comprovável" (*loc. cit.*, p. 150). Obrigado? Toda a tradição cristã compreendeu, até o séc. XVIII, a ressurreição de Jesus como evento realmente ocorrido (portanto, "histórico"). Isso também a atual reconstrução da história da formação do cristianismo e de sua confissão crística não pode ignorar. Aliás, nesse ensaio KASPER não reproduziu com exatidão a argumentação das *Grundzüge der Christologie*. Lá não se afirma que a ressurreição de Jesus poderia "ser deduzida do fato em si bastante ambíguo da sepultura vazia" (fundamentais são antes as aparições pessoais), nem lhe é atribuída, em relação à pretensão de autoridade de Jesus, "uma função apenas confirmativa" (*ib.*). Em seu livro *Jesus der Christus*, 1974, pp. 159ss., KASPER se expressou de modo consideravelmente mais nuançado.

[46] Faz parte da historicidade da fé em Cristo o fato de que o contexto de fundamentação de seus enunciados não pode ser separado de sua origem histórica. Por isso, no processo que leva a partir dessa origem a uma confissão da deidade de Cristo não se trata apenas do "contexto de descoberta" subjetivo na história da conversão e formação de determinados teólogos, a ser diferenciada do contexto de fundamentação. Cf. referente a essa distinção teórico-científica W. PANNENBERG; G. SAUTER; S. M. DAECKE; H. N. JANOWSKI, *Grundlagen der Theologie – ein Diskurs*, 1974, pp. 86-97.

pode ignorar o contexto de fundamentação que levou ao surgimento desta fé e das afirmações da confissão cristológica. A teologia está interessada na verdade da doutrina cristã. Para isso também contribuem a descoberta e a reconstrução do verdadeiro contexto de fundamentação da confissão cristológica da Igreja. Nisso nem aqui nem em qualquer outra parte a argumentação teológica torna supérflua a fé ou o Espírito Santo, mas, inversamente, também deve valer que a invocação de fé e Espírito ainda não é argumento.

Em sua reflexão sobre a exigência metodológica de uma "cristologia de baixo" e em especial com vistas a sua versão da ligação de mensagem e história de Jesus com sua ressurreição dentre os mortos, defendida por mim, mas também por KARL RAHNER[47], WALTER KASPER falou de um "perigo" de "se subestimar a permanente presença de Jesus Cristo no Espírito..."[48]. Em face da reconstrução histórico-traditiva do contexto de fundamentação da cristologia, ele acentua "que a proclamação apostólica é um elemento constitutivo no evento crístico[49], – constitutivo evidentemente no sentido de um testemunho do Espírito que se agrega complementariamente à história de Jesus Cristo. Em consequência disso, KASPER exigiu uma "cristologia determinada pneumaticamente", da qual ele espera que ela "superará a alternativa entre a cristologia 'de cima' e a cristologia 'de baixo'"[50]. Haveremos de concordar com KASPER no fato de que o Evangelho apostólico está intimamente relacionado com o evento crístico. Esse nexo ainda será objeto de reflexões mais detalhadas no cap. 11. No entanto, a afirmação de que a proclamação apostólica teria uma função *constitutiva* para o evento crístico, não

---

[47] K. RAHNER; W. THÜSING, *Cristologie – systematisch und exegetisch*, 1972, p. 47. RAHNER desenvolveu aqui seu princípio de uma "cristologia da ascendência" a partir da unidade da pretensão (historicamente constatável) de Jesus e da experiência de sua ressurreição". Nisso consiste a proximidade objetiva desse novo princípio nos posteriores escritos de RAHNER referente aos *Grundzüge der Christologie* do Autor, apesar da fundamentação antropológico-transcendental de RAHNER, que aponta para outra direção, mas que (como se verá mais *abaixo*) encontra numa correspondência nas reflexões a serem expostas aqui. Referente a RAHNER, cf. no mais W. KASPER, *loc. cit.*, pp. 153ss.
[48] W. KASPER, *Christologie von unten? Loc. cit.*, (*acima* nota 44), p. 151.
[49] W. KASPER, *loc. cit.*, p. 150.
[50] W. KASPER, *loc. cit.*, p. 169. De modo semelhante tb. J. MOLTMANN, *Der Weg Jesu Christi*, 1989 [*O caminho de Jesus Cristo*, 2009] (vide *acima* nota 44).

corresponde sequer ao testemunho apostólico. A mensagem pascal é *constitutiva* para o evento pascal, mas não o constitui, e, sim, é ela mesma constituída por esse evento e pela automanifestação do Ressurreto (Gl 1.16; Mt 28.19). A respeito do testemunho do Espírito, porém, é dito em João que ele não falará de si, e, sim, tomará daquilo que Jesus é, e o proclamará (Jo 16.13s.).

Assim mesmo é preciso admitir que o conteúdo de fundamentação de uma argumentação cristológica ainda não está plenamente desdobrado com a reconstrução histórico-traditiva das razões objetivas de afirmações confessionais cristológicas e, em especial, da confissão da deidade de Jesus. Se a "cristologia de baixo" não chega ao desenvolvimento de alternativas substantivas para a confissão da deidade de Cristo, antes revela essa confissão e, consequentemente, também o conceito da encarnação como manifestação apropriada da importância implícita do aparecimento e da história de Jesus, isso significa que a realidade histórico-humana de Jesus de Nazaré pode ser entendida de modo adequado somente à luz de sua procedência de Deus[51]. Com isso surge a tarefa de pensar a história de Jesus agora também como feito de Deus e, conseqüentemente, em sua fundamentação a partir de Deus. Por isso uma cristologia que começa "de baixo" não pode entender-se simplesmente de modo excludente perante a clássica cristologia da encarnação[52]. Ela reconstrói meramente a base histórico-revelacionista sempre já pressuposta pela cristologia clássica sem explicá-la especificamente. Somente sob o ponto de vista metodológico compete primazia à argumentação "de baixo"[53] – pressuposto, naturalmente, que esse procedimento leva ao resultado de que a concepção da

---

[51] Cf. as observações de G. SAUTER, Fragestellung der Christologie, in: *Verkündigung und Forschung II*, 1966, pp. 37-68, 61, referente a meu livro *Grundzügen der Christologie*, bem como o prefácio à 5 edição deste livro, 1976, pp. 421ss.

[52] Assim PAUL ALTHAUS escreveu que se a dogmática "cumpriu" a tarefa de reflexão sobre a fundamentação da fé em Jesus Cristo, "ela pode e quer considerar o que a fé em Jesus implica em conhecimento de sua natureza, e então poderá encetar pelo caminho 'de cima para baixo', tal como também a cristologia neotestamentária o percorreu em suas afirmações cristológicas sobre a humanação do Preexistente" (*Die christliche Wahrheit*, 3ª ed., 1952, p. 425). Cf. tb. RAHNER, *Grundkurs des Glaubens*, 1976, pp. 179, 292s.

[53] Assim tb. K. RAHNER, *Grundkurs des Glaubens*, 1976, p. 179. Cf. tb. as observações críticas pp. 283s. referentes à clássica cristologia do descenso.

encarnação não é uma falsificação, mas desdobramento apropriado da importância própria já implícita ao aparecimento e à história de Jesus. Então vale: o primado objetivo cabe ao Filho que, por sua encarnação em Jesus de Nazaré, se tornou ser humano.

Portanto, as duas correntes argumentativas "de cima" e "de baixo", quando entendidas corretamente, são complementares na relação entre elas. No entanto, a reconstrução sistemática da história traditiva da cristologia a partir de sua origem permite discernir criticamente o conteúdo essencial do dogma cristológico de traços secundários e de deformações. Com isso ela representa um desenvolvimento da interpretação do dogma à luz do testemunho escriturístico, tal como também a cristologia clássica o fez.

A tarefa de interpretação do aparecimento e da história de Jesus a partir de Deus, como feito de Deus, tem que estar em primeiro plano num tratamento da cristologia nos moldes de uma apresentação completa da doutrina cristã. Visto que o contexto abrangente, dentro do qual a cristologia é tratada aqui, tem, de acordo com os credos da Igreja, uma estrutura trinitária mais ou menos implícita – no sentido da economia do agir divino na criação, reconciliação e consumação do mundo – tem por consequência para a cristologia que ela representa o aparecimento e a história de Jesus de Nazaré como o agir do Deus trinitário para a salvação da humanidade. No entanto, não está sempre já pressuposto para isso de fato, do mesmo modo como já para a doutrina da Trindade, o resultado de uma "cristologia de baixo"? Assim como, inversamente, numa apresentação monográfica da cristologia, para a qual se recomenda o procedimento da fundamentação das afirmações cristológicas "de baixo" como apropriada, deve ser pressuposto o conceito de Deus?[54] Esse último caso é inevitável, porque a discussão dos temas da doutrina de Deus excede em muito o âmbito da tarefa cristológica específica. Uma apresentação completa da doutrina cristã, porém, deve tentar integrar a "cristologia de baixo" no contexto de seu tema abrangente, portanto, no contexto da doutrina de Deus e da economia de seu agir no e com o mundo. Uma descrição de toda a doutrina cristã nesse sentido não pode deixar o contexto histórico-traditivo de fundamentação das afirmações confessionais cristológicas no *status* de uma pressuposição exterior a ela mesma. Ela deve suprassumir

---

[54] Vide do Autor, *Grundzüge der Christologie*, 1964, pp. 29s.

essa pressuposição ao mínimo de forma sumária no curso da própria apresentação, concedendo-lhe seu lugar no contexto da economia do agir divino.

Nisso a teologia não pode partir de uma concepção de Deus que, por sua vez, não estivesse já marcada pela revelação de Deus na história humana de Jesus. Para a fé cristã, primeiro por Jesus está manifesto quem e o que Deus é. Sempre tem sido uma tentação da clássica cristologia "de cima" transgredir essa regra fundamental justamente na descrição do evento da encarnação, ao tomar-se por base como concepção geral de Deus, ainda sem cunho cristão, da qual então se afirma a encarnação. Algo análogo também vale para o conceito do ser humano. Quem fala da humanação de Deus já deve pressupor uma compreensão prévia do uso dos termos "Deus" e "ser humano". Diante dessa problemática também se encontra a "cristologia de baixo". Também ela deve pressupor para a descrição da mensagem e da história de Jesus conceitos de Deus e do ser humano dados alhures. Em especial ela está exposta ao perigo de tomar por base de sua interpretação do aparecimento (e da história especial) de Jesus uma antropologia geral, ainda não concebida a partir de Deus e da revelação em Cristo[55]. Isso seria um pecado contra a fé no Deus revelado em Jesus Cristo como o Criador de todas as coisas, também do ser humano. A realidade histórica de Jesus de Nazaré é obrigatoriamente descaracterizada por uma antropologia (e concepção de história) que abstrai da relação com o Criador. "Ninguém conhece o Filho senão unicamente o Pai, e ninguém conhece o Pai senão o Filho e a quem o Filho o quer revelar" (Lc 10.22).

Seria então a relação entre teologia e antropologia a de um condicionamento circular recíproco? Com efeito, a observação do condicionamento recíproco entre nossos conceitos de Deus e nossas concepções de natureza e determinação do ser humano é uma premissa metodológica do desenvolvimento adequado de uma exposição da cristologia sistematicamente abrangente. O círculo aqui existente (se é assim que deve ser denominado o caso), porém, não deve ser confundido com o *circulus vitiosus* de uma argumentação silogística, a qual já pressupõe o

---

[55] Detalhes sobre essa problemáticia no ensaio do Autor, Christologie und Theologie, in: *Grundfragen systematischer Theologie 2*, 1980, pp. 129-145, esp. 131ss e 135ss.

que deveria ser demonstrado. Trata-se aqui, antes, de uma relação de real condicionamento recíproco de concepções de Deus e autocompreensão do ser humano[56]. É uma relação recíproca que não está restrita à problemática específica da cristologia e que poderia ser explicada biblicamente pela determinação do ser humano para ser imagem de Deus. Sob a pressuposição da deidade do Deus da Bíblia, isso significa que não somente o cristão, mas todo ser humano (também o ateu e o agnóstico juntamente com seus profetas do mundo) sempre já se move num mundo que é a criação do Deus da Bíblia e ao qual esse mesmo ser humano pertence. A prova dessa afirmação é, por enquanto, a demonstração de que todas as concepções não-religiosas do ser humano e de seu mundo se baseiam em reduções que reprimem condições e características constitutivas da realidade humana e das quais se pode provar que são reduções e com isso argumentativamente dissolúveis[57]. Em correspondência a isso, é possível chegar, desde uma visão secular da realidade humana, por meio de uma anulação progressiva de restrições a isso associadas, mas sem argumentação circular, à consciência daquela efetiva relação recíproca entre teologia e antropologia que já caracteriza desde sempre a real situação da autocompreensão humana[58]. Primeiro nesse estágio da consciência torna-se urgente a pergunta que pode ser respondida somente pela força esclarecedora de sua própria revelação. Da força esclarecedora da concepção cristã de Deus, porém, é próprio que a especial relação entre Jesus de Nazaré e o Pai, ao qual anunciou, abarca toda a humanidade e seu mundo, e que no âmbito do horizonte assim aberto, constitui novamente um tema especial. Por isso também surge, ao longo do desdobramento da doutrina cristã, mais uma vez, de outro modo, como tema da cristologia a pergunta pela deidade de Jesus, embora já tivesse constituído o ponto de partida para formular a concepção trinitária de Deus: de outro modo, a saber, no contexto de uma compreensão do mundo como criação, desenvolvida desde a concepção trinitária de Deus.

---

[56] Cf. as observações do Autor, *Grundfragen systematischer Theologie I*, 1967, p. 8, 2ª ed., 1980, p. 10, bem como *Grundzüge der Christologie*, 1964, pp. 208s.
[57] É a essa comprovação que visam as análises de descrições e constatações antropológicas em minha *Anthropologie in theologischer Perspektive*, 1983.
[58] Cf. vol. I, cap. 2,5 (pp. 460ss.), bem como cap. 3,2 (pp. 196ss.).

Dentre todas as demais criaturas, o ser humano se distingue pelo fato de que sua existência está relacionada com Deus de modo especial. Nisso também se baseiam sua vocação e capacitação para o domínio sobre as outras criaturas de Deus. Na verdade, todas as criaturas estão relacionadas com Deus como seu Criador, porquanto devem a ele sua existência e dependem continuamente de Deus para sua manutenção e o desdobramento de sua existência. Por isso o mundo das criaturas louva a Deus seu Criador pelo simples fato de existir. Essa relação, porém, se torna tema expresso para os seres humanos quando distinguem a Deus de sua própria existência e tudo que é finito. Assim também a gratidão a Deus e o louvor a Deus se tornam tema de sua própria vivência para os homens. O ser humano é religioso pela essência de sua natureza. Isso não é contestado pelo fato de também existirem pessoas que vivem sem religião. Também ateus são seres humanos. No entanto, do ponto de vista da fé cristã, deve ser dito que em sua vida não chega a se desdobrar plenamente a natureza essencial do ser humano. Sem religião não se fica claro para os homens o que significa ser homem.

A importância constitutiva da temática religiosa para o ser humano está intimamente relacionada ao fato de homens serem seres dotados de consciência e autoconsciência. Homens distinguem as coisas de seu mundo de si e umas das outras, e também distinguem a si mesmos das outras coisas e dos outros seres aos quais se sabem relacionados. Na realização desse distinguir, compreendem as coisas e os seres como finitos, determinados pela diferença de outros. Com o conceito do finito, porém, sempre está ligado implicitamente o conceito do infinito. Por isso consciência humana é essencialmente consciência transcendente na transição para além da infinitude de seus objetos. Na compreensão de objetos finitos em sua particularidade sempre já está incluída a compreensão do finito como condição de seu conhecimento e de sua existência. Por isso o ser humano em sua constituição existencial como ser consciente também já está determinado sempre como ser religioso.

Nesse estado de vida consciente está presente de modo especial o *Logos* que, como princípio generativo da especificação, fundamenta e permeia a existência característica de cada criatura. Para o ser humano como ser consciente de si mesmo em relação a outras coisas, o ser-diferente de cada coisa e de cada ser em sua diferença em relação a todas as outras coisas se torna objeto de sua consciência, enquanto apenas determina de fato toda a existência criatural restante. Nesse sentido, o ser humano tem, em sua vida consciente, consciência de modo específico do *Logos* que permeia toda a criação.

Essa é uma tese que não se encontra apenas na tradição da filosofia grega do *Logos*, tal como ela foi desenvolvida especialmente no pensamento de Heráclito e do estoicismo. Também de acordo com Jo 1.4b e 1.9, o *Logos* é a "luz" dos homens, portanto, os homens são participantes de modo especial do *Logos*, ao qual, de acordo com Jo 1.3, todas as coisas devem sua existência (vida). Foi com razão que Atanásio tomou por ponto de partida de sua teologia da humanação do *Logos* a participação no *Logos* concedida ao ser humano por ocasião de sua criação[59]. Sem esse pressuposto, a humanação do *Logos* seria algo estranho para a natureza do ser humano. Nesse caso não se poderia dizer a respeito da encarnação do *Logos*: "Ele veio para sua propriedade" (Jo 1.11). É verdade que logo em seguida é dito que os seus não o receberam, mas o inaudito desse estado de coisas reside justamente no fato de que os homens fazem parte do *Logos* desde a criação, sendo desse modo "os seus". A interpretação dessa participação no *Logos* específica para o ser humano, referindo-a à atividade da consciência humana que discerne e une o discernido, tem por pressuposto teológico o que já foi dito em conexão com a apresentação da doutrina da Trindade sobre a auto-diferenciação do Pai constitutiva para a filialidade de Jesus. Já na doutrina da criação recorreu-se a essa auto-diferenciação em relação ao Pai como chave para a compreensão da função cosmológica do *Logos* como mediador da criação. A afirmação da importância fundamental desse estado de coisas é examinada e corroborada na cristologia, bem como desdobrada em diversos sentidos.

Justamente sob o ponto de vista da "logosidade" [*Logoshaftigkeit*] do ser humano, pode-se entender o aparecimento de Jesus Cristo como consumação da criação do ser humano. Ninguém compreendeu isso de modo mais profundo na teologia do séc. XX, e ninguém o formulou de modo mais expressivo do que Karl Rahner. De acordo com ele, a encarnação deve ser entendida "como o cumprimento absolutamente mais sublime (embora livre, não dividida e única) daquilo que 'ser humano' significa", e Rahner acrescenta que com isso seria "afastada com mais

---

[59] Cf. Atanasius, *De inc.*, 3 e 7s.

facilidade e de modo mais compreensível a falsa aparência do mitológico – miraculoso"[60]. Esse ponto de vista tem sua atualidade perante a crítica ao pensamento encarnacionista recentemente apresentada na Inglaterra, e em conexão com o debate que seseguiu[61]. Nisso o conceito do mítico foi empregado num sentido vago, como discurso metafórico, em oposição a um discurso cognitivo, que exige relevância[62]. No entanto, segundo sua estrutura linguística, o conceito da encarnação não é uma metáfora. Não obstante, associa-se a ele a aparência do mitológico, quando identificado com a concepção do maravilhoso nascimento do Filho de Deus em analogia a correspondentes concepções poético-mitológicas de origem grega ou oriental, e quando sua introdução não é instruída logicamente. A essa última exigência se satisfaz pelo menos em parte (a saber, numa forma geral, que por sua vez ainda necessita da fundamentação a partir da singularidade da pessoa e da história de Jesus) pela afirmação de RAHNER: "A humanação de Deus é [...] o único caso *supremo* da realização essencial da realidade humana"[63]. Por isso,

---

[60] K. RAHNER, Jesus Christus – III B, ZThK 5, 2ª ed., 1960, p. 956 (grafia corrigida).
[61] J. HICK (ed.), *The Myth of God Incarnate*, 1977. A. FOULDER (ed.), *Incarnation and Myth : The Debate Coninued*, 1979. Para mais bibliografia referente a esse debate, vide I. U. DALFERTH, Der Mythos vom inkarnierten Gott und das Thema der Christologie, *ZThK 84*, 1977, pp. 320-344, 320s. nota 4.
[62] Assim esp. J. HICK, Incarnation and Mythology (*God and the Universe of Faith*, 1973, pp. 165-179). Afins, no entanto ainda menos precisas, são as exposições sobre o conceito do mito de M. WILES (*Myth and Theology*) baseadas em D. F. STRAUSS, no volume *The Myth of God Incarnate*, 1977, pp. 148-166, esp. 150s., 153s., 163s.. Cf. I. U. DALFERTH, *loc. cit.*, pp. 336ss. Em outro sentido (ou seja, como concepção mundana de coisas não mundanas), R. BULTMANN denominou o conceito da encarnação como mitológico (*Das Evangelium nach Johannes*, 12ª ed., 1952, pp. 38s.). Por outro, pleiteei o emprego específico do conceito do mito na teologia, adequado à realidade histórico-religiosa e ao uso linguístico científico-religioso, em meu ensaio Die weltgründende Funktion des Mythos und der christliche Offenbarungglaube, in: H. H. SCMID (ed.), *Mythos und Rationalität*, 1987, pp. 108-123), na base de uma análise sobre cristianismo e mito, lançado em 1971 (agora in: *Grundfragen systematischer Theologie 2*), 1980, pp. 13-65, esp. 28ss. Referente à relação da concepção de revelação e mito, cf. lá pp. 59ss.
[63] K. RAHNER, Zur Theologie der Menschwerdung, in: *Schriften zur Theologie 4*, 1960, p. 142. A continuação dessa frase – de que esse caso supremo "consiste no fato de que o ser humano – é, doando-se" – será explicada no desenvolvimento da cristologia.

segundo RAHNER, antropologia é "cristologia deficiente"[64], conquanto antropologia como tal justamente ainda não tem por tema a unidade do ser humano com Deus em diferencialidade.

RAHNER apresentou essas afirmações sobre a relação entre antropologia e cristologia como expressão de uma antropologia "transcendental"[65]. No entanto, aqui o termo "transcendental" é, antes, enganoso, porque com ele está ligada a concepção de uma fixação apriorística das formas da experiência[66]. Com essa conceitualidade, RAHNER intentou uma relação entre antropologia, teologia e cristologia que fosse além de fatos históricos isolados, cuja fundamentação ele procurou na antropologia. Em suas manifestações posteriores, RAHNER reconheceu a transmissão histórica desse fato estrutural[67]. Tomando-se, porém, essa concessão em seu peso pleno, então a designação "transcendental" não é mais adequada.

De modo diverso de RAHNER, JOHN COBB formulou a unidade entre antropologia e cristologia pelo conceito do *Logos* com base na filosofia processual de ALFRED NORTH WHITEHEAD. Nisso COBB interpreta o *Logos* como o chamado de Deus dirigido a toda criatura para a

---

[64] K. RAHNER, Probleme der Christologie heute, in: *Schriften zur Theologie 1*, 1955, p. 184, nota 1. Disso ainda não segue, como supõe J. MOLTMANN, *Der Weg Jesu Christi*, 1968, p. 70, nota 23 [*O caminho de Jesus Cristo*, pp. 92s, nota 23], que a personalidade humana em geral, abstraindo do caso da encarnação, deveria "ser designada de pecado do egocentrismo" (p. 70): primeiro o ser humano que se torna independente em sua deficiência e se toma por absoluto é o ser humano do pecado.

[65] Cf. K. RAHNER, *Schriften zur Theologie 1*, pp. 206ss.; *Grundkurs des Glaubens*, 1976, pp. 206-211.

[66] Referente à tensão entre estrutura transcendental e historicidade contingente, cf. as observações críticas de W. KASPER, *Christologie von unten? (Grundfragen der Christologie heute*, editado por L. SCHEFFCZYK, 1975, pp. 141-170), pp. 156s. bem como em geral referente à problemática do emprego do termo "transcendental" por RAHNER, F. GREINER, *Die Menschlichkeit der Offenbarung. Die transzendentale Grundlegung der Theologie bei Karl Rahner*, 1978 (aí pp. 250ss., referente à cristologia). No entanto, mesmo assim o enquadramento de RAHNER (ao lado de SCHLEIERMACHER) no tipo de cristologia antropológica (J. MOLTMANN, *Der Weg Jesu Christi*, 1989, pp. 80s. [*O caminho de Jesus Cristo*, 1993, pp. 103s.] é problemático, porque RAHNER sempre teve em mente a condição humana constituída a partir da realidade de Deus, e que por isso, diferenciando-se de SCHLEIERMACHER, pôde falar não apenas da consciência que Jesus tinha de Deus, mas no sentido da doutrina da Trindade, da verdadeira deidade do *Logos* encarnado em Jesus.

[67] K. RAHNER, *Grundkurs des Glaubens*, 1976, pp. 207s.

transformação (*creative transformation*) de sua existência no sentido das possibilidades da auto-realização a elas oferecidas por Deus[68]. De acordo com COBB, Jesus é um com o *Logos* pelo fato de estar irrestritamente aberto para a possibilidade da existência a ela oferecida por Deus[69], e por meio disso está realizada nele a existência humana de modo exemplar em sua relação com Deus. Diferente de RAHNER, por causa do caráter não-trinitário da concepção de Deus de WHITEHEAD, JOHN COBB não chega, no curso dessa argumentação, à afirmação da deidade de Jesus Cristo, por meio da qual Jesus pode ser mais para os demais homens do que apenas um ser humano exemplar, e por isso ele também não atinge o sentido pleno do conceito da encarnação[70].

A afinidade entre cristologia do *Logos* e antropologia é tanta que deve surgir a pergunta se a peculiaridade individual de Jesus de Nazaré realmente se resume em realizar de modo definitivo o conceito geral do ser humano como essência da participação no *Logos*. Em todo caso, de acordo com as afirmações do prólogo joanino, o pecado dos homens, sua alienação do *Logos*, deve ser superado pela encarnação do *Logos*, e a resistência das trevas se manifesta até mesmo ainda contra o *Logos* encarnado pelo fato de esse não ser aceito pelos homens (Jo 1.13) a não ser que nasçam de novo pelo Espírito de Deus (Jo 1.13; cf. 3.5s.).

A relação da determinação do ser humano segundo a criação com a encarnação do *Logos* divino em Jesus de Nazaré, portanto, não é a de correspondência retilínea de predisposição inata e realização. O caminho desde a predisposição inata para sua realização está interrompido pelo pecado. Por estarem alienados do *Logos*, os homens chegam a conhecer o *Logos* somente por meio de Jesus, que sempre já é origem de sua vida e luz de sua consciência. Não que antes de seu encontro com Jesus os homens não tivessem nenhum conceito geral da natureza e determinação do ser humano, de Deus e também do *Logos* como essência da ordem mundial, e de sua relação com Deus. Mas esses conceitos

---

[68] J. COBB, *Christ in a Pluralistic Age*, 1975, pp. 62-81.
[69] J. COBB, *loc. cit.*, pp. 140s.
[70] Cf. quanto a isso do Autor, A Liberal *Logos* Christology. The Christology of JOHN COBB, in: D. R. GRIFFIN; TH. J. J. ALTIZER (eds.), *John Cobb's Theology in Process*, 1977, pp. 133-149, esp. 141ss.

gerais recebem seu verdadeiro sentido primeiro por meio de Jesus. É nisso que Jesus como pessoa individual e sua história especial tem sua relevância geral. Essa mesma relevância geral faz parte da particularidade da pessoa histórica de Jesus.

Esse estado de coisas também pode ser expresso na forma de se contrapor ao conceito do ser humano simplesmente a peculiaridade de Jesus Cristo como origem de uma nova imagem do ser humano. Tal aconteceu em Paulo nas justaposições de Cristo e Adão em 1Cor 15.45ss. e Rm 5.12-19. Também aqui se rompe a unidade da realidade humana pelo pecado. Por causa do pecado o Adão de Gênesis se torna o primeiro Adão, ao qual se contrapõe com Jesus Cristo outro, um segundo Adão, a forma definitiva da realidade humana que venceu pecado e morte.

Na Epístola aos Romanos, Paulo enfatizou o contraste do Cristo com o ser humano do pecado com tanta ênfase que a relação entre a pessoa e a história de Jesus Cristo com a intenção de Deus com o ser humano na criação passa totalmente para segundo plano[71]. O "um só ser humano Jesus Cristo" (Rm 5.15) encontra-se, com sua obediência, em brusco contraste a Adão, o primeiro ser humano[72]. Não há menção de inter-relação positiva entre Cristo e Adão[73], se não se quiser enxergar tal inter-relação com Deus nas afirmações precedentes de Paulo sobre a morte de Cristo para a reconciliação dos homens sujeitos ao pecado e à morte desde Adão (Rm 5.8-10). Essa, porém, não é uma relação fundamentada na natureza e deter-

---

[71] O caso é diferente na justaposição de Cristo e Adão em 1Cor 15.45-49, onde é afirmado como necessário que o ser humano terreno preceda a vinda do ser humano espiritual (15.46), assim como a semeadura precede a colheita (15.42ss.).

[72] E. BRANDENBURGER, *Adam und Christus*. Exegetisch-religionsgeschichtliche Untersuchung zu Röm 5.12-21 (1. Kor. 15), 1962, pp. 158-247, esp. 219ss., 231.

[73] Nesse sentido, E. BRANDENBURGER, *loc. cit.*, pp. 267-278 protestou rigorosamente contra a interpretação de K. BARTH, *Chrisus und Adam nach Röm 5*. Ein Beitrag zur Frage nach dem Menschen und Menschheit, 1952, sobretudo, contra as teses de BARTH sobre Adão como "exemplo e alegoria de Cristo" (BARTH, p. 55), e sobre a relação entre Adão e Cristo como seqüência progressiva (BARTH, p. 31). De acordo com BRANDENBURGER, em Rm 5, Paulo não está interessado na natureza humana como tal (p. 272), mas somente no contraste entre o ato de Adão e o ato de obediência de Cristo (p. 271, cf. 269). As explanações de BARTH, todavia, se encontram em maior proximidade não apenas de IRENEU (BRANDENBURGER, p. 272), mas também de 1Cor 15.45-49 do que de Rm 5.12ss. (vide nota anterior).

minação do ser humano como criatura, mas no evento escatológico da morte de Cristo. A amorosa dispensação de Deus aos perdidos sob o domínio do pecado é que fundamenta essa relação. Todavia, ainda existe, além disso, pelo menos implicitamente, uma relação contrastante entre o ato de obediência de Cristo (Rm 5.19) e o pecado de Adão: inclusive o primeiro ser humano já deveria ter-se comprovado por sua obediência ao mandamento de Deus. Ao invés disso, por sua transgressão inaugurou-se o domínio da morte sobre a humanidade (Rm 5.17). Portanto, o ato de obediência do Filho fez o que o primeiro ser humano já deveria ter feito, mas fracassou.

Em que consiste agora esse ato de obediência do Filho? De acordo com o contexto, ele consiste no fato de que o Filho tomou sobre si a morte a favor dos pecadores (Rm 5.6ss.). A correspondência substantiva com a negação do ato de obediência por parte de Adão não é reconhecível aqui sem mais nem menos, pois a obediência de Adão não deveria consistir no fato de ele ter morrido, antes, pelo contrário, a morte lhe foi anunciada como ameaça em consequência da transgressão do mandamento divino (Gn 2.17). Em outra passagem de Paulo, porém, existe uma alusão à relação da obediência de Cristo até a morte com o pecado de Adão, a saber, no hino cristológico de Fl 2.6-11. Se ali é dito a respeito de Jesus Cristo que ele não usurpou a igualdade com Deus como despojo (Fl 2.6), antes se humilhou na obediência a Deus até a morte na cruz (Fl 2.8), deverá existir nisso uma alusão à tentação de Eva pela serpente do paraíso, à qual também sucumbiu Adão juntamente com Eva: Sereis como Deus (Gn 3.5). A obediência filial de Jesus Cristo (Fl 2.8) se encontra, portanto, numa relação (contrária) com o ato de Adão, pelo fato de que Jesus Cristo justamente não sucumbiu à tentação de ser igual a Deus, como o primeiro ser humano – e isso apesar de ele, em sua preexistência, em contraste com Adão, com efeito, subsistiu "em forma de Deus" (Fl 2.6). Portanto, embora a obediência demonstrada por Jesus Cristo tenha outro conteúdo do que aquela outrora exigida de Adão, seu ato de obediência se encontra, não obstante, em correspondência antitética ao ato de Adão, conquanto a obediência procede da mentalidade de Cristo de não querer ser igual a Deus, mas de assumir a diferencialidade de Deus em subordinação a ele. Assim, a partir de Cristo também em Rm 5 cai uma luz sobre a situação original de Adão, portanto, sobre a natureza e determinação do ser humano em geral na relação com Deus.

A contraposição paulina entre o novo ser humano em Jesus Cristo e o primeiro Adão teve repercussão sobremodo acentuada na teologia patrística como quadro de referência para a discussão da peculiaridade de Jesus Cristo na relação com o restante da humanidade. É importante tomar conhecimento da singularidade do procedimento desenvolvido nesse contexto e de suas limitações.Somente assim se avaliará corretamente o procedimento da cristologia mais recente divergente daquele que parte da peculiaridade histórica da atividade pública de Jesus, para demonstrar nisso sua importância geral para a humanidade e o fundamento para a confissão de sua deidade. Ambos os procedimentos estão a serviço da mesma tarefa, a saber, da caracterização da peculiaridade da pessoa e da história de Jesus Cristo na relação com a natureza e a determinação do ser humano. À demonstração dessa relação serve – como já em Paulo e na doutrina joanina da encarnação do *Logos* divino no ser humano Jesus – a demonstração da relevância humano-geral e (no caso da doutrina joanina do *Logos*) até mesmo cósmica da história especial de Jesus e de sua pessoa.

2. O "novo homem" na pessoa e história de Jesus Cristo

a) O novo homem "a partir do céu"

Paulo descreve a Jesus Cristo como a figura escatológica do ser humano em contraposição à humanidade adâmica tal como existiu até agora, por meio de obediência a Deus e por superação da transitoriedade. Essa descrição tinha, a semelhança da concepção joanina de Jesus como encarnação do *Logos*, a função de expressar a pretensão de relevância humna geral da pessoa e da história de Jesus Cristo que vai além da esfera da crença judaica[74]. Isso ocorreu em Paulo especialmente na Epístola aos Romanos na forma da contraposição do homem escatológico manifestado em Jesus Cristo ao primeiro Adão, tal como o descreve a história do paraíso do livro de Gênesis. Na confrontação com a gnose dualista do séc. II, a Igreja viu-se obrigada a acentuar, diferentemente do que Paulo, a relação entre o novo homem manifes-

---

[74] Isso foi destacado também por E. BRANDENBURGER, *loc. cit.*, p. 237ss. referente a Rm 5.12ss.

tado em Jesus Cristo "a partir do céu" (1Cor 15.47) e o homem terreno da primeira criação. Com isso estava tomada uma decisão de alcance fundamental para o desenvolvimento da cristologia para além do motivo situacional, em consonância com o testemunho bíblico integral a respeito da unidade de Deus e de seu agir. Se o Deus da redenção, revelado em Jesus Cristo, é o mesmo que o Criador do mundo e do ser humano, então seu agir salvífico deve ser entendido como expressão de sua insistência em seu ato criador, e o envio do novo homem escatológico deve ser visto em conexão com a criação do ser humano no princípio. A isso corresponde a concepção de uma história salvífica que visa uma consumação do ser humano em Jesus Cristo, tal como a tinham em mente MELITO de Sardes e JUSTINO MÁRTIR[75], talvez já INÁCIO de Antioquia, quando anunciou aos efésios que lhes estava apresentando o "plano salvífico (*oikonomia*) que visava o novo homem, Jesus Cristo" (*Ign Eph.* 20,1). A formulação clássica da apresentação nesse sentido devemos a IRENEU DE LYON.

> De acordo com IRENEU, por meio da encarnação do Filho está "cumprida toda a ordem salvífica (*oikonomia*) referente ao ser humano" (*adv. haer.* III,17,4; cf. 16,5), uma história salvífica que começou com a criação do ser humano e que pela "recapitulação" do ser humano caído encontrou sua consumação em Jesus Cristo[76]. IRENEU também indicou uma razão pela qual o ser humano não alcançou a perfeição logo no início: Como ser finito, ele foi incapaz de acolher em si imediatamente a plena comunhão com Deus e a realizá-la a partir dele mesmo; ele era ainda como que uma criança (IV,18,1s)[77]. Por isso teve que se esperar o tempo do crescimento (IV,38,3s.). Por causa da fraqueza inicial do ser humano, também se instalou, como Deus havia previsto, o pecado e, em sequência, a morte (*ib.* 4). No entanto, o Criador não podia entregar o ser humano à morte (III,23,1), e por isso enviou o *Logos*, segundo cuja imagem o ser

---

[75] Referente a MELITO de Sardes e JUSTINO, cf. A. GRILLMEIER, *Jesus der Christus im Glauben der Kirche 1*, 1979, pp. 202ss, 207ss.

[76] IRENEU, *adv. haer.* V,14,2; cf. III,18,1 referente à origem desse evento no próprio Deus, bem como III,22,3. Referente a toda a concepção, vide J. T. NIELSEN, *Adam and Christ in the Theology of Irenaeus of Lyon*, 1968.

[77] Cf. TEÓFILO de Antioquia, *ad Autol.* 2.25, também sua ênfase na necessidade de uma educação de Adão por Deus (*loc. cit.*, 2.26). Referente a isso, NIELSEN. *loc. cit.*, pp. 88s.

humano havia sido criado inicialmente (V,16,2; cf. 12.6 e 15.4), a fim de salvá-lo do domínio da morte e, desse modo, levá-lo à perfeição, unificando-o com sua imagem (V,9,3, cf. 36,3). Portanto existem etapas no caminho do ser humano para a comunhão perfeita com Deus (IV,9,3), passando do carnal para o espiritual (IV,14,3): este último pensamento é o lema sob o qual IRENEU incluiu a história da aliança de Deus com Israel em sua concepção da história da humanidade como história salvífica, como já o haviam feito antes dele outros teólogos cristão-primitivos de acordo com a orientação de passagens paulinas como 2Cor 3.

O conceito norteador sistemático dessa história do desenvolvimento do ser humano resultou da já referida interpretação platonizante do ser humano como imagem à semelhança de Deus[78]. Por meio da distinção dentre imagem original e retrato e pelo ordenamento do retrato para a imagem original, IRENEU ligou os dados véterotestamentários sobre a criação de Adão com as afirmações paulinas sobre Jesus Cristo como o Adão derradeiro e definitivo. Nisso pôde apoiar-se menos em Rm 5.12ss. e, sim, mais em 1Cor 15.45-49 (e 15.22). Pois em 1 Coríntios Paulo não contrapôs a Cristo como o segundo Adão de modo tão direto ao primeiro ser humano como na Epístola aos Romanos. Ali se fala antes de uma sequência:[79] primeiro o ser humano animado (no sentido de Gn 2.7), depois o ser humano espiritual (1Cor 15.46). IRENEU tomou esse pensamento e o ligou a 1Cor 15.49 e 53: "Primeiro, porém, teve que manifestar-se a natureza, depois o mortal teve que ser vencido e devorado pelo imortal, e o corruptível pelo incorruptível, e o ser humano teve de tornar-se semelhança de Deus, depois de haver conseguido o conhecimento do bem e do mal" (IV,38,4; cf. V, 9,3 e 11.2). No sentido dessa sequência cita-se 1Cor 15.22: "Portanto

---

[78] Vide *acima* cap. 8, pp. 300ss. Cf. em IRENEU esp. V,6,1 e 16,1.

[79] Essa sequência deve ser entendida, de acordo com a opinião da maioria dos exegetas, como antítese à sequência inversa, comprovável em FILO de Alexandria e outros textos "gnósticos", e em forma semelhante também conhecida em Corinto, de acordo com a qual acontece primeiro a criação de um homem celestial no sentido de Gn 1.26s., à qual então segue a criação do Adão terreno, sujeito ao pecado, de Gn 2.7. Referente a 1Cor 15.46, cf. E. BRANDENBURGER, *loc. cit.*, pp. 71ss, esp. pp. 74s., referente a paralelos gnósticos, cf. pp. 77ss. e referente a FILO, pp. 117ss. Outra é a opinião de R. SCROPP, *The Last Adam. A study in Pauline Anthropology*, 1966, que supõe grande proximidade dos pensamentos paulinos com a interpretação rabínica de Gn 2.7 e procura explicar a partir daí a justaposição de um segundo Adão ao primeiro.

haveremos de receber todos no Adão espiritual a vida, assim como no psíquico todos morremos" (V,1,3). Com isso, todavia, IRENEU foi além das afirmações paulinas ao entender a sequência por ocasião do aparecimento do primeiro e do segundo Adão no sentido de etapas na história da uma e da mesma humanidade que é levada por Jesus Cristo à plena comunhão com Deus. Em decorrência disso, o pecado de Adão se torna – diferentemente de Paulo (Rm 5.18s.) – um incidente[80], o qual, previsto por Deus e levado em consideração desde o início em seu plano para a consumação do ser humano, não é capaz de mudar a direção da história salvífica. Nessa visão, possibilitada por sua interpretação do ser humano como semelhança de Deus, IRENEU apresentou a natureza do ser humano de fato como uma história cuja particularidade pode ser determinada somente a partir do resultado, a partir de Jesus Cristo. Ou acontece, antes, que de fato o final dessa história é, não obstante, determinado em sua exposição pelo que já está estabelecido desde o início, a saber, por meio da consubstancialidade do ser humano com o *Logos* como seu modelo divino? Em todo caso, e esta é a segunda diferença entre a exposição de IRENEU e as afirmações de Paulo em 1Cor 15.45ss., a consumação do ser humano não acontece primeiro pela irrupção da vida escatológica na ressurreição de Jesus (e também não, como em Rm 5, no ato da obediência do Filho), mas já está fundamentada na encarnação do *Logos* (V,15,4). Aqui se ligam em IRENEU motivos paulinos e joaninos, ligados por sua vez entre si por meio de sua concepção de imagem (cf. V,16,2).

A ligação entre tipologia adâmica e cristologia do *Logos*, já presente em IRENEU, foi renovada no séc. IV por ATANÁSIO em seu escrito sobre a encarnação do *Logos*, mas aí com a ênfase no lado da doutrina do *Logos* entrementes desenvolvida de modo bem mais diferenciado pela escola alexandrina[81]. A função da ligação entre antropologia e doutrina

---

[80] J. T. NIELSEN, *loc., cit.*, pp. 75s. NIELSEN também destaca com razão que em IRENEU a solidariedade do segundo com o primeiro Adão visa, de modo antignóstico, a inclusão da carne na vontade salvífica de Deus (p. 76). Mas vê nisso injustificadamente uma contraposição a Paulo (Rm 8.10): IRENEU deduziu com razão de 1Cor 15.49ss. que o corruptível não deverá ter parte na salvação da ressurreição dos mortos como tal, mas por meio de sua transformação.

[81] R. A. NORRIS, *God and World in Early Chrstian Theology*. A Study in Justin Martyr, Irenaeus, Tertullian and Origen, 1965, pp. 70ss. destaca a reserva de IRENEU em relação à doutrina do *Logos* por causa da oposição à doutrina gnóstica das processões de Deus. Referente ao papel do *Logos* na cosmologia e antropologia em

do *Logos* não estava mais determinada pela oposição à gnose, mas apologeticamente[82]. A encarnação de Deus por meio de seu *Logos* não é indigna de sua deidade, visto que nesse acontecimento não se trata de outra coisa senão da restauração e consumação da participação no *Logos*, originalmente ligada à natureza do ser humano que lhe garantia imortalidade, que se haviam perdido por meio do pecado e suas conseqüências[83]. Nisso se manifesta, por um lado, a idéia da solidariedade do *Logos* com a humanidade (cf. *De inc. 8*), mas, por outro lado, também a diferença do Cristo em relação a todos os outros seres humanos: Jesus Cristo é o novo homem "a partir do céu", que venceu a morte. Mas ele é isso porque nele veio à carne a partir do céu o *Logos* que não pôde ser vencido pela morte[84]. O que o distingue de todos os demais seres humanos e o capacitou para superar a morte é, portanto, a unidade com o *Logos* divino.

Tal como APOLINÁRIO de Laodicéia[85], também CIRILO de Alexandria deu continuidade a essa interpretação da singularidade de Jesus Cristo como o novo Adão. De acordo com CIRILO, a singularidade consiste no fato de ele não ser um "mero homem", mas o Filho de Deus, o *Logos*: Enquanto CIRILO enfatizava isso inicialmente na confrontação com interpretações judaicas da figura de Jesus, logo acreditou ter motivo para o protesto contra concepções "judaizantes" semelhantes

---

ATANÁSIO na obra apologética em dois volumes *Contra Graecos* e *De incarnatione*, cf. J. ROLDANUS, *Le Christ et l'homme dans la théologie d'Athanase d'Alexandrie*, 1968, pp. 43-59.

[82] Sobre a posição da obra de ATANÁSIO na história da apologética cristã, vide J. ROLDANUS, *loc. cit.*, pp. 11-22, esp. 16ss.

[83] ATANÁSIO, *De inc. 7*. ATANÁSIO podia falar da perda por parte do ser humano da participação na semelhança de Deus do *Logos*, porque essa participação não faz parte da natureza (mortal) do ser humano, mas estava ligada com ela somente como dádiva da graça divina (*De inc. 4*). Não obstante, ATANÁSIO não afirmou uma perda da capacidade da razão do ser humano, na qual se manifesta a participação no *Logos*, como consequência do pecado. Sobre essa situação complexa, vide J. ROLDANUS, *loc. cit.*, pp. 74-98.

[84] Athanasius *c. Arianos* I,44. Quanto a isso, cf. R. L. WILKEN, *Judaism and the Early Christian Mind*. A Study of Cyril of Alexandria's Exegesis and Theology, 1971, pp. 103s.

[85] Mais sobre isso em A. GRILLMEIER, *Jesus der Christus im Glauben der Kirche 1*, 1979, pp. 483ss. Cf. tb. E. MÜHLENBERG, *Apolinaris von Laodicaea*, 1969, pp. 143s., 146s., 208.

também em seguidores da escola teológica de Antioquia, sobretudo, em NESTÓRIO, especialmente por causa da rejeição por parte de NESTÓRIO da designação da mãe de Jesus como *theotokos*, parturiente de Deus[86]. A teologia antioquiana, que se opunha a CIRILO na figura de NESTÓRIO, no entanto, estava determinada pela mesma idéia fundamental de que a diferença existente entre Jesus e os demais seres humanos se baseia em sua unidade com o *Logos* divino. Só que a posição de Antioquia, tal como era defendida por TEODORO DE MOPSUÉSTIA, acentuava que a unidade com o *Logos* teria capacitado a Jesus a ser obediente a Deus em sua conduta até a morte na cruz[87], enquanto os alexandrinos também compreendiam o morrer de Jesus diretamente como ato do *Logos* nele manifestado.

Ao que tudo indica, também a cristologia de Antioquia não elaborou uma singularidade meramente humana de Jesus, tal como ela se revela em sua obediência no sofrimento ou já se encontra na base desse, para então, no sentido da moderna "cristologia a partir de baixo", tomá-la por base das afirmações sobre a divindade de Jesus, muito menos no sentido de que na própria história ainda se decide sobre sua divindade, de modo que essa não se manifesta apenas como natureza divina pressuposta em seus feitos até sua ressurreição e ascensão. Antes, para a teologia antioquena bem como para a alexandrina a deidade de Jesus já existia desde seu nascimento como pressuposto de seu caminho humano posterior. Sob tais pressupostos torna-se desnecessário tematizar a singularidade de Jesus e de sua história primeiramente em separado, para se poder fundamentar nela as afirmações sobre sua divindade. No séc. V, tal enfoque provavelmente se teria tornado suspeito de aproximar-se da cristologia de PAULO DE SAMOSATA, embora essa justamente não levasse à afirmação da plena deidade de Jesus. Inclusive a teologia antioquena com suas exigências relativamente mo-

---

[86] Quanto a isso, cf. R. L. WILKEN, *loc. cit.*, pp. 119-127, bem como referente à importância da controvérsia com o judaísmo para CIRILO, pp. 138ss, 160s., 173ss., referente à controvérsia com NESTÓRIO, pp. 201-221.

[87] R. A. NORRIS, *Manhood and Christ. A Study in the Christology of Theodore of Mopsuestia*, 1963, pp. 191ss., 207s., acentua que a raiz do "dualismo" cristológico de TEODORO residiria em seu interesse pela obediência humana no sofrimento. O molde para isso é formado pela doutrina, que corresponde à tipologia Adão-Cristo das duas eras, da era presente e da escatológica-futura (pp. 160-171). Cf. tb. G. KOCH, *Die Heilsverwirklichung bei Theodor von Mopsuestia*, 1965, 75-89.

destas de se levar em consideração a humanidade histórica de Jesus enfrentou suspeitas nesse sentido.

Os pontos de partida para uma avaliação teológica da singularidade histórico-humana de Jesus de Nazaré como meio da revelação do *Logos* divino, tal como podem ser reconhecidos, entre outros, na tipologia adâmica de Paulo e que poderiam ter sido desenvolvidos a partir dali, foi bloqueada na história da cristologia da Igreja antiga pela identificação da encarnação do *Logos* com o nascimento de Jesus. Tal identificação, porém, não corresponde ao ponto de partida da doutrina da encarnação de Jo 1.14[88]. A afirmação da encarnação não se refere especificamente ao nascimento de Jesus nem aqui nem em 1 Jo 4.2. Antes, ela se refere ao todo de sua existência e atuação terrena que reflete a "graça e fidelidade" de Deus como do Pai (Jo 1.14), Assim também a afirmação sobre o envio do Filho ao mundo se refere em Jo (3.16) à paixão e morte de Jesus (cf. tb. 1Jo 4.9), mas não a seu nascimento humano, o qual em João nem é objeto de narrativa específica. Algo semelhante vale para a fórmula pré-paulina do envio do Filho de Deus preexistente ao mundo, empregada várias vezes por Paulo. Em Rm 8.3, Paulo fala do envio do Filho para a carne do pecado[89], a fim de livrar-nos

---

[88] Nos comentários sobre o Evangelho segundo João, todavia, essa pergunta é discutida raras vezes. Ela falta em L. Morris, *The Gospel According to John*, 1971, pp. 102ss, bem como em R. Schnackenburg, *Das Johannesevangelium I. Teil* (1972), 5ª ed., 1981, pp. 241-249. A situação cai tanto mais na vista quanto o versículo precedente fala da geração de Deus, mas não com vistas a Jesus, mas no plural, com vistas àqueles que o receberam (= o *Logos*). O plural já foi substituído pelo singular em antigas variantes do texto a fim de referir a afirmação à geração de Jesus (sobre isso vide Norris, pp. 100ss.; Schnackenburg, pp. 240s.). Talvez se manifeste nessa modificação do texto original o fato de se sentir falta de alguma afirmação sobre o nascimento de Jesus em Jo 1.14. Tanto mais digno de nota é que o texto joanino usa, no lugar onde se poderia esperar a afirmação sobre o milagroso nascimento de Jesus de Deus, um plural que fala do nascimento espiritual e não do nascimento terreno dos crentes de Deus. Entre os poucos comentários que se ocupam com a pergunta se Jo 1.14 fala de algum modo do *nascimento* de Jesus se encontra R. Bultmann, *Das Evangelium des Johannes*, 12ª ed., 1942, p. 40 nota 2. Bultmann rejeitou como impróprias "todas as perguntas de como teria acontecido o *egéneto*. A frase apenas diria que o Revelador apareceu na esfera da *sarx* (p. 40).

[89] Quanto a isso, cf. U. Wilckens, *Der Brief an die Römer 2*, 1980, pp. 124s., especialmente também referente à expressão *homoioma sarkos hamartias* no sentido da igualdade com as condições da existência dos seres humanos que vivem

do pecado. Somente em Gl 4.4 a fórmula do envio é relacionada expressamente com o nascimento humano de Jesus, mas também aqui não exclusivamente ao começo do caminho de Jesus. Ela expressa que o Filho de Deus entrou na esfera da existência terrena (com suas condições e circunstâncias). Isso vale para todo o caminho de Jesus Cristo, e por isso encontra-se ao lado da menção de seu nascimento humano, em Gl 4.4, a subordinação de seu caminho à *Torá* de Moisés ("posto sob a Lei")[90]. Em face dessa constatação deve-se falar de um claro deslocamento da ênfase na interpretação do evento da encarnação na Igreja antiga, na medida em que ele foi ligado primariamente, se não exclusivamente, com o nascimento de Jesus, enquanto as demonstrações da glória e do poder divino em sua atuação terrena e em sua ressurreição dentre os mortos eram apresentadas como consequência do mesmo. Uma apresentação nesse sentido é apoiada no Novo Testamento apenas pela narrativa de Lucas sobre a concepção e o nascimento de Jesus, visto que, de fato, em sua mensagem a Maria, o anjo fundamenta a filiação divina com sua concepção pelo poder do Espírito divino (Lc 1.35). A teologia, porém, deve avaliar essa tradição em sua tensão com as demais afirmações sobre a encarnação e o envio nos escritos neotestamentários ao invés de fundamentar sua interpretação da afirmação da encarnação exclusivamente na narrativa do nascimento. A história do nascimento em Lucas deve ser considerada como testemunho do fato de que Jesus foi o Filho de Deus desde o início, que não se tornou Filho de Deus apenas mais tarde (seja por seu batismo ou por seu ressuscitamento dentre os mortos). Com isso, porém, não está dito que o evento da encarnação poderia ser identificado com o evento do nascimento de Jesus tomado isoladamente. Antes o significado de seu nascimento permanece dependente da história de seu caminho terreno. Primeiro no retrospecto de seu fim pode-se dizer do nascimento de quem se tratou aí na verdade, a saber, do nascimento do Filho de Deus. Isso é mais do que apenas uma pergunta pela possibilidade de se reconhecer somente *a posteriori* algo de um fato que, em si, já é certo desde o início.

---

na esfera do poder do pecado, não, porém, como "mera semelhança com elas" (p. 125).

[90] Cf. W. KRAMER, *Christus Kyrios Gottessohn.* Untersuchungen zu Gebrauch und Bedeutung der christologischen Beziehungen bei Paulus und den vorpaulinischen Gemeinden, 1963, pp. 108ss., esp. pp. 110s.

Para ninguém sua identidade pessoal está estabelecida desde o nascimento. Antes, primeiro no curso de sua biografia e no retrospecto a partir de seu fim revela e decide-se quem é ou foi este cujo nascimento se lembra *a posteriori*. Com relação à questão se então se pode dizer que essa pessoa foi, desde o início, essa pessoa bem especial, a verdade de tal afirmação permanece dependente dos acontecimentos da história posterior dessa pessoa[91]. Assim também no caso de Jesus a identidade específica de sua pessoa está ligada ao curso de sua história e especialmente ao fim em sua paixão e no evento pascal. Somente à luz desse fim da história de Jesus pode-se dizer, portanto, que já a criança Jesus, nascida de Maria, foi o Messias e o Filho de Deus[92]. Com isso está dito que a história de sua atuação terrena e de sua paixão, a qual o revela à luz do evento pascal como o Filho de Deus, não é algo acidental em relação a sua identidade como pessoa.

A cristologia da Igreja antiga viu sua singularidade entre os demais seres humanos com razão em sua filialidade divina. Mas ela não conseguiu descrever adequadamente sua relação com a peculiaridade histórico-humana da atuação pública de Jesus, tal como resulta das

---

[91] Cf. do Autor, *Anthropologie in theologischer Perspektive*, 1983, pp. 495ss.

[92] Trata-se aqui da situação descrita por mim em *Grundzüge der Christologie*, de 1964, como constituição de sentido retroativa, ou simplesmente como retroação (pp. 134ss, 142, 332s. *et passim*). Talvez ali eu não tenha mostrado com suficiente clareza a base da afirmação de uma mudança de sentido retroativa (e modificação da essência) na hermenêutica de uma experiência histórica, de sorte que algumas reações na constituição da essência por mim afirmada supuseram um postulado não racionalmente transparente. Assim, por exemplo, trata-se, de acordo com J. MOLTMANN, *Der Weg Jesu Christi*, 1989. pp. 95s. [*O Caminho de Jesus Cristo*, São Paulo, Ed. Academia Cristã, pp. 136s.] de uma "suposição violenta" (p. 96), que, todavia, em 1972 ainda lhe parece uma "idéia útil" (*Der gekreuzigte Gott*, pp. 168s. [*El Diós Crucificado*. Salamanca: Sígueme, 1975, p. 253.]). No entanto, eu tinha em mente uma circunstância perfeitamente demonstrável, no sentido da hermenêutica da experiência histórica de DILTHEY, que tem implicações ontológicas, porque a importância de um evento conhecida somente *a posteriori* (no qual sempre se trata de seu *ti en einai*) não existe independentemente dos nexos entre os acontecimentos desde cujo encerramento (provisório) se olha retrospectivamente para o evento. A afirmação de uma constituição da importância e da essência corresponde à importância constitutiva da antecipação na prática da vida (também suposta por J. MOLTMANN). Quanto a isso e referente às relações desta afirmação com a análise aristotélica do movimento, cf. minhas exposições em *Metaphysik und Gottesgedanke*, 1988, pp. 75ss.

tradições evangélicas, porque coloca todo o caminho de Jesus de antemão sob o sinal da encarnação do *Logos* divino *em seu nascimento*. Por isso também a interpretação da tipologia adâmica de Paulo não pôde fazer jus ao fato de que o aparecimento do segundo Adão, do Adão escatológico em 1Cor 15.45ss., foi associado com a nova vida do Ressurreto, em Rm 5.13ss., com a obediência filial de Jesus Cristo em seu caminho para a cruz, mas em nenhuma das duas passagens seu aparecimento foi associado a seu nascimento. A interpretação das Escrituras da escola de Antioquia foi a que talvez mais tenha procurado abrir espaço à humanidade histórica de Jesus. Como, porém, o fez sob o pressuposto de que a encarnação do Filho de Deus já havia acontecido no começo de seu caminho, em seu nascimento, o esforço no sentido de preservar os traços de uma vida humana histórica levou a uma situação de duas vias paralelas que podia parecer como a manifestação de uma "cristologia da separação" e como questionamento da unidade da pessoa do Encarnado. Também o trabalho cristológico da Idade Média e do protestantismo antigo não foi capaz de levantar de modo franco a pergunta pela singularidade humana de Jesus em sua atuação e em seu destino, porque também ela identificou como óbvia a geração e o nascimento de Jesus Cristo com a encarnação do *Logos*. Somente a crítica biblicamente fundamentada dos socinianos a esse quadro e os novos enfoques na cristologia do final do séc. XVIII e do séc. XIX possibilitaram um acesso desonerado daquele pressuposto à pergunta pela singularidade de Jesus. A tipologia adâmica de Paulo já poderia ter mostrado um caminho nessa direção.

b) O autor de uma humanidade renovada

A concepção paulina de Jesus Cristo como segundo Adão, escatológico derradeiro contém uma referência social, que visa a comunhão dos homens. Pois é dito que "nós trazemos" a imagem do novo homem celestial (1Cor 15.49), que devemos ser "transformados" (2Cor 3.18) em sua imagem. Como o *eschatos Adam*, portanto, Jesus Cristo é o protótipo de uma humanidade a ser renovada segundo sua imagem, a saber, por meio de participação em sua obediência, em seu morrer e sua ressurreição. Esse pensamento constituía em Paulo o motivo soteriológico da cristologia adâmica, e esse motivo também permaneceu ativo na teologia patrística.

Tomada em si, a idéia da imagem ou do protótipo é ambígua. Ela pode ser tomada, de acordo com o conceito de gênero, como válida para todos os indivíduos que nele se enquadram de igual modo e imediatamente. Paulo, porém, atribuía importância justamente à mediação do um em direção aos muitos. Em Adão ela acontece pelo fato de que cada indivíduo peca, tal como o fez Adão, estando por isso sujeito à morte (Rm 5.12). A participação dos muitos na imagem do homem escatológico, porém, se estabelece pelo fato de serem transformados em sua imagem (assim ao lado de 2Cor 3.18 tb. Rm 8.29). Isso sugere pensar na Igreja como a esfera na qual e por cuja difusão missionária através de toda a humanidade acontece a transformação no novo homem aos muitos por meio de batismo e fé. No entanto, Paulo não desdobrou expressamente essa referência à eclesiologia em conexão com a tipologia adâmica, embora ela transpareça na afirmação sobre a destinação dos eleitos para serem semelhantes à imagem do Filho (Rm 8.29). Ainda IRENEU associou a participação na imagem do homem celestial ao batismo e à renovação ética do crente individual[93], porém, não expressamente à Igreja como comunhão. Primeiramente METÓDIO DE OLIMPO ampliou eclesiologicamente a interpretação de Maria, correspondente a compreensão tipológica de Jesus Cristo como o novo Adão, como a nova Eva[94], tal como a havia desenvolvido IRENEU[95], de modo que a Igreja como a nova Eva aparece como mãe de uma humanidade renovada. A cristologia adâmica foi relacionada de outro modo por ATANÁSIO com a eclesiologia por meio da idéia da "nova criação" do ser humano em Cristo (2Cor 5.17)[96], mas ATANÁSIO não foi muito além da referência ao batismo, que se encontra já em IRENEU, e especialmente não entrou em sua perspectiva a pergunta pela relação da história terrena de Jesus em sua peculiaridade com o surgimento da Igreja.

---

[93] IRENEU, adv. haer. V,11,2 e 9,3.
[94] Quanto a isso, vide R. L. WILKEN, Judaism and the Early Christian Mind. A Study of Cyril of Alexandria's Exegesis and Theology, 1971, pp. 100s.
[95] IRENEU, adv. haer. III,22,4.
[96] Sobre a ligação da cristologia adâmica com 2Cor 5.17 em ATANÁSIO, cf. J. ROLDANUS, Le Christ et l'homme dans la théologie d'Athanase d'Alexandrie, 1968, pp. 138ss., cf. 210. Referente à ligação entre cristologia e eclesiologia, dada com isso, vide L. MALEVEZ, L'église dans le Christ. Étude de théologie historique et théorique, in: Recherches de science religieuse 25, 1935, pp. 257-291 e pp. 418-440.

Parece que essa pergunta estava bloqueada pela concepção da função de Cristo como protótipo do novo Adão.

A argumentação paulina oferece, no entanto, numa passagem de Romanos, uma referência que ajuda a ir mais adiante. Pois se do pecado do homem Adão resulta o juízo sobre toda a humanidade ("os muitos") e da obediência de Cristo resulta a justificação para todos os homens (Rm 5.18s.), existe a diferença de que o dom da graça ligada a essa justificação já pressupõe o pecado dos muitos e se refere a eles de tal modo que alcançam a justificação (Rm 5.16)[97]. Com isso está dada não apenas uma relação histórica do aparecimento de Jesus Cristo com as consequências do ato de Adão, mas uma referência finalista de sua história à salvação dos muitos que vivem sob o jugo do pecado e da morte. Sem dúvida, essa referência finalista da história de Jesus foi ressaltada pela cristologia da Igreja antiga, mas, sobretudo, com relação à encarnação do *Logos* e, portanto, visto que encarnação e nascimento de Jesus coincidiam, com vistas ao nascimento de Jesus. Em Paulo, no entanto, trata-se da disposição de Jesus para o sofrimento. A associação do mesmo com os muitos e a sua salvação não é apenas objeto da intenção do Pai na entrega do Filho, mas, de acordo com Paulo, também vontade e obra do Filho (Rm 5.6, cf. Gl 2.20).

Considerando todo o testemunho do Novo Testamento, a teologia deve considerar a intenção da disposição para o sofrimento por parte de Jesus, que visa a salvação dos muitos, no contexto de sua mensagem e atuação terrena que, na consequência de sua missão, o levou à cruz. Com isso surge mais uma vez a pergunta pela singularidade humana de Jesus que corresponde às afirmações confessionais sobre o aparecimento do *Logos* divino ou do Filho. Nisso não pode tratar-se de uma peculiaridade que caracteriza somente a Jesus, mas de uma pela qual sua história terrena está associada à humanidade ("os muitos"), e por isso se faz necessário que neste ponto mais uma vez devemos nos afastar do estado da discussão predominante na cristologia da Igreja antiga.

Embora a cristologia da Igreja antiga procurasse a singularidade distintiva como do homem "a partir do céu" em primeiro lugar em sua deidade, ela também conheceu e destacou uma singularidade que distinguia a natureza humana de Jesus como tal em sua diferença do

---

[97] Referente a isso, cf. E. BRANDENBURGER, *Adam und Christus*, 1962, pp. 226.

Logos, de todos os demais seres humanos: a isenção de pecado de Jesus. Por meio dessa isenção, a natureza humana de Jesus se distingue, conforme se deduzia especialmente de Hb 4.13, a natureza humana de Jesus da dos demais seres humanos: foi "tentado igual a nós, no entanto, sem pecado". Isso foi designado sempre de novo, desde Ireneu e Tertuliano[98], como singularidade da condição humana de Jesus, e também foi acentuado em 451 na fórmula cristológica do Concílio de Calcedônia: Por meio de seu tornar-se humano, o Filho de Deus se tornou em tudo igual a nós, no entanto, sem pecado (DS 301). Em que, porém, consiste a fundamentação objetiva para a afirmação da isenção de pecado de Jesus? A teologia da Igreja antiga a procurou na perfeição ética de Jesus, na invariável ligação de sua alma com Deus[99]. A única propriedade que distingue a condição humana de Jesus em sua singularidade lhe caberia, de acordo com isso, em seu ser-para-si individual, e esse pensamento ainda teve sua repercussão nas concepções da teologia moderna a respeito da santidade de Jesus isenta de pecado[100]. De acordo com essa concepção, a relação com os demais seres humanos não seria constitutiva para a humanidade de Jesus, embora o tornar-se humano do *Logos* visasse içar a humanidade do poder do pecado e da morte.

Na teologia mais recente, as coisas mudaram. Aqui a pessoa de Jesus Cristo como do Messias e Redentor está associada, desde o início, à aliança da graça a ser instituída por ele[101] e, portanto, ao novo povo da aliança dos redimidos, que se manifesta historicamente na comunhão da Igreja. No entanto, aqui a pessoa do Redentor foi compreendida

---

[98] Ireneu, *adv. haer.* V.14,3; Tertuliano, *De carne Christi* 16 (MPL 2,780). Cf. outras referências bíblicas e comprovações patrísticas em meu livro *Grundzüge der Christologie*, 1964, pp. 368ss.

[99] Assim, *p.ex.*, Orígenes, *De princ.* II,6,4s,

[100] Isso vale de modo exemplar para F. Schleiermacher, *Der christliche Glaube*, 2ª ed., 1830, § 98. Ao lado disso deve-se lembrar a influente obra de C. Ullmann, *Die Sündlosigkeit Jesu. Eine apologetische Betrachtung* (1828), 7ª ed., 1853, onde não apenas a singularidade de Jesus vale como consistente em sua isenção de pecado, mas também a confissão de sua deidade é fundamentada nela (pp. 178ss.). Cf. meu escrito *Grundzüge der Christologie*, 1964, pp. 373ss., esp. 374s. referente à dependência de W. Herrmann em relação a Ullmann.

[101] J. F. Buddeus, *Compendium institutionum theologiae dogmaticae*, 1724, pp. 513s. (IV c 1,318). Essa compreensão tem sua pré-história na teologia federal reformada e já em J. Calvino (cf. *Inst.* 1559, 119-11).

como pessoa humana, de modo que sua ação para a irrupção do reino de Deus entre os homens pudesse ser apresentada como manifestação de sua singularidade humana.

Em SCHLEIERMACHER, o conceito do Redentor foi determinado pela referência à comunhão dos redimidos, cujo fundador ele é (*Der christliche Glaube* § 88,4). A incorporação em uma "vida conjunta" nesse sentido é imprescindível para a redenção do indivíduo, porque – se depender unicamente de sua própria capacidade – não pode libertar-se do enredamento no contexto social da vida da pecaminosidade (§ 87). Por causa da dependência social do indivíduo em relação a outros, sua libertação exige a fundação de uma nova sociedade: Na história dessa concepção desenvolvida por ROUSSEAU, passando por KANT até MARX, SCHLEIERMACHER representa, conjuntamente com a filosofia da religião de KANT e, em seu séquito, a variante cristã-religiosa: a nova sociedade não pode ter, como em ROUSSEAU, a forma do Estado, mas, diferenciando-se da ordem de direito exterior do Estado, deve ser uma comunhão de mentalidade moral (KANT), e de piedade (SCHLEIERMACHER). É uma comunhão que SCHLEIERMACHER designou, como antes dele KANT, como "reino de Deus"[102]. Nisso toda a vida religiosa da Igreja está associada, tanto em SCHLEIERMACHER quanto em KANT, para além de sua particularidade histórica, com a idéia da humanidade[103]. Por isso SCHLEIERMACHER pôde escrever que a nova vida em sua totalidade, fundamentada pelo Redentor, caracterizada pelo domínio da consciência de Deus sobre todas as referências a objetos e fatos no mundo (§ 88,4), deveria ser considerada como uma nova "etapa de desenvolvimento" da humanidade (§ 86,4), sim, até mesmo como "a criação da natureza humana somente agora acabada" (§ 89 tese).

---

[102] F. SCHLEIERMACHER, *Der christliche Glaube*, 2ª ed., 1830, § 117, tese principal. Em KANT vide *Die Religion innerhalb der Grenzen der blossen Vernunft* (1793), 2ª ed., 1794, 3. Stück (pp. 127ss.) sobre a diferença entre Estado e Igreja, p. 130. A idéia de um povo de Deus moral "não pode ser concretizada de outra forma", já segundo KANT, "do que na forma de uma Igreja" (p. 140). Com essa distinção entre Igreja e Estado, que em KANT está fundamentada filosoficamente na distinção entre legalidade e moralidade (pp. 137s.), ele se encontra – e em seu séquito também SCHLEIERMACHER –, diferenciando-se de ROUSSEAU e seus seguidores, na tradição da doutrina luterana dos dois reinos.

[103] Assim se lê em KANT que "o conceito de uma organização ética comunitária sempre" estaria "referida ao ideal de um todo de todos os seres humanos, e nisso ela se diferencia da de uma organização política" (*lo. cit.*, p. 133).

"Pois assim como tudo que está posto na área humana por meio de Cristo é apresentado como a nova criação, também o próprio Cristo é o segundo Adão, o iniciador e autor dessa vida humana completa, ou a consumação da criação do ser humano..." (§ 89,1)*. Portanto também SCHLEIERMACHER ligou – em notável analogia à cristologia alexandrina da Igreja antiga[104], a descrição paulina da existência dos crentes como uma "nova criação" em Cristo (2Cor 5.17) com a apresentação de Cristo como iniciador de uma nova humanidade, segundo Adão (§ 89,1). Ele também apresentou, como ATANÁSIO ou CIRILO, a singularidade de Jesus Cristo nisso implícita em primeiro lugar como descrição de seu ser-para-si terreno, porque concebia a função social do Redentor na fundação da comunhão dos redimidos no esquema causal de uma transmissão da "perfeição não-pecaminosa" que inicialmente caracteriza a ele próprio como indivíduo (§ 88 Tese). A concepção da redenção como transmissão do estado do Redentor aos crentes naturalmente foi possível somente porque SCHLEIERMACHER colocou no lugar da doutrina da deidade de Cristo a tese da original perfeição de sua consciência de Deus (§ 93,2). Enquanto a cristologia da Igreja antiga encontrou na deidade de Jesus a singularidade que o diferenciava de todos os demais seres humanos, SCHLEIERMACHER concebeu essa diferença como uma peculiaridade meramente humana, ainda que quisesse que a "constante força de sua consciência de Deus" fosse compreendida como uma existência de Deus nele" (§ 94 tese). A hominização da concepção da singularidade do Redentor entre os demais seres humanos, em SCHLEIERMACHER, aconteceu, portanto, ao preço de um rebaixamento da confissão da Igreja antiga da deidade de Jesus. Excetuando-se essa modificação, sua concepção do Redentor revelou, porém, uma impressionante analogia com a cristologia alexandrina, especialmente na ligação da plena eficácia da consciência de Deus que ocupou o lugar da deidade, com a isenção de pecado de Cristo (§ 98). Dos paralelos com a cristologia alexandrina em SCHLEIERMACHER também faz parte a insignificância dos detalhes da história de Jesus

---

[104] Referente a ATANÁSIO, vide J. ROLDANUS, *loc. cit.* (nota 96), pp. 131ss. esp. 139ss; referente a CIRILO e sua relação com ATANÁSIO, vide R. L. WILKEN, *Judaism and the Early Christian Mind. A Study of Cyril of Alxandria's Exegesis and Theology*, 1971, pp. 104ss.

* *Nota do tradutor:* No original: *"Wie nämlich alles in dem menschlichen Gebiet durch Christus gesetzte als die neue Schöpfung dargestellt wird: so ist dann Christus selbst der zweite Adam, der Anfänger und Urheber dieses vollkommenen menschlichen Lebens, oder die Vollendung der Schöpfung des Menschen"*.

para o conceito da pessoa do Redentor (§ 99). Se SCHLEIERMACHER tivesse mantido isso como confissão eclesial da deidade de Cristo sem atenuante, sua doutrina da pessoa do Redentor deveria ser chamada, conforme sua estrutura, como monofisita, porque via a singularidade da condição humana de Jesus *diretamente* em sua deidade: em SCHLEIERMACHER trata-se, todavia, apenas do "ser de Deus" na consciência humana de Deus do Redentor.

A descrição de SCHLEIERMACHER da atividade do Redentor para a fundamentação de uma nova comunhão dos homens no reino de Deus, liberta do domínio do pecado, passou de largo pelos traços de sua pregação, de sua obra e de sua história, característicos para a realidade histórica de Jesus, porque com sua concentração nas características da perfeição (da consciência de Deus) e da isenção de pecado, exigidas de modo bem geral, negligenciou a diferença entre sua atividade terrena e os efeitos emanados dele depois de sua crucificação e de sua ressurreição. A diferença entre essas duas fases da história de Jesus foi determinada na tradição teológica, em conexão com Fl 2.6-11, pelos termos humilhação e exaltação[105]. Nisso se considerava como fazendo parte da fase da humilhação tanto a pregação e atuação terrena de Jesus quanto sua disposição obediente de se submeter ao sofrimento no caminho para a cruz[106]. SCHLEIERMACHER nada soube fazer com essa distinção; isso se deve a sua rejeição da idéia da preexistência de Cristo, em comparação à qual a história terrena de Jesus se afiguraria como uma humilhação[107]. No entanto, por outro lado, em SCHLEIERMACHER deixa de ser considerada também a diferença entre a humildade do caminho do sofrimento de Jesus e a exaltação por meio de sua ressurreição, e por isso também a peculiaridade da história terrrena de Jesus em si. Se agora a atividade de Jesus é apresentada no molde de sua história

---

[105] Isso vale especialmente para a doutrina dos luteranos antigos sobre os estados de Cristo. Quanto a isso e sobre a renovação da doutrina do esvaziamento nos séc. XIX e XX, cf. por enquanto do Autor, *Grundzüge der Cristologie*, 1964, pp. 317-333. O discurso da humilhação do Filho de Deus, porém, já foi associado com a encarnação na teologia patrística, sem implicar com isso uma renúncia a propriedades divinas.

[106] Na linguagem da dogmática protestante antiga trata-se aqui da ligação da diferenciação dos estados de Cristo com a doutrina de seu triplo múnus, que é exercido tanto no estado da humilhação quanto na exaltação.

[107] F. SCHLEIERMACHER, *Der christliche Glaube*, 2ª ed., 1830, § 105, adendo.

terrena, então, ela pode ser associada igualmente à produção de uma nova comunhão dos homens no reino de Deus. No entanto, necessita-se então de uma definição mais diferenciada dessa comunhão com vistas à situação da proclamação terrena de Jesus, por um lado, e da mensagem dos apóstolos a respeito de Jesus Cristo, por outro lado.

ALBRECHT RITSCHL criticou na nova versão da doutrina da pessoa de Cristo de SCHLEIERMACHER que nele a idéia da *redenção* que parte de Jesus e a finalidade "ética" do reino de Deus não estariam claramente diferenciadas e concatenadas[108]. O próprio RITSCHL considerava a redenção do pecado por meio de sua remissão meramente como meio para o "objetivo final" de um reino de Deus entre os homens, que seria tanto o objetivo final de Deus quanto o da atividade de Jesus. SCHLEIERMACHER não pôde compartilhar esse pensamento porque, conforme ele, a redenção consistia não apenas na consciência do perdão dos pecados, mas, positivamente, na renovada robustez e dominância da consciência de Deus, portanto como em Jesus como uma forma da existência de Deus em nós, que dificilmente podia ser imaginado como mero meio para qualquer outra coisa. RITSCHL, no entanto, constatou de fato em SCHLEIERMACHER uma tensão realmente existente entre o "conceito neutro de religião", que se manifesta na robustez da consciência de Deus, e a concepção enfatizada pelo próprio SCHLEIERMACHER de que o cristianismo deveria ser compreendido como religião moral e que como tal está orientada "teleologicamente" para o alvo do reino de Deus[109]. Esse último ponto de vista, ao qual considerava negligenciado em SCHLEIERMACHER e especialmente em sua cristologia, RITSCHL passou para o primeiro plano na descrição da atividade de Jesus e de sua pessoa por ela caracterizada. De acordo com RITSCHL, Jesus não apenas anunciou o reino de Deus como iminente, mas também como já presente em sua pessoa e atividade, conquanto, como o Messias esperado, fundou uma nova comunidade que o "reconhece como Filho de Deus e portador do reino de Deus" e na qual, por isso, o reino de Deus está realizado[110]. A messianidade de Jesus e a "instituição do reino de Deus" por meio da fundação da comunidade

---

[108] A. RITSCHL, *Die christliche Lehre von der Rechtfertigung und Versöhnung III*, 2ª ed., 1883, pp. 9s.
[109] Cf. F. SCHLEIERMACHER, *Der christliche Glaube*, 2ª ed., 1830, § 11 e § 9.2.
[110] A. RITSCHL, *Die christliche Lehre von der Rechtfertigung und Versöhnung III*, 2ª ed., 1882, pp. 31s.

estão, portanto, intimamente relacionados[111]. Nisso "o reino de Deus se realiza" na comunidade "pelo exercício da justiça num decurso temporário que tem seu modelo no crescimento da planta e na fermentação da farinha pelo fermento"[112].

Desde que JOHANNES WEISS demonstrou em 1892 que a vinda do reino de Deus anunciada por Jesus deve ser entendida como o futuro escatológico que vem exclusivamente de Deus[113] e não deve ser compreendido como resultado de qualquer fazer humano, por isso também não como finalidade ética, é fácil criticar a cristologia de RITSCHL a partir da exegese neotestamentária. Disso também faz parte o fato de que as parábolas de Jesus acerca do crescimento não têm seu escopo no crescimento paulatino de seu círculo de discípulos em direção ao reino de Deus, mas unicamente no contraste entre o insignificante presente e a imponente grandeza do futuro de Deus[114]. Especialmente não se pode falar de uma fundação ou instituição do reino de Deus por Jesus, e de modo algum em ligação com a fundação da comunidade cristã por ele[115]. O surgimento da Igreja cristã foi o resultado das aparições do Ressurreto e do derramamento de seu Espírito, embora possa ter uma raiz na comunhão de Jesus com seus discípulos. Portanto também ALBRECHT RITSCHL não discerniu suficientemente entre a missão terrena de Jesus e os efeitos que partiram de sua ressurreição. Ao atribuir a fundação da Igreja à atividade terrena de Jesus e ao identificá-la com o reino de Deus anunciado por Jesus, RITSCHL compreendeu o agir do Ressurreto e Exaltado indevidamente como continuação direta da atividade terrena de Jesus entre seu batismo e sua crucificação.

Não obstante, RITSCHL tinha razão com sua crítica à cristologia de SCHLEIERMACHER ao sentir falta da adequada consideração do tema central da pregação de Jesus e de toda a sua história terrena, a saber, sua referência ao reino de Deus anunciado como próximo. SCHLEIERMACHER reduziu esse tema precipitadamente à "constante eficácia de sua consciência de Deus"[116] e nisso negligenciou a diferença entre a aparição de Jesus e o futuro do reino de Deus. RITSCHL

---

[111] A. RITSCHL, loc. cit., pp. 35ss., 39s. A expressão "instituição do reino de Deus" encontra-se na p. 36 et passim.

[112] A. RITSCHL, loc. cit., p. 40.

[113] J. WEISS, Die Predigt Jesu vom Reiche Gottes. 1892, 2ª ed., 1900, reeditado por F. HAHN, 1964, pp. 74ss, cf. pp. 105s.

[114] J. WEISS, loc., cit., pp. 82ss.

[115] J. WEISS, loc. cit., p. 105, cf. 1ª ed., pp. 24s.

[116] F. SCHLEIERMACHER, Der christliche Glaube, 2ª ed., 1830, § 94 (tese).

tinha razão, além disso, ao destacar, contra SCHLEIERMACHER, o nexo da mensagem de Jesus com a expectativa do reino de Deus fundamentada no Antigo Testamento[117]. Daí também deve ser entendida a referência à comunhão da missão de Jesus, acentuada com razão por RITSCHL. Na história da aliança véterotestamentária e na mensagem dos profetas, o pertencimento a Deus e a expectativa por seu reino estão ligados com a realização do direito divino na vida do povo da aliança. Assim também a mensagem escatológica de Jesus acerca da proximidade do reino de Deus estava ligada com uma nova interpretação do direito divino realizada à luz daquela. No entanto, na atuação histórica de Jesus não se tratava da fundação da Igreja como uma comunhão distinta do povo de Israel. Antes ele se soube enviado às "ovelhas perdidas da casa de Israel" (Mt 15.24, cf. 10.6). Diferenciando-se de outros movimentos judaicos de seu tempo, Jesus não reuniu uma comunidade do resto dos verdadeiramente justos, antes manteve a si e a seus discípulos abertos para o povo ao qual se dirigia sua mensagem. A este estado de coisas nem SCHLEIERMACHER nem RITSCHL compreenderam corretamente, porque ambos se deixaram guiar pela concepção de que, como o formulou SCHLEIERMACHER, "na fé em Cristo é posta essencialmente uma relação do mesmo com todo o gênero"[118], que se teria concretizada na comunhão cristã. Só que RITSCHL queria tematizar essa relação também como objeto da missão terrena de Jesus, para nisso mostrar a base para a confissão da deidade de Jesus[119]. Na verdade, porém, não apenas o título de Messias, cuja ligação com a pessoa de Jesus ainda haveremos de analisar, era expressão da esperança pela restauração do povo de Israel, mas também a mensagem de Jesus acerca da proximidade do reino de Deus era proveniente da tradição de fé de Israel e dirigida a este povo, ainda que implicasse referências universais que vão além disso. Rudolf BULTMANN com a razão enquadrou o aparecimento de Jesus no contexto da religião

---

[117] A. RITSCHL, *Die christliche Lehre von der Rechtfertigung und Versöhnung III*, 2ª ed., 1883, pp. 9s. fala da "subestimação da religião do Antigo Testamento" por parte de SCHLEIERMACHER. Cf. F. SCHLEIERMACHER, *Der christliche Glaube*, 2ª ed., 1830, § 132.
[118] F. SCHLEIERMACHER, *loc. cit.*, § 94,2.
[119] A. RITSCHL designou a fundamentação do reino de Deus por Jesus como sua vocação moral (*loc. cit.* III, § 48, pp. 410ss., esp. 413ss.) e associou a isso com a tese de que "a avaliação ética de Jesus de acordo com a vocação da fundação do reino de Deus [...] termina na auto-avaliação religiosa própria" (p. 418); Cf. pp. 384ss. (§ 45).

judaicia: "Jesus não era um 'cristão', mas um judeu, e sua pregação se move no ideário e na conceitualidade do judaísmo, também onde ela se encontra em contradição com a tradicional religião judaica"[120]. Primeiramente a comunidade pós-pascal levou sua mensagem do Senhor ressurreto para além do povo judaico, e isso depois de profundas desavenças.

Com seu anúncio da proximidade do reino de Deus e com a proclamação de sua irrupção, Jesus apareceu em sua própria atividade em Israel a fim de comover o povo da aliança à conversão a seu Deus[121]. Por essa razão liga-se com a mensagem de Jesus e sua pessoa uma pergunta aberta até os dias de hoje à autocompreensão judaica. Jesus e sua mensagem juntamente com os desafios a isso ligados não são, em primeiro lugar, assunto dos cristãos. Eles dizem respeito, em primeiro lugar, ao povo judeu. A pergunta levantada por Jesus e sua mensagem à autocompreensão judaica vai no sentido até que ponto a fé judaica toma a sério a pretensão do primeiro mandamento em comparação com todas as demais preocupações, também com a tradição religiosa do próprio povo. Como essas duas coisas podem ser diferenciadas, disso falaremos mais adiante, mas a pergunta está lançada pela mensagem de Jesus e está aberta até hoje, porque naquela ocasião Jesus foi

---

[120] R. BULTMANN, *Das Urchristentum im Rahmen der antiken Religionen*, 1949, p. 78. BULTMANN concluiu desse conhecimento que a proclamação de Jesus deve ser considerada como pressuposto da teologia neotestamentária, mas não se deve tratá-la como parte da mesma (*Theologie des Neuen Testaments*, 1953, pp. 1s. [versão brasileira: *Teologia do Novo Testamento*. São Paulo, Ed. Academia Cristã, 2008, p. 40]. Esse juízo legitima os esforços no sentido da "repatriação" de Jesus na tradição da consciência de fé judaica. Esses esforços, porém, podem ter sucesso somente se eles também enfrentam os desafios que a mensagem de Jesus, suas atitudes e sua história continham para o povo judaico de seu tempo (vide *abaixo*).

[121] O tema profético da conversão não estava no primeiro plano na mensagem de Jesus como na do Batista (Mc 1.4 par.), apesar de seu destaque no resumo de Mc 1.15 (cf. E. P. SANDERS, *Jesus and Judaism*, 1985, pp. 108ss.). Não obstante, palavras como o apelo de subordinar todas as demais preocupações à busca do reino de Deus (Mt 6.33) naturalmente implicam decididamente a conversão a Deus. O fato do tema aparecer de modo tão pouco autônomo em Jesus pode estar relacionado com o fato de que nele a conversão não foi anunciada, como no Batista, como pré-condição da participação futura no reino de Deus, porque a proximidade e até mesmo a presença da salvação do reino de Deus se encontra no centro de sua mensagem para o crente.

rejeitado por seu povo com sua mensagem, com exceção do pequeno grupo de seus seguidores.

As razões dessa rejeição e os relacionamentos entre ela e o processo que resultou na execução de Jesus na cruz ainda necessitam de uma cuidadosa análise, em vista de uma controvertida discussão desse tema. Aqui queremos apenas ressaltar que Jesus se tornou o Salvador dos povos, primeiro em decorrência da rejeição de sua missão por seu próprio povo e por meio de sua paixão e cruz. Primeiramente como o Crucificado e Ressurreto ele é o novo homem, o homem escatologicamente definitivo. Nisso ele é o mais distinto exemplo do governo do mundo por Deus, que transforma o mal em bem (Gn 50.20). Justamente por meio da história de sua paixão sua figura ultrapassou a diferença nacional e religiosa entre judeus e não-judeus (Ef 2.14). Em consequência da rejeição por seu próprio povo "veio a salvação aos gentios" (Rm 11.11). Paulo encontrou nisso um indício para o plano histórico de Deus (*mysterion*: Rm 11.25), o qual, por causa da fidelidade de Deus a sua eleição, por fim também tornará a Israel participante na salvação do reino de Deus, a saber, quando Israel reconhecer no Crucificado o Messias a ele prometido.

O título de Messias foi associado à figura de Jesus primeiramente por meio de sua condenação como pretendente a Messias. Antes disso, Jesus se havia mostrado de modo reservado perante as expectativas de que ele seria o Messias. No entanto, ele deve ter sido entregue aos romanos como pretendente a Messias. Depreende-se especialmente da inscrição sobre a cruz (Mc 15.25 par.) que esse foi o motivo de sua condenação pelos romanos. À luz de seu ressuscitamento dentre os mortos, Jesus então foi crido como determinado por Deus como o Messias vindouro e como instituído nessa dignidade já agora (Rm 1.3s.)[122], de modo que a confissão de sua messianidade em breve se confundiu com o nome de Jesus, tornando-se parte deste nome, marcando depois também a descrição de sua história terrena. Em sua atividade pré-pascal, o próprio Jesus, como já foi dito, rejeitou abertamente a designação de Messias juntamente com as expectativas a isso associadas (Mc 8.29-31)[123]. O sentido

---

[122] Referente a Rm 1.3s., vide M. HENGEL, *Der Sohn Gottes*. Die Entstehung der Christologie und die jüdisch-hellenistische Religionsgeschichte, 1975, pp. 93-104.
[123] F. HAHN, *Christologische Hoheitstitel*. Ihre Geschichte im frühen Christentum, 1963, pp. 174s., 226-230.

desse título teve que ser transformado primeiramente pela ligação com o Crucificado[124], da expectativa de um libertador político, de um Rei-Messias, na imagem do Messias sofredor a fim de se tornar próprio para a caracterização de Jesus, para então, ser ligado de forma permanente com seu nome.

Em conexão com OTTO BETZ, mas em contradição à compreensão dominante da exegese neotestamentária, JÜRGEN MOLTMANN apresentou a tese de que, por sua entrada em Jerusalém estilizada por Zc 9.9 (Mc 11.1-11) e por meio do ato simbólico da "purificação do templo" (Mc 11.15-17), Jesus se teria revelado como Messias e que se teria confessado como tal na audiência perante Caifás (Mc 14.61s.) e perante Pilatos (Mc 15.2)[125]. Isso certamente foi a opinião do evangelista, mas deve ser posto em dúvida que isso corresponde aos fatos históricos[126]. A entrada em Jerusalém deve ser entendida como ato simbólico profético que representa a vinda do reino de Deus de acordo com Zc 9.9 em contraste com a demonstração de poder político. Se tivesse sido compreendida como proclamação da messianidade de Jesus, seria enigmático que Jesus não tivesse sido preso imediatamente pelos romanos como agitador[127]. O fato

---

[124] Assim, quanto ao sentido, também J. MOLTMANN, *Der Weg Jesu Christi. Christologie in messianischen Dimensionen*, 1989, p. 160. [*O Caminho de Jesus Cristo*, São Paulo, Ed. Academia Cristã, 2009, pp. 217s e 213ss]. Daí também é compreensível que MOLTMANN tenha denominado a Jesus como "pessoa messiânica no devir" (pp. 157ss.), embora essa expressão não faça jus ao fato de que o evangelista em retrospectiva tenha visto Jesus desde o início como Messias.
[125] J. MOLTMANN, *loc., cit.*, pp. 182ss. [*O Caminho de Jesus Cristo*, pp. 249ss]. A tese parece não ser compatível sem mais nem menos com a afirmação citada na nota anterior de que o sentido cristão do título messiânico e sua ligação com o nome de Jesus estariam determinados a partir a cruz. Em todo caso, aí então também se deveria contar com a transformação de um emprego anterior do título no próprio Jesus ou com uma reinterpretação do título por Jesus já antes de sua entrada em Jerusalém.
[126] Vide F. HAHN, *loc. cit.*, pp. 170ss. bem como E. P. SANDERS, *Jesus and Judaism*, 1985, pp. 296-308, esp. pp. 297ss. sobre as dificuldades com vistas aos relatos sinóticos da audiência perante Caifás.
[127] F. HAHN, *loc. cit.*, p. 173; E. P. SANDERS, *loc. cit.*, p. 306. SANDERS, porém, supõe que pela entrada em Jerusalém, de acordo com Zc 9.9, Jesus apresentou a si mesmo como rei, ainda que não no sentido político (p. 307). Isso parece duvidoso. Do ponto de vista da mensagem de Jesus é mais provável que Zc 9.9 tenha sido posto como parábola para entrada em cena do reino de *Deus*.

de Jesus ter derrubado mesas dos cambistas no pátio do templo deve ser entendido igualmente como ato simbólico, e decerto antes como representação simbólica da destruição do templo anunciada por Jesus (Mc 13.2), e não como purificação do mesmo[128]. Para tal ato não havia necessidade de autoridade messiânica. Antes, ela se encontra em tradição profética (cf. Jr 7.11ss.). A resposta de Jesus à pergunta do sumo sacerdote relatada em Mc 14,62 e mais ainda a versão em Mt 26.64 e Lc 22.67ss. é ambígua conquanto responde à pergunta pela messianidade de Jesus com uma palavra sobre a vinda do Filho do Homem[129]. Também continuaria incompreensível por que Caifás teria encontrado nisso uma blasfêmia se isso tivesse sido compreendido como confirmação da pergunta. Pois a história de outros pretendentes a Messias mostra que a apresentação como Messias de modo algum era considerado blasfêmia[130]. Também MOLTMANN acredita que a pretensão messiânica de Jesus pareceu uma blasfêmia ao sumo sacerdote somente porque este a teria considerado falsa, e que por isso a considerou como manifestação de pretensão blasfema[131]. No entanto, o que poderia ter levado

---

[128] Assim E. P. SANDERS, *loc. cit.*, pp. 61-76. Continua duvidoso que a palavra de Jesus contra o templo e o ato simbólico correspondente no pátio tenham sido a razão decisiva para a entrega de Jesus aos romanos sob a acusação de motim (como pretenso pretendente a Messias), como supõe SANDERS (pp. 301ss.). Isso porque essa suposição contrasta com a informação acentuada por Marcos e Mateus de que a palavra de Jesus contra o templo teve alguma importância na audiência perante Caifás e que talvez tenha sido sua motivação, não, porém, a razão para o veredito (Mc 14.55-60). Assim também o próprio SANDERS, p. 297. Embora existam dúvidas bem fundamentadas quanto à historicidade do desenrolar desses acontecimentos descritos pelos evangelistas, não se pode descartar a possibilidade de que os evangelistas estavam corretamente informados sobre o papel da acusação contra Jesus por causa da ameaça contra o templo. Ou teriam ocultado ou suprimido a importância desse ponto conscientemente? No entanto, que motivo teria havido nos evangelhos para tanto, especialmente depois do ano 70?

[129] E. P. SANDERS, p. 297 com D. R. CATCHPOLE, The Answer of Jesus to Caiaphas (Matt XXVI 64), *New Testament Studies* 17, 1971, pp. 213-226.

[130] E. P. SANDERS, *loc. cit.*, pp. 298 e 55.

[131] J. MOLTMANN, *loc. cit.*, p. 183s. Nisso, porém, não se encontraria nenhuma "equiparação messiânica com o próprio Deus todo-poderoso" (p. 183) porque a messianidade não encerra uma equiparação nesse sentido. De acordo com Jo 10.33, contra Jesus foi levantada uma acusação nesse sentido, de se igualar a Deus, mas não em conexão com a questão do Messias. Portanto não há razão para a combinação de MOLTMANN dessa passagem com Mc 14.61s.

Caifás a isso?[132] Certo é somente que Jesus foi entregue aos romanos como pretendente a Messias para ser sentenciado, portanto como subversivo. No entanto está igualmente claro que deve ter-se tratado de um pretexto, atrás do qual devem ter-se ocultado outras razões, não mais elucidáveis exclusivamente com base na tradição do processo contra Jesus, as quais o tornaram insuportável para as autoridades judaicas[133].

A confissão da cristandade primitiva de Jesus como Messias corresponde à atividade pré-pascal de Jesus justamente no fato de que na missão de Jesus se tratou, em primeiro lugar, do povo de Deus da antiga aliança. A singularidade de sua missão não pode ser desvinculada da referência ao povo de Israel, ao qual trouxe a mensagem da proximidade do reino de Deus e de sua justiça. Essa missão, todavia, tinha caráter messiânico como renovação e aprofundamento da ligação de Israel com seu Deus e não como nova fundação da autonomia política e menos ainda como imposição de um predomínio no concerto dos povos. Por isso a entrega de Jesus aos romanos como pretendente messiânico se baseia em calúnia. Como, porém, em consequência de sua condenação o título de Messias ficou preso a ele e como na confirmação de sua missão terrena pelo próprio Deus em seu ressuscitamento dentre os mortos não podia mais haver espaço para outro Messias ao lado dele, confundiu-se na consciência dos discípulos de Jesus a esperança messiânica de Israel com a figura do Filho de Deus sofredor e crucificado[134]. Isso significa que Israel não receberá outro Messias senão a ele. Os povos chegaram à adoração do Deus de Israel como o verdadeiro e único Deus não sob o sinal de poder político e domínio messiânico sobre os povos, mas pela fé no Crucificado – na medida em que o Evangelho de Jesus Cristo foi anunciado e aceito.

---

[132] Essa pergunta "é de difícil resposta" também na opinião de MOLTMANN, *op. cit.*, p. 183 (com BETZ). [*O Caminho de Jesus Cristo*, p. 251].
[133] Assim MOLTMANN argumentou também anteriormente. De acordo com suas exposições em seu livro *Der gekreuzigte Gott. Das Kreuz Christi als Grund und Kritik christlicher Theologie*, 1972, pp. 124ss. A verdadeira razão para a atitude da autoridade judaica deveria ser procurada na crítica de Jesus à Lei e na pretensão de autoridade nisso implícita (cf. esp. p. 125).
[134] A associação pré-paulina, mas que também marcou o uso linguístico de Paulo, do título de Cristo com a crucificação e ressurreição de Jesus foi examinada minuciosamente por W. KRAMER, *Christos Kyrios Gottessohn*, 1963, pp. 16-60.

Por que Israel, que no decorrer da história sempre de novo foi empurrado para o papel do servo de Deus sofredor de Is 53, para, desse modo, confessar a fé em seu Deus entre os povos, não foi capaz de reconhecer-se na imagem de seu Messias crucificado? Talvez se pudesse encontrar uma resposta a essa pergunta no conteúdo da expectativa messiânica judaica. A esperança messiânica tinha em vista justamente a superação da experiência do sofrimento. Ela se associava antes com tempos de renovação e independência política, como a buscavam os zelotes no tempo de Jesus. Por outro lado, ao contribuírem, em uma longa história de programas de extermínio [*progrom*], para aumentar o sofrimento dos judeus, os cristãos, afinal, não ajudaram ao povo de Israel a reconhecerem no Jesus crucificado, venerado pelos cristãos, seu Messias. Portanto, de ambos os lados do povo de Deus a tentação para o triunfalismo foi empecilho para a reconciliação no sinal do Crucificado.

O apóstolo Paulo expressou, à luz do evento pascal, a importância da pessoa e da história de Jesus para a humanidade por sua apresentação como novo Adão escatológico, portanto, como figura definitiva do homem e não por meio da idéia do Messias. A figura do Messias deve ter sido ligada pela tradição judaica de modo demasiadamente estreito com a especial e específica esperança do povo judaico e em especial com suas expectativas políticas. A partir daí ela não se prestava sem mais nem menos como símbolo de uma esperança que interessasse a toda a humanidade, unindo os povos, tal como Paulo a sabia fundamentada na cruz e na ressurreição de Jesus. No entanto, Paulo manteve a ligação do nome de Jesus com o título de Cristo (Rm 5.17, cf. 15). A ligação com o Crucificado e Ressurreto modificou o próprio significado do título, e somente desse modo adquiriu a "referência [...] a todo o gênero", que lhe foi atribuída por SCHLEIERMACHER[135]. Como o Messias, que exerce seu domínio não por meio de poder político, mas por meio de seu sofrimento vicário pelos pecados da humanidade, Jesus não modificou apenas a esperança judaica na consciência de seus discípulos, mas a abriu simultaneamente para a reconciliação do mundo dos povos com Israel e seu Deus.

---

[135] F. SCHLEIERMACHER, *Der christliche Glaube*, 2ª ed., 1830, § 94,2.

c) O aparecimento do Filho e a comunhão humana

Jesus de Nazaré, o Crucificado e Ressurreto, revelou-se a seus discípulos como o Cristo de Deus, que cumpriu a esperança de salvação de Israel, aprofundando e libertando-a de suas limitações. Por isso ele, como Messias, é simultaneamente o novo homem escatológico, a figura definitiva da realidade do ser humano, que corresponde à vontade de Deus, tal como está projetada por Deus em sua criação para a relação com ele. De acordo com 1Cor 15.22,45ss., Jesus Cristo como o Ressurreto dentre os mortos é esse homem definitivo, pleno e transfigurado pelo Espírito da vida imperecível de Deus. De acordo com Rm 5.12ss., ele é o novo homem obediente a Deus em seu sofrer e morrer (Rm 5.19). Ambas as coisas são inseparáveis, e Paulo expressou a unidade desse estado de coisas pela designação de Jesus como Filho: Jesus está comprovado como Filho de Deus e instituído publicamente por seu ressuscitamento dentre os mortos (Rm 1.4). Ele, porém, já o foi no fato de ser entregue à morte para a reconciliação dos homens com Deus (Rm 5.10; 8.32), portanto, no caminho de sua obediência terrena (Rm 5.19) ao Pai. A Epístola aos Hebreus diz isso com clareza ainda maior: "Embora sendo Filho, aprendeu a obediência por seu sofrimento, e como aperfeiçoado (nisso) ele se tornou o autor da salvação para todos que são unidos a ele na obediência" (Hb 5.8s.). O início dessa frase não deveria ser compreendido como referência a um contraste entre proximidade filial com o Pai e obediência a ele; a frase exprime antes uma tensão entre a aprendizagem da obediência no tempo e a pré-temporalidade da condição de Filho. Em todo caso, a condição de Filho e a obediência ao Pai são inseparáveis. A obediente subordinação ao Pai caracteriza Jesus como o Filho. Ele se deixa conduzir pelo Espírito de Deus, como escreve Paulo (Rm 8.14): Por isso sua obediência não é a obediência hétero-determinada dos escravos, mas manifestação da livre concordância com o Pai, e por meio desse Espírito ele tem a vida eterna em si, que em sua ressurreição dentre os mortos o comprova como o Vivo imortal.

Já foi ressaltado (*acima* pp. 429s.) que as palavras sobre o envio do Filho em Paulo como também em João se referem sempre ao todo da história de Jesus, não somente ao acontecimento de seu nascimento. Justamente porque o todo da história de Jesus é expressão do envio do Filho, por isso também seu nascimento pode ser incluído nessa afirmação (Gl 4.4s. em comparação com Rm 8.3). Como, porém, se deve descrever então o evento do envio do Filho, o acontecimento da encarnação, mais exatamente nesse sentido abrangente?

Como ainda haveremos de ver com mais exatidão no (cap. 10,2), a concepção do envio do Filho pressupõe sua preexistência, seu ser na eternidade de Deus em correspondência com a eternidade do Pai. Como se pode dizer agora, esse ser eterno do Filho se manifesta[136] na história de Jesus Cristo de tal maneira que a eterna relação do Filho com o Pai adquiriu forma humana nessa história: ela não é apenas um caso dessa relação básica entre muitos outros, mas primeiramente nela essa relação básica está realizada de tal modo que, em consequência, também se torna perceptível em outros exemplos de vivência humana, ainda que em muitos sentidos de modo fragmentado e desfigurado. Se não fosse esse o caso, a relação filial de Jesus com o Pai não poderia representar a forma básica da destinação humana para a comunhão com Deus. Se, porém, na pessoa e na história de Jesus se revela a destinação do ser humano como tal para a comunhão com Deus, Jesus Cristo pode, justamente por ser o Filho, ser chamado também o novo homem escatológico.

Como prenúncio da encarnação do Filho de Deus em Jesus Cristo anuncia-se a relação básica da condição de filho na história de Israel por meio da designação do rei judaico como filho de Deus na promessa de Natã a Davi (2Sm 7.14; cf. Sl 89.27s.) e na fórmula de legitimação ou entronização de Sl 2.7, especialmente na extensão dessa designação a todo o povo da aliança, de forma marcante no contexto do ideário da tradição do êxodo (Os 11.1; Jr 31.9 e 20, cf. 3.19, tb. Ex 4.22). Por isso todos os membros do povo podiam ser chamados filhos ou filhas (Dt 14.1; Is 43.6; 45.11), inclusive ainda como rebeldes (Dt 32.5 e 19s.). O emprego paulino dessa designação para os cristãos (Rm 8.16; Gl 4.5s.), portanto, não é inteiramente novo em relação à tradição de fé de Israel[137]. Nova é somente a inclusão de não-judeus na condição de

---

[136] Para melhor compreensão do termo da manifestação, tal como está sendo empregado aqui, vide do Autor, Erscheinung als Ankunft des Zukünftigen (*Theologie und Reich Gottes*, 1971, pp. 79-91, esp. pp. 83s.s.).

[137] Cf. tb. as exposições de M. HENGEL, *Der Sohn Gottes*, 1975, pp. 68ss. referente ao uso da concepção de filho no judaísmo pós-exílico.

filhos de Deus assim como, por outro lado, o condicionamento ao dom do Espírito (Rm 8.14) e à comunhão com Jesus Cristo, o Filho de Deus por excelência, por meio do qual os crentes nele recebem o Espírito de filhos (Rm 8.15; Gl 4.6). Primeiramente em Jesus Cristo a relação básica da condição de filhos, para a qual os seres humanos estão destinados, apareceu de modo pleno e definitivo: nele o eterno Filho de Deus se tornou carne.

De acordo com os testemunhos bíblicos, o fato de o Filho eterno ter assumido forma humana na pessoa de Jesus sempre acontece mediante o Espírito, assim como também os crentes recebem a participação na condição de filho de Jesus Cristo por meio do Espírito ou em ligação com a concessão do Espírito (assim Gl 4.6): por meio do Espírito Jesus Cristo foi investido na posição de poder do Filho (Rm 1.4). Com o recebimento do Espírito por ocasião de seu batismo por João estava ligada sua declaração como Filho de Deus (Mc 1.10s, par.). Pelo poder do Espírito ele já é Filho de Deus desde o nascimento.

É isso, antes de mais nada, o que quer dizer a narrativa do nascimento de Jesus Cristo[138] em Lucas 1.32 e 35s. A narrativa se refere à figura de Maria somente por causa desse escopo cristológico. Por Jesus ser o Filho de Deus em pessoa e isso já desde o nascimento, por isso Maria com razão é venerada como "Mãe de Deus". Por isso também o Concílio de Éfeso, de 431, decidiu corretamente nesse sentido (DS 251). Neste único decreto doutrinário da Igreja sobre Maria que se tornou ecumenicamente compromissivo, estava no centro do interesse (ao contrário do que aconteceu nos dogmas mariológicos católico-romanos de 1854 e 1950) não a pessoa de Maria em si, mas visava garantir a fé na encarnação do Filho de Deus. A dignidade de Maria como *theotokos* não é atingida pelas pesquisas históricas sobre a história da infância de Jesus e seus resultados, especialmente também não pela constatação do caráter lendário da história do nascimento em

---

[138] Para complementar o que se segue, especialmente referente à discussão teológica da Igreja antiga e moderna acerca do tema partenogênese, devem ser conferidas as exposições do Autor em *Grundzüge der Christologie*, 1964, pp. 140-150, bem como as excelentes exposições de J. MOLTMANN, *Der Weg Jesu Christi*, 1989, pp. 97-107 sobre o "nascimento de Cristo a partir do Espírito" [*O Caminho de Jesus Cristo*, pp. 133-144].

Lucas e Mateus[139]. Especialmente na versão decerto mais antiga da tradição, tal como se encontra em Lucas, se reconhece o motivo da formação lendária da narrativa no fato de que, de acordo com a palavra do anjo em Lc 1.35, o filho anunciado a Maria será chamado Filho de Deus por causa de sua concepção a partir do poder do Espírito divino (sem a participação masculina): O título "Filho de Deus" e sua ligação com a pessoa de Jesus já estão aí pressupostos, e a narrativa de sua concepção e de seu nascimento tem a intenção de oferecer uma explicação por que Jesus é chamado Filho de Deus. Mesmo que boatos atiçados por adversários dos cristãos sobre as estranhas circunstâncias da procedência e do nascimento de Jesus tivessem desempenhado algum papel como motivo para a formação dessa lenda[140], as averiguações sobre a natureza dessa tradição não permitem a afirmação de que Maria tenha permanecido de fato virgem depois da concepção e do nascimento de Jesus, em todo caso não de acordo com uma averiguação médica. Caso se quisesse declarar isso como o objeto central da história do nascimento de Jesus por Maria, a virgem (cf. Is 7.14 LXX), o sentido da narrativa estaria falsificado. Pois nela "não se trata de uma questão da ginecologia, mas de um tema da pneumatologia cristã"[141]. Como a narrativa em seu todo é lendária, as afirmações individuais devem ser interpretadas a partir do objetivo cristológico, e não devem ser afirmadas isoladas de seu contexto como fatos, em todo caso não no contexto da interpretação dessa narrativa como tal.

---

[139] Básico tornou-se M. DIBELIUS, *Jungfrauensohn und Krippenkind,* Untersuchungen zur Geburtsgeschichte Jesu im Lukasevangelium, 1932, bem como recentemente R. E. BROWN, *The Birth of the Messiah.* A commentary on the infancy narratives in Matthew and Luke, 1977, esp. pp. 298-309, bem como pp. 517-533. BROWN segue, em princípio, à explicação literária que foi desenvolvida especialmente por DIBELIUS (307-309), mas exige: *"One must explain why the christology of divine sonship, when it was associated with Jesus' birth, found expression in terms of a virginal conception"* (p. 308, nota 36). E ele oferece como explicação que havia um conhecimento geral de um nascimento prematuro de Jesus, o que levou por parte de adversários judaicos da comunidade cristã à acusação de que Jesus teria sido um filho ilegítimo. A narrativa cristã quis responder a tais insinuações (pp. 526s.).

[140] R. E. BROWN, *loc. cit.,* pp. 534-543, cf. p. 530.

[141] J. MOLTMANN, *loc. cit.,* p. 97 [*O Caminho de Jesus Cristo,* p. 131]. Opinião semelhante é a de H. STIRNIMANN, *Mirjam.* Marienrede an einer Wende, 1989, pp. 210-260, esp. pp. 211ss. De acordo com STIRNIMANN, justamente a história das parteiras no Proto-Evangelho de Tiago 18-20 tem a função de desviar o interesse por demonstrações físicas para a virgindade de mãe de Jesus (pp. 231ss.).

O caso seria diferente se se tratasse de uma afirmação que visasse, de acordo com sua intenção, uma faticidade (histórica), como no caso das afirmações de 1Cor 15.3ss. sobre a ressurreição de Jesus. Razão para o juízo crítico sobre a faticidade histórica de um nascimento virginal de Jesus, portanto, não é a dificuldade ideológica de aceitar como possível um acontecimento desses, mas o caráter comprovadamente lendário da narrativa. Nem por isso a narrativa se torna insignificante. Mas ela deve ser avaliada sob outros pontos de vista. Atrás disso encontra-se a relação tipológica com a passagem de Is 7.14, reproduzida de modo inexata na tradução grega. Daí poderia provir o verbete "virgem", enquanto a palavra de Isaías fala de forma mais geral de uma "mulher jovem". Na própria narrativa, a virgindade de Maria em seu encontro com o anjo deve ser entendida como recurso poético na descrição da atitude apropriada para o ser humano de recepção humilde com vistas à entrada da realidade de Deus em sua vida. Também deve ser entendida como expressão da exclusividade de Maria poder se dirigir ao Deus uno. Neste sentido, a Maria da história da anunciação de Lucas foi representada em inúmeros quadros e exaltada por LUTERO como modelo da fé[142]. Com isso ela antecipa a obediência de seu filho a seu Pai celestial, e nesse sentido pode-se dizer que, na reação de Maria à mensagem angelical, o Filho (a saber, em sua relação com seu Pai celestial) assumiu a figura humana. Esse estado de coisas espiritual naturalmente não depende em sua essência da questão se o menino Jesus foi concebido com a participação de um homem ou sem ela. Ele sozinho, porém, basta para que todos os cristãos guardem para a mãe de Jesus, a *theotokos*, uma memória amável e honrosa. Pois afinal Jesus Cristo deve tomar forma na vida de todo cristão como o fez na vida dela (Gl 4.19).

Encarnação do Filho na figura de Jesus significa que esse ser humano em pessoa é o Filho de Deus e que ele o foi em todo o curso de seu caminho. Assim como, de forma bem geral, não se pode separar pessoa e história da vida de seres humanos, porque primeiro na história de cada vida se forma a identidade pessoal, mas que então caracteriza a singularidade da pessoa, a respeito da qual essa história de vida

---

[142] M. LUTHER, *WA* 7,544-604 (*Das Magnificat Vorteutschet und aussgelegt*, 1521 [versão brasileira em *Obras Selecionadas*, v. 6, pp. (20)22-78)]. De acordo com H. RÄISÄNEN, *Die Mutter Jesu im Neuen Testament*, 1969, pp. 154, já em Lucas Maria é "uma espécie de *protótipo dos cristãos*" (cf. pp. 93 e 149ss.).

pode ser narrada, para toda a duração de sua existência[143], o mesmo acontece com a pessoa de Jesus como Filho de Deus: que a identidade de Jesus como pessoa consiste no fato de ele ser o Filho de Deus foi decidido definitivamente pelo evento pascal, mas em sua luz ele foi o Filho de Deus já desde o início de seu caminho terreno, sim, até mesmo já desde a eternidade (vide *acima* pp. 430s.).

A partir do lado do Filho eterno, a identidade com a pessoa de Jesus tem a forma da humanação. Nisso a humanação não deve ser concebida como acontecimento acidental, exterior à eterna essência do Filho. Antes a humanação do Filho reside na consequência de sua autodiferenciação trinitária em relação ao Pai. Já sua eterna comunhão com o Pai é mediada por essa livre autodiferenciação. Assim como a livre autodiferenciação do Filho em relação ao Pai constitui a base da possibilidade de toda realidade criatural diferenciada do Pai, assim ela também é origem da humanação em Jesus de Nazaré. Nesse sentido deve ser entendida a expressão do auto-esvaziamento e da auto-humilhação do Filho eterno de Deus no evento de sua humanação (Fl 2.7s.): Caso se quisesse encontrar expressa nisso uma renúncia parcial ou total do Filho de Deus a sua natureza divina, essa concepção não apenas dissolveria a eterna auto-identidade de Deus, mas também destruiria a idéia da encarnação, a qual afinal diz que já o próprio eterno Deus entrou na forma de vida de um ser humano transitório[144]. O esvaziamento e a humilhação ligados à humanação em comparação com a eterna

---

[143] A constituição "retroativa" da importância do passado na luz dos acontecimentos futuros concerne justamente também à identidade da pessoa. Sem razão, J. MOLTMANN sentiu falta desse destaque em minhas exposições sobre a importância do evento pascal para a identidade de Jesus como pessoa (*Der gekreuzigte Gott*, 1972, p. 169.

[144] Cf. a ainda instrutiva crítica de L. A. DORNER às doutrinas do esvaziamento na teologia luterana do séc. XIX (Über die richtige Fassung des dogmatischen Begriffs der Unveränderlichkeit Gottes, in: *Gesammelte Schriften aus dem Gebiet der systematischen Theologie, Exegese und Geschichte,* 1883, pp. 188-377, esp. 208-241). DORNER caracterizou a concepção que forma a base dessas formações doutrinárias como "doutrina da despotencialização" (p. 213, cf. pp. 233ss.). Sobre a origem dessa crítica na correspondência de DORNER com H. L. MARTENSEN sobre a constituição da pessoa de Cristo 1842/45, cf. CHR. AXT-PISCALAR, *Der Grund des Glaubens. Eine theologiegeschichtliche Untersuchung zum Verhältnis von Glaube und Trinität in der Theologie Isaak August Dorners,* 1990, p. 224, nota 78 e 225ss.

divindade do Filho não devem ser compreendidos como restrição, mas como ativação da eterna deidade do Filho. Isso somente é possível se forem entendidos em conexão com a eterna autodiferenciação do Filho como razão para a possibilidade e realidade de existência criatural. Já a eterna autodiferenciação em relação ao Pai contém o momento do auto-esvaziamento, e justamente por meio disso o Filho se tornou autor da alteridade de uma existência criatural, diferente de Deus. Na mera alteridade das criaturas perante Deus, no entanto, a autodiferenciação do Filho em relação ao Pai se manifesta apenas de forma unilateral, somente no sentido da diferença, não igualmente como meio da comunhão com Deus. Somente numa criatura que, como o homem, se sabe referida a Deus em sua alteridade, o auto-esvaziamento ligado com a autodiferenciação do Filho em relação ao Pai pode chegar à expressão plena, de modo que a autodiferenciação do Filho em relação ao Pai seja realizada na forma da existência criatural. Nesse sentido pode-se entender o esvaziamento e a humilhação do Filho eterno, ligados à humanação, como momento na livre auto-realização de seu eterno ser na autodiferenciação em relação ao Pai. Nisso a determinação da criatura para a verdadeira autonomia em comunhão com Deus é consumada simultaneamente por meio dessa auto-realização, e o ser humano é redimido da confusão de seu ser autônomo perante Deus e da submissão sob o poder da corruptibilidade e da morte daí decorrentes. Assim, pois, no envio do Filho para a encarnação naquele um homem Jesus sempre se trata também dos demais seres humanos: Deus enviou seu Filho ao mundo a fim de salvá-lo (Jo 3.17; cf. 6.38s.). O envio do Filho, portanto, tem sua determinação final nos outros homens. De acordo com João, ela se realiza na pregação de Jesus; de acordo com Paulo (Rm 8.3 e Gl 4.4s.), ela se refere especialmente à morte de Jesus, pela qual os crentes são libertados do domínio do pecado, da Lei e da morte. Assim, pois, o aparecimento do Filho visa à reconciliação do mundo, a saber, dos homens, e por meio deles toda a criação com Deus. A afirmação da pregação cristã de que na história de Jesus aconteceram as duas coisas necessita, todavia, para sua comprovação de uma exposição e fundamentação mais exata. Isso será a tarefa dos dois próximos capítulos. Aqui por enquanto queremos apenas chamar a atenção para o nexo entre o envio do Filho para salvação dos homens e a função do Messias para a comunhão e renovação do povo de Deus, que têm ambos sua contrapartida no efeito salvífico da obediência do segundo Adão para os muitos, de acordo com Rm 5.12ss. Esse nexo não aponta apenas para a identidade do Cristo com o Filho de Deus e com o novo Adão, mas deixa entrever simultaneamente até que ponto a história da eleição de Israel e a tradição de fé judaica receberam relevância geral para a humanidade por meio de Jesus Cristo.

Já foi dito que, em Paulo, a idéia da filiação divina de Jesus liga a confissão cristã-primitiva da messianidade de Jesus com as afirmações sobre ele como forma escatológica do homem, que, ultrapassando a esfera da tradição de fé judaica, têm pretensão de ser de alcance humano-geral da história de Jesus. Decisivo para isso foi a transformação da expectativa messiânica judaica por meio da ligação da concepção do Messias com a pessoa do Crucificado. Por meio disso foi rompida a limitação nacionalista-particular da esperança judaica pelo Messias como o "Filho" que exerce o domínio de Deus na terra (no sentido do Sl 2.7). Assim, a expectativa messiânica foi libertada de suas limitações.

Em conexão com isso, também a relevância humano-geral da tradição judaica do direito divino foi libertada da amarra de traços historicamente ocasionais da Lei mosaica, válidos somente para o povo judeu como parte de sua identidade histórica. Pois não somente Paulo, mas – depois de uma hesitação inicial da comunidade de Jerusalém – o cristianismo primitivo como um todo entendeu a cruz de Jesus Cristo como o fim da Lei mosaica no mínimo em sua função de separaração judeus e gentios, sem renunciar com isso a obrigatoriedade da vontade de direito de Deus testemunhada na Lei. Esse processo está intimamente ligado com a liberação do conceito messiânico. Pois desde sua origem, a expectativa messiânica faz parte do direito de Deus, e isso com vistas à função do rei messiânico para a comunidade de direito. Especialmente na tradição de Isaías a compreensão do reino foi associada com sua função para o estabelecimento do direito divino. Em Is 11.2ss. a expectativa messiânica visava um rei do futuro que realmente correspondesse a essa tarefa, que tornará direito e paz uma realidade e assim fará, no sentido de Is 2.2-4, do monte Sião o centro do mundo dos povos (cf. tb. Zc 9.9s.).

Na ligação entre expectativa messiânica e direito divino, este último é o tema central para a fé de Israel. A esperança messiânica está a serviço da realização do direito de Deus. O direito de Deus propriamente dito, e sua realização estão intimamente ligados com a eleição de Israel, e isso tanto no sentido de que a eleição de Israel é a razão de seu comprometimento com o direito de Deus, tal como o incutiu o Deuteronômio (Dt 4.37-40; cf. 7.11), como também no sentido da grandiosa concepção de Isaías, segundo a qual a finalidade da eleição de Israel é testemunhar a vontade de direito de Deus no mundo dos povos (Is 42.1s.; cf. 42.6). Portanto, no sentido de Dêutero-Isaías, a eleição de Israel não é fim em si, antes ela serve à vontade de Deus para toda a humanidade. Também se pode dizer que ela está a serviço do reino de Deus no mundo; pois o reino de Deus, pelo qual a fé de Israel espera, é um reino do direito e da justiça como a tinham em mente Isaías e Miquéias no quadro visionário de uma futura peregrinação dos povos para o Sião, para que o Deus de Israel apaziguasse suas desavenças, julgando seu caso (Mq 4.2s.; Is 2.3s.).

Tanto mais constrangedor é o fato de que justamente o direito de Deus, tal como está preservado na tradição do direito de Israel e como foi observado na vida prática do judeu, tornou-se o sinal da separação e do isolamento de Israel em relação ao mundo dos povos. Em futuro contexto haver de apresentar detalhadamente como entender esse processo. Em todo caso, seu resultado contrasta com a vocação de Israel como testemunha para a vontade de direito de Deus no mundo dos povos, tal como Dêutero-Isaías o anunciou. Não seria necessário para esse testemunho que o conteúdo da vontade de direito divino fosse reconhecível como de validade geral, e não apenas como uma especialidade judaica santificada pela autoridade da tradição? Não deve, sob essas condições, o estabelecimento do direito de Deus pelo Messias começar por libertar seu conteúdo de estreitezas tradicionalistas e pôr a descoberto seu cerne válido para todos os seres humanos? O próximo capítulo mostrará que foi exatamente isso que aconteceu na interpretação da Lei por Jesus.

Com sua interpretação do tradicional direito de Deus, Jesus não entrou em contradição com a validade da vontade de direito de Deus na fé de Israel, porque interpretou a Lei da tradição à luz do Deus que é o Criador de todos os seres humanos. Todas as relações de direito intra-humanas têm sua validade obrigatória na referência dos homens ao Deus uno. Por isso, a destinação de cada indivíduo para a comunhão com o Deus uno e a observação e a promoção da comunhão dos homens entre si, tal como adquirem forma permanente em relações de direito, formam uma unidade: a destinação do homem para a comunhão com Deus não pode ser realizada no isolamento de uma relação meramente individual com Deus, nem a destinação dos homens para uma vida em comunhão e paz pode ser realizada sem Deus; sempre que isso foi tentado, o resultado final foi a inversão da comunhão por formas de domínio de homens sobre homens. A unidade de comunhão com Deus e a comunhão dos homens entre si constitui o conteúdo central do testemunho de Israel em meio ao mundo dos povos e fundamenta a relevância de sua tradição de fé que concerne a todos os seres humanos. Esse conteúdo da tradição de fé judaica, válido para todos os homens, porém, se encontra oculto sob camadas que lhe aderem desde a história de seu surgimento e interpretação. A interpretação da Lei por Jesus dissolveu essas camadas. Isso perfaz seu caráter messiânico, embora a aparição de Jesus no mais não correspondesse às esperanças messiânicas e imaginações do povo, especialmente não às expectativas políticas a isso associadas.

Com seu posicionamento crítico em relação à tradição e por não se ter mostrado como o libertador político esperado, Jesus encontrou toda espécie de resistência que, no final, levou a sua prisão e execução, como o próximo capítulo o mostrará com mais exatidão. O fim terreno do caminho de Jesus, porém, consumou justamente aquele destravamento também da esperança messiânica de Israel que com vistas à interpretação da Lei foi característica para a atividade terrena de Jesus. Isso se evidenciará no cap. 12 como o conteúdo da reconciliação do mundo por sua morte. Por causa do destravamento não só da interpretação do direito divino, mas também da esperança messiânica judaica por meio da ligação da idéia messiânica com a cruz de Jesus, o Ressurreto pôde apresentar-se como o Messias não mais apenas dos judeus, mas de toda a humanidade, como o Filho de Deus que quer unir consigo e por meio de si todos os seres humanos com Deus de acordo com a imagem do novo homem escatológico que apareceu nele.

Capítulo 10
A DEIDADE DE JESUS CRISTO

Na pergunta pela deidade de Jesus Cristo trata-se da deidade do *ser humano* Jesus. Ela, portanto, nada tem a ver com sua "natureza divina" a ser considerada por si isoladamente. Trata-se, antes, de encontrar na realidade humana de Jesus os contornos de sua filialidade divina, que então também precede a sua existência terreno-histórica como filialidade eterna e que inclusive deve ser concebida como razão criadora dessa sua existência terrena. Se a história terrena de Jesus é a revelação de sua filialidade eterna, então esta deve ser perceptível em sua realidade humana de vida. Sua deidade então não é algo adicional a esta realidade humana de vida, mas o reflexo que da relação humana de Jesus com Deus cai sobre sua própria existência como também sobre o eterno ser de Deus. Inversamente, a assunção da existência humana pelo Filho eterno não deve ser imaginada como agregação de uma natureza estranha a sua natureza divina, mas como o meio de sua extrema auto-realização por ele mesmo criado em consequência de sua livre autodiferenciação em relação ao Pai, portanto como forma de realização de sua eterna condição de Filho, justamente porque nela saiu da esfera da deidade para, no meio de existência criatural, por meio de sua autodiferenciação em relação ao Pai como do Deus uno, estar unido com ele e, simultaneamente, consumar a determinação do ser humano como criatura e para redimi-lo do engano de seu pecado.

1. As bases para a afirmação da unidade de Jesus com Deus

A pergunta pela deidade de Jesus, portanto, pela unidade de sua realidade de vida humana com o Deus eterno, é colocada de modo errado se essa ligação é compreendida exclusivamente ou também somente em primeiro lugar como comunhão de sua natureza humana com o eterno Filho. Para o ser humano Jesus, Deus existia somente na pessoa de seu Pai celestial, com o qual se sabia relacionado em toda a sua existência e por cujo Espírito deixou-se guiar. Somente no caminho pela relação de Jesus com o Pai pode ser decidida a pergunta se e em que sentido também ele mesmo deve ser entendido como partícipe da divindade, a saber, como Filho desse Pai.

a) A união de Jesus com o Pai em sua atividade pública

A singularidade de Jesus entre as demais pessoas consiste, em uma primeira aproximação, em que e como a relação do ser humano com Deus – melhor, o governo de Deus na vida do ser humano – era o tema dominante de sua vida. Isso vale, inicialmente, para sua pregação pública, que ele parece ter iniciado somente depois da prisão de João Batista[1]. O pensamento central dessa pregação era a proximidade do reino de Deus.

Jesus compartilhou a esperança do reino de Deus com a tradição de seu povo. Desde o tempo do helenismo, a esperança por restabelecimento universal do governo régio de Deus sobre os povos (Sl 96.10ss.; cf. Is 52.7) tinha assumido traços escatológicos (Sl 97.1ss.)[2]. A vinda do próprio Deus para governar sobre o mundo havia sido profetizada no livro de Daniel (Dn 2.44s.) como encerramento da sequência de reinos mundiais humanos, e no escrito apocalíptico sobre a ascensão de Moisés o governo régio de Deus foi associado com o juízo final sobre toda a criação (*Ass. Mosis* 10,1ss.). No mais, porém, a idéia do reino de Deus é relativamente rara na literatura apocalíptica. Em primeiro plano encontram-se as imagens da inauguração de um novo *éon*, do juízo sobre o mundo e da vinda do Filho do Homem para julgamento. Jesus, porém, preferiu a esperança do governo régio de Deus expresso em orações judaicas como na Oração das

---

[1] Referente a Mc 1.14, cf. J. BECKER, *Johannes der Täufer und Jesus von Nazareth*, 1972, p. 141.

[2] JÖRG JEREMIAS, *Das Königtum Gottes in den Psalmen*, 1987, pp. 136ss., cf. pp. 121ss. referente ao Sl 96. Quanto ao que segue, comprovantes em H. MERKLEIN, *Jesu Botschaft von der Gottesherrschaft. Eine Skizze*, 1983, pp. 24s., bem como pp. 39ss.

Dezoito Preces (11 prece) e da oração *Qaddisch*, como designação do evento escatológico iminente[3].

Nisso também reside a diferença em relação à mensagem de juízo do Batista, que Jesus tomou como ponto de partida e com a qual permaneceu solidário na convicção da ruptura do futuro de Deus com a confiança em promessas de salvação provenientes do passado. A atuação do Batista estava concentrada inteiramente, como também a de Jesus, no futuro de Deus, mas encontrou seu conteúdo na proximidade do juízo. Em Jesus, pelo contrário, o futuro de Deus tem por conteúdo a vinda de seu reino[4]. Por isso sua mensagem é, diferenciando-se da do Batista e apesar da ruptura com o passado de Israel, essencialmente mensagem salvífica. Isso encontrou sua expressão simbólica no fato de Jesus voltar do deserto no curso inferior do Jordão, onde João havia ensinado, para os férteis povoados da Galiléia.

A esperança de Israel pelo governo régio de seu Deus fora motivada em toda sua história pela expectativa de que seu estabelecimento significaria livramento do povo de todo domínio estrangeiro, e, portanto, bem-estar e paz (cf. apenas Is 52.7). Se, todavia, seguirmos ao juízo profético anunciado na época de Jesus não somente por João Batista, mas também pelo mestre da comunidade de Qumran, de que o povo é passível do juízo, de modo que todas as promessas de salvação de Deus do passado perderam sua força, então já não era mais natural que a vinda do reino de Deus significaria salvação para Israel, em contraste com os povos[5]. Por isso Jesus também não anunciou a vinda do reino

---

[3] H. LEROY, *Jesus. Überlieferung und Deutung*, 1978, p. 71. Sobre a diferença entre o discurso de Jesus acerca da "vinda" do reino de Deus e a concepção tradicional de seu "estabelecimento" por Deus, cf. N. PERRIN, *Was lehrte Jesus wirklich? Rekonstruktion und Deutung* (1967), alemão 1972, pp. 52ss,. [*O que Jesus ensinou realmente?* São Leopoldo, Sinodal, 1977].

[4] J. BECKER, *loc. cit.*, pp. 74s. Em Mateus (3.2), todavia, já se coloca na boca do Batista o anúncio da proximidade do reino de Deus como fundamentação para o chamado ao arrependimento. No entanto, dever-se-á concordar com a opinião de que com essa afirmação singular "se nivela um ponto de diferença essencial entre Jesus e o Batista" (p. 13). Referente à "ruptura com o passado" no Batista, cf. *ib.*, pp. 16ss.; em Jesus, pp. 71s. Cf. tb. a justaposição de Jesus com o Batista em JOACHIM JEREMIAS, *Die Verkündigung Jesu* (*Neutestamentliche Theologie I*), 2ª ed., 1973, p. 56. [*Teologia do Novo Testamento – A Pregação de Jesus*. São Paulo, Hagnos, 2008].

[5] Cf. H. MERKLEIN, *Jesu Botschaft von der Gottesherrschaft*, 1983, pp. 43s.

de Deus como salvação para o povo da aliança como um todo (na base de sua relação de aliança com Deus), mas somente para aqueles que põem sua esperança inteiramente na proximidade do futuro de Deus, seja como resposta ao apelo de sua mensagem, seja – como no caso dos declarados bem-aventurados por Jesus – por outro motivo. Para eles a salvação do reino de Deus inclusive já é presente, certa e atuante. A compreensão mais exata desse complexo estado de coisas leva ao centro da mensagem de Jesus.

Erra-se a compreensão da mensagem de Jesus se, nesse ponto, a gente se satisfaz, como acontece tantas vezes, com a afirmação de que a abertura da atual participação na salvação futura do reino de Deus por Jesus seria expressão da especial consciência de autoridade que o teria preenchido. O fato de tal consciência de autoridade não pode ser negada, e a problemática com isso relacionada ainda dará motivo para retornarmos a esse assunto. Mas é de importância de longo alcance para a compreensão de Jesus e para toda a cristologia o fato de que essa consciência de autoridade não haver fundamentado o conteúdo de sua pregação, mas, inversamente, foi sua consequência ou fenômeno concomitante. Mais adiante ainda ficará claro por que isso é assim. Por enquanto queremos ao menos fazer a tentativa de entender a promessa e o acontecimento de participação atual na salvação em conexão com a pregação e a atuação de Jesus a partir do conteúdo de sua mensagem, portanto do sentido de seu anúncio do reino de Deus. O acesso a essa compreensão está ligado com a solução da veementemente controvertida pergunta pela relação entre futuro e presente do reino de Deus na pregação de Jesus.

> Sem dúvida Jesus falou do reino de Deus como vindouro, portanto, como futuro. Isso comprova, sobretudo, a segunda prece do Pai-Nosso (Lc 11.2; Mt 6.10) em analogia às orações diárias judaicas. Também a frequente expressão da consecução do reino de Deus ou entrar nele (Mt 5.20; 7.21; Mc 9.33 par.) têm significado futuro no sentido da participação na futura comunhão salvífica, como já o acentuou JOHANNES WEISS[6]. A referência à futura comunhão de mesa no reino de Deus (Mt 8.11; Lc 13.29s.) deve ter sido implicitamente efetiva como razão determinante também nas refeições de Jesus,

---

[6] J. WEISS, *Die Predigt Jesu vom Reiche Gottes* (1892), reedição da 2ª ed. editada por F. HAHN, 1964, pp. 72s.

conquanto representavam a (futura) comunhão do reino de Deus e deveriam garantir antecipadamente a participação em sua salvação. Em Mc 14.25 se estabelece mais uma vez expressamente a referência à futura ceia no reino de Deus. Em muitas outras passagens, nas quais não se fala expressamente do futuro do reino de Deus, pode-se estabelecer referências ao futuro que, quanto ao sentido, têm seu lugar no futuro do reino de Deus, como, *p.ex.*, nas palavras sobre o futuro do Filho do Homem, que em Mt 25.34 também pôde ser designado de "rei". Assim, pois, ainda hoje vale inalterada a constatação de JOHANNES WEISS de que tanto "quantitativamente" quanto objetivamente as palavras no modo futuro se encontram inteiramente em primeiro plano[7]. Problemático é somente como as palavras mais raras que afirmam o presente da *basiléia* se relacionam com isso. Expressamente a afirmação de que o reino de Deus já é presente se encontra somente em Lc 11.20 par. e Lc 17.20. Todavia Lc 10.23s. diz a mesma coisa que Lc 17.20 quanto ao sentido. Algo semelhante também vale para a resposta de Jesus à pergunta que o Batista lhe teria feito a partir da prisão (Lc 7.22 par) e certamente também para Mc 2.19. Todas essas palavras parecem dizer o que R. BULTMANN descreveu com circunspecção do seguinte modo: "Tudo isso não significa que o reino de Deus já é presente; mas diz que ele está chegando"[8]. KÄSEMANN foi o primeiro a ir além disto, porque acreditava ter que depreender de Mt 11.12s. que a virada do *éon* já começou com o Batista, que com ele "o reino de Deus irrompeu, mas que ainda está impedido"[9]. KÄSEMANN obteve muito consentimento com essa opinião[10]. No entanto permanece precário fundamentar uma tese em uma única palavra que, além disso, é notoriamente obscura e enigmática e que tem por consequência que as claras afirmações sobre o futuro do reino de Deus têm que ser bagatelizadas[11].

---

[7] J. WEISS, *loc. cit.*, p. 71. Cf. a constatação análoga de E. P. SANDERS, *Jesus and Judaism*, 1985, p. 152.
[8] R. BULTMANN, *Theologie des Neuen Testamentes*, 1953, p. 6. [Versão brasileira: *Teologia do Novo Testamento*, São Paulo, Ed. Academia Cristã, 2008, p. 44].
[9] E. KÄSEMANN, Das Problem des historischen Jesus (*ZThK 51*,1954, pp. 125-153, 149.
[10] Assim, entre outros, em N. PERRIN, *Was lehrte Jesus wirklich?* Rekonstruktion und Deutung (1967), em alemão 1972, pp. 78ss., esp. p. 80 [em português: *O que Jesus ensinou realmente*, São Leopoldo: Sinodal, 1977], bem como tb. em JOACHIM JEREMIAS, Die Verkündigung Jesu (*Neutestamentliche Theologie I*), 1971, pp. 54s. [*Teologia do Novo Testamento*, São Paulo, Hagnos, 2008, p. 78].
[11] Instrutivas para isso são as explanações de N. PERRIN referentes à segunda prece do Pai-Nosso (*loc. cit.*, pp. 168s. [*O que Jesus ensinou realmente?* São Leopoldo,

A acentuação unilateral da presença da *basiléia*, como se a virada decisiva já tivesse acontecido tornou-se por isso objeto de justificada crítica[12]. As afirmações sobre a presença do reino de Deus não deveriam ser compreendidas como alternativas para a idéia de sua vinda. Antes, trata-se aí da irrupção do futuro de Deus, sendo, porém, que esse mesmo futuro deve ser entendido como o motivo dinâmico de seu tornar-se presente[13].

Ponto de partida para a compreensão da irrupção do futuro de Deus no presente deve ser esse mesmo futuro. Acaso existe na atividade de Jesus um ponto de referência que indique como deve ser entendida a irrupção do futuro de Deus na atualidade de seus ouvintes? Lc 11.20 poderia ser tomado como indício de que para isso especialmente a atividade exorcista de Jesus teria sido decisiva. Contra esse argumento depõe o

---

Sinodal, 1977], onde a prece pela "vinda" do reino de Deus se transforma em prece "pela continuidade de algo" que os discípulos "já vivenciaram agora". Cf. tb. pp. 159s.

[12] Assim em E. P. SANDERS, *loc. cit.*, pp. 129-156, esp. pp. 150ss. SANDERS, no entanto, tende a problematizar demais o aspecto do presente em suas exposições referentes a Lc 11.20 (pp. 133ss.), de modo que, por fim, passa a ser designado apenas ainda como "possível" e uma expressão dessa idéia em Lc 11.20 de modo mais fraco ainda como "imaginável" (p. 140). J. WEISS (*loc. cit*, p. 70) já havia apontado para a dificuldade enfatizada por SANDERS de garantir uma clara distinção entre as palavras *ephasen* e *engiken,* usada no mais para a "aproximação" do reino de Deus, mas somente como comprovante para sua tese de que vinda futura e irrupção atual do reino de Deus não deveriam ser tratadas como contrastantes (pp. 69s.). Referente ao aspecto presêntico da irrupção do reino de Deus e sua relação com concepções análogas, no entanto mais culticamente determinadas da comunidade de Qumran, cf. H.-W. KUHN, *Enderwartung und gegenwârtiges Heil.* Untersuchungen zu den Gemeindeliedern von Qumran mit einem Anhang über Eschatologie und Gegenwart in der Verkündigung Jesu, 1966, pp. 189-204.

[13] A inversão a isso ligada da usual compreensão do futuro como efeito de fatos atuais torna compreensíveis as dificuldades de uma designação exata da situação, que também podem ser observadas entre outros em H. MERKLEIN, *loc. cit*, p. 65 (cf. p. 68 *et passim*). A expressão "*Geschehensereignis*" [algo como "acontecimento do evento"] é apenas um indício um tanto desesperado do problema, pois a palavra "*Geschehen*" ("evento") não diz mais (antes menos) do que "*Ereignis*" ("acontecimento"), e a combinação das duas palavras não produz um esclarecimento adicional.

fato de que não somente Jesus atuou como exorcista[14]. Além disso, as demais afirmações correspondentes com Lc 17.20 se referem à aparição e à atuação de Jesus em termos bem gerais. No entanto, a atividade de Jesus estava determinada em todos os seus aspectos pelo apelo de envolver-se inteiramente com o reino de Deus anunciado como iminente: "Buscai em primeiro lugar o reino de Deus e sua justiça, e todas essas coisas vos serão acrescentadas" (Mt 16.33; cf. Lc 12.31). Em muitas palavras de Jesus é acentuada a absoluta prioridade do reino de Deus próximo antes de todos os demais deveres e interesses próprios do ser humano (cf., *p.ex.*, Lc 9.62). Ele constitui o escopo das duas breves parábolas do negociante e da pérola e do tesouro encontrado no campo (Mt 13.44-46). Em que se fundamenta essa prioridade?

Ela deve estar relacionada intimamente com o Primeiro Mandamento (Ex 20.3) e a singularidade de Javé nele manifestada. Possivelmente já o desenvolvimento da idéia do governo régio de Deus no antigo Israel deve ser avaliado como motivado pelo Primeiro Mandamento e pelas idéias da zelosa santidade do Deus de Israel[15] a isso associadas[16]. Isso vale em medida especial para a virada escatológica da idéia tal como já foi formulada por Zacarias: "Javé se tornará rei sobre toda a terra; naquele dia Javé será único e seu nome será único" (Zc 14.9). Mas a singularidade de Deus exige que o homem se volte inteiramente a ele, como o ordena o Deuteronômio: "Ouve, Israel, o Senhor é nosso Deus, o Senhor é único. E deverás amar o Senhor, teu Deus, de todo o coração, de toda a alma e com toda a tua força" (Dt 6.4s.). Talvez não seja sem significado mais profundo o fato de Jesus ter citado como resposta à pergunta do doutor da Lei pelo primeiro e maior mandamento não Ex 20.3, mas Dt 6.4s.[17]:

---

[14] Assim com razão E. P. SANDERS, *loc. cit.*, p. 135.
[15] Referente a Ex 20.5; 34.14; Dt 6.14s., vide G. VON RAD, *Theologie des Alten Testaments I*, 1957, pp. 203ss. [*Teologia do Antigo Testamento*, São Paulo, Aste; Targumimi, 2ª ed. 2006, p. 188].
[16] Esse é o pleito de W. H. SCHMIDT, Die Frage nach der Einheit des Alten Testaments – im Spannungsfeld von Religionsgeschichte und Theologie, *Jahrbuch für Biblische Theologie 2*, 1987, p. 33-57, esp. p. 52. Após a tradução de SCHMIDT segue-se também a reprodução da passagem de Zacarias citada no texto.
[17] Mc 12.29ss., Mt 22.37s. (de acordo com Lc 10.26 a resposta é dada pelo escriba). O conhecimento da importância da diferença entre o recurso ao *shemaḥ* e um recurso a Ex 20.3 devo a um seminário comum com HEINZ-WOLFGANG KUHN no verão de 1989.

O Deuteronômio não menciona nessa passagem a condução do povo para fora do Egito como feito salvífico fundamental e como fundamentação da exigência de Deus ao povo, mas unicamente indica a singularidade de Javé, e liga a isso a exigência de dedicação exclusiva indivisa do ser humano a esse Deus. Essa também foi a exigência básica de Jesus: "Buscai em primeiro lugar o reino de Deus" (Mt 6.33). Disso resulta diretamente que a singularidade do Deus que vem para reinar exclui todas as considerações concorrentes. Disso, porém, segue, além disso, que, naqueles que se abrem a esse apelo, Deus já chega a reinar no presente[18]. Por isso a singular dinâmica própria do anúncio da *basiléia* de Jesus, de modo que o reino de Deus como diretamente iminente irrompe simultaneamente de sua futuridade já agora, está fundamentada na singularidade de Deus como o conteúdo desse futuro e deve ser entendida como efeito da pretensão de direito sobre a vida atual das criaturas que parte dessa pretensão.

O alcance desse estado de coisas para a compreensão da mensagem de Jesus dificilmente pode ser subestimado. Com isso não apenas as adivinhações sobre as supostas contradições entre afirmações sobre presente e futuro da proclamação de Jesus referentes à *basiléia* se tornam inócuas, mas revela-se, além disso, que para a compreensão da requisição do presente para o futuro de Deus não há necessidade do recurso a uma consciência de autoridade de Jesus supostamente inderivável. A transição do futuro para o presente resulta da própria causa, do conteúdo da pregação de Jesus, a saber, da requisição do presente dos ouvintes que parte da singularidade de Deus.

Da presença do reino de Deus no crente que se abre a sua vinda no sentido de Dt 6.4s. e já agora se subordina a sua pretensão, segue-se, em *segundo lugar*, que com ela o crente também já participa da salvação escatológica. Pois ter parte no reino de Deus, "entrar" em seu reino, é a suma da salvação escatológica. Assim como, de acordo com o juízo tanto de Jesus quanto de João Batista, o povo de Israel se havia tornado

---

[18] Cf. H. MERKLEIN, Die Einzigkeit Gottes als die sachliche Grundlage der Botschaft Jesu, *Jahrbuch für biblische Theologie 2*, 1987, pp. 13-32, esp. p, 24, Com razão MERKLEIN chama de estranho "o fato de que raras vezes se *pergunta pela possibilidade teológica* das afirmações escatológicas de Jesus referentes ao presente" (*ib.*). Essa pergunta é bloqueada pela naturalidade com que se costuma fazer referência nesse ponto à consciência de autoridade de Jesus.

um "coletivo da desgraça"[19], que não podia mais ter certeza da participação na salvação do reino de Deus (Mt 8.11s.), antes se encontrava sob a ameaça do juízo, do mesmo modo, por outro lado, também a salvação escatológica já é presente para os que já agora vivem na luz do reino de Deus, porque se abrem ao apelo de sua proximidade. Pelo fato de essa proximidade ser mediada pela mensagem de Jesus, o tempo de sua presença é tempo escatológico de alegria entre seus discípulos (Mc 2.19 par.). A participação na comunhão da ceia se torna a antecipação da ceia escatológica da alegria no reino de Deus[20].

Em *terceiro lugar*, o próprio Jesus viu no fato de que, em meio ao mundo que se encontra sob a ameaça do juízo divino, a certas pessoas é aberta a participação na salvação escatológica por meio da mensagem da proximidade do reino de Deus, a prova do amor de Deus que procura o perdido, que corresponde à bondade do Criador que deixa seu sol brilhar sobre bons e maus (Mt 5.45). Essa bondade do Criador se torna amor *salvífico* no envio de Jesus para o *anúncio* do reino de Deus próximo. É isso que mostra a parábola da procura do pastor pela ovelha perdida (Lc 15.4-7)[21]. O escopo dessa parábola encontra-se, do mesmo modo como nas parábolas da dracma perdida (Lc 15.8s.) e do filho perdido (Lc 15.1-32), na alegria de Deus ("no céu" Lc 15.7) pela salvação do perdido[22]. Nessa alegria encontra sua expressão o amor perdoador que chegou a seu alvo.

De acordo com a introdução de Lc 15.1-3, essas três parábolas explicam a dedicação de Jesus a aqueles que estão religiosamente (e por

---

[19] H. MERKLEIN, *Jesu Botschaft von der Gottesherrschaft*, 1983, pp. 35s., cf. p. 30.
[20] Vide referente a isso, *p.ex.*, as exposições resumidas em N. PERRIN, *Was lehrte Jesus wirklich? Rekonstruktion und Deutung* (1967), alemão 1972, pp. 112-119, esp. pp. 118s. [*O que Jesus ensinou realmente?* São Leopoldo: Sinodal, 1977].
[21] Sobre a referência da figura do pastor, por um lado, ao próprio Deus e, por outro, a Jesus, vide H. WEDER: *Die Gleichnisse Jesu als Metapher. Traditions- und redaktionsgeschichtliche Analysen und Interpretationen* (1978), 3ª ed., 1984, pp. 168ss. esp. pp. 174s. De modo mais decidido N. PERRIN, *loc. cit.*, pp. 111s. [*O que Jesus ensinou realmente*] referiu a figura do pastor a Jesus, ao excluir a referência ao próprio Deus.
[22] Na aplicação das parábolas, a salvação é caracterizada como *conversão* (Lc 15.7 e 10). Uma participação na salvação sem conversão não foi ensinada por Jesus. Mas sua mensagem não começou com a exigência da conversão, mas com a proximidade do reino de Deus, em cuja aceitação a salvação está presente, incluindo a conversão.

isso também socialmente) proscritos, aos "publicanos e pecadores", e sua inclusão em sua comunhão de mesa que garante a participação na salvação escatológica (Mc 2.15 par., cf. Mt 11.19). Pela dedicação aos "publicanos e pecadores" realmente se manifestou a natureza da participação na salvação efetivada por meio da mensagem de Jesus da proximidade do reino de Deus naqueles que a aceitaram: ela remonta ao próprio Deus e significa, em todo caso, salvação do perdido. Quem aceitar o anúncio do reino de Deus, esse já não é mais excluído, antes tem parte em sua salvação. Com a aceitação de Jesus e sua mensagem desaparece tudo que separa de Deus. Inversamente, com o afastamento da barreira que separa de Deus está ligada a presença da salvação. Por isso ao paralítico, que põe sua confiança em Jesus, pode ser anunciado o perdão dos pecados e com ele a salvação (Mc 2.5ss.). Na pesquisa foi contestado que as informações avulsas nos Evangelhos sobre o anúncio do perdão dos pecados por Jesus a determinados indivíduos remontam à atividade histórica de Jesus (cf. ainda Lc 7.47)[23]. Não se pode duvidar, porém, que a presença do reino de Deus e a participação em sua salvação encerra, em termos bem gerais, perdão dos pecados e superação de tudo que separa o ser humano de Deus[24]. A dedicação de Jesus aos "publicanos e pecadores" não deixa dúvidas a respeito: "A inclusão dos pecadores na comunidade salvífica realizada na comunhão de mesa é a expressão mais evidente da mensagem do salvífico amor de Deus"[25]. O amor de Deus que se manifesta na aproximação do reino de Deus como presença salvífica – e, portanto, justamente em sua mediação pela atividade de Jesus – abre, em *quarto lugar*, a compreensão para a interpretação de Jesus do direito divino conforme a tradição, melhor, para sua nova fundamentação na base de sua mensagem escatológica. Seu pensamento fundamental é: Quem se abre ao chamado para o reino de Deus, quem conta inteiramente com sua proximidade e nisso recebe a presença da salvação, esse também

---

[23] Quanto a isso, cf. H. LEROY in: *EWNT 1*, 1980, pp. 436-441. A contestação da autenticidade de Mc 2.5 e Lc 7.48 por R. BULTMANN (*Geschichte der synoptischen Tradition*, 4ª ed., 1958, pp. 12-14 encontrou amplo consentimento. Com vistas a Mc 2.5, também P. Fiedler, *Jesus und die Sünder*, 1976, pp. 110s. chega a um resultado negativo.

[24] Assim com razão JOACHIM JEREMIAS, Die Verkündigung Jesu (*Neutestamentliche Theologie 1*), 1971, pp. 115ss. [*Teologia do Novo Testamento*, pp. 176].

[25] JOACHIM JEREMIAS, *loc. cit.*, p. 117.

tem que deixar-se puxar para dentro do movimento do amor de Deus que, para além do receptor individual, se dirige ao mundo todo. Com Deus e seu reino se pode ter comunhão somente participando do movimento de seu amor.

Novamente Jesus expressou esse contexto em uma parábola, como, aliás, em geral suas parábolas explicam diferentes aspectos da mensagem da vinda do reino de Deus[26]. No presente caso trata-se da parábola do credor incompassivo (Mt 18.22-35): o perdão dos pecados recebido está condicionado à disposição do receptor de também por sua vez perdoar a outros. O mesmo pensamento também é expresso pela quinta prece do Pai-Nosso (Lc 11.4; cf. Mt 6.14). Em forma mais geral, ele se encontra na fundamentação do amor ao inimigo decorrente da bondade paterna do Criador (Mt 5.45s.; cf; Lc 5.35s.). Visto, pois, que comunhão com Deus no sentido do amor a Deus ordenado em Dt 6.4s. é possível somente com a participação pessoal ao movimento do amor de Deus ao mundo, por isso Jesus pôde ligar o mandamento do amor ao próximo (Lv 19.18) diretamente com o mandamento do amor a Deus como o mandamento supremo (Mc 12.31 par.).

O resumo do direito divino judaico nesses dois mandamentos também ocorre em testemunhos rabínicos e outros textos judaicos da

---

[26] Assim N. PERRIN, *loc. cit.*, pp. 87s. em oposição à compreensão apresentada por E. JÜNGEL, *Paulus und Jesus*, 3ª ed., 1967, pp. 135-174. de que as parábolas seriam diretamente a forma da irrupção do reino de Deus vindouro no presente dos ouvintes. Entrementes a compreensão de JÜNGEL foi levada adiante especialmente por H. WEDER, *Die Gleichnisse Jesu als Metaphern*. Traditions- und redaktionsgeschichtliche Analysen und Interpretationen, 1978. Se WEDER diz contra A. JÜLICHER e JOACHIM JEREMIAS que a "verdade de que tratam" as parábolas *não pode ser expressa senão figurativamente*" (3ª ed., 1984, p. 64), então se contrapõe a isso o fato de que Jesus evidentemente também falou de outro modo do reino de Deus do que na forma da parábola, mas que as parábolas já pressupõem essa outra forma do anúncio do reino de Deus. Ainda que nem todas as parábolas de Jesus tenham sua origem na defesa da mensagem da proximidade do reino de Deus contra seus críticos, elas podem, não obstante, ter explicado de outro modo determinados aspectos dessa mensagem, *p.ex.*, a alegria ligada a sua proximidade (N. PERRIN, *loc. cit.*, p. 88) referente a Mt 13.44-46, a necessidade de decisão (Lc 14.15-24; 16.1-13), a confiança em Deus (Lc 11.5ss.; 18.1ss.), da paciente espera pelo futuro de Deus (Mt 13), a resposta certa a seu chamado (Lc 10.30-37; Mt 18.23ss.; Lc 14.28s. e 31s.).

época de Jesus[27]. A explicação da vontade de Deus por Jesus não difere disso quanto ao conteúdo. Isso se comprova no breve diálogo com o escriba em Mc 12.32ss. Mas ela se diferencia na fundamentação, porque a exigência do amor ao semelhante no caso de Jesus não é fundamentada na autoridade da tradição, mas na bondade do Criador e no amor de Deus revelado na vinda da *basiléia*, da qual seres humanos podem participar somente se estiverem dispostos a corresponder a ele e a passá-lo adiante. O duplo mandamento do amor agora já não é mais meramente carcterização resumidativa do conteúdo principal do direito divino da tradição, um resumo que sempre já pressupõe a autoridade da tradição no todo e em todos os seus mandamentos individuais, antes ele se confronta autonomamente com a tradição como princípio crítico. Por isso Jesus pôde dizer ao escriba, que no fundo faz apenas – mas ao menos isso! – uma graduação dentro do que diz a tradição, a saber, perante o regime do sacrifício (Mc 12.33), tal como já estava fundamentada na tradição profética (1Sm 15.22; Os 6.6): "Tu não estás longe do reino de Deus" (Mc 12.34). Por isso Jesus pôde, por outro lado, contrapor ao teor da Lei de Moisés seu "eu, porém, vos digo" (Mt 5.22,28,32,34,44). No caso é de menor importância até que ponto as antíteses contradizem ao conteúdo da Lei em si e até que ponto apenas contradizem a uma tradição interpretativa. Decisivo é que já não é mais a autoridade da tradição que funciona como critério, porque em sua mensagem escatológica Jesus encontrou com a revelação do amor de Deus na irrupção de seu reino uma nova base para a interpretação do direito divino.

Com isso Jesus reivindicou, com efeito, para sua pessoa uma autoridade inaudita, também se seu comportamento, como estamos tentando mostrar aqui, pode ser entendido a partir do conteúdo de sua mensagem escatológica. Ao afirmar que em sua atuação o vindouro reino de Deus já se torna presente para a salvação daqueles que aceitam sua mensagem, ele não apenas se soube estar em concordância com Deus, mas justamente como mediador da irrupção do reino de Deus e de seu amor perdoador. Nessa consciência, ele não hesitou em contrapor-se livremente à tradição santificada pela revelação de Deus a Moisés, na confiança de que nisso agia em concordância com a vontade de Deus.

---

[27] Comprovantes em E. LOHMEYER, *Das Evangelium des Markus*, 11ª ed., 1952, pp. 259ss.

Não admira que com isso Jesus provocasse desgosto entre judeus piedosos e que com sua pessoa tenha se tornado objeto de veementes controvérsias entre seus seguidores e seus adversários.

b) A unidade de Jesus com o Pai como questão controvertida de sua história

Tão pouco como o aparecimento de Jesus e seu anúncio do reino de Deus pressupunham uma especial pretensão de autoridade para sua própria pessoa, tanto mais implicavam, não obstante, uma pretensão nesse sentido por causa da luz que caía sobre ele a partir do conteúdo de sua mensagem. Para isso Jesus não tinha necessidade de falar a respeito de si mesmo e de ligar sua própria pessoa com as concepções judaicas de expectativa escatológica. Seus adeptos devem ter feito isso, enquanto ele mesmo deve ter enfrentado tais identificações antes com reserva. Para essa reserva havia, como haveremos de ver, boas razões.

Dificilmente Jesus se terá identificado com a figura do Messias, já por causa das conotações políticas a isso associadas, que tinham que implicar um mal-entendido de sua missão e mensagem[28]. Ao que parece, Jesus já diferenciou o Filho do Homem, de modo semelhante como já o havia feito do Batista, como futuro juiz celestial, de sua própria atividade, embora Lc 12.8 e paralelos afirme uma correspondência do juízo futuro pelo Filho do Homem com o atual posicionamento dos homens perante a pessoa de Jesus e sua mensagem[29]. Também é pouco

---

[28] Opinião já defendida por O. CULLMANN, *Die Christologie des Neuen Testaments*, 1957, pp. 122ss. referente a Mc 8.27ss. Com maior ênfase ainda E. DINKLER (Petrusbekenntnis und Satanswort, in: Idem, *Signum Crucis*. Aufsätze zum Neuen Testament und zur christlichen Archäologie, 1967, pp. 283-312, esp. pp. 286ss.) descreveu a rejeição da identificação com o Messias por parte de Jesus. Também JOACHIM JEREMIAS (Die Verkündigung Jesu. *Neutestamentliche Theologie I*, 2ª ed., 1973, pp. 261s.) [*Teologia do Novo Testamento – A Pregação de Jesus*, p. 415] acentua a rejeição da expectativa messiânica política por parte de Jesus e refere a isso inclusive a tradição de uma tentação de Jesus no deserto (pp. 76s.). A opinião expressa no texto se aproxima da opinião de H. MERKLEIN, *Jesu Botschaft von der Gottesherrschaft. Eine Skizze*, 1983, pp. 146s.

[29] Cf. do Autor, *Grundzüge der Christologie*, 1964, pp. 53ss., bem como H. MERKLEIN, *loc. cit.*, pp. 152ss, 158ss. Sobre a referência do anúncio do juiz escatológico por João Batista (Lc 3.16s) à figura do Filho do Homem, cf. J. BECKER, *Johannes der Taüfer und Jesus von Nazareth*, 1872, pp. 35ss.

provável que Jesus se tenha compreendido como o servo de Deus no sentido de Dêutero-Isaías[30]. No entanto, sua mensagem da proximidade do reino de Deus acabou envolvendo, quer o quisesse, quer não, obrigatoriamente sua própria pessoa. Isso resultou especialmente da afirmação de que a salvação escatológica já irromperia no presente para aquele que aceitasse a mensagem de Jesus. Pois com isso apresentou-se como o mediador da salvação do reino de Deus. Com isso a figura de Jesus entrou numa luz ambígua: Podia um ser humano apresentar-se como o lugar da presença de Deus? Não era isso sinal de falta de toda humildade tolerada pelo Deus de Israel? A atuação de Jesus tinha que tornar-se suspeita de que ele mesmo arrogava para si a autoridade que, na verdade, caía sobre ele somente como reflexo de sua pregação de Deus.

Aqui se evidencia o quanto é importante que na compreensão da pregação de Jesus não se parta de uma pretensa "pretensão de autoridade", mas do conteúdo de sua mensagem. Quem considera a consciência de autoridade de Jesus como a verdadeira raiz de sua mensagem e de sua apresentação, esse, no fundo compartilha da opinião que levou à rejeição de Jesus por seus adversários. Na controvérsia sobre a figura de Jesus é de importância decisiva que ele justamente não colocou sua pessoa no centro, e sim a Deus, a proximidade de seu reino e seu amor paternal. Por causa do conteúdo da mensagem de Jesus era inevitável que sua própria pessoa aparecesse como portador da salvação e se tornasse motivo para uma decisão escatológica. Jesus assumiu o risco. No entanto, existem indícios de que ele mesmo tinha consciência da ambiguidade com isso associada, como se arrogasse para sua pessoa uma posição que a fé judaica podia sentir como blasfêmia. Jesus parece ter tentado reagir contra essa ambiguidade, fugindo da identificação com as figuras da esperança escatológica de Israel, especialmente com a do Messias. No entanto, não pôde evitar a ambiguidade sem renunciar a

---

[30] Assim JOACHIM JEREMIAS, *Die Verkündigung Jesu*, 2ª ed., 1973, pp. 62 e 272ss. [*Teologia do Novo Testamento*]. JEREMIAS não afirmou que Jesus se tenha identificado como o servo de Deus de Dêutero-Isaías como título. Antes supôs que Jesus, apesar de falar do Filho do Homem na terceira pessoa (pp. 253ss.), tinha a consciência de si mesmo como o futuro Filho do Homem, por que sua "pretensão de cumprimento" teria excluído a possibilidade "de que fora dele ainda vem outro" (p. 263). Com resultado semelhante, cf. também O. CULLMANN, *loc. cit.*, pp. 162ss.

sua mensagem da proximidade do reino de Deus que irrompe já no presente nos que a aceitam.

A ambiguidade que envolve a apresentação de Jesus torna compreensível a rejeição que encontrou, o motivo de "escândalo" em sua pessoa. De acordo com a apresentação do Evangelho de Marcos, ele se acendeu especialmente na comunhão de mesa de Jesus com "publicanos e pecadores" (Mc 2.16) e no anúncio do perdão dos pecados (Mc 2.5ss.) como expressão da presença da salvação do reino de Deus. Em ambos os casos está implícito que com ele e por meio dele o futuro do reino de Deus já é presente, e primeiro isso torna plenamente compreensível a acusação da blasfêmia (Mc 2.7) por causa de arrogada igualdade com Deus. Por causa dessa ambiguidade que acompanhava sua atividade, Jesus pôde chamar de bem-aventurados, de acordo com a fonte dos ditos, aqueles que não encontravam nele motivo de escândalo (Mt 11.6 = Lc 7.23): o escândalo quase se impunha. Com isso também deve estar ligado o fato de que, segundo o Evangelho de Marcos, Jesus proibia a divulgação da notícia de seus feitos e a glorificação de sua pessoa (Mc 1.43s.; 3.11s.; 5.43; 7.36; 8.27ss.). A partir de WILLIAM WREDE essas informações foram atribuídas à apresentação do evangelista e consideradas como expressão de uma teoria do mistério messiânico que o saber pós-pascal da comunidade a respeito da sublimidade de Jesus teria retroprojetado na tradição de sua apresentação terrena ainda sem o cunho messiânico[31]. No entanto, Marcos relata justamente a respeito da sensação que a atividade de Jesus provocou e na qual se podia reconhecer perfeitamente a consciência pós-pascal da filialidade divina de Jesus. Talvez as informações do evangelista por fim preservam resquícios do saber de que Jesus tinha consciência da ambuiguidade na qual se encontrava por meio de sua mensagem e procurou reagir contra ela.

Esse tema desempenha papel importante especialmente no Evangelho de João. De acordo com a descrição do evangelista, reiteradas vezes Jesus teve que defender-se da acusação de igualar a si mesmo a Deus. Segundo Jo 5.17s., essa acusação surgiu em face da intimidade com que Jesus falava de Deus como seu Pai. Jo 8.52s. reflete a indignação pelo fato de Jesus elevar-se acima da autoridade dos pais de Israel

---

[31] W. WREDE, *Das Messiasgeheimnis in den Evangelien* (1901), 3ª ed., 1963, pp. 62ss., 224ss.

com sua mensagem escatológica: "Que fazes de ti mesmo?" (Jo 8.53) foi a pergunta que teve que ouvir, e atrás dela encontrava-se a suspeita de que ele poderia ser um "sedutor do povo" (Jo 7.12). Segundo a descrição do evangelista, Jesus contrapôs a isso que ele não teria sua doutrina a partir dele mesmo (Jo 7.16) e que não procurava a grandeza própria, mas a grandeza de Deus (Jo 7.18). Isso corresponde inteiramente ao estado de coisas que resulta da tradição sinótica. De acordo com Jo 8.13, não obstante, Jesus foi acusado de que testemunharia de si mesmo e que por isso seu testemunho não seria verdadeiro. Isso corresponde, por sua vez, à situação perceptível nos evangelhos sinóticos da pregação de Jesus acerca da proximidade do reino de Deus, porque sua irrupção presente em ligação com sua aparição fazia dele o mediador da presença da salvação. Por isso também, de acordo com o Evangelho de João, Jesus não pôde simplesmente rebater essa acusação. Apenas podia invocar o fato de não estar sozinho com seu testemunho e que ainda outro, o Pai, haveria de testemunhar a seu favor (Jo 8.16ss. cf. 8.50, bem como 5.32; 14.24).

A apresentação de Jesus implicava, pois, uma pretensão que, em face da controvérsia por ela desencadeada, necessitava de uma confirmação divina. Já o tema básico da mensagem de Jesus, o anúncio da iminente irrupção do reino de Deus, dependia de uma confirmação pela ocorrência do acontecimento anunciado. Até aí, a mensagem de Jesus encontrava-se na mesma situação de todo discurso profético que se apresentava em nome de Deus (Dt 8.21s.; cf. Jr 28.9). Por meio da afirmação de que com a aceitação de sua mensagem o futuro reino de Deus já irromperia no presente para os crentes, a necessidade de uma confirmação divina se tornou ainda mais urgente. Isso já se expressa no fato de Jesus recorrer ao juízo vindouro que justificaria os que lhe seguem e que, desse modo, confirmaria sua mensagem (Lc 12.8s. par.)[32]. De semelhante modo Jesus apelou em Jerusalém, perante seus juízes judaicos, ao Filho do Homem vindouro e seu juízo (Lc 22.69)[33]. Diante

---

[32] Sobre a autenticidade das palavras de Jesus que falam do juízo vindouro do Filho do Homem na terceira pessoa, vide do Autor, *Grundzüge der Christologie*, 1964, pp. 53ss.

[33] Com isso, de acordo com Lucas, Jesus esquivou-se da pergunta do sumo sacerdote se ele seria o Messias. Somente na versão de Marcos (Mc 14.62) essa pergunta é respondida expressamente com uma confissão ("eu sou"), e também a posterior referência ao juízo do Filho do Homem pode ser entendida na

da acusação de que Jesus se arrogaria uma autoridade que compete somente ao próprio Deus, Jesus apela por fim à vinda do Filho do Homem ou, como o apresenta o Evangelho de João, ao testemunho do Pai a seu favor. A comunidade que vinha do evento pascal então também compreendeu o ressuscitamento de Jesus como a confirmação divina da missão do Crucificado. No caminho da missão terrena, porém, essa confirmação não ocorreu. Ela decerto poderia ter consistido somente na ocorrência dos acontecimentos finais anunciados. A referência de Jesus aos feitos que acompanharam sua mensagem (Mt 11.5s., Lc 11.20) não pôde fornecer essa confirmação inequivocamente: por isso a bem-aventurança prometida para aqueles que não encontram nele motivo de escândalo (Mt 11.6)[34]. A afirmação da unidade com o Pai, tal como ocorre explicitamente no Evangelho de João e como está implicitamente contida na afirmação da irrupção já presente do reino de Deus entre os que crêem em sua mensagem, foi respondida, de acordo com o testemunho do Evangelho de João bem como segundo Mc 2.7, com a acusação de blasfêmia (Jo 10.3. cf. 19.7).

A suposição da necessidade de uma confirmação da pretensão de autoridade implícita na mensagem de Jesus deparou-se,

---

intenção desse evangelista como identificação de Jesus com o Filho do Homem. A versão em Lucas, porém, refere-se antes no sentido de Lc 12.8s. ao juízo do Filho do Homem como a instância que confirma a aparição de Jesus, mas justamente por isso distinta dele. Na literatura exegética, essa referência ao juízo do Filho do Homem está sendo singularmente entendida sem mais nem menos no sentido de uma identificação de Jesus com o Filho do Homem (*p.ex.*, A. STROBEL, *Die Stunde der Wahrheit*, 1980, pp. 75s.; diferente, porém, já O. CULLMANN, *Die Christologie des Neuen Testaments,* 1956, pp. 118ss.; cf. tb. E. P. SANDERS, *Jesus and Judaism*, 1985, p. 297). A reação do sumo sacerdote, de acordo com Mc 14.53s., podia sugerir tal compreensão da palavra de Jesus. Mas ela também poderia basear-se no fato de que a palavra de ameaça profética de Jesus com o anúncio do juízo celestial sobre seus juízes terrenos podia parecer como desprezo do tribunal judaico no sentido de Dt 17.12: em todo caso não se precisa tirar conclusões retroativas dessa reação à intenção de Jesus caso a palavra do Filho do Homem seja autêntica.

[34] Quanto a isso, cf. mais exatamente do Autor, *Grundzüge der Christologie*, 1964, pp. 58ss., também referente à exigência de um sinal por parte dos adversários de Jesus Mc 8.12 par. (pp. 59s.). Referente à recusa da exigência de um sinal como desvio da exigência de decisão ligada ao anúncio da proximidade do reino de Deus, cf. vol. I, pp. 275s.

em 1964, com toda sorte de mal-entendidos, quando se confrontou com a afirmação, então dominante, que não admitia qualquer pedido de informação por auto-identificação da pretensão de Jesus.³⁵ Especialmente grotesca foi a suspeita de que com isso se depreciaria a importância central da crucificação de Jesus para a compreensão cristã de sua pessoa e de sua história, porque se considerava a ressurreição de Jesus como a confirmação de sua pretensão de autoridade e não de sua crucificação³⁶: em primeiro lugar, o ressuscitamento já pressupõe sua morte. Trata-se do ressuscitamento do Crucificado. Em segundo lugar, porém, e especialmente a pretensão de autoridade para sua pessoa ligada com a mensagem de Jesus e que segue de seu conteúdo justamente não levou inicialmente a sua confirmação, mas à rejeição de Jesus como sedutor do povo e com isso, em última consequência, a sua crucificação³⁷. A abertura da pergunta por uma comprovação da inaudita pretensão para sua própria pessoa, que a apresentação e atuação de Jesus implicavam, é importante para a cristologia porque a ambuiguidade a ligada a isso mostra a rejeição que sofreu e com isso sua paixão até a cruz como um destino ligado essencialmente a sua missão e não apenas acidental. Por meio disso a teologia da cruz é ligada com a missão terrena de Jesus para o anúncio do reino de Deus. É um dos méritos de ALBRECHT RITSCHL ter encaminhado por sua interpretação da paixão de Jesus como manifestação de sua "fidelidade vocacional" o conhecimento desse estado de coisas³⁸. De acordo com isso, Jesus assumiu sua paixão por amor de sua missão para o anúncio do reino de Deus. Com isso se conseguiu uma base exegético-histórica mais ampla para a *theologia crucis* em contraste com o enfoque isolado da morte de Jesus na cruz especialmente sob a influência da dominante doutrina da satisfação.

---

³⁵ *Grundzüge der Christologie*, 1964, pp. 47-61.
³⁶ B. KLAPPERT, *Die Auferweckung des Gekreuzigten. Der Ansatz der Christologie Karl Barths im Zusammenhang der Christologie der Gegenwart*, 1971, pp. 54ss., esp. pp. 56s. De modo semelhante naquela ocasião também J. MOLTMANN, *Der gekreuzigte Gott*, 1972, p. 163. Ocupei-me com essa crítica de modo mais detalhado no posfácio à 5ª edição de *Grundzüge der Christologie* (1976), pp. 419s.
³⁷ Cf. *Grundzüge der Christologie*, 1964, pp. 257ss.
³⁸ A. RITSCHL, *Rechtfertigung und Versöhnung III*, 3ª ed., 1889, pp. 417-426 (§ 48), esp. pp. 422ss. Os primeiros indícios que apontam nesse sentido já se encontram em F. SCHLEIERMACHER, *Der christliche Glaube*, 2ª ed., 1830, § 101.4. Referente a RITSCHL, cf. G. WENZ, *Geschichte der Versöhnungslehre in der evangelischen Theologie der Neuzeit 2*, 1986, pp. 101ss.

RITSCHL, no entanto, ainda não elaborou o nexo interior do escândalo provocado pela apresentação de Jesus com a ambuiguidade da pretensão de autoridade para sua pessoa. Primeiro por meio desse nexo interior, o caminho da paixão de Jesus perde a aparência de acidentalidade e se torna reconhecível como parte essencial de sua missão divina[39]. Esse é o ponto de partida para a pergunta pelo significado salvífico da morte de Jesus, da qual trataremos no próximo capítulo.

Quem não entendeu a declaração de Jesus acerca de uma irrupção já presente do futuro salvífico do reino de Deus como consequência de sua proximidade anunciada e da resposta da fé a ela, antes fixava o olhar no ser humano que externava tal pretensão, esse, evidentemente, com muita facilidade podia obter a impressão de uma presunção inaudita. Isso explica não apenas a rejeição de Jesus por parte de seu auditório, mas certamente também constitui o pano de fundo para seu aprisionamento pela autoridade judaica de Jerusalém e para sua entrega aos romanos para ser sentenciado como agitador político. Há a necessidade de diferenciar entre esse pano de fundo dos acontecimentos em Jerusalém e o motivo direto do procedimento contra ele. No que tange a este, muitos fatores levam a supor como motivo imediato para a prisão de Jesus pelas autoridades judaicas[40] uma palavra profética de ameaça de Jesus contra o templo com o anúncio de sua destruição (Mc 13.2 cf. 14.58 e Jo 2.19) talvez em conexão com Jr 7.11-14 e 26.6, ligada a um ato simbólico correspondente no templo[41].

A descrição dos Evangelhos, segundo a qual não apenas romanos, mas também instâncias judaicas participaram dos acontecimentos que levaram à execução de Jesus não deveria ser posta em dúvida em princípio e rejeitada como construção não-

---

[39] Quanto a isso, vide do Autor, A Theology of the Cross, in: *Word and World.* Theology for Christian Ministry 8, 1988, pp. 162-172.
[40] Jo 2.13-22 poderia ter preservado melhor o nexo original do que os Evangelhos sinóticos, que separaram a chamada purificação do templo (Mc 11.15-18 par.) da profecia sobre a destruição do templo (Mc 13.2 par.).
[41] Assim com fundamentação detalhada E. P. SANDERS, *Jesus and Judaism*, 1985, pp. 61-90 e pp. 301-305, 334s. SANDERS interpreta a derrubada das mesas dos cambistas no átrio do templo como ato simbólico que anuncia sua destruição (esp. pp. 69ss.). Cf. tb. W. H. KELBER, *The Passion in Mark*, 1976, pp. 168ss.

histórica dos evangelistas, embora seus relatos sobre o processo contra Jesus perante o sinédrio e sobre os interrogatórios que o precederam não sejam uniformes. Em 1931, Hans Lietzmann, em uma palestra acadêmica de muita repercussão, que se concentrou em Mc 14 como "única fonte primária" do evento[42], manifestou dúvidas sobre a descrição de Marcos de uma sessão noturna do sinédrio (Mc 14.55-65). Suas observações levaram-nos a concluir que havia ocorrido tão-somente a breve deliberação do sinédrio na madrugada depois da prisão de Jesus, relatada em Mc 15.1, mas não um processo judicial formal, e depois dessa reunião Jesus teria sido entregue ao procurador[43]. À crítica de Lietzmann ao relato de Marcos, sobretudo, com vistas aos desvios da ordem processual judaica nele constatáveis, mas também com vistas ao fato de ser inverossímil uma condenação formal de Jesus por causa de uma pretensão da dignidade messiânica (Mc 14.61s.), seguiram-se muitos estudos posteriores sobre o processo de Jesus, entre eles também o influente livro de Paul Winter *On the Trial of Jesus*, de 1961. Winter já foi além da crítica de Lietzmann com a suposição de que Jesus nem foi entregue aos romanos por causa de sua doutrina, mas por causa dos distúrbios por ele causados entre o povo (*loc. cit.*, p. 135, cf. 146), porque as lideranças judaicas temiam represálias por parte das forças de ocupação contra todo o povo (*loc. cit.*, p 41, cf. Jo 11.50). Muito além ainda vai a suposição baseada em Jo 18.3 e 12 de que inclusive a iniciativa da prisão de Jesus poderia ter partido dos romanos e não dos judeus[44]. A suposição de que um processo contra Jesus poderia ter partido do próprio procurador, todavia, dificilmente poderia ser conciliada com a descrição de João do processo contra Jesus[45]. A menção da participação romana no aprisionamento de Jesus não deixa de ter relevância para a formação de um juízo histórico. Se, porém, o aprisionamento de Jesus tivesse ocorrido por iniciativa dos romanos, seria de difícil entendimento a intervenção da polícia templária judaica. Por isso o caso inverso é mais provável, de que a polícia do templo, para prevenir uma eventual resistência, garantiu o apoio romano.

---

[42] H. Lietzmann, Der Prozess Jesu, in: Idem, *Kleine Schriften II. Studien zum Neuen Testament*, editado por K. Aland, 1958, pp. 251-263, citação p. 251.
[43] H. Lietzmann, *loc. cit.*, p. 260, cf. p. 254ss.
[44] Assim, baseando-se em H. Conzelmann, P. Lapide, *Wer war schuld an Jesu Tod?* 1987, pp. 53s.
[45] R. E. Brown, *The Gospel According to John XIII-XXI*, 1970, pp. 815s.

A tradição da negação de Pedro, raras vezes posta em dúvida quanto a sua credibilidade, garante a notícia de um interrogatório noturno de Jesus no palácio do sumo sacerdote[46]. A afirmação de Marcos de que houve uma audiência formal do sinédrio já durante a noite no palácio do sumo sacerdote (Mc 14.55), porém, não pode ser sustentada como histórica[47]. Diferente é a situação da notícia de uma sessão do sinédrio na manhã seguinte. Ela não é referida apenas por Mc 15.1, e, sim, também por Lc 22.66[48]. Se daí resultou uma condenação formal de Jesus, conforme afirma Mc 14.64, ou se Jesus, depois da ameaça a seus juízes com o iminente juízo do Filho do Homem (Lc 22.69 par.), que pode ser entendida como identificação de Jesus com este Filho do Homem[49], foi entregue às autoridades romanas sem ter sido condenado formalmente, mas suficientemente suspeito, como o sugere o relato de Lucas (Lc 22.71), é algo que certamente não pode mais ser decidido[50].

---

[46] Vide A. STROBEL, *Die Stunde der Wahrheit.* Untersuchungen zum Strafverfahren gegen Jesus, 1980, pp. 7ss.

[47] Contra isso já H. LIETZMANN, *loc. cit.*, pp. 254ss., com o qual também concorda neste ponto A. STROBEL (*loc. cit.*, pp. 16s., bem como já na p. 12). Cf. tb. D. CATCHPOLE, *The Trial of Jesus.* A Study in the Gospels and Jewish Historiography from 1770 to the Present Day, 1971, pp. 186-192 referente a Lc 22.66. Divergindo, *p.ex.*, R. PESCH, *Das Markusevangelium 2*, 2ª ed., 1980, pp. 416ss.

[48] Embora João mencione uma audiência por Anás, relatada exclusivamente por ele (Jo 18.19-24) e não mencione expressamente uma sessão do sinédrio, anota, não obstante, brevemente um encaminhamento de Jesus a Caifás (Jo 18.24) antes da entrega por este a Pilatos (Jo 18.28). Essas informações de modo algum excluem a sessão matutina do sinédrio, relatada unanimemente pelos sinóticos. Rejeitá-la apenas com base no silêncio de João a respeito dificilmente poderia ser justificado. Incorreta também é aqui a descrição de P. LAPIDE, segundo a qual tanto João quanto Lucas (os "dois") conhecem apenas uma "audiência", mas "nada de um processo judaico" (*loc. cit.*, pp. 61s.). A isso se contrapõe Lc 22.66.

[49] Contra a suposição de que o próprio Jesus se tenha manifestado nesse sentido, vide *acima* pp. 474s. Tb. Lc 22.70 apenas constata que os outros dizem que Jesus seria o Filho de Deus.

[50] Outra é a opinião de A. STROBEL, *loc. cit.*, pp. 76ss., que defende o relato de Marcos – excetuando a informação de uma sessão do sinédrio que já teria sido realizada na noite – como historicamente fidedigno, e que desarma as informações contrárias aduzidas de uma jurisdição de sangue do sinédrio (competente no caso de uma condenação de Jesus) (pp. 18ss.), bem como de uma incompatibilidade do relato de Marcos com o direito processual judaico (pp. 46ss.) por meio de argumentos detalhados. A argumentação de STROBEL pode ser aceita em grande parte, também contra a suposição de J. BLINZLER, *Der Prozess Jesu*, 4ª ed., 1969,

A favor de uma interrupção do processo fala o fato de que a autoconfissão messiânica, que se poderia ter deduzido das palavras de Jesus, possibilitava sua entrega a Pilatos sob a suspeita de agitação política também sem sentença formal judaica, enquanto a ofensa do tribunal contida na ameaça com o juízo do Filho do Homem (Lc 22.69) também deve ter sido suficiente para uma sentença de morte judaica de acordo com Dt 17.12, também sem a identificação de Jesus com o Filho do Homem[51], mas que dificilmente podia ser apresentada aos romanos como delito digno de morte.

Em todo caso, a ameaça da destruição do templo que, juntamente com o ato simbólico no templo, deve ter motivado a prisão de Jesus, não deve ter constituído a razão de sua condenação (cf. Mc 14.55-61). Uma palavra de ameaça profética afinal ainda não é um ataque efetivo contra o templo, tal como, de acordo com o relato do Evangelho de Marcos, "falsas testemunhas" a usaram como sendo a intenção de Jesus (Mc 14.58; cf. 15.28). Com isso também dificilmente se poderia conseguir uma condenação por parte dos romanos. Para tanto era necessária uma declaração de Jesus que podia ser interpretada no sentido de uma ambição messiânica, tal como aparentemente foi deduzida da palavra de ameaça sobre o juízo do Filho do Homem (Mc 14.62 par.).

---

segundo o qual o processo contra Jesus se teria baseado em um direito penal e processual especificamente saduceu (*loc. cit.*, pp. 48ss.). De acordo com STROBEL, tais diferenças no processo por causa de um "delito" religioso "específico" eram irrelevantes. O fato de se ter acusado a Jesus de ser um "sedutor do povo" que dissuade o povo da revelação divina conforme a tradição, também eu já considero como plausível em vista de Jo 7.12. Não obstante, não posso aceitar a tese de uma sentença de culpa formal pelo sinédrio no sentido do relato de Marcos (cf. STROBEL, pp. 71ss.), porque o relato de Lucas (22.71) sugere a suposição de uma interrupção do processo sem sentença. Cf. tb. H. W. KUHN, Kreuz II, in: *TRE* 19, 1990, 713-725, esp. 719.

[51] Cf. R. PESCH, *Das Markusevangelium 2*, 1977, pp. 537s. Em STROBEL, *loc. cit.*, pp. 92s. não se faz distinção entre a ofensa do tribunal pela ameaça com o Filho do Homem e a pergunta de uma identificação de Jesus com ele. Dt 17.12 teria sido, segundo J. BOWKER, *Jesus and the Pharisees*, 1973, pp. 46ss., a base para a condenação de Jesus (enquanto J. BLINZLER havia tomado a proibição da blasfêmia de Ex 22.28 como norma jurídica competente, cf. *LThK 4*, 1960, pp. 1118). Também segue à opinião de BOWLER E. SCHILLEBEECKX, *Jesus. Die Geschichte von einem Lebenden*, 1975, pp. 277ss. SCHILLEBEECKX, no entanto, presume que o inquérito contra Jesus terminou sem condenação formal (pp. 279ss.).

Assim, pois, essa palavra se teria tornado decisiva em sentido duplo para o desfecho do processo de Jesus: perante seus juízes judaicos como expressão de uma presunção insuportável, que de qualquer forma era a fama de Jesus e que agora se manifestava na ameaça da corte suprema de seu povo com o juízo celestial do Filho do Homem; simultaneamente, porém, pelo fato de fornecer o pretexto para a entrega de Jesus a Pilatos com uma acusação que não era digna de morte segundo o direito judaico, mas somente segundo o direito romano.

O interesse teológico nesses fatos independe da pergunta se e até que ponto se deve imputar aos representantes oficiais do povo judaico de então culpa pessoal pela morte de Jesus. Culpa pessoal existiria somente se tivessem participado de um assassinato jurídico por inveja a Jesus. Mas é perfeitamente possível que agiram de boa fé ao verem em Jesus um "sedutor do povo" (Jo 7.12), um sedutor à apostasia do Deus de Israel no sentido de Dt 13.5s.[52]. Muito menos ainda se pode falar de de culpa do povo judeu como um todo na morte de Jesus, apesar de Mt 27.25. Da multidão, em conexão com a discussão sobre a libertação de um condenado, pode ter vindo esse terrível auto-amaldiçoamento: teria Deus de fato imputado isso à multidão e, além disso, ao povo inteiro? Na verdade, Jesus anunciou a destruição do templo e, segundo Lc 19.41-44, caso se trate de uma palavra autêntica de Jesus, também o sítio e a destruição de Jerusalém como juízo de Deus sobre seu povo (cf. Lc 13.34s.). A primeira cristandade viu essa profecia cumprida na catástrofe do ano 70, portanto no sítio e na destruição de Jerusalém por Tito. No entanto, a razão para essa ameaça de juízo foi a negação da conversão de Israel a seu Deus, para a qual Jesus havia conclamado e não o destino de morte iminente para ele pessoalmente, por mais que isso deva ser visto em conexão com a rejeição de sua mensagem. Se consta no Evangelho de João que "os judeus" procuravam matar a Jesus (Jo 8.40), porque sua palavra não encontrava espaço entre eles (Jo 8.37), trata-se aí de uma situação que condiz em medida ainda bem

---

[52] É essa a intenção da argumentação de A. STROBEL, *loc. cit.*, pp. 81-92. As razões por ele aduzidas permanecem válidas também se essa acusação não se tornou base de uma condenação formal de Jesus por parte do sinédrio. A ciência dessa acusação decisiva feita contra Jesus foi preservada ainda por JUSTINO, *dial* 69,7 e 108,1.

maior com o mundo dos povos e em especial com a humanidade secularizada dos tempos modernos, inclusive com uma cristandade secularizada; pois a razão para a rejeição da mensagem de Jesus a respeito da pretensão de Deus sobre o ser humano é, segundo Jo 8.34ss., o orgulho que os seres humanos têm de sua liberdade natural, que alienou o ser humano moderno de modo bem mais profundo em relação a Deus sob o pretexto de uma compreensão da liberdade por direito natural do que os judeus do tempo de Jesus em sua consciência de serem descendentes de Abraão nascidos livres. A Igreja não chorou com Jesus sobre Jerusalém depois do ano 70 em face do juízo de Deus sobre Israel. Ela perdeu a oportunidade de sujeitar-se com o povo judaico sob o juízo de Deus que também lhe dizia respeito, e, em vez disso, em falsa autojustiça, considerou apenas o povo judeu como merecedor do juízo de Deus por causa da morte de Jesus. Concomitantemente, pôde-se esquecer que o próprio Jesus esperava uma restauração de Israel por meio do juízo[53], e que também de acordo com Paulo o Deus de Israel permanece fiel à eleição de seu povo, apesar de ter rejeitado a Jesus (Rm 11.1, cf. 11), todavia na expectativa de que todo o Israel por fim chegará ao conhecimento do agir de Deus nele no envio de Jesus (cf. Rm 4.26). O ressuscitamento de Jesus pelo Deus de Israel não apenas anula a acusação de Jesus como sedutor do povo; ela também é expressão da fidelidade de Deus à eleição de seu povo. De acordo com Paulo, a cruz é o fim da Lei (Rm 10.4; cf. Gl 3.13) não, porém, o fim da eleição de Israel[54]. Uma imputação do assassinato de Deus contra o povo judeu, baseada em afirmações como Mt 27.28, como selo de sua rejeição de-

---

[53] E. P. SANDERS, *Jesus and Judaism*, 1985, enquadra no contexto dessa expectativa a palavra e o ato simbólico de Jesus contra o templo (pp. 61-119, 335ss.).

[54] Essa distinção tornou-se decisiva para a correção de minha própria opinião. orientada pela doutrina paulina de Jesus Cristo como o fim da Lei, do ano de 1964, de que a cruz de Jesus significaria para o cristão também o fim do judaísmo como religião (*Grundzüge der Christologie*, 1964, p. 261; cf. o posfácio para a 5ª ed., p. 420, bem como *Das Glaubensbekenntnis – ausgelegt und verantwortet vor den Fragen der Gegenwart*, 1972, p. 92). Em 1964 ainda compreendia o conceito da religião judaica de modo pouco diferenciado como religião da Lei, que, de acordo com Paulo, chegou ao fim por meio da cruz de Jesus, em vez de entender a essência da fé judaica no sentido da proclamação do próprio Jesus a partir da fé no Deus de Israel – e, em caso de necessidade, também contra sua tradição da Lei.

finitiva por Deus nunca deveria ter existido, e hoje as Igrejas cristãs com razão se distanciaram desse pensamento[55], infelizmente muito tarde, mas com a expressão da vergonha sobre a longa e dolorosa história de relações dos cristãos com o povo judeu, envenenadas por essa acusação.

O interesse teológico nas relações entre o escândalo provocado em muitos membros de seu povo pelo aparecimento de Jesus e os acontecimentos que levaram a sua condenação e crucificação encontra-se em outro plano: Aí não interessa a constatação de culpa judaica na morte de Jesus, mas o agir de Deus no caminho da paixão de Jesus. Para isso é essencial que o escândalo na mensagem e atitude de Jesus não surgiu por acaso, mas em virtude da ambuiguidade na qual entrou a pessoa de Jesus por meio dessa sua mensagem. O nexo entre a morte de Jesus na cruz e as consequências daquele escândalo constitui a base para as afirmações cristãs de fé sobre o significado salvífico da cruz. Se a morte na cruz tivesse sido um acontecimento que o atinge exteriormente e sem ligação com sua mensagem e sua atuação, ela seria teologicamente sem significado, consequência de lamentável engano por parte dos romanos, que consideraram a Jesus como um agitador político. Se, porém, existe uma relação entre a ambuiguidade referente a sua própria pessoa fundamentada na mensagem de Jesus e a rejeição daí resultante, a prisão e entrega a Pilatos para sentenciá-lo como agitador, então todas essas consequências remontam ao envio divino de Jesus e com isso, em última análise, ao próprio Deus. Se escândalo e cruz foram as consequências (preliminares) da pretensão que a mensagem de Jesus implicava referente a sua pessoa, então justamente a presença de Deus nele (como simples ser humano) levou-o à cruz e o conduziu para a situação do abandono de Deus. Isso vale justamente também quando a ciência de Jesus acerca da presença de Deus em sua atuação não era mera ilusão. A ambuiguidade ligada a isso pôde ser afastada primeiramente pelo ressuscitamento do Crucificado.

---

[55] Em primeiro lugar deve ser mencionada a declaração do Concílio Vaticano II *Nostra Aetate 4*, de 1965. Vide no mais a coletânea *Die Kirchen und das Judentum. Dokumente von 1945-1985*, ed. por R. RENDTORFF e H. HENRIX, 1988. Cf. também o relatório de R. RENDTORFF, *Hat denn Gott sein Volk verstossen? Die evangelische Kirche und das Judentum seit 1945. Ein Kommentar*, 1989.

c) *A justificação de Jesus pelo Pai em seu ressuscitamento dentre os mortos*

O ressuscitamento de Jesus dentre os mortos, que, pelas aparições do Ressurreto, se tornou uma certeza para seus discípulos, mas também para seu perseguidor Saulo, constitui a origem da pregação apostólica a respeito de Cristo e com isso também se tornou o ponto de partida da história da cristologia cristã-primitiva. Sem o ressuscitamento de Jesus não teria existido nem a mensagem missionária dos apóstolos nem uma cristologia referente à pessoa de Jesus. Sem esse acontecimento, a fé dos cristãos seria vã, como Paulo escreve aos coríntios (1Cor 15.17). Isso não quer dizer que essa fé se baseia meramente na notícia do ressuscitamento de Jesus. Nesse acontecimento não se trata apenas do aparecimento de uma vida nova e eterna. Não é indiferente para a fé cristã quem era esse que aqui foi ressuscitado dentre os mortos, a saber, o Crucificado (Mc 16.6; cf. At 4.10 e 2.36, bem como 1Cor 1.13). Também não se trata de qualquer crucificado, mas do crucificado Jesus de Nazaré. Com isso a fé pascal cristã permanece ligada para todos os tempos à história terrena de Jesus de Nazaré, que anunciou a seu povo a proximidade do reino de Deus e que foi rejeitado por seus adversários e entregue aos romanos para ser executado, mas que foi ressuscitado por Deus e com isso instituído simultaneamente como Messias (At 2.23s. e 36; cf. Rm 1.4). O ressuscitamento de Jesus é a razão da fé cristã, não como acontecimento isolado, mas em sua referência à missão terrena de Jesus e sua morte de cruz[56].

Essa referência retroativa agora não é algo que fosse agregado ao acontecimento do ressuscitamento de Jesus. Ela é inseparável desse acontecimento em si, visto que o ressuscitamento aconteceu justamente ao Jesus crucificado. Se, além disso, esse acontecimento (sob o pressuposto da fé no Deus de Israel) não pode ser entendido de outro modo como acontecido da parte de Deus, então ele significa de

---

[56] Referente a isso, cf. tb. o posfácio à 5ª ed. de meus *Grundzüge der Christologie*, 1976, pp. 417s. A adequada consideração da importância constitutiva da ressurreição de Jesus para a fé em Cristo aparentemente ainda era tão pouco usual na cristologia dogmática no ano de 1964 que a ênfase nela pareceu a muitos leitores já como *alternativa* perante a fundamentação dessa fé na atividade terrena de Jesus.

modo igualmente direto a anulação da rejeição de Jesus e de sua mensagem pelos representantes de seu povo, a refutação da acusação e das suspeitas que haviam levado a sua entrega aos romanos com a consequência de sua morte na cruz. O fato da ressurreição de Jesus e esse seu conteúdo de significado não podem ser separados[57]. O evento pascal significa diretamente que o Jesus condenado e executado está justificado somente a partir de Deus mesmo, a saber, por meio do Espírito, por meio de cujo poder ele foi despertado dentre os mortos (1Tm 3.16; cf. Rm 1.4 e 4.25).

A reivindicação contida implicitamente na atuação de Jesus, mas que também foi feita expressamente, de que o reino de Deus, anunciado por ele como iminente, já irrompe em sua atuação e para aqueles que aceitam essa mensagem, foi confirmada com isso por Deus mesmo: assim o entenderam os primeiros cristãos[58], e no contexto judaico em que surgiu essa notícia, esse acontecimento também não podia ser compreendido de outro modo. Por isso, originalmente, a aceitação ou rejeição da notícia do ressuscitamento de Jesus coincidia com a decisão pela fé ou com a descrença em sua pessoa[59].

---

[57] Trata-se aqui inicialmente de um caso da regra geral que, no nexo histórico concreto entre acontecimento e experiência, acontecimento e significado formam uma unidade, que, portanto, essa última não é agregada exteriormente ao acontecimento de modo arbitrário. No entanto, trata-se de um caso especial desse estado de coisas geral: nem sempre o significado de acontecimentos está ligado com eles de modo tão evidente. Também em torno da tradição pascal cristã, *p.ex.*, a sepultura vazia de Jesus tomada para si foi um fato ambíguo (cf. Jo 20.13ss; e Mt 28.13). Também as aparições aos discípulos podem ser entendidas, pelo menos em parte, como ambíguas (Lc 24.39). Primeiramente com a identificação do estado de coisas que neles se manifestava como ressurreição de Jesus está dada a univocidade afirmada no texto.

[58] JOACHIM JEREMIAS constata sumariamente: "O ressuscitamento de Jesus significou para a Igreja das origens a confirmação divina para sua missão" (Die Verkündigung Jesu, in: *Neutestamentliche Theologie I*, 1971, p. 285 [*Teologia do Novo Testamento*.]). Cf. U. WILCKENS, *Auferstehung. Das biblische Auferstehungszeugnis historisch untersucht und erklärt*, 1970, pp. 160ss.

[59] Essa é a razão por que o acontecimento da ressurreição de Jesus foi transmitido somente por crentes: na verdade, a fé não era pressuposta para o encontro com o Ressurreto – o exemplo de Paulo sozinho depõe suficientemente a favor do contrário. Mas o significado desse acontecimento era tão evidente no contexto de experiência judaica que ninguém que tenha experimentado uma aparição do Ressurreto pôde permanecer descrente com simultâneo reconhecimento desse evento.

Confirmação significa mais do que a mera revelação de um significado, que já antes era próprio da pessoa e da história de Jesus no caminho para sua morte de cruz, de sorte que competiria a Jesus também sem o evento pascal, só que permaneceria oculto. É verdade que a morte de Jesus e sua atuação terrena, por isso também sua pessoa, aparecem em outra luz a partir do evento pascal. Isso, porém, não significa que seriam aquilo que são nessa luz também sem o acontecimento da ressurreição de Jesus. O evento pascal perde sua importância se for compreendido apenas como revelação do sentido que a morte de cruz de Jesus e sua história terrena já tinham por si mesmas[60]. Antes, primeiro pelo evento pascal se decidiu definitivamente sobre a importância da história pré-pascal de Jesus e sobre sua pessoa em sua relação com Deus. Para isso, o evento pascal primeiramente deve ser um acontecimento com relevância e conteúdo próprios, a saber, ressurreição de Jesus dentre os mortos para uma nova vida com Deus. Com isso se resolve e se elimina a ambiguidade que pairava sobre a pessoa e a história de Jesus, revela-se um sentido não apenas oculto, mas existente também de modo independente do acontecimento do ressuscitamento de Jesus.

Depois de havermos descrito, provisoriamente, desse modo os fatos fundamentais que a mensagem pascal cristã têm por conteúdo, podemos voltar-nos aos problemas relacionados a isso e que neces-

---

[60] Esse foi o sentido da afamada tese de R. BULTMANN, de que a ressurreição de Jesus seria *"a expressão da importância da cruz"* (Neues Testament und Mythologie, in: H. W. BARTSCH (ed.), *Kerygma und Mythos*. Ein theologisaches Gespräch, 1948, pp. 15-53, citação na pp. 47s.). K. BARTH se havia expressado de modo semelhante na 2ª ed. de sua explicação da Epístola aos Romanos, em 1922, dizendo que "o ressuscitamento de Jesus não é um acontecimento de extensão histórica *ao lado* dos outros acontecimentos de sua vida e morte, mas a referência a-histórica de *toda* a sua vida histórica a sua origem em Deus" (p. 175, cf. do Autor, Dialektische Theologie, in: *RGG* 2, 1958, pp. 168-174, esp. 170s.). Em sua *Kirchliche Dogmatik*, todavia, BARTH insistiu em que – contra BULTMANN – a ressurreição de Jesus seria, não obstante, um acontecimento próprio, especial depois de sua crucificação e sua morte (*KD III;2*. p. 531, esp. p. 537, cf. IV/1, pp. 335ss.), mas também aqui era considerado como conteúdo "a revelação do mistério do tempo precedente da *vida e da morte* do ser humano Jesus" (*KD III/2*, p. 546, cf. IV/2, pp. 131ss., esp. 148ss.). O que aconteceu antes em sua unicidade torna-se, de acordo com BARTH, por meio do acontecimento do ressuscitamento de Jesus, "o acontecido de uma vez por todas" (*IV/1*, p. 345).

sitam de uma explicação mais exata: Aí consta em primeiro lugar o problema da forma linguística do "ressuscitamento" ou da "ressurreição" de Jesus dentre os mortos, bem como do conteúdo imaginário a isso associado. Somente então faz sentido levantar a pergunta pela realidade efetiva desse acontecimento. Se ele não tivesse realmente acontecido, naturalmente todas as ponderações sobre seu significado seriam inócuas. Por outro lado, já é preciso saber de que espécie de acontecimento se trata se quisermos esclarecer a questão de sua faticidade[61].

1. *A forma linguística do discurso da ressurreição de Jesus é a da metáfora*, porque a palavra *"auferwecken"* ("despertar")* sugere a figura do acordar do sono. A isso também corresponde o ressuscitar: assim como a pessoa é despertada do sono e se levanta, o mesmo deverá acontecer com os mortos. Por isso o uso metafórico das duas palavras já se baseia em outra metáfora, a saber, na compreensão da morte como sono, difundida tanto no pensamento judaico quanto no grego[62]. Na esfera judaica, ela se encontra especialmente em escritos apocalípticos (assim Dn 12.2; Hen etíope 49.3; 100.5 *et passim*; Bar Sir 30.1), esporadicamente também em Jeremias (51.39) e nos Salmos (13.4), bem como no livro de Jó (3.13; 14.12). Nisso se expressa, apesar da forma metafórica, um acontecimento real, do mesmo modo como então no caso da ressurreição de Jesus. Apenas ele não ocorre na

---

[61] As explanações que se seguem procuram ser concisas apesar da complexidade do tema. Remeto o leitor às exposições detalhadas em *Grundzüge der Christologie*, 1964, pp. 61-112. No entanto iremos tentar ir ao encontro de determinados mal-entendidos da argumentação ali apresentada.

[62] Quanto a isso, cf. H. Balz in: *ThWBNT 8*, 1969, pp. 545-556, esp. pp. 547s, 550s., bem como C. F. Evans, *Resurrection and the New Testament*, 1970, pp. 22ss.

* *Nota do tradutor:* O Autor deixa o tradutor embaraçado, como também é, até certo ponto, embaraçosa a linguagem do próprio Autor. Acontece que também na língua alemã não se usa *"auferstehn"* para acordar do sono, nem *"auferwecken"* para despertar alguém do sono. No linguajar cotidiano, que o autor sugere, usa-se nesses dois casos, a forma *"aufstehen"* e *"aufwecken"*, enquanto as formas *"auferstehn"* e *"auferwecken"* estão reservadas, em geral, para a linguagem teológica para expressar a "ressurreição" respectivamente o "ressuscitamento" de Cristo. Inversamente, ninguém dirá que ele "ressuscita" ou é "ressuscitado" do sono. É melhor restringir o que o Autor quer dizer às formas intransitivas e transitivas do verbo "ressuscitar".

experiência diária; por isso é denominado metaforicamente de acordo com um processo cotidiano bem conhecido. Nisso o uso transitivo de "ressuscitar" não deveria ser compreendido como expressão de uma concepção alternativa perante o uso intransitivo de "ressuscitar". Antes, as duas formas são inseparáveis: quem é acordado, levanta-se. Isso também vale com relação ao ressuscitamento e à ressurreição de Jesus. A expressão "ressurreição" não diz que a pessoa anteriormente morta supera a morte por forças próprias, que, portanto, nem seria necessário um ressuscitamento. O ressuscitamento pelo Pai e seu Espírito está pressuposto em toda parte onde se fala da "ressurreição" de Jesus (*p.ex.* 1Ts 4.14)[63].

Da forma linguística do discurso de um ressuscitamento ou de uma ressurreição da morte também faz parte, por fim, o alvo do processo assim designado: uma nova vida seja no sentido do retorno à vida terrena (Lc 8.54; Mc 5.41; Jo 11.11) seja no sentido da transição para outra vida. Nisso é digno de nota que o conceito vida não deve ser entendido como metáfora nem num nem noutro caso. Somente para a transição da morte para a vida vale que ela deve ser chamada metaforicamente como um processo que se subtrai a uma experiência cotidiana. A nova vida, a vida escatológica (2Cor 4.19; 5.4; Rm 5.19), a vida "eterna" (Gl 6.8; Rm 2.7; 5.21; 6.22s.), é a vida no sentido pleno (cf. Jo 1.4; 5.26; 14.6 *et passim* com 3.15,36; 4.14 *et passim*; 6.53s.) em comparação com a qual a vida terrena somente com restrições pode ser designada de "vida". O conceito bíblico da vida é concebido a partir do Espírito divino como origem de toda a vida. Por isso vida no sentido pleno é aquela que está ligada a sua origem divina, permeada pelo Espírito e por isso imortal (1Cor 15.44; *soma pneumatikón*): a "nova" vida (Rm 6.4) da esperança esca-

---

[63] Cf. as observações muito apropriadas de W. KASPER, *Jesus der Christus*, 1974, pp. 168ss. Com uma diferença objetiva das duas expressões "ressuscitamento" e "ressurreição" conta J. MOLTMANN, *loc. cit.*, p. 247 [*O Caminho de Jesus Cristo*, pp. 303s]. em conexão com H. SCHELKLE, Auferstehung Jesu. Geschichte und Deutung, in: *Kirche und Bibel* (Festschrift E. SCHICKT), 1979, pp. 389-408. 391. No entanto, cf. A. VÖGTLE em seu livro publicado em conjunto com R. PESCH, *Wie kam es zum Osterglauben?*, 1975, pp. 15ss. Também lá onde a ressurreição de Jesus é apresentada como ato próprio do Filho de Deus (como em Jo 2.19 ou 10.17s.), ela sempre acontece na obediência ao Pai e não como demonstração de poder próprio (cf. C. F. EVANS, *loc. cit.*, pp. 21s.).

tológica. Essa vida nova e imortal já apareceu nele com o ressuscitamento de Jesus.

2. *A concepção da ressurreição da morte para uma vida nova e eterna tem sua origem na esperança escatológica judaica*. Sua origem deve estar relacionada com a individualização da relação com Deus na época do exílio babilônico. Os indivíduos não eram mais considerados exclusivamente como membros no contexto de vida do povo, no qual os méritos e as faltas dos pais revelavam seu efeito. Antes em cada vida individual haverá de consumar-se o nexo entre boas obras e recompensa, bem como entre transgressão e perdição (Ez 18.2ss. e 20; cf. Jr 31.29). Essa correspondência, porém, não se mostrava na experiência de vida das pessoas. O curso do mundo mostra que os justos sofrem e os ímpios vão bem. A fé de Israel na justiça de Deus não conseguia conformar-se com isso. Daí surgiu a idéia de uma compensação no além para aqueles atos bons ou maus dos homens que não trouxeram os frutos devidos nessa vida terrena. Para isso, porém, era necessário uma ressurreição dos mortos, tal como no Antigo Testamento o expressa somente o livro de Daniel: "e muitos daqueles que dormem no pó da terra acordarão, uns para a vida eterna, os outros para a vergonha e o horror eterno" (Dn 12.2). A idéia judaica da ressurreição dos mortos resultou, portanto, da pergunta da teodicéia, da pergunta pela justiça de Deus e sua comprovação na vida do indivíduo[64].

Quanto à pergunta pela relação entre ressurreição dos mortos e vida eterna, no entanto, os textos judaicos oferecem um quadro variado. Por um lado existe, como no livro de Daniel, a idéia de um ressuscitamento tanto dos injustos quanto dos justos: aqui a

---

[64] Referente a isso, vide meu ensaio: Tod und Auferstehung in der Sicht christlicher Dogmatik, in: *Grundfragen systematischer Theologie 2*, 1980, pp. 146-159, esp. pp. 147ss. Cf. tb. U. WILCKENS, *Auferstehung*. Das biblische Auferstehungszeugnis historisch untersucht und erklärt, 1970, p. 115. A conexão com o tema da justiça de Deus e da questão da teodicéia foi enfatizada com razão por J. MOLTMANN, *Der Weg Jesu Christi*. Christologie in messianischen Dimensionen, 1989, p. 246 [*O caminho de Jesus Cristo*,p. 338], como também já em seu estudo Gott und uferstehung. Auferstehungsglaube im Forum der Theodizeefrage, in: *Perspektiven der Theologie. Gesammelte Aufsätze*, 1968, pp. 36-56.

ressurreição é apenas a pressuposição para o juízo. Por outro lado existe a idéia de uma ressurreição dos justos, respectivamente dos mártires, que como tal já significa transição para a vida eterna. Ela ocorre pela primeira vez em Is 26.19, onde, porém, talvez se trate apenas de uma imagem para o renascimento do povo e ainda não da idéia de uma ressurreição de indivíduos[65]. Hen 92.3 fala somente de uma ressurreição dos justos para a vida[66]; em 2Mac 7.14 fala-se da ressurreição do mártir para a vida. De modo semelhante a ressurreição como tal já significa, na discussão de Jesus com saduceus em Mc 12.18-27, participação na vida, como mostra o exemplo dos patriarcas (Mc 12.26s.). Nesse sentido, o cristianismo primitivo também falou da ressurreição de Jesus e o mesmo está à espera dos crentes de acordo com Paulo (1Cor 15.42ss.)[67]. A ressurreição de Jesus, portanto, não foi um retorno a essa vida terrena, mas transição para vida nova e escatológica: ele é as "primícias dos que dormem" (1Cor 15.20), o "primogênito entre muitos irmãos" (Rm 8.29), o "primogênito dentre os mortos" (Cl 1.18; Ap 1.5), o Autor da vida (At 3.15).

---

[65] Assim entre outros U. WILCKENS, *loc. cit.*, pp. 116s. Diferente O. PLÖGER, *Theokratie und Eschatologie*, 1959, p. 85.

[66] Para U. WILCKENS, *loc. cit*, pp. 122ss., este é o caso na maioria dos enunciados sobre a ressurreição escatológica; assim certamente tb. em Hen 51.1 (cf. 46.5) diferenciando-se de 4 Esdras 7.32ss. e Baruque sírio 50s. Vide tb. G. STEMBERGER, *Der Leib der Auferstehung*. Studien zur Anthropologie und Eschatologie des palästinischen Judentums im neutestamentlichen Zeitalter, 1972, bem como esp. J. KREMER, em seu livro publicado em conjunto com G. GRESHAKE, *Resurrectio mortuorum*. Zum theologischen Verständnis der leiblichen Auferstehung, 1986.

[67] Parece inverossímil que a expectativa de uma ressurreição dos cristãos em Paulo em 1Ts 4.13ss. teria sido desenvolvida por Paulo primeiramente a partir da mensagem pascal cristã, como supõe, entre outros, P. HOFMANN, *TRE 4*, 1979, 452s., porque a esperança de ressurreição dos justos para a vida, já faz parte dos pressupostos da mensagem pascal. Paulo só aplica essa expectativa em 1Ts 4.13ss. à situação dos cristãos: para eles, a esperança da ressurreição para a vida significa continuação e renovação da comunhão com o Senhor ressuscitado e vindouro (1Ts 3.17), e sua ressurreição lhes garante a participação na ressurreição para a vida (1Ts 3.14). Nesse sentido, a expectativa judaica da ressurreição dos justos é modificada e concretizada aqui de um modo bem determinado.

3. *A expectativa escatológica de ressurreição para a vida forneceu a expressão linguística e o imaginário para a mensagem pascal cristã*[68].Ela possibilitou aos discípulos de Jesus a identificação das aparições de seu Senhor crucificado: o que se encontrou com eles não era o espírito de algum morto (Lc 22.37), mas também não alguém que retornou para essa vida terrena (Jo 20.17), e, sim, seu Senhor ressuscitado para a nova vida escatológica. O contexto no qual ocorreu a experiência, que possibilitou aos discípulos o reconhecimento nas aparições do Jesus que lhes era conhecido, estava dado, sem dúvida, pela participação em sua vida e sua atuação até os dias de sua presença em Jerusalém e sua prisão[69]. De acordo com os relatos dos Evangelhos, as feridas do Crucificado eliminaram as últimas dúvidas quanto à identificação das aparições com Jesus (Lc 24.40; Jo 20.20 e 25ss.). No entanto, que se trata da nova realidade de vida da ressurreição dos mortos, na qual Jesus se revelava aos seus, isso não teria sido nominável sem a linguagem da esperança escatológica de Israel[70].

---

[68] Cf. minhas exposições em *Grundzüge der Christologie*, 1964, pp. 77s. Opinião diferente, todavia, é a de K. BERGER, *Die Auferstehung des Propheten und die Erhöhung des Menschensohnes*, Traditionsgeschichtliche Untersuchungen zur Deutung des Geschickes Jesu in frühchristlichen Texten, 1976, pp. 15s., cuja argumentação contra F. HAHN e U. WILCKENS (pp. 248ss), porém, não é convincente. BERGER procura em vão desfazer (pp. 250s.) o nexo entre a ressurreição de Jesus e a ressurreição geral dos mortos dado por 1Cor 15.20 ("primícias dos que dormem"). Se a ressurreição de Jesus deve ser entendida como expressão da ressurreição escatológica dos mortos, está prejudicada a base comparativa para sua combinação com as concepções judaicas e cristã-primitivas do retorno de profetas como Elias ou Henoque antes da irrupção do fim.

[69] De acordo com J. MOLTMANN, *Der Weg Jesu Christi*, 1989, pp. 243 [*O caminho de Jesus Cristo*, 298s.], este foi o "horizonte de interpretação imediato e pessoal" para os discípulos. A isso é difícil contestar. Apenas, com isso ainda não está explicado como as aparições de Jesus aos discípulos se tornaram identificáveis como indício de sua "ressurreição". Para isso foi imprescindível a expectativa escatológica de uma "ressurreição para a vida". Nesse sentido é enganoso se MOLTMANN fala de um "horizonte de interpretação da tradição profética e apocalíptica" adicional "do judaísmo de seu tempo", no qual "também" viviam e pensavam os discípulos, como se para eles a particularidade da realidade que se lhes deparava nas aparições já tivesse sido acessível independentemente desse horizonte de interpretação.

[70] A. VÖGTLE, com razão colocou em dúvida que a expectativa de ressurreição *geral* dos mortos (dos injustos como dos justos) devesse ser considerada como

4. *O quadro de referência da concepção judaica da ressurreição escatológica para a vida, no entanto, foi modificado profundamente pela ligação dessa concepção com a realidade de Jesus que se apresenta nas aparições pascoais.*

a) Ressurreição para a vida significou, na referência ao Jesus crucificado, imediata e simultaneamente a justificação e a confirmação de sua missão terrena e de sua pessoa por Deus (vide *acima*). Essa confirmação se refere em especial também à autoridade de sua pessoa implícita na mensagem e na atuação de Jesus. Nisso já está implícita a idéia de uma "exaltação"[71] para participar do governo de Deus sobre o mundo, a qual foi expressa no cristianismo primitivo por meio da ligação da figura de Jesus com as figuras da expectativa escatológica: como elevação à dignidade do Messias (em correspondência com a inscrição da cruz) e do Filho do Homem, cujo futuro anunciado por Jesus, do mesmo modo como a aparição do Messias, era esperado agora como volta do Jesus ressuscitado. Na verdade, a tradição judaica conhecia concepções comparáveis da elevação de um ser humano à comunhão

---

"horizonte de interpretação suficiente" das aparições pascais (*loc. cit.*, pp. 107ss., 119). Isso vale primeiramente para a expectativa de ressuscitamento dos justos para a vida (pp. 112ss.).

[71] Informações detalhadas referentes à íntima relação entre afirmações sobre ressurreição e exaltação no cristianismo primitivo estão reunidas concisamente em W. KASPER, *Jesus der Christus*, 1974, pp. 170ss., esp. 172s. Vide tb. A. VÖGTLE, *loc. cit.*, pp. 24ss., 58, 62ss., 90. A concepção da exaltação não deveria ser compreendida como "esquema" alternativo para a interpretação das aparições pascais ao lado do esquema do ressuscitamento dos mortos e seu arrebatamento a Deus (assim J. MOLTMANN, *Der Weg Jesu Christi*, 1989, pp. 242s. [*O caminho de Jesus Cristo*, pp. 334s]). Como alternativas para a concepção do ressuscitamento podem ser aceitas a aparição do espírito de um defunto ou o retorno à vida terrena (vide *acima*). Na verdade, a idéia da exaltação era uma concepção autônoma na tradição judaica, mas aparece na tradição pascal cristã somente como algo implícito à ressurreição de Jesus, sempre já pressupondo a própria ressurreição. O mesmo vale tb. para a idéia do arrebatamento do Ressurreto para junto e Deus, do qual ele retornará um dia como Messias (Ap 3.20s.). Também MOLTMANN não nega que "ressuscitamento e ressurreição foram as originais categorias de interpretação para a aparição de Cristo" (p. 243), mas suas formulações dão a impressão de que, ao invés, também poderiam ter sido escolhidas aquelas outras concepções, enquanto, conforme as circunstâncias, somente entram em cogitação como implicações da mensagem da ressurreição.

com Deus, *p.ex.*, referente a Elias e à figura lendária de Henoque, não, porém, em ligação com a ressurreição de algum morto[72].

b) A expectativa judaica de ressurreição escatológica – seja para o juízo seja para a vida eterna – não contava com a ressurreição de um indivíduo antes do fim do presente *éon*. Também o cristianismo primitivo parece ter compreendido esse evento (em ligação íntima com a identificação das aparições de Jesus como ressurreição escatológica dos mortos) como o início dos acontecimentos finais. Primeiramente com a demora da parusia de Jesus como Messias e Filho do Homem, inicialmente esperada como iminente, a cristandade se acostumou com a idéia da ressurreição escatológica de um indivíduo em meio à história deste mundo ainda não consumada.

c) Não obstante, a crença no acontecimento da ressurreição já ocorrido permanece ligada à expectativa da ressurreição dos justos (Lc 14.14), respectivamente dos que estão unidos com Cristo por meio da fé (1Ts 4.14s.; cf. Rm 6.5 *et passim*). Também pôde ser renovada na esfera cristã a concepção geral de uma ressurreição de todos os mortos como pressuposto para o recebimento do juízo por ocasião da volta de Cristo (At 24.15; Jo 5.29; cf. Ap 20.12ss.). Os aspectos detalhados dessa expectativa escatológica cristã somente serão expostos com mais profundidade mais adiante, no contexto do capítulo que trata da escatologia. Aqui, por enquanto, apenas é importante que o conteúdo da idéia da afirmação da ressurreição de Jesus não pode ser separado da expectativa mais geral por ressurreição no fim dos tempos. Isso é assim porque somente no contexto dessa expectativa pode ser indicado o modo de realidade de vida de Jesus que se manifesta nas aparições pascais, diversamente de meras alucinações ou da imaginação de espíritos de defuntos ou semelhantes. Disso, porém, se segue:

d) A mensagem cristã da ressurreição de Jesus necessita, para sua verificação, dos acontecimentos da ressurreição escatológica dos mortos. A realização desse acontecimento é uma das condições de verdade, ainda que, de modo algum, a única, para a afirmação da ressurreição de Jesus. A afirmação implica uma compreensão de realidade que se baseia na antecipação de uma consumação ainda não acontecida da vida humana e dos acontecimentos mundiais. Já por essa razão a mensagem pascal cristã permanecerá controvertida enquanto a

---

[72] Mais detalhes sobre isso em U. WILCKENS, *loc. cit.*, pp. 134ss.

ressurreição geral dos mortos em ligação com a volta de Jesus não tiver acontecido. Por outro lado, o conhecimento da estrutura proléptica da mensagem pascal cristã pode fortalecer a consciência de sua objetividade: ela corresponde nisso ao acontecimento da própria ressurreição de Jesus como o acontecimento antecipatório da salvação escatológica, assim como este se encontra, por sua vez, em uma importante analogia com o acontecimento antecipado do reino de Deus vindouro na pregação e na atuação terrena de Jesus. Ao fundamental traço proléptico da história de Jesus corresponde a mensagem pascal cristã ao pressupor como anúncio de um evento especial em passado histórico sempre já a universalidade de uma mudança e a consumação da realidade do ser humano e seu mundo que ainda se encontram no futuro[73].

5. *O anúncio da ressurreição de Jesus como esperança de salvação para a humanidade, além dos limites da esfera da tradição judaica, pressupõe que a expectativa judaica de ressurreição dos mortos pode ser afirmada, pelo menos em seus traços fundamentais, como plausibilidade suficiente como de validade geral.* Na verdade, à primeira vista, a história da missão cristã-primitiva parece não apoiar essa tese. Nos dois primeiros séculos, a mensagem da ressurreição de Jesus foi aceita com maior boa vontade do que a doutrina da ressurreição escatológica dos mortos[74]. Certa medida de plausibilidade para a mensagem da ressurreição de Jesus estava dada, na Antiguidade tardia, nos cultos de mistério, pelas concepções míticas de divindades que morrem e ressuscitam. A expectativa judaica de uma ressurreição corporal dos mortos, de uma ressurreição "da carne" principalmente, oferecia dificuldades maiores. No entanto, uma coisa não pode ser separada da outra. O cristianismo primitivo pôde aduzir a ressurreição de Jesus como razão para a expectativa da futura ressurreição dos mortos (1Clem 24.1; Barn 5.6). Mas aí o fato da ressurreição de Jesus já estava sendo pressuposto. Paulo já havia ressaltado que a relação entre ressurreição de Jesus e ressurreição dos mortos também

---

[73] Neste sentido é com razão que J. MOLTMANN afirma que para as testemunhas pascais a Páscoa não foi "um evento pronto do passado [...], mas um acontecimento futuro que no histórico-ambíguo já fundamenta uma esperança universal que transformará o mundo" (Gott und Auferstehung, in: *Perspektiven der Theologie.* Gesammelte Aufsätze, 1968, pp. 36-56, citação p. 44).
[74] Assim R. STAATS, Auferstehung Jesu Christi II/2, in: *TRE 4*, 1979, 513-529, esp. 523.

é eficaz inversamente: "Se não existe ressurreição dos mortos, também Cristo não foi ressuscitado" (1Cor 15.13). Por isso se faz necessária uma argumentação geral para a plausibilidade da expectativa de uma futura ressurreição dos mortos.

   Assim como a discussão do apóstolo Paulo com os coríntios sobre a expectativa de uma futura ressurreição dos mortos, também o relato de Atos dos Apóstolos sobre a reação dos atenienses à pregação paulina da ressurreição de Jesus (At 17.32) mostra o quanto era precário esse círculo de temas nos começos da missão gentílica cristã. Por isso a Primeira Epístola de Clemente se esforçou pormenorizadamente na produção de argumentos a favor da expectativa cristã acerca do futuro, e nisso de modo algum se restringiu à referência de que, no caso de Jesus, o começo da futura ressurreição dos mortos já teria acontecido. De acordo com CLEMENTE, cada novo dia é uma espécie de ressurreição (1Clem 24.3), do mesmo modo o surgimento da planta a partir do insignificante grão de semente (*ib.* 1Clem 24.4s.; cf. 1Cor 15.35-38). Até mesmo o mito de fênix é aduzido como testemunho da expectativa da ressurreição (1Clem 25.1ss.). No século II, a defesa da ressurreição corporal dos cristãos perante sua espiritualização pela gnose se tornou um dos principais temas da teologia cristã. A ele foi dedicada uma série de escritos, entre os quais se destaca o tratado sobre a ressurreição dos mortos do primeiro diretor da Escola Catequética de Alexandria, ATENÁGORAS. Este já viu a necessidade de ir além da invocação da onipotência de Deus (cf. 2Clem 27.5), e do ponto de vista de uma ressurreição dos mortos como condição para o juízo final[75], e de se desenvolver uma ampla argumentação antropológica que procurou mostrar, a partir da unidade entre corpo e alma que a redenção e a consumação do ser humano deve abranger, além da alma, também o corpo, o que só está garantido por meio de uma ressurreição corporal[76].

Na situação moderna, na qual a credibilidade do discurso mítico de divindades que morrem e ressuscitam pertence a um passado dis-

---

[75] Cf. quanto a isso G. KRETSCHMAR, Auferstehung des Fleisches. Zur Frühgeschichte einer theologischen Lehrformel, in: *Leben angesichts des Todes*. Beiträge zum theologischen Problem des Todes. H. THIELICKE zum 60. Geburtstag, 1968, pp. 101-137, esp. 101s.
[76] L. W. BARNARD, *Athenagoras*. A Study in second century Christian apologetic, 1972, pp. 122ss., 126ss. Cf. Idem, Apologetik I, in: *TRE 3*, 1978, 371ss., esp. 386-389.

tante, e na qual, por outro lado, a afirmação da ressurreição corporal de Jesus, do mesmo modo como a esperança cristã futura da ressurreição dos mortos, deve comprovar-se num clima de ceticismo ideológico em princípio, a argumentação antropológica adquiriu maior importância para uma esperança que vai além da morte e para a conveniência da inclusão da corporeidade do ser humano nessa esperança também para a mensagem pascal cristã[77]. O desdobramento exato desse tema faz parte do contexto de toda a problemática da escatologia e, por isso, pode acontecer somente mais adiante. Aqui a possibilidade de uma argumentação nesse sentido deve ser pressuposta por enquanto[78].

6. *Decisivos para a confiança na faticidade da ressurreição de Jesus afirmada pela mensagem cristã permanecem os testemunhos cristão-primitivos a respeito das aparições do Ressurreto diante de seus discípulos em ligação com a descoberta da sepultura vazia de Jesus em Jerusalém.* Esses testemunhos, no entanto, não podem ser aceitos sem um olhar crítico, baseado unicamente na autoridade, mas devem comprovar-se como convincentes a um exame como também é costumeiro e comprovado em relação a outras afirmações de fatos da tradição[79].

A tradição cristã a respeito da páscoa interliga dois estados de coisas muito diferentes, que, aparentemente, também constituíam tradições separadas no início e que só secundariamente foram interligadas: as *aparições do Ressurreto* perante seus discípulos e a *descoberta da sepultura vazia de Jesus*. Os relatos sobre as aparições do Ressurreto constituem a base do testemunho pascal cristão, enquanto o fato da sepultura vazia tomado para si admite interpretações variadas (Jo 20.13s., cf. Mt 28.13), de modo que ele adquire peso para toda a temática primeiramente em ligação com as aparições do Ressurreto[80].

---

[77] Ao lado das explanações do Autor em *Grundzüge der Christologie*, 1964, pp. 79-85, cf. a literatura arrolada em W. KASPER, *Jesus der Christus*, 1979, pp. 161s.

[78] Vide, no entanto, do Autor, Constructive and Critical Functions of Christian Eschatology, in: *Harvard Theological Review* 77, 1984, pp. 119-139.

[79] Referente ao que se segue, cf. minhas exposições em *Grundzüge der Christologie*, 1964, pp. 85-103, bem como o excelente resumo em R. E. BROWN, *The Virginal Conception and the Bodily Resurrection of Jesus*, 1973, pp. 69-129.

[80] Essa compreensão foi defendida por mim já em 1964 (*Grundzüge der Christologie*, p. 97). Naquele tempo inclusive teci considerações sobre a pergunta da historicidade da ressurreição de Jesus com base nas aparições do Ressurreto (95),

Em sua forma mais antiga, a tradição das aparições se encontra em Paulo 1Cor 15.3-7. A elevada idade da enumeração das aparições ali oferecida[81] e a circunstância de que essas informações procedem diretamente de um homem que conheceu pessoalmente as testemunhas por ele mencionadas, ou pelo menos a maioria delas, e que pode acrescentar uma aparição a ele mesmo como último membro da série (1Cor 15.8), também não podem ser postas em dúvida, se as diferentes informações tiverem sido compiladas primeiramente pelo próprio Paulo[82], e isso a serviço da argumentação exposta em sua carta.

Mais difícil é responder a pergunta pela particularidade das aparições, e ligada a isso a essa pergunta seguinte pela relação da aparição perante o próprio Paulo com as aparições igualmente diferentes entre si, das quais relatam os evangelistas[83]. Nestas últimas se deverá contar com um estágio consideravelmente mais avançado da formação da tradição e com elaboração legendária e em parte tendenciosa (Lc 24.39ss.) de detalhes, embora também os relatos dos Evangelhos possam conter

---

ainda antes de me ocupar com a questão da sepultura vazia. Por isso não ficou evidente até que ponto o livro "talvez acabe atribuindo ao fato da sepultura vazia uma importância que não lhe pode competir no âmbito dos testemunhos neotestamentários" (W. KASPER, *Jesus der Christus*, 1974, p. 160).

[81] Referente à compreensão de ὤφτη (1Cor 15.5ss., Lc 24.34 *et passim*) em analogia com as aparições véterotestamentárias de Deus perante os pais (Gn 12.7; 26.24, cf. 17.1; 18.1 *et passim*) e perante Moisés (Ex 3.2), cf. A. VÖGTLE, *loc. cit.*, pp. 26-43.

[82] Vide quanto a isso os detalhes em C. F. EVANS, *Resurrection and the New Testament*, 1970, pp. 44s.; R. E. BROWN, *loc. cit.*, pp. 92ss., bem como também as explanações do Autor em *Grundzüge der Christologie*, pp. 86s. A análise de 1Cor 15.3ss. lá citada à p. 87 foi abandonada por U. WILCKENS na 3ª ed. de seu livro *Die Missionsreden der Apostelgeschichte*, 1974, p. 228.

[83] As análises de J. E. ALSUP, *The Post-Resurrection Appearances of the Gospel Tradition*, 1975, me moveram a um julgamento mais diferenciado na pergunta por idade e valor histórico dos diferentes relatos de aparições dos Evangelhos do que aconteceu em *Grundzüge der Christologie*. No entanto, não posso considerar com W. L. CRAIG, On Doubts About the Resurrection, *Theology 6*, 1989, pp. 53-75, esp. 61ss., os relatos de aparições globalmente como "*fundamentally reliable historically*" (p. 61). O argumento decicivo de CRAIG a favor de sua tese de que a distância temporal dos relatos evangélicos dos acontecimentos não teria sido suficiente para o desenvolvimento de lendas (p. 62) se baseia numa datação precoce dos Evangelhos sinóticos (antes do ano 70), com a qual CRAIG (p. 74 nota 71) segue especialmente a J. A. T. ROBINSON, *Redating the New Testament*, 1976.

um núcleo antigo[84]. Amplamente difundida é a suposição de que em todas as aparições se tenha tratado, de acordo com a forma, de experiências visionárias. Com isso, porém, ainda nada está decidido contra seu conteúdo de realidade, a não ser que, no caso específico, se possa demonstrar nexos com circunstâncias sob as quais, de acordo com a experiência geral, ocorrem alucinações (como uso de drogas ou determinadas doenças do visionário). A suposição de que experiências visionárias sempre teriam que ser consideradas como projeção psíquica, sem qualquer relação com algum objeto, pode ser rejeitada como postulado de uma visão de mundo não suficientemente fundamentado.

Quando se parte dos pontos de referência bíblicos para a aparição do Senhor ressurreto que aconteceu ao perseguidor Saulo, pode-se chegar a suposições concretas sobre a peculiaridade das aparições pascais. De acordo com o relato de Atos dos Apóstolos, poderia ter-se tratado de uma aparição luminosa (ligada a uma audição?) (Ap 9.3), portanto de uma revelação do Cristo exaltado desde o céu (cf. tb. Gl 1.16)[85], diversamente dos relatos posteriores de aparições dos Evangelhos, que levam a pensar num Cristo que (ainda) anda na terra (que, todavia,

---

[84] Vide quanto a isso, J. E. ALSUP, *loc. cit.*, pp. 269s, esp. 272ss., cf. pp. 211ss.

[85] Cf. R. H. FULLER, *The Formation of the Resurrection Narratives*, 1971, pp. 47s. Gl 1.16 deve ser entendido como alusão à conversão do apóstolo (assim entre outros H. SCHLIER, *Der Brief an die Galater*, 11ª ed., 1951, pp. 26s., cf. G. BORNKAMM, *Paulus*, 1969, pp. 40s). A paráfrase do versículo *"to reveal his Son through me to the Gentiles"*, cogitada por C. F. EVANS (*Resurrection and the New Testament*, 1970), não é possível, visto que v. 16b designa a missão entre os gentios como fim e consequência da revelação acontecida a Paulo e, nesse sentido, a distingue dela. A concepção dessa aparição como aparição luminosa no sentido das informações de Atos dos Apóstolos (sobretudo 9.3) em todo caso não está em contradição com as afirmações do apóstolo sobre a corporeidade dos ressuscitados como *soma pneumatikon* (1Cor 15.44) (cf. o "radiar" dos "corpos" celestiais v. 40). Vide tb. EVANS, p. 66. Talvez se possa encontrar um reflexo desse acontecimento também em Paulo em 2Cor 4.6 (R. H. FULLER, *loc. cit.*, p. 47). A proximidade do relato de Atos, portanto, deverá ser maior do que EVANS, pp. 55s. e p. 66 quer admitir (cf. tb. p. 182). Neste caso, porém, se oferece a conclusão vista tb. por ele de que Paulo deve ter compreendido as aparições que tiveram os outros apóstolos como sendo da mesma espécie. A diferença entre o autor de Atos e Paulo consiste então especialmente no fato de que Lucas viu as aparições acontecidas aos discípulos de Jesus em maior analogia com a imagem humano-terrena de Jesus.

também passa por portas trancadas). Há duas razões que justificam considerar a aparição acontecida a Paulo, a ser reconstruída de acordo com At 9, como referência à forma primitiva também dos demais relatos de aparições[86]: aí temos em *primeiro lugar* o fato de que para as testemunhas mais antigas no Novo Testamento ressurreição e arrebatamento de Jesus constituíam um único acontecimento[87], como se pode deduzir de Fl 2.9; At 2.36; 5.30s, de modo que a automanifestação do Ressurreto deveria ter acontecido desde a obscuridade do céu. A isso se acresce, em *segundo lugar*, a circunstância de que, aparentemnte, os discípulos de Jesus em Jerusalém reconheceram a incumbência apostólica de Paulo pelo próprio Senhor glorificado, à qual Paulo se reportou de modo tão decidido (Gl 1.1 e 12) e que pressupunha uma aparição do Ressurreto (Gl 2.9): Isso deve ter significado que a aparição do Senhor acontecida a Paulo foi considerada em medida suficiente idêntica aos encontros dos apóstolos primitivos com o Ressurreto[88]. A isso se opõe, todavia, o fato de que justamente Lucas, ao que parece, não atribuiu à aparição ocorrida a Paulo a mesma relevância do que aos encontros de seus discípulos com o Ressurreto, ocorridos antes de sua ascensão. No entanto, a rigorosa distinção entre o período *antes* e o tempo *depois* da ascensão de Jesus em Lucas representa um desvio exclusivo dele em relação à compreensão evidentemente mais original, segundo a qual ressurreição e ascensão são coincidentes.

Referindo-se a At 9, EDWARD SCHILLEBEECKX[89] entendeu as aparições pascais como *aparições de conversão*, tal como as encontra comprovadas também em outras tradições judaicas[90]. Não obstante, também SCHILLEBEECKX não quer que se entendam as aparições pascais meramente como *manifestação* da experiência de conversão dos discípulos[91]. Com efeito, para o Novo Testamento, o ressuscitamento de Jesus não vale, em geral, como manifestação, mas como

---

[86] Referente a isso, cf. E. SCHILLEBEECKX, *Die Auferstehung Jesu als Grund der Erlösung*, 1979, p. 90; tb. minhas explanações em *Grundzüge der Christologie*, 1964, p. 89.
[87] Vide tb. C. F. EVANS, *loc. cit.*, pp. 136ss. De acordo com EVANS, a idéia da exaltação é original, mas de tal modo que a idéia do ressuscitamento está contida nela (p. 136).
[88] Que esta tenha sido a pretensão de Paulo também é enfatizado por A. VÖGTLE, *loc. cit.*, p. 60.
[89] E. SCHILLEBEECKX, *Jesus. Die Geschichte von einem Lebenden*, 1975, p. 326; cf. 622 nota 93.
[90] E. SCHILLEBEECKX, *Die Auferstehung Jesu als Grund der Erlösung*, 1979, pp. 92s.
[91] E. SCHILLEBEECKX, *loc. cit.*, pp. 93s., cf. *Jesus*, pp. 346ss. e 572.

ponto de partida e razão da conversão dos discípulos[92]. No entanto, SCHILLEBEECKX supõe que esse ponto de partida não se encontra nas aparições do Ressurreto. Antes, inicialmente Jesus teria sido identificado depois de sua morte como o profeta escatológico, cuja volta estava sendo esperada para o tempo final[93]. Um "querigma da parusia" desse conteúdo ainda seria reconhecível na teologia de Q[94]. A convicção ligada a isso, de que Jesus vive, só secundariamente teria encontrado sua manifestação nas aparições pascais. Embora SCHILLEBEECKX acentuasse a relação íntima que, não obstante, existiria entre ressurreição e as aparições pascais[95], sua reconstrução não faz jus à importância fundamental das aparições do Ressurreto tanto em Paulo quanto nas descrições dos Evangelhos. Aparentemente, sua tese se baseia na fonte dos ditos a ser reconstruída de Lucas e Mateus e na conclusão da falta de aparições nesta fonte para o desconhecimento de seus transmissores de aparições dessa espécie. Este *argumentum e silentio* constitui uma base demasiadamente insegura para uma exposição do surgimento da fé pascal que contradiz tão fundamentalmente tanto à literatura evangelística quanto a Paulo. Por isso também deveremos, daí por diante, partir do fato de que as aparições pascais constituem o ponto de partida do querigma da ressurreição do Crucificado.

O relato da *descoberta da sepultura vazia*, preservado em sua forma original em Marcos (16.1-8), frequentemente foi considerado na pesquisa mais antiga como lenda helenista tardia[96]. Contra essa compreensão, no entanto, ergueram-se dúvidas fundamentadas[97], de sorte que se atribui, de modo crescente, uma idade muito antiga à história da sepultura, que então é considerada como tradição local de Jerusalém

---

[92] "As aparições não se explicam a partir da fé dos discípulos, mas sua fé se explica a partir das aparições" (J. MOLTMANN, *Der Weg Jesu Christi*, 1989, p. 239 [*O Caminho de Jesus Cristo*, pp. 328s.], acompanhando K. H. SCHELKLE, *loc. cit.*, p. 395).
[93] E. SCHILLEBEECKX, *Die Auferstehung Jesu als Grund der Erlösung*, 1979, p. 85.
[94] E. SCHILLEBEECKX, *loc. cit.*, pp. 50ss, esp. p. 52.
[95] E. SCHILLEBEECKX, *loc. cit.*, pp. 88s.
[96] P. ex., R. BULTMANN, *Geschichte der synoptischen Tradition*, 4ª ed., 1958, pp. 308s.; cf. tb. H. GRASS, *Ostergeschehen und Osterberichte*, 1956, pp. 20ss, 173-186.
[97] Básico para isso continua sendo H. VON CAMPENHAUSEN, *Der Ablauf der Osterereignisse und das leere Grab* (1952) 2ª ed., 1958. Cf. tb. R. E. BROWN, *loc. cit.*, pp. 117ss., bem como R. H. FULLER, *loc. cit.*, pp. 69s.

e como parte original da história da paixão[98]. Por outro lado, o texto da história da sepultura dá motivos para dúvidas se suas afirmações devem ser tomadas no sentido de simples relato histórico[99]. Não obstante, a forma da narrativa tal como a temos hoje, poderia preservar algumas lembranças históricas relevantes, especialmente, p.ex., o papel das mulheres na descoberta da sepultura, mas também a lembrança de que as primeiras aparições do Ressurreto não aconteceram junto à sepultura, mas na Galiléia.

Dentre os críticos mais recentes à historicidade da sepultura vazia de Jesus é preciso destacar RUDOLF PESCH, cujo ceticismo em face de seu juízo sobre a idade da tradição da sepultura merece especial consideração[100]. De acordo com PESCH, a narrativa já pressupõe a fé no ressuscitamento de Jesus "no terceiro dia", o que "já excluía a idéia de que o cadáver ainda poderia ser encontrado na sepultura"[101]. Por isso se trataria de uma "narrativa construída", que visava a "encenação"[102] de uma verdade preestabelecida. Contra interpretações semelhantes da história da sepultura na litera-

---

[98] Vide R. PESCH, *Das Markusevangelium 2* (1977), 2ª ed., 1980, pp. 519s. Cf. pp. 18 e 20ss.
[99] Dentre as dúvidas deve ser considerada a tardia intenção das mulheres de embalsamar o corpo (Mc 16.1), cuja explicação em Lucas (23.56) pelo descanso sabático na véspera sempre permanece discutível (cf. H. VON CAMPENHAUSEN, *loc. cit.*, p. 24, nota 84). Totalmente inacreditável, porém, é que "somente a caminho ocorre às mulheres que necessitavam de ajuda para remover a pedra e poderem entrar na sepultura" (*ib.*). A palavra do anjo (16.7) pode, do mesmo modo como 16.8b, ser uma complementação posterior para harmonização com um estágio anterior da tradição das aparições (cf. *Grundzüge der Christologie*, 1964, pp. 99s.). Ao todo, a narrativa também tem, de acordo com VON CAMPENHAUSEN, "até certo grau, sem dúvida, caráter lendário" (*loc. cit.*, p. 40). Acompanhando F. MUSSNER (*Die Auferstehung Jesu*, 1969), E. SCHILLEBEECKX, a tomou, em 1975, por lenda cúltica de uma celebração anual junto à sepultura de Jesus (*Jesus. Die Geschichte von einem Lebenden*, 1975, p. 298 ref. a Mt 28.15). Vide tb. L. SCHENKE, *Auferstehungsverkündigung und leeres Grab*, 1968. Em 1979, SCHILLEBEECKX distanciou-se novamente dessa opinião (*Die Auferstehung Jesu als Grund der Erlösung*, pp. 103ss.), mas continua afirmando a historicidade da sepultura vazia (pp. 104s.).
[100] R. PESCH, *Das Markusevangelium 2*, 1977, 2ª ed., 1980, pp. 522-540, bem como Idem, Das "leere Grab" und der Glaube an Jesu Auferstehung, in: *Internationale katholische Zeitschrift Communio 11*, 1982, pp. 6-20, esp. 19.
[101] R. PESCH, *Das "leere Grab"*, etc., p. 17.
[102] R. PESCH, *loc. cit.*, p. 14. Cf. *Das Markusevangelium 2*, 2ª ed., 1980, p. 521.

tura inglesa o conhecido lógico de Oxford, MICHAEL DUMMETT, protestou em um artigo sensacional[103]. Ele se volta contra a opinião de HUBERT RICHARDS e FERGUS KERR, segundo a qual a mensagem pascal dos apóstolos sequer teria tido por conteúdo que a sepultura estava vazia. Esse fato teria sido de conhecimento geral na discussão entre cristãos e judeus. "O ponto de controvérsia não foi *se* ela estava vazia, e, sim *por que* – ou porque, como afirmavam os apóstolos, Jesus havia ressuscitado dentre os mortos, ou porque, conforme eram acusados, tinham roubado o corpo, a fim de cometer uma fraude"[104]. O sentido dos textos neotestamentários estaria suficientemente claro referente a essa questão, e não seria convincente atribuir-lhes uma convenção literária segundo a qual eles, na verdade, não queriam dizer o que parecem dizer[105].

A formação histórica de um juízo deve levar em consideração, além da análise de Mc 16.1-8, também a situação do anúncio pascal cristão-primitivo em Jerusalém, no sítio da execução e do sepultamento de Jesus. Se for correto que, de acordo com a compreensão judaica de então, a notícia da ressurreição de um morto implicava que seu túmulo ficava vazio[106], então é difícil imaginar que a mensagem cristã da ressurreição de Jesus pôde espalhar-se justamente em Jerusalém, se aquela condição com vistas ao túmulo de Jesus não estava confirmada[107]. Uma confirmação de que esse fato era de conhecimento

---

[103] M. DUMMETT, Biblische Exegese und Auferstehung, in: *Internationale katholische Zeitschrift Communio 13*, 1984, pp. 271-283.

[104] M. DUMMETT, *loc. cit.*, p. 278, cf. as exposições do Autor em *Grundzüge der Christologie*, 1964, pp. 98s.

[105] M. DUMMETT, *loc. cit.*, p. 281. DUMMETT se volta com isso contra um abuso do método histórico-formal (cf. p. 271).

[106] Assim entre outros A. VÖGTLE, *loc. cit.*, pp. 97, 109. 130. Essa é a condição também da construção de R. PESCH, segundo a qual a história do túmulo vazio era o produto da fé na ressurreição.

[107] Nesse sentido já P. ALTHAUS, *Die Wahrheit des kirchlichen Osterglaubens*, 1940, p. 25, citado em *Grundzüge der Christologie*, 1964, pp. 97s. De modo semelhante tb. J. MOLTMANN, *Der Weg Jesu Christi*, 1989, p. 244: "A mensagem da ressurreição relatada pelos discípulos que haviam retornado a Jerusalém não teria resistido por uma hora sequer se tivesse sido possível comprovar a presença do corpo de Jesus na sepultura" [*O Caminho de Jesus Cristo*, p. 299]. Cf. tb. W. L. CRAIG, On Doubts about the Resurrection, *Modern Theology* 6, 1989, pp. 54-75. esp. pp. 59s. R. PESCH, pelo contrário designou esse argumento em seu comentário sumariamente de "postulado que não pode ser demonstrado e que pode ser

geral e pressuposto por amigos e adversários da mensagem pascal cristã decorre das referências à discussão entre cristãos e seus adversários judaicos sobre esse tema, como pode ser deduzida dos Evangelhos (Mt 28.13-15; Jo 20.12ss. e 2)[108]. Não se encontra nenhum vestígio de

---

contestado" (*Das Markusevangelium 2*, 2ª ed., 1980, p. 538). Ele fundamentou seu juízo de modo mais detalhado no ensaio: Zur Entstehung des Glaubens an die Aufersehung Jesu. Ein Vorschlag zur Diskussion,, *ThQ 153*, 1973, pp. 201-228, esp. 206-208. Suas dúvidas referentes à tradição do túmulo, ali apresentadas, no entanto, não se coadunam muito bem com idade dessa tradição admitida no comentário, especialmente não com o papel atribuído por essa tradição às mulheres como aquelas que descobriram o túmulo vazio. Impressiona à primeira vista a afirmação de que a compreensão de Herodes de que em Jesus teria ressuscitado o Batista decapitado, Mc 6.14,16, confirmaria a compreensão de uma ressurreição sem túmulo vazio (p. 208, cf. tb. K. BERGER, *Die Auferstehung des Propheten und die Erhöhung des Menschensohnes*, 1976, pp. 15ss.). Acontece. porém, que a idéia da reincorporação de um morto *em outra pessoa* é algo totalmente diferente da concepção da ressurreição escatológica dos mortos e de uma transformação em uma vida bem diferente em comparação a essa forma de existência terrena. Também A. VÖGTLE rejeitou essa tese (*loc. cit.*, pp. 80ss.). Vide tb. W. KASPER, Der Glaube an die Auferstehung Jesu vor dem Forum historischer Kritik, *ThQ 153*, 1073, pp. 229-241, esp. p. 256: "Afinal é evidente que o Novo Testamento, após a ruptura da cruz, compreendeu a ressurreição não como retorno à vida anterior, mas como irrupção qualitativa da nova vida no novo *éon* e como uma maneira qualitativamente nova da presença de Jesus 'no espírito'. O ressuscitamento de Jesus, portanto, não foi entendido segundo o modo como se entendia a volta de Elias, o qual, segundo a concepção judaico-véterotestamentária, nem sequer havido morrido. Também não foi entendido de acordo com a imaginação popular ao modo de que João teria retornado em Elias".

[108] Quanto a isso, cf. H. VON CAMPENHAUSEN, *Der Ablauf der Osterereignisse und das leere Grab*, 2ª ed., 1959, pp. 31ss. A pergunta de A. VÖGTLE por que não se pode reconhecer "na tradição antiga", portanto, antes de Mt 28.13-15, nenhuma discussão com tentativas de explicações judaicas da sepultura vazia de Jesus (*loc. cit.*, pp. 87ss.), somente fundamentaria uma objeção à suposição de um conhecimento desde o início de que a sepultura de Jesus estava vazia, se as apresentações de Marcos e Lucas deveriam ter mencionado tal discussão, caso ela tivesse existido. Isso, porém, de modo algum é plausível com vistas ao caráter da apresentação e aos supostos destinatários. A outra objeção de VÖGTLE de que se a sepultura tivesse sido encontrada aberta e vazia deveria ter sido relatado algo sobre uma verificação e confirmação pelos discípulos (pp. 92ss.) é ainda menos plausível, porque, de acordo com a suposição dominante, (tb. segundo VÖGTLE), os discípulos se encontravam na Galiéia na época em que, segundo

que se tivesse dito aos cristãos que, afinal, o corpo de Jesus ainda se encontraria na sepultura. O peso desse fato foi subestimado muitas vezes na discussão sobre a tradição da descoberta do túmulo vazio de Jesus, do mesmo modo como o alcance do nexo da ressurreição com a corporeidade do defunto, especialmente referente a alguém morto recentemente, e com vistas à circunstância de que a ressurreição de Jesus foi anunciada e crida justamente em Jerusalém.

Quem quer contestar o fato da sepultura vazia deve comprovar que existiram entre os testemunhos judaicos contemporâneos concepções segundo as quais a ressurreição não precisa ter relação com o corpo que se encontra na sepultura[109]: Além disso, seria necessário supor que tais concepções (até agora não comprovadas) eram suficientemente populares na Palestina, visto que, do contrário, a bem-sucedida proclamação cristã-primitiva da ressurreição de Jesus não teria sido possível em Jerusalém sob a pressuposição de um túmulo intacto de Jesus. Mesmo assim ainda faltaria explicar por que, de acordo com as informações dos Evangelhos, os cristãos e seus adversários brigaram sobre o paradeiro do corpo de Jesus. Enquanto, porém, a comprovação mencionada não for apresentada devemos supor que a sepultura de Jesus estava realmente vazia.

A menção do sepultamento de Jesus em Paulo (1Cor 15.4) não pode ser usada como argumento para o fato de que o apóstolo tinha

---

Mc 16.1-8, o túmulo foi encontrado aberto e vazio. As razões de VÖGTLE contra uma suposição de um conhecimento imediato de que o túmulo de Jesus estava vazio, portanto, não são convincentes (contra VÖGTLE, *loc. cit.*, pp. 97s.). É interiormente inverossímil sua suposição de que a mensagem pascal cristã contou com o fato de que a sepultura estava vazia, mas que nem se teria interessado pelo túmulo de Jesus em Jerusalém e que também não fora motivada para isso por seus adversários judaicos.

[109] Sem dúvida, as concepções da corporeidade dos ressuscitados eram muito diferentes (sobre isso J. KREMER in: GRESHAKE; J. KREMER, *Resurrectio Mortuorum*. Zum theologischen Verständnis der leiblichen Auferstehung, 1986, pp. 68ss.), e até mesmo o contraste com a concepção grega da imortalidade da alma nem sempre estava clara (pp. 71ss.). Como a expectativa da ressurreição estava ligada com o futuro escatológico, não admira que a pergunta pela relação com corpo na sepultura estava pouco esclarecida (G. STEMBERGER, *Der Leib der Auferstehung*, 1972, pp. 115s.). No entanto, a concepção básica era a de que a existência do ser humano pode concretizar-se somente corporalmente, e isso "sempre somente na mesma corporeidade" (p. 116).

conhecimento da descoberta da sepultura vazia. Do fato de que Paulo não mencionou expressamente o túmulo vazio[110], porém, também não se pode concluir que ele lhe era desconhecido, mas talvez apenas que o destaque deste dado não lhe era teologicamente importante no contexto da argumentação de suas manifestações epistolares. Isso não admira se no caso tratou-se para Paulo de uma implicação óbvia do discurso da ressurreição de Jesus. Prova para esse acontecimento são, em Paulo, as aparições do Ressurreto e não a sepultura vazia. Isso é compreensível em face das diversas possibilidades de interpretação do fato do túmulo vazio. Esse fato deve ter sido importante como fato óbvio em Jerusalém, não, porém, na mesma medida em Éfeso ou Corinto. Além disso, ao fato do túmulo vazio não compete importância própria justamente quando na afirmação do ressuscitamento ou da ressurreição está implícito que o túmulo fica vazio, mas que, por outro lado, por si só não é capaz de sustentar uma afirmação nesse sentido.

Embora a convicção cristã de que o fato da ressurreição de Jesus não se baseia na descoberta de seu túmulo vazio, mas nas aparições do Ressurreto, a tradição da sepultura não é sem importância para o testemunho global do evento pascal. Ela dificulta a suposição de que nas aparições do Ressurreto afinal pôde ter-se tratado apenas de alucinações. Por outro lado, ela impede uma espiritualização da mensagem pascal, por mais que deixe espaço para a idéia de uma transformação da corporeidade terrena de Jesus para a realidade escatológica de uma vida nova. Como a descoberta da sepultura vazia também não pode ser explicada como produto da fé pascal, mas deve ter ocorrido de modo independente das aparições, ainda que a tradição a respeito tenha ocorrido à luz da fé pascal, deve-se conceder a essa notícia também a função de confirmação da identificação da realidade de Jesus, que se manifesta nas aparições, como ressurreição dentre os mortos.

---

[110] De acordo com W. L. CRAIG (vide nota 83), não é o destaque do sepultamento de Jesus como tal que implica o fato de que a sepultura ficou vazia, mas a sequência das afirmações "morto [...] sepultado [...] ressuscitado" em 1Cor 15.3ss (*Modern Theology 6*, 1989, pp. 57). Considero isso um argumento de peso. O fato de que Paulo menciona, além da morte, também o sepultamento de Jesus não pode ser compreendido como enfeite linguístico para corroborar o fato de ter morrido, mas como afirmação de um fato (contra J. BROER, *Die Urgemeinde und das Grab Jesu. Eine Analyse der Grablegungsgeschichte im Neuen Testament*, 1972, pp. 272ss.).

7. *A afirmação de que Jesus "ressuscitou" e que, portanto, o Jesus de Nazaré morto veio a uma nova vida já implica a pretensão de historicidade.* Isso vale aqui como em toda afirmação sobre acontecimentos sucedidos em tempo e espaço, conquanto tais afirmações sejam feitas na esperança de que resistam a um exame crítico e que o fato afirmado não se revelará como nulo a tal exame. Naturalmente, se a afirmação cristã da ressurreição de Jesus afirmasse um fato totalmente transcendente à história humana em tempo e espaço, a situação seria outra. Esse, porém, não é o caso. Na verdade, a ressurreição de Jesus é afirmada pela mensagem pascal cristã como um acontecimento da transição deste mundo terreno para uma vida nova e imperecível com Deus, no entanto, de tal modo, que esse acontecimento em si aconteceu neste mundo, a saber, no túmulo de Jesus perto de Jerusalém antes da visita das mulheres na manhã de domingo depois de sua morte.

A indicação "no terceiro dia" (1Cor 15.4) foi designada (diversamente do que Mc 8.31; 9.31; 10.34 par.) em Paulo expressamente como cumprimento "das escrituras" (cf. tb. Lc 24.27). Deve ficar em aberto se isso se refere a Os 6.2[111]. A referência de Mc 16.2 ("cedo de manhã, no primeiro dia da semana") dificilmente pode ser derivada daí, mas deve ser considerada, por sua vez, como origem da fórmula dos três dias desde a morte de Jesus, que corresponde somente com algum esforço àquele espaço de tempo[112].

Toda afirmação que sustenta que um acontecimento realmente aconteceu no passado implica uma pretensão histórica e, com isso, também se expõe a um exame histórico. Por isso algo correspondente vale necessariamente também para a afirmação cristã de que Jesus de

---

[111] Cf. G. DELLING in: *ThWBNT II*, 1935, 951ss., bem como C. F. EVANS, *loc. cit.*, pp. 47ss e K. LEHMANN, *Auferweckt am dritten Tag nach der Schrift*, 1968, pp. 221-230.

[112] Assim E. L. BODE, *The First Easter Morning*, 1970, p. 161, no qual se baseia W. L. CRAIG, *loc. cit.*, p. 58. CRAIG também remete à suposição de R. E. BROWN, *The Gospel According to John II*, 1970, p. 980, de que o uso linguístico uniforme em todos os Evangelhos quanto à data da descoberta da sepultura vazia deve ser tomado como sinal de que *"the basic time indication of the finding of the tomb was fixed in Christian memory before the possible symbolism in the three-day reckoning had yet been perceived"*, Isso depõe contra C. F. EVANS, *loc. cit.*, pp. 75s. Sobre as raízes judaicas da idéia do ressuscitamento de Jesus "no terceiro dia", vide tb. esp. K. LEHMANN, *Auferweckt am dritten Tag nach der Schrift*, 1968, pp. 262-290.

Nazaré teria "ressuscitado no terceiro dia" depois de sua morte. Para a compreensão correta desta tese, no entanto, é preciso considerar:

a) "Historicidade" não precisa significar que o que se afirma de fato como histórico seja análogo ou idêntico com outros acontecimentos conhecidos[113]. A pretensão de historicidade, inseparável da afirmação da faticidade de um acontecimento ocorrido, não contém mais do que sua faticidade (a faticidade de um acontecimento ocorrido em determinado tempo). A questão de sua identidade com outros acontecimentos pode ser importante para o juízo crítico sobre o direito de tais afirmações, mas não é condição da pretensão de verdade em si, ligada com a afirmação.

b) Por isso a referência à *heterogeneidade* da realidade escatológica da vida da ressurreição em contraposição à realidade deste mundo passageiro não pode afetar a pretensão à historicidade, dada com a afirmação de um acontecimento ocorrido em determinado tempo[114]. O interesse teológico na afirmação da historicidade da ressurreição de Jesus depende, pois, em analogia com a afirmação da encarnação, do fato de que a superação da morte pela nova vida escatológica realmente aconteceu neste nosso mundo e nesta nossa história.

c) A afirmação da historicidade de um acontecimento ainda não implica que a afirmação esteja garantida de tal modo que não se pudesse mais discutir sobre sua faticidade[115]. Muitas afirmações históricas de

---

[113] Referente a isso, vide minha discussão com E. TROELTSCH em Heilsgeschehen und Geschichte (*KuD* 1959), agora in: *Grundfragen systematischer Theologie I*, 1967, pp. 46ss, esp. 49ss. De modo semelhante tb. J. MOLTMANN, *Der Weg Jesu Christi.* 1989, pp. 266ss. [*O Caminho de Jesus Cristo*, p. 365s.], apesar de sua rejeição, a ser mencionada na próxima nota, da designação da ressurreição de Jesus como histórica. Além disso, cf. D. P. FULLER, The Resurrection of Jesus and the Historical Method, *The Journal of Bible and Religion 34*, 1966, pp. 18-24.

[114] Isso é ignorado, entre outros, também por J. MOLTMANN, *Der Weg Jesu Cristi*, 1989, p. 236 [*O Caminho de Jesus Cristo*, p. 325s], quando escreve: "Quem denomina de 'histórica' a ressurreição de Cristo, bem como sua morte de cruz, esse esquece a nova criação que começa com ela, e erra a esperança escatológica" [*O caminho de Jesus Cristo*, 2008, p. 325s]. A diferença em relação à crucificação reside na qualidade do acontecimento, mas não no caráter de acontecimento como tal.

[115] Essa compreensão difundida, mas incorreta, deverá ser co-responsável em primeira linha pelo ceticismo em relação à designação "histórica" para a afir-

fatos permanecem controvertidas, mas, em princípio, cada uma dessas afirmações pode ser posta em dúvida. No caso da ressurreição, cada cristão deveria saber que a faticidade desse acontecimento permanecerá controvertida até a consumação escatológica do mundo, porque sua característica desafia somente a compreensão de realidade orientada neste mundo passageiro, enquanto a nova realidade irrompida na ressurreição de Jesus ainda não apareceu definitivamente em sua generalidade[116]. Apesar disso, a fé cristã afirma que a vida escatológica da ressurreição dos mortos já aconteceu no Jesus crucificado, e como afirmação de um fato sobre um evento passado esse discurso implica inevi-

---

mação cristã da ressurreição de Jesus. Assim também escreve W. KASPER, dizendo que eu oneraria "a pesquisa histórica com enorme peso de comprovação" ao insistir que não existe razão de direito "para afirmar a ressurreição de Jesus como um evento real, se ela não pode ser afirmada como histórica como tal" (*Jesus der Cristus*, 1974, p. 160). KASPER esquece que na tese por ele reproduzida corretamente se trata, em primeiro lugar, de um nexo *lógico* com vistas à afirmação da faticidade de um evento passado e que o grau da possibilidade de decisão da pretensão de tais afirmações é uma questão que deve ser distinguida disso. Por isso ele também acha que no meu caso "o método histórico de fato estaria sendo sobreexigido" (*ib.*). Mas "histórico" não significa "que algo pode ser provado historicamente" (assim J. MOLTMANN, *Der Weg Jesu Christi*, 1987, p. 237), e, sim diz "realmente acontecido". O que há de historicamente comprovável de tal modo que esteja acima de qualquer dúvida? A pretensão da afirmação de um fato à historicidade implica tão-somente a expectativa que o conteúdo dessa afirmação possa resistir a um exame histórico, sem prejuízo de formação de juízo diferente e controvertida.

[116] Neste sentido posso concordar com o tom da descrição de J. MOLTMANN, *Der Weg Jesu Christi*, 1987, pp. 245 e 263ss. [*O caminho de Jesus Cristo*, 1993 pp. 335s e 336s.]. Se MOLTMANN escreve a respeito da fé cristã na ressurreição que até sua "verificação pelo ressuscitamento escatológico dos mortos ela permanece esperança" e sua linguagem seria "a linguagem da promessa e da esperança fundamentada, mas ela ainda não é a linguagem do fato consumado" (p. 245 [vers. bras. p. 301]), o *perfectum* da ressurreição de Jesus, enfatizado por Paulo (1Cor 15.12ss.) está sendo minimizado. Mais corretamente se deveria dizer que a realidade da nova vida irrompida na ressurreição de Jesus ainda não está consumada, razão pela qual também esse evento ainda é controvertido, mas que, não obstante, está sendo afirmado como já acontecido e que como já ocorrido faz da esperança cristã uma "esperança fundamentada". Também MOLTMANN ao menos diz a respeito de Jesus "que ele foi ressuscitado adiante de todos os demais mortos" (p. 245 [vers. bras. pp. 336s.]), e com isso diz mais do que sua explicação anexa.

tavelmente uma pretensão histórica. Só pode provocar confusão quando essa pretensão é negada, mantendo, porém, a afirmação do fato.##

d) A conclusão a qual alguém chega a respeito da historicidade da ressurreição de Jesus depende, para além do exame dos detalhes (e com a tarefa a isso ligada de reconstruir o curso dos acontecimentos), da compreensão de realidade pela qual a referida pessoa se deixa guiar e do que ela, de forma correspondente, considera como possível em princípio ou, então, impossível já antes de analisar os detalhes. Aqui vale, com Paulo, que aquele que parte do ponto de vista que mortos não ressuscitam sob hipótese alguma também não pode reconhecer a ressurreição de Jesus como fato (1Cor 15.13), por maior que seja o peso dos indícios a favor da mesma[117]. No entanto, se deveria admitir que um juízo nesse sentido se baseia em uma pré-decisão dogmática e não merece ser chamada de crítica (no sentido do exame histórico não preconceituoso de documentos). Sem dúvida, uma reconstrução histórica se orienta, em geral, numa compreensão de senso comum de realidade, em uma concepção de realidade que, sem dúvida, ainda é fluente e que pode, *p.ex.*, acolher em si novas perspectivas científicas assim que foram recepcionadas em amplitude suficiente[118]. Na Idade Média também a visão bíblica da realidade fazia parte dos elementos de uma compreensão da realidade nesse sentido. Nos inícios da tradição cristã, porém, e na cultura secularizada dos tempos modernos a visão bíblica da realidade como campo do agir de Deus com inclusão de sua consumação escatológica constituía e constitui um desafio. Corresponder-lhe poderá ser difícil para o historiador secular. Mas ele, ao julgar criticamente a mensagem pascal cristã, deveria diferenciar até que ponto tal juízo o resultado decorre obrigatoriamente de fatos detalhados e buscar maior coerência de descrições alternativas[119], buscando verificar até que ponto se trata do resultado de preconceituosidade em

---

[117] Exemplo clássico para isso são as explanações de DAVID HUME no afamado capítulo *Of Miracles* (cap. X) em sua obra *An Inquiry Concerning Human Understanding* (1758) ed. por CH. W. HENDEL, 1955, pp. 117-141, esp. 137.

[118] Referente a isso, cf. as exposições de H. BURHENN, que se destacam por clareza e equilíbrio: Pannenberg's Argument for the Historicity of the Resurrection, *Journal of the American Academy of Religion 40*, 1972, pp. 368-379.

[119] Sobre a importância desse último ponto de vista vide A. DUNKEL, *Christlicher Glaube und historische Vernunft*. Eine interdisziplinäre Untersuchung über die Notwendigkeit eines theologischen Geschichtsverständnisses, 1989, pp. 288s.

princípio. Porquanto nesse último caso, a teologia cristã não tem motivo para retroceder diante do desafio dado com a afirmação da historicidade da ressurreição de Jesus na relação com a história secular.

2. O desdobramento cristológico da unidade de Jesus com Deus

a) A filialidade divina de Jesus e sua origem na eternidade de Deus

O evento pascal tornou-se o ponto de partida histórico da pregação apostólica e da cristologia da Igreja. Ambos os fatos se baseiam no significado próprio desse evento em sua referência à história pré-pascal de Jesus – a sua obra como mensageiro do reino de Deus iminente e à ligação do título de Messias com sua pessoa por meio da acusação que havia levado a sua condenação e execução pelos romanos. Essa referência tem, quanto ao conteúdo, o caráter de confirmação e justificação divina (1Tm 3.16) da atividade pré-pascal de Jesus e de sua pessoa em face da rejeição que experimentou e da condenação por judeus e romanos. Agora nos compete analisar com mais exatidão esse processo de confirmação e justificação.

Se o evento da ressurreição de Jesus deve ser entendido como a confirmação e justificação divina por ele experimentadas, contra sua condenação por seus juízos humanos, então ele deve ser considerado, em primeiro lugar, como repúdio da acusação feita contra ele: portanto, Jesus não se fez igual a Deus por si mesmo, também não no sentido que ele mesmo se tivesse declarado Filho de Deus (Mc 14.61). Muito antes, ele se distinguiu de Deus ao subordinar-se ao Pai, para, por meio de todas suas ações, servir ao governo do Pai. Com isso demonstrou ao Pai a honra que toda criatura lhe deve como ao único Deus. Ele é o Filho somente nessa autodistinção em relação ao Pai por meio de subordinação sob seu governo régio e no serviço a ele. Isso explica a ambivalência na resposta de Jesus à pergunta do sumo sacerdote, que este dirigiu a Jesus, de acordo com a tradição dos Evangelhos sinóticos, no auge do processo judaico contra ele: "És tu o Messias, o Filho do Deus bendito?" (Mc 14.61). A ambivalência da resposta de Jesus reflete-se na diferente reprodução pelos evangelistas: por um lado, o sim em Marcos (14.62), por outro lado, a reação na verdade não negativa, mas, não obstante, claramente reticente, da qual relatam Lucas (22.64) e Mateus (26.67s.): A confissão da filialidade divina seria compreendida no sentido de presunção humana, que equipara a própria pessoa a Deus, e por isso não seria crida. Ela justamente não seria crida no sentido da subordinação ao Pai como o Deus uno. Isso é confirmado pela continuação do relato, visto que a ameaça de Jesus com o juízo do Filho do Homem parece ter sido compreendida como expressão da suposta presunção (Mt 26.65; Lc 22.70s.). No entanto, Jesus é o "Filho" do Pai justamente pelo fato de se ter submetido inteiramente a seu governo régio e de servir a ele. A justificação divina em oposição ao juízo de seus juízes humanos diz, portanto, em primeiro lugar: Justamente pelo fato de não ter feito a si mesmo igual a Deus ele é justo perante Deus como o "Filho" do Pai, tal como o revela seu ressuscitamento. A "instituição" na filialidade pelo ressuscitamento (Rm 1.4) deve ser entendida, apesar de que isso não seja dito expressamente neste contexto (cf., porém, Fl 2.8s.), como expressão da confirmação da autorização do envio de Jesus por Deus mesmo.

A designação de Jesus como "o Filho" tem um ponto de referência na maneira como Jesus falou de Deus como "o Pai" em sua atuação pré-pascal, embora a autodesignação como "o Filho" na boca de Jesus (Mt 11.27; Lc 6.22) certamente não deva ser considerada como autêntica no sentido histórico. Em todo caso, a pergunta da historicidade de tal auto-atribuição é de importância secundária, porque o modo específico para Jesus de referir-se ao Deus de sua mensagem como "o Pai" implicava a condição de Filho em relação a esse Pai. A partir daí tinha que oferecer-se como o mais imediato à luz do evento pascal designar o justificado por seu ressuscitamento por Deus como "o Filho", especialmente quando o título "Filho de Deus" havia sido importante em outro contexto, a saber, em ligação com a questão do Messias, no processo de Jesus. Ao Messias real compete o título "Filho de Deus", porque, de acordo com Sl 2.7 e 2 Sm 7.14, o rei na sucessão de Davi se chama filho de Deus[120].

---

[120] Por isso a filiação davídica aparece em Rm 1.3s. como estágio anterior da instituição na dignidade de Filho, que também no Sl 2.7 está ligada com a efetiva posse no governo régio. Referente à descendência de Jesus de Davi, cf. F. HAHN, *Christologische Hoheitstitel. Ihre Geschichte im frühen Christentum*, 1963, pp. 242-279, esp. 244, bem como O. CULLMANN, *Die Christologie des Neuen Testaments* (1957), 2ª ed., 1958, pp. 128ss.; CHR. BURGER, *Jesus als Davidssohn*, 1970.

A designação "Filho" liga, portanto, o título de Messias, não reivindicado por Jesus, mas ligado a sua pessoa como motivo de sua condenação e execução, com a relação com Deus como Pai, sendo característica para Jesus.

A justificação divina do Crucificado por meio de seu ressuscitamento dentre os mortos também deve ser entendida em relação com sua condenação e execução pelos romanos como pretendente a Messias. Perante o julgamento de Jesus pelos romanos, a justificação divina por meio de seu ressuscitamento dentre os mortos significa: Ele não é Messias no sentido de dominação política, e, portanto, também não no sentido da acusação de revolta contra o domínio romano. Não obstante, continua-se usando o título de Messias por causa de sua relação com o título de Filho. Ele se torna, inclusive, elemento do nome de Jesus, porém, com outro significado, no sentido da obediente submissão ao sofrimento do Crucificado: Jesus é confirmado como o plenipotenciário representante do reino e do Deus que ele anunciou. Esse é o sentido de sua elevação à dignidade messiânica por meio de instituição no pleno exercício da condição de Filho de Deus (Rm 1.4), no poder do Espírito de Deus que o ressuscitou dentre os mortos. A elevação é expressão da justificação de Jesus por meio de seu ressuscitamento dentre os mortos, permanecendo, portanto, associada à acusação feita contra ele. No caso de sua condenação e sua morte de cruz não se trata do governo messiânico do Exaltado como de uma fase de seu caminho posterior a sua paixão, substituindo-a e deixando-a para trás, mas da messianidade do Crucificado como tal, de modo que o Evangelho de João, resumindo a situação paradoxalmente, pôde interpretar o próprio destino da cruz como elevação (Jo 3.14; 8.28; 12.32s.). Mas também no sentido do Evangelho de João é possível falar desse modo de sua morte de cruz somente à luz da ressurreição de Jesus e de seu retorno para junto do Pai.

A confirmação de Jesus por Deus no evento pascal estende-se, em terceiro lugar, a sua atividade terrena e ao anúncio do reino de Deus e sua irrupção em seu próprio aparecimento, o que fundamenta essa atuação. A pretensão para a própria pessoa de Jesus nisso encerrada, de que nele e por meio dele o futuro de Deus já está presente, já não aparece mais como presunção humana. Pelo ressuscitamento de Jesus está confirmado que ele atuou na autoridade do Pai já em sua atividade terrena, de modo que o governo régio do Pai se tornou presente nele: já na sua aparição terrena ele era o Filho do Pai, embora fosse empossado na posição de poder do Filho somente por seu ressuscitamento (Rm 1.4). A instituição na condição de Filho por meio de seu ressuscitamento dentre os mortos não pode significar que Jesus somente a partir daí é o Filho do Pai[121]. Uma compreensão nesse sentido ignoraria o sentido confirmatório do ressuscitamento de Jesus: como evento de confirmação, esse acontecimento tem poder retroativo[122]. Por isso, à luz do evento pascal, a condição de Jesus como Filho de Deus já pôde ser associada a seu batismo por João, que é o ponto de partida de sua atuação pública (Mc 1.11 par.)[123]. Como, porém, o ressuscitamento de Jesus não confirmou apenas sua mensagem e sua atividade, como se seu conteúdo pudesse ser separado de sua pessoa, mas a ele mesmo, sua pessoa, que se tornou ambígua em consequência de sua mensagem, por isso a fundamentação de sua relação filial com o Pai pôde com razão ser retroprojetada ao início de sua existência terrena em geral, a sua concepção e a seu nascimento (Lc 1.32,35)[124]. Para a compreensão adequada desse estado de coisas, no entanto, é preciso observar que tanto a ligação da filialidade divina de Jesus com seu batismo quanto a descrição da origem de sua existência terrena como nascimento do Filho de Deus estão legitimadas objetivamente somente à luz do evento pascal e como expressão de sua função confirmadora. Somente se forem apreciadas nessa perspectiva as concepções da fundamentação da filialidade di-

---

[121] Essa já foi a interpretação paulina da fórmula citada em Rm 1.3s. Cf. U. WILCKENS, *Der Brief an die Römer I*, 1978, p. 59.

[122] Vide *acima* p. 431 nota 92.

[123] Com mais detalhes a respeito vide do Autor, *Grundzüge der Christologie*, 1964, pp. 136ss. De acordo com JOACHIM JEREMIAS, *Die Verkündigung Jesu* (*Neutestamentliche Theologie I*, 1971, 2ª ed., 1973, pp. 56ss. [*Teologia do Novo Testamento*, pp. 82ss.]), todavia, o batismo de Jesus por João já teria sido historicamente ponto de partida de uma consciência de Filho de Jesus (pp. 61ss.).

[124] A lenda da concepção virginal de Jesus como está registrada em Lc (1.26-38) já pressupõe o título "Filho de Deus" para a criança prometida (Lc 1.32). Especialmente 1.35b dá a entender que a narrativa tem o caráter de etiologia da filialidade divina de Jesus: ela fornece a fundamentação para o fato já conhecido alhures de que Jesus é o Filho de Deus. Cf. o estudo da história do nascimento feito por R. E. BROWN, esp. pp. 313 e 517-531, mencionada *acima* na p. 451, nota 139.

vina de Jesus em seu batismo, por um lado, em seu nascimento, por outro lado, não entram em contradição entre si e com a antiga afirmação sobre sua instituição na dignidade de Filho por meio de seu ressuscitmento dentre os mortos. Consideradas isoladamente, essas concepções se apresentam como três informações sobre a origem da filialidade divina de Jesus, que são concorrentes entre si e que se desmentem mutuamente[125].

> O evento pascal também deve ser entendido ainda em outro sentido como confirmação da mensagem de Jesus, conquanto ele pode ser compreendido, no mínimo, como cumprimento parcial da pregação de Jesus acerca da irrupção iminente do futuro do reino de Deus. A vinda do fim antes da morte da geração de então (Mc 9.11; 13.30; cf. Mt 10.23) não se concretizou. No entanto, no próprio Jesus, a salvação derradeira do reino de Deus já se tornou realidade por meio de seu ressuscitamento dentre os mortos. Por isso a "demora da parusia" não precisou tornar-se para o cristianismo primitivo uma decepção que abalasse o fundamento de sua fé, embora a primeira geração dos cristãos, incluindo Paulo (1Ts 4.15-17), ainda vivia na expectativa imediata da parusia (cf. 1Cor 15.51; Rm 13.11): por meio do Senhor ressuscitado e seu Espírito, a salvação escatológica seria certa para os crentes, de modo que a duração do tempo ainda restante até a consumação escatológica se tornaria algo secundário. Isso nada muda no fato de que o futuro da consumação final permanece constitutivo para a fé em Jesus Cristo. Mas o acento na fundamentação da posse da salvação deslocou-se como consequência do evento pascal e do recebimento do Espírito associado à fé na ressurreição de Jesus da orientação no futuro escatológico para a comunhão com o Senhor presente por meio de seu Espírito. Enquanto na situação da mensagem de Jesus

---

[125] A afirmação de que o "uso diferenciado do conceito de Filho no Novo Testamento..." daria "liberdade à reflexão dogmática" para seguir seu próprio caminho, a saber, sem assumir os "conteúdos" a isso associados, conforme a opinião de H. GRASS (*Christliche Glaubenslehre I*, 1973, pp. 112 e 117), deixa entrever uma compreensão singular a respeito da ligação da doutrina cristã ao testemunho bíblico. Sua multiformidade não dispensa dessa ligação, mas deveria motivar a dogmática a perguntar pela unidade da coisa precedente àquela multiplicidade e pelos motivos nisso fundamentados para o surgimento de tantas formas do testemunho. O reconhecimento dessa tarefa já se encontra na base do procedimento de meu livro *Grundzüge der Christologie*, 1964, pp. 131-151.

a proximidade imediata do futuro escatológico de Deus constituía o motivo para a urgência do apelo à adesão a esse futuro, depois da páscoa esse motivo foi substituído pela mensagem da reconciliação e redenção ocorridas na morte e na ressurreição de Jesus. No tempo subseqüente, a fundamentação da salvação pôde ser retroprojetada para uma data ainda mais antiga e associada com a encarnação do Redentor. Esse desenvolvimento deve ser avaliado no alinhamento da presença do futuro salvífico antecipatório já característico para a mensagem e a atuação de Jesus. Ela então não se apresenta como falsificação, mas como desdobramento apropriado do ponto de partida fundamentado no próprio Jesus. O ressuscitamento de Jesus confirmou esse traço de sua atuação terrena não apenas pelo fato de ter corroborado a autoridade divina de Jesus, mas também pelo fato de repetir nele a forma da irrupção antecipatória do futuro salvífico, conquanto a salvação do reino de Deus, a vida nova e incorruptível na comunhão com Deus se realizou em Jesus, mas ainda não para todos os crentes. Os dois motivos também convergem na idéia da encarnação: a revelação proléptica da salvação em meio à história do mundo ainda não consumada como manifestação da aparição do eterno Filho de Deus, perceptível na luz do evento pascal, na história terrena de Jesus.

O pertencimento de Jesus ao eterno Deus expresso na idéia da filialidade divina, tal como ele é conteúdo da confirmação de sua pessoa e sua missão acontecida com seu ressuscitamento, não pode ser limitado ao tempo de sua existência terrena. Pois a confirmação da mensagem de Jesus pelo Deus que o ressuscitou para a vida não diz apenas que Jesus agia em autoridade divina, mas também que Deus é desde a eternidade aquele como foi anunciado por Jesus. A mensagem e a história de Jesus contêm a revelação escatológica definitiva do Pai e de sua dedicação amorosa à criação. "Ninguém conhece o Pai senão unicamente o Filho e a quem o Filho o quiser revelar" (Mt 11.27 par.). Se, porém, o Pai é desde a eternidade aquele como o qual foi revelado na relação com Jesus, seu Filho, e por meio dele historicamente, então também, inversamente, o Filho pertence ao Pai desde a eternidade, o Pai não pode ser concebido sem o Filho. Isso significa, por um lado, que o Ressurreto está elevado à eterna comunhão com o Pai. O pertencimento de Jesus como Filho ao eterno Deus, porém, significa, por outro lado, também que o Filho já está ligado com o Pai antes do começo da existência terrena de Jesus e que o próprio pertencimento de Jesus ao Pai remonta também ao tempo antes de seu nascimento terreno[126]. Se a referência à pessoa histórica de Jesus de Nazaré é característica para a identidade de Deus como do Pai, também se deve falar de uma preexistência do Filho, que deveria ser revelada historicamente em Jesus de Nazaré, antes de seu nascimento terreno. Correspondentemente a existência histórica de Jesus deve ser concebida então como o evento da encarnação do Filho preexistente. O Filho preexistente certamente não pode ser concebido isolado da histórica relação de Filho com Deus se a afirmação de sua preexistência está fundamentada somente nisso. Teologicamente, a eterna relação do Pai com o Filho não pode ser separada de sua encarnação na existência e na atuação históricas de Jesus[127]. Somente assim pode ser entendida como pertencente à

---

[126] K. KUSCHEL (*Gehorsam vor aller Zeit? Der Streit um Christi Ursprung*, 1990) concorda com minha afirmação "de que não podemos mais conceber de modo apropriado a divindade de Deus sem Jesus" (p. 528, citação de meu livro: *Das Glaubensbekenntnis, ausgelegt und verantwortet vor den Fragen der Gegenwart*, 1972, p. 75). Também seria "absolutamente necessário assegurar do ponto de vista neotestamentário" que, como está dito ali, para os crentes Jesus "faz parte inseparável da deidade do eterno Deus". Ele, porém, pergunta se disso se teria que concluir que essa "consubstancialidade de Jesus com Deus" também inclui que – como consta na passagem citada de meu livro –, "pelo lado de sua unidade com Deus", Jesus, "como Filho, já era antes de se tornar como ser humano, antes de seu nascimento humano", que, portanto, a "participação desse ser humano também da eternidade de Deus, embora, como ser humano, não fosse eterno, antes, como nós todos, nasceu no tempo" (*ib.*). É claro que isso pode ser perguntado. No entanto, KUSCHEL não aduz nenhum argumento de como se pode escapar de tal conclusão, se é que for séria a afirmação do inseparável pertencimento de Jesus como pessoa a Deus em sua eternidade, afirmado também por ele.

[127] Essa ligação entre a idéia da preexistência e a revelação histórica de Deus em Jesus Cristo já foi manifestada por K. BARTH, *KD I/1*, 1952, p. 448. A ligação da eterna deidade do Filho com a existência histórica do ser humano Jesus é produzida em K. BARTH pela doutrina da preexistência. O primeiro "objeto" da predestinação é "o Filho de Deus [...] em sua determinação para o Filho do Homem, o Homem-Deus preexistente Jesus Cristo que como tal é a eterna razão de toda eleição divina" (*KD II/2*, 1942, p. 118; cf. *III/ 1*, 1946, p. 54). Com isso, porém, BARTH duplicou a idéia da preexistência de modo singular: enquanto em *KD I/1*, p. 448, ele se referiu à deidade de Jesus Cristo, o eterno Filho, a partir de *KD II/2*, p. 118, referiu-se também à realidade humana de Jesus. Por meio da duplicação da concepção da preexistência e a ligação de seus dois lados por meio da idéia da eleição, BARTH, porém, não conseguiu determinar racionalmente a relação entre a preexistência do Filho eterno como tal e a relação filial

eterna identidade do Pai que ela também existiu antes do momento do nascimento terreno de Jesus. Assim deve-se falar de um estado da preexistência do Filho de Deus revelado na história de Jesus antes do nascimento terreno de Jesus do mesmo modo e pela mesma razão como da permanente ligação do Crucificado e Ressurreto com o Pai como consequência de sua elevação à comunhão com ele e para a participação em seu reino.

A pergunta pela procedência histórico-religiosa da concepção da preexistência, que deve ser procurada antes na especulação sapiencial judaica (Pr 8.22s.; Eclo 24.3ss.) do que em concepções helenistas, não-judaicas[128] não deve obstruir a pergunta mais fundamental pelas razões a serem procuradas na própria tradição a respeito de Jesus para sua ligação com a figura de Jesus[129]. Do mesmo modo como a confissão da elevação de Jesus, as afirmações sobre a preexistência resultaram da confirmação da autoridade divina de Jesus por meio de seu ressuscitamento dentre os mortos. Neste caso certamente a prioridade histórica, bem como o interesse primordial para o crente, compete à afirmação acerca da elevação, mas a preexistência do Filho está intimamente ligada a ela[130] e, como aquela, se baseia diretamente no pertencimento do Ressurreto ao eterno Deus. Isso explica o surgimento desde cedo de afirmações a respeito da preexistência nos textos cristão-primitivos. Em Paulo encontra-se uma afirmação nesse sentido não apenas em Fl 2.6ss. como citação de um hino pré-paulino[131]; a idéia da preexis-

---

histórica de Jesus com o Pai. O ato da eleição faz parte da liberdade da relação de Deus com o mundo, e por isso seu conteúdo não pode ser constitutivo para a eterna identidade de seu ser divino. Do contrário, o próprio mundo se tornaria o correlato do ser divino. A relação com a encarnação, portanto, deve ser fundamentada a partir da relação do Filho com o Pai e não primeiramente via doutrina da predestinação.

[128] Vide quanto a isso, G. SCHIMANOWSKI, *Weisheit und Messias*. Die jüdischen Voraussetzungen der urchristlichen Präexistenzchristologie, 1985, pp. 13-308, bem como H. VON LIPS, *Weisheitliche Tradition im Neuen Testament*, 1990, pp. 150ss.

[129] Apesar de aparecer na fonte dos ditos como Lc 13.34s. par., essa ligação certamente é pós-jesuana; cf. G. SCHIMANOWSKI, *loc. cit.*, pp. 313s., bem como resumidamente H. VON LIPS, *loc. cit.*, pp. 254ss.

[130] J. HABERMANN, *Präexistenzaussagen im Neuen Testament*, 1990, pp. 421s, 429s., designa a elevação de Cristo como ponto de partida das afirmações sobre sua preexistência.

[131] Quanto a isso, cf. detalhadamente J. HABERMANN, *loc. cit.*, pp. 91-157.

tência também ocorre na afirmação de Jesus Cristo como mediador da criação, "por meio do qual são todas as coisas" (1Cor 8.6), bem como na afirmação de uma atividade do *Christos* na história salvífica de Israel (1Cor 10.4)[132]. Também o que é dito sobre o "envio" do Filho ao mundo pressupõe em Paulo (Gl 4.4; Rm 8.3) o estado da preexistência como ponto de partida do envio[133], como é o caso incontestado no Evangelho de João (Jo 3.18; cf. 1Jo 4.10). Em todos os casos não corresponde ao testemunho da tradição cristã-primitiva querer apresentar a concepção da preexistência do Filho de Deus manifestado em Jesus como mero fenômeno marginal, que ocorreria "unicamente" nas afirmações hínicas de Cl 1.15-17 e Hb 1.2 bem como no Evangelho de João[134]. Antes, ela está objetivamente ligada

---

[132] J. HABERMANN, *loc. cit.*, pp. 178ss., bem como 215ss.; cf. G. SCHIMANOWSKI, *loc. cit.*, pp. 317ss. e pp. 320-327.

[133] Assim W. KRAMER, *Christos Kyrios Gottessohn. Untersuchungen zum Gebrauch und Bedeutung der christologischen Bezeichnungen bei Paulus und den vorpaulinischen Gemeinden*, 1963, pp. 110ss., bem como F. HAHN, *Christologische Hoheitstitel. Ihre Geschichte im frühen Christentum*, 1963, pp. 315s. HAHN já chamou a atenção para o fato de que as afirmações sobre o envio também foram entendidas no sentido de envio profético (como Mc 12.1-9), portanto sem a pressuposição da preexistência. O caso, porém, é outro onde o envio se refere, como em Gl 4.4, "ao nascimento, à existência terrena", respectivamente "à entrada na realidade e nas circunstâncias terrenas (KRAMER, p. 110, cf. HAHN, p. 316): neste caso, a idéia do envio pressupõe a concepção da preexistência. Esse argumento não foi anulado por críticos de uma referência das afirmações sobre o envio em Gl 4.4 e Rm 8.3 à pressuposição de *status* preexistente do Filho. J. BLANK (*Paulus und Jesus*, 1968, p. 267) e G. SCHNEIDER (Präexistenz Christi, in: J. GNILKA (ed.), *Neues Testament und Kirche* (Festschrift R. SCHNACKENBURG), 1974, pp. 399-412, 408 nota 43) supuseram uma analogia ao envio dos profetas no sentido de Mc 12.4-6, sem consider a crítica de F. HAHN à aplicabilidade dessa analogia. De modo semelhante também J. D. G. DUNN, *Christology in the Making. A New Testament Inquiry into the Origins of the Doctrine of the Incarnation*, 1980, pp. 38-46, baseou-se em Mc 12.6 como suposto paralelo mais próximo a Gl 4.4 (p. 40). DUNN observa com razão que a indicação "nascido de mulher" não precisa referir-se necessariamente ao acontecimento do nascimento em si, mas não se considera o estado de coisas a ser distinguido disso de que com o nascimento de uma mulher e a submissão à Lei a frase paulina menciona como um todo as condições da existência terrena (como judeu) e com isso descreve o estado para dentro do qual o Filho é enviado. Algo semelhante também vale, de outro modo, para Rm 8.5.

[134] Assim K.-J. KUSCHEL, *Geboren vor aller Zeit? Der Streit um Christi Ursprung*, 1990, pp. 526s. KUSCHEL esquece que ele mesmo admite uma concepção sapiencial da

de modo estrito com a pregação apostólica do Senhor ressuscitado e elevado a Deus. Essa ligação também se manifesta de modo suficientemente claro nos textos neotestamentários quando se sabe que não se pode esperar desses textos uma reflexão sistemática e didática sobre o tema. Como se sabe, uma reflexão nesse sentido também falta no caso de outros temas, *p.ex.*, com vistas à concepção da elevação.

A suposição de uma preexistência do Filho de Deus, que apareceu historicamente na relação de Jesus com o Pai, é inevitável se não quisermos apenas afirmar a comunhão de Jesus com o Deus eterno,

---

preexistência para o hino cristológico de Filipenses (p. 329) e que havia falado de afirmação pessoal da preexistência como "função da afirmação da humilhação e elevação" (p. 336). O fato de que para Paulo a elevação estar no centro não anula o fato de que, não obstante, a afirmação da preexistência era importante nessa função. Naturalmente não se trata aí de uma afirmação "autônoma" da preexistência (p. 335): Mas negar isso não significa negar a Paulo essa concepção de todo. A tendência que se pode observar em KUSCHEL de, por meio da insistência em ênfases teológicas divergentes das afirmações da preexistência do respectivo contexto, relativizar a importância daquelas afirmações, passando então a bagatelizá-las e, por fim, fazendo-as desaparecer por completo (cf. tb. 362ss, referente a 1Cor 8.6 esp. pp. 317ss.), está longe de dar a impressão de um tratamento despreconceituoso das questões exegéticas. Quanto à pergunta pelos nexos entre afirmações dogmáticas posteriores da Igreja e as implicações de textos neotestamentários como os acima mencionados, KUSCHEL entende que aí se abusa, em um "método hermeneuticamente inconsequente" (p. 528), da história de Jesus como "trampolim" para alcançar uma ligação "metafísica" entre Pai e Filho sempre já pressuposta (p. 528, cf. pp. 526s.). De tais disparates polêmicos pode-se deduzir que para o autor a pergunta por tais nexos, que certamente não é disparatada de antemão, evidentemente não é simpática. Por que o procedimento da reflexão sistemática a respeito das implicações de afirmações neotestamentárias para os nexos objetivos da mensagem de Cristo e, concomitantemente, também para a doutrina cristã é caricaturizada desse modo? Acaso isso acontece somente porque o próprio KUSCHEL busca uma purificação da imagem de Jesus de todos os elementos que levam à doutrina da Trindade (cf. pp. 505ss., 666ss.)? Naturalmente o contexto de fundamentação da doutrina da Trindade não depende unicamente da ocorrência de uma concepção da preexistência já em Paulo. Decisivo é, antes, que o pertencimento de Jesus ao Pai eterno como seu Filho implica a suposição de sua filialidade eterna (vide *acima* p. 516 nota 126. Se isso corresponde aos fatos, então há de se supor que esse estado de coisas também se fez notar no processo histórico-tradicional da formação de concepções cristológicas no cristianismo primitivo.

mas também manter a ligação entre a eterna identidade do Deus-Pai proclamado por Jesus e a relação com Jesus como seu Filho. Do contrário, de acordo com a eleição de Deus, pessoas podem receber comunhão com o eterno Deus sem que lhes tivesse que ser atribuído preexistência. Se, porém, a relação com uma pessoa há de ser constitutiva para a identidade eterna do próprio Deus, então o próprio correlato dessa relação deve ser eterno, e disso resulta a preexistência do Filho. Por outro lado, a concepção da preexistência não precisa ser sempre e em toda parte expressão desta ligação com o eterno ser de Deus. Pode tratar-se de uma "preexistência" meramente "ideal"[135] de idéias criacionais divinas antes de sua realização histórica. Como toda realidade criatural, tal preexistência nas intenções de Deus se encontraria sob a condição da liberdade criacional de Deus e não seria constitutiva para a eterna identidade de seu ser[136]. Como, portanto, a idéia da preexistência em si ainda não expressa o pertencimento ao ser divino, apesar de a concepção da preexistência em ligação com Jesus Cristo ter surgido desde cedo, a teologia cristã precisou de um longo período de discussão teológica até o esclarecimento definitivo da plena deidade do Filho preexistente no IV século. Por muito tempo tal esclarecimento foi barrado pela circunstância de que a processão do Filho a partir do Pai foi discutida em conexão com a transição do Deus eterno para seu agir na criação e na economia salvífica. Neste caso, a processão do Filho parecia ser o começo do agir criacional e, portanto, não podia encontrar-se no mesmo nível com a eterna deidade do Pai. ORÍGENES, com sua tese de uma eterna geração do Filho pelo Pai,[137] abriu uma saída das pressões desse enfoque, mas por outro lado ainda permaneceu prisioneiro dele. Só o argumento de ATANÁSIO, preparado por ORÍGENES, de que o Pai não seria Pai sem o Filho e que, por isso, não foi sem o Filho[138], possibilitou o esclarecimento da confissão cristã da preexistência do Filho de Deus manifestado em Jesus Cristo no sentido da plena deidade deste.

---

[135] A diferença entre preexistência ideal e preexistência real foi acentuada por R. G. HAMERTON-KELLY, *Pre-existence. Wisdom and the Son of Man*, 1973.
[136] Vide *acima* nota 127 referente à doutrina de K. BARTH acerca da preexistência de Jesus Cristo no conselho de Deus (esp. referente a *KD III/1*, p. 54).
[137] Referente a ORÍGENES, *De princ.* I,2,4, vide vol. I, p. 374.
[138] ATANÁSIO, *c. Arian.* I,29 *et passim*; cf. ORÍGENES, *De prin.* I,2,10 e as explanações no vol. I, pp. 372ss.

A origem da filialidade divina de Jesus, portanto, pode encontrar-se somente na eternidade de Deus. Esse é o verdadeiro sentido das afirmações neotestamentárias sobre a preexistência, ainda que apenas vagamente percebida. A atribuição da filialidade divina de Jesus em outras afirmações relativas ao acontecimento da ressurreição, ao batismo ou a seu nascimento não precisa estar em contradição a isso, se na compreensão dessas afirmações se considerar seu nexo de fundamentação e o respectivo escopo da afirmação, e quando não são lidas como a resposta definitiva à pergunta pela origem última da filialidade divina de Jesus. Para uma resposta definitiva nesse sentido levou primeiramente a afirmação da preexistência, e também seu conteúdo permaneceu por longo tempo carente de esclarecimento. Por outro lado, as afirmações sobre a preexistência estão relacionadas com as afirmações sobre a filialidade divina de Jesus no contexto de seu ressuscitamento dentre os mortos, de seu batismo e de seu nascimento pelo fato de que todas essas afirmações se tornaram possíveis somente à luz do ressuscitamento de Jesus dentre os mortos e da confirmação de sua atividade terrena tornada realidade neste acontecimento. Como, porém, fica a fundamentação interna do pertencimento de Jesus como Filho ao ser do eterno Pai? Sem essa fundamentação interna na relação histórica de Jesus com o Pai também as afirmações do querigma apostólico sobre a dignidade filial, formuladas à luz do evento pascal, permaneceriam exteriores à realidade histórica de Jesus. Ainda que a peculiaridade da relação filial de Jesus com o Pai seja tematizável somente à luz de seu ressuscitamento dentre os mortos, não obstante, ela deve ser demonstrável na relação do Jesus terreno com o Pai se se quiser que as afirmações teológicas sobre a filialidade eterna de Jesus tenham nisso seu verdadeiro objeto.

b) *A autodiferenciação de Jesus do Pai como razão interna de sua filialidade divina.*

No centro da mensagem de Jesus encontram-se o Pai e seu reino vindouro e não uma posição de dignidade reivindicada para a própria pessoa de Jesus, com a qual ele se "teria equiparado a Deus" (Jo 5.18). Jesus diferenciou a si mesmo como mero ser humano do Pai como o Deus uno, e subordinou-se ao apelo do reino de Deus vindouro do mesmo modo como o exigia de seus ouvintes. Em decorrência disso pôde rejeitar o honroso tratamento de "bom mestre" (Mc 10.18 par.) com a referência a Deus como o único que é bom. Se, não obstante, se pode falar de uma consciência da filialidade em relação a Deus no próprio Jesus[139], então trata-se de um reflexo de seu discurso a respeito de Deus como Pai. O Filho é aquele que em sua relação com o Pai corresponde à paternidade deste. "O Filho nada pode fazer de si mesmo, antes faz somente o que vê o Pai fazer" (Jo 5.19). Essa frase do evangelista João caracteriza com exatidão o sentido da relação de Filho, tal como aparece também em textos sinóticos, na medida em que não se está intencionando adicionalmente a posição especial de Jesus, que o distingue de outros. Segundo uma palavra da fonte dos ditos, Jesus intimou seus ouvintes em termos bem gerais a se mostrarem como filhos do Pai celestial deles (!) pelo fato de amarem até seus inimigos, assim como ele faz nascer seu sol sobre bons e maus (Lc 6.35; Mt 5.45). Também a palavra de Mt 11.25 (Lc 10.22), que igualmente pertence à fonte dos ditos, não precisa ter contido originalmente uma pretensão exclusiva para a pessoa de Jesus, mas pode ser tomada como uma parábola que declara a submissão ao Pai na imagem da relação de filho como condição de verdadeiro conhecimento de Deus. No contexto atual, todavia, a palavra designa a especial posição de dignidade de Jesus. Também na parábola dos vinhateiros maus a figura do filho (Mc 12.6 par.) é distinguida claramente dos servos. Caso a parábola remonte ao próprio Jesus, é possível que tenha apresentado, na figura do filho, a diferença de sua missão em relação a dos profetas. Portanto a palavra "filho" como designação da relação adequada com o Pai tem implícita uma ambivalência que oscila entre uma caracterização geral e a designação de uma relação com o Pai que compete somente a Jesus. É a ambivalência que também deve ter estado por trás do processo de Jesus quando da pergunta por sua filialidade divina e da resposta de Jesus (Lc 22.70), isto, claro, se as informações dos Evangelhos se baseiam em uma notícia histórica.

Primeiro na compreensão dos discípulos deve ter passado para primeiro plano, quando da designação de Jesus como "o Filho", a singularidade da relação de Jesus com o Pai e concomitantemente também

---

[139] J. D. G. Dunn, *Christology in the Making*. A New Testament Inquiry into the Origins of the Doctrine of the Incarnation, 1980, pp. 22-33 (Jesus' Sense of Sonship), esp. pp. 26ss.

sua distância de todas as demais pessoas. A partir de sua perspectiva e mais ainda à luz do evento pascal, o estado de coisas também tinha que apresentar-se desse modo. No entanto, em conexão com isso se esquece com demasiada facilidade que essa singularidade de Jesus se baseou justamente na subordinação incondicional de sua pessoa ao reino do Pai, que ele anunciava. Se Jesus tivesse pretendido a partir dele mesmo uma dignidade de filho na relação com Deus, que o distinguia de todos os demais seres humanos, então a condenação da blasfêmia implícita nesta equiparação com Deus, relatada em Mc 14.64, teria sido justificada. Portanto é muito importante para a fé cristã o fato de Jesus ter evitado essa equiparação com Deus e que, antes, como criatura de Deus, se tenha subordinado à proximidade do reino de Deus por ele anunciado sem nenhuma reserva do mesmo modo como sua mensagem o esperava de outros. Unicamente nesta subordinação sob o governo do Deus uno e somente por meio dela ele é o Filho. Ao entregar sua vida humana ao serviço do governo de Deus sobre suas criaturas, a fim de abrir o caminho para o reconhecimento do reino de Deus, ele é, como este homem, o Filho do Pai eterno. A renúncia a toda posição de dignidade que vai além da medida do criatural perante Deus revela-se como condição de sua filialidade: ela é proporcionada por auto-humilhação (Fl 2.8). Isso perfaz a dimensão indireta da identidade de Jesus com o Filho de Deus[140].

Na situação da atividade terrena de Jesus, esse estado de coisas era reconhecível sem qualquer ambiguidade, porque Jesus, sem dúvida, exigia autoridade em seu anúncio do reino de Deus próximo, e não outra senão a autoridade do próprio Deus. Ele não a reivindicava para sua própria pessoa, mas para o futuro de Deus que ele anunciava.

---

[140] Quanto a isso, vide com mais detalhes do Autor, *Grundzüge der Christologie*, 1964, pp. 346ss. No posfácio à 5ª ed. desse livro (1976) se chama a atenção (pp. 423s.) para o fato de que a doutrina da deidade de Jesus Cristo chega a seu final primeiramente nessas afirmações sobre mediatidade da deidade de Jesus como Filho por meio de sua relação como ser humano com seu Pai celestial, ainda não explicitadas na primeira parte desse livro, dedicada ao "conhecimento da deidade de Jesus" (*"Erkenntnis der Gottheit Jesu"*). Isso significa que também a segunda parte intermediária (pp. 195-288: *Jesus, o ser humano perante Deus*) deve ser entendida como parte integrante da doutrina da deidade de Jesus Cristo, porque justamente o ser-homem de Jesus em sua diferença em relação ao Pai como em sua relação com ele é a revelação de sua deidade.

Isso, porém, nada mudava no fato de que, afinal, era a mensagem anunciada *por ele* com a qual estava ligada essa exigência. Com a declaração de que por meio de sua atuação o reino de Deus já irromperia entre os crentes, a ambiguidade daquela exigência chegava ao extremo. Jesus poderia ter evitado as consequências, porém, não pela mera afirmação de que não estava fazendo a si mesmo Deus. Tal afirmação poderia ter sido crível para a suspeita de seus adversários se tivesse cessado com sua mensagem. Inversamente, a insistência em sua missão significava assumir as consequências previsíveis daquela ambiguidade.

As consequências eram que Jesus foi entregue à morte por causa da pretensa presunção de equiparar-se a Deus. Matando-o, ele foi convencido de sua finitude, contrariando sua pretensão de ser igual a Deus (Mt 27.40-43 par.). Assim a morte é o castigo do pecador e de sua ilusão de ser como Deus. A morte remete o pecador a sua finitude. Jesus, porém, não se tornara culpado dessa morte do pecador, como ficou evidente à luz de seu ressuscitamento, e isso significa que sofreu a morte em nosso lugar, no lugar dos pecadores. À luz do evento pascal aparecem agora como malfeitores aqueles que rejeitaram a mensagem de Jesus e sua atividade e contribuíram para sua morte. Se para seus juízes ele parecia ser um blasfemo, agora eles se revelaram como culpados de não apenas haverem blasfemado a Deus em seu mensageiro, mas de terem atentado contra sua vida. Ao morrer a morte do pecador, Jesus sofreu o destino não provocado por ele mesmo, mas do qual eles são culpados e com ele todos que se negam a aceitar o direito de Deus sobre suas vidas, anunciado por Jesus[141].

> O morrer vicário de Jesus nesse sentido, no entanto, não pode ser entendido, sem mais nem menos, como salvífico para aqueles em cujo lugar sofre a morte. A morte de Jesus é, antes, em primeiro lugar, o sinal do juízo de Deus sobre o pecado. A morte de Jesus é salvífica somente para aqueles que estão ligados a ele e seu destino por meio da fé em sua promessa de que nada os pode separar dele. Quem por meio da fé em Jesus Cristo tem comunhão com a morte de Jesus ainda em seu morrer, esse morre na esperança da vida, da nova vida que já apareceu em Jesus por meio de seu ressuscitamento dentre os mortos. Por sua morte Jesus venceu para os que estão

---

[141] Cf. *Grundzüge der Christologie*, 1964, pp. 265ss.

ligados a ele na fé, o poder da morte que separa de Deus e de sua vida eterna[142].

A confirmação do envio de Jesus por seu ressuscitamento diz, na inversão das acusações contra ele feitas, que Jesus se teria tornado autônomo perante Deus e, portanto se equiparado a Deus justamente se tivesse preservado sua vida em detrimento de seu envio para anunciar o reino de Deus. "Quem quiser preservar sua vida, este a perderá" (Mc 8.35 par.): isso valia também para o próprio Jesus. Ele não podia ser o Filho de Deus na continuação ilimitada de sua existência terrena. Nenhum ser corruptível pode, em sua existência, ser um com a infinita realidade de Deus. Somente permitindo que sua existência terrena fosse consumida pelo serviço em sua missão, Jesus como criatura pôde ser um com Deus. Ao não segurar sua vida, antes preferiu assumir a ambiguidade que resultou de sua missão com todas as suas consequências, ele se mostrou – visto à luz do evento pascal – como aquele que é obediente a sua missão (Rm 5.19; Hb 5.8). Esta obediência levou-o à situação da separação exterior de Deus e de sua imortalidade, no abandono de Deus em relação ao Crucificado: o abandono de Deus da cruz de Jesus foi o auge exterior de sua autodiferenciação em relação ao Pai. Nesse sentido, a morte de cruz de Jesus foi denominada com razão como o "integral de sua existência terrena"[143].

A autodiferenciação de Jesus em relação ao Pai, que foi a condição para o aparecimento do eterno Filho na obediência humana de Jesus à missão recebida do Pai para anunciar o reino de Deus, pode ser descrita, em conexão com o hino cristão-primitivo de Fl 2.6-11, como auto-esvaziamento e auto-humilhação. Isso são traços de seu ser, que caracterizam a Jesus como o "Novo Homem", o homem da obediência a Deus, ao contrário do pecado de Adão, que queria ser como Deus, desperdiçando com isso a comunhão com Deus, para a qual estava destinado.

---

[142] Quanto a isso, vide do Autor, Tod und Auferstehung in der Sicht christlicher Dogmatik (1974), agora em *Grundfragen systematischer Theologie 2*, 1980, pp. 146-159, e aqui cap. 11.

[143] E. JÜNGEL, Das Sein Jesu Christi als Ereignis der Versöhnung Gottes mit seiner gottlosen Welt: Die Hingabe des Gekreuzigten, in: Idem, *Entsprechungen: Gott-Wahrheit-Mensch. Theologische Erörterungen*, 1980, p. 283.

O que faz o hino de Fl 2.6-11? Ele decanta o Jesus Cristo histórico ou o caminho de um ser preexistente para a forma da existência terrena? Ou seria isso uma alternativa errada? Como fica a afirmação sobre a auto-humilhação de Jesus em sua obediência no sofrimento (Fl 2.8) em relação à afirmação precedente sobre o auto-esvaziamento (Fl 2.7)? Essas perguntas já foram assunto das controvérsias pós-reformas e são exegeticamente controvertidas até hoje: enquanto a auto-humilhação se refere evidentemente ao caminho terreno da "obediência" de Jesus Cristo, que o levou à cruz, o auto-esvaziamento parece ter sua origem na igualdade com Deus por parte do Filho de Deus preexistente. A aquele este renunciou a fim de entrar na "existência de escravo" das condições de vida humanas. Não obstante, os dois versículos com suas concepções do auto-esvaziamento e da auto-humilhação deverão descrever exatamente o mesmo evento, a saber, o caminho de Jesus Cristo para sua paixão e para sua morte na cruz. Isso sugere que já a concepção do auto-esvaziamento (2.7) parece conter uma alusão a Is 53.12, designando consequentemente a entrega da vida divina à morte[144], coincidindo, portanto, pelo menos em parte, com o resultado da auto-humilhação na obediência ao sofrimento de Jesus (2.8)[145]. Inclusive houve quem quisesse restringir o que é dito no hino ao caminho da obediência terrena de Jesus, negando qualquer referência a sua procedência na preexistência (2.7). Determinante para isso se tornou a observação de que as afirmações do hino se encontram, em seu todo, em correspondência antitética à queda de Adão de acordo com Gn 3[146]. Jesus Cristo, portanto, como o novo Adão, não se havia apoderado da semelhança de Deus "como usurpação", requerendo para si a igualdade a Deus (cf. Gn 3.5), antes humilhando a si mesmo

---

[144] Quanto a isso, cf. R. P. MARTIN, Carmen Christi: Philippians 5-11, in: *Recent Interpretation and in the Setting of Early Christian Worship*, 1967, pp. 182-185.

[145] De acordo com O. HOFIUS, *Der Christushymnus Philiper 2,6-11*, 1976, em 2.7c-8c "o que foi dito anteriormente" é "explicado e exposto com mais exatidão, até que ponto o Preexistente – renunciando a sua riqueza – se tornou voluntariamente pobre e escolhe uma existência em impotência e desonra" (p 63).

[146] Assim em conexão com O. CULLMANN (*Die Christologie des Neuen Testaments*, 2ª ed., 1958, pp. 178ss.) recentemente J. D. G. DUNN, *Christology in the Making*. A New Testament Inquiry into the Origins of the Doctrine of the Incarnation, 1980, pp. 114-121. Diferentemente de CULLMANN, *loc. cit.*, pp. 182s. no entanto, DUNN conclui do paralelo à história de Adão que não precisaria estar implicada uma idéia da preexistência (pp. 119s.), visto que a menção da "forma do ser divino", da qual Jesus se desfez, corresponderia à semelhança de Deus, na qual Adão fora criado (p. 116).

na obediência a Deus (cf. Rm 5.19, tb. Hb 5.8) até a morte na cruz. O pensamento fundamental corresponde com isso à justaposição paulina do segundo Adão caracterizado por sua obediência a Deus à desobediência do primeiro Adão (Rm 5.12ss.). No entanto, acaso com isso a idéia da preexistência se teria revelado perturbadora ou supérflua para o enunciado do hino? De modo algum. A visão do caminho de obediência do novo homem está apenas ampliada em comparação com as explanações de Rm 5, de modo que inclui o ponto de partida na preexistência (cf. Rm 8.3). Pois o novo homem não é mero homem, porque em seu caminho aparece o eterno Filho de Deus. Com isso a analogia com Gn 3 está rompida. O texto do hino nos obriga a essa suposição; pois no caso da afirmação de 2.7b: "ele se tornou igual aos seres humanos, em figura como ser humano" pode tratar-se somente da entrada na forma de existência humana como Gl 4.4[147]. Por isso se deverá concluir com O. CULLMANN que o mesmo fato, o caminho de Jesus à cruz, está descrito sob dois aspectos em Fl 2.7s.: como ato de obediência do ser humano Jesus, ao mesmo tempo, porém, como ato do Preexistente manifestado nele. O entrelaçamento desses dois aspectos não é explicado em detalhes em Fl 2.7. Ele é apresentado narrativamente como uma sequência, como se a auto-humilhação à obediência do sofrimento fosse uma fase que se segue ao auto-esvaziamento do Preexistente. O entrelaçamento dos dois aspectos, porém, se esclarece a partir do final do hino: por causa de sua obediência, o Crucificado recebe com sua exaltação por Deus (Fl 2.9) o nome de *Kyrios* (cf. 2.11), e com isso ele também está comprovado como o Preexistente, que está com o Pai desde a eternidade. Do contrário, o estado da preexistência deveria ter sido, apesar de sua deidade, de dignidade inferior do que a posição do *Kyrios*, para a qual o Crucificado foi elevado. Isso, porém, seria uma concepção que não encontra respaldo nas palavras do hino, visto que o estado da preexistência é descrito, antes, sem qualquer restrição como sendo divino. Assim resta somente que por meio da elevação do Crucificado fica evidente ao mesmo tempo: seu caminho terreno era o caminho daquele que

---

[147] Assim tb. O. CULLMANN, *loc., cit.*, p. 182. Se J. D. G. DUNN, *loc. cit.*, p. 311, nota 76 acha que no termo *genomenos* "uma referência ao nascimento não estaria *"necessarily implied"*, isso pode estar correto com referência ao verbo em si, dificilmente, porém, para o contexto concreto no qual ele aparece em Fl 2.7, pois o propósito do processo por isso designado é a entrada nas condições existenciais da vida humana. Neste ponto o hino não tem correspondência na história do paraíso de Gênesis.

desde a eternidade estava ligado com Deus, e justamente nesse caminho ele foi o obediente a Deus. O ponto de partida do caminho de Jesus Cristo na preexistência tem a função de descartar uma compreensão adocionista da elevação a *Kyrios*. Portanto, o hino decanta, como um todo, o caminho terreno de Jesus como o caminho do preexistente Filho de Deus.

Na forma de vida de Jesus, no caminho de sua obediência a Deus, o Filho eterno apareceu em figura humana. A relação do Filho com o Pai está caracterizada em eternidade por aquela subordinação ao Pai, portanto, por autodiferenciamento do Filho em relação à majestade do Pai que apareceu historicamente na relação humana de Jesus com Deus. Essa autodiferenciação do Filho eterno em relação ao Pai pode ser entendida como fundamento de toda existência criacional em sua alteridade em relação a Deus e assim também como fundamento da existência humana de Jesus que em seu próprio movimento da vida incorpora adequadamente o auto-esvaziamento do Filho no serviço no reino do Pai. Assim como a humanação do *Logos* é o resultado do auto-esvaziamento do eterno Filho em sua autodiferenciação em relação ao Pai, assim a auto-humilhação de Jesus na obediência a sua missão pelo Pai é, inversamente, o meio para o aparecimento do Filho no caminho de sua biografia terrena.

Nisso está pressuposto que o auto-esvaziamento do Preexistente não deve ser entendido como renúncia a sua natureza divina, mas meramente como renúncia à equiparação com o Pai. Na verdade, ao diferenciar de si o Pai *como o Deus uno*, o Filho sai da unidade da deidade e se torna ser humano. Mas por meio disso ele justamente ativa sua natureza divina como Filho. O auto-esvaziamento do Preexistente não é renúncia ou negação, mas ativação de sua deidade como Filho[148]. Por isso se encontra no fim de seu caminho terreno na obediência ao Pai a revelação de sua deidade.

A cristologia da ortodoxia protestante entendeu, em sua versão luterana, o auto-esvaziamento do *Logos* divino por ocasião da encarnação como renúncia parcial e temporária ao uso ou, no mínimo, à manifestação pública da comunhão divina com a Majestade que, segundo a compreensão luterana, competiam ao *Logos*

---

[148] Cf. K. BARTH, *KD IV/1*, 1953, pp. 146s., 196s. 199ss.

encarnado, por causa da *communicatio idiomatum*, em si também segundo sua natureza humana[149]. Os kenóticos do séc. XIX inclusive descreveram a idéia de uma autodelimitação do Filho de Deus na encarnação como renúncia à posse dos atributos "relativos", que caracterizam a relação da deidade com o mundo, da onipotência, onipresença, onisciência, enquanto críticos dessa concepção, entre eles especialmente Isaak August Dorner, enxergavam nisso, com razão, uma renúncia à própria deidade[150]. Com isso, porém, a idéia da encarnação estaria prejudicada em si: "Se Deus não está verdadeiramente e inteiramente em Cristo, que sentido faz falar da reconciliação do mundo com Deus acontecida nele?"[151] Não obstante encontram-se também na cristologia dogmática mais recente sempre de novo expressões quenóticas, quase sempre sob delimitação enfática contra toda a idéia de renúncia a uma comunhão com a essência divina por ocasião da encarnação, ou somente a seu uso[152]. Se, porém, se fala de uma *kénosis* do Filho de Deus em conexão com a encarnação, deve-se esclarecer como se deve imaginar esse autoesvaziamento sem renúncia a posse ou ao uso de atributos divinos, visto que, afinal, aí se está falando, em todo caso, de uma transição da esfera divina para a limitada forma de existência da criatura. Esse estado de coisas também não ficou claro na exposição de Barth, que descreveu o "caminho do Filho de Deus para o mundo estranho" (*KD* IV/1, § 59,1,171-231) na perspectiva da doutrina da eleição (p. 186ss.), segundo a qual o Filho de Deus não é somente o eleito, mas também o rejeitado (cf. *KD* II/2, pp. 176ss.), que por isso assume o lugar do ser humano transitório (IV/1, p. 191). Barth declarou que faria parte da deidade de Deus poder ser Deus e poder agir como Deus tanto em sua transcendência e soberania "quanto em forma sublime e humilde" (p. 204). Mas estar presente em ação em suas criaturas, também em sua humildade, afinal não é a mesma coisa que assumir para si mesmo os limites da existência criatural de tal modo que então também fossem de fato os limites de seu próprio ser: Como isso sucederia

---

[149] Referente a isso, vide do Autor, *Grundzüge der Christologie*, 1964, pp. 318ss. Referente ao tratamento dado ao tema na Igreja antiga, cf. especialmente F. Loofs, kenosis, in: *PRE*, vol. 10, 3ª ed., 1901, pp. 246-263.

[150] Sobre isso com mais detalhes ver *Grundndzüge der Christologie*, 1964, pp. 320ss.

[151] K. Barth, *KD IV/1*, 1953, p. 200: ["*Ist Gott nicht wahrhaftig und ganz in Christus, was hat es dann für einen Sinn, von der in ihm geschehenen Versöhnung der Welt mit Gott zu reden?*"].

[152] Sobre exemplos, vide *Grundzüge der Christologie*, 1964, pp. 322ss.

sem que Deus deixasse de ser Deus? O fato de Deus ter decidido isso em seu conselho, e o Filho ter andado por esse caminho na obediência ao Pai ainda não é, apesar das belas exposições de BARTH sobre a obediência do Filho (pp. 210-229) e sobre seu enraizamento na vida trinitária de Deus (p. 222), uma resposta a essa pergunta[153]. Uma resposta assim se torna possível quando a obediência do Filho é compreendida pelo Pai como manifestação da livre autodiferenciação do Filho em relação ao Pai, por meio da qual ele deixa o Pai ser o Deus uno, tornando-se ele a origem de tudo o que é diferente perante Deus, de modo que, *por isso*, também ele mesmo pôde ser revelado como Filho do Pai na forma de alteridade criatural – na forma de existência criatural finita, distinta de Deus[154].

O auto-esvaziamento e a auto-humilhação do Filho, que encontrou sua manifestação plena na história de Jesus Cristo, não deveriam ser compreendidos em primeiro lugar como dedicação altruísta aos homens, embora também seja isso. Eles são, em primeiro lugar, expressão da entrega do Filho ao Pai, numa "obediência" que nada deseja para si, antes serve inteiramente à glorificação de Deus e à vinda de seu reino. Justamente assim o caminho do Filho também é expressão do amor de Deus aos homens. Pois, por meio da autodiferenciação do Filho em relação ao Pai, Deus se aproxima dos homens. A kenose do Filho serve à aproximação do Pai e é, por isso, expressão do amor divino, porque na proximidade de Deus e na participação em sua vida os homens alcançam sua salvação.

---

[153] Um esclarecimento dessa pergunta também falta nas exposições de BARTH sobre o "acontecimento da encarnação"; *KD* IV/2, pp. 42-79. Cf. *Grundzüge der Christologie*, 1964, pp. 324s.

[154] Em *Grundzüge der Christologie*, de 1964, eu mesmo ainda não enxerguei essa possibilidade de uma ligação sistemática da idéia do auto-esvaziamento com a eterna propriedade do Filho como tal em sua relação com o Pai, embora o ponto de partida para isso esteja dado nas exposições da terceira parte sobre a identidade indireta de Jesus com o Filho de Deus (pp. 345-349). Por isso, naquela ocasião, a interpretação da encarnação pelo conceito da kenose tirado de Fl 2.7s. foi avaliada por mim só criticamente na suposição de que toda compreensão ontológica desse conceito desembocaria inevitavelmente na concepção de uma restrição da deidade do *Logos*, ou, no mínimo, da participação do ser humano assumido na deidade.

c) Duas naturezas em uma pessoa?

As implicações do aparecimento e da atividade de Jesus para sua própria pessoa receberam contornos mais claros à luz da confirmação e justificação divina por meio de seu ressuscitamento dentre os mortos e se tornaram nomináveis em títulos cristológicos, tal como aparecem em fórmulas confessionais e hinos. Com esses elementos é possível reconstruir o desenvolvimento da cristologia cristã-primitiva como desdobramento da importância da pessoa e da história de Jesus, que se tornou reconhecível à luz do evento pascal. Os fatos determinantes para a história do surgimento da cristologia no cristianismo primitivo foram esclarecidos em grande parte pela pesquisa histórico-traditiva, especialmente em relação aos títulos cristológicos. O conteúdo sistemático central dessas relações foi elaborado nas exposições do presente capítulo de acordo com as exigências metodológicas estabelecidas no cap. 9,1, com concentração no tema da filialidade divina de Jesus. Agora deveria estar claro que a história da gênese da cristologia no cristianismo primitivo não consiste de uma sequência ininterrupta de concepções heterogêneas que teriam sido agregadas à pessoa de Jesus posteriormente e que, quanto ao conteúdo, nada teriam a ver com sua figura histórica, antes seriam apenas expressão do entusiasmo crente de seus seguidores, os quais, conforme se supõe facilmente, não conheciam limites em elevar a imagem de seu mestre progressivamente para o supraterreno. Se assim fosse, as afirmações da confissão a Cristo e da formação da doutrina cristológica seriam apenas produtos da consciência crente da Igreja primitiva. Teriam apenas a verdade da fantasia poética, sem fundamento na realidade histórica do próprio Jesus. A doutrina da Igreja acerca de um evento salvífico que na pessoa e na história de Jesus se tornou, antes da fé nele, e como razão dessa fé, acontecimento a partir de Deus estaria privada de sua substância. Em face do fato, porém, que existe uma efetiva relação comprovável entre as implicações da atuação e da história de Jesus, por um lado, e os títulos cristológicos e as afirmações sobre sua pessoa, por outro, tal como a Igreja primitiva as formulou na situação pós-pascal, existem boas razões para considerar esses títulos e essas afirmações como denominações explícitas da pessoa de Jesus em seu significado escatológico próprio em sua história.

Pode-se afirmar algo semelhante também para o posterior desenvolvimento da cristologia na história da doutrina cristã? Trata-se também nela de um processo contínuo de explicação e esclarecimento do significado próprio da figura histórica de Jesus a partir de sua atuação terrena, de sua crucificação e ressurreição?

Referente a isso deve ser observado, antes de mais nada, que a formação da doutrina cristológica se concentrou, desde o séc. II, no tema da filialidade divina de Jesus, diversamente da multiplicidade dos títulos que ocorrem no cristianismo primitivo, como Filho do Homem, Messias, (*Christos*). *Kyrios, Soter*, Servo de Deus, Profeta, Filho de Deus. A multiplicidade desses títulos cristão-primitivos explica-se preponderantemente[155] como resultado da interpretação da figura de Jesus à luz das expectativas escatológicas do judaísmo, fundamentadas nos textos véterotestamentários, em cujo contexto transcorreu a própria atividade terrena de Jesus. Estes conteúdos foram referidos a ele depois de sua ressurreição a partir dos mortos, e, relacionado a isso, a interpretação cristã-primitiva daquilo que no Antigo Testamento é visto como profecia foi projetado com relação ao cumprimento irrompido em Jesus[156]. Por causa de sua referência a uma e mesma pessoa, oferecia-se uma fusão e unificação das diferentes figuras da expectativa judaica. Isso levou a que algumas denominações empregadas originalmente como títulos passassem a integrar o nome de Jesus. Isso vale, antes de mais nada, para o título Cristo, em certa medida, porém, também para o título *Kyrios*, que podia substituir o nome de Jesus, embora a designação *Kyrios* sempre ficou com o significado da posição de dignidade do Ressurreto como do elevado a Senhor sobre todos os poderes e potestades, ou, no mínimo, como Senhor de sua comunidade ("nosso Senhor"). Outras designações foram associadas, de uma ou outra maneira, à filialidade divina de Jesus. Um exemplo especialmente instrutivo disso é a redefinição do título Filho do Homem, que já em INÁCIO (*Eph* 20,2) se tornou o correlato do título Filho de Deus, sendo compreendido como denominação da humanidade do

---

[155] Constituiu uma exceção a designação de Jesus como Salvador (*soter*), radicada também no pensamento helenista. No AT cf. esp. Is 45.15,21 e Zc 9.9.

[156] Nisto existem, como não precisa ser exposto mais uma vez aqui, relações diferentes da apresentação terrena de Jesus com os diferentes títulos da expectativa judaica.

Filho de Deus encarnado[157]. Para o tempo subsequente se tornou importante especialmente a identificação do Filho de Deus com o *Logos* preexistente, proporcionada pela concepção da preexistência, respectivamente pela identificação com a Sabedoria de Deus que já participara da criação do mundo. Essa identificação fora externada expressamente no Evangelho de João, mas já pode ter estado por trás das referências paulinas e pós-paulinas relativa a preexistência. Em todo caso, a filialidade divina de Jesus e a discussão sobre sua compreensão mais exata se tornaram, a partir do séc. II, o tema central da formação da doutrina cristológica[158]. O resultado desse desenvolvimento expressa-se no fato de que as confissões batismais da Igreja em seu segundo artigo começam gradativamente com a confissão de Jesus Cristo como Filho (único, "unigênito") e lhe agregam o título *Kyrios*[159], bem como todas as demais referências cristológicas.

Seria essa concentração na filialidade divina de Jesus justificável como condizente à luz dos testemunhos neotestamentários? Essa pergunta pode ser respondida positivamente. Pode sê-lo assim não apenas por causa da função central do título "Filho de Deus" desde os primórdios da cristologia cristã-primitiva (cf., *p.ex.*, Rm 1.4) e por causa de sua ligação com o anúncio de Jesus de Deus como o Pai de suas criaturas. Pode ser respondida assim especialmente pelo fato de que o objeto da controvérsia em torno da pessoa de Jesus, em torno de sua relação com Deus, por isso também o objeto de sua justificação divina e confirmação encontrou sua expressão mais clara nesse título.

Se, além disso, as referências à preexistência provindas do cristianismo primitivo devem ser consideradas como desdobramento condizente da comunhão não apenas de Jesus com o Pai, mas também, inversamente, do Pai, portanto do Deus eterno, com Jesus como seu Filho, então com isso também já está confirmada a necessidade de um esclarecimento complementar da relação entre o divino e o humano na figura de Jesus Cristo como do Filho de Deus encarnado.

---

[157] Cf. tb. JUSTINO, *dial. 100,3s..* Referente a IRENEU, HIPÓLITO, TERTULIANO e outros, vide A. GRILLMEIER, *Jesus der Christus im Glauben der Kirche I*, 1979, pp. 49ss.

[158] A. GRILLMEIER, *loc. cit.*, pp. 72s.

[159] Vide referente a isso os textos de confissões do cristianismo primitivo, compilados em DENZINGER (*DS* 3ss.). O título *Kyrios* foi associado ao nome de Jesus Cristo por anteposição, ou, muitas vezes, em ligação com o título Redentor (*soter*), acrescentado à confissão da filialidade divina de Jesus.

Um ponto de partida para isso foi oferecido pelo esquema cristão-primitivo de uma avaliação dupla de Jesus "segundo a carne" e "segundo o espírito", esquema esse no qual talvez já se tenha baseado a fórmula pré-paulina de Rm 1.3s.[160] e que, ao lado disso, ocorre em 1Tm 3.16 e 1Pd 3.18[161]. Ele se encontra entre os pais apostólicos ao lado do PASTOR DE HERMAS[162] especialmente em INÁCIO de Antioquia (*Eph* 7.2; cf. 18.2, tb. 20.2), mas também na Segunda Epístola de Clemente (2Clem 9.5). Com vistas a isso, pode-se falar de uma cristologia do Espírito, que ainda colocava o divino e o humano em Jesus lado a lado sem qualquer diferenciação e que podia aparecer em diversas versões[163]. Testemunhas tardias desse duplo enfoque foram MELITO de Sardes e TERTULIANO. MELITO foi considerado o primeiro a falar de duas essências (*ousias*) de Cristo. Todavia, quanto ao conteúdo, com isso expressou-se apenas o duplo enfoque já tradicional[164]. O mesmo modo de expres-

---

[160] U. WILCKENS, *Der Brief an die Römer I*, 1979, pp. 57s. No entanto, com vistas ao emprego de *kata sarka* alhures em Paulo e esp. com vistas a Gl 4.21, também se deve contar com a possibilidade de formulação paulina (p. 58). R. SCHNACKENBURG, no entanto, com razão chamou a atenção para o fato de que a justaposição de Rm 1.3s. como também 1Tm 3.16 e 1Pd 3.18 tem sentido complementar, e não, como alhures, sentido antitético (Christologie des Neuen Testamentes, in: J. FEINER; M. LÖRCHER (Eds.), *Mysterium Salutis III/1*, 1970, pp. 227-3888, 264ss, esp. 266).

[161] De acordo com F. LOOFS, esse "duplo enfoque do Jesus histórico é [...] *o mais antigo esquema cristológico* que conhecemos, o dado fundamental de todo desenvolvimento cristológico posterior" (*Leidfaden zum Studium der Dogmengeschichte*, 1889, 5ª ed., editado por K. ALAND, 1950, p. 70). A essa opinião associou-se com ênfase J. N. D. KELLY, *Early Christian Doctrines*, 1958, p. 138. Singularmente, A. GRILLMEIER sequer chegou a tocar nesse fenômeno em sua obra mencionada na nota 157. No entanto, vide Idem, Die theologische und sprachliche Vorbereitung der christologischen Formel von Chalcedon, in: A. GRILLMEIER; H. BACHT (eds.), *Das Konzil von Chalcedon*, Geschichte und Gegenwart I, 1951, pp. 5-202, esp. 31.

[162] F. LOOFS, *loc. cit.*, pp. 70s.

[163] J. N. D. KELLY, *loc. cit.*, pp. 142ss. Cf. tb. *Grundzüge der Christologie*, 1964, pp. 114-219.

[164] MELITO de Sardes, *fragm.* 6 (de um escrito sobre a encarnação de Cristo), texto em E. J. GOODSPEED, *Die ältesten Apologeten*, 1914, p. 310. F. LOOFS afirmou com razão contra A. VON HARNACK (Lehrbuch der Dogmengeschichte I, 5ª ed., 1931, p. 600, nota 1) que essa fórmula oferecia "algo de novo apenas em termos formais" (*Leitfaden zum Studium der Dogmengeschichte*, 5ª ed. vol. I, p. 115, nota 7).

sar-se encontra-se em TERTULIANO que pôde falar de espírito e carne como das duas "substâncias" unidas na pessoa de Jesus[165]. Com isso estava encaminhada a doutrina das duas naturezas da cristologia eclesiástica, e essa procedeu, portanto, do esquema do "duplo enfoque" de Jesus "segundo a carne" e "segundo o espírito"[166]. Por causa do possível mal-entendimento de uma denominação da deidade que se tornou presente em Jesus como espírito em um sentido apenas dinâmico[167], desde o final do séc. II, tornou-se uso o conceito do *Logos* como designação do divino em Jesus e passou a ocupar, nesse contexto, de modo crescente o lugar do discurso do espírito. Ele já se encontra em IRENEU por trás de designação do Cristo uno como "verdadeiro homem e verdadeiro Deus"[168], que no mais segue inteiramente ao esquema da dupla avaliação. Com isso coincidem estruturalmente as afirmações de MELITO e TERTULIANO sobre a união de duas substâncias em uma pessoa. Nisso não é insignificante o fato de que MELITO e TERTULIANO ainda não usaram nesse contexto a expressão "natureza", mas falaram de "substâncias"[169]. Também o ser humano é constituído de duas "substâncias" de acordo com TERTULIANO, a saber de corpo e alma, de modo que a união entre divino e humano em uma pessoa teve que aparecer, nessa terminologia, um tanto paradoxal, não precisando suscitar os problemas que, mais tarde, haveriam de se tornar inevitáveis com a introdução do discurso de "duas naturezas" por ORÍGENES[170].

No caminho para a doutrina das duas naturezas, o esquema da dupla avaliação da pessoa de Jesus Cristo "segundo a carne" e "segundo o espírito" sofreu uma profunda transformação. Pois original-

---

[165] TERTULIANO, *adv. Praxean* 27. Interessante é ali a aplicação de Jo 3.6 ao tema cristológico. Vide tb. *De carne Christi* 18, bem como as explanações de J. N. D. KELLY, *loc. cit.*, pp. 150ss.
[166] Cf. W. KASPER, *Jesus der Christus*, 1974, p. 42; cf. pp. 172ss.
[167] W. KASPER, *loc. cit.*, p. 273.
[168] IRENEU, *adv. haer.* IV,6,7; cf. III,16,5. Ambos os textos, porém, referem-se diretamente ao "Filho", sem emprego do conceito do *Logos*.
[169] Por isso A. VON HARNACK, que considerou o conceito de substância e o conceito de natureza como equivalentes, se expressou de modo inexato ao chamar MELITO de primeiro doutor da Igreja "a falar de duas naturezas" (na passagem citada na nota 164).
[170] Referente a ORÍGENES, *in Ioann.* 10.6,24; 32,12,192 e *c. Cels.* 3,28 e 2,23; cf. J. N. D. KELLY, *loc. cit.*, pp. 155s.

mente esse enfoque duplo se referia à sequência de duas "fases" da história de Jesus, de seu caminho terreno até a cruz, por um lado, da subsequente elevação por seu ressuscitamento dentre os mortos, por outro lado[171]. Já em INÁCIO essa sequência se tornou um lado a lado que então era apresentado, consequentemente, como união do Filho de Deus com o ser humano nascido de Maria em um só. Essa modificação não se opõe simplesmente aos fatos expressos nos testemunhos neotestamentários, antes segue, inclusive, a uma tendência neles fundamentada, conquanto o sentido de confirmação do ressuscitamento de Jesus já levou no cristianismo primitivo a referir a filialidade divina de Jesus a todo seu caminho terreno. O resultado é então de fato que Jesus sempre já foi, desde o início de sua história terrena, não apenas ser humano, mas também Filho de Deus. Constitutivo para isso, porém, permanece sendo o evento pascal e a perspectiva nele fundamentada. Nisso acontece uma modificação de sérias consequências, no mínimo um deslocamento da ênfase, quando não mais o evento pascal, mas – como já em INÁCIO – *Eph* 18.2 – o nascimento de Jesus é considerado como o acontecimento constitutivo para a união entre deidade e humanidade nele. Sem dúvida, na perspectiva do evento pascal, já a geração e o nascimento de Jesus devem ser concebidos como a entrada do eterno Filho de Deus na união com essa vida humana (Gl 4.4). Mas nem por isso já é um evento encerrado com o nascimento de Jesus, mas a união do *Logos* com essa vida humana continua em toda a história terrena de Jesus, conquanto, pela relação de Jesus com o Pai, o eterno Filho de Deus toma forma nele. Isso não deve ser entendido como se o divino e o humano se tivessem unido primeiro paulatinamente no curso da história de Jesus. Mas com o desenrolar de sua vida humana também tomou forma sua relação com o Pai e com isso a filialidade divina de Jesus, e isso de modo cada vez mais aprofundado. Essa última afirmação tem que ser feita, porque a relação filial com o Pai encontrou sua consumação somente na obediência de sua paixão até a cruz. Portanto, a partir da Páscoa está

---

[171] Em sua contribuição para *Mysterium Salutis* (vide *acima* nota 160) foi destacado com razão por R. SCHNACKENBURG que nas abonações neotestamentárias se trata, em geral, de "dois subsequentes modos de ser de Jesus Cristo", "os quais, não obstante, são colocados em relação um com o outro" como diferença em relação à posterior doutrina das duas naturezas (p. 265).

evidente: Jesus foi o Filho do Pai desde sempre, mas primeiro por sua paixão ele foi aperfeiçoado em sua filialidade (Hb 5.9; cf. 2.10). Somente no todo de seu caminho ele é o Filho. Por isso a afirmação da encarnação não deve ser restrita ao início desse caminho, na geração de Jesus e seu nascimento. Se posteriormente, em seu desenvolvimento humano, tivesse trilhado outro caminho, se não tivesse sido batizado por João, se não se tivesse tornado o pregador do reino de Deus, se não tivesse assumido as consequências de sua missão por meio da aceitação de sua paixão, ele não seria o Filho de Deus. E ele o é somente à luz da manhã da Páscoa, porque primeiro nessa luz seu caminho está determinado inequivocamente como um caminho da obediência e não de presunção humana.

Se a compreensão da encarnação for restringida à geração e ao nascimento de Jesus, então a ligação do Filho eterno com essa vida humana não pode ser concebida como mediada pela relação de Jesus com o Pai. Ela então será concebida, como aconteceu nas clássicas controvérsias cristológicas de todos os lados, diretamente como um ato da assunção da natureza humana pelo *Logos*. Dessa concepção resulta o dilema que, na história da cristologia, sempre de novo se revelou insolúvel desde as controvérsias cristológicas do séc. V: "Ou o *Logos* assumiu um ser humano completo por ocasião da encarnação; nesse caso esse ser homem completo já está pressuposto como autônomo. Assim pensavam os antioquenos". Ou o *Logos* "encontrou apenas a natureza humana geral por ocasião da encarnação", "de modo que essa foi conformada em um ser humano individual primeiro por meio da encarnação". "Nesse caso, porém, Jesus não possuiu uma individualidade humana específica", nenhuma autonomia e nenhuma liberdade criatural. Essa foi a problemática do enfoque alexandrino[172]. Esse dilema é insuperável enquanto se concebe o acontecimento da encarnação como concluído com o nascimento de Jesus[173]. Mas a afirmação a res-

---

[172] *Grundzüge der Christologie*, 1964, pp. 299s.
[173] Pelo fato de, em 1964, eu mesmo ainda ter referido a encarnação exclusivamente ao início do caminho terreno de Jesus como fundamentação de sua história da paixão individual, concluí disso que a cristologia não deveria começar com a idéia da encarnação, antes deveria "culminar, inversamente, na afirmação da encarnação como sua sentença conclusiva" (*Grundzüge der Christologie*, 1964, p. 300). Isso, na verdade, corresponde ao fato histórico-tradicional de que a concepção da preexistência e da encarnação é proporcionada pelo querigma do

peito da encarnação do eterno Filho em Jesus de Nazaré refere-se ao todo de sua história terrena e não somente a seu início[174]. Acaso, pode, sob essa perspectiva, ser superado o dilema entre cristologia da unificação e cristologia da separação?

Pressuposição para isso é que o divino e o humano em Jesus Cristo sejam concebidos como duas "naturezas" que ontologicamente se encontrariam no mesmo nível e que além de sua união na pessoa do Homem-Deus nada teriam a ver uma com a outra. Uma compreensão nesse sentido da doutrina das duas naturezas sucumbiria diante da veemente crítica apresentada por SCHLEIERMACHER[175], e a ela se contrapõe todo o peso do argumento discutido já no séc. IV e assumido por APOLINÁRIO de Laodicéia: Duas essências perfeitas em si (e por isso existentes de forma autônoma) não podem formar uma unidade[176]. No entanto, desse modo a relação da "natureza" humana com Deus sequer é concebível no fundamento da crença bíblica na criação. Como criatura, o ser humano é, por sua "natureza", dependente de Deus como Criador. Isso vale justamente também para a relação com

---

ressuscitamento do Crucificado e nele fundamentada. No entanto, como quer se tenha chegado à afirmação da encarnação, sua própria lógica exige que se conceba o Filho eterno como a razão da existência terrena de Jesus. Essa tarefa não foi enfrentada no livro *Grundzüge der Christologie*. Em vez disso, ali se fundamentou a identidade de Jesus com o *Logos* eterno a partir de sua relação de obediência ao Pai (pp. 345ss.), como também aconteceu na presente exposição. No entanto, o próprio aparecimento do Filho eterno na história de Jesus deve ser entendido como manifestação da encarnação do Filho se a encarnação deve ser concebida como constitutiva para a existência humana de Jesus. Isso, porém, somente pode acontecer sem prejuízo da autonomia criatural de Jesus em sua história terrena, se essa história não estiver pré-determinada em seu início por uma encarnação. Justamente a autonomia criatural da história humana de Jesus deve ser concebida como meio da encarnação, no entanto, de tal modo que a constituição da pessoa de Jesus se realiza em todo o processo dessa história: do contrário, Jesus seria inicialmente mero homem e se tornaria Filho de Deus apenas mais tarde por meio da união de sua pessoa humana com ele.

[174] Vide *acima* cap. 9,2 a e c (pp. 423ss. e 448ss.).
[175] F. SCHLEIERMACHER, *Der Christliche Glaube* (1821), 2ª ed., 1830, § 96,1. Vide referente a isso as explanações do Autor, *Grundzüge der Christologie*, 1964, p. 293. Com isso concorda, em essência, também W. KASPER, *Jesus der Christus*, 1974, p. 279.
[176] Citado em PS.-ATANÁSIO, *Contra Apollinarem* I,2 (*PG* 26,11096 B). Além disso, A. GRILLMEIER, *Jesus der Christus im Glauben der Kirche I*, 1974, pp. 484ss.

o *Logos* divino. Nisso o eterno Filho ou *Logos* não é nada estranho para a natureza humana. Ela é, antes, "sua propriedade" (Jo 1.11). Porque todas as criaturas devem sua existência autônoma à atividade criadora do Filho em decorrência de sua autodiferenciação em relação ao Pai, porque o *Logos* como princípio generativo da alteridade é a razão de sua autonomia criatural. Por isso a "natureza" do *Logos* se manifesta em determinada gradação em todas as criaturas. No caso do ser humano, isso acontece em grau mais elevado do que no restante da criação, porque o ser humano é capaz e determinado para diferenciar a Deus dele mesmo e a ele mesmo de Deus, de modo que a autodiferenciação do Filho em relação ao Pai pode assumir forma nele. A natureza humana como tal está determinada para a encarnação do eterno Filho nela[177]. Por isso, o acontecimento da encarnação não lhe é nada estranho, por mais que possa parecer estranho ao pecador alienado de Deus, e embora seja a deidade que excede infinitamente o ser humano, que nesse acontecimento se une com o ser humano. Sem dúvida, tal aperfeiçoamento da determinação do ser humano não pode ser realizado por sua própria capacidade finita. Somente por meio do Espírito de Deus, que eleva o ser humano acima de sua finitude, ele pode aceitar essa sua finitude, e a relação do Filho com o Pai pode adquirir forma nele. A afirmação de que por meio disso a autonomia criatural não é prejudicada ou até mesmo eliminada baseia-se no fato de que a diferença da criatura em relação a Deus é justamente o produto do eterno Filho em sua autodiferenciação em relação ao Pai. Assim como o Filho está unido ao Pai somente por meio dessa autodiferenciação, assim também a criatura pode ter comunhão com Deus somente em sua diferenciação em relação a Deus e em humilde e obediente aceitação desse ser diferente. Isso, porém, acontece pelo fato de que nessa aceitação da própria condição de criatura perante Deus o Filho eterno toma forma no ser humano. Isso aconteceu na história de Jesus, e isso em toda a história de seu caminho, desde seu nascimento até seu ressuscitamento e sua elevação.

---

[177] Referente a isso, cf. a formulação supracitada na p. 412 na nota 53, de KARL RAHNER, bem como as explanações de W. KASPER, *Jesus der Christus*, 1974, pp. 251ss., que, com razão, considera como o "erro fundamental de APOLINÁRIO" o "fato de ter entendido a natureza do ser humano como uma grandeza coesa em si" (p. 251).

A relação especial da natureza humana com o *Logos* como sua origem criacional é, portanto, a condição da possibilidade da encarnação como união do Filho com uma vida humana individual, uma união mediada pela relação do ser humano com Deus o Pai, tendo, desse modo, a forma de uma história de vida na qual essa relação chega a se desdobrar. O processo dessa história é a forma concreta da realidade humana de Jesus. Somente nela ele tem a identidade de seu ser-pessoa[178]. Em sua realização, ele é o Filho do Pai, e é (agora como o Ressurreto da morte de cruz e Exaltado) verdadeiramente homem e verdadeiramente Deus. Nesse sentido e somente nesse sentido o discurso das duas naturezas dessa uma pessoa tem sua verdade. No mais, este discurso está sujeito a mal-entendidos e enganos.

As consequências da doutrina cristológica da união de duas naturezas em uma pessoa foram analisadas especialmente na discussão sobre a *communicatio idiomatum*, a comunicação das propriedades das duas naturezas e a pessoa de Cristo[179]. Já no séc. V havia consenso de que, em todo caso a respeito da pessoa de Cristo, devem ser afirmadas as propriedades das duas naturezas. Na teologia pós-reforma, essa forma da comunicação dos atributos foi denominada como seu *genus idiomaticum*. A escola de teólogos antioquena do séc. V queria ver o intercâmbio dos atributos reduzido a essa relação das duas naturezas unidas em Jesus Cristo na unidade da pessoa. A ela seguiu, na época da Reforma, a teologia reformada sob inclusão das atividades próprias de cada uma das naturezas, que igualmente foram associadas à pessoa como objeto de ação (*genus apotelesmaticum*)[180]. Controvertida, porém, permaneceu a participação da natureza humana de Cristo nos atributos majestáticos da natureza divina como onipotência, onipresença e onis-

---

[178] Cf. as exposições do Autor sobre história e processo de formação, in: *Anthropologie in theologsicher Perspektive*, 1983, pp. 495ss., bem como sobre identidade e personalidade *ib.*, pp. 217-235, e como fundamento para isso o parágrafo sobre a relação de Eu e si-mesmo (pp. 194-217).

[179] Vide mais detalhes in: *Grundzüge der Christologie*, 1974, pp. 305-317. Para o tratamento pós-patrístico do tema tornou-se fundamental João Damasceno, *De fide orth.* III,3 e 4 (*MPG 94*, 993-1000). Como exemplo da discussão do tema na alta escolástica, vide Tomás de Aquino, *Sum. theol.* III,16,1-12. Sobre o desenvolvimento posterior, cf. o artigo de R. Schwarz, mencionado na nota 181.

[180] J. Calvino, *Institutio* 1559,II,14,3: *neque de divina natura, neque de humana simpliciter dici quae ad mediatoris officium spectant* (CR 30,355).

ciência, portanto do chamado *genus maiestaticum*, deduzida pela dogmática da ortodoxia luterana da pericórese mútua das duas naturezas na unidade da pessoa, ensinada já em GREGÓRIO NAZIANZO[181]. A respeito disso é preciso dizer, em primeiro lugar, que sem uma pericórese do Filho de Deus na realidade humana de Jesus, bem como, inversamente, sem participação de Jesus como ser humano nos atributos divinos do Filho de Deus não é possível conceber uma unidade pessoal entre ambos. Por outro lado, é preciso enfatizar também aqui que a pericórese mútua das "naturezas" deve ser concebida como mediada pela relação de Jesus com o Pai e, portanto, por sua autodiferenciação do Pai, que é a condição para o aparecimento do Filho nele. Disso se segue, *em primeiro lugar,* que se pode falar de uma participação nela somente na diferenciação da deidade do Pai. *Em segundo lugar,* a mediação da participação da humanidade de Jesus na deidade do *Logos* por meio da relação de Jesus com o Pai acarreta a consequência de que a pericórese mútua do Filho na realização humana da vida e, por outro lado, de sua humanidade e humildade na deidade do Filho acontece no processo da história de Jesus, portanto não pode ser imaginada, como supunha a teologia luterana antiga, como plenamente realizada já no começo de seu caminho, por ocasião de seu nascimento. O Exaltado, que está sentado à direita do Pai, tem parte no reino de Deus de outro modo do que o Jesus terreno, que, como o arauto humano do reino de Deus, se tornou o lugar de sua presença. Se a identidade com o Filho eterno, portanto também a participação na deidade e seus atributos são mediados pela autodiferenciação de Jesus em relação ao Pai no caminho de sua história terrena, deixa de existir o motivo para se supor uma renúncia ao uso desses atributos para o tempo da atividade terrena de Jesus; pois tais suposições pressupõem uma posse ilimitada desses atributos já para o início de sua história terrena, sob abstração da formação da autodiferenciação de Jesus do Pai no processo dessa história. Também para o Exaltado, porém, a autodiferenciação de Jesus em relação ao Pai e de sua deidade, no duplo sentido da autodiferenciação como criatura e como Filho em relação ao Pai, per-

---

[181] Fundamentais para isso são as explanações da Fórmula de Concórdia de 1580, SD VIII,48-96, Cf. tb. TH. MAHLMANN, *Das neue Dogma der lutherischen Christologie,* 1969. Referente à compreensão própria de LUTERO acerca da comunhão das naturezas e da unidade da pessoa de Cristo, vide R. SCHWARZ, Gott ist Mensch. Zur Lehre von der Person Christi bei den OCKHAMisten und bei Luther, in: *ZThK 63,* 1966, pp. 289-351.

manece condição da filialidade divina de Jesus, de modo que não se pode falar de uma transmissão idêntica dos atributos divinos à natureza humana do Exaltado[182]. Isso também não é necessário para a presença de Cristo na Santa Ceia, conforme ainda veremos em contexto posterior. Inclusive o luteranismo falou, neste ponto, em conexão com MELANCHTHON, de *praesentia voluntaria*, em vez de falar com LUTERO de ubiquidade[183]. A natureza humana de Jesus Cristo tem, portanto, parte na deidade do *Logos*, mas somente por intermédio da autodiferenciação de Deus. Por outro lado, no decurso da história de Jesus, também o Filho eterno de Deus participa das limitações, necessidades e sofrimentos associados com sua forma de existência humana. Isso se segue naturalmente como consequência da autodiferenciação do Filho eterno em relação ao Pai como o Deus uno, de um movimento que alcançou sua profundeza extrema na humanação do Filho e na obediência no sofrimento de Jesus. A tradição teológica fugiu das consequências dessa pericórese mútua de deidade e humanidade na encarnação do Filho[184]. Primeiro a teologia da cruz de LUTERO encarou essa consequência, e ela encontrou sucessão na tese hegeliana da morte do próprio Deus na cruz[185]. No entanto, também para esse lado vale que não pode haver uma transmissão idêntica das afirmações sobre a "natureza" à outra, portanto também nenhuma transmissão idêntica de predicados humanos de humildade à divindade do Filho: na verdade, na cruz morreu o próprio Filho de Deus e não apenas a humanidade por ele assumida. Não obstante, o Filho sofreu a morte em sua realidade humana e justamente não

---

[182] Isso também é admitido pela Fórmula de Concórdia: *SD* VIII,72, (cf. Negativa II,3,1048), embora não se concluam daí as necessárias consequências com vistas à participação de Jesus como ser humano na onipotência e onisciência de Deus (cf. Mc 13.32 par.) (VIII,72; 1042).

[183] Referente à origem desse pensamento em MELANCHTHON, vide TH. MAHLMANN, *loc. cit.*, p. 25; referente a sua importância para M. CHEMNITZ, vide pp. 218ss. A expressão 'multivolipresença' [*Multivolipräsenz*] para esse fato é de origem reformada, de acordo com Mahlmann, pp. 222s., nota 71. Cf. tb. *SD* VIII, Negativa IV.

[184] Isso vale inclusive para a Fórmula de Concórdia: por causa da imutabilidade de Deus, "nada se lhe acedeu ou subtraiu em sua essência e propriedades pela humanação" (*SD* VIII,49 [*Livro de Concórdia*, p. 643]).

[185] Referente a LUTERO, vide as explanações de R. SCHWARZ no ensaio citado na nota 181, pp. 305 e 311ss. Referente a HEGEL e sua relação com LUTERO, cf. E. JÜNGEL, *Gott als Geheimnis der Welt*, 1977, pp. 83-132, esp. 102ss.

quanto a sua deidade[186]. Antes, essa atingiu na morte de Jesus seu ponto extremo de sua autodiferenciação em relação ao Pai, por meio da qual o Filho eterno está, simultaneamente, unido com o Pai, de modo que também sua humanidade não pôde permanecer na morte.

A pessoa de Jesus Cristo é idêntica com o Filho eterno. Nisso Jesus não prescinde em sua realidade humana da personalidade. Antes ele tem justamente em sua história humana sua identidade pessoal unicamente no fato de ser o Filho de seu Pai celestial. Nisso estão integrados na unidade todos os traços individuais de sua existência terrena. O ser humano Jesus não tem outra identidade senão essa, embora ele não tenha que ter tido consciência dela desde o início[187]. Basta que sua vida foi vivida inteiramente para Deus como seu Pai celeste e a partir dele. A história de Jesus o levou sempre mais para dentro da identidade de sua pessoa como Filho do Pai. Portanto sua existência humana nunca teve sua identidade pessoal nele mesmo, mas sempre somente na relação com o Pai, e, portanto, no fato de ser o Filho desse Pai[188]. Justamente nisso ele é simultaneamente verdadeiro homem e verdadeiro Deus.

---

[186] Assim a Fórmula de Concórdia SD VIII,41s. cita do escrito de LUTERO *Da Ceia de Cristo. Confissão* 1528*)*: *"... porquanto divindade e humanidade em Cristo é uma pessoa, a Escritura, por causa dessa união pessoal, atribui também à divindade tudo o que sucede à humanidade, e vice-versa. E com efeito assim é, pois não há dúvida que tens de dizer: a pessoa (aponta para Cristo) sofre, morre... Ora a pessoa é verdadeiro Deus, razão por que se diz com acerto: o Filho de Deus sofre. Conquanto, por assim dizer, uma das partes, isto é, a divindade, não sofre, contudo a pessoa, que é Deus, sofre na outra parte, a saber, na humanidade."* (WA 26,321 [*Obras Selecionadas*, vol. 4, p. 259]). HEGEL negligenciou essa regra da *communicatio idiomatum* observada por LUTERO ao escrever: "Não é este ser humano que morre, mas o *divino*; justamente por meio disso o divino se torna ser humano" (*Jenaer Realphilosophie, 1805/6*, PhB 67, p. 268 nota 3; cf. E. JÜNGEL, *loc. cit.*, pp. 102s.). Com vistas a formulações desse tipo falei de monofisitismo invertido na doutrina hegeliana da morte de Deus (vol. I, pp. 4227s).

[187] Referente a tentativas católicas mais recentes de descrever a autoconsciência humana de Jesus no sentido da doutrina das duas naturezas, cf. *Grundzüge der Christologie*, 1964, pp. 336-345, e ainda W. KASPER, *Jesus der Christus*, 1974, pp. 288ss.

[188] Nesse sentido já foi acolhida e modificada em *Grundzüge der Christologie*, 1964, pp. 349-357 a idéia da *"enhipostasia"* da natureza de Jesus no *Logos*, idéia essa que remonta a LEÔNCIO de Bisâncio.

3. A humanação do Filho como auto-realização de Deus no mundo

A humanação do Filho não é insignificante para a deidade do Deus trino. Por meio dela ele foi revelado ao mundo. Mas também para a eterna comunhão do Pai com o Filho por meio do Espírito Santo é significativa a humanação do Filho. Ela inclui a criação na comunhão trinitária. Na verdade, a criação do mundo não se baseia numa necessidade interior da essência divina, que forçasse a Deus a produzir sua criação. A criação é um ato livre de Deus, do lado do Pai do mesmo modo como do lado do Filho. Mas a criação do mundo implica a humanação do Filho. Pois ela é o meio para realizar o governo régio do Pai no mundo. Sem governo sobre sua criação Deus não seria Deus. O ato da criação, na verdade, procede da liberdade de Deus. No entanto, uma vez que o mundo passou a existir, o governo de Deus sobre ele é a condição e a demonstração de sua deidade. Se o Criador tivesse sido apenas o autor da existência do mundo, mas o domínio sobre o mundo tivesse fugido de suas mãos, então ele também não poderia ser chamado verdadeiramente Deus no sentido pleno do termo Criador do mundo.

O reino do Pai já está realizado na eterna comunhão da Trindade. Para isso não é necessária a existência de um mundo. Por meio do Espírito, o Filho dá ao Pai em eternidade a honra de seu governo régio[189]. Nisso ele tem sua eterna subsistência, todavia, não sem Filho e Espírito, mas por meio deles. Isso agora também vale a respeito da criação. Também nela o reino do Pai é estabelecido por Filho e Espírito e por ela é levado a seu reconhecimento.

A realidade criatural já é em sua existência e em sua essência expressão do poder criador de Deus e testemunha através disso seu reinado. Não obstante, por outro lado, o conhecimento do reino de Deus é bloqueado pela autonomia das criaturas para elas mesmas e para o observador do mundo das criaturas. A autonomia das criaturas corresponde perfeitamente à vontade do Criador. Ela constitui o alvo interior do ato da criação. Mesmo assim pode parecer que os nexos naturais de efeito do mundo criacional sejam tão autônomos em seu desenrolar que o pensamento em Deus é supérfluo para a compreensão do mun-

---

[189] Vide quanto a isso, vol. I, pp. 439ss.

do da natureza[190]. Isso vale especialmente com vistas ao ser humano, que incorpora a autonomia da existência criacional em grau máximo. Com sua total independentização, todavia, ele, como ser finito, também é um ser mortal. Por meio da humanação do Filho, o pecador sujeito ao destino da morte é salvo e reconciliado, incluído na comunhão trinitária de Deus e, desse modo, participante da vida eterna. Isso nos caberá analisar em maiores detalhes no próximo capítulo. Aqui se trata inicialmente do fato de que, pelo acontecimento da humanação do Filho, o governo régio do Pai foi realizado na criação ou, em todo caso, irrompeu nele, ao tornar-se realidade presente em um ser humano. Por meio desse um ser humano, no qual o Filho assumiu figura humana, o governo régio de Deus também se tornou presente paras outros seres humanos e se tornou a força que determina sua vida e a preenche com novo conteúdo eterno. A realização do governo régio de Deus no mundo por meio da humanação do Filho e a reconciliação do mundo por meio dele são os dois lados do mesmo fato. Sem a aceitação do governo régio de Deus não acontece a reconciliação com Deus. No entanto, também vale inversamente que com a reconciliação do mundo é estabelecido o reino de Deus em sua criação.

Essa é a missão do Filho e o objeto de seu envio. Por meio dele o futuro de Deus já está presente no mundo. Assim ele abre aos homens o acesso a sua salvação, a saber, à participação no futuro de Deus. Ao ser enviado pelo Pai, a causa do reino de Deus no mundo está confiada ao Filho, e com isso também lhe foi transmitido o próprio poder de Deus, especialmente a autoridade para o juízo e para o ressuscitamento dos mortos (Jo 5.22; cf. 5.19ss.). Portanto, o Evangelho de João já atribui ao Jesus terreno o poder dado ao Exaltado conforme Mt 28.18 (cf. tb. Mt 11.27). Pelo fato de o governo régio do Pai se ter tornado presente, visto, portanto, que o Filho eterno assumiu forma nele, também lhe foi dado o poder do Pai.

Com a transmissão de seu poder ao Filho manifestado em Jesus, o Pai fez depender sua própria deidade do sucesso do envio do Filho. Não por último por isso o Pai sofre igualmente no sofrimento do Filho[191]. A rejeição sofrida pelo Filho também põe em dúvida o reino

---

[190] Cf. *acima* cap. 7, pp. 88ss.
[191] Não há necessidade de repetir aqui as observações feitas a esse respeito no vol. I, pp. 426s. cf. 446. Vide esp. tb. as exposições de E. Jüngel e J. Moltmann ali citadas.

do Pai. A *basileia* é realizada pelo Filho ao glorificar o Pai (Jo 17.4), ou seja, ao revelar sua deidade na terra.

Enviando o Filho, o Pai determina a si próprio como aquele que está ausente no mundo, que está presente no mundo somente por meio do Filho. Em certo sentido deve-se dizer algo semelhante já a respeito do ato da criação, pelo qual o Criador libera a criatura para uma existência própria: na verdade, na existência da criatura manifesta-se o amor do Criador que lhe dá a existência, em sua manutenção, a providência paterna de Deus. Não obstante, porém, Deus, o Pai celestial, se torna o ausente para a criatura que desperta para sua autonomia. Não é por acaso que isso faz parte do sentimento de vida da cultura secular[192]. A criatura que tem consciência da própria autonomia e nela confia experimenta o poder de Deus somente ainda como limite, na indisponibilidade de sua origem e de seu futuro derradeiro. A ausência, a abscondidade de Deus anuncia o juízo ao qual a criatura será submetida inevitavelmente se ela se emancipa de Deus e se fia inteiramente em sua própria capacidade finita. Por meio do juízo Deus permanece o Senhor das criaturas que lhe voltam as costas. Mas o juízo, do qual o pecador não escapa, é, ao mesmo tempo, expressão da impotência da criatura. Como Criador, Deus não quer a morte do pecador (Ez 18.23). mas existência e vida de sua criatura: Nesse sentido a deidade do Pai depende do envio do Filho que, com o Espírito Santo, está presente junto a todas as criaturas desde a criação, mas que agora assume ele mesmo forma criatural para, por meio de sua mensagem, trazer ao mundo a presença do futuro de Deus para salvação e não para o juízo. Por meio disso ele glorifica o Pai no mundo e acaba desse modo a obra da criação.

A ausência de Deus no mundo atingiu sua intensidade extrema no abandono do Filho na cruz. Nisso o Filho sofreu o destino do pecador. A ausência de Deus (como do Salvador) significa, afinal, que as criaturas estão entregues às consequências de seu comportamento. Os pecadores estão entregues à morte como fruto de seu afastamento de Deus. Portanto também Jesus sofreu na cruz a morte do pecador como consequência da ambiguidade própria de sua aparição histórica. Nisso provavelmente sofreu o abandono por parte de Deus de modo

---

[192] Vide quanto a isso o volume editado pelo autor, *Die Erfahrung der Abwesenheit Gottes in der modernen Kultur*, 1984.

bem mais profundo do que qualquer outro. No entanto, o juízo de Deus na morte de cruz de Jesus revelou-se, à luz do evento pascal, como o sinal do juízo sobre o mundo que em seu Filho rejeitou o próprio Deus. Mas o juízo na cruz do Filho tornou-se para o mundo simultaneamente o acesso à salvação: Assim como toda pessoa pode reconhecer na morte de Jesus a própria morte como preço da independentização de sua vida finita perante Deus, assim ele também pode, na fé na promessa de Jesus, por meio da comunhão com ele, ganhar em sua morte a esperança da nova vida que veio à luz com seu ressuscitamento dentre os mortos. Por isso a própria ausência do Pai no abandono por Deus de seu Filho na cruz – e somente aqui – tornou-se um momento do seu tornar-se presente para o mundo por meio do Filho. O Pai o entregou (Rm 8.32; cf. 4.25) assim como entrega os pecadores às consequências de seu agir, os entrega à perdição implícita em seu comportamento (Rm 1.24,26,28). No caso do Filho, porém, a entrega à morte abriu ao mundo o caminho da salvação.

Ao tornar-se Deus presente ao mundo para sua salvação por meio do envio e da morte do Filho, revelando-se desse modo como amor paterno, o Filho realizou a deidade do Pai no mundo, glorificou seu nome e seu governo régio no mundo. Na verdade, sua glorificação no mundo já pressupõe sua subsistência na eternidade de Deus, mas no mundo o governo régio do Pai se realiza somente pelo Filho e pelo Espírito, quando o Encarnado glorificou o nome do Pai entre os homens por meio da obediência a sua missão, e o Espírito ensina a reconhecê-lo nisso como o Filho obediente a sua missão. Visto que a deidade de Deus não pode ser separada de seu governo régio, segue-se que a irrupção do futuro do reino de Deus tem por conteúdo, na atividade do Filho, a realidade de Deus no mundo e para o mundo. Visto, porém, que o envio do Filho e do Espírito partem do Pai, pode-se, em vista da realização desse envio por meio da obediência do Filho e a obra do Espírito, falar de auto-realização do Deus trinitário no mundo.

> Naturalmente o discurso de uma auto-realização de Deus no evento de sua revelação não pode significar que anteriormente o Deus trinitário não tivesse possuído realidade. Tomada literalmente, a expressão afirma, antes, o contrário em sua ambiguidade, porque denomina o si-mesmo tanto como sujeito quanto como objeto de sua própria realização. Nisso já reside que aqui o si-mesmo precede à realização de sua própria realização. Isso perfaz o paradoxo da con-

cepção de sua auto-realização: O si-mesmo que há de ser realizado, que, portanto, será resultado da auto-realização, tem que ser concebido simultaneamente como sujeito desse ato e por isso tem que ser imaginado como real já no seu começo. Esse paradoxo naturalmente não é do conhecimento do uso corrente dessa palavra. Justamente por meio desse paradoxo, porém, a idéia da auto-realização se presta para o uso teológico, enquanto como designação de comportamento humano ela se torna imprestável por isso: uma identidade de sujeito da ação e resultado de seu agir, como é necessária para a idéia da auto-realização, jamais acontece no âmbito humano, porque o ser humano sempre se encontra ainda em formação, portanto, a caminho de si mesmo, e gostaria de progredir nesse caminho justamente por seu agir. Por isso a concepção de sua auto-realização excede a medida do ser humano como de qualquer ser finito. Sua origem histórica não se encontra por acaso na teologia filosófica, na concepção de Deus como *causa sui*[193]. No entanto, também como conceito da auto-realização de Deus, o termo não se presta com vistas ao ser eterno de Deus na unidade de sua vida trinitária[194]. Em contrapartida, a relação da Trindade imanente com a econômica, a relação de sua vida intratrinitária com seu agir econômico-salvífico, conquanto não é exterior à deidade de Deus, expressando antes sua presença no mundo, pode ser designada acertadamente como auto-realização de Deus: aqui está dada aquela igualdade entre sujeito e resultado, que o conceito exige que seja concebida. Ele se presta melhor do que a expressão "repetição de Deus" usada por KARL BARTH para esse estado de coisas[195], porque se evita a associação de uma relação de reprodução, que essa última formulação sugere, sendo que, em vez disso, se expressa de modo incisivamente a *unidade* de Trindade imanente e econômica. Trata-se da mesma realidade divina que está realizada no mundo na eterna comunhão da Trindade e por seu agir econômico. Nisso, todavia, a idéia da auto-realização é modificada pelo fato de que não deve ser imaginado um sujeito simples, mas a tripla subjetividade de Pai, Filho e Espírito tanto como origem quanto como resultado do evento. O Deus uno age somente por meio das pessoas trinitárias, e justamente por meio disso se dissolve o para-

---

[193] Vide vol. I, pp. 525s.
[194] Cf. vol. I, pp. 526s. KARL BARTH considerou positiva a aplicação ali citada da idéia de uma *causa sui* por H. SCHELL às relações intratrinitárias (*KD* II/1, pp. 343s.).
[195] K. BARTH, *KD* I/1, p. 315. Cf. E. JÜNGEL, *Gottes Sein ist im Werden*. Verantwortliche Rede vom Sein Gottes bei KARL BARTH. Eine Paraphrase (1965), 3ª ed., 1976, pp. 28ss; tb. pp. 117ss.

doxo na idéia da auto-realização: por um lado vale para cada uma das pessoas trinitárias em separado que elas já são "antes" do processo histórico da revelação da auto-realização de Deus no mundo de sua criação; por outro lado, que sua deidade também é resultado desse processo. No entanto, o agir das pessoas trinitárias não se dirige diretamente a elas mesmas, mas às outras pessoas. Algo semelhante vale, em termos econômico-salvíficos, para o envio do Filho pelo Pai, para sua obediência ao Pai, para a glorificação de Pai e Filho por meio do Espírito. Por isso a auto-realização do Deus uno se realiza pela reciprocidade na relação das pessoas entre si, como resultado de sua entrega mútua.

O testemunho dos salmos de Israel, porém, indica que o reino de Deus existe, por um lado, desde a eternidade ("desde a antiguidade" Sl 93.2), mas, por outro lado, como gradativamente o enfatizaram os salmos posteriores, realizado no processo da história no meio do mundo dos povos[196]. A eleição de Israel e a concessão da terra ao povo (Sl 47.5) foram decantadas como posse no governo régio de seu Deus sobre o mundo dos povos (Sl 47.6ss.)[197]. A ascensão do Império Persa sob Ciro com o retorno dos exilados da Babilônia foi celebrada como sua renovação[198]. No entanto, a posse definitiva do governo régio de seu Deus na terra sempre de novo se deslocou para o futuro na experiência histórica de Israel, para, for fim, tornar-se objeto de esperança escatológica[199]. Na mensagem de Jesus, esse futuro escatológico do governo régio de Deus foi interpretado como direito sobre o comportamento de cada pessoa individualmente, de modo que o futuro já começou para aqueles que confiam nele. Ele é presença permanente para sua comunidade na obediência do Filho que Jesus comprovou até mesmo no caminho para sua morte na cruz. O governo de Deus na criação não irrompeu porque seu Eleito tivesse instituído um governo político sobre os povos, a começar pela libertação política de seu próprio povo. O governo de Deus relativiza os contrastes entre governo político e a revolta dos oprimidos por ele, ao invés de de fazer dessa

---

[196] JÖRG JEREMIAS, *Das Königtum Gottes in den Psalmen*. Israels Begegnung mit dem kanaanäischen Mythos in den Jahrwe-König-Psalmen, 1987, pp. 20ss., 27.
[197] JÖRG JEREMIAS, *loc., cit.*, pp. 50ss. "O reino de Javé aqui decantado é, portanto 1) um reino posto desde os tempos primitivos e universal, mas que 2) se realiza na história e 3) é experimentado como realidade novamente no culto atual" (p. 53).
[198] Referente a Is 52.7 e Sl 96 e 98, cf. JÖRG JEREMIAS, *loc. cit.*, pp. 121-136.
[199] Zc 9.9s. Referente a Sl 97.6, cf. JÖRG JEREMIAS, *loc. cit.*, pp. 136ss., esp. 141s.

revolta o ponto de partidas de novo governo e opressão. O envio do Filho ao mundo e sua consumação por meio de sua morte é a maneira como o governo de Deus se torna realidade no mundo sem opressão, sob respeito da autonomia das criaturas inclusive por Deus mesmo.

Para a difusão do governo de Deus entre os seres humanos é necessário o Espírito, que glorifica o Filho (Jo 16.14). O "Espírito da Verdade", que procede do Pai, dará testemunho de Jesus (Jo 15.26). Ele ensinará tudo aos discípulos e os lembrará de tudo que Jesus disse (Jo 14.26). Assim os conduzirá a toda verdade (Jo 16.13), a saber, à verdade de Deus revelada no Filho[200]. Assim ele glorificará o Filho como também o Filho "glorificou" o Pai "na terra" (Jo 17.4). Se o Cristo joanino pede que o Pai glorifique a ele, o Filho, (Jo 17.1 e 5), isso se refere à glorificação pelo Espírito do qual se falou em Jo 16.14. Pois é do Pai que sairá o Espírito (Jo 15.26). Se é dito que o Espírito tomará do que pertence ao Filho, a fim de anunciá-lo, não se está pensando somente na história de Jesus e em suas palavras: toda a criação será convocada para a glorificação do Filho; pois "tudo que o Pai tem também pertence a mim" (Jo 16.15). Nisso a glorificação do Filho pelo Espírito serve novamente, em última análise, para a glória do Pai: o Pai é glorificado em seu Filho. Por isso o Cristo joanino age com o pedido de glorificação por meio do Pai, que enviará o Espírito, na consumação de sua própria missão, "para que o Filho te glorifique" (Jo 17.2). Tudo na atitude do Filho e na obra do Espírito serve, em última análise, à glorificação do Pai, à irrupção de seu reino no mundo.

Fundamental para a glorificação do Filho pelo Espírito é o evento pascal. Pois o Espírito não produz apenas o conhecimento de que Jesus é o Messias de Israel e o Filho do eterno Deus, antes o conhecimento proporcionado por ele se baseia no fato de criar vida. Isso vale para João (6.63) não menos do que para Paulo (Rm 8.2). A atividade criadora de vida do Espírito refere-se, nesse contexto, em primeiro lugar ao próprio Jesus; pois pelo Espírito ele foi ressuscitado dentre os mortos (Rm 8.11; cf. 1.4 e tb. 1Pd 3.18), e por isso o Espírito também pode garantir aos crentes a esperança da nova vida (Rm 8.11). Como criador da nova vida desde a ressurreição dos mortos o Espírito leva ao conhecimento da filialidade de Jesus Cristo a luz da confirmação divina e justificação de sua atividade pré-pascal (1Tm 3.16).

---

[200] Cf. 1Cor 2.10: O *pneuma* "a tudo perscruta, também as profundezas de Deus".

Na linguagem de João, isso é a glorificação de Jesus entre os crentes. Essa glorificação de Jesus por meio do Espírito é mediada pela mensagem apostólica que igualmente (por causa de seu conteúdo) é proclamada no poder do Espírito Santo (1Ts 1.5, cf. 1Pd 1.12) e por meio da qual também os que crêem nela recebem o dom do *pneuma* (Gl 3.2), que fundamenta neles a esperança da nova vida, que supera a morte em comunhão com o crucificado e ressuscitado por Deus. Nisso o Espírito não cria nos crentes apenas o conhecimento da dignidade divina do Filho, mas com o conhecimento também os inícios de uma nova vida no Espírito da filialidade, em uma comunhão que aceita a relação de Filho de Jesus Cristo com o Pai. A glorificação do Pai e do Filho nos crentes, que é a obra do Espírito, visa, portanto, a reconciliação do mundo com Deus, que está ligada à superação de sua condenação à morte e encontrará sua consumação por meio de participação na vida eterna que liga o Filho com o Pai por meio do Espírito, e que em seu ressuscitamento dentre os mortos já irrompeu como futuro da criação.

Capítulo 11

A RECONCILIAÇÃO DO MUNDO POR MEIO DE JESUS CRISTO

1. Salvação e reconciliação

O envio do Filho pelo Pai e sua encarnação visam à salvação do mundo (Jo 3.17). A isso corresponde a singularidade humana de Jesus em sua atividade terrena e sua história. Pois ao criar espaço para o reino de Deus entre os homens, a atividade de Jesus estava voltada, simultaneamente, para a renovação da comunhão entre os homens. O caráter messiânico de sua atividade, tal como ele se nos apresenta à luz de sua crucificação e seu ressuscitamento, significou, ao mesmo tempo, desbloqueio da esperança messiânica restrita ao povo de Israel por meio da extensão a toda a humanidade. Paulo e João expressaram esse desbloqueio por meio do título de Filho: o Filho do Pai celeste, que é o Criador e Pai de todas as pessoas, apareceu na pessoa de Jesus para a salvação de todos os homens. A universalidade desse acontecimento foi destacada em Paulo pela apresentação de Jesus como o homem escatológico por excelência, como um segundo Adão.

A pergunta pela singularidade de Jesus entre os demais seres humanos não pode ser separada da função soteriológica de sua atividade e de sua história, e com isso também de sua pessoa. Isso já vale para sua pregação e atuação terrena, e se tornou manifesta na atividade terapêutica de Jesus, da qual relatam os Evangelhos. A mesma relação entre dignidade messiânica e função soteriológica caracteriza a mensagem apostólica. O fato de que a função soteriológica sempre já faz parte da figura de Jesus, todavia não nos dá o direito de projetar irrestritamente sobre sua pessoa os interesses e as expectativas de salvação muito diferentes dos homens, de sorte que Jesus apareceria como mero expoente e portador dessas expectativas. Na verdade, é correto que Jesus, se ele, como Filho de Deus, é o cumprimento de todas as expectativas de salvação, atrai sobre si todas as esperanças de salvação, por mais diferentes que sejam. No entanto, essas têm que ser modificadas e requalificadas, como já foi o caso da expectativa messiânica judaica, quando são associadas à pessoa de Jesus como o Consumador de toda esperança humana de salvação: primeiro na atuação e história de Jesus está evidente o que de fato serve para salvação dos homens e em que sentido ele é o portador universal da salvação, o Redentor da humanidade. Nesse sentido, a soteriologia deve ser tratada como função da cristologia, e não inversamente, tratar a essa como dependente de esperanças de salvação preestabelecidas alhures e sujeitas a mudanças historicamente[1].

A salvação trazida por Jesus consiste, conforme sua mensagem, na comunhão com Deus e na vida nela fundamentada, que abrange também a renovação da comunhão dos seres humanos entre si. Por isso, receber parte no reino de Deus (Mt 5.3 par. e 10; 19.14; Lc 6.20), encontrar acesso a ele (Mc 9.47; 10.14s. e 23ss., cf. Mt 25.10; Jo 3.3) é a essência da salvação. A isso também corresponde a compreensão de salvação da mensagem apostólica. Nela passou a ocupar o lugar central a comunhão com Jesus Cristo, que, porém já garantiu a participação

---

[1] Vide as exposições do Autor, Christologie und Soteriologie in: *Grundzüge der Christologie*, pp. 32-44. Se, em contrapartida, K.-H. OHLIG (*Fundamentalchristologie. Im Spannunsfeld von Christentum und Kultur*, 1986) afirma que cristologia seria "*uma função da soteriologia*" (p. 27), parece que ele não está consciente de que essa fórmula transforma os conteúdos da cristologia em projeções das diferentes e cambiantes expectativas de salvação dos homens. De fato, também em OHLIG a função crítica da pessoa histórica de Jesus tem importância para a compreensão da salvação humana, por exemplo, já no fato de que salvação é vista como "mediada por história" (*ib.*), e, além, disso, no fato de que a salvação é concebida cristologicamente, portanto mediada por um Messias, e em especial por Jesus como o Cristo (pp. 28s.). Com isso, afinal, Jesus Cristo é declarado o critério para a determinação do conteúdo da compreensão da salvação, e justamente esse é o sentido da colocação da cristologia antes da soteriologia, o que é criticado por ele (p. 28, nota 6). Aplicando isso à cristologia aqui apresentada, isso significa: a relação de Filho de Jesus com o Pai não é expressão da projeção de esperança de salvação humana nele, fundamentada alhures, antes fundamenta-se na exigência do Primeiro Mandamento. Nisso se fundamenta, além disso, também a relevância soteriológica geral da filialidade de Jesus.

do reino de Deus vindouro no contexto da própria aparição histórica de Jesus (Lc 12.8 par.), como ficou evidente de modo especial na comunhão de mesa realizada por Jesus. De acordo com a mensagem apostólica, a comunhão com o Crucificado fundamenta a esperança da participação na nova vida, aparecida em sua ressurreição. Também para Jesus a ressurreição dos mortos já deverá ter sido parte constituinte da salvação do reino de Deus vindouro (Mc 12.27). Depois da Páscoa, a superação da morte pela nova vida na ressurreição dos mortos tornou-se a suma do futuro salvífico, como foi na mensagem de Jesus a participação no reino de Deus. Quanto ao conteúdo, não existe contradição nisso, pois a nova vida procedente da ressurreição dos mortos é a vida na comunhão com Deus por meio de seu Espírito. Em especial, as duas definições de conteúdo da salvação têm em comum o caráter escatológico, um futuro, porém, que no crente já começa no presente. Essa referência escatológica caracteriza também o conceito neotestamentário de salvação como *soteria*, e encontra-se na base das demais concepções de cunho soteriológico do Novo Testamento, portanto, em Paulo, na base das afirmações sobre a justificação acontecida por meio de Cristo, sobre redenção, reconciliação e libertação do ser humano que é concedida aos crentes.

O termo alemão que se traduz em português com "salvação" é *"Heil"*. Esse termo tem por conteúdo o estado incólume da vida, sua integridade também no sentido de ser bem sucedido e de se tornar um ser integral no caminho de sua história. Assim também a palavra grega *soteria* se refere à inteireza e à integridade da vida (cf. apenas Mc 8.35 par.). O termo *soteria* não designa apenas o processo da salvação, mas também seu resultado, a vida salva e renovada. Nesse último sentido, ele está próximo do sentido abrangente da concepção véterotestamentária de paz (*shalôm*)[2]. A inteireza da vida, que o termo *"Heil"* (salvação)

---

[2] Em conexão com W. CASPARI (*Vorstellung und Wort "Friede" im Alten Testament*, 1910) e com J. PEDERSEN (*Israel, Its Life and Culture 2*, 1926, pp. 311-335), também G. VON RAD entendeu, entre outros, *shalôm* como integridade e inteireza da vida na comunhão (*Theologie des Alten Testaments I*, 1957, p. 136 [*Teologia do Antigo Testamento*, São Paulo: ASTE/Targumim, 2ª ed. 2006, p. 123]). Em sua contribuição para o verbete *"Frieden"* no *ThWBNT* 2, 1935, pp. 400-405, RAD havia traduzido, com razão, o vocábulo *shalôm* com *"Heil"* (salvação) (assim esp. p. 402 referente ao Sl 85). De modo semelhante se expressou L. ROST na *Festschrift für J. Jepsen*, 1971, pp. 41-44. Em suas explanações de 1935, G. VON RAD chamou a atenção para

designa, porém ainda não está acabada no processo do tempo e é sentida até mesmo como ausente, no mínimo, porém, ela sempre está em perigo no curso da história e ainda não está definitivamente garantida. Por isso a "salvação" da vida humana depende em seu todo do futuro. A mensagem salvífica escatológica articulou esse fato como tema da relação do ser humano com Deus: a atitude em face do futuro de Deus e seu reino decide sobre "salvação" ou "não-salvação" definitiva da vida humana. Por isso vale, em formulação paradoxal extrema, que aqueles que procuram preservar sua vida neste mundo sem levarem em consideração o futuro de Deus, perdê-la-ão, enquanto as pessoas que empenham sua vida pelo futuro do reino de Deus e a perdem por sua causa aqui na terra, não obstante a ganharão em última análise (Mc 8.35 par.). A concentração da temática salvífica no futuro escatológico de Deus é oposta criticamente a toda realização da vida humana apenas intramundana[3], porque, inversamente os seres humanos em seus anseios de auto-realização neste mundo se fecham a Deus e seu futuro. Essa é a razão por que salvação pode ser concedida ao ser humano somente como salvamento da perdição de sua vida para os poderes do pecado e da morte.

---

o fato de que o termo *shalôm* também designa o bem-estar individual (p. 400), não estando, portanto, restrito à relação comunitária. O fato de G. VON RAD não ter enfatizado expressamente o significado de *"Heil"* (salvação) em sua Teologia do Antigo Testamento estranha tanto mais em vista do fato de que termos como *"Heil"* [salvação], *"Heilsgut, Heilshandeln, Heilsgeschichte* [bens salvíficos, ação salvífica, história salvífica] desempenham papel central nessa obra. Cf. tb. J. I. DURHAM, *shalôm* and the Presence of God (*Proclamation and Presence,* Festschrift für G. H. DAVIES, 1970, pp. 272-293). [É difícil reproduzir esta nota como também o texto, porque a argumentação se baseia no termo alemão *"Heil"* que em português se traduz por "salvação". Acontece que "salvação" não tem as conotações de *"Heil"* que denota, tais como inteiro, são, intacto, curado. Então é preciso associar o termo "salvação" sempre a esses significados quando se traduz o termo alemão *"Heil"*. (N. do T.)]

[3] Nisso se baseia a tensão entre a *soteria* cristã e a *salus* romana, elaborada esp. por C. ANDERSEN em seu art. *Erlösung* em *RAC* 6, 1966, pp. 54-219, esp. pp. 163ss. Cf. tb. N. BROX, *soteria* und Salus. Heilsvorstellungen in der Alten Kirche, *EvTheol* 33, 1973, pp. 273-279. Referente à relevância atual do conceito de salvação com ênfase escatológica em relação a esperanças de salvação orientadas apenas intramundanamente, cf. G. EBELING, Das Verständnis von Heil in säkularisierter Zeit (1967), in: Idem, *Wort und Glaube III*, 1975, pp. 349-361, bem como B. WELTE, *Heilsverständnis*. Philosophische Untersuchungen einiger Voraussetzungen zum Verständnis des Christentums, 1966.

Se a salvação está ligada ao relacionamento do ser humano com o futuro de Deus e se ela deve ser entendida como salvamento da atual condição da existência, era natural que, na perspectiva das expectativas judaicas futuras, a salvação fosse entendida como salvamento no iminente juízo mundial, com o qual o futuro de Deus colocará fim a este tempo mundial. Com efeito, Paulo designa *soteria* preponderantemente como salvamento no juízo futuro (Rm 5.9; cf. 1Ts 1.10; 5.9s. *et passim*). Por outro lado, a salvação futura já é certa para os crentes por meio de Jesus Cristo. Com isso a teologia paulina corresponde à relação entre futuro e presente do reino de Deus na mensagem de Jesus: em e por meio de Jesus a salvação futura está patenteada ao crente e é acessível já agora[4]. No entanto, em Paulo, a presença da salvação não é entendida como efeito do futuro de Deus. Em si, essa também não aparece já como a salvação do ser humano, antes a salvação está condicionada à absolvição no juízo futuro, e essa é mediada pelo evento salvífico da morte e ressurreição de Jesus Cristo que se tornou acontecimento no passado. A presença da salvação também não é chamada, em regra, de *soteria*, mas estado da *justificação* (Rm 5.9; cf. 8.3s. *et passim*), ou paz com Deus. A glória da nova vida, que constitui o conteúdo da *soteria*, ainda é assunto da esperança para Paulo. Essa se fundamenta para ele no fato de que a sentença de absolvição no juízo vindouro está declarada já agora aos crentes no Cristo crucificado e ressuscitado. Esse estado de paz com Deus, que justifica a esperança do salvamento no juízo vindouro, se fundamenta, por sua vez, no evento da reconciliação com Deus por meio da morte de seu Filho (Rm 5.10; cf. 5.18). E reconciliação, justificação e salvamento no juízo vindouro formam um conjunto indissolúvel para Paulo[5], de modo que as diferenciações se apagam ocasionalmente. A justiça pode aparecer não somente como resultado da obediência de Cristo (Rm 5.18), mas também pode ser designada

---

[4] Na idéia da presença escatológica da "salvação" E. JÜNGEL, *Paulus und Jesus*. Eine Untersuchung zur Präzisierung der Frage nach dem Ursprung der Christologie (1969), 3ª ed., 1967, pp. 266s., viu, com razão, para além de todas as diferenças, a correspondência positiva que une a doutrina paulina da justificação com a pregação de Jesus.

[5] Vide referente a isso entre outras W. G. KÜMMEL, *Die Theologie des Neuen Testaments nach seinen Hauptzeugen* (NTD Erg. 3), 1969, pp. 165-183, bem como C. BREYTENBACH, *Versöhnung*. Eine Studie zur paulinischen Soteriologie, 1989, pp. 170ss. referente a Rm 5.9s.

como bem da esperança no sentido da esperada sentença de absolvição no juízo vindouro (Gl 5.5), e, inversamente, o crente como salvo já agora (Rm 8.24), ainda que na esperança: isso acontece por meio do poder do Evangelho (1Cor 15.2; cf. 2Cor 6.2), que também pode ser chamado de palavra da reconciliação (2Cor 5.19).

Não se deve ocultar as profundas diferenças entre o discurso do apóstolo e o do próprio Jesus a respeito da presença da salvação para o crente. Essas diferenças, porém, podem ser entendidas como condicionadas pelo fato de que a atividade pública do apóstolo estava separada da aparição terrena de Jesus, por meio de cuja mensagem a salvação do reino de Deus já se tornou presente, pelos acontecimentos da crucificação e ressurreição de Jesus. São esses acontecimentos que Paulo tinha em mente como o evento da reconciliação, no qual se fundamenta a esperança cristã por uma sentença de absolvição no juízo vindouro.

A teologia pode ligar o enfoque paulino com a irrupção da salvação do reino de Deus já na mensagem e na atividade do próprio Jesus somente sob a condição de que o conceito da salvação não é compreendido exclusivamente em termos futuros, como é o caso, em geral, no uso linguístico paulino, por causa da ligação com a expectativa do juízo iminente. Sobretudo, porém, a ligação da compreensão da salvação paulina baseada na morte de Jesus com a mensagem de Jesus tem em comum o pressuposto de que existe um nexo entre ambos. Isso acontece conquanto a morte de Jesus foi a consequência de sua mensagem e de sua atividade terrena: já vimos que justamente a irrupção do reino de Deus no evento da pregação e atividade de Jesus acarretou a ambiguidade de seu aparecimento que levou a sua morte. As exposições sobre a modificação e o desbloqueio da idéia do Messias por meio de sua aplicação ao Crucificado (veja *acima* pp. 441ss, 455) e sobre a obediência de Jesus no sofrimento como consequência extrema da filialidade revelada em sua autodiferenciação do Pai (vide *acima* p. 525) poderiam constituir pontos de partida para uma reconstrução do nexo de fundamentação da interpretação paulina da morte de Jesus na cruz como expressão do amor de Deus (Rm 5.8; cf. 8.32) na base da revelação do amor do Pai, tal como já aconteceu na atividade de Jesus antes da Páscoa, quando o futuro de seu reino se tornou presença da salvação para aqueles que aceitaram a mensagem de Jesus. Ainda haveremos de ver até que ponto uma ligação nesse sentido pode ser comprovada argumentativamente.

O próprio Paulo já pôde dizer ocasionalmente (vide *acima*) que, apesar do condicionamento da *soteria* ao evento do salvamento no juízo iminente, essa salvação foi concedida, não obstante, já no presente por meio do Evangelho. Na Epístola aos Efésios, essa ênfase se destaca ainda mais (Ef 2.5 e 8), e na Carta a Tito pode ser dito que os crentes já receberam a salvação por meio do Batismo (Tt 3.4s.). O deslocamento – perceptível no uso linguístico – da concepção da participação na salvação escatológica para o presente, que, todavia, permanece referida a sua consumação futura, teologicamente faz perfeito sentido, porque está mais próximo do ponto de vista do presente do futuro salvífico escatológico na mensagem de Jesus do que o uso linguístico de Paulo. Como a presença da salvação futura é mediada por Jesus, vale o mesmo também para a extensão do conceito *soteria* à atividade de Jesus, tal como está sendo expresso em Jo 3.17 e certamente também em 4.22[6]. Especialmente também na Epístola aos Hebreus se afirma que a *soteria* teria começado na proclamação do próprio Jesus (Hb 2.3). Essa afirmação se aproxima de forma surpreendente dos conhecimentos da exegese moderna sobre o tema de uma presença proléptica da salvação do reino de Deus na mensagem e atuação de Jesus. Também a denominação de Jesus Cristo como "iniciador da salvação" (Hb 2.10) deve ser entendida nesse sentido.

A referência à futura consumação da salvação em geral foi preservada. No entanto, o deslocamento da ênfase para a origem da salvação na história de Jesus e para sua concessão por meio de Evangelho e Batismo também resultou numa modificação no conteúdo do conceito de salvação (em todo caso, do termo *soteria*) em relação a Paulo: agora já não se trata mais, em primeiro lugar, do salvamento dos crentes no juízo vindouro, mas do salvamento da vida do pecado para uma nova vida no Espírito (Tt 3.4ss.), que já se tornou acontecimento histórico. A definição do conteúdo da *soteria*,[7] ligada já em Paulo com a concepção da salvação no juízo vindouro, por meio de participação na glória da nova vida já manifestada em Cristo (Fl 3.20s.; cf. Rm 5.10 e 8.30) foi

---

[6] De acordo com R. BULTMANN, *Das Evangelium des Johannes*, 12ª ed., 1952, p. 139, nota 6, a frase "Pois a salvação vem dos judeus", todavia, deveria ser considerada uma glosa redacional. Cf., em contrapartida, a observação de R. E. BROWN, *The Gospel According to John I*, 1966, p. 172, bem como R. SCHNACKENBURG, *Das Johannesevangelium*, 5ª ed., 1981, pp. 470s.

[7] Cf. W. FOERSTER im ThWBNT 7, 1964, 981-1012, especialmente, 993.

agora separada da vinculação com a futura data do juízo. Com isso também deve estar relacionado o recuo da terminologia paulina da justificação nas manifestações pós-paulinas sobre a participação atual dos crentes na salvação: a participação na nova vida em Jesus Cristo não está mais determinada, em primeiro lugar, pela relação com a salvação no juízo futuro, de modo que também a presença da salvação não está mais caracterizada pela antecipação da sentença de absolvição no juízo futuro, diversamente da vida a ser então conseguida, mas como realidade inicial da própria nova vida que entrou neste mundo por meio de Jesus Cristo.

Embora tivesse ficado evidente que as rigorosas distinções paulinas entre reconciliação, justificação e salvação futura como salvamento no juízo não possam valer, sem mais nem menos, como representativas para o testemunho global do Novo Testamento, e até mesmo se tornam inseguras no próprio Paulo em determinados casos, a formação de um juízo teológico deve, em todos os casos, observar dois pontos: uma vez o condicionamento da salvação ao futuro de Deus que em Jesus Cristo já se tornou presente neste mundo, cuja consumação, porém, ainda está por vir; em segundo lugar, a concessão da participação na salvação por meio da história de Jesus e em especial por sua morte de cruz. Esse último aspecto, o significado fundamental da morte de Jesus Cristo para a atual esperança de salvação dos cristãos, foi associado por Paulo especialmente ao conceito da reconciliação. Na reconciliação com Deus por meio da morte de cruz de Cristo fundamenta-se a forma da presença da participação cristã na salvação, que Paulo descreveu como justificação e paz com Deus[8]. A fim de expressar esse contexto de fundamentação, o conceito da reconciliação e sua referência à morte de Jesus também desempenharam, com razão, um papel importante na história da doutrina cristã. No entanto, nesse processo deslocou-se o sentido do conceito "reconciliação". Sua abrangência foi diminuída e sua associação à morte de Jesus assumiu outro significado. Mas justa-

---

[8] Embora a afirmação da reconciliação, de modo semelhante como a idéia da justificação, vise, em Paulo, o estado presente da vida na fé, o estado da paz com Deus (Rm 5.1), ela tem, não obstante, pela referência à morte de Jesus, função fundamentadora para a justificação (2Cor 5.21). Somente assim se torna compreensível que, como destaca C. BREYTENBACH, *Versöhnung. Eine Studie zur paulinischen Soteriologie*, 1989, p. 223, a reconciliação como expressão do amor de Deus antecede a fé, enquanto a justificação está sempre ligada à fé.

mente em sua disposição e amplitude original de Paulo, esse conceito tem o potencial de um termo-chave para uma interpretação sistemática adequada do significado da morte de Jesus e, além disso, de todo o processo da transmissão da salvação.

2. O conceito e a doutrina da reconciliação

A associação paulina do verbete "reconciliação" com a morte de Cristo (Rm 5.10) torna compreensível que, na teologia cristã, tanto a morte de Jesus foi interpretada a partir da concepção da reconciliação quanto também, inversamente, essa concepção foi interpretada à luz de compreensões da morte de Cristo fundamentadas alhures. Disso resultou, contrariando o uso linguístico de Paulo, de acordo com o qual Deus é o sujeito do evento da reconciliação (2Cor 5.19), a concepção de que Deus tinha que ser conciliado com a humanidade por meio da obediência do Filho, resp. pelo sacrifício de sua vida na cruz, depois de anteriormente ter sido ofendido pelo pecado de Adão.

Os inícios dessa interpretação do conceito da reconciliação remontam aparentemente à teoria da recapitulação de IRENEU. Esse pôde descrever, com base em Cl 1.21s., a "recapitulação" de Adão por Cristo, portanto a reconstituição e o salvamento repetidor daquilo "que se havia perdido inicialmente em Adão" (adv. haer. V,14,1), também como reconciliação do ser humano alienado de Deus por Jesus Cristo, e isso por seu corpo entregue à morte (adv. haer. V,14,2s.). A desobediência do primeiro ser humano "na árvore" proibida do paraíso foi curada pela obediência do segundo Adão na madeira da cruz. Desse modo fomos reconciliados com o Deus que havíamos ofendido no primeiro Adão por meio do segundo Adão (V,16,3). "Ele reconciliou seu Pai para nós, contra o qual havíamos pecado, e compensou novamente nossa desobediência por sua obediência" (V,17,1). Aqui IRENEU ainda está próximo da idéia de Rm 5.19: a reconciliação acontece por meio da obediência de Cristo. Ainda não se fala de aplacar a ira do Pai por meio do sacrifício de expiação da morte de Cristo, que lhe é oferecido. IRENEU se desvia de Paulo somente pelo fato de o Pai aparecer como o objeto da obediência reconciliadora de Cristo, não como sujeito do evento da reconciliação no sentido de 2Cor 5.19. Segundo IRENEU, a obediência do segundo Adão efetua a reconciliação do Deus ofendido pelo pecado do primeiro Adão, e sobre isso nada se lê em Paulo. A tendência para uma interpretação da idéia da reconciliação nesse sentido está fundamentada em IRENEU na ampliação do paralelo antitético do segundo ao primeiro Adão, posto por Paulo, sendo que agora se enfatizou tanto no primeiro quanto no segundo a justaposição entre ser humano e Deus. Com isso se negligenciou o limite do paralelo entre Adão e Cristo, tal como a expõe a difícil passagem paulina de Rm 5.12-21[9]. A tendência reconhecível em IRENEU foi logo corroborada por meio da interpretação da morte de Jesus como sacrifício de expiação por ele oferecido ao Pai em favor da humanidade[10]. Essa concepção obteve relevância especial na Igreja romana desde CIPRIANO[11]. Assim AGOSTINHO pôde escrever que os seres humanos, que vivem sob a ira de Deus por causa do pecado hereditário, necessitaram de um intermediador e reconciliador, que aplacou essa ira por meio do oferecimento de um único sacrifício[12]. Com isso AGOSTINHO expressou em outra terminologia a idéia fundamental pregada por ANSELMO de Cantuária, no início da escolástica latina, em sua teoria da satisfação[13].

---

[9] Referente a isso, vide G. BORNKAMM, Paulinische Anakoluthe im Römerbrief, in: *Das Ende des Gesetzes*. Paulusstudien, 1952, pp. 76-92, esp. pp. 80ss., 88ss.

[10] Essa interpretação já foi preparada por TERTULIANO. Cf. H. KESSLER, *Die theologische Bedeutung des Todes Jesu. Eine traditionsgeschichtliche Untersuchung*, 1970, pp. 72ss. Em formulação expressa, esse pensamento encontra-se em ORÍGENES (KESSLER, pp. 77ss.) ao lado da compreensão, por ele desenvolvida, da morte de Jesus como pagamento do resgate da humanidade do poder do diabo (KESSLER, pp. 75s., cf. tb. A. VON HARNACK, *Lehrbuch der Dogmengeschichte I*, 5ª ed., 1931, pp. 682s. nota 3).

[11] Referente a isso, cf. A. VON HARNACK, *Lehrbuch der Dogmengeschichte II*, 5ª ed. 1931, pp. 180ss.

[12] AGOSTINHO, *Enchiridion ad Laur*. X,33: *in hac iram cum essent homines per originale peccatum [...] necessarius erat mediator. hoc est reconciliator, qui hanc iram sacrificii singularis [...] oblatione placeret* (CCL 46,68). AGOSTINHO citou para essa afirmação Rm 5.10, onde, porém, não ocorre nem o termo mediador nem o termo sacrifício. À luz da afirmação citada surpreende a afirmação de O. SCHEEL que, de acordo com AGOSTINHO, não ocorreria "uma reconciliação com Deus. AGOSTINHO nada quer saber de uma *ira Dei*" (*Die Anschauung Augustins über Christi Person und Werk*, 1901, p. 332).

[13] Referente a *Cur Deus Homo*, de ANSELMO, cf. H. KESSLER, *loc. cit.*, pp. 83-165. Com seu juízo de que "cursos de idéias de ANSELMO não são do interesse de AGOSTINHO" (*loc. cit.*, p. 336) e que em ANSELMO sequer se encontra uma "teoria de vicariato" como acontece em AGOSTINHO (p. 337), O. SCHEEL exagerou a distância entre ANSELMO e AGOSTINHO. Existe concordância entre os dois especialmente

Para o aprofundamento sistemático da redefinição da idéia paulina da reconciliação no sentido da aplacação da ira divina sobre o pecado de Adão por meio do sacrifício de expiação oferecido a Deus na morte de Jesus contribuiu a ligação da idéia da reconciliação com a função de Cristo como mediador entre Deus e a humanidade. Pois a teologia ocidental acentuou na concepção de Cristo como mediador o papel de sua natureza humana, por meio da qual Jesus Cristo teria representado a humanidade perante Deus em sua obediência no sofrimento. Essa compreensão foi estabelecida por AGOSTINHO e se tornou determinante para a escolástica latina[14].

A ligação entre a concepção de reconciliação do Pai ofendido pelo pecado de Adão e o múnus mediador de Cristo já se encontra em IRENEU, o qual, sob invocação de 1Tm 2.5, viu a obra do Mediador na reconciliação do Pai (*adv. haer.* V,17,1). Essa idéia juntamente com a referência a 1Tm 2.5 foi retomada desde cedo por AGOSTINHO (*MPL* 34,1070 e 35,2122; cf. 34.1245). Nas *Confissões* examinou com exatidão a idéia do Mediador, com o resultado de que Cristo, por ser igual ao Pai como *Logos*, poderia ser Mediador somente segundo sua humanidade, não segundo sua deidade: *Inquantum enim homo, intantum mediator* (*Conf.* X,68). De forma correspondente, AGOSTINHO escreve em sua obra sobre *A Cidade de Deus*: *Nec tamen ob hoc mediator est, quia Verbum [...], sed mediator, per quod homo* (*De civ. Dei* IX,15,2)[15]. Esse pensamento influenciou a escolástica lati-

---

na concentração do múnus mediador na natureza humana de Cristo, conforme será mostrado abaixo. Nisso se deve reconhecer com certeza uma forma da idéia do vicariato. Em face do alcance sistemático dessa concepção do múnus mediador de Cristo certamente também se trata de mais do que de um "impulso" de AGOSTINHO, por mais que se afirme que ANSELMO não atingiu "toda a dinâmica e profundidade [...] da teologia agostiniana" (KESSLER, p. 128).

[14] Referente às discussões da escolástica primitiva sobre essa questão cf. A. M. LANDGRAF, *Dogmengeschichte der Frühscholastik II/2*, 1954, pp. 288-328 ("Die Mittlerschaft Christi").

[15] Mais comprovantes em O. SCHEEL, *loc. cit.*, pp. 319s, 124s. SCHEEL com razão chamou a atenção para o fato de que AGOSTINHO afirmou a condição de Deus-Homem de Cristo como constitutiva para o conceito do Mediador entre Deus e a humanidade (pp. 325s.). Não se trata aqui de um elemento de desequilíbrio no pensamento de AGOSTINHO. Pois, segundo AGOSTINHO, sob o pressuposto da condição de Deus-Homem a natureza humana de Cristo é decisiva para a realização de sua condição de Mediador. A preponderância desse ponto de vista

na profundamente. Quanto a seu conteúdo, ele já está pressuposto na teoria da satisfação de ANSELMO de Cantuária, embora este não tivesse argumentado com a idéia do Mediador[16]. No séc. XII, a questão foi discutida expressa e controvertidamente. Afinal, também naquele tempo se lia em Paulo que *Deus* estava em Cristo e reconciliou o mundo consigo mesmo (2Cor 5.19). Por isso consta em PEDRO LOMBARDO que o Pai, ou, antes, toda a Trindade seria sujeito da reconciliação[17]. Mesmo assim a concepção da reconciliação como aplacação da ira divina – em ligação com o conceito de Mediador[18], que Lombardo, sob a impressão da autoridade de AGOSTINHO, associou com a natureza humana de Cristo – levou à afirmação de que, segundo o poder, toda a Trindade reconciliou, mas que somente o Filho seria Mediador por meio de sua obediência (*impletione oboedientiae*) segundo sua natureza humana[19]. A identificação da ação mediadora de Cristo com sua ação reconciliadora também levou os principais teólogos do séc. XIII a atribuir ambas as ações à natureza humana de Cristo. Assim o fez BOAVENTURA[20] e também TOMÁS DE AQUINO: como o único e verdadeiro Mediador, Cristo nos reconcilia com Deus por meio de seu sacrifício, e ele o realiza em virtude de sua natureza humana[21].

A teologia da Reforma não seguiu a essa associação do múnus mediador de Cristo com sua natureza humana, porque concebia a

---

entre as manifestações de AGOSTINHO sobre esse tema foi confirmada também por SCHEEL (p. 327).

[16] ANSELMO de Cantuária, *Cur Deus homo* II,18 (*deus, cui secundum hominem se obtulit*), cf. ANSELMO, *Meditatio XI: de redemptione humana* (*MPL 158*, pp. 762-769).

[17] PEDRO LOMBARDO, *Sententiae t. II* (lib. III et IV), Rom 1961, pp. 123 (III d 19 c 6 *De mediatore*). Sobre a oscilação de Lombardo na interpretação do nexo entre condição de Mediador de Cristo e reconciliação, cf. A. M. LANDGRAF, *loc. cit.*, pp. 300ss.

[18] PEDRO LOMBARDO, *ib.*: *Christus ergo dicitur mediator eo quod medius inter Deum et homines, ipsos reconciliat Deo. Reconciliat autem dum offendicula hominum tollit ab oculis Dei...*

[19] PEDRO LOMBARDO, *loc. cit.*, c. 7 (p. 123): *Unde et mediator dicitur secundum humanitatem, non secundum divinitatem*. Para isso PEDRO LOMBARDO reportou-se igualmente a Gl 3.20 e a AGOSTINHO. Antes (c. 6, p. 123), ele havia apresentado o pensamento reproduzido em língua alemã no texto referente a 2Cor 5.19.

[20] BOAVENTURA, *Sent. III*, 19,2 q 2 (*Opera Omnia III*, 1887, p. 410).

[21] TOMÁS DE AQUINO, *Sum. theol. III*, 26,2: ... *verissime dicit mediator secundum quod homo*, bem como III,48.3: ... *idem ipse unus verusque mediator per sacrificium pacis reconcilians nos Deo*. Cf. III,49,4.

pessoa humano-divina como portadora desse múnus[22]. Não obstante, também os reformadores mantiveram a interpretação da morte reconciliadora de Cristo, ligada à compreensão escolástica do múnus mediador de Cristo, como um sacrifício de expiação que aplaca a ira sobre o pecador. Em LUTERO, todavia, essa concepção recebeu uma interpretação modificada no sentido de sua compreensão do sofrimento-castigo vicário de Cristo[23]. Em contrapartida, MELANCHTHON pôde caracterizar, bem no sentido da teoria da satisfação de ANSELMO, a morte de cruz de Cristo como um sacrifício oferecido a Deus para aplacar sua ira sobre o pecado[24]. Também CALVINO pôde expressar-se de modo semelhante, embora acentuasse, por outro lado, a iniciativa divina para nossa reconciliação, aproximando-se com isso da compreensão da morte de Jesus como um sofrimento-castigo assumido, por ordem do Pai, de forma vicária[25]. A dogmática da ortodoxia pro-

---

[22] *Fórmula de Concórdia SD VIII, 46s.* De modo semelhante, MELANCHTHON já se havia expressado em sua Apologia a CA 21. Aqui, todavia se fala de "mediador ou reconciliador" somente no texto alemão (o texto latino tem *propitiator*), e não se emprega a terminologia da doutrina das duas naturezas. Com especial clareza CALVINO formulou o conteúdo: *neque de natura divina, neque de humana simpliciter dici, quae ad mediatoris officium spectant* (*Inst.*, 1959, II,14,3, CR 30, 355). Portador do múnus mediador é a pessoa de Cristo, não uma ou outra natureza (*ib.*, nota 4). Referente à importância dessa pergunta na teologia de controvérsia, vide tb. J. BAUR, Lutherische Cristologie im Streit um die neue Bestimmung von Gott und Mensch, *Ev. Theol 41*, 1981, pp. 423-439, esp. 433ss. No entanto, no caso da associação do múnus mediador à pessoa divina de Cristo não se trata de uma inovação da Reforma, mas de uma compreensão defendida várias vezes na escolástica primitiva e que ocorre ainda em ROBERT MELUN (cf. A. M. LANDGRAF, *loc. cit.*, pp. 296s.).
[23] Sobre a interpretação de LUTERO da morte de Cristo, vide O. TIILILÄ, *Das Strafleiden Christi*, 1941; em forma sucinta, cf. tb. do Autor, *Grundzüge der Christologie*, 1964, pp. 286ss. LUTERO, porém, não contrapôs a idéia do sofrimento-castigo à concepção de satisfação produzida pela morte de Cristo, mas ligou a idéia da satisfação com a do sofrimento-castigo. Cf. P. ALTHAUS, *Die Theologie Martin Luthers*, 1962, pp. 178ss.
[24] F. MELANCHTHON, *Loci praecipui theologici* (1559) CR 21, pp. 871s. Como sacrifício expiatório é designado ali um *opus reconcilians Deum et placans iram Dei pro aliis et satisfactorium pro culpa et poena aeterna* (p. 871). Cf. *CA 3*: Cristo morreu *ut reconcilaret nobis patrem et hostia esset [...] pro omnibus [..]. pecatis.*
[25] J. CALVINO, *Inst.* (1559) II,16,6: *Christum patri fuisse in morte pro victima satisfactoria immolatum, ut peracta per eius sacrificum litatione, iram Dei iam horrore desinamus* (CR 30, 373). Referente ao amor do Pai que visa nossa reconciliação (*reconcilia-*

testante passou a acentuar mais a estrutura básica da idéia da satisfação, que remonta a ANSELMO, na medida em que colocava o Pai como receptor da obra satisfatória de Cristo no centro de sua reflexão. Para isso contribui, não por último, a crítica sociniana à tradicional concepção da necessidade de satisfação para o pecado de Adão e seus descendentes, bem como a suposição de imputação do mérito de Cristo em favor de outros[26].

Somente após a dissolução da doutrina da satisfação pela crítica racional dos socinianos e depois de sua recepção pela teologia protestante do Iluminismo[27], a diferença entre a idéia da reconciliação neotestamentária, paulina, e o uso linguístico teológico posterior recebeu atenção geral: não é Deus que tem que ser reconciliado, mas o mundo foi reconciliado por Deus em Cristo (2Cor 5.19). É preciso reconhecer como mérito da teologia protestante mais recente o fato de ter valorizado novamente, depois da destruição crítica da doutrina da satisfação, o direcionamento das afirmações paulinas sobre a reconciliação para o mundo, aos seres humanos a serem reconciliados. A reconciliação do mundo por meio de Cristo foi agora concebida como efeito do amor de Deus que se impõe contra todas as resistências da inimizade dos homens contra Deus, amor atuante por meio de Jesus Cristo. Nisso, porém, não se levou suficientemente em conta o significado fundamental da morte de Cristo para o pensamento paulino da reconciliação do mundo por meio de Deus (Rm 5.10; 2Cor 5.21; cf. 5.14).

---

tionem), cf. esp. II,36,3 (p. 370). Visto a partir daí, modifica-se o acento da idéia da satisfação no sentido de sofrimento-castigo sofrido por Cristo em nosso lugar (assim já II,16,2): *hic Christum deprecationem intercessisse, poenm in se recipisse...* (*loc. cit.*, p. 369).

[26] G. WENZ, *Geschichte der Versöhnungslehre in der evangelischen Theologie der Neuzeit I*, 1984, pp. 75s., 79s. Referente à crítica sociniana à concepção de satisfação vicária pelo pecado, cf. ali pp. 119-127; em recordação à doutrina do sofrimento-castigo por H. GROTIUS, vide pp. 28-136.

[27] Cf. G. WENZ, *loc. cit.*, pp. 170-216, esp. as explanações referentes a J. G. TÖLLNER, pp. 179ss. M. KÄHLER caracterizou, com razão, o resultado desse desenvolvimento com a frase: "Assim a doutrina sociniana tornou-se, depois da luta inútil de J. GERHARD até GROTIUS, a opinião pública dos teólogos luteranos" (Das Wort 'Versöhnung' im Sprachgebrauch der kirchlichen Lehre, in: Idem, *Zur Lehre von der Versöhnung*, 1898, 2ª ed., 1937, pp. 1-38, 24).

Já em 1729, JOHANN CONRAD DIPPEL havia chamado a atenção para o fato de que, de acordo com o Novo Testamento, não foi Deus que foi reconciliado com o mundo, mas o mundo foi reconciliado com Deus por meio de Cristo[28]. Essa concepção, porém, não correspondia com a corrente da vinculação de reconciliação e sacrifício expiatório de Cristo, de modo que caiu novamente no esquecimento, até ser renovada, na virada do séc. XIX, por JOHANN CHRISTOPH DÖDERLEIN e por GOTTFRIED MENKEN[29]. Na dogmática, o supranaturalista de Heidelberg, FRIEDRICH HEINRICH SCHWARZ,[30] e, especialmente SCHLEIERMACHER tentaram, em trabalhos independentes, separar o conceito dogmático tradicional da reconciliação da doutrina da satisfação e desenvolvê-lo em uma nova perspectiva sistemática.

Em sua *Glaubenslehre*, SCHLEIERMACHER concebeu o conceito da reconciliação paralelamente ao da redenção. Redenção e reconciliação juntas perfazem, segundo SCHLEIERMACHER, o "ofício de Cristo"[31]. A consequência é que na reconciliação não se trata mais de uma influência de Cristo sobre Deus para aplacar sua ira, mas, como na redenção, dos efeitos sobre os seres humanos que partem da consciência que Cristo tem de Deus. Esses efeitos, porém, são tematizados não somente no receptor, mas como atividades do próprio Redentor. Nisso, a atividade redentora tem a preferência na exposição de SCHLEIERMACHER. Ela consiste no fato de que o Redentor recebe os seres humanos na "eficácia" de sua consciência de Deus. A "atividade reconciliadora" não é atividade inteiramente distinta do Redentor, mas apenas "momento" especial em sua "atividade" redentora "total" (§ 101,2), a saber, efeito do "desaparecer do velho homem", que acompanha a recepção na comunhão de vida com Cristo, que vem

---

[28] J. C. DIPPEL, *Vera Demonstratio Evangelica II*, 1779, cit. em G. WENZ, *loc. cit.*, p. 165.
[29] G. MENKEN, *Versuch einer Anleitung zu eigenem Unterricht in den Wahrheiten der heiligen Schrift*, 1808, cit. de acordo com M. KÄHLER, *loc. cit.*, p. 25. MENKEN foi o primeiro, de acordo com KÄHLER, a elaborar o contraste entre o uso linguístico da Igreja e o emprego paulino do conceito da reconciliação. Cf. J. C. DÖDERLEIN, *Institutio Theologi Christiani II*, 2ª ed., 1783, pp. 331s. (§ 262).
[30] M. KÄHLER, *loc. cit.*, p. 25, considera o *Grundriss der kirchlichen protestantischen Dogmatik* de F. H. SCHWARZ, de 1816, como a primeira tentativa de redefinição do conceito da reconciliação do mundo por Deus em Cristo no sentido das manifestações paulinas sobre a reconciliação, mas que teria sido levada a efeito sem uma crítica expressa à tradicional doutrina da reconciliação.
[31] F. SCHLEIERMACHER, *Der christliche Glaube* (1821) 2ª ed., 1830, §§ 100s. As citações seguintes no texto referem-se a essa obra. Referente aos ensinamentos individuais da doutrina de SCHLEIERMACHER sobre o "negócio de Cristo", cf. G. WENZ, *loc. cit.*, pp. 366-382.

acompanhada também de um desaparecer "da consciência do merecimento de castigo". A atividade reconciliadora de Cristo efetua, portanto, uma consciência do perdão dos pecados.

Com isso SCHLEIERMACHER deu uma interpretação da reconciliação realizada por Cristo que, com efeito, rompeu com a teoria da satisfação designada como "mágica", bem como com a idéia de um sofrimento-castigo sofrido por Cristo, cujo mérito nos seria imputado por Deus (§ 101.3). Em compensação, porém, ele se aproxima do pensamento paulino de um evento reconciliador da iniciativa de Deus e que, por meio de Cristo, visa o mundo. Com isso, a concepção de SCHLEIERMACHER se assemelha àquela que, no séc. XII, havia sido desenvolvida por PEDRO ABELARDO em oposição a ANSELMO de Cantuária[32]. No entanto, assim como o adversário de ABELARDO, BERNARDO DE CLARAVAL, sentiu falta na concepção de ABELARDO de uma consideração da função expiatória específica da morte de Cristo[33], bem como falta na exposição da ação reconciliadora da morte de

---

[32] ABERLARDO havia interpretado, em seu comentário à Epístola aos Romanos, as palavras *per fidem* em Rm 3.25 no sentido de que Jesus está instituído como *reconciliator* somente para os que creem (*eos solos haec reconciliatio contingit qui eam crediderunt et expectaverunt, Opera Omnia* ed. E. M. BUYTAERT, vol. I, 1969, 112, 91s.). O fato de que Deus, para demonstrar sua justiça (*ad ostensionem iustitiae suae*) teria destinado seu Filho para ser o Reconciliador por meio de seu sangue, ABELARDO interpreta como referente ao amor de Deus que nos justifica (*loc. cit.*, 112, 92s.). A partir daí ele não apenas rejeitou a tese do pagamento de um resgate ao diabo pela morte de Cristo, mas também evitou inteiramente a afirmação da redenção da ira de Deus pela morte de Cristo. Nesse sentido escreveu referente a Rm 5.10: *Et si tantum mors eius potuit, ut nos scilicet iustificaret vel reconciliaret, multo magis vita ipsius nos poterit et salvare ab ira sua* (*loc. cit.*, 156, 99ss.). ABELARDO referia-se à vida do Ressurreto (*ib.* 156, 102s.). Referente a ABELARDO, cf. A. TURMEL, *Historie des Dogmes I*, 1931, pp. 427-433.

[33] Em sua carta ao papa Inocêncio, na qual BERNARDO se queixou da doutrina da Trindade de ABELARDO, também chegou a falar da rejeição por parte dele da idéia da morte de Cristo como resgate por nossos pecados (*ep.* 190, 11ss., S. *Barnardi Opera VII* ed. J. LECLERCQ e H. ROCHAIS, 1977, pp. 26ss.). Ele entendeu a polêmica de ABELARDO contra essa interpretação como rejeição da redenção por Cristo em si (cf. *ep.* 190, 21s.; VIII,35ss.). A opinião do próprio BERNARDO se encontra em suas pregações sobre o Cântico dos Cânticos. Ali é dito a respeito de Cristo: *in mortis susceptione satisfecit Patri* (20,3; *Opera I*, 1957, 116,1). E continua: *ut Patri nos reconciliet, mortem fortiter subit et subigit, fundens pretium nostrae redemptionis sanguinem suum* (16, 10s.). Desse modo Cristo aplacou o Pai por meio de sua paciência no sofrimento (*placaret offensum Deum Patrem*, 116, 13s.).

Cristo em SCHLEIERMACHER a referência ao significado constitutivo da morte de Cristo, por meio do qual, de acordo com Paulo (Rm 5.10), somos reconciliados com Deus. O próprio SCHLEIERMACHER se esforçou para antecipar-se à acusação de que em sua interpretação da "atividade reconciliadora" de Cristo "o sofrimento de Cristo sequer é mencionado" (§ 101,4). Seu conceito de reconciliação contém, sim, uma interpretação do sofrimento de Cristo, a saber, com vistas à resistência do pecado a qual a ação do Redentor enfrenta, em especial com vistas ao fato de que a atividade de Cristo que visa o reino de Deus entre os homens "não cedeu a nenhuma resistência, também não àquele que era capaz de provocar a ruína da pessoa" (ib.). Com isso foi levada em consideração a ligação da reconciliação com a "obediência" do Filho em Paulo (Rm 5.19) no sentido da fidelidade de Cristo a seu "dever vocacional" como Redentor (§ 104,4), não, porém, a afirmação paulina de que "pela morte de seu Filho somos reconciliados com Deus" (Rm 5.10). O próprio SCHLEIERMACHER admitiu que o sofrimento de Cristo não seria um "elemento primitivo" de sua concepção da reconciliação (§ 101,4). Em sua exposição, somente de modo derivado a ação reconciliadora da atividade do Redentor está ligada com seu sofrimento e sua morte.

Entre os teólogos da linha de SCHLEIERMACHER, CARL NITZSCH já considerou necessário complementar o conceito de reconciliação de SCHLEIERMACHER pela idéia de uma expiação realizada na morte de Cristo, a fim de fazer jus ao testemunho da Escritura. No entanto, nisso não se tornou reconhecível nenhum nexo objetivo entre expiação e reconciliação que fosse além do sofrimento vocacional de Cristo[34]. Também JOHANN CHRISTIAN KONRAD VON HOFMANN permaneceu de modo surpreendente próximo desse pensamento fundamental de SCHLEIERMACHER apesar do princípio teológico-trinitário de sua própria doutrina da reconciliação: Jesus Cristo "foi fiel" a sua vocação divina "contra todas as resistências até a consequência de sua morte"[35]. E também HOFMANN achava poder vincular com isso o caráter expiatório da morte de Jesus, todavia não no sentido de expiação vicária[36].

---

[34] C. I. NITZSCH, *System der christlichen Lehre* (1829), 3ª ed., 1837, pp. 238-246 (§§ 133-135), esp. 133s. e 245.
[35] J. C. K. VON HOFMANN, *Der Schriftbeweis I*, (1852), 2ª ed., 1857, pp. 46, cf. II, pp. 193ss. Referente a HOFMANN, cf. G. WENZ, *loc. cit.*, 2, 1986, pp. 32-46.
[36] Isso foi acentuado por G. THOMASIUS em sua análise da doutrina da reconciliação de HOFMANN. Vide quanto a isso, G. WENZ, *loc cit.*, p. 55.

Enquanto Hofmann, apesar de ser acusado por seus adversários de subjetivismo, se ateve ao caráter objetivo da reconciliação no sentido de uma ação reconciliadora de Cristo, Albrecht Ritschl deu sentido totalmente subjetivo à idéia da reconciliação, concebendo a reconciliação com Deus como efeito da consciência de justificação no crente, respectivamente identificando-a diretamente com essa[37]. No entanto achava que o conceito da reconciliação teria abrangência maior, na medida em que expressaria "o efeito visado em cada caso na justificação, respectivamente no perdão como acontecimento real", "a saber, que aquele que é perdoado leva a sério a relação a ser estabelecida"[38]. Portanto, de acordo com Ritschl, a reconciliação não está ligada ao acontecimento da morte de Jesus como o significado próprio desse acontecimento ou como efeito que dela parte, ela também não é mais concebida como "ação reconciliadora" do Redentor no sentido de Schleiermacher, mas ocorre exclusivamente na consciência do crente, respectivamente da comunidade crente. Ritschl viu-se legitimado para essa modificação radical perante a tradição teológica por sua exegese de Paulo: visto que em 2Cor 5.19 a referência à reconciliação está ligada com a não-imputação das transgressões por Deus, Ritschl concluiu que "a reconciliação não teria sido ligada diretamente ao valor sacrifical da morte de Cristo, mas pelo efeito do sacrifício preferido em Paulo, pelo perdão dos pecados"[39]. O valor sacrifical da morte de Cristo, porém, se fundamenta, de acordo com Ritschl, na "concordância" de Jesus "com esse destino dos adversários como com um destino de Deus e prova extrema da fidelidade a sua vocação"[40]. Portanto, também em Ritschl a "fidelidade vocacional" de Jesus em seu serviço a favor do reino de Deus entre os homens era considerada como decisiva para a compreensão da morte de Jesus. Com efeito, trata-se de um pensa-

---

[37] A. Ritschl, *Die christliche Lehre von der Versöhnung III*, 2ª ed., 1883, § 15 (pp. 68-76). O fato de Ritschl reportar-se a Melanchthon para essa identificação (pp. 68s.) foi criticado com razão por M. Kähler (cf. o artigo de Kähler citado *acima* na nota 27 em seu volume *Zur Lehre von der Versöhnung*, p. 13). Referente à doutrina da reconciliação de Ritschl, cf. G. Wenz, *loc. cit.* 2, pp. 63-131.

[38] A. Ritschl, *loc. cit.*, p 74. No final do § 16 se lê: "Na medida em que a justificação é concebida como efetiva, ela deve ser imaginada como reconciliação, de modo que [...] no lugar da desconfiança em relação a Deus se instale a concordância positiva da vontade com Deus e sua intenção salvífica" (*loc. cit.*, p. 81).

[39] A. Ritschl, *Die christliche Lehre von der Rechtfertigung und Versöhnung II*, 1882, p. 230, cf. p. 233.

[40] A. Ritschl, *loc., cit. III*, p. 442.

mento importante, porque visualiza o nexo entre a missão terrena de Jesus e sua morte. Em tudo isso, porém, RITSCHL não tematizou, tão pouco como SCHLEIERMACHER ou HOFMANN, a ambiguidade na qual a pessoa de Jesus se enredou por sua missão. Por isso ele também não soube fazer nada com a idéia da vicariedade contida em 2Cor 5.21 e sua relação com a afirmação da reconciliação mencionada dois versículos antes[41]. A idéia da "fidelidade vocacional" que se manifesta na morte de Jesus ainda não explica como – com palavras de MARTIN KÄHLER – foi criada uma "nova situação" pela morte de Jesus na cruz na relação entre Deus e o ser humano. Isso, porém, está implícito quando Paulo diz que "como inimigos de Deus, que éramos, fomos reconciliados com Deus pela morte de seu Filho" (Rm 5.10).

MARTIN KÄHLER concordou com RITSCHL no fato de que, em Paulo, "reconciliação" sempre abrange o estabelecimento da comunhão dos seres humanos com Deus, mas insistiu em que em Paulo esse acontecimento se fundamenta num "acontecimento do passado"[42], na morte de Cristo. Esse "fato histórico" deve ser entendido, com Paulo, como "uma ação de Deus", de sorte que todo o evento da reconciliação "acontece [...] em um ato histórico de Deus"[43]. Com razão KÄHLER designou como a "verdadeira pergunta" (sobretudo, perante RITSCHL) se "Cristo apenas retificou opiniões erradas sobre uma situação imutável" (a saber, sobre o amor de Deus no qual o pecador, de acordo com RITSCHL, não ousa mais acreditar por causa de seu sentimento de culpa), ou se Cristo é "o iniciador de uma situação modificada"[44]. Se, porém, este último for o caso, então a morte de Cristo deve ser entendida como a superação real da miséria do ser humano, que consiste em sua escravidão

---

[41] As exposições de RITSCHL referentes a 2Cor 5.21, *loc. cit. II*, pp. 173s. encontram nesse texto apenas a idéia "de que Jesus teria aparecido como pecador em sua morte violenta, a fim de que nós ganhássemos a justiça de Deus" (p. 174). Portanto, Jesus teria assumido no fato da morte em si, que "no mais sempre é consequência de pecado próprio" (*ib.*), a aparência do pecado (com isso RITSCHL se defendeu da ligação dessa passagem com Gl 3.13).

[42] M. KÄHLER, *Zur Lehre von der Versöhnung* (1898), 2ª ed., 1937, pp. 267ss., cit. p. 268.

[43] M. KÄHLER, *Die Wissenschaft der christlichen Lehre von dem evangelischen Grundartikel aus im Abrisse dargestellt* (1883), 2ª ed., 1893, p. 305 (§ 353) e p. 311 (§ 360), quanto ao conteúdo semelhante às afirmações sobre Paulo na passagem citada na nota anterior.

[44] M. KÄHLER, *Zur Lehre der Versöhnung*, 2ª ed., 1937, p. 337.

ao pecado e à morte, bem como na alienação em relação a Deus a isso vinculada. Somente assim a morte de Jesus como acontecimento histórico pode significar a reconciliação do mundo com Deus.

É disso que se trata quando se fala da morte de Jesus Cristo como "expiação" pelos pecados da humanidade[45]. Expiação anula o delito com sua prisão à culpa e suas consequências. Nesse sentido Paulo caracterizou a morte de Cristo como expiação (Rm 3.25)[46].

A idéia da expiação está relacionada, tal como o antigo conceito do castigo, com a concepção de relação como que natural entre atos e consequências dos atos[47]. Enquanto no caso do castigo as consequências do ato são revertidas ao autor do ato, de modo que não têm efeito danoso para toda a sociedade à qual pertence o autor, no caso da expiação, o próprio autor do ato é libertado das consequências danosas de seu ato. Isso acontece no sacrifício de expiação véterotestamentário (cf. Lv 4-5) por meio de transmissão da dívida da culpa a um animal sacrifical, com cuja oferta a culpa é afastada[48].

---

[45] Assim tb. M. KÄHLER, *Die Wissenschaft der christlichen Lehre etc.*, 2ª ed., 1893, pp. 341 (§ 411), pp. 351ss. (§ 428-431), 357s. (§ 436).

[46] Mais exatamente seria que Deus teria instituído a Jesus Cristo publicamente como "lugar de expiação" (*hilastérion*) em seu sangue. Paulo acrescentou: "por meio de fé", porque se alcança participação no efeito expiatório desse evento somente por meio de fé. Cf. U. WILCKENS, *Der Brief an die Römer I,* 1978, pp. 190ss. De acordo com WILCKENS, *hilastérion* designa o propiciatório (*kaoret*) em cima da arca da aliança (Ex 25.17-22) como "lugar da presença de Deus que concede expiação" (p. 192). Com a tradução de *hilastérion* como "lugar de expiação" também concorda, entre outros, C. BREYTENBACH, *Versöhnung*. Eine Studie zur paulinischen Soteriologie, 1989, p. 167, embora não quisesse ligar com isso, diversamente de U. WILCKENS (*loc. cit.*, p. 196), a concepção da morte expiatória de Jesus como expiação *cúltica*, (BREYTENBACH, pp. 160ss.), porque a morte expiatória de Cristo estaria sendo compreendida, muito antes, como alternativa ao culto do templo e como a substituição deste (p. 168, cf. 170).

[47] A importância da concepção de uma "esfera de ação produtora do destino" com vistas à relação entre fazer e estar passando para o modo de pensar véterotestamentário foi descrita de modo básico por R. KOCH, Gibt es ein Vergeltungsdogma im Alten Testament? in: *ZThK* 52, 1955, pp. 1-42. Tb. confira referente ao tema pecado e expiação G. VON RAD, *Theologie des Alten Testaments I*, 1957, pp. 261-271, referente à responsabilidade pelas consequências e castigo, esp. pp. 264ss.

[48] Vide quanto a isso R. RENDTORFF, *Studien zur Geschichte des Opfers im Alten Israel,* 1867, pp. 199-234. Com sua tese de que na expiação cúltica acontece uma "substi-

O processo pode ser observado de modo especialmente claro no ritual do grande dia da expiação de Lv 16.21s. As funestas consequências do ilícito são eliminadas do mundo, portanto, por meio de expiação do mesmo modo como por castigo ou ato de penitência[49]. Uma possibilidade de expiação, porém, existe somente em determinados casos e pressupõe permissão divina especial que tem por objetivo poupar clementemente o autor. A aplicação da idéia da expiação à morte de Cristo se baseia na suposição de relação íntima entre pecado e morte (cf. Rm 6.23 e 6.7). A concepção da morte de Cristo como expiação pelos pecados da humanidade pressupõe que, à semelhança do instituto do sacrifício pelos pecados, como uma possibilidade concedida pela ordem do próprio Deus, de transferir os pecados com sua funesta consequência a um animal sacrifical, na morte de Cristo o próprio Deus transferiu sobre ele os pecados da humanidade. Mesmo assim não precisa estar ligado a isso necessariamente uma interpretação da morte de Jesus como *sacrifício* expiatório. A morte de Jesus também pode ser entendida (cf. mais uma vez nota 46) como expiação (ou possibilidade de expiação) arranjada pelo próprio Deus em seu agir em Jesus e por meio de Jesus em *concorrência* com o regime sacrifical cúltico e como abrogação deste.

Deus é o sujeito atuante nesse evento expiatório, pois, como ainda haveremos de fundamentar com mais exatidão no próximo parágrafo, a morte de Jesus na cruz tem poder expiatório somente à

---

tuição da existência", H. GESE supôs um contraste entre expiação pessoal e efetiva de sua culpa, no que permanece duvidoso se ele corresponde às concepções de expiação véterotestamentária (Die Sünde, in: Idem, *Zur bilbischen Theologie*, 1977, pp. 85-106).

[49] Referente à distinção entre castigo e expiação, cf. C. H. RATSCHOW, Vom Sinn der Strafe, in: H. DOMBOIS (ed.), *Die weltliche Strafe in der evangelischen Theologie*, 1959, pp. 98-116, esp. 108ss. No entanto, por causa da base conceitual comum, também o castigo pode, já na tradição judaica, ser designado como expiação do delito e ser aceita pelo autor, em face do futuro escatológico do juízo divino. Cf. as referências em J. GNILKA, Wie urteilte Jesus über seinen Tod?, in K. KERTELGE (ed.), *Der Tod Jesu. Deutungen im Neuen Testament*, 1976, pp. 13-50, 41s. No pensamento jurídico moderno, o castigo pode ter a função da expiação quando aceito e assumido pelo autor, como reconciliação com a sociedade e sem referência a um juízo depois da morte (cf. comprovantes em H. HÜBNER, *Sühne und Versöhnung. Anmerkung zu einem umstrittenen Kapitel Biblischer Theologie*, KuD 29, 1983, pp. 284-305 esp. 286s).

luz do ressuscitamento de Jesus por Deus. Com isso Deus se revela como vencedor[50] sobre pecado e morte para reconciliação do mundo. Pressuposto para esse discurso de reconciliação como feito de Deus é a referência ao acontecimento historicamente único da morte de Jesus Cristo; pois assim o acontecimento da reconciliação como feito de Deus está diferenciado de um processo de sua reconciliação que acontece somente na subjetividade dos crentes. Na verdade, a morte de Cristo pôde ser compreendida, por um período suficientemente longo na história da teologia, como obra expiatória do homem Jesus como aplacação da ira divina sobre o pecado. Dizer que no caso se trata, antes, de um feito de Deus para a reconciliação do mundo inverte o sentido do evento da reconciliação. No entanto, também nesse caso sempre ainda se trata do significado da *morte* de Jesus. Como feito de Deus para reconciliação do mundo, esse evento prevê que os homens façam uso da reconciliação aberta por Deus. Por isso o apóstolo roga, em nome do próprio Cristo: "Deixai reconciliar-vos com Deus" (2Cor 5.20). Ele roga em nome de Cristo, porque seu rogo visa à realização da importância própria da morte de Cristo na cruz, a relação de seu *telos* interior para a reconciliação do mundo. Somente na forma da antecipação pode-se dizer que na cruz de Jesus a reconciliação do mundo já aconteceu. Na história da proclamação do evento da cruz trata-se da comprovação dessa antecipação. Nesse sentido, o próprio ministério apostólico da reconciliação produz reconciliação ele próprio, mas mesmo assim é a reconciliação do mundo aconteci-

---

[50] Também se deverá compreender como contribuição para a discussão entre ALBRECHT RITSCHL e MARTIN KÄHLER sobre o conceito da reconciliação o fato de GUSTAF AULÉN ter destacado, em sua obra sobre a concepção da reconciliação (em sueco 1930, inglês 1931, sob o título *Christus Victor*) a concepção da vitória divina sobre pecado, morte e diabo como terceiro "tipo" e, conforme AULÉN o "tipo" característico para a patrística grega da doutrina da reconciliação. Ao lado da teoria da satisfação de ANSELMO, por um lado, e da doutrina da reconciliação "subjetiva" de ABELARDO e de seus modernos seguidores, por outro. Essa intenção da tese de AULÉN permanece válida, sem prejuízo da correção de sua apresentação de LUTERO por O. TIILILÄ (*Das Strafleiden Christi*, 1941). Pois também para a doutrina do sofrimento-castigo de LUTERO Deus é o agente na morte de Cristo para a reconciliação do mundo. Cf. de AULÉN, Die drei Haupttypen des christlichen Versöhnungsgedankens, *Zeitschrift für syst. Theologie 8*, 1930, pp. 501-538. K. HEIM, Die Haupttypen der Versöhnungslehre, *ZThK 19*, 1938, pp. 304-319, seguiu em grande parte a AULÉN.

da uma vez por todas na cruz de Jesus que, por meio do ministério do apóstolo e da proclamação da Igreja, se torna efetiva. Portanto, por meio do ministério do apóstolo, o evento da reconciliação tem sua continuidade, mas que tem sua origem e seu centro na morte de Jesus Cristo. Por isso Paulo pode dizer que a rejeição (temporária) do povo de Deus judaico segundo o conselho de Deus se teria tornado o meio para a reconciliação do *cosmo* (Rm 11.15). Pois como consequência disso a pregação missionária apostólica voltou-se para os gentios. O evento da reconciliação abarca, portanto, todo o processo da renovação da comunhão com Deus rompida pelo pecado, que parte da cruz e que é transmitida pelo ministério dos apóstolos[51].

Nenhum outro teólogo dos tempos modernos acentuou tão energeticamente do que KARL BARTH que reconciliação é em si e unicamente um feito do próprio Deus e que como tal se tornou acontecimento na morte de Jesus Cristo na cruz[52]. Mas esse acontecimento é, segundo BARTH, "um evento encerrado em si", não um "processo que devesse ser mantido em movimento em direção a um alvo distante" (*KD* IV/1, p. 81). Por isso, de acordo com BARTH, o ministério apostólico da reconciliação do qual fala 2Cor 5.18ss., se distingue rigorosamente da "reconciliação em si". Pois o ministério apostólico não "está encerrado, mas começa primeiramente com aquele evento encerrado em si". Mas ele não é, segundo BARTH, uma "prolongação da reconciliação", a qual, antes também é, "justamente como história acontecida uma única vez – porque Deus foi seu sujeito em Cristo – presente em toda a sua plenitude a todo o momento, mas também a todo momento o mais próximo e, por fim, que conclui todo o futuro" (*ib.*). BARTH não falou, em todo caso não neste contexto, como Paulo (vide *acima*), de uma consumação escatológica

---

[51] Somente a fase de proclamação desse processo vai além da idéia da reconciliação. Assim como somos reconciliados pela morte de Cristo, receberemos a salvação por meio de sua vida (Rm 5.10). A salvação escatológica é mais do que reconciliação. Ela será participação na eterna vida de Deus, que já apareceu em Jesus Cristo por meio de sua ressurreição dentre os mortos. Uma justaposição semelhante é oferecida por Rm 11.15: Se a rejeição temporária de Israel trouxe a reconciliação do mundo, então sua reaceitação por Deus será ainda muito mais, a saber, vida a partir da morte.

[52] K. BARTH, *Kirchliche Dogmatik* IV/1, 1953, p. 79 *et passim*. A reconciliação é "ato da soberania divina" (p. 85).

que vai além da reconciliação⁵³. Ele mencionou à margem (*loc. cit.*, p. 79) Rm 11.15, mas não se interessou pelo fato de que nessa passagem não se trata, no agir reconciliador de Deus, pelo menos não diretamente, do evento da crucificação de Jesus Cristo. A restrição de BARTH da reconciliação a esse acontecimento está em contradição inclusive com as exposições de seu exegeta de confiança FRIEDRICH BÜCHSEL⁵⁴. Pois esse escreveu referente a 2Cor 5.19s. que, pelo fato de o ministério apostólico ainda não estar encerrado, "também a reconciliação deve ser concebida como ainda não encerrada". Para os crentes, a reconciliação estaria encerrada (de acordo com Rm 5.9ss.), não, porém, para o mundo. Aqui a reconciliação seria, de acordo com Rm 11.15, "tão pouco algo encerrado como a ἀποβολή dos judeus; ambos começaram na cruz de Cristo e duram até agora"⁵⁵.

Diversamente de BARTH, MARTIN KÄHLER tentou ligar a unicidade do feito reconciliador na morte de Cristo⁵⁶ com o processo da "adjudicação" da reconciliação⁵⁷ no curso da história dirigida pelo governo régio do Cristo exaltado. Se a reconciliação é, por um lado, um ato de Deus na forma de um fato histórico, esse ato exige, por outro lado, a continuação e a implementação histórica em uma adjudicação à humanidade e seus membros individuais e por meio dos mesmos"⁵⁸. Por isso KÄHLER pôde considerar a reconciliação instituída em Cristo como "o centro das atuações de Deus para

---

⁵³ Cf. as observações de U. WILCKENS, *Der Brief an die Römer II*, 1980, p. 245 referente a Rm 11.15.

⁵⁴ K. BARTH, *loc. cit.*, p. 78 refere-se expressamente ao artigo de F. BÜCHSEL, *ThWBNT I*, pp. 254s.

⁵⁵ F. BÜCHSEL, *loc. cit.*, p. 257. Mais no sentido de BARTH, O. HOFIUS (Erwägungen zur Gestalt und Herkunft des paulinischen Versöhnungsgedankens, ZThK 77, 1989, pp. 186-199) distinguiu entre ato de reconciliação de Deus e palavra da reconciliação do apóstolo. A unidade do evento da reconciliação dirigido ao ser humano a ser reconciliado, porém, se expressa de modo adequado somente se o próprio ato de reconciliação de Deus na morte de Cristo for concebido como aberto para a palavra da reconciliação e para sua aceitação na fé. Referente a Rm 11.15, cf. ainda C. BREYTENBACH, *Versöhnung. Studie zur paulinischen Soteriologie*, 1989, pp. 176s. BREYTENBACH denomina a morte do Filho como "razão possibilitadora" da nova relação com Deus, que é designada pelo termo da reconciliação (p. 159; cf. 181s.).

⁵⁶ M. MÄHLER, *Die Wissenschaft der christlichen Lehre etc.*, 2ª ed., 1893, § 353 e § 360.

⁵⁷ M. KÄHLER, *loc. cit.* § 432, cf. § 441. As referências que se seguem no texto referem-se a essa obra.

⁵⁸ M. KÄHLER, *loc. cit.* § 360, cf. § 439s.

com a humanidade" (§ 393). Diversamente de BARTH, KÄHLER não concebeu o ato de reconciliação de Deus na morte de Cristo como diretamente presente e contemporânea em todo tempo precedente e subsequente, visto que se encontra oposto diagonalmente ao tempo e à história, mas mediada em seu efeito pelo curso da história. Com isso KÄHLER não só fez mais justiça apenas às referências paulinas à reconciliação, mas também à diferença entre reconciliação e consumação. Além disso, sua apresentação corresponde, de modo diferente do que a de BARTH, à historicidade humana da morte de Cristo, da qual faz parte inseparável que o acontecimento individual esteja associado ao processo da história que lhe precede e lhe segue. Teologicamente fundamental para a vinculação do ato reconciliador de Deus na morte de Cristo com o processo histórico de sua "adjudicação"[59] aos receptores humanos de seu efeito é, em KÄHLER, a interpretação do significado vicário da morte expiatória de Cristo. Pois KÄHLER interpretou o sofrimento vicário de Cristo (§ 425) como "representação abonadora", que prevê uma futura recepção e que, portanto, não torna supérflua a entrega da própria vontade à obediência a Deus por parte dos representados, antes, pelo contrário, primeiro a possibilita (§ 428). Isso quer dizer: "ela abarca a relação da humanidade com Deus para todo o sempre" (§ 429). Essa garantia para o restante da humanidade é resgatada pelo governo régio do Cristo exaltado (§ 439), e "a consumação da reconciliação fundamentada em Cristo" é alcançada pela ação do Espírito nos crentes (§ 442). Assim o agir divino para a reconciliação da humanidade se apresenta em KÄHLER como um conjunto de acontecimentos trinitário-histórico-salvíficos.

Quanto mais decididamente o evento da reconciliação do mundo é concebido como um ato de Deus, tanto mais urgente surge a pergunta pelo papel que se atribui ao receptor desse agir reconciliador no conceito dessa reconciliação. Afinal, a reconciliação não pode acontecer sem que o ser humano tome uma atitude frente a ela. Não deveria, neste caso, ao lado do ato reconciliador de Deus, também sua aceitação

---

[59] A expressão "adjudicação" [*Zueignung*] parece não muito adequada na medida em que, por meio do processo assim denominado, a reconciliação é antes de tudo aceita por parte dos receptores humanos e com isso realizada para eles. Com efeito, alhures KÄHLER falou da própria reconciliação como oferta (§ 440a) ou oferecimento (§ 432), o que, por sua vez, deve ser expressão demasiadamente fraca se, afinal, Deus "instituiu" a reconciliação na morte de Cristo (§ 393).

pelos homens ser considerada como constitutiva para o evento da reconciliação? Não somente MARTIN KÄHLER, mas também KARL BARTH encarou essa pergunta, e BARTH procurou, como KÄHLER, a solução no conceito da representação vicária: os seres humanos como receptores do ato reconciliador de Deus participam dele pelo fato de serem representados[60]. Mas são representados pelo Filho de Deus, que se tornou homem ele mesmo. No entanto, podem seres humanos, como receptores do ato de reconciliação de Deus – portanto como pecadores e inimigos de Deus – ser representados pelo Filho de modo que esse aceite a oferta da reconciliação no lugar deles? Essa pergunta não teve uma resposta adequada nem em BARTH nem na doutrina da reconciliação de KÄHLER[61], uma resposta, portanto, que levasse em consideração a situação do receptor como um ser humano e como pecador a ser reconciliado. Com isso está relacionada a próxima pergunta se a idéia da representação deixa espaço para a independência criatural humana dos representados, de modo que não precisam mais de sua parte considerar como hostil a Deus e sua pretensão sobre sua vida, mas podem reconciliar-se com essa pretensão também de sua parte. Se não é Deus que tem que ser reconciliado com os homens, mas os homens com Deus, então certamente também a razão de sua inimizade contra Deus tem que ficar prejudicada por parte dos homens, para que possa acontecer a reconciliação com ele. Pode a idéia da representação

---

[60] K. BARTH, *KD IV/1*, p. 79s. Deus realiza o "total retorno do mundo a ele" (p. 79) na "forma de uma *troca*, de uma troca de lugar, que Deus, presente e atuante na pessoa de Cristo, procedeu entre si mesmo e o mundo" (p. 80). BARTH encontrou a idéia da troca expressa já no sentido básico da palavra *katallassein* (*ib.*). Isso significa que a idéia da representação já estaria contida no sentido literal do conceito da reconciliação: Jesus Cristo "se colocou em nosso lugar, no lugar dos pecadores" (*ib.*, p. 259). Isso significa, de acordo com BARTH, que "ele se encontra sob a ira e o juízo de Deus, ele fracassa em face de Deus" (p. 191). Mas, segundo BARTH, sempre é o Filho de Deus que "se colocou como ser humano *em nosso lugar* e que em nosso lugar assumiu *o juízo* ao qual estávamos condenados" (244). G. WENZ destacou com razão que BARTH não diria "em parte alguma que a deidade e a isenção de pecado de Jesus Cristo primeiramente é transmitida por sua auto-entrega manifesta na obediência no sofrimento" (*loc. cit. 2*, p. 245).

[61] A exposição detalhada de G. WENZ chega ao resultado de que não apenas em BARTH (WENZ 2, pp. 214-278ss.), mas também já na interpretação de KÄHLER da morte de Jesus na cruz (pp. 132-166 esp. 154ss.) se poderia constatar uma " dominância unilateral da deidade de Cristo" (p. 155).

produzir isso? Para podermos responder a essa pergunta é necessário um esclarecimento mais exato do termo, de suas diferentes variantes e suas implicações para a autocompreensão do homem em relação a Deus.

3. Substituição como forma do evento salvífico

a) As interpretações cristã-primitivas da morte de Jesus e o fato da substituição

A morte de Jesus não foi compreendida em todas as camadas da tradição cristã-primitiva como evento salvífico. Aparentemente, a mensagem do ressuscitamento do Crucificado podia ser anunciada sem que com isso fosse associada simultaneamente uma interpretação teológica de sua morte[62]. A fonte dos ditos aparentemente compreendeu a morte de Jesus como destino de profeta, tal como já era conhecido no Antigo Testamento (Lc 13.34 par.; cf. 11.49ss.)[63]. A primeira tradição da história da paixão aparentemente conheceu apenas a necessidade divina da inocente paixão e morte de Jesus para cumprimento do testemunho profético da Escritura[64]. A mesma visão se expressa ainda em Lc 24.25s. e Mc 8.31 par. Entre as múltiplas interpretações teológicas da morte de Jesus, porém, que o cristianismo primitivo desenvolveu[65]

---

[62] Vide as explanações de G. FRIEDRICH, *Die Verkündigung des Todes Jesu im Neuen Testament*, 1982, pp. 14-21.
[63] Sobre essa tradição, cf. O. H. STECK, *Israel und das gewaltsame Geschick der Propheten. Untersuchungen zur Überlieferung des deuteronomistischen Geschichtsbildes im Alten Testament, Spätjudentum und Urchristentum*, 1967; referente a Lc 13.34s., cf. pp. 53-58 e 222-239. A recepção desse dito, talvez originalmente judaico, em Q deve ter sido motivado cristologicamente. Vide quanto a isso, G. FRIEDRICH, *loc. cit.*, pp. 14s.
[64] Cf. H. KESSLER, *Die theologische Bedeutung des Todes Jesu. Eine traditionsgeschichtliche Untersuchung*, 1970, pp. 241-252, esp. 243s.
[65] A variedade nas interpretações da morte de Jesus já foi enfatizada pelo Autor em *Grundzüge der Christologie*, 1964, pp. 252-257, eventualmente para mostrar a relativa uniformidade dos dados na mensagem da ressurreição. Cf. tb. K. LEHMANN, Er wurde für uns gekreuzigt, Eine Skizze zur Neubestimmung in der Soteriologie, *ThQ 162*, 1982, pp. 298-317, esp. 300ss. Um excelente resumo das diferentes interpretações é oferecido por G. FRIDRICH em seu livro citado na nota 61.

compete, sem dúvida, um peso especial à concepção da morte de Jesus como morte expiatória, sendo que não se deve pensar em primeiro lugar em *sacrifício* expiatório[66].

Todavia, essa interpretação não pode ser atribuída ao próprio Jesus. Na verdade, Jesus deve ter contado com a possibilidade de sua morte violenta[67]. No entanto, dificilmente ele mesmo anunciou essa sua morte como resgate para muitos (Mc 10.45)[68] ou como morte expiatória. As afirmações contidas nos Evangelhos como ditos de Jesus, que afirmam uma função expiatória de sua morte, são controvertidas quanto a sua autenticidade. Na verdade, não se deve descartar em princípio que o próprio Jesus já poderia ter entendido seu morrer nesse sentido. A suposição, porém, de que ele o teria feito e também manifestado de fato se depara com grandes dificuldades com vistas ao dito do resgate de Mc 10.45, mas também nas palavras da instituição da Santa Ceia (vide *abaixo*). Se o próprio Jesus se tivesse manifestado desse modo, seria de esperar que com isso a pergunta pelo significado de sua morte teria sido decidida de antemão de forma autoritativa e inequívoca para o cristianismo primitivo. Nesse caso seria incompreensível como, por exemplo, de acordo com Lucas, como os discípulos receberam primeiramente pelo testemunho profético da Escritura a informação por que "o Messias" teve que "sofrer tudo isso" (Lc 24.2b). A dogmática, portanto, irá segura quando discute a pergunta pelo significado da morte de Jesus e pelas razões para as afirmações cristã-primitivas sobre sua função expiatória, sem pressupor que Jesus já teria interpretado

---

[66] Referente a isso, cf. H. Kessler, *loc. cit.*, pp. 265-296. A importância dominante da idéia da expiação também foi negada por G. Friedrich, embora ele se tenha manifestado criticamente referente à suposição de que a morte de Jesus teria sido entendida como *sacrifício* expiatório (*loc. cit.*, pp. 68-71). Cf. esp. as exposições de G. Friedrich referente a Rm 3.23-26 (57-67). Com muitos outros exegetas, Friedrich viu o ponto de partida para a compreensão cristã-primitiva da morte de Jesus como expiação na tradição da Ceia (*loc. cit.*, p. 35).

[67] G. Friedrich, *loc. cit.*, pp. 25s.; tb. H. Kessler, *loc. cit.*, pp. 232ss. Kessler acrescenta com razão que isso ainda não significaria "que ele desejou e provocou essa morte violenta diretamente" (p. 233).

[68] Sobre isso H. Friedrich, *loc. cit.*, pp. 11s., havendo aí uma compilação dos exegetas que se posicionam pró e contra a autenticidade dessa palavra. Referente aos problemas para a aceitação de sua autenticidade, cf. tb. J. Gnilka, Wie urteilte Jesus über seinen Tod? in: K. Kertelge (ed.), *Der Tod Jesu. Deutungen im Neuen Testament* (QD 74), 1976, pp. 13-50 esp. 41ss.

sua morte nesse sentido. Também se isso não for o caso, as afirmações sobre o poder expiatório da morte de Jesus, que ocorrem em grande número na tradição cristã-primitiva, podem revelar-se como interpretação adequada do significado que lhes é próprio.

No entanto, não se deve considerar, sem mais nem menos, todas as afirmações que dizem que Jesus Cristo morreu "por nós"[69] como expressão da idéia de função expiatória de sua morte. No relato do Evangelho de Marcos sobre a instituição da Santa Ceia, o "por muitos" na palavra referente ao cálice justamente não está ligado com a concepção do sacrifício expiatório, mas com a do sacrifício da aliança[70]. Não há ênfase especial no dado se com o sacrifício da aliança foi ligada uma função expiatória. Portanto, deve-ser ser cauteloso perante a tendência de tomar o "por nós" da morte de Cristo, inclusive onde ocorre sem explicação mais exata, de modo demasiadamente natural no sentido da idéia da expiação. A expressão "por nós" significa, inicialmente, de modo bem geral, "em nosso favor", por causa de nós[71]. Assim também a palavra referente ao pão em sua versão paulina (1Cor 11.24) diz inicialmente apenas que nisso o próprio Jesus está aí "para" os receptores,

---

[69] Referente a isso, cf. G. FRIEDRICH, *loc. cit.*, pp. 72-76, bem como o artigo de H. RIESENFELD in: *ThWBNT VIII*, 1969, cls. 510-518.

[70] Referente a Mc 14.24 cf. E. HAHN, Zum Stand der Erforschung des urchristlichen Herrenmahls, *Ev. Theol. 35*, 1975, pp. 553-563, 559s., bem como, com mais detalhes, no mesmo ano, E. LANG, *Abendmahl und Bundesgedanke im Neuen Testament* (pp. 524-538, 532s). F. LANGE opina que a idéia da aliança já foi, desde cedo, elemento constitutivo da tradição a respeito da Santa Ceia (p. 528), mas que também teria estado ligada, desde o início, com o "motivo da anulação dos pecados" (p. 535). HAHN acentua mais a original diferença entre idéia da aliança e motivo da expiação, mas para Marcos 14.24 já conta com uma ligação de ambos os motivos (p. 560), porque, diversamente de 1Cor 11.25, está acrescentado o "derramado por muitos".

[71] É aceitação geral que esse é o significado básico da expressão (cf., *p.ex.*, H. RIESENFELD, *loc. cit.*, p. 511ss., também K. KERTELGE, Das Verständnis des Todes Jesu bei Paulus, in: Idem, (ed.), *Der Tod Jesu. Deutungen im Neuen Testament*, 1976, pp. 114-136, esp. 116ss.). Com relação a Paulo não se pode afirmar que com isso sempre já estaria ligada a idéia da expiação, (vide G. FRIEDRICH, *loc. cit.*, p. 73). Esse sentido também não pode ser suposto nas simples afirmações sobre a morte de Jesus "por nós" e também não em 1Cor 11.24 sem alguma fundamentação adicional (diversamente G. BORNKAMM, Herrenmahl und Kirche bei Paulus, in Idem, *Studien zu Antike und Urchristentum*, 1959, pp. 138-176, 162).

e está presente com eles. Por isso é duvidoso[72] que a origem da concepção de um significado expiatório da morte de Jesus deva ser procurada na tradição da Santa Ceia e em sua celebração, como se supõe muitas vezes[73].

Todavia, o motivo da expiação pôde ligar-se com muita facilidade ao "por nós" da morte de Cristo e por isso também muito cedo às palavras de interpretação na Santa Ceia conquanto o partir do pão e o cálice como sinal do sangue de Cristo derramado eram referidos a sua morte. O tema da expiação aparece com clareza onde o morrer de Jesus "por nós" é associado com "nossos pecados": se Cristo morreu "por nossos pecados", como consta na expressão de 1Cor 15.3, repassada por Paulo como fórmula tradicional, então isso significa, sem dúvida, 'para expiação de nossos pecados'. A mesma coisa é dita na formulação de Rm 4.25, igualmente já cunhada pela tradição, e assim também a Primeira Epistola de Pedro interpretou (1Pd 2.24) a afirmação de que Cristo "sofreu por nós" (1Pd 2.21). A mesma concepção se expressa, em outra forma, nas expressões que falam da "entrega" do Filho à morte (Rm 8.32; cf. 4.25), ou de sua auto-entrega (Gl 2.20) em nosso favor, embora aqui a referência a "nossos pecados" não apareça expressamente como parte constituinte da formulação, antes é deduzida somente do texto (cf. tb. Ef 5.25). Com isso também pôde ser ligada a figura de conteúdo semelhante do resgate (1Tm 2.6; Tt 2.14), que Jesus Cristo pagou por nós por meio de sua morte (cf. Mc 10.45 par.).

Em Paulo é dito, além disso, em determinadas passagens, que em seu morrer, Cristo ocupou nosso lugar, o lugar dos pecadores: Deus "fez aquele que não conheceu pecado, pecado por nós" (2Cor 5.21). Aqui há uma referência expressa a uma troca de lugar do Filho: ele se colocou em nosso lugar, no lugar dos pecadores. Isso diz mais do que a afirmação de que Jesus deu sua vida por nós (Rm 5.6s. *et passim*). O fato de que Cristo deu sua vida por nós ainda não precisa conter a idéia de que ele sofreu no lugar do pecador a morte por ele provocada. Certa-

---

[72] Em todo caso, a idéia da expiação não faz parte dos elementos da tradição da Santa Ceia que remonta ao próprio Jesus. Cf. F. Hahn, *loc. cit.*, pp. 558ss., bem como Idem, Das Verständnis des Opfers im Neuen Testament, in K. Lehmann; E. Schlink (Eds.), *Das Opfer Jesu Christi und seine Gegenqwart in der Kirche* (Dialog der Kichen 3), 1983, pp. 51-91, 68s.

[73] Assim tb. em H. Riesenfeld, *loc. cit.*, p. 513. Cf. J. Gnilka, *loc. cit.*, pp. 31ss., 50.

mente, o sentido de "por nós, em nosso favor" pode passar facilmente para o sentido de "em nosso lugar", especialmente em conexão com a concepção da expiação, quando, *p.ex.*, a expiação que alguém deve cumprir é realizada por outro "por ele". Não obstante, nisso ainda não precisa estar implicada a idéia de que alguém que realiza uma tarefa substitutivamente por outro também entre com isso e para esse fim nas *condições existenciais* daquele para o qual se presta um serviço. Mas é justamente isso que Paulo quis dizer em 2Cor 5.21. Na Epístola aos Romanos, ele declarou a idéia da substituição neste sentido inclusive como a finalidade do envio do Filho: Deus enviou seu Filho "em figura igual a da carne pecaminosa e condenou (para a expiação pelo pecado) o pecado em (sua) carne" (Rm 8.3)[74]. Essa afirmação se encontra bem próxima de Gl 3.13, onde é dito que o Crucificado "por nós" suportou a maldição da Lei e que, por meio disso, nos resgatou dessa maldição e da Lei em si[75]. A condenação do pecado na carne de Cristo, de acordo com Rm 8.3, é a condenação que atingiu o Crucificado, e nisso trata-se da sentença de morte que o pecado merece (cf. tb. 2Cor 5.21).

Evidentemente temos que contar com diferentes camadas da idéia da substituição. Se alguém realiza uma tarefa por outro, a qual este deveria fazer, faz algo no lugar do favorecido – e nesse sentido "por" ele – o que ele próprio deveria realizar. Para isso, porém, o benfeitor não precisa entrar nas condições de vida do beneficiado. Pelo contrário: em geral ele pode ser benfeitor somente porque não está sujeito às limitações que colocam o necessitado numa situação na qual não consegue mais ajudar a si mesmo.

Aqui se trata de solidariedade humana, na qual um responde pelo outro, e substituição nesse sentido mais amplo da palavra existe em toda organização social, na qual os membros individuais cumprem funções específicas que representam tanto sua especificidade quanto também sua contribuição para o todo da sociedade e para os outros

---

[74] Referente a isso, vide U. WILCKENS, *Der Brief an die Römer 2*, 1980, pp. 124ss. referente a *peri hamartias* pp. 125s., além disso G. FRIEDRICH, *loc. cit.*, pp. 68ss. que, no entanto, se mostra cético em relação a uma interpretação técnico-cúltica da expressão.

[75] Referente a Gl 3.13, cf. as exposições de K. KERTELGE, *loc. cit.*, pp. 128ss, bem como H.-W. KUHN, Jesus als Gekreuzigter in der frühchristlichen Verkündigung bis zur Mitte des 2. Jahrhunderts, *ZThK 72*, 1975, pp. 1-46, esp. p. 35.

membros (cf. 1Cor 12.12ss.). Numa sociedade de divisão do trabalho, cada membro cumpre determinada tarefa para os outros, de modo que todos os membros dependem reciprocamente um do outro. Por isso também respondem mutuamente um pelo outro, ou deveriam comportar-se solidariamente neste sentido. Pois: "Onde um membro sofre, todos os outros também sofrem com ele" (1Cor 12.26). Por isso tanto a bênção que resulta dos atos de um indivíduo quanto também a ruína derivada das transgressões dos membros individuais se refletem sobre toda a comunidade[76].

Constitui uma exceção o empenho da vida de um indivíduo a favor da salvação de outros ou da comunidade. Aqui não se trata mais de um serviço prestado substitutivamente sob a pressuposição de posições sociais diferentes. Quem sacrifica sua vida, renuncia com isso a toda sua existência, do mesmo modo como sem esse sacrifício o outro a perderia. Com isso, porém, não está associada necessariamente uma função expiatória. Em geral, o sacrifício da própria vida por outros serve à salvação da vida desses outros. Será que isso se aplica ao morrer de Jesus "por nós" respectivamente "por nossos pecados"? Certamente que não, pois aqueles pelos quais Jesus morreu também haverão de morrer. O discurso do morrer de Jesus "por nós", portanto, é mais complexo do que poderia parecer à primeira vista. A interpretação da morte de Jesus como sacrifício expiatório "por nossos pecados" parece oferecer uma saída para essa dificuldade. Na verdade, a morte expiatória de Cristo não preserva do próprio morrer a vida terrena daqueles ao quais ela beneficia, mas ela os preserva, não obstante, no juízo de Deus para a vida eterna. Isso novamente não significa que, em virtude da morte de Cristo, o morrer dos outros seres humanos deixasse de ser consequência do pecado. De acordo com Paulo, também os crentes estão libertados do pecado conquanto sua própria morte futura já está

---

[76] Quanto a isso, cf. G. FRIEDRICH, *loc. cit.*, p. 41, bem como as explanações do Autor in *Grundezüge der Christologie*, 1964, pp. 271-277 ("Der allgemeine Horizont des Stellvertretungsbegriffs"). Ali se acentua, do mesmo modo como em W. KASPER, *Jesus der Christus*, 1974, pp. 263ss, que "solidariedade no bem e no mal, que faz parte fundamentalmente do ser humano como ser social, que se tornou comparativamente estranha primeiro à época moderna com sua crescente individualização, de modo que a idéia da substituição pôde tornar-se estranha também no protestantismo moderno desde a crítica dos socinianos à doutrina eclesiástica da redenção".

antecipada pelo Batismo e ligada à morte de Jesus (Rm 7.1-4; cf. 6.3s.). Neste ponto, o sentido exclusivo do morrer *em lugar* de alguém outro passa para a idéia de uma inclusão: pelo Batismo a (futura) morte do batizando é unida com o morrer de Jesus, e somente assim o cristão recebe a esperança de participação também da vida que já apareceu em Jesus em sua ressurreição (Rm 6.5).

Paulo pôde expressar esse sentido inclusivo, singularmente complexo do morrer de Jesus "por nós" do seguinte modo em sua Segunda Epístola aos Coríntios: "Um morreu por todos – logo todos morreram" (2Cor 5.14). A estrutura dessa formulação lembra o que está dito em Rm 5.17ss. sobre Jesus Cristo como o novo Adão, o qual, por sua obediência, representa "os muitos", e não apenas os representa, mas os torna participantes de sua justiça por meio "do efeito superabundante da graça" (2Cor 5.17). A participação na obediência de Cristo no sofrimento e em sua morte, proporcionada por meio de Batismo e fé, também é, por isso, na Segunda Epístola aos Coríntios (2Cor 5.17), o meio da "reconciliação" dos crentes com Deus por meio de Cristo (2Cor 5.18). A partir daí também se torna compreensível a afirmação, que culmina e este raciocínio, de que Deus "teria feito pecado por nós aquele que não conheceu pecado, a fim de que nós nos tornássemos justiça de Deus por meio dele" (2Cor 5.21). Tomada para si, essa frase deve dar a impressão de simples troca de lugar. No contexto da argumentação precedente, porém, essa concepção está integrada na idéia do significado e efeito inclusivo da morte de Jesus Cristo.

A idéia da substituição tem ainda outra nuança em Rm 8.3: enquanto, de acordo com 2Cor 5.21, Deus colocou o Cristo isento de pecado no lugar do pecador, de modo que teve que suportar no lugar dele o juízo sobre o pecado (cf., Gl 3.13), Rm 8.3 diz a respeito do *Filho de Deus* preexistente que ele foi enviado em forma de existência do pecado, a fim de que na forma dessa sua existência terrena fosse executado o juízo sobre o pecado. Aqui não apenas se declara a morte expiatória substitutiva de Jesus Cristo como a finalidade de seu envio da parte de Deus, mas, no mínimo implicitamente, aqui também a entrada do Preexistente nas condições da existência terrena da vida humana, determinadas pelo pecado, também já adquire o sentido de que com isso ele se coloca no lugar dos pecadores, a fim de sofrer seu destino. Assim a própria encarnação já se torna o ato de substituição. Aqui Deus, em seu conselho, não apenas deixa o Jesus inocente sofrer a morte no lugar dos pecadores, portanto, o juízo sobre o pecado, antes, agora se diz a respeito do próprio Deus que ele (em seu Filho) se coloca no lugar dos pecadores e toma sobre si o juízo sobre os pecadores.

b) Expiação como sofrimento-castigo substitutivo

O grande número de interpretações diferentes da morte de Jesus no cristianismo primitivo pode dar a impressão de que sua multiformidade tem a ver mais com as diferentes condições de compreensão do que com a singularidade do evento em si. Pode-se acrescentar a isso a reflexão de que as condições de compreensão das pessoas se modificaram profundamente no decurso de dois milênios e que concepções cúlticas de sacrifício, expiação e substituição não fazem mais parte do ideário da humanidade contemporânea. Então parece resultar que hoje se deveria falar de modo bem diferente do significado da morte de Jesus[77]. Das interpretações neotestamentárias da morte de Jesus no máximo ainda será acessível ao homem de hoje a concepção de Jesus Cristo como o autor ou "líder" da salvação (Hb 2.10), respectivamente como o "príncipe" da vida (Ap 3.15)[78].

Esse modo de ver as coisas, porém, supõe que a escolha de determinada interpretação da morte de Jesus é relativamente arbitrária. Será que não existem para isso pontos de referência e critérios da singularidade do próprio evento a ser interpretado[79]? Se a escolha de formas

---

[77] Esse é o pensamento básico do livro de G. FRIEDRICH, citado na nota 61. Cf. ali pp. 143ss, esp. 145s.

[78] Assim G. FRIEDRICH, *loc. cit.*, pp. 156ss., 176.

[79] Também G. FRIEDRICH não negou isso por completo. Ele apenas entendeu que todas as diferentes interpretações "se revelam como insuficientes para compreender a realidade criada por Cristo" (*loc. cit.*, p. 144). Com razão ele apontou para os limites da figura do resgate e para a unicidade do morrer de Jesus em contraste com as religiões de mistérios. Por isso as concepções tiradas do mundo circundante têm que ser transformadas (pp. 144s.). FRIEDRICH, porém, não ponderou que talvez determinadas formas de interpretação – no mínimo depois da adaptação realizada – são mais esclarecedoras para a singularidade do evento do que outras. O papel dominante das concepções de expiação e substituição nas afirmações cristã-primitivas sobre a morte de Jesus afinal já poderia ser o resultado do fato de que a singularidade do evento da cruz se fez valer na história de suas interpretações como princípio seletivo.

de interpretação adequadas foi limitada pela singularidade do evento a ser interpretado e se seu conteúdo foi cunhado a partir dele, então os resultados de um processo de interpretação nesse sentido não são mais arbitrariamente substituíveis por outras interpretações. Eles eram substituíveis apenas na medida em que os momentos de significado já explicados na linguagem tradicional foram recepcionados também em novo modelo de interpretação, juntamente com aspectos desse evento até agora não considerados. Com vistas aos momentos de significado surgidos com as concepções de expiação e substituição da morte de Jesus, é muito pouco provável que seriam inteiramente assimilados por outras interpretações supostamente mais acessíveis à compreensão moderna, tornando supérfluas aquelas concepções. Se esse for o caso, então novas interpretações podem, na melhor hipótese, ter uma função complementar. Isso também já vale para a imagem bíblica de Jesus Cristo como autor ou líder da (nova) vida e da salvação eterna. O fato de as concepções tradicionais não serem diretamente acessíveis à compreensão posterior ainda não é razão suficiente para substituí-las por outras, antes somente fundamenta a necessidade de tornar a linguagem tradicional acessível à compreensão das gerações posteriores, para, desse modo, preservar vivo o seu sentido. As dificuldades que pessoas de nosso presente secularizado têm com concepções como expiação e substituição se baseiam menos na força de expressão insuficiente da linguagem tradicional do que no fato de que seu conteúdo não é mais explicado pelos responsáveis por sua interpretação com suficiente intensidade e de modo compreensível.

A idéia da substituição não é tão estranha às experiências inclusive do mundo de vida social moderno como se tem afirmado[80]. Isso já foi mencionado acima (nota 75). Os trabalhos de René Girard sobre a importância do motivo do bode expiatório na história da cultura humana[81] mostram-nos que o mesmo também vale para o tema da expiação substitutiva. Na visão de Girard, compete à paixão de Jesus o significado de uma virada histórico-cultural. Jesus superou a violência dirigida contra outros e concentrada em bodes

---

[80] G. FRIEDRICH, *loc. cit.*, pp. 150s.
[81] Vide esp. R. GIRARD, *La violence et le Sacré*, 1972, bem como Idem, Generative Scapegoating, in: R. G. HAMERTON-KELLEY, *Violent Origins*, Ritual Killing and Cultural Formation, 1978, pp. 43-145.

expiatórios. Fez isso ao suportá-la ele mesmo deforma substitutiva. Nisso, todavia, a paixão de Cristo é interpretada preponderantemente em termos eticistas[82]. No entanto, sem prejuízo da crítica que aqui se faz necessária, a obra de Girard bem como a sensação por ela provocada comprovam a atualidade duradoura do tema de expiação substitutiva.

As observações acima já supoem o fado de que, também na interpretação da morte de Jesus, o recurso à singularidade desse evento deve ser decisivo para a avaliação, a seleção e o uso das interpretações aduzidas para isso. Isso deve ter acontecido no processo da própria formação da tradição. A diversidade das interpretações neotestamentárias da morte de Jesus é um indício para as especiais dificuldades da compreensão que desde o início estavam implícitas nesse tema. No entanto, também nesse caso a força de expressão das diversas interpretações deve ser medida pelo recurso ao próprio evento interpretado e medida nele. Somente assim é possível alcançar um juízo fundamentado a respeito do direito objetivo diferenciado das diferentes interpretações. Pois sua verdade ainda não está garantida por sua ocorrência no cristianismo primitivo e também não é simplesmente uma função de sua Antiguidade. A interpretação mais antiga (talvez a interpretação da morte de Jesus como destino de profeta) não precisa ser a mais profunda e mais adequada. Também a origem véterotestamentária de determinadas concepções ainda não pode fundamentar, no sentido de 1Cor 15.3, a legitimidade de sua aplicação à morte de Jesus Cristo. Uma concepção véterotestamentária deve ser "adequada" a esse evento para ser acolhida no sentido da prova escriturística como referência a seu sentido divino. Por mais ampla que possa ter sido a influência de Is 53.4s. sobre as concepções cristã-primitivas a respeito do significado expiatório substitutivo da morte de Jesus "por muitos", a razão objetiva para essa interpretação deve ser procurada, em todo caso, na singular constelação desse evento. Todavia, também a prova de correspondência objetiva nesse sentido ainda não pode, sozinha, responder à pergunta se as afirmações sobre um significado expiatório

---

[82] Referente à crítica às teses de GIRARD, cf. detalhadamente o artigo publicado em 1991 em *Kerygma und Dogma* de M. HERZOG, Religionstheorie und Theologie René Girards. Vide ainda R. GIRARD, *Des choses cachées depuis la fondation du monde*, 1978, pp. 165ss.

e substitutivo da morte de Jesus são verdadeiras. Especialmente a afirmação de significado expiatório universal da morte de Jesus para toda a humanidade somente pode ser discutida e examinada sob inclusão da posição antropológica fundamental do ser humano na relação com pecado e morte.

As referências cristã-primitivas à função expiatória da morte de Cristo pressupõem, em primeiro lugar, que a morte de Jesus na cruz não pode ser entendida como castigo que o atinge por causa de delitos próprios. Esse pressuposto está cumprido primeiramente à luz do ressuscitamento de Jesus (vide *acima* pp. 484ss, 510ss). Ao ressuscitá-lo, o próprio Deus justificou a Jesus perante as acusações que levaram a sua execução: Jesus não foi nem um agitador político nem teve a pretensão de possuir, como ser humano, autoridade divina. Portanto, ele não morreu por causa de seu próprio pecado. Por meio do evento pascal – mas justamente primeiro nessa luz – ele se mostrou como "isento de pecado"[83]. Por que então Deus admitiu sua morte? Por que repousava sobre ele – à luz de alusões proféticas, que a cristandade primitiva extraía dos escritos véterotestamentários – um *devir* divino sobre seu caminho para a morte? Se não foi por seus próprios pecados, somente pode ter morrido por outros. Isso talvez deva ser compreendido, inicialmente, só como a única alternativa ainda aberta à pergunta pela morte de uma pessoa, cujo destino pôde ser compreendido, à luz da confirmação divina de sua missão por meio de seu ressuscitamento dentre os mortos, não simplesmente como acidental, mas somente como ordenado por Deus. A idéia da morte expiatória então tinha que oferecer-se a partir de pressuposições judaicas[84]. A suposição de função expiatória da morte encontra-se, além disso, como expressão da misericórdia e do amor salvífico de Deus, numa relação da correspondência com a mensagem de Jesus acerca do amor de Deus revelado em sua própria apresentação (vide *acima* pp. 466s.). Essa correspondência não nos dá o direito de compreender a morte de Jesus "por nós" simples-

---

[83] Referente ao tema da isenção de pecado de Jesus, cf. do Autor, *Grundzüge der Christologie*, 1964, pp. 368-378. Vide tb. a observação referente a isso em M. HENGEL, *The Atonement*, The Origins of the Doctrine in the New Testament, 1981, pp. 65s.
[84] E. LOHSE, *Märtyrer und Gottesknecht*. Untersuchungen zur urchristlichen Verkündigung vom Sühnetod Jesu Christi (1955), 2ª ed., 1963, esp. pp. 29ss, 66s., 78ss.

mente como um caso especial da solidariedade já característica para a apresentação terrena de Jesus com as demais pessoas[85]. Isso significaria nivelar o significado específico de sua morte "por nós". Somente na perspectiva dessa interpretação de sua morte todo o caminho de Jesus pôde apresentar-se como um caminho em direção a essa morte (Fl 2.6-8; cf. 2Cor 8.9). O comportamento de Jesus em sua atividade pré-pascal é descrito de modo incompleto e até mesmo enganador, se ele for resumidamente caracterizado como o "ser humano para o outro", e com isso como "o semelhante por excelência"[86]. Em toda a sua apresentação, Jesus foi, em primeiro lugar, o ser humano para Deus. Somente nesse sentido, ele foi também o ser humano para outros, quando fora enviado aos homens para testemunho em favor do reino de Deus vindouro. Em sua atividade também demonstrou o amor de Deus a suas criaturas e a cada um que se perdia. Como sua obediência a sua missão divina até a morte na cruz significou simultaneamente também a entrega de sua vida pelo mundo, foi possível, posteriormente, compreender o todo de seu caminho nesse sentido. Isso, porém, se tornou possível somente pela interpretação de sua morte como expiação pelos pecados do mundo.

Não se entende por si mesmo que a função expiatória, que foi atribuída à morte de Jesus em vista da falta de culpa própria, abrange toda a humanidade. A partir das concepções judaicas sobre o poder expiatório do sofrimento e da morte dos justos e, especialmente, dos mártires da fé, se é levado antes a pensar em um efeito expiatório da paixão e morte de Jesus para o povo judeu[87]. Os vestígios de uma concepção nesse sentido ficaram realmente preservados no Evangelho de João (Jo 11.50s.). Contudo na imagem global da tradição cristã-primi-

---

[85] Assim W. KASPER, *Jesus der Christus* (1974) 2ª ed., 1975, pp. 254ss, ("Jesus Christus der Mensch für die andern und die Solidarität im Heil"), esp. pp. 257s. Cf. as observações críticas de K. LEHMANN, *loc. cit.*, (*Theol. Quartalschrift 162*, 1982), pp. 306ss.).

[86] W. KASPER, *loc. cit.*, p. 256 reportando-se a D. BONHOEFFER, *Widerstand und Ergebung*, 1951, pp. 259s. [*Resistência e Submissão*. Rio de Janeiro: Paz e Terra, p. 185]. O enganoso dessas expressões reside no fato de poder ser confundido com um humanismo secular, com o qual, a partir de toda a sua motivação e em sua estrutura, a atividade de Jesus tem pouco em comum.

[87] Cf. quanto a isso as explanações sobre a expiação substitutiva em E. LOHSE, *loc. cit.*, pp. 94ss., esp. 101.

tiva, esse pensamento desaparece atrás da interpretação universal da expressão "por muitos", tal como foi usada especialmente na tradição da Santa Ceia (Mc 14.24 par.; cf. tb. Mc 10.45). Em todo caso, a expressão tem sentido inclusivo e mesmo assim continua ambivalente, porque – à semelhança de Is 53.12 – pode ter em vista a totalidade do povo judeu, ou, além disso, a humanidade em sua totalidade como favorecida pelo efeito expiatório. Sem dúvida, esta última alternativa é o caso em Paulo (2Cor 5.14s.; cf. Rm 5.14). A extensão universal do efeito expiatório da morte de Jesus deve ser concebida, com certeza, como ampliação de uma referência primária ao povo judeu e não o contrário.

Também a idéia de efeito expiatório da morte de Jesus em favor do povo judeu não pode ser compreendida, sem mais nem menos, paralelamente às concepções judaicas sobre a função expiatória do sofrimento dos justos e dos mártires macabeus. Pois Jesus morreu como homem execrado por seu povo. Compreender, não obstante, seu morrer como expiação por esse povo pôde apoiar-se, na tradição judaica, somente em Is 53.3ss.[88] As circunstâncias do morrer de Jesus ofereceram motivo para recorrer a essa palavra profética conquanto, com efeito, Jesus era desprezado e abandonado (Is 53.3) por seu povo, mas, não obstante, foi justificado por Deus mediante seu ressuscitamento. Enquanto as autoridades judaicas entregaram Jesus aos romanos sob a acusação de arrogar-se ser igual a Deus como pretexto para ser executado, evidenciou-se, na luz de seu ressuscitamento, que, com sua condenação, seus juízes terrenos haviam posto a mão no enviado de Deus e com isso no próprio Deus. Por isso estavam ameaçados pelo iminente juízo do Filho do Homem que o próprio Jesus havia invocado contra eles (Lc 22.69 par.). Eles mesmos injustamente se haviam arrogado Autoridade divina contra Deus na pessoa de seu Enviado. Por isso, na verdade, eles é que mereciam a sentença de morte que haviam pronunciado sobre Jesus. A inversão do sentido dos acontecimentos fundamentada pelo evento pascal, que haviam levado à crucificação de Jesus, mostra que Jesus morreu literalmente no lugar daqueles que o haviam condenado[89]. Se agora sua morte foi entendida como expiação, essa interpretação pôde ligar-se com a

---

[88] Cf. E. LOHSE, *loc. cit.*, p. 114 referente a 1Cor 15.3.
[89] Cf. *acima* p. 524 como tb. do Autor, *Grundlagen der Christologie*, 1964, pp. 265ss.

efetiva substituição que consistia no fato de que Jesus sofreu a morte no lugar de seus juízes e de todo o povo por eles representado. Esse fato deve ser suposto como pano de fundo das afirmações paulinas em Gl 3.13, 2Cor 5.21 e Rm 8.3. Pois sem referência à situação da condenação e da execução de Jesus, na qual ele havia sido feito pecador e se encontrava de fato sob a maldição da Lei, não é possível compreender essas afirmações. De acordo com Paulo, todavia, o próprio Deus – por meio do agir de seus juízes humanos – não apenas "fez Jesus pecado", mas ele o fez carregar em "nosso" lugar (não somente no lugar de seus juízes judaicos ou do povo judeu) o castigo que o pecado merece, porque procede de seu ser interior o castigo da morte como consequência da separação de Deus.

Corresponde à proclamação escatológica de Jesus e, não por último, a sua referência ao juízo vindouro de Filho do Homem de Lc 22.69 par. o fato de que o efeito expiatório atribuído à morte de Jesus foi associado igualmente ao juízo vindouro de Deus, respectivamente do Filho do Homem. De acordo com a crença judaica, a morte expiatória do justo podia vir em benefício da vida futura do povo e da continuidade da aliança de Deus com o povo, no caso individual, todavia, também à participação de pessoas individuais na vida futura da ressurreição[90]. O fato da morte de Jesus estava relacionado tão intimamente com sua mensagem escatológica e a controvérsia em torno dela que também o poder supressor do pecado, atribuído a sua morte à luz do evento pascal[91], pode referir-se somente ao juízo escatológico de Deus sobre vivos e mortos. Pela mesma razão haverá de se entender o efeito expiatório de sua morte como vinculado à conversão posterior do povo ao Deus de sua mensagem escatológica, e com isso também à confissão a ele mesmo no sentido de Lc 12.8 par. A expiação pelo povo de Deus na morte de Jesus significa, portanto, que, apesar de sua participação na crucificação de Jesus e a despeito de todos os demais pecados, o acesso à salvação escatológica permanece aberto sob a condição da aceitação da mensagem escatológica de Jesus e da confissão a ele.

---

[90] E. Lohse, *loc. cit.*, pp. 102s., 107, cf. 89s.
[91] Como ressaltou E. Lohse, *loc. cit.*, p. 115, também de acordo com 1Cor 15.17, o poder supressor do pecado da morte de Jesus depende do fato de sua ressurreição.

Talvez a participação dos romanos nos acontecimentos que levaram à execução de Jesus tenha oferecido motivo para a ampliação da interpretação da morte de Jesus como expiação também para o mundo das nações representado por Roma[92]. O homem entregue à morte como blasfemador e executado como agitador sofreu, neste caso, a morte em lugar e em benefício de todos os seres humanos que, como pecadores, vivem em pretensa igualdade a Deus, portanto de fato em revolta contra Deus e que com isso atraem a morte sobre si[93]. Pelo fato de a condenação como pecador ter sido suportada substitutivamente pelo Filho de Deus em sua carne (Rm 8.3), ele a suportou por todos (2Cor 5.14) e por todos a superou. Pois na condenação e execução de Jesus, Deus "fez pecado por nós aquele que não conheceu pecado, para que nele fôssemos feitos justiça de Deus" (2Cor 5.21). Na situação da condenação e execução de Jesus, na qual o posteriormente revelado como inocente por meio de seu ressuscitamento por Deus suportou a morte como consequência de nosso pecado, aconteceu substituição no sentido concreto da troca de lugar entre o inocente e os culpados. O inocente sofreu o castigo da morte que, como consequência fatal do pecado, é o destino daqueles em cujo lugar ele morreu. Esse sofrimento substitutivo, que foi descrito, com razão, como sofrer substitutivo da ira de Deus sobre o pecado, fundamenta, a partir de Jesus Cristo, a comunhão com todas as pessoas como pecadoras e com seu destino – uma ligação que constitui o fundamento para o fato de que a morte de Jesus pode vir em seu benefício como expiação[94]. Substituição e

---

[92] *Grundzüge der Christologie*, 1964, pp. 267s.
[93] K. LEHMANN, *loc. cit.*, pp. 313s., com razão chamou a atenção para o fato de que a moderna incompreensão para o conceito da expiação é provocada pelo desaparecimento da compreensão para seus pressupostos ao "porem a perder a própria vida por meio de culpa" (p. 313). Sobre esse tema, cf. *acima* pp. 382-396 as exposições sobre a relação entre pecado e morte.
[94] Por isso é incompreensível que K. LEHMANN queira manter o caráter expiatório da morte de Jesus (*loc. cit.*, pp. 311ss.) e acentue que a "troca de lugar e destino" seria imprescindível para a redenção (p. 314), mas mencione a interpretação da morte de Jesus como sofrimento-castigo apenas à margem e a julga como estreitamento das complexas informações da Escritura (p. 299): sem sofrimento-castigo substitutivo também a função expiatória da morte de Jesus permanece incompreensível, a não ser que se queira entender a morte de Jesus como obra substitutiva oferecida a Deus no sentido da doutrina da satisfação de ANSELMO, para o que então, com efeito, não existe base na Escritura.

expiação não têm o efeito de que os substituídos seriam poupados da própria morte. Elas significam, antes, que aos substituídos por Jesus Cristo se abre a chance de obterem, em sua própria morte, por meio da ligação com a morte de Jesus, a esperança da participação da nova vida da ressurreição dos mortos, que já apareceu em Jesus (Rm 6.5). Trata-se, pois, de substituição e expiação perante o juízo escatológico de Deus. Os receptores do efeito da expiação da morte de Cristo recebem a firme esperança de que sua própria morte não significa mais a exclusão definitiva de Deus e sua vida, e essa esperança já se manifesta nesta vida em obras da justiça (Rm 6.13). Com a esperança da nova vida da ressurreição dos mortos se torna ativa nos pecadores a justiça da aliança de Deus (2Cor 5.21) que quer a vida de suas criaturas. Nesse sentido, acontece realmente uma troca de lugar entre o Jesus inocente, mas executado como pecador, e a manifestação da justiça de Deus entre os pecadores por ele substituídos perante Deus. Essa troca de lugar, todavia, acontece somente se os pecadores, pelos quais Jesus morreu, também deixam por sua vez que sua vida condenada à morte seja ligada à morte de Jesus (Fl 3.10s.), como acontece no Batismo (Rm 6.3s., Cl 2.12). Primeiro com isso a expiação possibilitada pela morte de Jesus Cristo começa realmente a vigorar para o pecador. Paulo expressou isso em Rm 3.25 concisamente com o termo *hilastérion*, se de algum modo essa palavra designa a morte de Cristo como o *lugar* da realização da expiação preparado por Deus: O efeito expiatório do morrer de Jesus se torna efetivo para o pecador individual quando esse também se envolve, por sua vez, na vinculação da própria morte com a morte de Cristo, que se tornou a transição para a nova vida desde a ressurreição dos mortos.

Com isso surge mais uma vez a pergunta pela relação entre expiação substitutiva e reconciliação. Com razão se apontou para a diferença entre essas duas concepções. Até mesmo o pano de fundo linguístico e as implicações são totalmente diversas nos caso da reconciliação do que no caso da expiação: a concepção da reconciliação não tem nenhuma referência cúltica, mas está ligada com os processos diplomáticos de acordo de paz entre adversários[95]. Assim também Paulo aparece no papel do encarregado por Deus com o estabelecimento da paz (2Cor 5.20). Para que a reconciliação se concretize, também o outro lado deve

---

[95] Cf. as comprovações em C. Breytenbach, *loc. cit.*, pp. 45-83.

concordar com ela. Aqui se revela agora uma correspondência notável com a problemática específica do efeito da expiação da morte de Jesus, anteriormente analisada.

A mensagem da reconciliação do apóstolo tem seu ponto de origem na morte expiatória de Cristo[96]. O juízo sobre o pecado na morte do Filho constitui a "razão possibilitadora" da reconciliação[97]. Visto que verificamos que o efeito expiatório da morte de Cristo, não obstante, não é simplesmente um acontecimento encerrado em si, mas se torna frutífero para o indivíduo primeiramnte quando sua própria morte é unida com a morte de Cristo, sendo que assim se torna evidente a correspondência com o momento da reciprocidade no evento reconciliador. A partir daí se pode afirmar agora: a idéia da reconciliação explicita e evidencia a necessidade da imputação e apropriação da expiação fundamentada na morte de Jesus. Assim como na oferta da reconciliação de um lado também o outro deve concordar para que aconteça reconciliação, assim também a expiação fundamentada na morte substitutiva de Cristo necessita da apropriação individual por meio de confissão, Batismo e fé de cada indivíduo. Por outro lado, não apenas a expiação substitutiva, mas também a reconciliação como evento está encerrado na morte de Cristo (Rm 5.10). Ambas as coisas devem ser interpretadas como afirmação inclusiva. O sentido inclusivo da substituição, porém, tem função antecipatória. Ele tem que ser buscado no processo da difusão do Evangelho pela pregação apostólica e sua aceitação por meio de fé, confissão e Batismo.

c) Substituição e libertação

Se alguém realiza algo devido por alguém outro em seu lugar ou também sofre em seu lugar o que o outro deveria sofrer, então estamos diante de substituição em sentido exclusivo, isto é, o dever respectivo é amortizado exclusivamente pelo substituto e não precisa mais ser compensado pelo substituído. Esse pensamento foi aplicado por ANSELMO de Cantuária à interpretação da morte reconciliadora de Cristo: a satisfação pelo pecado que o ser humano deve a Deus, mas

---

[96] Vide referente a isso C. BREYTENBACH, *loc. cit.*, pp. 154ss.
[97] C. BREYTENBACH, *loc. cit.*, pp. 165, 215, cf. pp. 220ss. BREYTENBACH acentua que com isso não se deveria ligar a concepção do sacrifício expiatório (cf. tb. pp. 204ss.).

não é capaz de produzi-la, porque, de qualquer modo, já deve a Deus tudo que está em seu poder, é oferecida a Deus em seu lugar pela morte espontânea do Deus-Homem[98]. Contra essa teoria da satisfação dirigiu-se a crítica sociniana argumentando com a impossibilidade de se substituir a pessoa de cada um individualmente como sujeito ético: "uma dívida pecuniária é considerada amortizada quer seja ela paga pelo próprio devedor ou por alguém outro; uma dívida moral, porém, se não for expiada por aquele que a contraiu, não está expiada de modo algum"[99].

Uma concepção de substituição exclusiva nesses termos não corresponde ao testemunho do Novo Testamento. A morte reconciliadora de Cristo não é uma dívida expiatória paga substitutivamente a Deus pelo resto da humanidade, nem livra as demais pessoas de sua própria morte. Antes, representa perante Deus a morte de todos: "Um morreu por todos – logo, todos morreram" (2Cor 5.14). PHILIPP KONRAD MARHEINEKE tomou esse pensamento como base de sua nova versão do conceito da substituição. Ele diz a respeito de Cristo: "Ele não é substituto da humanidade conquanto ele o é fora dela, mas conquanto ele é ela mesma e representa o mesmo em todos os indivíduos reunido nele mesmo"[100]. A idéia de uma substituição inclusiva, de que se trata aqui,

---

[98] ANSELMO da Cantuária, *Cur Deus homo* II,6; cf. I.24s.
[99] Assim D. F. STRAUSS, *Die christliche Glaubenslehre in ihrer geschichtlichen Entwicklung und im Kampfe mit der modernen Wissenschaft* II, 1841, p. 294, reproduz o argumento central de FAUSTO SOCINI.
[100] PH. MARHEINEKE, *Die Grundlehren der christlichen Dogmaik als Wissenschaft*, 1827, § 398; cf. G. WENZ, *Geschichte der Versöhnungslehre in der evangelischen Theologie der Neuzeit* I, 1984, pp. 317s. O pensamento básico da substituição inclusiva já se encontra em HEGEL: "não foi oferecido um sacrifício estranho, não outro foi castigado para que tivesse havido punição, pra que reinasse vida, para que o ser-diferente fosse superado. De qualquer modo, cada qual morre para si mesmo, e cada qual tem que ser, realizar, para si mesmo a partir de sua própria subjetividade e culpa o que deve ser. Ele agarra o mérito de Cristo; isso quer dizer, quando realiza em si essa conversão e abandono da vontade natural, o interesse natural, e está no infinito amor, então isso é a coisa em si" (G. W. F. HEGEL, Vorlesungen über die Philosophie der Religion, editado por G. LASSON, *PhB* 63, p. 160). O pensamento pode ser encontrado ainda bem antes em G. F. SEILER (*Über den Versöhnungstod Jesu Christi*, 2 volumes, 1778/79, o qual aparentemente também introduziu a expressão "substituição" (vide K.-H. MENKE, *Stellvertretung. Schlüsselbegriff christlichen Lebens und theologische Grundkategorie*, tese de habilitação datilografada, Freiburg, 1990, pp. 88ss.). A denominação expressa

compreende a Jesus como o representante da humanidade em seu todo. Isso corresponde à descrição paulina de Cristo como o segundo Adão. Por meio dele acontece *paradigmaticamente* o que deve repetir-se em todos os membros da humanidade por ele representada. Todavia, o morrer de Cristo encerra em si, de acordo com Paulo, o nosso morrer de tal modo que por meio disso é modificado simultaneamente o caráter do último. Por meio do vínculo de nossa morte com a morte de Cristo no ato do Batismo, nosso morrer adquire novo significado que não lhe compete a partir dele mesmo: ele se torna um morrer em esperança. Em Jesus não se descreve o que, de qualquer modo, pode ser dito de todos. Por isso, inversamente, também não vale automaticamente para todos os outros aquilo que se realizou na morte de Jesus. Para isso é necessário um expresso restabelecimento da comunhão com ele. Neste sentido, a morte de Jesus, à qual remonta essa modificação do significado de nosso morrer, fica também com um momento exclusivo, que só compete a ele: a morte daquele, ao qual Deus ressuscitou e justificou, torna-se a reconciliação do mundo.

Diversamente da substituição exclusiva da *satisfactio vicaria*, a idéia da substituição inclusiva não se restringe a uma interpretação da *morte* de Jesus. Sua área de aplicação se estende a toda a biografia de Jesus Cristo, como a concepção paulina de Cristo como o novo Adão, cuja "imagem" todos haveremos de portar. Também como imagem de Deus e Filho de Deus, por meio do qual haveremos de receber a condição de filhos, Jesus Cristo é, de acordo com Paulo (Gl 4.5; Rm 8.15; cf. Ef 1.5), o paradigma do ser humano por excelência em sua atitude perante Deus[101]. No entanto, do mesmo modo como no caso do novo Adão, ele não o faz como representante do ser humano tal como ele sempre já é, mas como ele ainda deverá se tornar. Diferenciando-se disso, a encarnação do Filho em Jesus Cristo se refere às condições de existência do ser humano como ele é desde Adão (Rm 8.3). Ela visa à superação do pecado na carne do ser humano que suportou o juízo

---

da substituição como "inclusiva" em contraste com a versão exclusiva desse pensamento na teoria da satisfação certamente surgiu primeiro em conexão com A. RITSCHL, *Die christliche Lehre von der Rechtfertigung und Versöhnung III*, 3ª ed., 1888, p. 515) (MENKE, pp. 154s.).

[101] Também nisso naturalmente é preciso considerar que em Jesus Cristo o preexistente Filho de Deus se tornou carne, enquanto os crentes recebem a adoção na relação de filhos com o Pai somente através dele.

sobre o pecado em nosso lugar. Também essa afirmação tem sentido inclusivo quando lida à luz de 2Cor 5.14, embora também ela por sua vez contenha um momento exclusivo: na morte de Cristo morre o velho Adão, a fim de ser transformado no novo Adão por meio da morte (1Cor 15.49, cf. vv. 42ss.).

> Essa idéia de substituição inclusiva, que tem ligação com a encarnação do Filho em Jesus Cristo, determinou toda a história da soteriologia cristã. Ela encontrou sua implementação clássica na interpretação de Cristo por parte da Igreja antiga como novo homem a partir do céu (vide *acima* pp. 438ss.), e ela também se encontra na base da doutrina da satisfação de ANSELMO como pressuposto; pois primeiro pela encarnação do Filho é instituída sua unidade com a humanidade que constitui a premissa da transmissão de seu mérito aos demais seres humanos (cf. *Cur Deus homo II,19*). No entanto, em ANSELMO, esse ponto de vista tinha apenas papel subordinado, porque procurou a razão da redenção em uma obra do Deus-Homem prestada ao Pai, enquanto, de acordo com Paulo, Cristo está precisamente unido com os demais seres humanos pelo sofrimento substituto da morte como castigo do pecado.

Mas também a idéia de substituição inclusiva pode induzir a que a autonomia dos seres humanos substituídos como pessoas seja lesada. Enquanto isso aconteceu na teoria da substituição exclusiva da doutrina da satisfação por meio da suposição de que o ser humano é substituível como pessoa moral, a idéia da substituição inclusiva pode levar à concepção de que Jesus Cristo é sozinho o ser humano perante Deus que se colocou em nosso lugar de tal modo, sofrendo e agindo a nosso favor de modo tal que nós nada mais temos a lhe acrescentar. Isso significa, então, que os outros, em cujo lugar o Filho de Deus se colocou, são substituídos e deslocados.

> Parece que a problemática de tal gradação na idéia da substituição inclusiva não perturbou a KARL BARTH. Do contrário, como poderia ter escrito que em Jesus Cristo Deus não teria apenas eliminado o pecado, mas "suas raízes, a saber, o ser humano transgressor" (*KD* IV/1, p. 82)? Pode a teologia cristã dizer que Jesus Cristo teria *"acabado"* no evento de sua morte "juntamente *conosco como pecadores* e com isso [!] com o próprio pecado em sua pessoa" (*loc. cit.*, p. 279)? Certamente, de acordo com Paulo, o pecado morre

primeiro com a morte do pecador, e esta é considerada como já ocorrida por causa da ligação de seu morrer com o destino de Cristo (Rm 7.4). No entanto, ao atribuir já ao evento da morte de Cristo como tal o que Paulo descreveu aqui como efeito do Batismo, BARTH deu motivo para a pergunta se com isso "por fim o ser-homem autônomo do ser humano não é levado ao desaparecimento"[102]. Aqui a concentração de BARTH do conceito da reconciliação na morte de Jesus Cristo como um evento encerrado no passado (vide *acima* nota 51) se revela desastrosa. Pelo fato de a reconciliação não ser concebida como aberta para um processo de sua recepção, resulta a consequência fatal de que o juízo sobre o pecado na morte de Cristo somente pode ser pensado como abrangente e definitivo, se nesse evento Deus "entregou à aniquilação a nós como pecadores e, com isso, também o pecado; ele nos anulou, negou, riscou" (BARTH, *loc. cit.*, p. 279).

Contra a interpretação "totalitária" da substituição como substituição do substituído se argumentou que o substituto autêntico ocuparia o lugar do outro somente transitoriamente, portanto lhe manteria aberto o lugar ocupado somente de modo substitutivo[103]. O substituto se torna um suplente se ele ocupa o lugar do outro permanentemente[104].

---

[102] G. WENZ, *Geschichte der Versöhnungslehre in der evangelischen Theologie der Neuzeit 2*, 1986, p. 247. O cerne dessa crítica à doutrina barthiana da reconciliação foi formulado primeiro em 1965 por D. SÖLLE (*Stellvertretung. Ein Kapitel Theologie nach dem "Tode Gottes"*, 1965, pp. 116ss.). Nisso DOROTHEE SÖLLE acusou a concepção de BARTH da condição definitiva de Jesus Cristo, designada como "objetivista", que ela seria "necessariamente totalitária" (p. 145), como o mostraria a história do antijudaísmo cristão. Em sentido semelhante F. WAGNER caracterizou, em 1975, a cristologia de BARTH como "equiparação teológica" ("Theologishe Gleichschaltung". Zur Christologie bei KARL BARTH, in: T. RENDTORFF (ed.), *Die Realisierung der Freiheit. Beiträge zur Ethik der Theologie Karl Barths*, 1975, pp. 10-43).

[103] D. SÖLLE, *Stellvertretung*, 1965, pp. 59ss. Exemplar para esse conceito de substituição é a relação pedagógica entre professor e aluno: "O professor é responsável pelos que agora são imaturos ou incapazes, ele responde pelas chances e pelos interesses dos representados" (p. 155), com o amadurecimento dos alunos, porém, ele se tornará supérfluo.

[104] D. SÖLLE, *loc. cit.*, pp. 60s. De acordo com a opinião de D, SÖLLE, o fado de que, em BARTH, Cristo se torna um suplente, que não deixa existência própria aos homens substituídos (p. 118) se revela especialmente no fato de que a substituição do ser humano por Cristo é "independente da cooperação no ato e realização

Essa argumentação, no entanto, se move no plano da concepção de substituição exclusiva. Também assim dificilmente se alcança o conteúdo concreto da idéia cristã-primitiva da substituição, a função expiatória da morte de Jesus por nós. Pois a concepção de uma substituição transitória pressupõe a duração continuada da existência daquele que é substituído. De acordo com a interpretação paulina do poder expiatório da morte de Jesus, porém, o substituído somente pode ter parte em seu efeito expiatório por meio da própria morte. Sobretudo, porém, se necessita para isso da ligação do próprio morrer com a morte de Jesus por meio de confissão e Batismo[105]. Conquanto no evento salvífico da morte de Jesus essa recepção já está intencionalmente antecipada, também lhe compete o caráter de substituição inclusiva. Mas com isso o plano da concepção de substituição apenas transitória está ultrapassado.

> A barreira da concepção de substituição transitória revela-se em Dorothee Sölle especialmente em sua aplicação à relação de Jesus com Deus. Pois de acordo com a sua concepção, Jesus se colocou no lugar do ser *humano* não só com seu sofrimento, mas, com sua mensagem e atuação, veio a ser também o representante do *Deus* ausente perante nós seres humanos[106]. De acordo com o testemunho dos Evangelhos, porém, Jesus *não* se apresentou como *substituto* do Deus ausente, antes, em sua mensagem e sua atuação o vindouro reino do Pai já se tornou presente, um poder determinante do presente. Jesus não é o representante do Pai, mas mediador de sua presença, e decisivo para isso é sua autodiferenciação em relação ao Pai, por meio da qual ele se revelou como "o Filho" – também no caminho para a morte.

---

posterior da parte dos substituídos" (p. 117). Com isso Dorothee Sölle tocou, com efeito, no ponto mais sensível do conceito da reconciliação de Barth.

[105] Essa é a cooperação no ato e posterior por parte dos substituídos, cuja falta D. Sölle constata com razão em Barth.

[106] D. Sölle, *loc. cit.*, p. 177. Primeiro essa virada do pensamento torna compreensível o subtítulo do livro com a referência a uma "teologia depois da morte de Deus", no que o estado de coisas do secularismo moderno, designado como morte de Deus, foi compreendido por D. Sölle, de acordo com seu conceito de substituição, como meramente provisório, de modo semelhante como foi o caso nos Estados Unidos em Thomas Altziger.

Como o Filho do Pai celestial, Jesus é, ao mesmo tempo, o protótipo da filialidade que todos os demais haverão de receber por meio dele, de modo que Deus como Pai lhes será acessível do mesmo modo (Rm 8.15) como a ele. Assim Jesus, justamente como o Filho, também é o novo Adão, no qual a destinação do ser humano para a semelhança de Deus está realizada. Como o novo Adão, por cuja obediência filial Deus está revelado como Pai, Jesus representa as demais pessoas não apenas provisoriamente, mas, de acordo com o enunciado da mensagem cristã, ele é, como encarnação do Filho, a realização definitiva da destinação do ser humano. Não obstante, o caráter definitivo de Jesus deixa espaço para a peculiaridade dos outros indivíduos. Eles não são reprimidos ou uniformizados. Isso se deve ao fato de que a pretensão de definitividade não foi ligada diretamente com a individualidade de Jesus. Isso teria sido o caso, se ele tivesse arrogado para si mesmo dignidade e autoridade divina. Acima (pp. 471ss.) mostramos que esse foi o grande mal-entendido de sua apresentação e sua pessoa por parte de seus adversários, a razão pela qual o rejeitaram como blasfemo e sedutor do povo. Na apresentação terrena de Jesus, a afirmação da irrupção do reino de Deus por meio de sua atividade permaneceu onerada, apesar de sua autodiferenciação em relação ao Pai, pela aparência de que ele se igualava a Deus. A consequência dessa ambiguidade foi a rejeição, condenação e execução de Jesus. Com isso lhe foi mostrada e imposta sua finitude, da qual queria esquivar-se, de acordo com a opinião de seus adversários. A morte é o selo da finitude. No entanto, ao assumir sua morte como amarga consequência de sua missão, sua morte se tornou o selo de sua autodiferenciação em relação a Deus e também a preservação de sua unidade com Deus como Filho do Pai celestial.

Somente na passagem pela morte de sua existência individual como ser humano Jesus é o Filho. Definitividade não compete a sua vida humana individual em sua singularidade, mas somente na entrega de sua singularidade por amor de Deus e no serviço na vinda do reino. Por isso Paulo pôde escrever aos coríntios que não conhecia e julgava mais ninguém, também nem a Jesus, segundo "a carne", isto é, segundo o que foi e é por si mesmo (2Cor 5.16). Ao assumir a morte de sua existência especial, concedeu às outras pessoas espaço para a sua. Simultaneamente, porém, evidencia-se em sua atitude que também a singularidade individual de toda outra pessoa pode ter parte na relação filial com Deus e com isso na herança do reino de Deus somente através da morte de Jesus – e por meio da aceitação da própria morte por amor de Deus e de seu reino.

Assim talvez se torne compreensível por que nós seres humanos somos reconciliados com Deus justamente pela morte do Filho, pela morte daquele homem que em sua obediência no sofrimento se revelou definitivamente como Filho de Deus: a inimizade dos homens contra Deus, que assim é vencida (cf. Rm 5.10), procede do fato de que eles, como pecadores – portanto como os que querem ser como Deus – não encontram espaço ao lado de Deus, antes são vítimas da morte. No entanto, por meio da morte do Filho, Deus lhes concede espaço a seu lado, inclusive para além de sua morte. Pelo fato de o Filho morrer na peculiaridade de sua existência humana, as demais pessoas não são reprimidas por ele em sua alteridade. como se sua peculiaridade humana fosse a medida de todas as coisas e excluísse de si tudo mais. Assim o entenderam os adversários de Jesus, acusando-o da pretensão de querer ser igual a Deus. Ninguém pode suportar isso em outra pessoa, e justamente não o pode suportar porque cada qual quer ele mesmo ser igual a Deus. Por isso a pretensão de querer ser como Deus é repreendida no outro, e desse modo as pessoas condenam umas as outras e em consequência também infligem de caso em caso um ao outro a morte à qual cada um está sujeito como consequência do próprio pecado. Ao assumir sua morte – a morte infligida por outros – como consequência de sua missão para testemunho a favor do reino de Deus, selando com isso sua autodiferenciação do Deus ao qual anunciava, Jesus deu espaço a seu lado não somente a Deus, mas também às outras pessoas. Assim Jesus morreu sua morte não por causa de pecado próprio, mas como expiação pelos pecados dos outros: como expiação que é efetiva pelo fato de a separação de Deus e de sua vida estar superada tão logo as outras pessoas deixam sua própria morte estar ligada com a morte de Jesus e com isso ganham a esperança da participação na vida de Deus além da própria morte. A morte de Jesus efetua, portanto, que as demais pessoas não precisam mais entender-se como excluídas da comunhão com Deus e, consequentemente como inimigas de Deus. Ela abre o acesso de, na aceitação da própria finitude como Jesus e na comunhão com ele, tornar-se participante da vida que procede de Deus e de poder viver já essa vida terrena na esperança da comunhão com o eterno Deus que supera as barreiras da morte.

Também a doutrina da reconciliação especulativa de HEGEL compreendeu a "anulação da finitude natural da existência imediata" como o cerne do evento da reconciliação[107]. Pela renúncia à própria finitude é superado o contraste ao absoluto (vide *acima* nota 99). Mas, por outro lado, de acordo com HEGEL, a morte de Cristo também é a morte do próprio Deus (*PhB* 63, pp. 157s.). "A concepção da morte sacrifical deve, portanto, ser entendida no sentido de entrega recíproca de Deus e do homem, do universal e do particular. Primeiramente assim se contempla na morte de Cristo o reconciliador, o amor absoluto"[108]. Esse pensamento de uma morte do próprio Deus na morte de Cristo, no entanto, é estranho ao Novo Testamento, embora Paulo tivesse falado reiteradas vezes da morte do *Filho* de Deus (Rm 5.10; cf. 8.32). A doutrina eclesiástica referiu essas palavras com razão à natureza humana de Cristo. De acordo com sua natureza humana, o Filho de Deus morreu na cruz[109]. É a morte de Jesus que, na luz de seu ressuscitamento por Deus, é o eterno Filho do Pai. HEGEL negligenciou as cuidadosas diferenciações da cristologia ortodoxa entre natureza divina e natureza humana na unidade da pessoa de Cristo ao falar, sem essa diferenciação, da morte de Cristo como da morte do próprio Deus. Por outro lado, esse mesmo evento como superação do auto-esvaziamento da divindade na encarnação era para ele o retorno da idéia divina a si, "reconciliação do espírito consigo mesmo"[110].

---

[107] G. W. F. HEGEL, *Vorlesungen über die Philosophie der Religion*, ed. por G. LASSON, vol. II/2 (*PhB* 63), pp. 158s. Quanto ao contexto sistemático da interpretação da morte de Cristo em HEGEL, cf. G. WENZ, *Geschichte der Versöhnungslehre in der evangelischen Theologie der Neuzeit I*, 1984, pp. 310-316.

[108] G. WENZ, *loc. cit*.1, p. 315.

[109] Isso continua valendo ainda para as Igrejas luteranas: A Fórmula de Concórdia, de 1580, acentuou que "o próprio Filho de Deus verdadeiramente sofreu, todavia segundo a natureza humana assumida, e [...] verdadeiramente morreu, ainda que a natureza divina não pode sofrer nem morrer" [Declaração Sólida VIII,20, in: *Livro de Concórdia* p. 638; cf. *ib.*, 40ss.].

[110] G. W. F. HEGEL, *loc. cit.*, 159; cf. Idem, *Sämtliche Werke*, ed. por H. GLOCKNER, vol. 16, p. 304, bem como *Encyklopädie der philosophischen Wissenschaften im Grundriss*, editada por J. HOFFMEISTER (*PhB* 33) § 566. A possibilidade dessa reconciliação, porém, está fundamentada, de acordo com HEGEL, "na unidade da natureza divina e humana que é em si" e que chegaria à consciência na idéia da reconciliação (G. W. F. HEGEL, *Religionsphiloisophie Bd. I* (a preleção de 1921), editada por H.-H. ILTING, 1978. pp. 598ss. A citação na p. 598 é da edição impressa de 1840. Vide também a preleção de HEGEL sobre a filosofia da religião editada por G. LASSON, *PhB 171*, pp. 733s.

HEGEL não quis expressamente que a morte de Cristo fosse entendida como sofrimento punitivo do inocente no lugar dos pecadores[111]. Com isso aduziu uma compreensão inclusiva da compreensão do evento da reconciliação fundamentada a partir da perspectiva da idéia da encarnação, unilateralmente contra o momento exclusivo contido na idéia de expiação substitutiva. Por isso nessa interpretação não se fez plena justiça nem à peculiariadade histórica da morte de Jesus nem ao efeito libertador de sua morte para os demais seres humanos *como indivíduos*[112].

No caráter expiatório da morte de Jesus manifesta-se o momento exclusivo de seu morrer substitutivo, da morte de um inocente em lugar dos pecadores. A obediência à Deus, todavia, por causa da qual Jesus assumiu essa morte, é paradigmática para todos os seres humanos: nisso Jesus é o Filho, o novo Adão, segundo cuja imagem os demais seres humanos haverão de ser renovados. Disso também faz parte a aceitação da própria finitude perante Deus que é realizada no Batismo por meio da ligação do próprio morrer futuro com a morte de Jesus. No entanto, esse momento inclusivo da substituição da humanidade na obediência filial de Jesus, que o levou à cruz, não significa que a singularidade da existência individual dos outros seres humanos ao lado de Jesus como o único homem determinante seja insignificante e que seria suprimida por ele. Pois Jesus é o Filho somente por meio da morte de sua singularidade. Por isso a importância autônoma de outra vida individual ao lado da dele não é eliminada pelo fato de que Jesus se colocou no lugar de todos os outros. Antes, essa autonomia dos outros é possibilitada ao lado dele somente pelo sentido exclusivo da morte substitutiva de Jesus, porque agora, unida com a morte de Jesus, toda pessoa pode seguir sua própria vida e a sua vocação especial na certeza da participação na vida que venceu a morte na ressurreição de Jesus.

---

[111] G. W. F. HEGEL, *Vorlesungen über de Philosophie der Religion*, editada por G. LASSON, *PhB 63*, p. 160 (cit. *acima* nota 100). De acordo com HEGEL, a morte de Cristo é "satisfaciente por nós ao representar a história absoluta da idéia divina, aquilo que aconteceu em si e acontece eternamente".

[112] É bem verdade que HEGEL fala, em suas preleções sobre a filosofia da história mundial, da "libertação do indivíduo" como consequência da unidade de Deus com os seres humanos em um indivíduo (*loc. cit.*, pp. 738). Mas aí se trata apenas do indivíduo como forma geral que está realizada "em todos" (*ib.*) e não da peculiaridade diferenciadora de cada qual do outro.

A autonomia que o morrer substitutivo de Jesus concede àqueles que estão vinculados a ele está caracterizada pela liberdade cristã do domínio do pecado e da morte sobre a vida dos seres humanos: os crentes estão livres do domínio da morte e do pavor da morte na esperança da nova vida que vem de Deus, que apareceu na ressurreição de Jesus, e estão livres do domínio do pecado e da Lei que refreia o pecado, porque o pecado chegará ao fim com a morte, e para o batizado, cuja morte futura está unida com a morte de Cristo, ele já atingiu seu fim prolepticamente[113]. Em todas as situações de dependência nas quais vive como ser finito, o indivíduo ganha da comunhão com Deus e com sua vida eterna uma derradeira independência em relação ao mundo e seus poderes[114], mas também a distância em relação a si mesmo que o capacita a viver sua vocação especial no serviço em Deus e no mundo, para o qual está voltado o amor de Deus. Como filhos de Deus, os crentes têm a liberdade de um novo acesso direto a Deus que os crentes têm (Gl 4.4-6). Ela é mediada pelo envio do Filho e por sua morte substituta. Mas ela é realizada pelo Espírito filial nos próprios crentes. Por isso o envio do Filho encontra sua consumação pelo Espírito. Assim também se lê em João, por um lado, que verdadeira liberdade somente existiria por meio do Filho (Jo 8.36), mas, por outro lado, o Cristo joanino diz aos seus que seria bom para eles que ele se separe deles, para que o Espírito possa vir a eles (Jo 16.7s.). Pois o Espírito os conduzirá à verdade (Jo 16.13), a qual, de acordo com Jo 8.32, liberta.

---

[113] Desse modo a idéia cristã da reconciliação e da redenção está estreitamente conectada com o tema da libertação. Nisso não se trata, em primeiro lugar, de libertação no sentido político, e, sim, de modo muito mais radical, da libertação da escravidão do pecado e da morte, na qual todos os seres humanos vivem. Essa libertação, no entanto, de modo algum é apenas um assunto privativo dos indivíduos; as conseqüências chegam até os fundamentos da ordem de domínio político (cf. a nota seguinte). Quanto ao assunto, vide H. KESSLER, *Erlösung als Befreiung,* 1972, bem como as exposições de TH. PRÖPPER, *Erlösungsglaube und Freiheitsgeschichte.* Eine Skizze zur Soteriologie, 2. Aufl. (2ª ed.) 1988, pp. 38ss., também M. SECKLER, Theosoterik und Autosoterik (*Theol. Quartalschrift 162,* 1982, pp. 289=298).

[114] Cf. a observação nas preleções de HEGEL sobre a filosofia da história do mundo (*loc. cit.*, p. 742) sobre a "infinita liberdade interior" com a qual a Igreja dos mártires enfrentou o Estado romano. Isso corresponde às exposições sobre a relevância revolucionária política da cruz de Cristo nas preleções sobre a filosofia da religião (LASSON, *PhB 63,* pp. 161ss.).

Nisto João concorda com Paulo: ali onde está o Espírito do Senhor, aí há liberdade (2Cor 3.17). Mas onde há essa liberdade do Espírito, aí a reconciliação dos homens com Deus alcançou seu alvo.

4. O Deus triúno como reconciliador do mundo

O primeiro parágrafo do presente capítulo tentou esclarecer a função sistemática do conceito paulino da reconciliação. Verificamos que aí se trata do caminho para a salvação do mundo por meio de superação da oposição a Deus, na qual os seres humanos se envolveram por meio de pecado e morte. O segundo parágrafo do capítulo mostrou que não é Deus que deve ser reconciliado com o mundo, mas o mundo com Deus, e que a ação de Deus para a reconciliação do mundo por um lado já se realizou na paixão de Cristo, mas que, por outro lado, o conceito da reconciliação abrange, para além do passado da história de Jesus, sua presença que continua atuante no "ministério" apostólico "da reconciliação". A isso corresponde o resultado do terceiro parágrafo que também o significado da morte de Cristo como expiação substituta não designa simplesmente um estado de coisas como evento do passado, encerrado com a morte de Jesus na cruz, mas tem uma função de substituição implícita, que é realizada somente pela efetiva inclusão dos seres humanos, "pelos quais" Jesus morreu. Como aí se trata de processos da interpretação e recepção do significado da morte de Jesus por parte dos homens, que como receptores da reconciliação com Deus são envolvidos nesse evento, surge a pergunta como fica a relação dessa história da recepção com o próprio agir reconciliador de Deus na morte de Cristo. Acaso o agir de Deus na morte de Cristo é apenas objeto de interpretação e recepção humana? Ou estaria o próprio Deus atuando na proclamação da morte de Cristo como feito de Deus para a reconciliação do mundo? Nesse caso, ainda resta espaço para o livre envolvimento dos homens a serem reconciliados na reconciliação com Deus?

A descrição teológico-trinitária do agir divino no evento da reconciliação poderia ser a resposta a essa pergunta. Na verdade, 2Cor 5.18 sugere, inicialmente, que se pense especificamente num agir do Pai na morte de Cristo. Mas haveremos de ver que Filho e Espírito são co-participantes nesse processo. Pode uma descrição do evento da reconciliação nesse sentido contribuir para tornar também mais compreensível a participação do lado humano na realização da reconciliação e, com isso, também esclarecer ainda mais a relação de substituição exclusiva e inclusiva na morte reconciliadora de Cristo?

a) A atuação do Pai e do Filho no evento da reconciliação

Tanto 2Cor 5.18s. quanto a formulação passiva de Rm 5.10 devem ser entendidos no sentido de que na morte de Jesus o Pai atuou para a reconciliação do mundo. Por ocasião da crucificação de Jesus, a lei da ação não estava, em última análise, com seus carrascos, mas por meio de toda a infâmia, covardia e brutalidade das pessoas envolvidas, Deus o Pai agiu nesse evento de acordo com sua providência que dirige o curso da história: ele "entregou" seu Filho (Rm 8.32; cf. Rm 4.25)[115]. Quanto ao conteúdo, isso corresponde à afirmação ainda mais abrangente de Rm 8.3 que Deus enviou o Filho a nossa existência determinada pelo pecado[116], para em sua carne condenar o pecado. De acordo com isso, todo o caminho terreno de Jesus estava projetado, segundo a providência divina, de antemão em vista da morte de Jesus na cruz. Isso certamente também está contido em Jo 3.16, embora ali se diga somente que Deus teria "dado" seu próprio Filho por amor ao mundo, a fim de que os que nele crêem tenham a vida eterna por meio dele[117].

Portanto, todo o envio de Jesus pelo Pai visa a morte expiatória substituta na cruz. Na base da moderna análise exegético-histórica da tradição a respeito de Jesus, essa afirmação pode ser feita na medida

---

[115] Quanto a isso, vide o parágrafo sobre "*Die Dahingabe des Sohnes*" [A entrega do Filho"] em E. KRAMER, *Christos, Kyrios, Gottessohn. Untersuchungen zu Gebrauch und Bedeutung der christologischen Bezeichnungen bei Paulus und den vorpaulinischen Gemeinden*, 1963, pp. 112ss.

[116] Tradução de *sarx hamartias* com U. WEILCKENS, *Das Neue Testament übersetzt und kommentiert*, 1970, p. 525.

[117] Foi destacado por R. BULTMANN, *Das Evangelium des Johannes*, 12ª ed., 1952, p. 110, nota 5, que nessa passagem também está contida a idéia da "entrega à morte", No mais, a afirmação certamente é mais abrangente e se refere em termos bem gerais ao envio do Filho ao cosmo (cf. W. KRAMER, *loc. cit.*, pp. 27 e 112s.), como em 1Jo 4.9; cf. Gl 4.4, todavia com especial pontuação de que Deus "presenteou" seu Filho ao mundo.

em que a morte de Jesus se encontra num contexto de consequências com seu anúncio da proximidade do reino de Deus e de sua irrupção em sua própria atividade. Dificuldades maiores oferece, no entanto, o fato de que no lugar do Pai também o próprio Filho pode ser mencionado como sujeito de entrega amorosa à morte (Gl 2.20). Na Epístola aos Efésios, essa afirmação está ampliada pela idéia do auto-sacrifício: Cristo "nos amou e entregou-se a si mesmo por nós como o sacrifício que ele ofereceu a Deus, como aroma para ele" (Ef 5.2, cf. 5.25). Essas afirmações correspondem à descrição estilizada da história da paixão nos Evangelhos como do conhecimento antecipado de Jesus, para não dizer planejado antecipadamente, em suas predições da paixão (Mc 8.31; 9.31; 10.33 par.). No entanto, elas se encontram em tensão com o resultado da análise histórica da tradição jesuânica. Essa supõe que Jesus deve ter contado com a possibilidade de uma morte violenta, e que, por fim, pode tê-la considerado como inevitável, mas que dificilmente a deve ter perseguido como finalidade de sua mensagem e de sua atuação (vide *acima* p. 580). Além disso, porém, surge a pergunta: Qual a relação das afirmações sobre a auto-entrega do Filho à morte com as sobre sua entrega pelo Pai? Quem é o sujeito da entrega? Se não se quiser aceitar nenhuma contradição entre os dois tipos de afirmações, deve-se supor que expressam o mesmo estado de coisas de modo diferente. Isso, porém, é possível somente se o agir do Pai na entrega do Filho não faz dele um mero objeto, mas implica sua colaboração ativa, e que, inversamente, a atuação do Filho não exclua que a iniciativa do evento está no Pai. Essa atuação conjunta do Filho com o Pai no caminho para a cruz já foi afirmada expressamente por Paulo ao descrever a atitude de Jesus Cristo em sua relação com o Pai por meio do conceito da obediência (Rm 5.19). A obediência do Filho corresponde à entrega pelo Pai[118]. Enquanto, porém, de acordo com Hb 5.8, o Filho "aprendeu a obediência na escola do sofrimento", de modo semelhante como os Evangelhos o relatam de Jesus na oração no Getsêmani

---

[118] A obediência do Filho deve ser referida em Rm 5.19, de modo semelhante como em Fl 2.8 e Hb 5.8s., à morte na cruz. Cf. U. WILCKENS, *Der Brief an die Römer I*, 1978, pp. 326s. Não obstante, a obediência caracteriza o caminho do segundo Adão e por isso não deve ser entendida no sentido da tradição teológica meramente como *oboedientia passiva* em contraste com o cumprimento ativo da vontade de Deus (*oboedientia activa*).

(Mc 14.32ss.), Paulo acentua a unidade da vontade existente desde o início do Filho com o Pai em seu caminho à cruz[119]. Tanto mais urgente se torna a pergunta como se relaciona essa concepção com a historicidade humana da pessoa de Jesus.

Também quando se supõe que Jesus terá contado progressivamente com morte violenta e que provavelmente também sua última ceia em companhia de seus discípulos deve ter estado sob o signo dessa expectativa, permanece, não obstante, um salto até a concepção de auto-sacrifício do Filho preparado e planejado desde longo prazo. Para entender as referências neotestamentárias nesse sentido, é bom lembrar como afinal aconteceu que o título "Filho de Deus" foi associado com a pessoa de Jesus: isso aconteceu primeiro em conexão com a proclamação de sua ressurreição dentre os mortos, que foi compreendida como instalação na filialidade de Deus (Rm 1.3s.)[120]. A partir disso, a história pré-pascal de Jesus apareceu em nova luz. Para aquele que, a partir do ressuscitamento de Jesus, olhava para sua pregação e atividade terrena, toda a história tinha que se apresentar como o caminho terreno daquele que já foi o eterno Filho de Deus de modo oculto. A tradição dos Evangelhos mostra como sempre de novo se percebia na história de Jesus os vestígios e traços de sua deidade por meio de sua apresentação humana, de seu discurso e de seu proceder. Os acontecimentos dessa história apareciam agora na perspectiva do envio do Pré-existente ao mundo. Nessa perspectiva, a *necessidade divina* de seu caminho à cruz, da qual a cristandade primitiva se certificava a partir das alusões proféticas dos escritos véterotestamentários, pôde parecer também como um agir do próprio Filho de Deus pré-existente, que afinal tinha que estar ciente dessa necessidade e realizá-la. Assumindo, pois, sua morte iminente como o destino imposto a ele não somente por seus adversários, mas pelo próprio Deus, agiu nisso, num sentido

---

[119] Diversamente do que na tradição hínica, representada por Fl 2.8 e Hb 5.8s., "Paulo pensa a cruz sempre como agir de Deus em Cristo (2Cor 5.10 cf. Rm 3.25), de modo que Cristo e Deus são um na cruz: Age o amor de Deus (5.8) e ao mesmo tempo também o amor de Cristo (Gl 2.20; 2Cor 5.14). Deus o entrega (4.25; 8.32), e nisso Cristo entrega simultaneamente a si mesmo (Gl 2.20 cf. 1.4) [...] Isso se refere sempre ao mesmo evento no qual Deus e Cristo atuam tão plenamente em conjunto que se pode falar do efeito tanto de Deus quanto de Cristo" (U. WILCKENS, *loc. cit.*, pp. 326s.).

[120] Vide *acima* pp. 510ss.

mais profundo, o Filho de Deus oculto, presente nele, que na obediência ao Pai ofereceu a si mesmo como sacrifício para a salvação do mundo (Ef 5.2).

Lembremos uma vez mais que essa maneira de contemplar a história de Jesus se baseia na ciência de sua ressurreição e exaltação. O exaltado a Filho de Deus foi interpretado para dentro do curso dos acontecimentos como o verdadeiro sujeito da história que o levou à cruz, na qual sua morte é interpretada e anunciada como a reconciliação do mundo. Paulo se gloria da comunhão com Deus "por meio de nosso Senhor Jesus Cristo, através do qual agora recebemos a reconciliação" (Rm 5.11). Esse "agora" é o agora da pregação apostólica no sentido de 2Cor 5.20 e sua recepção na fé. Jesus Cristo em pessoa, o *Kyrios* exaltado, é o que nos concede "agora" – a saber, pelo serviço do apóstolo, respectivamente pela pregação da Igreja – a reconciliação, a saber, a reconciliação realizada uma vez por todas (como prolepse) em sua morte. Por isso o apóstolo diz em 2Cor 5.20: "Rogamos em lugar de Cristo: deixai-vos reconciliar com Deus" O apóstolo roga substitutivamente por Cristo, mas não de tal modo que representasse o Cristo ausente, mas de tal modo que o próprio Exaltado efetua "agora" a reconciliação dos crentes (cf. 1Cor 1.10; 2Cor 10.1).

Na atuação do Cristo exaltado, portanto, por meio da pregação apostólica, a história passada de Jesus é, ao mesmo tempo, evento presente. Nesse evento, portanto, convergem três planos. Distinguir esses planos e conhecer as razões e a estrutura de sua convergência é importante especialmente para a compreensão da tradição dos Evangelhos como interpretação da história de Jesus: temos aí uma vez o plano histórico-humano da atividade e da história de Jesus, depois essa mesma história como meio do Filho de Deus atuante nela, que se tornou homem na pessoa de Jesus, e, por fim, mais uma vez essa mesma história como meio do presente atuante do Exaltado por meio da pregação apostólica, que explicita o significado salvífico dessa história e que interessa a todos os seres humanos. A imbricação desses três planos é fundamental para uma compreensão e avaliação adequada da doutrina eclesiástica do múnus reconciliador de Cristo. Ela vê a história do Jesus terreno sobre o fundo dourado da realidade do eterno Filho de Deus nele presente, e, ao mesmo tempo, a apresenta como meio da atuação atualmente presente do Exaltado para a reconciliação do mundo.

b) O múnus da reconciliação de Cristo

A pergunta pelo sujeito divino do evento da reconciliação na morte de Jesus Cristo na cruz leva mais uma vez à relação entre cristologia e soteriologia (vide *acima* pp. 553ss.). Vimos que não é somente o Pai o agente na entrega de Jesus à morte, que o próprio Jesus não é apenas o que sofre sua entrega, mas que, antes, também o Filho é sujeito atuante nesse evento. Como tal ele é o Salvador do mundo (1 Jo 4.14).

> Em Paulo, a designação de Cristo como *soter* ocorre somente em Fl 3.20, e isso como expressão da expectativa da volta de Cristo para a transformação desse nosso corpo mortal na nova vida que nele já se tornou realidade. Isso corresponde ao emprego futuro de *soteria* em Paulo (vide *acima* pp. 557ss.) A referência ao futuro também ainda é perceptível na concepção da exaltação do Crucificado a (futuro) *soter* (At 5.31) do povo de Deus (cf. Lc 2.11). No entanto, em Paulo, a salvação futura encontra-se numa relação com a reconciliação experimentada já no presente e está fundamentada nela – e, portanto, na morte de Jesus Cristo (Rm 5.10). Em conformidade com a tendência dos escritos cristão-primitivos posteriores no sentido de já entender a situação atual dos cristãos como participação na salvação, Cristo é chamado na Epístola aos Efésios de "redentor de seu corpo", porque entregou sua vida pela Igreja (Ef 5.23s.). O título *soter* também foi relacionado com a morte expiatória por INÁCIO (*Ign. Smyrn.* 7,1). A Primeira Epístola de João fala igualmente nesse sentido de Jesus como *soter* (referente a 1Jo 4.14 cf. Jo 3.16s.). Na referência de João, porém, o agir salvífico do Filho está associado, para além do povo de Deus, ao cosmo (cf. Jo 4.42) e declarado como a finalidade do envio do Filho ao mundo.

As afirmações sobre a atuação do Filho na história de Jesus e especialmente em sua morte para a salvação do mundo transcendem o horizonte de sentido humano da apresentação, atividade e história de Jesus constatável diretamente. Mas, em princípio, esse também já é o caso nos títulos cristológicos honoríficos que foram atribuídos ao Crucificado à luz de seu ressuscitamento por Deus. Já no título de Messias está contida uma função soteriológica que, por causa da ligação desse título com a crucificação de Jesus, foi explicada especialmente por meio da interpretação de sua morte como morte expiatória. O que é acrescido pelas afirmações sobre a auto-entrega do Filho nesse evento é apenas o fato de que *Christos* e "Filho de Deus" simplesmente não funcionam apenas como títulos honoríficos, mas que o Filho de Deus preexistente e enviado ao mundo é mencionado como o sujeito atuante da história de Jesus, um sujeito que é simplesmente idêntico com a realidade humana de Jesus, tal como a vê a análise histórica da tradição a respeito de Jesus, e que, não obstante, é afirmado como o sujeito atuante verdadeiro em sua história humana.

A cristologia não deve introduzir afirmações nesse sentido simplesmente como afirmações de fé inacessíveis a uma fundamentação, mas deve perguntar se e até que ponto elas podem ser entendidas e justificadas como expressão da singularidade histórica de Jesus no contexto de sua atuação e de seu destino. Se, porém, a afirmação da filialidade divina deve ser considerada como descrição adequada da relação de Jesus com o Pai, tal como ela se apresenta à luz de seu ressuscitamento dentre os mortos, e se, consequentemente, a existência terrena de Jesus deve ser entendida como a existência do Filho eterno de Deus enviado ao mundo, então também se deve poder falar com razão do agir do Filho de Deus em sua existência histórica. Sob esse ponto de vista então também aspectos da história de Jesus podem ser compreendidos como um *agir* do Filho de Deus, que, sob o ponto de vista da realidade humana de Jesus, não são apresentados como tratando dele, mas devem ser descritos como acontecimento por ele sofrido. Ao Filho eterno de Deus não acontece nada de imprevisto e que não fosse intencionado. Somente do lado de sua natureza humana se deve distinguir entre apresentação e atuação ativa, por um lado, e o destino a ser sofrido como acontecimento, por outro lado. E enquanto a redenção do mundo não pode ser identificada com um objetivo que Jesus se tivesse proposto na humanidade histórica de sua atuação, a função expiatória de seu morrer e seu direcionamento para a salvação do mundo podem, perfeitamente, ser atribuídos ao Filho de Deus atuante na história de Jesus como objeto e finalidade de seu agir.

Essas afirmações têm estrutura proléptica. A relevância que nelas é atribuída à especial pessoa e história de Jesus para toda a humanidade antecipa o fim da história da humanidade. Em outras palavras: a verdade do conteúdo dessas afirmações depende da atuação do Espírito que glorificará a Jesus nos corações dos homens como o Filho de Deus. Assim afinal também surgiram as próprias afirmações cristológicas como expressão de uma atuação inicial do Espírito na comunhão de fé da cristandade primitiva. Isso já vale para os títulos cristológicos Messias, *Kyrios*, Filho de Deus. Cada um desses títulos reflete a especial figura de Jesus a toda a humanidade e, especialmente, a seu futuro. Cada um desses títulos é implicitamente soteriológico. Isso corresponde à pretensão característica para a atuação histórica de Jesus de que o futuro definitivo de Deus já irromperia por meio dele no presente para a salvação dos homens. O mesmo vale para o querigma cristão-primitivo da ressurreição de Jesus. Ele diz que o futuro salvífico definitivo da nova vida que vem de Deus já irrompeu nele. As afirmações sobre o agir do eterno Filho de Deus na história de Jesus não se encontram, portanto, isoladas. Nelas, porém, a relevância soteriológica da pessoa e da história de Jesus é tematizada explicitamente de modo bem específico.

As afirmações sobre Jesus como Reconciliador e Salvador da humanidade não seriam verdadeiras sem seu correlato, a humanidade sarada e reconciliada. Somente em relação a ela Jesus é de fato o Reconciliador e Redentor universal. No entanto, acaso a humanidade está realmente reconciliada com Deus e redimida do pecado e da morte? A aparência e o que nos ensina a prática não nos confirmam isso até hoje. Estariam as afirmações implícitas nos títulos cristológicos e formuladas implicitamente nas afirmações sobre o significado salvífico da morte e da ressurreição de Jesus confutadas? Sua verdade, em todo caso, ainda não está definitivamente comprovada. Nelas está antecipado o que ainda é controvertido no processo da história. A reconciliação do mundo que emana de Jesus Cristo comprovou-se para a fé da comunidade, mas ainda não pode ser constatada como resultado encerrado da história do mundo.

Entre os títulos soteriológicos antecipadores da cristologia (como Filho, segundo Adão, Semelhança de Deus) e o efetivo mas ainda não concluído processo da reconciliação da humanidade têm seu lugar as afirmações sobre a obra salvífica de Cristo que tem por conteúdo a reconciliação do mundo. Trata-se aí especialmente do significado salvífico da morte de Jesus, agora, porém, não apenas no sentido de que *Deus* agiu na morte de Cristo para a reconciliação do mundo (2Cor 5.18), mas no sentido da auto-entrega do *Filho* nesse evento (Gl 2.20). Trata-se aí de uma obra salvífica de Cristo conquanto – com palavras da Epístola aos Hebreus – Cristo "ofereceu a si mesmo como sacrifício expiatório" como nosso sumo sacerdote que expia os pecados do povo (Hb 7.27; cf. 9.26ss.). A Epístola aos Hebreus deixa bem claro que essas afirmações antecipam o processo da eliminação efetiva do pecado da humanidade: "Cristo foi sacrificado uma vez, para carregar os pecados dos muitos; pela segunda vez, porém, quando o pecado estiver eliminado[121], aparecerá para aqueles que o esperam para a salvação" (Hb 9.28). Justamente a Epístola aos Hebreus destacou, além de enfatizar decididamente o evento da morte sacrificial de Jesus como única e encerrada (Hb 9.26), o continuado comparecimento do Exaltado perante Deus (Hb 9.24), e com isso deu motivo para a formação de uma compreensão de sua obra salvífica, respectivamente de seu múnus reconciliador que vai além do evento único da morte de Jesus na cruz. Na mesma direção agiram as já mencionadas afirmações sobre o envio que, como Jo 3.16s., referiram toda a história de Jesus a partir da encarnação do Filho de Deus ao fim da salvação do mundo.

Primeiramente a teologia latina da Idade Média destacou da doutrina sobre a pessoa de Cristo um artigo doutrinário especial sobre a obra salvífica como mediadora[122]. A separação desse artigo doutrinário, que na teologia reformatória recebeu a forma de doutrina do múnus mediador[123] de Cristo, da doutrina sobre a pessoa humano-divina

---

[121] Tradução de *choris hamartias* de acordo com U. WILCKENS (*Das Neue Testament übersetzt und kommentiert*, 1970, p. 795). O sentido não pode ser que o próprio Jesus será sem pecado, mas somente que, diversamente de sua primeira aparição, não mais estará envolvido com o pecado.

[122] Isso ocorreu em conexão com os capítulos de PEDRO LOMBARDO, *Sent. d.* 19 c. f (vide *acima* nota 17ss.) dedicados a esse tema. Cf. a interpretação da união das duas naturezas na unidade da pessoa de Cristo em Leão I (*DS* 293).

[123] Para o tratamento sistemático do tema na teologia reformada tornou-se autoridade a exposição do *officium mediatoris* de CALVINO (*Inst.*, 1559, II, 12ss. [*As Institutas*]. CALVINO tomou por ponto de partida, do mesmo modo como AGOSTINHO e a escolástica latina, o uso do conceito de mediador em 1Tm 2.5 (vide *acima* nota 15ss.), mas enfatizou que a pessoa divino-humanoseria portadora do ofício de mediador (vide *acima* nota 22). O conceito do ofício mediador (*officium*) impôs-se em geral na teologia protestante da ortodoxia. Ao lado de *officium*, todavia, também foi usado *munus*. Essa expressão encontra-se ocasionalmente já na patrística para reino e sacerdócio de Cristo, *p.ex.*, em AGOSTINHO, que associou os dois ofícios do sacerdócio e do rei, visto que para ambos era necessária uma unção, com Cristo: *In duabus personis praefigurabatur futurus unus rex et sacerdos, utroque munere unus Christus, et ideo Christus a chrismate* (*Enne. in Ps.* 16,II,2).

de Cristo foi criticada veemente na teologia mais recente, porque a pessoa do Redentor e sua atividade são inseparáveis[124]. Essa crítica se justifica conquanto de fato não se deve fazer separação entre pessoa e obra do Redentor. Isso também se confirmou aqui já com vistas às implicações soteriológicas dos títulos *Christos, Kyrios*, Filho de Deus, sem falar da interpretação de Jesus Cristo como o novo Adão que teria realizado definitivamente a destinação do homem para a semelhança de Deus. Não obstante, existem significativas diferenças entre as afirmações sobre a pessoa de Cristo e as afirmações sobre a obra redentora por ele realizada, ou sobre seu múnus da reconciliação, não por último na relação com a figura histórica de Jesus e sua história: enquanto as afirmações cristológicas sobre a pessoa de Jesus Cristo podem ser reconstruídas como explicação de sua figura histórica à luz de sua história, especialmente à luz de sua crucificação e seu ressuscitamento dentre os mortos, nas afirmações sobre a obra salvífica ou o múnus da reconciliação surge o problema adicional de que atrás da história humana de Jesus surge outra história, na qual aquilo que sucede numa como acontecimento se apresenta como um agir do Filho de Deus, que agora também não está voltada mais, como a missão terrena de Jesus, ao povo de Deus da antiga aliança, mas para a redenção da humanidade, e encontra uma continuação no agir do Exaltado.

Quando se medem as afirmações da tradição teológica sobre a obra salvífica ou o múnus mediador diretamente pelo critério da história de Jesus, chegar-se-á a um resultado preponderantemente negativo: de acordo com toda a probabilidade, o Jesus terreno sofreu a morte de cruz como acontecimento do destino, e não a provocou por sua iniciativa como ato do auto-sacrifício. Ele não foi sacerdote em sua existência terrena, e também não foi rei. A descrição como profeta é a que mais corresponde a sua atividade terrena, mas dilui justamente o específico de sua apresentação e da mensagem de Jesus, por mais que se soubesse inserido na tradição profética: No caso de Jesus, não se tratou do anúncio de acontecimentos do futuro histórico desta ou daquela espécie, mas unicamente de Deus e de seu futuro, e isso com a pretensão de não poder ser superado. Por isso Jesus não

---

[124] F. SCHLEIERMACHER, *Der christliche Glaube*, 2ª ed., 1830, § 92,2. A tese da unidade entre pessoa e obra de Cristo encontrou aceitação geral no tempo subsequente. Cf. do Autor, *Grundzüge der Christologie*, 1964, pp. 214s.

se enquadrou na fileira dos profetas (cf. Lc 16.16 par.). O Jesus histórico, portanto, não foi nem sacerdote, nem rei, nem ainda profeta no verdadeiro sentido.

Em face desses fatos, expressei, em 1964, crítica incisiva à doutrina reformada do triplo múnus de Cristo como sacerdote, rei e profeta[125]. A crítica não se dirigiu somente contra a compilação dessas três funções, a qual surgiu a partir de ANDREAS OSIANDER em 1530 e especialmente pela influência de JOÃO CALVINO. Elas pareciam conectadas entre si pela exigência da unção e com o título de Cristo, mas contra a concepção nelas expressa da pessoa humano-divina de Cristo como sujeito da ação da história de Jesus[126]. O conceito tradicional do ofício de Cristo foi, por isso, reduzido à *missão* exercida pelo Jesus histórico em sua mensagem e atividade pública em contraste com o *destino* que sofreu[127]. Nisso permaneceu em aberto a relação desse conceito concebido em analogia à missão profética com as afirmações neotestamentárias sobre o envio do Filho preexistente ao mundo. ALBRECHT RITSCHL já quis estabelecer uma ligação mais íntima da doutrina tradicional do ofício de Cristo com a realidade histórica de Jesus, e pleiteou, nesse contexto, a substituição do termo "ofício" com suas conotações constitucional-jurídicas pelo da "vocação" de Jesus para a fundamentação da comunhão moral do reino de Deus entre os homens[128]. Todavia, RITSCHL ainda havia discutido o termo do múnus ou da vocação de Cristo, de modo semelhante como SCHLEIERMACHER, sob o ponto de vista de que, "na relação com a existente comunidade dos crentes, a qual ele tencionou fundar por meio de seu discurso, agir e sofrer, ele é o fundamento duradouro de sua existência em sua espécie"[129]. Em minha exposição de 1964 foi acentuada a "ruptura" na relação com a atividade pré-pascal de Jesus, que ocorreu

---

[125] *Grundzüge der Christologie,* 1964, pp. 218-232.
[126] *Loc. cit.,* p. 230. No entanto, ao menos sob o aspecto do reino do Exaltado, também os efeitos da apresentação do Jesus terreno são atribuídos a Jesus como sujeito (p. 216, cf. 386ss.).
[127] *Loc. cit.,* p. 227; cf. 225 *et passim.* O conceito do ofício de Jesus ficou restrito à "missão sob a qual o Jesus histórico se sabia" (p. 217).
[128] A. RITSCHL, *Die christliche Lehre von der Rechtfertigung und Versöhnung III,* 3ª ed., 1895, pp. 409s. Essas observações encontram-se no fim da discussão pormenorizada de RITSCHL sobre as dificuldades internas da doutrina do triplo múnus de Cristo.
[129] A. RITSCHL, *loc. cit.,* p. 407.

com o acontecimento da crucificação e da ressurreição de Jesus[130] e o conceito do envio foi por isso restringido ao último, embora, naturalmente, seu significado permanente se estenda, além disso, a toda a criação justamente por causa do Crucificado. As considerações supra expostas sobre o fato de que a idéia de sua eterna filialidade divina, fundamentada retroativamente a partir da Páscoa, tem por consequência a idéia de um agir do Filho na história de Jesus, obrigam-me a fazer uma correção da posição assumida em 1964. Apenas permanece que se deve distinguir claramente entre a atuação humana de Jesus em conexão com sua história terrena e a atuação do Filho de Deus nessa história, e a relação entre ambos deve ser esclarecida. Naturalmente, o Filho de Deus encarnado em Jesus também atua por meio de sua atividade humana, no entanto, visto que sua atuação abrange a diferença entre a atividade terrena e o destino de Jesus, também as atividades terrenas de Jesus em outros contextos do que é o caso para o enfoque puramente histórico.

Também quando é preciso falar de um agir do Filho de Deus encarnado na história de Jesus e especialmente em sua morte expiatória "por nós", nem por isso está justificada a concepção de um tríplice múnus como rei, sacerdote e profeta. Essa concepção tem, em primeiro lugar, significado tipológico ao expressar o cumprimento e a consumação da antiga aliança na história de Jesus por meio da unificação dos três ofícios mais importantes do povo de Deus em sua pessoa. A concepção, porém, tem valor mais poético do que dogmático, porque dificilmente se pode demonstrar que ela seja expressão necessária do conteúdo do significado da história de Jesus. Sua fundamentação pela suposição, historicamente duvidosa em relação ao ofício profético[131], de que para cada um desses ofícios seria necessária uma unção, que estaria resumida no título de *Cristo*[132], não pode servir de substitutivo para isso.

---

[130] *Grundzüge der Christologie*, 1964, p. 239, cf. p. 216.
[131] Quanto a isso – especialmente quanto ao recurso de CALVINO a Is 61.1 –, cf. as exposições do Autor in: *Gundzüge der Christologie*, 1964, pp. 219s. De uma unção do profeta se fala apenas figurativamente, como designação da transmissão do Espírito.
[132] Assim referente ao ofício régio e sacerdotal já AGOSTINHO (vide nota 123).

A longa história da discussão crítica da doutrina do tríplice múnus de Cristo na teologia moderna é indício claro para as dificuldades que aqui se apresentam. Já em 1773 JOHANN AUGUST ERNESTI pleiteou que se concentrasse o conceito do múnus mediador de Cristo em sua morte sacrificial substitutiva[133]. Isso podia significar, quanto ao conteúdo, um retrocesso ao tipo de doutrina medieval da obra salvífica de Cristo, excetuando o fato de que a designação "obra" foi substituída por "ofício". Mas também quando se vê na inclusão de outras funções na compreensão do ofício mediador de Cristo uma vantagem[134], o esquema de união pessoal de três ofícios permanece precário. A crítica mais incisiva a isso foi formulada por FRANZ HERMANN REINHOLD VON FRANK: objetivamente fundamental para o ofício mediador de Cristo seria "a realização da expiação salvífica", na qual se basearia "a posição régia e o exercício do poder" de Jesus, que, por sua vez, "se realiza essencialmente pela palavra de Cristo"[135]. A justaposição dos três ofícios, no entanto, daria a falsa aparência "de serem três peças de

---

[133] J. A. ERNESTI, De officio Christi triplici, in: Idem, Opuscula theologica, 1773, 1792, pp. 413-438. A. RITSCHL, Die christliche Lehre von der Rechtfertigung und Versöhnung I, 2ª ed., 1882, pp. 522ss. acusou a SCHLEIERMACHER não sem razão de que, na renovação do artigo de fé (Der christliche Glaube, 2ª ed., 1830, §102ss.) não ter sido justo com a crítica exegeticamente fundamentada de ERNESTI.

[134] Esse foi o motivo mais importante dos teólogos que insistiram no esquema do trílice múnus, como SCHLEIERMACHER (cf. sua observação loc. cit. § 102,3), ou I. A. DORNER (System der christlichen Glaubenslehre II/2, 2ª ed., 1887, pp. 489s § 109,4). A. RITSCHL com razão observou sobre a "enumeração linear dos três ofícios de Cristo" que ela teria apenas "o valor de certificar-se da matéria plena que deve ser incluída no significado de Cristo como mediator salutis" (Die christliche Lehre von der Rechtfertigung und Versöhnung III, 3ª ed., 1888, p. 404.

[135] F. H. R. VON FRANK, System der christlichen Wahrheit II, 1880, p. 196 (§ 35). Essa característica da situação merece a preferência em relação à tendência da A. RITSCHL de colocar em primeiro plano a atividade régia de Cristo no sentido da "fundação e preservação da comunidade religiosa de Cristo" (loc. cit., p. 405), porque, por um lado, se negligencia que a ligação do título de Messias com a pessoa de Jesus foi motivada pela acusação entre os romanos, mas está fundamentada primeiro por sua exaltação, e por que, por outro lado, a formação da doutrina do múnus mediador se desenvolveu histórico-teologicamente não por acaso em ligação com a interpretação da morte expiatória da Jesus: justamente aqui também os testemunhos neotestamentários falam de modo mais claro de um agir do Filho de Deus na história de Jesus.

igual valor de um todo que os reúne em si, ou seja, do *officium* de Cristo"[136].

A doutrina reformada do múnus mediador de Cristo para a reconciliação do mundo é superior à forma de apresentação medieval da doutrina da obra salvífica conquanto o conceito do múnus acolhe a idéia do envio do Filho pelo Pai: no exercício de seu envio para a reconciliação e redenção do mundo, o Filho só faz aquilo para o qual foi enviado. O conceito do múnus expressa isso de modo mais acertado do que a idéia de influenciação satisfacente do Mediador sobre Deus em representação aos seres humanos. Portador da obra da reconciliação é o Filho de Deus, o qual, todavia, efetua a reconciliação na realidade de Jesus por meio de sua morte na cruz[137]. Uma segunda vantagem da doutrina do triplo múnus de Cristo consiste no fato de que a atividade reconciladora do Redentor não é restringida a sua morte sacrificial, mas também abrange tanto o caminho terreno de seu testemunho a favor da proximidade e presença do reino de Deus quanto a atividade do Glorificado, especialmente a intervenção do Exaltado em favor dos crentes com sua morte sacrificial na cruz (Hb 7.25). No entanto, a atividade do Exaltado como sacerdote, rei e profeta não podia ser vista como coincidente com o conteúdo da história terrena de Jesus, tal como ela se apresenta no testemunho do Espírito. Ela foi descrita antes meramente sob o ponto de vista de uma fase do múnus mediador de Cristo que se segue objetivamente àquela história terrena, porque a correlação entre a atuação do Exaltado e a do Espírito sequer foi considerada na doutrina da ortodoxia protestante. Isso ocasionou o objetivismo da doutrina da ortodoxia protestante a respeito do múnus reconciliador de Cristo, orientado unilateralmente de modo cristológico, impedindo-a de fazer justiça ao entretecimento anteriormente destacado de três planos de sentido distintos nas afirmações cristã-primitivas sobre o agir salvífico de Cristo.

---

[136] F. H. R. VON FRANK, *loc. cit.*, p. 194. FRANK denominou o esquema do múnus tríplice "uma daquelas justaposições divisórias em termos lógicas, e, na verdade, justaposições ilógicas de momentos integrados e organicamente interligados", que teria sido uma das "principais falhas" da "dogmática mais antiga" (p. 197).
[137] Esse é o momento da verdade nas concepções em consequências das quais a atividade do Mediador é realizada por meio de sua natureza humana.

Se o plano histórico-humano da história de Jesus é transparente para a presença do Filho de Deus encarnado oculta nela, tal como ela se torna reconhecível à luz da exaltação do Crucificado, então se torna perceptível não apenas a dignidade messiânica de Jesus Cristo, que deve ser associada ao múnus régio presente de modo oculto em sua apresentação terrena, mas o destino da execução por ele sofrido se apresenta como ato do auto-sacrifício do Filho de Deus encarnado atuante nessa história para a reconciliação do mundo. Justamente esse é o conteúdo da atividade do Exaltado, que exerce seu domínio sobre o mundo por meio da palavra do Evangelho e no poder do Espírito, proporcionando fé no Evangelho, frustrando toda a resistência a ele, congregando os crentes, abrindo desse modo ao reino do Pai o caminho no mundo, tal como já em sua atuação terrena tornou presente o reino de Deus vindouro entre os crentes. Pode-se designar a antecipação do futuro de Deus na atuação tanto do Cristo terreno quanto do Cristo exaltado[138] como a profecia de Jesus Cristo[139]. Pressuposto para isso é que se leve em consideração a singularidade da proclamação escatológica de Jesus, diversamente de toda a profecia precedente:

---

[138] MARTIN KÄHLER expressou a situação designada como antecipação do futuro de Deus pela concepção de um *penhor* do Exaltado como o novo Adão pela "renovação geral" da vida da humanidade (*Die Wissenschaft der christlichen Lehre von dem evangelischen Grundartikel aus im Abrisse dargestellt* (1883) 2ª ed., 1893, p. 360, § 439). Cf. *acima* pp. 576ss. KÄHLER usou aqui um termo introduzido por DANIEL SCHENKEL na discussão sobre o termo hegeliano da *elevação* (D. SCHENKEL, *Die christliche Dogmatik vom Standpunkte des Gewissens aus dargestellt*, II/2 1859, p. 857; cf. disso K.-H. MENKE, *loc. cit.*, pp. 148s.). SCHENKEL já havia enfatizado expressamente o momento antecipatório na morte reconciliatória de Cristo (*loc. cit.*, pp. 86ss., citado em MENKE, p. 149). Em KÄHLER, todavia, o peso é concentrado de modo demasiadamente unilateral na pessoa de Cristo em contraste com o Espírito: "A substituição fiadora da humanidade pelo outro Adão que a resume torna a mesma capaz para a morada do Espírito nela, e o Deus-Homem aperfeiçoado à espiritualidade divina realiza na vida pessoal da humanidade o Espírito por meio de Deus" (p. 363 § 443). A interpretação do conceito de reconciliação aqui apresentado, que no mais tem muitos pontos de contato com KÄHLER, se desvia nesse ponto de modo especialmente significativo deste. Ao descrever-se a situação pelo conceito da antecipação, resta pouco espaço para a dependência do Filho em relação à atuação autônoma do Espírito.

[139] Cf. as exposições referentes a esse tema em K BARTH, *KD IV/3*, pp. 52ss. Também M. KÄHLER já falava de uma "profecia da obra da reconciliação" de Cristo (*loc. cit.*, p. 360 § 449, cf, 357 § 435).

conteúdo dessa profecia é unicamente a proximidade de Deus. Por isso seu cumprimento já se torna presente para aquele que crê em seu anúncio. Nesse sentido também na pregação do Evangelho de Jesus Cristo ele próprio está presentemente atuante como aquele no qual Deus está presente. Entendida desse modo, é possível compreender a pregação da Igreja como um agir do próprio Cristo exaltado, a palavra de sua pregação como sua própria palavra, ou antes como palavra de Deus (cf. 1Ts 2.13)[140]. Critério para isso permanece, naturalmente, a história de Jesus na qual e por meio da qual acontece essa presença de Deus e de seu reino entre os seres humanos. Onde, porém, isso acontece, não é por causa da autoridade da Igreja e sua pregação, mas pelo poder do Espírito que testemunha nos corações dos homens a verdade de Deus em seu Evangelho e com isso também a glória e o reino do Cristo exaltado.

c) A consumação da reconciliação no Espírito

Na história da reconciliação do mundo com Deus trata-se da realização da comunhão dos seres humanos com seu Criador, com a fonte de sua vida, rompida pelo pecado. Nisso a autonomia criatural dos homens não deve ser eliminada, mas pelo contrário, renovada: ela é anulada pela escravidão do pecado e pela morte, por mais que o pecado iluda o homem convencendo-o de que por meio dele se poderia alcançar uma autonomia em suposta plena posse da vida. Se, porém, agora a reconciliação do ser humano com Deus deve renová-lo na autonomia de sua existência, libertando-o primeiramente para verdadeira autonomia, então ela não pode partir somente do Pai e ser realizada pelo envio do Filho ao mundo. Ela também deve realizar-se, antes, do lado do ser humano.

Isso aconteceu de modo exemplar no ser humano Jesus de Nazaré. Estando unido com o Pai justamente por meio de sua autodiferen-

---

[140] Nesse ponto minha exposição em *Grundzüge der Christologie*, 1964, p. 225 carece de correção: a proclamação do Evangelho pela Igreja certamente não deveria ser tratada "como parte do múnus profético" de Cristo de modo que a pregação da Igreja seja "identificada sem qualquer distinção" com o múnus profético de Cristo. Mas ela serve, não obstante, ao governo do Cristo exaltado, que, na medida em que a proclamação corresponde ao Evangelho, atua nela e por meio dela.

ciação em relação ao Pai como o Filho, ele reconcilia em sua pessoa substitutivamente a autonomia dos seres humanos e de toda criatura com Deus. Desse modo, ele é o Mediador entre Deus e os homens (1Tm 2.5); ele o é por meio de sua morte, visto que, por um lado, a aceitação da morte foi a consequência extrema da autodiferenciação do Filho em relação ao Pai, mas, por outro lado, foi cedido espaço não somente à honra de Deus, mas também à existência das outras pessoas ao lado de Jesus.

No entanto, como podem os demais seres humanos tornar-se participantes da reconciliação realizada de modo exemplar pela encarnação do Filho em Jesus Cristo e por meio de sua morte? Isso somente é possível encontrando acolhimento na comunhão do Filho feito homem em Jesus Cristo com o Pai (cf. Gl 3.26s.; 4.5. Rm 8.14s.), mas não somente no sentido de um evento que lhes sobrevém de fora, mas como libertação para sua verdadeira identidade, embora não por força própria. Isso acontece por meio do Espírito. Pois pelo Espírito a reconciliação dos seres humanos com Deu não mais é apenas exterior, antes, eles mesmos se envolvem com ela.

Assim como a auto-entrega do Filho para a reconciliação do mundo e o fato de ele ser entregue pelo Pai formam um só evento e um único transcurso de ação, assim também deve ser entendida a atuação do Cristo exaltado e a do Espírito nos seres humanos como momentos diferenciados de um só ato de Deus para a reconciliação do mundo.

> Em termos bíblico-exegéticos, isso pode ser mostrado primeiramente no fato de que a atuação do Espírito e a do *Kyrios* exaltado aparecem em Paulo – mas também na apresentação do Evangelho de João – em grande parte de forma paralela e, quanto a seus conteúdos, de forma intercambiável[141]. Por isso Paulo pôde conclamar a andar no Espírito – ou a se revestir do Senhor Cristo: o conteúdo

---

[141] Vide I. HERMANN, *Kyrios und Pneuma*, 1961, bem como o artigo de E. SCHWEIZER in: *ThWNT VI*, 1959, 394-449. Ali é dito à cl. 441 a respeito do Evangelho de João: "Assim como de Jesus (Jo 14.20), também é dito a respeito dele (sc. do Espírito) que ele está nos discípulos (Jo 14.17). Estes o reconhecem (Jo 14.17) como Jesus (Jo 16.3), mas o κόσμος não. Ambos são enviados pelo Pai (Jo 14.24,26) e procedem dele (Jo 16.27; 15.26), ensinam (Jo 7.14; 14.26), testemunham (Jo 8.14; 15.26), convencem o cosmo do pecado (Jo 3.18-20; 16.8-11), mas não falam de si mesmos (Jo 14.10; 16.13)".

é o mesmo em ambos os casos. Que o Espírito de Deus habita nos crentes (Rm 8.9) é exprersso na frase seguinte como uma possse do Espírito de Cristo, e imediatamente depois é dito: "Se, porém, Cristo está em vós ..." (Rm 8.10). A identidade entre Cristo e Espírito pressuposta aqui é afirmada expressamente em 2Cor 3.17: "O Senhor é o Espírito", e essa frase se encontra no final do parágrafo que contrapõe o ministério da pregação apostólica como serviço do Espírito (Rm 3.8) ao serviço véterotestamentário da letra. Paulo pôde, portanto, entender toda a sua pregação como plena da atuação do Espírito, e isso, por sua vez, não diz outra coisa senão que o próprio Cristo fala por meio do apóstolo (2Cor 5.20, cf. 2Cor 2.17 e 12.19; 13.3). O Espírito realiza em nós a justiça, efetuando a fé na mensagem de Cristo. Em 1Cor 6.11, ambas as coisas aparecem lado a lado: tornamo-nos justos "pelo nome de nosso Senhor Jesus Cristo e pelo Espírito de nosso Deus". Portanto a justiça é atribuída ao Espírito do mesmo modo como em outra passagem ao sangue de Cristo (Rm 5.9). Não admira se pelo Espírito o próprio Cristo está presente em nós, e com o Exaltado também seu destino terreno. Por isso Paulo também pode denominar o cálice da Ceia como bebida do Espírito (1Cor 12.13: todos são saciados com *um* Espírito). Por meio do Espírito a reconciliação ocorrida na morte de Jesus Cristo na cruz a partir de Deus é realizada em seus receptores, nos seres humanos a serem reconciliados. Por isso Paulo pôde escrever que por meio de nosso Senhor Jesus Cristo recebemos "agora" a reconciliação (Rm 5.11) que Deus realizou na morte de seu Filho. E aí não se trata apenas da apropriação posterior do *fruto* do evento único da reconciliação na morte de Jesus. Antes, pelo Batismo, os crentes são transferidos para dentro da própria morte de Cristo (Rm 6.3)[142]. Isso, porém, acontece pelo Espírito, pois: "Com um e o mesmo Espírito todos nós somos batizados em um corpo" (1Cor 12.13), e imediatamente depois é dito: "Todos nós fomos saciados com um e o mesmo Espírito". Pelo poder do Espírito, portanto, os cristãos são integrados como membros do corpo de Cristo (cf. 1Cor 6.17), sendo que ele mesmo é realidade pneumática por meio de sua ressurreição (1Cor 15.45) e assim eles se tornam nele receptores da reconciliação realizada em sua morte.

---

[142] Por isso, para Paulo, reconciliação e justificação estão intimamente relacionadas. Cf. referente a Rm 5.9s. *acima* p. 557s. bem como o trabalho ali citado de C. BREYTENBACH, mas também já a exposição de W. G. KÜMMEL, *Die Theologie des Neuen Testaments nach seinen Hauptzeugen*, 1969, pp. 181ss. [*Síntese Teológica do Novo Testamento*. São Leopoldo: Sinodal, 1974, pp. 232s.]

O Espírito eleva os homens acima de sua própria finitude, de sorte que, na fé, têm parte no que está fora deles, a saber, em Jesus Cristo e no evento da reconciliação realizada por Deus em sua morte. Estando com Cristo, o crente está extaticamente fora de si (Rm 6.6. e 11). Desse modo – e somente assim – está também Cristo nele (Rm 8.10)[143]. Neste êxtase não há nada que de anormal, visto que, antes, a vida espiritual do ser humano é extática por sua constituição elementar e realiza nisso de seu modo peculiar a singularidade do vivente (vide *acima* pp. 283ss.) Na realização de sua capacidade de ser ela mesma no outro, a consciência humana está estruturada inteiramente de modo extático, e precisamente assim ela está vivificada pelo Espírito. Como autoconsciência, ela é conciente do seu ser no outro e por isso está, segundo sua essência, em seu outro consigo mesma, por que justamente seu ser com o outro determina sua essência. Naturalmente, nem todo estar-fora-de-si deixa o ser humano, ao elevá-lo acima de sua peculiaridade, vir a si mesmo simultaneamente em sentido mais elevado. Com isso os seres humanos também podem alienar-se de si mesmos, não somente em estados extremos de embriaguez do auto-esquecimento, ou onde alguém fica fora de si de raiva e fúria, mas também nos fenômenos da subserviência ou escravidão que podem ser reduzidos estruturalmente à forma básica da concupiscência, descrita por AGOSTINHO. Por outro lado, auto-esquecimento também pode significar máxima auto-realização quando a pessoa que esquece a si mesma está inteiramente entregue ao que é conteúdo de sua destinação como ser humano e pessoa. Esse é o caso da fé em Jesus Cristo. No estar extático com Jesus Cristo o crente não é subserviente a um outro, porque Jesus Cristo como Filho do Pai é, por sua vez, o ser humano totalmente entregue a Deus e por isso também aos outros seres humanos. Ao estar com Jesus por meio do Espírito, o crente toma parte na relação filial de Jesus com o Pai e na aceitação do mundo que parte da bondade do Pai como Criador, em seu amor ao mundo. Por isso o crente em Jesus não está alienado de si mesmo, pois ele ou ela está com Jesus junto àquele Deus que é a origem da própria existência finita de toda criatura e sua especial destinação. Por isso o estar-fora-de-si pelo Espírito na fé em Jesus Cristo significa libertação não somente no sentido da elevação acima da própria finitude, mas

---

[143] Essa estrutura da fé e seu significado para a doutrina da justificação ainda serão descritos com mais exatidão no volume III (cap. 13).

de tal modo que por meio dessa elevação acima da própria finitude a própria existência criatural é ganha nova como aceita por seu Criador e reconciliada com ele, liberta da escravidão do mundo, do pecado e da morte para uma vida no mundo no poder do Espírito.

Se, portanto, os crentes são elevados extaticamente acima deles mesmos pelo Espírito, a fim de estarem "em Cristo" pela fé, isso não significa que eles se fundem com Cristo ou até mesmo com Deus no sentido de uma mística da unificação, de tal modo que nem teriam mais consciência de sua diferença de Cristo e de Deus. Antes, o crente tem perfeita consciência da diferença entre sua própria existência e Jesus Cristo, no qual crê, embora esteja unido com ele pela fé. Precisamente a união com Cristo pela fé faz parte irrenunciavelmente a consciência do quanto a própria existência é diferente dele, a "Cabeça", do mesmo modo como o crente, que "em Cristo" participa da relação filial com o Pai, se diferencia nisso com Jesus do Pai. Essa autodiferenciação de Deus é, como foi mostrado no capítulo 10[144], condição para a própria comunhão de Jesus com o Pai e razão de sua própria filialidade divina. Nisso consiste o contraste entre Jesus e o primeiro Adão, que queria ser como Deus e que com isso perdeu tanto o Deus que está infinitamente acima de todas as suas criaturas quanto sua própria vida como criatura. O crente participa na relação filial de Jesus com o Pai e por isso também de sua autodiferenciação de sua deidade, que está realizada definitivamente na humanação do Filho. Dessa participação na filialidade de Jesus também faz parte que os crentes se saibam diferenciados de Jesus não somente como de um outro ser humano, mas como daquele que é o único que é o Filho do Pai em pessoa. Justamente na ciência dessa diferencialidade e, portanto, pela aceitação da própria condição de criatura, os crentes tomam parte "em Cristo" em sua filialidade em relação ao Pai. Em outras palavras: a participação na relação filial de Jesus com o Pai liberta os crentes para a imediatez na relação com Deus como seu Pai, e essa imediatez em relação a Deus quer ser vivida na singularidade da vivência humana de cada um.

Por sua vez, os crentes são capacitados para essa autodiferenciação de Jesus, que é em pessoa o eterno Filho do Pai, por meio do Espírito; pois o próprio Espírito se diferencia do Filho ao não glorificar a

---

[144] Vide *acima* pp. 522ss.

si mesmo, mas a Jesus como o Filho do Pai e ao Pai como revelado em seu Filho[145]. O Espírito, que é Deus ele mesmo, traz consigo a comunhão com Deus, mas somente de tal modo que, de sua parte – e com isso a todos aqueles cujos corações ele preenche e eleva a Deus –, ele se diferencia do Pai e do Filho. Também a atuação extática do Espírito não leva além de que a autodiferenciação de Deus é condição de toda comunhão com ele. Ela capacita a pessoa a alegrar-se com essa diferenciação em paz com Deus.

Diferenciação e autodiferenciação do Espírito em relação ao Filho foram expressas com toda a clareza primeiro no Evangelho de João, embora também em Paulo Cristo e o Espírito não sejam simplesmente idênticos[146]. No Evangelho de João, Jesus anuncia a vinda do Espírito como do παράκλητος (14.26). Ele só virá depois que Jesus se tiver ausentado de junto dos seus (Jo 7.39; 16.4). Mas enquanto Jesus permanecer com eles apenas por breve tempo e somente voltar com a consumação final (Jo 13.33; 14.3; 16.4; 17.24), o Espírito deverá ficar sempre com eles (Jo 14.16). Sobretudo, porém, o Espírito se diferencia de Jesus pelo fato de que primeiro ele revela aos discípulos o verdadeiro significado de Jesus (Jo 14.26; 16.13), ao lembrá-los de tudo que Jesus disse (14.26) e ao "glorificá-lo" (Jo 16.14)[147].

Embora o próprio Jesus estivesse cheio do Espírito de Deus, seus discípulos deveriam receber o Espírito como dádiva permanente primeiro depois que Jesus se tiver ausentado deles. Por sua ausência, eles têm condições de reconhecer *autonomamente* na humildade e pequenez de Jesus sua glória e por meio disso serem reconciliados com Deus em sua própria vida ao assumirem o caminho de Jesus como paradigmático como seu próprio. Por isso o Cristo joanino diz que seria bom para os seus que ele se ausentasse deles (Jo 16.7), pois desse modo eles chegam à autonomia de uma relação própria com o Pai, ao perceberem

---

[145] Vide quanto a isso vol. I, pp. 426s.
[146] E. Schweizer acentua que até mesmo em 2Cor 3.17 não se trataria "da identidade de duas grandezas pessoais" (*loc. cit.*, p. 416), mas antes "da maneira na qual o κύριος se torna presente a sua comunidade" (p. 432), bem como, por outro lado, de seu próprio "modo de existir" (p. 416).
[147] Cf. W. G. Kümmel, *Die Theologie des Neuen Testaments nach seinen Hauptzeugen*, 1969, pp. 278ss. [*Síntese Teológica do Novo Testamento*. São Leopoldo: Sinodal, 1974, pp. 355s].

a glória do Filho no sofrimento e na morte de Cristo. Então nenhuma dor da finitude pode separá-los mais de Deus, que deixou seu próprio Filho morrer na cruz para a expiação pelos pecados do mundo, mas que também na morte do Filho se confessou fiel a ele. Assim a reconciliação dos homens com Deus é consumada por meio do Espírito ao capacitá-los pela fé em Jesus Cristo para aceitar sua própria existência finita perante Deus.

5. O Evangelho

Não em si mesmo, mas no outro dele mesmo, o Espírito está consigo mesmo[148]. O cristão não encontra de si mesmo a consciência de estar reconciliado com Deus, mas por meio da fé em Jesus Cristo. Ele a recebe quando o Espírito lhe ensina a reconhecer em Jesus o Filho do Pai celestial. Participar na filialidade dele é a determinação também do crente, e é a fonte de sua liberdade. Esse conhecimento não é um adicional interpretativo que agrega a subjetividade do crente exteriormente à realidade histórica de Jesus. Ele apenas desdobra o significado que é próprio da história de Jesus desde ela mesma: a reconciliação do mundo já aconteceu na morte de Cristo (2Cor 5.19), embora seja consumada nos crentes primeiro pelo Espírito. Ela está antecipada no significado da história de Jesus conquanto ela diz respeito a toda a humanidade. No entanto, esse significado carece do desdobramento e de ser levada a todos os homens. Isso acontece pela mensagem missionária dos apóstolos e da Igreja. Nisso, o apóstolo não anuncia somente a reconciliação já ocorrida na morte de Cristo, antes, a própria pregação faz parte da realização da reconciliação; pois o apóstolo roga "em lugar de Cristo": "Deixai reconciliar-vos com Deus" (2Cor 5.20).

O "ministério" apostólico "da reconciliação" (2Cor 5.18) consiste no anúncio do Evangelho. Pois o Evangelho é a mensagem de Cristo, na qual fala o próprio Jesus Cristo (2Cor 2.12; 9.13; 10.14). E por que em

---

[148] Essa formulação que lembra HEGEL e que certamente não é concebível sem ele, tem, não obstante, outro sentido do que em HEGEL. Pois nele, o Espírito não tem outro. Cf. do Autor, Der Geist und sein Anderes, in: D. HENRICH; R.-P. HORSTMANN (eds.), *Hegels Logik der Philosophie*. Religion und Philosophie in der Theorie des absoluten Geistes, 1984, pp. 151-159.

Cristo agiu Deus, Paulo também pôde falar do "Evangelho de Deus" que ele anunciava (1Ts 2.2 e 8; 2Cor 11.7; Rm 1.1 *et passim*). Conteúdo dessa boa nova é a "palavra da reconciliação" (2Cor 5.19)[149]. Se na afirmação programática de Rm 1.15-17 o Evangelho é descrito como "poder de Deus" para salvação dos que crêem nele, na qual se revela a justiça da aliança de Deus, então corresponde a isso a afirmação de 2Cor 5.20s., segundo a qual a justiça de Deus é cumprida quando nos deixamos reconciliar com ele pela morte expiatória substitutiva de Jesus Cristo.

Enquanto em Paulo a palavra "Evangelho" designa a mensagem missionária apostólica de Jesus Cristo, o Crucificado e Ressurreto, em cuja morte Deus reconciliou o mundo consigo mesmo, no Novo Testamento encontra-se, ao lado disso, um uso à primeira vista bem diferente deste conceito. Pois em Marcos a própria mensagem de Jesus é denominada de "Evangelho de Deus" (Mc 1.14), e a isso também deve remontar o nome "Evangelho" para a exposição resumida da tradição a respeito de Jesus[150].

Antigamente se supunha que a expressão "evangelho" no cristianismo primitivo partiu de Paulo e que tivesse sido transferida do uso linguístico paulino à mensagem de Jesus bem como à sua história

---

[149] Na verdade, em parte alguma Paulo liga expressamente o Evangelho com a reconciliação em uma expressão em estilo de fórmula como na expressão do Evangelho de Cristo. Mas a "palavra da reconciliação" de 2Cor 5.19 é, sem dúvida, idêntica com o Evangelho com cujo anúncio o apóstolo foi encarregado de acordo com Rm 1.18, do mesmo modo como com "a palavra da cruz" (1Cor 1.18). Pois as expressões sobre o ministério apostólico da reconciliação em 2Cor 5.18-21 constituem o auge das exposições que começam em 2Cor 2.14 sobre o ministério apostólico da pregação (a *diakonia tou pneumatos*, 3.8), que partem do verbete ocorrido em 2Cor 2.12 do *euanggelion tou Christou*.

[150] O Evangelho segundo Marcos começa com a frase: "(Este é o) começo do Evangelho de Jesus Cristo" (Mc 1.1). Também se pode traduzir: "Começo do Evangelho *de* Jesus Cristo", e, entendido assim, Mc 1.1 se tornou ponto de partida da designação de uma categoria literária, a saber, da literatura dos Evangelhos. Mas a expressão no sentido também deve ser entendida no sentido de que se trata do Evangelho anunciado pelo próprio Jesus (assim, *p.ex.*, J. SCHNIEWIND, *Das Evangelium nach Markus* (1933) 6ª ed., 1952, p. 43 [*O Evangelho segundo Marcos*, São Bento do Sul: União Cristã, 1989]. Isso já resulta de 1.14. Então Mc 1.1 diz que a pregação de Jesus tomou seu início na atividade do Batista, do qual se fala logo em seguida (1.4ss.).

(assim Mc 14.9)[151]. A origem do conceito deve encontrar-se na profecia véterotestamentária, nos mensageiros escatológicos da boa nova: "Vide nos montes os pés do mensageiro da boa nova que anuncia salvação" (Na 2.1 [sc. 1.15 em J. F. Almeida]), "Que formosos são sobre os montes os pés do que anuncia as boas novas, que faz ouvir a paz, que anuncia coisas boas, que faz ouvir a salvação, que diz a Sião: O teu Deus reina" (Is 52.7)[152]. Em Dêutero-Isaías, o conteúdo central do evangelho consiste na notícia da irrupção do governo régio de Deus, e isso no sentido de que Deus já assumiu seu governo. É impressionante a proximidade ao tema central da mensagem de Jesus, que em Mc 1.15 é denominado o conteúdo do Evangelho de Jesus, embora em Jesus o reino de Deus ainda é vindouro desde seu futuro. Também em Is 61.1s. se expressa que a irrupção do reino de Deus significa salvação. Trata-se daquela palavra, portanto, que, de acordo com Lc 4.18s., constituiu a base da pregação de Jesus, em Nazaré, no início de sua pregação pública: "O Espírito de Deus está sobre mim, porque me ungiu para trazer boa-nova aos pobres. Ele me enviou para anunciar a presos sua libertação e a cegos para que possam ver, para dar liberdade a maltratados e para anunciar um ano da graça do Senhor" (cf. também Mt 11.5). Como a figura do mensageiro da boa-nova escatológico também teve papel importante alhures na vida judaica do tempo de Jesus[153], não se pode descartar que Jesus tenha entendido sua própria mensagem em correspondência à do mensageiro da boa-nova de Isaías[154]. Ainda que tenha anunciado o reino de Deus como futuro próximo, não obstante o fez como irrompendo em sua própria atividade e com a aceitação de sua mensagem entre os homens, acompanhado dos efeitos salvíficos dos quais havia falado Is 61.1s.

---

[151] Assim E. LOHMEYER, *Das Evangelium des Markus*, 11. ed, 1951, p. 29, nota 4. Diferente TH. ZAHN, *Einleitung in das Neue Testament II* (1900), 3ª ed., 1924, pp. 169s.

[152] Cf. P. STUHLMACHER, *Das paulinische Evangelium I*, Vorgschichte, 1968, pp. 116ss.

[153] P. STUHLMACHER, *loc. cit.*, pp. 142ss. comprovou isso especialmente para a comunidade de Qumran (Aplicação de Is 61.1 ao mestre da justiça em QH 18,14).

[154] O próprio P. STUHLMACHER viu o caso muito reservadamente, porque "historicamente não" seria "mais possível demonstrar com certeza" que o próprio Jesus "se serviu de um modo de se expressar correspondente" (*loc. cit.*, 243). U. WILCKENS em contrapartida acha que, em todo caso, se deve contar com a possibilidade de "próprio Jesus ter se entendido como o mensageiro da boa-nova de Dêutero-Isaías" (Excurso ao conceito "Evangelho" in: *Der Brief an die Römer I*, 1978, p. 75).

O conceito paulino do Evangelho deve, portanto, ser entendido como o resultado de um desenvolvimento do significado que parte do próprio Jesus e do uso linguístico cristão-primitivo que se seguiu imediatamente à pregação de Jesus: para a comunidade pós-pascal, Jesus se tornou o conteúdo do Evangelho, porque nele o reino de Deus já é presente e sua salvação já é acessível por meio dele. O Evangelho de Jesus tornou-se assim o Evangelho a respeito de Jesus Cristo. Mas Paulo ainda pôde falar, como talvez já Jesus, do "Evangelho de Deus". Em todo caso, a irrupção do reino de Deus é o conteúdo original do Evangelho, motivo de alegria, por causa da qual essa mensagem é denominada a "boa-nova". O próprio Jesus, o Crucificado e Ressurreto, tornou-se seu conteúdo, porque nele a salvação do reino de Deus já está presente.

Em Rm 1.16, Paulo fundamentou que essa mensagem é poder de Deus para a salvação dos crentes com o argumento de que por meio dela é revelada a "justiça" de Deus. Essa justiça de Deus já é, portanto, como justiça da aliança do Criador, a "irrupção da nova criação de Deus", embora a "epifania escatológica de Deus perante o mundo inteiro" ainda estivesse por vir[155]. Neste sentido, o discurso do apóstolo da justiça de Deus e de sua revelação por meio do Evangelho, em termos de conteúdo, está próximo do discurso de Jesus acerca da irrupção do reino de Deus e de sua salvação. A justiça de Deus, porém, se revela em "nós", os crentes, de acordo com 2Cor 5.21, porque somos reconciliados com Deus por meio da morte reconciliadora de Jesus Cristo, que o Evangelho anuncia. Por meio do evento da reconciliação, portanto, se revela nos crentes, que alcançam a reconciliação, a justiça da aliança de Deus, a bondade paterna do Criador, que não entrega suas criaturas à corruptibilidade. Nesse sentido se pode entender o conceito paulino do Evangelho, a mensagem salvífica da reconciliação de Deus com o mundo por meio da morte de Jesus Cristo, como interpretação condizente do sentido original desse termo, a presença da salvação do reino escatológico de Deus em sua conexão com a pessoa e a história de Jesus.

No trabalho dogmático da atualidade especialmente GERHARD EBELING observou a inter-relação do termo Evangelho com o men-

---

[155] P. STUHLMACHER, *Gerechtigkeit Gottes bei Paulus*, 1965, pp. 74ss., esp. 75 5 81.

sageiro da boa-nova de Dêutero-Isaías (esp. Is 52.7) e destacou a correspondência a isso na mensagem de Jesus do reino de Deus vindouro e de sua irrupção já em sua própria atividade[156], depois de já KARL BARTH ter chamado a atenção para a referência da pregação inaugural de Jesus em Nazaré (Lc 4.17s.) a Is 61.1s (KD IV/2, pp. 218s.), todavia somente no sentido do cumprimento na pessoa de Jesus da salvação ali anunciada[157]. EBELING enfaizou com razão que a relação da mensagem apostólica a respeito de Cristo com a própria mensagem de Jesus se manifesta justamente no conceito do Evangelho. No entanto, ele desconsidera a determinação diferenciada do conteúdo da boa-nova em Jesus, por um lado, e em Paulo, por outro lado, para designar meramente o caráter da boa-nova em conexão com a pessoa de Jesus como o que "persiste"[158]. Que o Evangelho é nova de alegria "por causa da referência a Jesus", porém, de modo algum pode ser afirmado no mesmo sentido para a pregação de Jesus como para Paulo. Pois para Jesus, a presença da salvação do reino de Deus em sua atividade era mediada pela concentração no futuro de Deus, para o qual conclamava, enquanto o significado salvífico da mensagem de Cristo do Evangelho se baseia em Paulo na reconciliação do mundo com Deus, realizada na morte de Jesus. Prescindindo-se dessa diferença no conteúdo, resta apenas a concepção abstrata de um "evento verbal inaugurado por Jesus e que foi referido a ele". Não obstante, EBELING enfatizou com razão o caráter de evento do Evangelho. De modo semelhante,

---

[156] G. EBELING, *Dogmatik des christlichen Glaubens II*, 1979, pp. 93s. Dizer que, em comparação com Dêutero-Isaías, "o evento escatológico" teria "deslocado sua ênfase do futuro para o [passado] perfeito" (p. 93) convence somente quanto ao uso lingüístico paulino, mas não quanto ao uso para a mensagem do próprio Jesus, na qual tendencialmente o futuro do reino de Deus constituiu o ponto de partida. Aqui se pode falar de uma ênfase no [passado] perfeito menos do que em Is 52.7.

[157] Não foi importante para BARTH que a mensagem de Jesus corresponda à do mensageiro da boa-nova de Dêutero-Isaías justamente no fato de ter por conteúdo a irrupção do governo régio de Deus diversamente da pessoa do próprio mensagerio (Is 52.7 não é citado). BARTH declara inclusive expressamente que não existe diferença entre o reino de Deus e a pessoa de Jesus (*KD IV/2*, p. 219), o que, na verdade, pode ser justificado em determinado sentido cristologicamente (a saber, com vistas à relação do eterno Filho com o Pai), mas não se aplica à pregação de Jesus: BARTH passa por alto a autodiferenciação de Jesus em relação ao Pai, a qual constitui a condição indispensável de sua deidade e de sua identidade com o reino do Pai.

[158] G. EBELING, *loc., cit.*, p. 93, cf. tb. III, 1979, p. 290.

EDMUND SCHLINK destacou, em conexão com Paulo, que com o anúncio do Evangelho está conectado o "agir vivificante" de Deus[159]. Com efeito, Paulo falou do Evangelho como "poder de Deus para salvação de todo o que nele crê" (Rm 1.16), e já em sua primeira epístola ele escreveu aos tessalonicenses que o Evangelho teria chegado a eles "não apenas na palavra, mas também em poder e no Espírito Santo em plena convicção" (1Ts 1.5). Por isso SCHLINK concluiu com razão que o Evangelho não seria apenas comunicação do feito salvífico realizado uma vez por todas em Jesus Cristo, mas que o próprio ato de seu anúncio seria um ato salvífico de Deus. Por isso rejeitou a redução do conceito a um ato salvífico que acontece no evento do mesmo modo como a tendência inversa ao "deslocamento de uma compreensão efetiva a uma compreensão noética do Evangelho", que acreditava poder constatar no BARTH tardio[160]. Pergunta-se, porém, em que se baseia, afinal, a coesão do momento noético com o momento efetivo no conceito do Evangelho. Ela pode ser fundamentada somente a partir do conteúdo do Evangelho, em Paulo a partir da singularidade do evento da reconciliação que já se tornou acontecimento na morte de Cristo, mas que, não obstante, ainda deverá chegar ao alvo nos receptores do mesmo através do ministério apostólico da reconciliação.

A dinâmica específica para a palavra do Evangelho, fundamentada em seu conteúdo, já caracteriza a mensagem de Jesus acerca do vindouro reino de Deus, porque pela palavra de seu anúncio o próprio reino de Deus já se torna presente para aquele que se envolve com ele. Disso o Evangelho apostólico se diferencia na medida em que fala de um evento já ocorrido: Não é, como no caso de Jesus, o futuro do reino de Deus que se torna presentificente, mas o evento passado da história de Jesus, especialmente o acontecimento de sua morte por meio do Evangelho apostólico. Isso, porém, é possível somente porque esse evento passado contém em si a irrupção do futuro escatológico de Deus. Por isso a própria mensagem da ressurreição do Crucificado está plena da realidade pneumatológica do Ressurreto. Por isso também no caso do Evangelho paulino, o poder animador de sua pregação e que dela emana está fundamentado, em última análise, no fato de que o futuro escatológico de Deus se apossa dos ouvintes pela transmis-

---

[159] E. SCHLINK, Ökumenische Dogmatik. Grundzüge, 1983, pp. 421ss, esp. 424s. Cit. p. 425.
[160] E. SCHLINK, loc. cit., pp. 426s.

são do conteúdo da mensagem. Na história de Jesus, do Crucificado e Ressurreto, e por sua pregação o futuro salvífico está presente efetivamente também além da morte de Jesus pelo poder do Espírito, que ressuscitou o Crucificado e agora o glorifica por meio da mensagem do Evangelho (cf. 2Cor 3.7ss., 4.4-6). Neste sentido, o próprio Jesus, o *Kyrios* exaltado, fala e age por meio da palavra do Evangelho[161].

Se, portanto, a força que anima o Evangelho com a presença do futuro de Deus na aparição de Jesus está relacionado com a comunicação dessa presença salvífica escatológica por meio do Espírito, que por meio do Evangelho leva ao conhecimento do Filho na história humana de Jesus, então não se deve reduzi-lo a um termo comum da palavra de Deus que está orientado na compreensão véterotestamentária da palavra de Deus[162]. Em 2Cor 3.6ss., Paulo distinguiu do serviço véterotestamentário da Lei o Evangelho justamente com vistas ao poder do Espírito que o anima como mensagem escatológica do futuro salvífico irrompido em Jesus Cristo e que, de acordo com 2Cor 4.4, irradia de seu conteúdo. Nisso o Evangelho também não é correlato do conceito da Lei, de sorte que "quer manifestar-se somente em sua relação com a Lei"[163]. A justaposição do Evangelho à palavra da Lei, tal como Paulo a realizou na Epístola aos Gálatas, é condicionada historicamente, conquanto com o aparecimento da mensagem escatológica da salvação o tempo da Lei chegou ao fim (Gl 3.23-25; cf. Rm 10.4)[164].

---

[161] Cf. U. WILCKENS, *Der Brief an die Römer 2*, 1980, p. 229 referente a Rm 10.17: "O Evangelho é a palavra do Cristo exaltado, que desde o céu fala a todos os povos. Seus mensageiros humanos concretizam, por assim dizer, sua realidade escatológica" (p. 230).

[162] Assim G. EBELING, *Dogmatik des christlichen Glaubens III*, 1979, pp. 251-195, esp. 254s. A palavra da Lei, que EBELING analisa detalhadamente, a fim de referi-la à palavra do Evangelho, também já é estruturalmente diferente no círculo de concepção véterotestamentário da concepção da poderosa palavra de Deus (Sl 33.9; cf. Is 55.11; Jr 23.29), que se assemelha à concepção profética da palavra. Sobre as diferentes concepções bíblicas da palavra divina, cf. vol. I, p. 332 e 344ss.

[163] G. EBELING, *loc. cit.*, p. 290.

[164] Assim tb. G. EBELING, *loc. cit.*, pp. 29s. EBELING afirma, não obstante, uma permanente referência do Evangelho à Lei, porque "primeiro a Lei faz o homem pecador no sentido qualificado, portanto o torna consciente de sua indignidade e dependência da graça" (p. 292). Paulo pôde descrever a função histórico-salvífica da Lei de modo semelhante, mas ele não atribuiu à Lei uma função

O Evangelho não poderia fundamentar uma nova época da história salvífica, a época de sua consumação escatológica, se em seu conteúdo ele não fosse independente da validade da Lei. Isso não exclui que a vontade de Deus testemunhada na Lei permanece válida e que, por isso, a Lei da antiga aliança também tem a cumprir uma função na época do Evangelho, todavia uma função consideravelmente modificada[165]. Para o conceito do Evangelho, todavia, como mensagem da irrupção do reino de Deus, mas também no sentido paulino como essência da mensagem missionária apostólica de Jesus Cristo, a relação com a Lei não é constitutiva. Ignorando-se isso, não se perde apenas de vista a independência do Evangelho neotestamentário como mensagem da presença salvífica do reino de Deus, mas também resulta facilmente uma restrição de seu conteúdo de significado, seja no sentido do paralelo à Lei (como *nova lex*), ou como correlato da função acusadora e mortífera da Lei: Então o conceito do Evangelho fica restrito ao anúncio do perdão dos pecados.

Neste ponto se faz necessária a revisão crítica de um conceito-chave da Reforma, e isso é uma tarefa que a teologia evangélica – que pretensamente subordina toda a formação de tradição à autoridade da Escritura – encara somente a contragosto, isto se não a evita por completo.

> Na preleção de LUTERO sobre a Epístola aos Gálatas, de 1516/17, é dito referente a Gl 1.11 que o Evangelho pregaria o perdão do pecado e o cumprimento da Lei já realizado, a saber, por meio de Cristo. "Por isso a Lei diz: Paga o que deves. Mas o Evangelho anuncia: Teus pecados te são perdoados"[166]. Para essa definição do conteúdo do Evangelho LUTERO se referiu, um ano antes, em sua preleção sobre a Epístola aos Romanos, à palavra de Dêutero-Isaías sobre o mensageiro da boa-nova (Is 52.7), citada por Paulo em Rm 10.15: o fato da mensagem salvífica ser *amabilis* e *desirabilis* se deveria ao fato dela anunciar o perdão dos pecados ao homem

---

permanente de preparo para o Evangelho, tb. na época da mensagem salvífica, O fato de EBELING descrever o estado de coisas desse modo corresponde às posteriores concepções reformadas da relação Lei e Evangelho, mas não ao sentido histórico das afirmações paulinas.
[165] Esse tema será detalhadamente discutido no vol. III, cap. 12.
[166] M. LUTERO, *WA 57,60: Ideo vox legis est haec: redde quaod debes; evangelii autem haec: remittuntur tibi peccata tua.*

angustiado pela Lei[167]. Disso, no entanto, não fala nem Paulo nem Is 52.7; a Paulo interessou em Rm 10.14s. a necessidade do envio para o anúncio da mensagem salvífica como possibilitação da fé no Senhor, que é conteúdo dessa mensagem. A razão pela qual essa mensagem é mensagem salvífica não é mencionada diretamente, mas é pressuposta: Quem invocar o nome desse Senhor será salvo (Rm 10.13). Com esse pensamento está ligada toda a complexa profusão da concepção paulina da *soteria* escatológica. Em Dêutero-Isaías, porém, a razão da alegria consiste na irrupção do governo régio de Deus. Trata-se, no mínimo, de uma interpretação muito espiritualizante se o conteúdo dessa mensagem é resumido ao anúncio do perdão dos pecados. Nisso o sentido do Evangelho se orientou no anúncio da absolvição na confissão, tal como ela era praticada na Igreja medieval do Ocidente. Nisso caiu no esquecimento que no Evangelho se trata da irrupção do governo régio de Deus que traz consigo a salvação. A remissão dos pecados elimina a separação do ser humano em relação a Deus. No entanto, fundamental para isso é o fato de o reino de Deus se tornar presente na atuação de Jesus. Onde está a salvação do reino de Deus, aí está superada a separação de Deus. Por isso segue-se da participação do reino de Deus para o crente o perdão dos pecados do mesmo modo como o novo mandamento do amor. Mas restringir a salvação do reino de Deus ao perdão dos pecados, tal como ela encontrou sua apresentação nas celebrações da ceia de Jesus, não corresponde à mensagem de Jesus, e somente é compreensível a partir da perspectiva da piedade penitencial da Idade Média. Também o evento da reconciliação, que em Paulo perfaz o conteúdo do Evangelho, não consiste apenas no anúncio da remissão dos pecados, mas é um assunto de vida e morte.

Em sua confrontação com críticos luteranos, que haviam contestado seu ensinamento da Lei como forma do Evangelho, KARL BARTH protestou com razão contra a restrição da concepção do Evangelho à "proclamação da remissão dos pecados" (*KD* IV/3,427). No entanto, o interesse principal de BARTH consistiu em dizer que do Evangelho também faz parte a exigência de Deus ao ser humano, e, portanto a "lei da fé" (Rm 3.27) (cf, *KD* IV/1,433-439). A concepção de BARTH se movimenta, portanto, do mesmo modo como a de seus adversários luteranos, nos moldes da pergunta pela relação entre Evangelho e Lei, com a diferença de que BARTH interpretava o Evangelho como origem também da Lei. Ao fazer isso, BARTH negli-

---

[167] M. LUTERO, *WA* 56,424,8ss.

genciou a diferença histórico-salvífica que consiste no fato de que a Lei pertence à antiga aliança, enquanto o Evangelho fundamenta a nova aliança, e isso de tal modo que a Lei chegou a seu fim onde é anunciada a mensagem salvífica escatológica. Considerando-se isso, não se pode designar a Lei como "forma" do Evangelho (*KD* II/2,554 § 36; cf. p. 567). Não obstante, BARTH observou corretamente que a restrição luterana da concepção do Evangelho ao anúncio da remissão dos pecados não corresponde à amplidão de seu conceito neotestamentário. Também está correto que o Evangelho paulino como mensagem da reconciliação inclui as exigências que a nova realidade do Espírito faz ao ser humano. Acontece, porém que essas exigências não podem mais ser chamadas de lei no verdadeiro sentido. A "lei do Espírito" (Rm 8.2) é uma grandeza diferente do que a *Torá* de Moisés, cuja validade foi dissolvida histórico-salvificamente pelo Evangelho. BARTH negligenciou aqui justamente aquele momento que motivou a Reforma luterana a reduzir o conceito do Evangelho ao anúncio do perdão, ao contrário do que fazia sua tradicional interpretação como *nova lex*. O contraste com a Lei, como o havia destacado Paulo, foi visto de modo absolutamente correto. Só que o Evangelho tem que ser visto em sua diferença com a Lei de modo muito mais abrangente, ou seja, a partir do tema do governo régio de Deus, como mensagem da irrupção de sua presença salvífica na apresentação de Jesus e daí também como mensagem missionária apostólica a respeito do ressuscitamento do Crucificado, cujo conteúdo igualmente é a presença da salvação escatológica nele e por meio dele. O perdão dos pecados é, então, um momento essencial, mas apenas um momento. Ele está fundamentado e abrangido pela presença salvífica de Deus em Jesus Cristo. Primeiro em consequência disso vale, inversamente, com o Catecismo Menor de LUTERO: "onde há perdão dos pecados, há também vida e salvação" (*LC,* p. 379, 6).

Do Evangelho apostólico como mensagem da reconciliação do mundo realizada na morte de Jesus, ao qual Deus ressuscitou, faz parte a atividade missionária que visa a fundação de comunidades, o surgimento de Igreja. Paulo pôde lembrar suas comunidades que elas são produto da pregação do Evangelho entre eles (1Cor 4.15; cf. 1Ts 2.7ss.) e que nele "ganharam posição firme" (1Cor 15.1). A coesão interna entre Evangelho e fundação de comunidades é obscurecida numa redução do Evangelho ao anúncio de perdão dos pecados ao indivíduo[168]. Mas ela se dá naturalmente quando se parte do fato de que o reino de Deus e sua irrupção em Jesus Cristo constituem o conteúdo do Evangelho. Assim também a definição do Evangelho como mensagem da reconciliação do mundo na morte de Cristo deve ser entendida no sentido de que pela morte de Cristo o mundo é reconciliado com Deus e seu reino, porque o reino de Deus se revela como amor salvífico para os seres humanos por meio da morte de Cristo. À universalidade do Deus uno e de seu reino como Criador do mundo corresponde o fato de que o Evangelho, que em Dêutero-Isaías tem por endereço a "Sião", e, portanto, o povo da aliança véterotestamentário (Is 52.7), se torna agora a mensagem missionário ao "mundo" reconciliado com Deus pela morte de Cristo e que também deve tornar-se participante dessa reconciliação (2Cor 5.18ss.). Trata-se aí do reino entre os homens. Como, porém, o reino de Deus encontra sua forma concreta na comunhão dos homens com Deus e entre si, o Evangelho como mensagem da reconciliação com Deus tem que levar, em toda parte, à fundação de comunidades que formam entre si uma comunhão, na qual a comunhão do reino de Deus que abrange o mundo inteiro, que é a meta do evento da reconciliação, se apresente em forma provisória e por isso de modo simbólico. A comunhão das Igrejas, fundamentada pelo Evangelho, é, portanto, sinal e forma de apresentação provisória da humanidade reconciliada no reino de Deus visada pelo evento da reconciliação na morte expiatória substitutiva de Jesus Cristo.

Nisso, o Evangelho precede a Igreja e representa perante ela a autoridade de Jesus Cristo, da Cabeça e Senhor da Igreja. Embora o

---

[168] Foi mérito de MARTIN KÄHLER ter elaborado (pp. 365s § 445) a função do Evangelho para a fundação da Igreja (*loc. cit.*, pp. 373, § 457) como expressão e realização da importância do evento da reconciliação em Jesus Cristo para toda a humanidade (cf. pp. 363 § 443), embora mantivesse a estreita definição do conceito de Evangelho em seu cerne (p. 367 § 448), ainda que ampliada por inclusão da mensagem da ressurreição e do contexto dado "por toda a revelação histórica". Isso corresponde à tradição luterana conquanto, de acordo com CA 7, o Evangelho é critério para os limites da verdadeira Igreja e por isso também da unidade da Igreja. No entanto, nem a tradição luterana nem KÄHLER foi capaz de tornar compreensível a relação entre Evangelho e Igreja a partir da definição restrita do conceito do Evangelho como anúncio do perdão dos pecados.

Evangelho seja anunciado por seus ministros, ele não é um produto da Igreja, mas a fonte de sua existência. Isso não resulta apenas do fato de que a Igreja está baseada no Evangelho apostólico da cruz e da ressurreição de Jesus Cristo, mas com mais clareza ainda do fato de que o Evangelho apostólico tem sua origem na mensagem de alegria da proximidade e da irrupção da salvação do reino de Deus do próprio Jesus. Por isso o anúncio do Evangelho não é apenas algo que acontece na vida Igreja entre outras coisas, antes, o Evangelho é a razão da qual a Igreja vive. A Igreja é *creatura verbi*.

Nisso também se baseia a autoridade da Bíblia na Igreja e perante a Igreja. A Escritura representa perante a Igreja sua origem no Evangelho e com isso em Jesus Cristo mesmo. Por isso a autoridade da Igreja se fundamenta na do Evangelho na presença salvífica de Deus na pessoa e na história de Jesus Cristo, que perfaz o conteúdo do Evangelho. Somente na medida em que testemunham este conteúdo, as palavras e sentenças da Escritura têm autoridade na Igreja. Por isso a pergunta pela abrangência do cânone bíblico é uma questão secundária; pois as decisões da Igreja sobre o cânone apenas expressam em que textos a Igreja reconheceu de fato o testemunho apostólico original do Evangelho. A autoridade dos escritos está condicionada ao fato de que e como eles se revelam como testemunhos desse conteúdo. Os escritos do Antigo Testamento têm parte nessa autoridade conquanto devem ser lidos como preparo e profecia para a revelação do Deus de Israel em Jesus Cristo, os do Novo Testamento, porém, conquanto testificam o evento dessa revelação e de seu conteúdo de significado. Até que ponto isso acontece é preciso examinar não somente em vista de cada um dos escritos, mas também de cada uma de suas afirmações individuais. A autoridade da Bíblia em relação à Igreja não contém, portanto, uma garantia de verdade para as afirmações individuais dos escritos bíblicos. Ela é própria da Bíblia apenas por causa do Evangelho, e ela é própria do Evangelho por causa da reconciliação do mundo por Deus na morte de Jesus Cristo, ao qual Deus instituiu, por meio de seu ressuscitamento dentre os mortos, como Senhor e Messias de uma humanidade renovada.

Considerando a função do Evangelho na ação reconciliadora de Deus no mundo e considerando a função dos escritos neotestamentários como depósito e documento da pregação apostólica do Evangelho, portanto, "da pregação apostólica fundadora da Igreja"[169], pode-se dizer a respeito da Escritura do mesmo modo como da pregação apostólica que ela é inspirada pelo Espírito de Deus. Mas também essa afirmação sobre a inspiração da Escritura não é garantia da verdade para cada uma das afirmações dos textos bíblicos. Pelo contrário, a afirmação da inspiração da Escritura pressupõe a convicção da verdade da revelação de Deus na pessoa e na história de Jesus, da deidade de Jesus e do agir do Deus triúno no evento da reconciliação da morte de Jesus Cristo, em sua ressurreição dentre os mortos e no ministério apostólico da reconciliação como já fundamentada alhures[170]. Por isso o lugar da afirmação sobre a inspiração divina da Sagrada Escritura e sobre sua autoridade na Igreja é no final da doutrina da reconciliação e não nos prolegômenos da dogmática[171], nem sequer nos começos da doutrina sobre a Igreja[172].

A relação do Evangelho e com isso também da Sagrada Escritura com a Igreja, conforme descrita, é significativa para a realização da reconciliação que se baseia na morte expiatória do Messias ressuscitado dentre os mortos e a cujo serviço se acha a pregação do Evangelho. Pois a primazia do Evangelho e da Escritura sobre a Igreja serve à liberdade da fé e de seu relacionamento direto com Deus perante toda autoridade humana, também perante a Igreja e seus ministros. Por mais importante que seja a transmissão do Evangelho por meio do ministério da Igreja e de suas instituições, sua verdade não se baseia na autoridade de Igreja. Antes, esta se deve, por sua vez, à autoridade do Evangelho. Mas o Evangelho está ligado diretamente com a tradição e com a história de Jesus Cristo. A forma de sua pregação deve ser medida sempre de novo nesse conteúdo. Nele ela também *pode* ser medida, embora o acesso a seu conteúdo seja possibilitado primeiro pela pregação do Evangelho e pela fixação escrita de sua forma apostólica básica.

---

[169] M. Kähler, *loc. cit.*, p. 369, § 452.
[170] Parafraseando uma frase de F. Schleiermacher: "A autoridade da Sagrada Escritura não pode fundamentar a fé em Cristo, antes, esta já tem que ser pressuposta para proporcionar à Sagrada Escritura uma autoridade especial" (*Der christliche Glaube*, 2ª ed., 1830, § 128, sentença capitular).
[171] Vide vol. I, pp. 57-68, esp. 60ss.
[172] F. Schleiermacher colocou a doutrina da Sagrada Escritura no começo de sua exposição dos "traços essenciais e imutáveis da Igreja" (*Der christliche Glaube*, 2ª ed., 1830, § 128ss.).

Isso também vale para o testemunho da Escritura. Também as afirmações da Escritura devem ser medidas pelo conteúdo do Evangelho por ela testificado, que se torna acessível por meio delas, mas também se torna diferenciável delas. Por isso, as afirmações sobre a autoridade da Escritura em relação à Igreja de modo algum restringem a liberdade do juízo próprio sobre o conteúdo do testemunho da Escritura e sua verdade, antes, pelo contrário, mantém em aberto o espaço para isso. Pois somente no livre conhecimento e reconhecimento da verdade de Deus na história de Jesus a reconciliação de Deus com o mundo nela fundamentada pode chegar a seu alvo.

BIBLIOGRAFIA

Algumas obras citadas existentes no vernáculo e em espanhol.

AGOSTINHO DE HIPONA. *As Confissões*. São Paulo: Editora das Américas, 1961; São Paulo: Paulinas, 1984.
_____ *A verdadeira religião*. São Paulo: Paulinas, 1987.
_____ *A cidade de Deus*. São Paulo: Editora das Américas, 1961.
_____ *A Trindade*. São Paulo: Paulinas, 1995.
_____ *O Livre-arbítrio*. São Paulo: Paulinas, 1995.
AQUINO, TOMÁS DE. *Suma Teológica*. Porto Alegre: Escola Superior de T eologia São Lourenço de Brindes, 1980-1981.
ARISTÓTELES. Metafísica (livro I e livro II), in: *Os Pensadores*, Abril, 1973, c. 4 pp. [205] 211-243.
BUBER, MARTIN. *Do diálogo*. São Paulo: Perspectiva, 1982.
BULTMANN, RUDOLPH. *Teologia do Novo Testamento*. Trad. Ilson Kayser. São Paulo: Editora Academia Cristã, 2008.
CALVINO, JOÃO. *As Institutas, ou tratado da religião cristã*. São Paulo: Editora Presbiteriana, 1985, 4 volumes.
LIVRO DE CONCÓRDIA. *As Confissões da Igreja Evangélica Luterana*. São Leopoldo: Sinodal; Porto Alegre: Concórdia. Edição coordenada pela Comissão Interluterana de Literatura, 2ª ed.
DESCARTES, RENÉ. *El Mundo: tratado de la luz*. Barcelona: Anthropos; Madrid: Ministério de Educación y Ciência, 1989.
_____ *Meditações methaphysica*. Rio de Janeiro: Mandarino & Molinari s/d.
_____ *Discurso do método, meditações, objeções e resposta*. São Paulo: Abril, 1973.
_____ *Meditations*, New York: The Liberal Arts Press, 1951.
ESPINOZA, BARUCH vide SPINOZA.
FEUERBACH, LUDWIG ANDREAS. *A essência do cristianismo*. Campinas: Papirus, 1988.

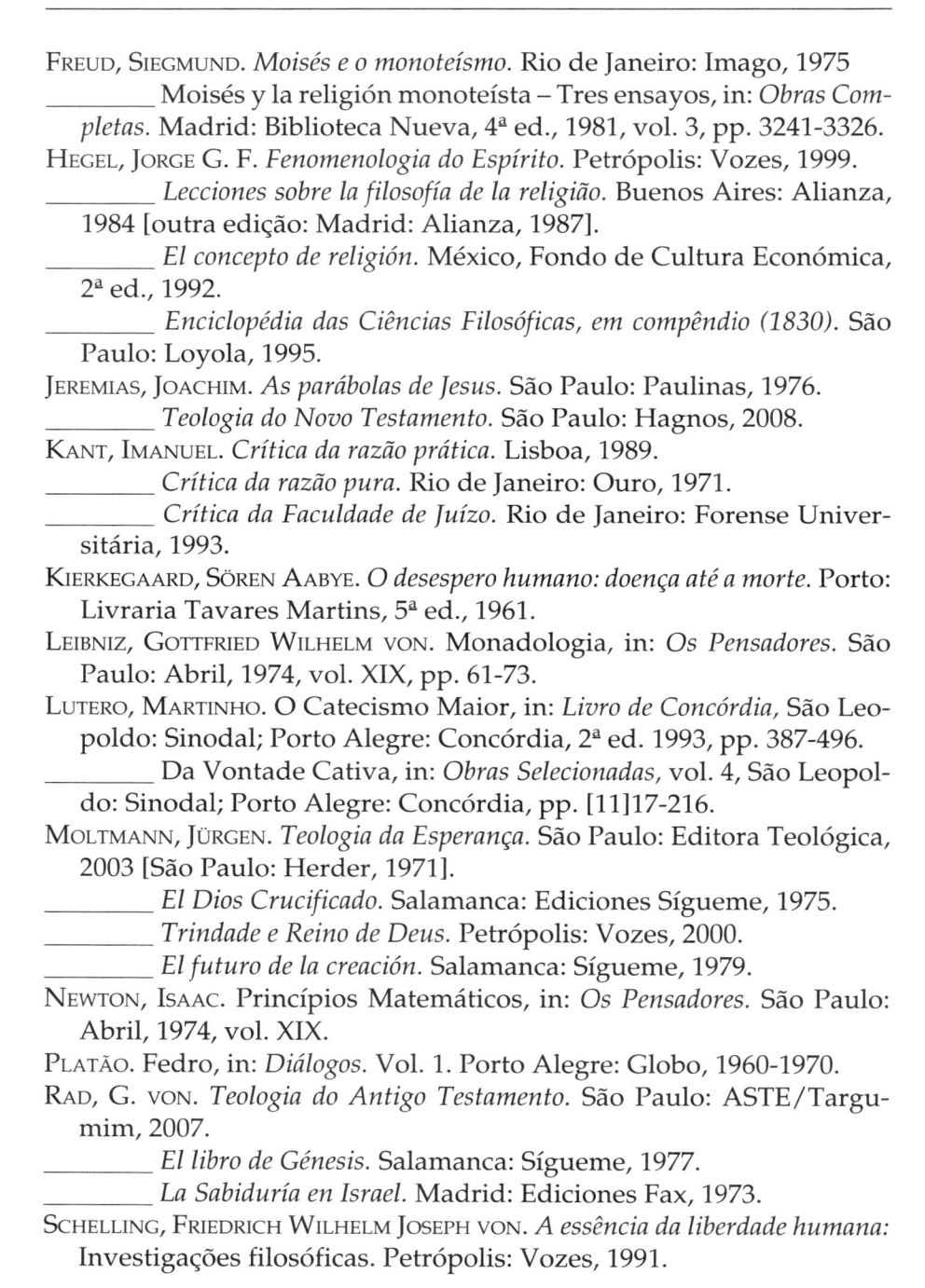

FREUD, SIEGMUND. *Moisés e o monoteísmo.* Rio de Janeiro: Imago, 1975
_____ *Moisés y la religión monoteísta – Tres ensayos,* in: *Obras Completas.* Madrid: Biblioteca Nueva, 4ª ed., 1981, vol. 3, pp. 3241-3326.
HEGEL, JORGE G. F. *Fenomenologia do Espírito.* Petrópolis: Vozes, 1999.
_____ *Lecciones sobre la filosofía de la religião.* Buenos Aires: Alianza, 1984 [outra edição: Madrid: Alianza, 1987].
_____ *El concepto de religión.* México, Fondo de Cultura Económica, 2ª ed., 1992.
_____ *Enciclopédia das Ciências Filosóficas, em compêndio (1830).* São Paulo: Loyola, 1995.
JEREMIAS, JOACHIM. *As parábolas de Jesus.* São Paulo: Paulinas, 1976.
_____ *Teologia do Novo Testamento.* São Paulo: Hagnos, 2008.
KANT, IMANUEL. *Crítica da razão prática.* Lisboa, 1989.
_____ *Crítica da razão pura.* Rio de Janeiro: Ouro, 1971.
_____ *Crítica da Faculdade de Juízo.* Rio de Janeiro: Forense Universitária, 1993.
KIERKEGAARD, SÖREN AABYE. *O desespero humano: doença até a morte.* Porto: Livraria Tavares Martins, 5ª ed., 1961.
LEIBNIZ, GOTTFRIED WILHELM VON. Monadologia, in: *Os Pensadores.* São Paulo: Abril, 1974, vol. XIX, pp. 61-73.
LUTERO, MARTINHO. O Catecismo Maior, in: *Livro de Concórdia,* São Leopoldo: Sinodal; Porto Alegre: Concórdia, 2ª ed. 1993, pp. 387-496.
_____ Da Vontade Cativa, in: *Obras Selecionadas,* vol. 4, São Leopoldo: Sinodal; Porto Alegre: Concórdia, pp. [11]17-216.
MOLTMANN, JÜRGEN. *Teologia da Esperança.* São Paulo: Editora Teológica, 2003 [São Paulo: Herder, 1971].
_____ *El Dios Crucificado.* Salamanca: Ediciones Sígueme, 1975.
_____ *Trindade e Reino de Deus.* Petrópolis: Vozes, 2000.
_____ *El futuro de la creación.* Salamanca: Sígueme, 1979.
NEWTON, ISAAC. Princípios Matemáticos, in: *Os Pensadores.* São Paulo: Abril, 1974, vol. XIX.
PLATÃO. Fedro, in: *Diálogos.* Vol. 1. Porto Alegre: Globo, 1960-1970.
RAD, G. VON. *Teologia do Antigo Testamento.* São Paulo: ASTE/Targumim, 2007.
_____ *El libro de Génesis.* Salamanca: Sígueme, 1977.
_____ *La Sabiduría en Israel.* Madrid: Ediciones Fax, 1973.
SCHELLING, FRIEDRICH WILHELM JOSEPH VON. *A essência da liberdade humana:* Investigações filosóficas. Petrópolis: Vozes, 1991.

SPINOZA, BARUCH DE. Tratado Político, in: *Espinoza – Vida e Obra*. Abril, 1983, pp. 303-364.
_____ Ética demonstrada à maneira dos geômetros, in: *Os Pensadores*, Abril, 1978, pp. [79] 83-140.
TILLICH, PAUL. *Teologia Sistemática* (três volumes em um). São Leopoldo: Sinodal; São Paulo: Paulinas, s/d.
WEBER, MAX. *A ética protestante e o espírito do capitalismo*. Pioneira, 1999.
_____ *Economia e Sociedade*. Fundamentos da sociologia compreensiva. Brasília, Ed. UnB, 1991

ÍNDICE DE AUTORES

A

Abelardo, P. - 568, 574
Agostinho - 28, 29, 30, 32, 53, 57, 70, 71, 72, 73, 74, 75, 82, 84, 85, 102, 140, 145, 146, 147, 151, 212, 213, 214, 217, 222, 223, 228, 235, 247, 248, 249, 250, 261, 262, 266, 269, 275, 278, 279, 291, 298, 299, 302, 304, 306, 311, 312, 314, 317, 320, 321, 335, 347, 348, 349, 350, 351, 352, 353, 354, 355, 356, 357, 361, 362, 365, 366, 367, 368, 372, 373, 374, 380, 381, 384, 385, 562, 563, 564, 614, 617, 624
Aiken, H. D. - 245
Aland, K. - 478, 534
Al-Gazeli - 223
Alsup, J. E. - 497, 498
Alszeghy, Z. - 188
Alt, A. - 38
Althaus, P. - 116, 118, 166, 324, 330, 347, 363, 387, 403, 404, 412, 502, 565
Altizer, Th. J. J. - 420
Altner, G. A. - 117, 148, 154, 157, 169, 185, 186, 202, 209, 295
Altziger, T. - 600
Ambrósio - 28, 32, 212, 213, 222, 259, 298, 305
Amery, C. - 202, 295
Ammon, Chr. F. - 299
Andersen, C. - 556
Anselmo (da Cantuária) - 367, 562, 564, 568, 595
Anselmo (de Laon) - 317
Antweiler, A. - 228
Apolinário (de Laodicéia) - 427, 538
Aquino, T. de - 9, 20, 29, 35, 58, 59, 60, 71, 72, 76, 82, 85, 87, 88, 93, 94, 95, 97, 131, 163, 164, 173, 174, 224, 225, 249, 250, 259, 266, 269, 270, 271, 275, 278, 298, 303, 313, 316, 349, 350, 353, 540, 564
Aristóteles - 173, 221, 225, 229, 278

Asimov, I. - 180
Atanásio - 28, 139, 289, 302, 308, 347, 373, 384, 417, 426, 427, 433, 437, 520, 538
Atenágoras - 10, 42, 267, 495
Aulén, G. - 574
Austin, W. H. - 103, 144
Averróis - 223
Axt-Piscalar, C. - 453

B

Bacht, H. - 534
Baier, J. W. - 29
Balz, H. - 487
Bannach, K. - 58, 59, 76, 82, 214, 215
Barbour, I. A. - 120
Barbour, I. G. - 46, 103, 112, 157, 186, 189, 193
Barnard, L. W. - 495
Barrow, J. D. - 120, 123, 124, 125, 237, 238
Barth, K. - 43, 44, 51, 54, 63, 74, 77, 86, 88, 93, 94, 95, 96, 103, 116, 162, 164, 165, 166, 168, 216, 217, 243, 244, 249, 252, 277, 281, 291, 296, 311, 324, 325, 327, 328, 363, 364, 368, 373, 387, 388, 390, 421, 402, 403, 421, 486, 516, 520, 528, 529, 530, 548, 575, 576, 578, 598, 599, 600, 620, 631, 632, 635
Bartsch, H. W. - 486
Basílides - 43
Basílio - 28, 73, 212, 213, 222, 347
Baumgarten, S. J. - 85, 86, 299, 399
Baur, F. C. - 324
Baur, J. - 565
Beck, J. T. - 323, 389
Becker, J. - 460, 461, 471
Behler, E. - 221, 223, 224
Beierwaltes, W. - 48, 149, 151, 173, 221
Bell, J. S. - 193
Benrath, G. A. - 114, 399
Benz, E. - 186
Berger, J. G. I. - 338, 400
Berger, K. - 491, 503

Bergson, H. - 67, 176, 191, 266
Berkson, W. - 131, 132, 134
Bernardo - 229, 568
Bertalanffy, L. von - 126
Beth, K. - 186
Betz, O. - 444, 446
Bieder, W. - 274
Bieri, P. - 149, 154
Bird, Ph. A. - 296, 297
Bizer, E. - 87, 98, 121
Blank, J. - 518
Blinzler, J. - 479, 480
Bloch, E. - 156
Blumenberg, H. - 50, 82, 91, 227, 248
Blumenthal, O. - 145
Boaventura - 259, 321, 564
Böcher, O. - 162, 164, 166
Böckle, F. - 378
Bode, E. L. - 506
Boécio - 289, 647
Bohm, D. - 148, 158
Böhme, W. - 245
Bolzano, B. - 229, 647
Bonhoeffer, D. - 296, 590
Born, M. - 134
Bornkamm, G. - 382, 498, 562, 581
Bossgard, S. N. - 188, 189, 197
Bowker, J. - 480
Braaten, C. E. - 47, 104
Brandenburger, E. - 383, 421, 423, 425, 434
Braun, O. - 84
Brecht, M. - 306
Bretschneider, K. G. - 88, 94, 305, 308, 309, 322, 323, 338, 385, 386, 388, 400, 409
Breuer, R. - 123
Breytenbach, C. - 557, 560, 572, 576, 594, 595, 623
Broer, J. - 505
Bron, B. - 82

Brown, R. E. - 451, 478, 496, 497, 500, 506, 513, 559
Brox, N. - 556
Brunner, E. - 116, 324, 387, 388
Bruno, G. - 227, 228
Büchsel, F. - 576
Buckley, N. J. - 228
Buddeus, J. F. - 77, 83, 89, 121, 131, 298, 399, 435
Bultmann, R. - 70, 273, 383, 389, 405, 407, 418, 429, 441, 442, 463, 468, 486, 500, 559, 607
Burger, C. - 511
Burghardt, W. J. - 302, 305
Burhenn, H. - 509
Burkhardt, A. - 324
Buytaert, E. M. - 568

C

Cálicles - 360
Calov, A. - 29, 30, 35, 71, 86, 93, 97, 98, 305, 306, 309, 311, 321
Calvino, J. - 20, 294, 298, 305, 363, 435, 540, 565, 614, 616, 617
Campanella, T. - 138
Campenhausen, H. von - 500, 501, 503
Camus, A. - 243
Cantor, G. - 229
Carter, B. - 123
Caspari, W. - 555
Cassirer, E. - 315
Catchpole, D. R. - 445, 479
Celso - 43
Chadwick, H. - 43
Chardin, T. de - 67, 124, 176, 185, 187, 188, 209
Chemnitz, M. - 542
Childs, B. S. - 128
Christ, K. - 61
Cícero - 173, 258, 259, 291, 648
Cipriano - 562
Cirilo de Alexandria - 427
Claraval, B. de - 568
Clarke, S. - 83, 84, 138, 139, 140, 142

Clemente de Alexandria - 9, 57, 70, 72, 73, 102, 219, 222, 245, 248, 269, 274, 291, 298, 300, 305, 320, 380, 381, 384, 495
Cobb, J. B. - 44, 45, 419, 420
Collins - 124
Condrau, G. - 378
Confessor, M. - 57, 109
Copérnico - 123
Courth, F. - 28
Coyng, G. V. - 232
Craig, W. L. - 497, 502, 505, 506
Cremer, H. - 407
Crisipo - 47, 247
Cross, F. M. - 37, 38
Cullmann, O. - 471, 472, 475, 511, 526, 527
Cusa, Nicolau de - 61, 227, 278, 315

D

Daecke, S. M. - 186, 187, 208, 209, 410
Dalferth, I. U. - 397, , 418
Damasceno, J. - 70, 304, 347, 540
Danto, A. - 34
Darwin - 185, 186, 188, 197
Davies, G. H. - 556
Davies, P. - 105, 154
Deason, G. B. - 89
Delling, G. - 506
Denzinger - 533
Descartes, R. - 59, 76, 88, 89, 90, 91, 93, 130, 138, 143, 144, 227, 228, 229, 235, 266
Dettloff, W. - 109
Dibelius, M. - 451
Dicke, R. H. - 123
Diekamp, F. - 350
Dietzfelbinger, H. - 134, 194
Digges, T. - 227
Dihle, A. - 43
Dillenberger, J. - 186
Dilthey - 431

Dinkler, E. - 471
Dionísio - 164
Dippel, J. C. - 567
Dobzhansky, T. - 189
Döderlein, J. C. - 86, 567
Dombois, H. - 573
Döring, W. - 110
Dorner, I. A. - 86, 323, 330, 376, 389, 453, 529, 618
Dostoiewsky, F. M. - 243
Drewermann, E. - 362
Dubois-Reymond - 236
Dummett, M. - 230, 502
Dunfee, S. N. - 352
Dunkel, A. - 509
Dunn, J. D. G. - 518, 522, 526, 527
Durham, J. I. - 556
Dürr, H. P. - 117, 145, 157, 159, 160

E

Ebeling, G. - 104, 107, 166, 269, 276, 306, 310, 347, 363, 364, 556, 630, 631, 633
Ebeling, H. - 67, 91, 92
Eccles, J. C. - 205, 282
Eckhart, M. - 60
Eichhorn, J. G. - 310
Eichinger, W. - 369
Eigen, M. - 189, 196
Einstein, A. - 90, 132, 134, 134, 141, 145, 149, 174, 240
Ellis, B. - 235
Elze, M. - 57, 267, 308
Engels, E.-M. - 127
Ernesti, J. A. - 618
Escoto, D. - 58, 109, 112, 224, 225
Evans, C. F. - 487, 488, 497, 498, 499, 506
Evdokimov, P. - 28
Everett, H. - 158, 240
Ewald, G. - 81
Ey, H. - 266

F

Faraday, M. - 131, 132, 134, 160, 650
Fauconnet, P. - 377
Feiner, J. - 371, 534
Feynman, R. - 158
Fichte, J. G. - 151, 279, 283, 322
Filo de Alexandria - 42, 57, 73, 115, 133, 222, 273, 274, 298, 313, 425
Fiorenza, F. P. - 269, 270, 321
Flácio - 306
Flew, A. - 246
Ford, L. S. - 45
Foulder, A. - 418
Foulder, M. - 408
Frank, F. H. R. von - 618, 619, 400
Franz, F. - 29
Freire, L. - 348
Freud, S. - 340
Freund, G. - 341
Frey, C. - 292
Fridrich, G. - 579
Friedmann, A. - 231
Friedrich, G. - 579, 580, 581, 583, 584, 586, 587
Fries, H. - 81, 84
Fritzsche, H. G. - 166
Frohschammer, J. - 224
Fuhrmann, M. - 289
Fuller, D. P. - 507
Fuller, R. H. - 498, 500

G

Gabler, J. P. - 310
Gabriel, L. - 61
Gadamer, H. G. - 221, 299, 334
Gaertner, J. - 287
Galen - 43
Galileu - 88
Gandillac, M. de - 278
Ganoczy, A. - 28, 188

Garijo-Guembe - 142
Garin, E. - 315
Gassendi, P. - 138
Gatzenmeier, M. - 195
Gaumann, P. - 279
Geach, P. - 254
Gehlen, A. - 292, 651
Gent, H. von - 58
Gentile, G. - 227
Gerhard, J. - 29, 98, 305, 306, 311, 566
Gerhardt, G. J. - 83, 139, 140
Gerhardt, P. - 96
Gese, H. - 573
Gestrich, C. - 342, 343, 356, 360, 361, 362, 364, 369, 376, 378
Geyer, B. - 278
Ghiselin, M. - 200
Gilkey, L. - 45, 49
Gilson, E. - 59, 213
Girard, R. - 587, 588
Glockner, H. - 603
Gnilka, J. - 518, 573, 580, 582
Gogarten, F. - 103, 104, 288, 295
Goldstein, V. S. - 352
Goodspeed, E. J. - 534
Goppelt, L. - 165
Gore, C. - 186
Görgemanns, H. - 57
Gosztonyi, A. - 187
Grass, H. - 142, 500, 514
Grawe, C. - 326
Gregório de Nissa - 28, 71, 247, 249, 259, 275, 298, 320, 347, 384, 541
Gregório o Grande - 259
Greiner, F. - 419
Greive, W. - 402, 407
Greshake, G. - 369, 490, 504
Griffin, D. R. - 45, 120, 121, 148, 154, 205, 420
Grillmeier, A. - 398, 404, 424, 427, 533, 534, 538

Gross, J. - 347, 350, 351, 365, 366
Grotius, H. - 566
Grözinger, K. E. - 162, 166
Grünbaum, A. - 149
Gunkel, H. - 182, 299
Günther, A. - 99, 185, 224
Günther, E. - 401, 402
Gutberlet - 229

H

Haag, H. - 380
Habermann, J. - 517, 518
Hadot, P. - 298
Haeckel, E. - 185
Haering, T. - 330
Hahn, E. - 581
Hahn, F. - 440, 443, 444, 462, 491, 511, 518, 582
Hales, A. de - 317
Hallberg, F. W. - 124
Hamerton-Kelly, R. G. - 520, 587
Häring, H. - 349, 365, 380
Häring, T. - 407
Harnack, A. von - 534, 535, 562
Hartmann, M. - 126
Hartung, F. - 259
Haubst, R. - 315
Hauschild, W.-D. - 273, 274, 275
Hawking, S. W. - 124, 158, 193, 231, 232, 233, 236
Hayward, A. - 185, 187
Heckmann, R. - 132
Hefner, P. - 47, 104
Hegel, G. W. F. - 49, 60, 61, 64, 226, 262, 283, 356, 357, 358, 364, 401, 542, 543, 596, 603, 604, 605, 627
Hegermann, H. - 56
Heidegger, M. - 151, 393
Heidelberg - 567
Heim, K. - 137, 141, 144, 236, 574

Heimann, H. - 287
Heinrich, D. - 67
Heisenberg, W. - 145
Helmholtz, H. L. F. von - 173
Hendel, Ch. W. - 509
Hengel, M. - 443, 449, 589
Henrich, D. - 92, 151, 206, 287, 627
Henrix, H. - 483
Heppe, H. - 87, 98, 121
Herder, J. G. - 292, 299, 315, 316, 322
Hermas, Pastor de - 139, 534
Hermes, G. - 99
Hermógenes - 275
Herrmann, W. - 291, 402, 405, 406, 407, 435
Hertz, H. - 130
Herzog, M. - 588
Hesse, M. B. - 131, 240
Hick, J. - 245, 246, 248, 249, 250, 251, 253, 405, 408, 418
Hilbert, D. - 230
Hinshaw, V. G. - 134
Hipólito - 218, 533
Hirsch, E. - 147, 339, 359, 360, 364
Hodgson, L. - 246
Hoering, W. - 112
Hofmann, J. C. K. von - 490, 569, 570
Hoffmeister, J. - 357, 603
Hofius, O. - 526, 576
Hollaz, D. - 29, 32, 58, 71, 77, 86, 93, 98, 298, 303, 305, 306, 309, 312, 321, 384, 399
Holte, R. - 352
Holtzhey, H. - 195
Hubble, E. - 231
Hübner, H. - 573
Hubner, J. - 186
Hume, D. - 83, 245, 509
Hütter, L. - 121
Huygens - 141

I

Inácio de Antioquia - 424, 532, 534, 536, 611
Ireneu de Lyon - 43, 133, 139, 171, 218, 248, 249, 267, 268, 299, 300, 301, 302, 303, 304, 305, 306, 307, 308, 309, 312, 313, 314, 315, 320, 373, 421, 424, 425, 426, 433, 435, 533, 535, 561, 562, 563
Isham, C. I. - 233

J

Jaki, S. L. - 232
Jakobsen, T. - 206
James, W. - 266, 280, 282, 374
Jammer, M. - 130, 131, 132, 133, 138, 139, 140, 141, 143, 156, 173, 174
Janowski, H. N. - 410
Jeremias, Joachim - 460, 461, 463, 468, 469, 471, 472, 485, 513
Jeremias, Jörg - 39, 40, 41, 549
Jerônimo - 64
Jerusalem, J. F. - 337
Jervell, J. - 298, 311, 312, 318
Jülicher, A. - 469, 469
Jung, C. G. - 362
Jüngel, E. - 155, 299, 334, 387, 389, 393, 469, 525, 542, 543, 545, 548, 557
Justiniano - 64
Justino - 42, 268, 302, 308, 320, 398, 424, 481, 533

K

Kaftan, J. - 401
Kähler, M. - 330, 364, 389, 405, 406, 566, 567, 570, 571, 572, 574, 576, 577, 578, 620, 637, 639
Kanitscheider, B. - 230, 231, 233, 235, 240
Kant, I. - 20, 59, 131, 139, 142, 143, 144, 150, 195, 225, 226, 227, 228, 229, 231, 234, 235, 260, 287, 322, 323, 324, 326, 338, 355, 356, 357, 370, 371, 436
Kant, I. - 259, 355
Karamasow, I. - 243
Karpp, H. - 57, 269, 275, 384
Käsemann, E. - 408, 463
Kasper, W. - 397, 408, 410, 411, 419, 488, 492, 496, 497, 503, 508, 535, 538, 539, 543, 584, 590

Kelber, W. H. - 477
Kelly, J. N. D. - 534, 535
Kepler - 227
Kern, W. - 78, 99
Kerr, F. - 502
Kerschenstein, J. - 128
Kertelge, K. - 573, 580, 581, 583
Kessler, H. - 562, 579, 580, 605
Kierkegaard, S. - 147, 339, 352, 358, 359, 360, 364, 374
Klappert, B. - 81, 476
Knierim, R. P. - 37
Knudsen, C. - 58
Koch, G. - 428
Koch, J. - 61
Koch, K. - 70, 114, 127, 128, 208, 218, 389
Koch, R. - 572
Köhler, L. - 299, 345, 346, 380
Köster, H. M. - 336, 353, 367
Köstlin, J. - 86
Koyré, A. - 89, 90, 130, 227, 228
Krabbe, O. - 389
Kramer, E. - 607
Krämer, H. J. - 57
Kramer, W. - 430, 446, 518, 607
Kremer, J. - 490, 504
Kremer, K. - 48
Kretschmar, G. - 495
Krings, H. - 132
Kübel, P. - 64, 268
Kuhn, H.-W. - 197, 464, 465, 480, 583
Kümmel, W. G. - 557, 623, 626
Kunz, H. - 279
Kuschel, K.-J. - 516, 518, 519

L

Lactâncio - 269, 299
Landgraf, A. M. - 563, 564, 565
Lang, E. - 581

Lange, F. - 581
Lapide, P. - 478, 479
Lasson, G. - 49, 226, 357, 596, 603, 604, 605
Lauret, B. - 336, 340
Lauth, R. - 279
Leclercq, J. - 568
Lehmann, K. - 348, 506, 579, 582, 590, 593
Leibniz, G. W. F. - 59, 83, 131, 134, 138, 139, 140, 141, 243, 247, 250, 251, 252
Leôncio (de Bisâncio) - 543
Leroy, H. - 461, 468
Levinas, E. - 288
Lewis, C. S. - 246, 254
Lietzmann, H. - 478, 479
Lindberg, D. C. - 89
Lindenmeyer, L. - 389
Lips, H. von - 517
Lobsack, T. - 81
Löfgren, D. - 75
Lohmeyer, E. - 470, 629
Löhrer, M. - 371
Lohse, E. - 218, 589, 590, 591, 592
Lombardo, P. - 28, 60, 317, 353, 564, 614
Lommatzsch, E. - 384
Loofs, F. - 398, 529, 534
Lörcher, M. - 534
Lorenz, R. - 278
Löwith, K. - 114
Lüscher, E. - 175
Lutero, M. - 20, 75, 88, 102, 142, 269, 275, 276, 304, 305, 306, 347, 359, 363, 364, 452, 541, 542, 543, 565, 574, 634, 635, 636
Lüttgert, W. - 96

M

Mach, E. - 90, 130
Mackie, J. L. - 246
Magno, A. - 173, 174, 278
Magno, L. - 259

Mähler, M. - 576
Mahlmann, T. - 541, 542
Maier, A. - 227
Maier, J. - 274
Maimônides, M. - 223, 224
Malevez, L. - 433
Manzke, K. H. - 146, 150
Marcião - 43
Marheineke, P. K. - 596
Marquard, O. - 289
Martensen, H. L. - 81, 330, 453, 656
Martin, R. P. - 526
Mártir, J. - 424
Marx - 263, 436
Mascall, E. L. - 246
May, G. - 42, 43
Mayr, E. - 185
Mayr, H. - 321
McMullin, E. - 89, 90, 105, 124, 125, 130
McTaggart, J. E. - 149
Meinhardt, H. - 57
Melanchthon, F. - 305, 347, 385, 400, 542, 565, 570
Melito (de Sardes) - 424, 534, 535
Melschowski, H. - 229
Melun, R. - 565
Menke, K.-H. - 596, 620
Menken, G. - 567
Merklein, H. - 460, 461, 464, 466, 467, 471
Merleau-Ponty, M. - 266
Mertensen, H. L. - 81
Metz, J. B. - 269, 270, 321
Meyer, R. W. - 132
Meyerdorff, J. - 48
Michaelis, J. D. - 338
Mirandola, G. P. della - 314, 315
Mitchell, B. - 246, 408
Mitterer, A. - 213
Mohaript, L. - 134, 194

Mohler, A. - 175, 189
Moiso, F. - 131, 132
Moltmann, J. - 20, 44, 45, 51, 52, 142, 147, 168, 169, 276, 291, 296, 397, 405, 409, 411, 419, 431, 444, 445, 446, 450, 451, 453, 476, 488, 489, 491, 492, 494, 500, 502, 507, 508, 545
Monde, C. F. O. - 408
Monden, L. - 84
Monod, J. - 126, 189
Mopsuéstia, T. de - 428
More, H. - 138, 228
Morgan, C. L. - 189
Morris, H. M. - 187
Morris, L. - 429
Moser, T. - 340
Mühlen, H. - 289
Mühlenberg, E. - 427
Müller, A. M. K. - 110, 111, 147, 148, 149, 155, 157
Müller, J. - 49, 77, 79, 307, 309, 324, 339, 353, 368, 372, 373, 374, 389
Musäus, J. - 29, 30
Mussner, F. - 501

N

Nagel, T. - 281
Nagl-Docekal, H. - 278
Nazianzo, G. - 28, 347, 541
Nestório - 428
Neville, R. C. - 44
Newton, S. I. - 83, 89, 90, 91, 130, 134, 138, 141, 227, 228, 232
Nicolin, F. - 226, 357
Niebuhr, R. - 388
Nielsen, J. T. - 424, 426
Nietzsche, F. - 336, 340, 342, 387
Nitzsch, C. I. - 323, 324, 329, 330, 331, 400, 569
Nitzsch, F. A. B. - 77, 402
Norris, R. A. - 426, 428
Numbers, R. I. - 187
Numbers, R. L. - 89

O

Ockham, G. de - 59, 71, 76, 82, 215, 224
Ohlig, K.-H. - 554
Olimpo, M. de - 221, 433
Orígenes - 28, 57, 64, 70, 131, 133, 153, 154, 221, 247, 268, 275, 298, 300, 302, 305, 320, 384, 435, 520, 535, 562
Osiander, A. - 298, 616
Otto, S. - 288
Overman, R. H. - 187
Owerman, R. H. - 186

P

Paley, W. - 186
Pannenberg, W. - 19, 97, 111, 219, 404, 410
Patrizzi, F. - 138
Paul, I. - 134
Pauli, W. - 120
Peacocke, A. R. - 90, 103, 105, 110, 117, 124, 177, 185, 187, 189, 197, 202, 203, 208
Pedersen, J. - 555
Penelhum, T. - 34
Penrose, R. - 236
Perrin, N. - 461, 463, 467, 469
Pesch, O. H. - 264, 363
Pesch, R. - 301, 479, 480, 488, 501, 502
Peters, A. - 311
Pfaff, C. M. - 385
Picht, G. - 145, 147, 149, 150, 153, 155, 157
Pico - 315
Plantinga, A. - 246, 251
Platão - 45, 57, 64, 151, 221, 222, 266, 268, 275, 291, 360, 384
Plessner, H. - 332
Plöger, O. - 98, 490
Plotino - 48, 64, 148, 149, 150, 151, 161, 173, 221, 266
Pöggeler, O. - 226
Pohl, K. - 154
Pohlenz, M. - 47, 133, 280
Polanus, A. - 29, 98

Polkinghome, J. - 119
Pollard, W. G. - 119, 189
Pöppel, E. - 146
Popper, K. R. - 282
Preisl, A. - 175, 189
Prenter, R. - 220
Prichard, J. B. - 37, 42
Prigogine, I. - 117, 148, 155, 157, 177, 194
Pritchard, J. B. - 206
Proclo - 48, 173, 221
Pröpper, T. - 605
Pseudo-Dionísio Areopagita - 48, 164
Pucetti, R. - 125
Pufendorf, S. - 259, 260

Q
Quell, G. - 346
Quenstedt, J. A. - 29, 30, 32, 76, 77, 86, 88, 97, 101, 121, 367

R
Rad, G. von - 20, 37, 39, 114, 115, 128, 180, 182, 200, 201, 276, 308, 311, 345, 465, 555, 572
Rahner, K. - 53, 54, 188, 269, 270, 332, 371, 393, 411, 412, 417, 418, 419, 539
Räisänen, H. - 452
Ratschow, C. H. - 30, 77, 88, 95, 573
Ratzinger, J. - 188, 189, 218, 321
Raven, C. - 187
Redmann, H.-G. - 59
Rehm, W. - 243
Reichenbach, H. - 149
Reinhard, F. V. - 94, 309, 338, 400, 402
Reischle, M. - 407
Rendtorff, R. - 40, 198, 345, 483, 572
Rendtorff, T. - 599
Ricardo de São Vítor - 28, 289
Richards, H. - 502
Ricoeur, P. - 346

Riemann, B. - 141
Riemann, G. F. B. - 143
Riesenfeld, H. - 581, 582
Ringleben, J. - 97, 357, 358, 364
Ritschl, A. - 304, 305, 307, 339, 370, 371, 386, 387, 388, 389, 400, 401, 402, 406, 439, 440, 441, 476, 477, 570, 571, 574, 597, 616, 618
Robinson, J. A. T. - 497
Robinson, J. M. - 405
Rochais, H. - 568
Rohls, J. - 97, 142, 206, 287
Roldanus, J. - 302, 427, 433, 437
Rost, L. - 555
Rothe, R. - 75, 77, 79, 80, 81, 338, 339, 353
Rousseau - 436
Rüsch, T. - 133
Russell, R. J. - 46, 90, 111, 112, 113, 116, 117, 148, 155, 156, 158, 193, 228, 230, 232, 233, 237, 240
Rust, E. C. - 189
Ryle, G. - 265

S

Samosata, Paulo de - 428
Sanders, E. P. - 442, 444, 445, 463, 464, 465, 475, 477, 482
Sardes, Melito de - 424, 534
Sartre, J.-P. - 326
Sauter, G. - 410, 412
Scheeben, M. J. - 99
Scheel, O. - 562, 563
Scheffczyk, L. - 41, 60, 70, 188, 189, 214, 347, 350, 408, 419
Scheler, M. - 266
Schelkle, K. H. - 480, 500
Schell, H. - 548
Schelling, F. W. J. von - 132, 401
Schenke, L. - 501
Schenkel, D. - 620
Schickt, E. - 488
Schillebeeckx, B. E. - 480, 499, 500, 501

Schimanowski, G. - 517, 518
Schlegel, F. - 224
Schleiermacher, D. F. - 78, 79, 84, 85, 86, 87, 94, 103, 248, 280, 307, 309, 339, 370, 381, 386, 387, 401, 402, 419, 435, 436, 438, 439, 440, 441, 447, 476, 538, 567, 568, 569, 570, 615, 616, 618, 639
Schlesinger, H. - 19
Schlier, H. - 498
Schlink, E. - 103, 181, 183, 330, 582, 632
Schmaus, M. - 99
Schmid, H. H. - 37, 38, 68, 115
Schmidt, W. H. - 37, 39, 41, 42, 181, 182, 183, 241, 242, 294, 297, 311, 465
Schmitt II, F. S. - 367
Schnackenburg, R. - 429, 518, 534, 536, 559
Schneider-Flume, G. - 341, 359
Schnelle, H. - 173
Schniewind, J. - 628
Schoonenberg, P. - 371, 372, 662
Schottlaender, R. - 247
Schrödinger, E. - 111
Schubert, J. E. - 385
Schultz, H. J. - 188
Schütz, J. J. - 80
Schwanz, P. - 302, 303
Schwarte, K.-H. - 218
Schwarz, F. H. - 567
Schwarz, G. - 145, 149
Schwarz, P. - 312
Schwarz, R. - 306, 540, 541, 542
Schweizer, E. - 273, 622, 626
Sciama, D. W. - 231
Scmid, H. H. - 418
Scropp, R. - 425
Seckler, M. - 605
Seeberg, R. - 324
Seifert, J. - 265, 266
Seiler, G. F. - 596

Semler, J. S. - 85, 299, 399, 400, 662
Seters, J. van - 38
Shannon, C. F. - 174
Shilpp, P. A. - 134
Sievernich, M. - 369
Simpson, G. G. - 202
Sjöberg, E. - 273
Skinner, B. F. - 265
Slenczka, R. - 405, 408
Slenzcka - 408
Smart, N. - 246
Socini, F. - 294, 337, 596
Sócrates - 360
Sölle, D. - 599, 600
Spalding, J. J. - 322
Sparn, W. - 306
Spinoza, B. - 48, 49, 83, 84, 91, 92, 134, 138, 143, 228
Staats, R. - 494
Staudenmeier, F. A. - 324
Steck, O. H. - 41, 128, 129, 183, 184, 199, 200, 201, 202, 216, 241, 294, 296, 297, 307, 308, 579
Stegmüller, W. - 125, 177, 193, 194, 197, 230, 231
Steiner, H. G. - 230
Stemberger, G. - 490, 504
Stephan, H. - 77, 402
Stierle, K. - 289
Stirnimann, H. - 451
Stock, L. - 390
Stolpe, H. - 315, 322
Stolz, F. - 37
Strauss, D. F. - 167, 418, 596
Strauss, L. - 83
Strobel, A. - 475, 479, 480, 481
Struker, A. - 302, 309
Stuhlmacher, P. - 629, 630
Suphan, B. - 299, 315
Süssmann, G. - 134, 194, 245

T

Taciano - 42, 43, 57, 267, 308, 320
Telésio, B. - 138
Temple, W. - 44, 45, 187, 208
Teodoro - 428
Teófilo de Antioquia - 43, 70, 133, 139, 259, 302, 424
Tertuliano - 28, 267, 269, 275, 291, 302, 320, 366, 384, 435, 533, 534, 535, 562
Thielicke, H. - 294, 327, 495
Thunber, L. - 57
Thunberg, L. - 109
Thüsing, W. - 411
Tiililä, O. - 565, 574
Tillich, P. - 20, 67, 166, 262, 263, 387
Tipler, F. J. - 120, 123, 124, 125, 169, 233, 237, 238, 239
Töllner, J. G. - 337, 338, 566
Torrance, T. F. - 117, 134, 137, 139, 141, 142, 143
Torretti, R. - 233
Trefil, J. S. - 231
Trible, P. - 296
Trífon - 268
Trillhaas, W. - 244, 255
Trinkaus, C. - 315
Troeltsch, E. - 507
Turmel, A. - 568

U

Ullmann, C. - 435

V

Valentino - 64
Verghese, P. - 209
Vogel, H. - 390
Vogler, P. - 299, 334
Vögtle, A. - 488, 491, 492, 497, 499, 502, 503
Volk, H. - 188

W

Wagner, F. - 599
Watson, J. B. - 265
Weber, O. - 401, 403
Weder, H. - 467, 469
Weger, K.-H. - 371
Wehrt, H. - 117, 169, 175, 177
Weilckens, U. - 607
Weinberg, S. - 176, 193, 231, 233, 235
Weingärtner, L. - 335
Weiss, J. - 440, 462, 463, 464
Weiss, K. - 60
Weizäcker, C. F. von - 66, 106, 111, 117, 130, 147, 150, 154, 155, 169, 174, 175, 177, 227, 230, 236
Welker, M. - 168, 191
Welte, B. - 556
Welzel, H. - 260
Wendebourg, D. - 28, 31
Wenz, G. - 97, 142, 206, 287, 339, 348, 373, 476, 566, 567, 569, 570, 578, 596, 599, 603
Werbick, J. - 336
Werth, H. - 154, 169
Westermann, C. - 128, 181, 182, 199, 200, 294, 380
Wette, W. M. L. De - 338, 339
Wheeler, J. A. - 240
White, L. - 202, 295
Whitehead, A. N. - 44, 45, 46, 120, 191, 192, 230, 419
Whitrow, G. J. - 235
Wicken, J. S. - 160, 169, 174, 175, 177, 185, 194, 195, 196, 197, 198, 200, 204
Wiehl, R. - 191
Wieland, W. - 221
Wilckens, U. - 42, 153, 208, 219, 301, 308, 312, 342, 346, 382, 429, 485, 489, 490, 491, 493, 497, 513, 534, 572, 576, 583, 608, 609, 614, 629, 633
Wiles, M. - 418
Wilhelm - 402
Wilken, R. L. - 427, 428, 433, 437
Winter, P. - 478

Witcomb, J. C. - 187
Withrow, G. J. - 149
Wolf, E. - 406
Wolfel, E. - 44
Wolff, H. W. - 271, 272, 276, 294
Wrede, W. - 473

X

Xenofonte - 42
Xenócrates - 57

Z

Zahn, T. - 629
Zizioulas, J. - 287
Zwínglio - 142

ÍNDICE DOS TEXTOS BÍBLICOS

ANTIGO TESTAMENTO

Gênesis
1 - 47, 182
1.1 - 60, 73, 181, 222
1.2 - 43, 65, 127, 128, 129
1.2s - 171, 172
1.4, 10, 12, 18, 21, 25, 31 - 241
1.6s - 180
1.6 e 9s - 180
1.9 - 181
1.10 - 181
1.11ss - 181, 182, 183
1.12 - 199
1.14 - 168, 181, 183, 184
1.14-19 - 182
1.15 - 180
1.16 - 184
1.21 - 200
1.21 e 24 - 297
1.22 - 199
1.22, 28 - 184
1.24 - 199
1.24s - 183
1.26 - 201, 296, 297, 299, 300, 302, 309, 310, 318
1.26s - 263, 275, 293, 294, 298, 301, 303, 305, 306, 312, 311, 313, 317, 318, 425
1.27 - 201, 297, 311
1.27s - 201
1.28 - 201, 209, 295
1.29 - 182, 201
1.30 - 198, 205, 276
1.31 - 241
2.1 - 77, 168
2.1s - 213
2.2 - 241
2.4 - 213
2.4b-3.24 - 307
2.7 - 65, 126, 267, 270, 271, 273, 274, 275, 276, 278, 308, 425
2.9 - 307, 319
2.15 - 296
2.17 - 308, 383, 390, 422
2.19 - 276
3 - 380, 526, 527
3.3s - 383
3.4ss - 382
3.5 - 253, 309, 333, 422, 526
3.22 - 319
3.14-19 - 389
3.15ss - 153
3.16-19 - 307
3.19 - 386, 390
3.22 - 307

4.7 - 395
4.7ss - 380
4.15 - 344
5.1 - 297, 310, 312
9.6 - 312
5.1ss - 310
5.1-3 - 328
5.1-4 - 165
5.3 - 310, 312
6.3 - 271
6.5 - 346
6.12 - 242
6.13-8.22 - 187
6.17 - 242, 271, 276
6.19s - 202
7.11 - 180
7.22 - 276
8.17 - 199
8.21 - 346
8.22 - 114, 184
9.3 - 201
9.6 - 258, 288, 297, 311
9.8ss - 317
9.8-17 - 69
9.11 - 184
12.7 - 497
14.19 - 38
17.1 - 497
17.7 - 317
18.1 - 497
18.2ss - 164
21.17ss - 164
25.8 - 388
26.24 - 497
31.11ss - 164
35.29 - 388
46.30 - 388
50.20 - 443

Êxodo
3 - 38
3.2ss - 164, 497
3.6 - 38
4.22 - 449
6.3 - 38
20.3 - 39, 465
20.5 - 465
20.11 - 242
22.28 - 480
24.10 - 138
25.9 - 216
25.17-22 - 572
31.3 - 127
31.15-17 - 216
33.21 - 138
34.14 - 465
35.51 - 127
34.10 - 36

Levítico
4-5 - 572
16.21s - 573
18.5 - 382
19.18 - 469

Números
16.30 - 78
24.2 - 127

Deuteronômio
4.37-40 - 456
6.4s - 465, 466, 469
6.14s - 39, 465
7.11 - 456
8.21s - 474
11.12-15 - 69
13.5s - 481

14.1 - 449
17.12 - 475, 480
32.5 e 19s - 449
32.47 - 382
34.9 - 274

Josué
7.16ss - 377
24.31 - 36

Juízes
2.7 e 10 - 36
13.21s - 164

1 Samuel
10.10 - 127
11.16 - 127
15.22 - 470
16.14 - 272
19.20,2 - 127

2 Samuel
7.14 - 449, 511

1 Reis
22.20ss - 272

2 Reis
11.18 - 293

2 Crônicas
15.1 - 127
24.20 - 127
Esdras
7.62-72 - 382

Neemias
9.6 - 168

Jó
1.6 - 46, 170
1.13 - 247
3.13 - 487
9.12 - 242
12.10 - 126
14.12 - 487
32.8 - 274, 277
33.4 - 126, 127, 271, 277
33.14 - 60
34.14 - 271
34.14s - 126
38.30 - 198
40.10-41.25 - 198

Salmos
2.7 - 449, 511
4.7 - 317
6.6 - 383
8 - 293
8.1 - 98
8.6 - 313
8.6s - 293
8.7ss - 276
9.2 - 98
13.4 - 487
19 - 240
29 - 41
29.3 e 10 - 41
29.3ss - 41
33.6 - 129, 168, 171
33.9 - 633
42.2s - 271
47.6ss - 549
51.7 - 337
51.12 - 346
73.26 - 317
74.12ss - 40

74.16s - 69
77.12ss - 40
78.11 - 35
88.6 - 383
89.27s - 449
89.6ss - 40
90.1 - 138
92.5s - 36
93 - 41
93.1s - 41
93.2 - 549
96 e 98 - 460, 549
96.10 - 69
96.10ss - 460
97.1ss - 460
97.6 - 549
104 - 41, 126, 182, 198
104.4 - 162
104.5ss - 40
104.11ss - 198
104.13ss.27 - 69
104.14-30 - 47
104.21 - 205
104.29s - 65, 126
104.30 - 78, 126, 137
106.2 - 35
107.9 - 271
111.6 - 35
116.17 - 383
136.8s - 69
139.5ss - 138
139.13 - 47
145.15s - 69
147.8s - 47

Provérbios
2.6 - 277
16.4 - 97, 99

8.22 - 57
8.22-31 - 56
8.22s - 517
8.22ss - 301
25.25 - 270
27.7 - 270

Eclesiastes
7.30 - 310
12.7 - 271

Isaías
1.2 - 345
2.2-4 - 455
2.3s - 456
5.19 - 34, 36
11.2ss - 455
19.14 - 272
26.19 - 490
28.21 - 36
38.18 - 383
40.12-17 - 40
40.21-24 - 40
40.27-31 - 40
41.20 - 78
42.1s - 456
42.6 - 456
43.1 - 78
43.5 e 10 - 38
43.6 - 449
43.12 e 19 - 78
43.15 - 78
43.19 - 40
44.6 - 212
44.24ss - 40
45.7 - 40, 46
45.7s - 78
45.9 - 242

45.11 - 449
45.12 - 168
45.15,21 - 532
45.18 - 69
45.22 - 38
46.9 - 38
48.6s - 78
48.7 - 40
48.12 - 212
52.7 - 460, 461, 549, 629, 631, 634, 635, 637
53 - 447
53.3 - 591
53.3ss - 591
53.4s - 588
53.12 - 526, 591
54.4-6 - 40
55.8s - 168
55.11 - 633
61.1s - 629, 631
65.17s - 78
7.14 - 451, 452

Jeremias
2.29 - 345
3.19 - 449
5.24 - 69
7.11-14 - 477
7.11ss - 445
18.6 - 242
23.29 - 633
26.6 - 477
28.9 - 474
31.9 e 20 - 449
31.29 - 489
32.39 - 346
33.22 - 168
45.4s - 46

51.39 - 487

Ezequiel
11.19 - 346
18.2ss. e 20 - 489
18.23 - 546
36.26 - 346
37.5ss - 127
37.9s - 128

Daniel
2.36-45 - 215
2.44s - 460
9.24-27 - 218
12.2 - 487, 489

Oséias
11.1 - 449
6.2 - 506
6.6 - 470
8.1 - 345

Amós
3.6 - 46
4.4 - 345
5.26 - 293

Miquéias
4.2s - 456

Naum
1.15 - 629
2.1 - 629

Zacarias
14.9 - 465
9.9 - 444, 532
9.9s - 455, 549

LITERATURA INTERTESTAMENTÁRIA

Eclesiástico
17.3s - 293
24.3 - 274
24.3ss - 517

Sabedoria
1.13 - 308, 318, 394
1.15 - 318
2.23 - 297, 307, 308, 318
2.24 - 308, 318, 383
7.26 - 313
8.13 - 297, 318
8.17 - 297
9.2 - 301, 318
9.2b - 318
9.9 - 298, 301
11.17 - 42
15.11 - 274

Sabedoria de Salomão
9.2 - 297

Henoc Etíope
51.1, 46.5 - 490
69.11 - 308
71.15 - 219
91.11-17 - 217, 218
92.3 - 490
93.1-10 - 217, 218

Baruque Siríaco
30.1 - 487
21.4 e 48.8 - 42
23.4 - 383
50s - 490
17.3s - 297
25.24 - 383
18.1 - 213

Apocalipse de Moisés
20s - 312

Assunção de Moisés
10,1ss - 460

4 Esdras
7.31 - 218
3.7 - 383
7.118ss. e 11ss - 383
7.32ss - 490

2 Macabeus
7.14 - 490
7.28 - 42

Qumran
I QH Frg 3,14 - 374
QH 18,4 **- 629**

NOVO TESTAMENTO

Mateus
3.2 - 461
4.16 - 392
5.3 par. e 10 - 554
5.20 - 462
5.22,28,32,34,44 - 470
5.44ss - 217
5.45 - 467, 522
5.45s - 469
6.10 - 462
6.14 - 469
6.25-27 - 360
6.25s., 27ss - 69
6.26-30 - 198
6.26ss - 94
6.33 - 360, 442, 466
7.21 - 462
8.11 - 462
8.11s - 467
8.22 - 383
10.6 - 441
10.23 - 514
10.29s - 94
11.12s - 463
11.19 - 468
11.25 - 522
11.27 - 511, 545
11.27 par - 515
11.5 - 629
11.5s - 475
11.6 - 473, 475
13 - 469
13.39s - 152
13.44-46 - 465, 469
15.24 - 441
16.28 - 360

16.33 - 465
18.22-35 - 469
18.23ss - 469
19.14 - 554
22.37s - 465
24.3 - 152
25.10 - 554
25.34 - 217, 463
26.64 - 445
26.65 - 511
26.67s - 511
27.25 - 481
27.28 - 482
27.40-43 par - 524
28.13 - 485, 496
28.13-15 - 503
28.15 - 501
28.18 - 545
28.19 - 412
28.20 - 152

Marcos
1.1 - 628
1.4 par. - 442
1.10s, par. - 450
1.11 par - 513
1.14 - 460, 628
1.15 - 442, 629
1.43s - 473
2.5 - 468
2.5ss - 468, 473
2.7 - 473, 475
2.15 par. - 468
2.16 - 473
2.19 - 463
2.19 par. - 467

3.11s - 473
5.41 - 488
5.43 - 473
6.14,16 - 503
7.36 - 473
8.12 par - 475
8.27ss - 471
8.27ss - 473
8.29-31 - 443
8.31 - 506, 608
8.31 par - 579
8.35 - 555
8.35 par - 525, 556
9.11 - 514
9.31 - 506, 608
9.33 par. - 462
9.47 - 554
10.14s. e 23ss - 554
10.15 - 210
10.18 par - 522
10.33 par - 608
10.34 par - 506
10.45 - 580, 591
10.45 par - 582
11.1-11 - 444
11.15-17 - 444
11.15-18 par - 477
12.1-9 - 518
12.4-6 - 518
12.6 - 518
12.6 par - 522
12.18-27 - 490
12.26s - 490
12.27 - 555
12.29ss - 465
12.31 par - 469
12.32ss - 470
12.33 - 470

12.34 - 470
13.2 - 445
13.2 - 477
13.2 par - 477
13.30 - 514
13.32 par - 542
14 - 478
14.9 - 629
14.24 - 581
14.24 par - 591
14.25 - 463
14.32ss - 609
14.53s - 475
14.55 - 479
14.55-60 - 445
14.55-61 - 480
14.55-65 - 478
14.58 - 477, 480
14.61 - 510
14.61s - 444, 445, 478
14.62 - 474, 510
14.62 par - 480
14.64 - 479, 523
15.1 - 478, 479
15.2 - 444
15.25 par. - 443
15.28 - 480
16.1 - 501
16.1-8 - 500, 502, 504
16.2 - 506
16.6 - 484

Lucas
1.26-38 - 513
1.32 - 513
1.32 e 35s - 450
1.32,35 - 513
1.35 - 430, 451

1.35b - 513
1.79 - 392
2.11 - 611
3.16s - 471
4.17s - 631
4.18s - 629
5.35s - 469
6.20 - 554
6.22 - 511
6.35 - 522
7.22 par - 463
7.23 - 473
7.47 - 468
7.48 - 468
8.54 - 488
9.60 - 383
9.62 - 465
10.22 - 414, 522
10.23s - 463
10.26 - 465
10.30-37 - 469
11.2 - 462
11.20 - 464, 475
11.20 par - 463
11.4 - 469
11.5ss - 469
11.49ss - 579
12.8 - 471
12.8 par - 555, 592
12.8s - 475
12.8s. par - 474
12.22-26 - 360
12.24-28 - 198
12.24ss - 69
12.31 - 360, 465
13.1-5 - 245
13.29s - 462
13.34 par - 579

13.34s - 481, 579
14.14 - 493
14.15-24 - 469
14.28s. e 31s - 469
14.28ss - 26
15.1-32 - 467
15.4-7 - 467
15.7 e 10 - 467
15.8s - 467
16.1-13 - 469
16.16 par - 616
16.19-31 - 267
17.18 - 98
17.20 - 463, 465
18.1ss - 469
19.41-44 - 481
22.37 - 491
22.64 - 511
22.66 - 479
22.67ss - 445
22.69 - 474, 480
22.69 par - 479, 591, 592
22.70 - 479, 522
22.70s - 511
22.71 - 479, 480
23.56 - 501
24.2b - 580
24.25s - 579
24.27 - 506
24.34 - 497
24.39 - 485
24.39ss - 497
24.40 - 491

João
1.1 - 222
1.1ss - 56
1.2 - 57

1.3 - 52, 417
1.4 - 488
1.9 - 278
1.10b - 56
1.11 - 56, 417, 539
1.13 - 420
1.14 - 429
2.13-22 - 477
2.19 - 477, 488
3.14 - 512
3.15,36 - 488
3.16 - 217, 607
3.16 - 429
3.16s - 611
3.16s - 614
3.17 - 454
3.17 - 553
3.17 , 4.22 - 559
3.18 - 518
3.18-20 - 622
3.3 - 554
3.5s - 420
3.6 - 535
4.14 - 488
4.42 - 611
5.17 - 78
5.17s - 473
5.18 - 521
5.19 - 522
5.19ss - 545
5.22 - 545
5.26 - 488
5.29 - 493
5.32 - 474
6.38s - 454
6.53s - 488
6.63 - 550
7.12 - 474, 480, 481

7.14 - 622
7.16 - 474
7.18 - 474
7.39 - 626
8.14 - 622
8.16ss - 474
8.28 - 512
8.32 - 605
8.34ss - 482
8.36 - 605
8.37 - 481
8.40 - 481
8.50 - 474
8.52s - 473
8.53 - 474
9.1ss - 245
10.17s - 488
10.3 - 475
10.33 - 445
11.4 - 98
11.11 - 488
11.50 - 478
11.50s - 590
12.31 - 170
12.32s - 512
13.33 - 626
14.3 - 626
14.6 - 488
14.10 - 622
14.16 - 626
14.17 - 622
14.20 - 622
14.24 - 474
14.24,26 - 622
14.26 - 550, 622, 626
14.30 - 170
15.26 - 550, 622
16.3 - 622

16.4 - 626
16.7 - 626
16.7s - 605
16.8-11 - 622
16.11 - 170
16.13 - 550, 605, 622, 626
16.13s - 412
16.14 - 550, 626
16.15 - 550
16.27 - 622
17.1 e 5 - 550
17.2 - 550
17.4 - 99, 546, 550
17.24 - 626
18.3 e 12 - 478
18.19-24 - 479
18.24 - 479
18.28 - 479
19.7 - 475
20.2s. e 7 - 218
20.12ss - 503
20.13s - 496
20.13ss - 485
20.17 - 491
20.20 e 25ss - 491

Atos
2.23s. e 36 - 484
2.36 - 484, 499
3.15 - 490
4.10 - 484
5.30s - 499
5.31 - 611
9 - 499
17.32 - 495
23.8s - 163
24.15 - 493

Romanos
1.1 - 628
1.3s - 443, 511, 513, 534, 609
1.4 - 127, 405, 448, 450, 484, 511, 512, 513, 533, 550
1.4 - 485
1.15-17 - 628
1.16 - 630, 632
1.18 - 628
1.18 e 21 - 241
1.18-32 - 378
1.20 - 241, 277
1.21 - 98, 99, 285
1.21ss - 329
1.23 - 301, 312
1.24,26,28 - 547
2.7 - 488
3.8 - 623
3.23 - 306, 312
3.23-26 - 580
3.25 - 568, 572, 594, 609
4.25 - 485
4.17 - 42, 78
4.25 - 547, 582, 607
4.26 - 482
5 - 337, 422
5.1 - 560
5.6 - 434
5.6s - 582
5.6ss - 422
5.8 - 558
5.8-10 - 421
5.9 - 557, 623
5.9s - 623
5.9ss - 576
5.10 - 559
5.10 - 342, 448, 557, 561, 566, 568, 569, 575, 595, 602, 603, 611

5.11 - 610, 623
5.12 - 308, 337, 354, 365, 379, 383, 385, 388, 433
5.12-19 - 421
5.12-21 - 383, 421, 562
5.12ss - 342, 421, 423, 425, 448, 455, 527
5.13 - 342
5.13ss - 432
5.14 - 591
5.15 - 421
5.16 - 434
5.17 - 422
5.17, 15 - 447
5.17ss - 585
5.18 - 379, 557
5.18s - 434
5.19 - 422, 448, 561, 569, 608
5.19 - 488, 525
5.19 - 527
5.21 - 488
6.3 - 623
6.3s - 585, 594
6.4 - 488
6.5 - 493, 585, 594
6.5ss - 388
6.6 e 11 - 624
6.7 - 573
6.13 - 594
6.22s - 488
6.23 - 308, 383, 388, 573
7 - 338
7.11 - 379, 382, 383
7.1-4 - 585
7.1-6 - 388
7.4 - 599
7.6 - 388
7.7 - 346, 347
7.7s - 346
7.7ss - 338, 354, 378, 379
7.7-11 - 346
7.8 - 347
7.14ss - 338
7.15 - 365
7.15ss - 378
7.17 - 369
7.17 e 20 - 346
7.22 - 382
7.23 - 277
7.24 - 261
8.10 - 623, 624
8.11 - 127, 156, 550
8.14 - 448, 450
8.14s - 622
8.15 - 210, 450, 597, 601
8.16 - 449
8.16s - 273
8.19 - 153, 210
8.19 e 21 - 208
8.19ss - 97, 122, 209, 335
8.2 - 550, 636
8.3 - 397, 429, 449, 454, 518, 527, 583, 585, 592, 593, 597, 607
8.3s - 557
8.5 - 518
8.9 - 623
8.20 - 153, 154
8.20 e 22 - 170
8.20-22 - 394
8.21 - 153, 245
8.21s - 207, 210
8.22 - 245
8.23 - 156
8.24 - 558
8.26 - 208
8.29 - 300, 325, 433, 490

8.30 - 559
8.32 - 448, 547, 558, 582, 603, 607
8.38 - 165
8.38s - 165
9.20 - 242
10.4 - 482, 633
10.13 - 635
10.14s - 635
10.15 - 634
10.17 - 633
11.1, 11 - 482
11.11 - 443
11.15 - 575, 576
11.17 e 24 - 82
11.25 - 443
11.25ss - 168
11.32 - 381
11.33 - 168
11.36 - 98
12.2 - 277
13.11 - 514
14.8 - 388

1 Coríntios
1.10 - 610
1.13 - 484
1.18 - 628
1.27 - 176
2.10 - 550
2.10s - 273
2.11 - 273
4.15 - 636
6.11 - 623
6.17 - 623
8.6 - 518, 519
10.4 - 518
11.24 - 581
11.25 - 581

11.7 - 301, 311
11.7b - 311
11.8 - 311
12.12ss - 584
12.13 - 623
12.26 - 584
15.1 - 636
15.2 - 558
15.3-7 - 497, 582, 588, 591
15.3ss - 452, 505
15.4 - 504, 506
15.5ss - 325, 497
15.8 - 497
15.12ss - 508
15.13 - 495, 509
15.17 - 484, 592
15.20 - 490, 491
15.22 - 425
15.22,45ss - 448
15.24 - 165
15.26 - 392
15.35-38 - 385
15.35-38 - 495
15.42ss - 490
15.44 - 488, 498
15.44s - 127
15.44-49 - 389
15.45 - 273, 275, 623
15.45s - 210, 301
15.45ss - 156, 242, 301, 311, 312, 421, 426, 432
15.45-49 - 421, 425
15.46 - 425
15.46s - 242
15.47 - 308, 424
15.49 - 300, 318, 432, 598
15.49ss - 426
15.49 e 53 - 425

15.51 - 514
15.52ss - 308, 391
15.53s - 319

2 Coríntios
1.22 - 156
2.12 - 627, 628
2.14 - 628
2.17 - 623
3 - 425
3.17 - 63, 606, 623, 626
3.18 - 300, 301, 311, 432, 433
3.6ss - 633
3.7ss - 633
4.4 - 258, 300, 311, 313, 318, 633
4.4-6 - 633
4.6 - 498
4.19 - 488
5.4 - 488
5.5 - 156
5.10 - 609
5.14 - 566, 585, 593, 596, 598, 609
5.14s - 591
5.16 - 601
5.17 - 433, 437, 585
5.18 - 585, 606, 613, 627
5.18ss - 575, 637
5.18-21 - 628
5.19 - 558, 561, 564, 566, 570, 627, 628
5.19s - 576
5.20 - 574, 594, 610, 623, 627
5.20s - 628
5.21 - 560, 571, 582, 583, 585, 593, 594, 630, 566, 592
6.2 - 558
8.9 - 590
9.13 - 627

10.1 - 610
10.14 - 627
11.7 - 628
12.19 - 623
13.3 - 623

Gálatas
1.1 e 12 - 499
1.4 - 609
1.11 - 634
1.16 - 412, 498
2.9 - 499
2.20 - 434, 582, 608, 609, 613
3.2 - 551
3.13 - 482, 571, 583, 585, 592
3.23-25 - 633
3.26s - 622
3.27 - 319
3.28 - 311
4.4 - 397, 430, 518, 527, 536, 607
4.4s - 449, 454
4.4-6 - 605
4.5 - 597
4.5s - 210, 449
4.6 - 450
4.19 - 452
4.21 - 534
5.5 - 558
6.8 - 488

Efésios
1.4 - 217
1.5 - 597
1.10 - 56, 65, 101, 108, 122
1.13s - 156
1.21 - 165
2.2 - 170
2.5 e 8 - 559

2.9ss - 34
2.12 - 262
2.14 - 443
4 - 319
4.18 - 262
4.22 - 382
4.24 - 305, 309, 312, 318, 319
5.2 - 608, 610
5.9 - 305
5.23s - 611
5.25 - 582, 608
5.31s - 328

Filipenses
1.21 - 388
2.6 - 333, 422
2.6ss - 517
2.6-8 - 590
2.6-11 - 422, 438, 525, 526
2.7 - 526, 527
2.7s - 453, 527, 530
2.8 - 422, 523, 526, 608, 609
2.8s - 511
2.9 - 499, 527
2.9-11 - 405
2.11 - 527
3.10s - 594
3.20s - 559

Colossenses
1.15 - 300
1.15-17 - 518
1.15-20 - 56
1.16 - 164, 168
1.16 e 20 - 56
1.17 - 70
1.18 - 490
1.20 - 122

1.21 - 262
1.21s - 561
2.12 - 594
3 - 319
3.9ss - 319
3.10 - 305, 309, 312, 318
3.12s - 319

1 Tessalonicenses
1.5 - 551, 632
1.9s - 398
1.10 - 557
2.2 e 8 - 628
2.7ss - 636
2.13 - 621
3.14 - 490
3.17 - 490
4.13ss - 490
4.14 - 488
4.14s - 493
4.15-17 - 514
5.9s - 557
5.23 - 273, 300

2 Tessalonicenses
2.10 - 382

1 Timóteo
1.16 - 173
2.5 - 563, 622
2.6 - 582
3.16 - 485, 510, 534, 550
5.6 - 383

Tito
2.14 - 582
3.4s - 559
3.4ss - 559

Hebreus
1.2 - 52, 56, 518
1.2s - 56
1.3 - 101, 300
1.7 - 162
1.13c - 70
1.14 - 163
2.3 - 559
2.10 - 537, 559, 586
3.13 - 382
4.3-10 - 218
4.13 - 435
5.8 - 525, 527, 608
5.8s - 448, 608, 609
5.9 - 537
7.25 - 619
7.27 - 614
9.24 - 614
9.26 - 614
9.26ss - 614
9.28 - 614
11.3 - 42
12.9 - 163, 164

Tiago
3.9 - 301

1 Pedro
1.12 - 551
1.20 - 217
2.21 - 582
2.24 - 582

3.18 - 534, 550
3.19 - 165
3.22 - 165

1 João
3.14 - 383
4.2 - 429
4.9 - 429, 607
4.10 - 518
4.14 - 611

Apocalipse
1.4 - 163
1.4 e 12ss - 162
1.5 - 490
1.8 - 212
2.11 - 384
3.15 - 586
3.20s - 492
4.5 - 162
4.10s - 98
5.13 - 98
7.1 - 162
9.3 - 498
10.6s - 152
19.1ss - 98
20.12ss - 493
20.14 - 384
21.1ss - 218
21.6 - 212
21.8 - 384
22.13 - 212

LITERATURA CRISTÃ PRIMITIVA

Barnabé
5.5 - 302
6.12 - 302

1 Clemente
24.1 - 494
24.3 - 495
24.4s - 495

24.5 - 70
25.1ss - 495
59.3 - 164

2 Clemente
9.5 - 534
11.1 - 261
27.5 - 495

MISTO
Papel produzido
a partir de
fontes responsáveis
FSC® C108975